에듀윌과 함께 시작하면,
당신도 합격할 수 있습니다!

집안 사정으로 인해
오랫동안 학업을 중단했던 늦깎이 수험생

외국 생활을 앞두고
한국 학력 인정이 필요한 유학생

학교를 그만두고
미래를 스스로 준비하는 학교 밖 청소년

누구나 합격할 수 있습니다.
해내겠다는 '열정' 하나면 충분합니다.

마지막 페이지를 덮으면,

에듀윌과 함께
검정고시 합격이 시작됩니다.

에듀윌 검정고시 합격 스토리

박○주 합격생

에듀윌 교재로 학습하면 고득점 합격 가능!

핵심총정리와 기출문제집 위주로 학습하면서, 취약했던 한국사는 기본서도 함께 보았습니다. 암기가 필요한 개념은 노트 정리도 하였고, 기출은 맞힌 문제와 틀린 문제 모두 꼼꼼히 살폈습니다. 저는 만점이 목표였는데, 사회 한 문제를 제외하고 모두 100점을 맞았답니다!

김○늘 합격생

노베이스에서 평균 96점으로 합격!

에듀윌 핵심총정리에 수록된 요약본을 토대로 나만의 요약노트를 만들고 반복해서 살펴보았습니다. 시험이 2주가량 남았을 때는 D-7 모의고사를 풀었는데, 실제 시험장처럼 OMR 답안카드 작성을 연습할 수 있었습니다. 검정고시를 준비하는 수험생이라면 이 두 책은 꼭 보기를 추천합니다~

노○지 합격생

에듀윌 기출문제집은 합격으로 가는 필수템!

저는 먼저 부족한 과목의 개념을 집중 학습한 후 기출문제를 반복해 풀었습니다. 기출문제집에는 시험 범위에 해당하지 않는 문제가 무엇인지 안내되어 있고, 출제 경향이 제시되어 있어 유용했습니다. 시험 일주일 전부터 전날까지 거의 매일 기출문제를 풀었어요. 제가 합격하는 데는 기출문제집의 역할이 컸습니다.

박○르 합격생

2주 만에 평균 95점으로 합격!

유학을 위해 검정고시를 준비했습니다. 핵심총정리를 통해 어떤 주제와 유형이 자주 출제되는지 알 수 있어 쉽게 공부했습니다. 모의고사는 회차별·과목별로 출제의도가 제시되어 있어 좋았습니다. 다들 각자의 목표가 있으실 텐데, 모두 원하는 결과를 얻고 새로운 출발을 하시길 응원할게요!

다음 합격의 주인공은 당신입니다!

더 많은
합격 스토리

eduwill

1위 에듀윌만의 체계적인 합격 커리큘럼

원하는 시간과 장소에서, 합격 필수 콘텐츠까지

온라인 강의

① 전 과목 최신 교재 제공
② 과목별 업계 최강 교수진과 함께
③ 검정고시 합격부터 대입까지 가능한 학습플랜 제시

쉽고 빠른 합격의 첫걸음
고졸 검정고시 핵심개념서 무료 신청

고졸 검정고시
핵심개념서
무료 신청

친구 추천 이벤트

"친구 추천하고 한 달 만에 920만원 받았어요"

친구 1명 추천할 때마다 현금 10만원 제공
추천 참여 횟수 무제한 반복 가능

※ *a*o*h**** 회원의 2021년 2월 실제 리워드 금액 기준
※ 해당 이벤트는 예고 없이 변경되거나 종료될 수 있습니다.

친구 추천 이벤트
바로가기

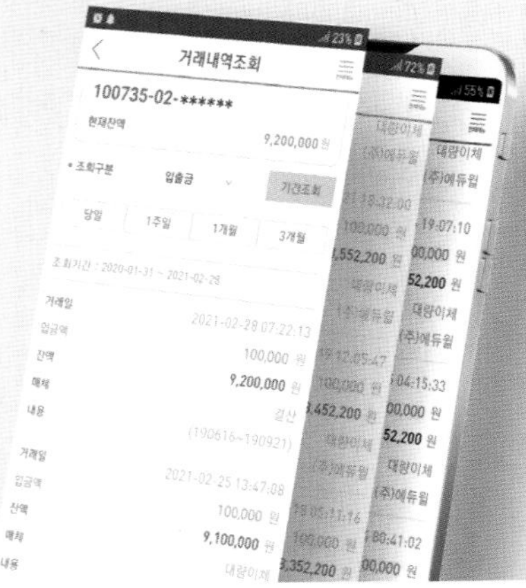

더 많은 혜택이 궁금하다면 1600-6700
* 위 내용은 서비스 개선을 위해 예고 없이 변경될 수 있습니다.

에듀윌이
너를
지지할게
ENERGY

시작하라.

그 자체가 천재성이고,
힘이며, 마력이다.

– 요한 볼프강 폰 괴테(Johann Wolfgang von Goethe)

에듀윌 고졸 검정고시
기본서 국어

eduwill

Contents

이 책의 차례

Ⅳ 문법

실전 모의고사

Structure
이 책의 구성

누구나 한 번에 합격할 수 있다!
기초부터 고득점까지 해답은 기본서!

단원별로 이론을 학습하고 ▶ 문제로 개념을 점검하고 ▶ 모의고사로 국어를 완벽 정복!

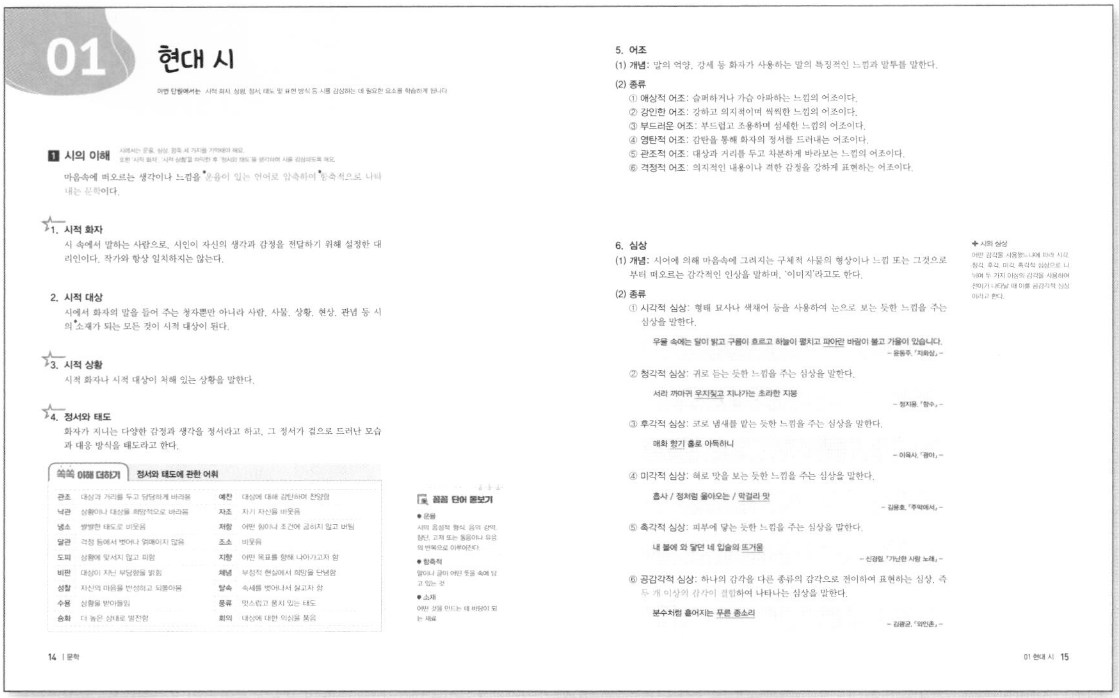

믿고 보는 단원별 이론

- 출제 범위에 해당하는 2015 개정 교육과정을 철저하게 반영하였습니다.
- 기초가 부족해도 충분히 이해할 수 있도록 내용을 쉽게 서술하였습니다.

이해를 돕는 보충 설명과 단어장

- 이론과 연관된 보충 개념을 보조단에 수록하여 바로바로 확인할 수 있습니다.
- 단어 설명을 교재 하단에 수록하여 정확한 개념의 이해를 돕습니다.

BOOK GUIDE

이론의 상세함 정도 ■■■■□ (4/5)
문제의 수록 정도 ■■■□□ (3/5)
교재의 난이도 ■□□□□ (1/5)

기초부터 차근차근 학습할 수 있는 기본서

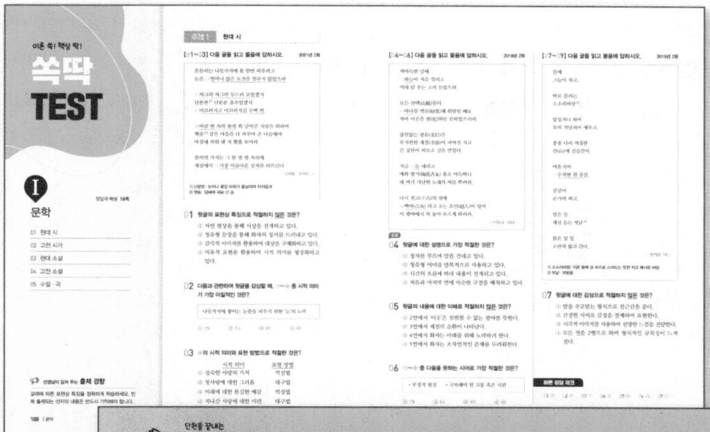

앞선 시험에 나온, 앞으로 시험에 나올!

쏙딱 TEST

기출문제 및 예상문제를 주제별로 수록하여 앞서 학습한 이론을 문제에 적용해 봅니다.

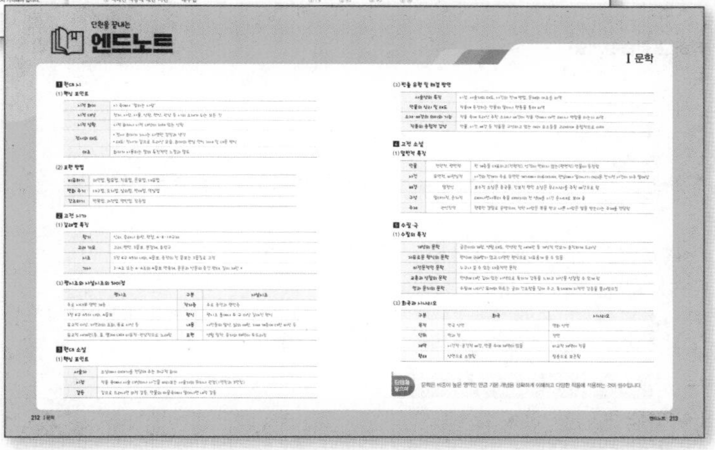

만점을 만드는 한 수, 이것으로 모두 끝!

엔드노트

해당 단원에서 꼭 알고 넘어가야 할 중요 개념을 한 번 더 정리합니다.

BONUS STAGE

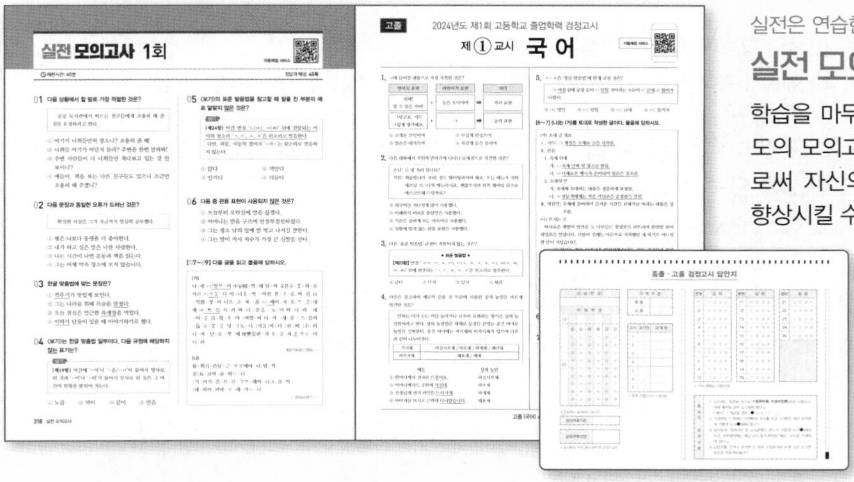

실전은 연습한 만큼 노련해지는 것!

실전 모의고사 ➕ 최신 기출문제

학습을 마무리하며 실제 시험과 비슷한 난이도의 모의고사와 최신 기출문제를 풀어 봄으로써 자신의 실력을 가늠하고 실전 감각을 향상시킬 수 있습니다.

함께 수록한 OMR 답안카드를 활용하여 실제 시험처럼 답안지 작성 연습을 할 수 있습니다.

고졸 검정고시란

부득이한 이유로 정규 고등학교 과정을 마치지 못한 사람들을 대상으로 실시하는 국가 자격 시험입니다.
고졸 검정고시에 합격한 사람은 고등학교를 졸업한 사람과 동등한 자격을 인정받습니다.

시험 주관 기관

- 시 · 도 교육청: 시행 공고, 원서 교부 및 접수, 시험 실시, 채점, 합격자 발표를 담당합니다.
- 한국교육과정평가원: 기본 계획, 문제 출제, 인쇄 및 배포를 담당합니다.

출제 범위

2015 개정 교육과정에서 출제됩니다.

본서는 출제 범위를 철저하게 반영하였으니 안심하고 학습하세요!

시험 일정

구분	공고일	접수일	시험일	합격자 발표일	공고 방법
제 1 회	2월 초순	2월 중순	4월 초 · 중순	5월 초 · 중순	시 · 도 교육청 홈페이지
제 2 회	6월 초순	6월 중순	8월 초 · 중순	8월 하순	

시험 일정은 시 · 도 교육청 협의에 따라 변경될 수 있어요.

출제 방향

고등학교 졸업 정도의 지식과 그 응용 능력을 측정할 수 있는 수준으로 출제됩니다.

응시 자격

- 중학교 졸업자 및 이와 같은 수준 이상의 학력이 있다고 인정된 사람
  ※ 3년제 고등기술학교 졸업(예정)자의 경우에도 중학교 졸업자 및 이와 같은 수준 이상의 학력이 있다고 인정된 사람이어야 합니다.
- 고등학교에 준하는 각종 학교의 졸업자 또는 졸업예정자와 중학교 또는 이와 같은 수준 이상의 학력이 있는 사람을 대상으로 하는 3년제 직업훈련과정의 수료자
  ※ 졸업예정자라 함은 최종 학년에 재학 중인 사람을 말합니다.
- 「초 · 중등교육법시행령」 제97조, 제101조, 제102조에 해당하는 사람
- 「보호소년 등의 처우에 관한 법률 시행령」 제69조 제3호에 해당하는 사람

상기 자료는 2024년 서울시 교육청 공고문 기준이에요. 2025년 시험 응시 예정자는 최신 공고문을 꼭 확인하세요.

시험 접수부터 합격까지

시험 접수 방법

각 시 · 도 교육청 공고를 참조하여 접수 기간 내에 현장 혹은 온라인으로 접수합니다.

접수 기간 내에 접수하지 못하면 시험을 응시할 수 없으니 주의가 필요해요!

시험 당일 준비물

• 수험표 및 신분증(만17세 미만의 응시자는 청소년증, 주민등록번호가 포함된 여권 혹은 여권정보증명서)
• 샤프 또는 연필, 펜, 지우개와 같은 필기도구와 답안지 작성을 위한 컴퓨터용 수성사인펜, 답안 수정을 위한 수정테이프, 아날로그 손목시계 디지털 손목시계는 금지되어 있어요!
• 소화가 잘 되는 점심 도시락

입실 시간

• 1교시 응시자는 시험 당일 오전 8시 40분까지 지정 시험실에 입실합니다.
• 2~7교시 응시자는 해당 과목의 시험 시간 10분 전까지 시험실에 입실합니다.

시험 진행

이제부터 실력 발휘를 할 시간!

구분	1교시	2교시	3교시	4교시	점심	5교시	6교시	7교시
시간	09:00 ~ 09:40 (40분)	10:00 ~ 10:40 (40분)	11:00 ~ 11:40 (40분)	12:00 ~ 12:30 (30분)	12:30 ~ 13:30	13:40 ~ 14:10 (30분)	14:30 ~ 15:00 (30분)	15:20 ~ 15:50 (30분)
과목	국어	수학	영어	사회		과학	한국사	선택*

* 선택 과목에는 도덕, 기술·가정, 체육, 음악, 미술이 있습니다.

유의 사항

• 수험생은 고사 시간에 휴대 전화 등의 통신기기를 일절 소지할 수 없습니다. 만약 반입 금지 물품을 소지할 경우 사용 여부를 불문하고 부정행위로 간주됩니다.
• 수험생은 시험 중 시험 시간이 끝날 때까지 퇴실할 수 없습니다. 다만, 불가피한 사유로 퇴실할 경우 퇴실 후 재입실이 불가능하며 별도의 지정 장소에서 시험 종료 시까지 대기하여야 합니다.

합격자 발표

• 시 · 도 교육청 홈페이지에서 발표합니다.
• 100점 만점 기준으로 전과목 평균 60점 이상을 취득해야 합니다.
• 평균 60점을 넘지 못했을 경우 60점 이상 취득한 과목은 과목 합격으로 간주되어, 이후 시험에서 본인이 원한다면 해당 과목의 시험은 치르지 않을 수 있습니다.

모두 목표했던 결과를 얻을 수 있도록 응원할게요!

How to study

선생님이 알려 주는 합격 전략

Q 2015 개정 교육과정이 적용된 출제 범위를 알고 싶어요.

국어의 경우 문법에서 가장 큰 변화가 있었는데요. 바로 '문법 요소'와 관련한 높임법, 피동 표현의 출제입니다. 이러한 변화는 당분간 이어질 것으로 예상되므로, '문법 요소'를 집중적으로 학습할 필요가 있습니다. 그 외 영역에서는 대체로 기존 문제 유형이 유지되었으나 문학에서 새 교육과정에 해당하는 작품이 출제되었습니다.

Q 출제 난이도가 궁금해요. 공부를 놓은 지 오래되었는데 합격할 수 있을까요?

고졸 검정고시는 고등학교 1학년 과정을 바탕으로 출제되고 있습니다. 중등 과정과 비교해 보아도 작품 및 문제의 난이도 차이가 있을 뿐, 학습하는 개념은 크게 다르지 않아 어렵지 않습니다. 따라서 두려움보다는 자신감을 갖고 학습하시면 됩니다.

Q 그렇다면, 지난 시험에서는 어떻게 출제되었나요?

2024년 1회 국어 시험은 이렇게 출제되었습니다.

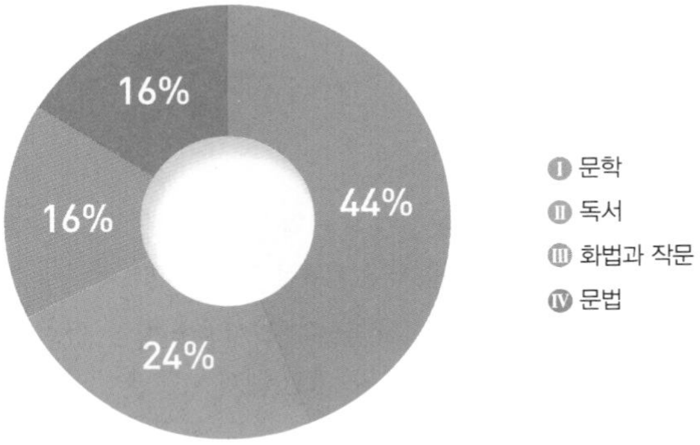

이번 시험에서는 영역별 비중 및 출제 유형이 크게 달라지지 않았지만, 새로운 작품들의 등장으로 문제 해결에 있어 평소보다 시간이 더 걸렸을 것이라 생각됩니다. 또한 기존의 1회 시험과 다르게 이번 시험은 높은 난이도로 출제되었습니다. 특히 문법 영역의 난이도가 높아졌으며, 6세트 지문 중에 5세트의 지문이 처음 등장했습니다. 이러한 변화를 바탕으로 작품 자체의 학습보다는 영역별 유형 학습이 더욱 중요할 때입니다.

Q 저는 일단 합격을 목표로 하고 있는데 어떻게 공부해야 할까요?

효과적인 학습을 위해서는 먼저 최신 기출문제를 풀어본 후, 자신의 학습 수준을 체크하고 시작하는 것이 좋아요. 교재의 처음부터 순서대로 학습하는 것보다는 스스로 부족하다고 생각하는 영역부터 시작하는 것이 효율적입니다. 국어는 '화법과 작문, 문법, 문학, 독서'의 순서로 문제가 출제되고 있는데, 각 영역별 기본 개념을 정확하게 학습하고 문제 풀이를 통해 꾸준히 연습하는 것이 중요합니다. 특히 문법과 고전 문학은 사전 학습 없이는 문제를 푸는 것이 힘들기 때문에 반드시 꼼꼼하게 학습해야 합니다.

Q 대학 진학을 위해 고득점을 받고 싶은데, 어떻게 공부해야 할까요?

대학 진학을 위해 고득점을 목표로 한다면, 먼저 교재의 기본 개념을 꼼꼼하게 학습한 후 다양한 문제를 풀며 꾸준히 연습하는 것이 효과적입니다. 기출문제집과 모의고사를 통해 실전과 똑같이 연습하면서, 특히 '오답 체크'를 중요하게 생각해야 해요. 검정고시는 문제의 유형뿐만 아니라 선지도 반복됩니다. 따라서 정답과 오답의 이유를 명확하게 파악하고 그 과정에서 개념을 견고하게 만들어야 합니다. 또한 각 영역별, 유형별 접근 방법을 꾸준하게 연습하는 것이 이후 대학 진학을 위한 국어 학습에 도움이 될 것입니다.

100점을 목표로 한다면 에듀윌 기출문제집, 핵심총정리, 모의고사를 추가로 공부하세요. 목표에 더 가까이 갈 수 있을 거예요!

I

문학

CHECK POINT

01 현대 시

시적 화자가 처한 상황, 시적 화자의 정서 파악, 시의 심상, 시의 표현 방식

02 고전 시가

갈래별 특징, 현대어 풀이

03 현대 소설

소설의 특징, 등장인물 간의 갈등, 소재의 상징적 의미, 작품 속 서술자와 시점

04 고전 소설

표현상 특징, 서술 구조

05 수필 · 극

갈래별 특징, 소설과의 차이점

다양한 작품들을 통해
문학의 갈래와 특징을
알아보러 떠나 볼까?
멍!

01 현대 시

이번 단원에서는 시적 화자, 상황, 정서, 태도 및 표현 방식 등 시를 감상하는 데 필요한 요소를 학습하게 됩니다.

1 시의 이해

시에서는 운율, 심상, 함축 세 가지를 기억해야 해요.
또한 '시적 화자', '시적 상황'을 파악한 후 '정서와 태도'를 생각하며 시를 감상하도록 해요.

마음속에 떠오르는 생각이나 느낌을 운율이 있는 언어로 압축하여 함축적으로 나타내는 문학이다.

1. 시적 화자

시 속에서 말하는 사람으로, 시인이 자신의 생각과 감정을 전달하기 위해 설정한 대리인이다. 작가와 항상 일치하지는 않는다.

2. 시적 대상

시에서 화자의 말을 들어 주는 청자뿐만 아니라 사람, 사물, 상황, 현상, 관념 등 시의 소재가 되는 모든 것이 시적 대상이 된다.

3. 시적 상황

시적 화자나 시적 대상이 처해 있는 상황을 말한다.

4. 정서와 태도

화자가 지니는 다양한 감정과 생각을 정서라고 하고, 그 정서가 겉으로 드러난 모습과 대응 방식을 태도라고 한다.

쏙쏙 이해 더하기 정서와 태도에 관한 어휘

관조	대상과 거리를 두고 담담하게 바라봄	예찬	대상에 대해 감탄하며 찬양함
낙관	상황이나 대상을 희망적으로 바라봄	자조	자기 자신을 비웃음
냉소	쌀쌀한 태도로 비웃음	저항	어떤 힘이나 조건에 굽히지 않고 버팀
달관	걱정 등에서 벗어나 얽매이지 않음	조소	비웃음
도피	상황에 맞서지 않고 피함	지향	어떤 목표를 향해 나아가고자 함
비판	대상이 지닌 부당함을 밝힘	체념	부정적 현실에서 희망을 단념함
성찰	자신의 마음을 반성하고 되돌아봄	탈속	속세를 벗어나서 살고자 함
수용	상황을 받아들임	풍류	멋스럽고 풍치 있는 태도
승화	더 높은 상태로 발전함	회의	대상에 대한 의심을 품음

꼼꼼 단어 돋보기

● **운율**
시의 음성적 형식. 음의 강약, 장단, 고저 또는 동음이나 유음의 반복으로 이루어진다.

● **함축적**
말이나 글이 어떤 뜻을 속에 담고 있는 것

● **소재**
어떤 것을 만드는 데 바탕이 되는 재료

5. 어조

(1) 개념: 말의 억양, 강세 등 화자가 사용하는 말의 특징적인 느낌과 말투를 말한다.

(2) 종류

① 애상적 어조: 슬퍼하거나 가슴 아파하는 느낌의 어조이다.
② 강인한 어조: 강하고 의지적이며 씩씩한 느낌의 어조이다.
③ 부드러운 어조: 부드럽고 조용하며 섬세한 느낌의 어조이다.
④ 영탄적 어조: 감탄을 통해 화자의 정서를 드러내는 어조이다.
⑤ 관조적 어조: 대상과 거리를 두고 차분하게 바라보는 느낌의 어조이다.
⑥ 격정적 어조: 의지적인 내용이나 격한 감정을 강하게 표현하는 어조이다.

6. 심상

(1) 개념: 시어에 의해 마음속에 그려지는 구체적 사물의 형상이나 느낌 또는 그것으로부터 떠오르는 감각적인 인상을 말하며, '이미지'라고도 한다.

(2) 종류

① 시각적 심상: 형태 묘사나 색채어 등을 사용하여 눈으로 보는 듯한 느낌을 주는 심상을 말한다.

> 우물 속에는 달이 밝고 구름이 흐르고 하늘이 펼치고 파아란 바람이 불고 가을이 있습니다.
> – 윤동주, 「자화상」 –

② 청각적 심상: 귀로 듣는 듯한 느낌을 주는 심상을 말한다.

> 서리 까마귀 우지짖고 지나가는 초라한 지붕
> – 정지용, 「향수」 –

③ 후각적 심상: 코로 냄새를 맡는 듯한 느낌을 주는 심상을 말한다.

> 매화 향기 홀로 아득하니
> – 이육사, 「광야」 –

④ 미각적 심상: 혀로 맛을 보는 듯한 느낌을 주는 심상을 말한다.

> 흡사 / 정처럼 옮아오는 / 막걸리 맛
> – 김용호, 「주막에서」 –

⑤ 촉각적 심상: 피부에 닿는 듯한 느낌을 주는 심상을 말한다.

> 내 볼에 와 닿던 네 입술의 뜨거움
> – 신경림, 「가난한 사랑 노래」 –

⑥ 공감각적 심상: 하나의 감각을 다른 종류의 감각으로 전이하여 표현하는 심상, 즉 두 개 이상의 감각이 결합하여 나타나는 심상을 말한다.

> 분수처럼 흩어지는 푸른 종소리
> – 김광균, 「외인촌」 –

✚ 시의 심상
어떤 감각을 사용했느냐에 따라 시각, 청각, 후각, 미각, 촉각적 심상으로 나뉘며 두 가지 이상의 감각을 사용하여 전이가 나타날 때 이를 공감각적 심상이라고 한다.

7. 운율

(1) **개념**: 시에서 느껴지는 말의 가락으로, 보통 어떤 요소가 규칙적으로 반복될 때 형성된다.

(2) **종류**

① **일정한 음운의 반복**: 특정 음운을 반복하여 운율을 형성한다.

> 갈래갈래 갈린 길 / 길이라도(ㄹ 반복)
>
> – 김소월, 「길」 –

② **일정한 음보나 음절 수의 반복**: 호흡의 단위나 글자 수를 규칙적으로 반복하여 운율을 형성한다.

> 산 너머 남촌에는 누가 살길래 / 해마다 봄바람이 남으로 오네.
> 3음보 3음보
>
> – 김동환, 「산 너머 남촌에는」 –

③ **문장 구조의 반복**: 구절이나 행을 이루는 특정 문장 구조를 반복하여 운율을 형성한다.

> 별 하나에 추억과 / 별 하나에 사랑과 / 별 하나에 쓸쓸함과 / 별 하나에 동경과 / 별 하나에 시와 / 별 하나에 어머니, 어머니
>
> – 윤동주, 「별 헤는 밤」 –

④ **음성 상징어의 사용**: 의성어나 의태어를 사용하여 운율을 형성한다.

> 보리피리 불며 / 봄 언덕 / 고향 그리워 / 피–ㄹ 닐니리.
>
> – 한하운, 「보리피리」 –

2 시의 표현 방식

시인은 자신의 의도 및 생각을 전달하기 위해 다양한 표현 방식을 활용해요.

1. 비유

(1) **개념**: 어떤 현상이나 사물을 설명할 때 다른 현상이나 사물에 빗대어 설명하는 방법이다. 보통 원관념과 보조 관념으로 이루어져 있다.

(2) **종류**

① **의인법**: 사람이 아닌 것을 사람처럼 표현한다.

> 헤어지자 / 섬세한 손길을 흔들며 / 하롱하롱 꽃잎이 지는 어느 날
>
> – 이형기, 「낙화」 –

② **활유법**: 생명이 없는 것을 생명이 있는 것처럼 표현한다.

> 목이 긴 / 메아리가 / 자맥질을 / 하는 곳
>
> – 유재영, 「둑방길」 –

③ **직유법**: '~처럼, ~같이, ~인 듯'의 형식으로 표현한다.

> 구름에 달 가듯이 / 가는 나그네
>
> – 박목월, 「나그네」 –

✚ 원관념과 보조 관념

원관념	시인이 본래 표현하고자 하는 대상
보조 관념	원관념의 뜻이나 분위기가 잘 드러나도록 도와주기 위해 끌어들인 대상

④ **은유법**: 'A=B', 'A는 B이다' 형식으로 표현한다.

> 나는 나룻배, / 당신은 행인.
>
> – 한용운, 「나룻배와 행인」 –

⑤ **대유법**: 사물의 부분적인 특성으로 전체를 대신 표현한다.

> 지금은 남의 땅 – 빼앗긴 들에도 봄은 오는가?
>
> – 이상화, 「빼앗긴 들에도 봄은 오는가」 –

2. 변화

(1) 개념: 문장의 구조에 다양한 변화를 주는 방법이다.

(2) 종류

① **대구법**: 비슷하거나 동일한 문장 구조를 짝을 맞춰 늘어놓는다.

> 민들레가 피고 까치가 날고 / 아가씨가 지나고 바람이 일고
>
> – 윤동주, 「새로운 길」 –

② **도치법**: 문장 또는 단어를 일반적인 순서와 다르게 배치한다.

> 사랑도 모르리 내 혼자 마음은.
>
> – 김영랑, 「내 마음을 아실 이」 –

③ **설의법**: 일부러 의문의 형식으로 표현하여 변화를 준다.

> 그대 아는가 / 나의 등판을
> 어깨에서 허리까지 길게 내리친 / 시퍼런 칼자욱을 아는가.
>
> – 이형기, 「폭포」 –

④ **반어법**: 참뜻과 반대되는 말로 표현한다.

> 먼 훗날 당신이 찾으시면
> 그때에 내 말이 '잊었노라.'
>
> – 김소월, 「먼 후일」 –

⑤ **역설법**: 겉으로는 모순된 것처럼 보이지만 그 안에 진리를 담고 있는 표현 방법이다.

> 밤에 홀로 유리를 닦는 것은
> 외로운 황홀한 심사이어니
>
> – 정지용, 「유리창」 –

쏙쏙 이해 더하기 반어와 역설

구분	반어	역설
공통점	모순성을 지님	
표면적 진술	문법적으로 이상이 없음	논리적 모순을 일으킴
예	나 보기가 역겨워 / 가실 때에는 / 죽어도 아니 눈물 흘리우리다.	아아, 님은 갔지마는 나는 님을 보내지 아니하였습니다.

꼼꼼 단어 돋보기

● **배치하다**
사람이나 물자 따위를 일정한 자리에 나누어 두다.

● **모순**
어떤 사실이 이치상 어긋나서 서로 맞지 않음

3. 강조

(1) 개념: 단어, 어구 등을 반복하거나 과장하는 등의 형태로 말하고자 하는 바를 강조하는 방법이다.

(2) 종류

① **반복법**: 단어, 어구, 문장을 반복하여 강조한다.

> 사랑하던 그 사람이여!
> 사랑하던 그 사람이여!
>
> – 김소월, 「초혼」 –

② **과장법**: 실제보다 크거나 작게 표현한다.

> 한강(漢江) 물이 뒤집혀 용솟음칠 그날이,
> 이 목숨이 끊기기 전에 와 주기만 할 양이면
> 나는 밤하늘에 날으는 까마귀와 같이
> 종로(鐘路)의 인경을 머리로 들이받아 울리오리다.
>
> – 심훈, 「그날이 오면」 –

③ **영탄법**: 감탄사를 사용하여 고조된 감정을 표현한다.

> 님은 갔습니다. 아아, 사랑하는 나의 님은 갔습니다.
>
> – 한용운, 「님의 침묵」 –

④ **점층법**: 문장의 뜻을 점점 강하게, 크게 표현한다.

> 영상으로 영상 5도 영상 13도 지상으로
> 밀고 간다, 막 밀고 올라간다
>
> – 황지우, 「겨울 – 나무로부터 봄 – 나무에로」 –

쏙쏙 이해 더하기 시의 표현 방식에 따른 예

구분	예	구분	예
의인법	꽃이 웃는다.	설의법	가난하다고 해서 사랑을 모르겠는가
활유법	산이 나래를 펼치고	반어법	나 보기가 역겨워 / 가실 때에는 / 죽어도 아니 눈물 흘리우리다.
직유법	사과 같은 내 얼굴	역설법	괴로웠던 사나이 / 행복한 예수 그리스도에게처럼
은유법	내 마음은 호수요	반복법	해야 솟아라, 해야 솟아라, 말갛게 씻은 얼굴 고운 해야 솟아라.
대유법	인간은 빵만으로 살 수 없다.	과장법	간이 콩알만 하다. / 배가 남산만 하다.
대구법	눈이 오면 눈길을 걸어가고 / 비가 오면 빗길을 걸어가라.	영탄법	오! 나의 친구여!
도치법	보고 싶다, 네가	점층법	가정을 위해, 국가를 위해, 더 나아가 세계를 위해 노력하자.

꼼꼼 단어 돋보기

● **나래**
흔히 문학 작품 따위에서 '날개'를 이르는 말

● **말갛다**
산뜻하게 맑다.

4. 상징

작품에 상징적인 시어가 쓰인 경우 그 의미를 작품의 여러 맥락을 통해 추측하고 해석하며 시를 감상해 보세요.

(1) 개념: 추상적인 관념이나 내용을 구체적인 사물이나 양식으로 나타내는 것을 말한다.

> 청무우 밭인가 해서 내려갔다가는
> 어린 날개가 물결에 젖어서
> 공주처럼 지쳐서 돌아온다.
>
> 삼월달 바다가 꽃이 피지 않아서 서글픈
> 나비 허리에 새파란 초생달이 시리다.
>
> – 김기림, 「바다와 나비」 –

'바다'는 냉혹한 현실을 상징하며, '나비'는 꿈을 가진 나약하고 연약한 존재로 문명에 대응하는 지식인을 상징한다.

(2) 종류

관습적 상징	같은 공동체의 사람들 사이에서 오랜 세월 동안 사용되어 보편적인 의미를 지니게 된 상징 ⓔ 비둘기(평화), 대나무(절개) 등
개인적 상징	작가가 작품 안에서 독창적으로 만들어 낸 창조적이고 문학적인 상징 ⓔ 삼월달 바다(냉혹한 현실)가 꽃이 피지 않아서 서글픈 나비(나약한 지식인) 허리에 새파란 초생달이 시리다. – 김기림, 「바다와 나비」 –
원형적 상징	신화나 전설 등과 관련된 것으로, 인류의 오랜 역사 속에서 형성되어 여러 사람들에게 유사한 정서나 의미를 불러일으키는 상징 ⓔ 빛(근원, 신성), 물(풍요, 생명) 등

쏙쏙 이해 더하기 비유와 상징

비유	상징
• 원관념이 드러남 • 하나의 의미로 해석됨 • 원관념과 보조 관념 사이에 유사성이 있음	• 원관념이 드러나지 않음 • 다양한 의미로 해석될 수 있음 • 원관념과 보조 관념 사이에 유사성이 없음

5. 감정 이입

시적 화자의 감정을 대상에 이입하여 마치 대상이 그렇게 느끼고 생각하는 것처럼 표현하는 방법이다.

> 산꿩도 섧게 울은 슬픈 날이 있었다.
> 산절의 마당귀에 여인의 머리오리가 눈물 방울과 같이 떨어진 날이 있었다.
>
> – 백석, 「여승」 –

'산꿩'은 서러움을 느끼기 어려운 존재이다. '산꿩'이 서럽다는 것은 '산꿩'이 시 속 상황을 이해하고 서러워하는 것이 아니라, 시적 화자가 느끼는 서러움을 '산꿩'에 이입하여 표현한 것으로 볼 수 있다.

꼼꼼 단어 돋보기

● **추상적**
구체성이 없이 사실이나 현실에서 멀어져 막연하고 일반적인

● **이입하다**
옮기어 들이다.

6. 객관적 상관물

시적 화자가 감정을 이입하는 대상을 의미하기도 하고, 화자가 어떤 정서를 느끼게 되는 계기를 제공하는 대상을 지칭하기도 한다.

> 훨훨 나는 저 꾀꼬리
> 암수 서로 정답구나.
> 외로워라 이 내 몸은
> 뉘와 함께 돌아갈까.
>
> – 유리왕, 「황조가」 –

이 작품에서 정다운 '꾀꼬리'의 모습을 본 시적 화자는 외로움을 느끼게 된다. 따라서 '꾀꼬리'는 시적 화자의 외로움을 환기하는 객관적 상관물이다.

7. 추상적 대상의 구체화

눈으로 볼 수 없는 관념이나 대상을 구체적 대상으로 형상화하는 방법이다.

> 동지(冬至)ㅅ 돌 기나긴 밤을 한 허리를 버혀 내여
> 춘풍(春風) 니불 아레 서리서리 너헛다가
> 어론 님 오신 날 밤이여든 구뷔구뷔 펴리라.
>
> – 황진이, 「동지ㅅ 돌 기나긴 밤을」 –

'밤'은 실제로 보거나 만질 수 없는 추상적 대상(시간)이다. 그런데 이 시에서는 '밤'을 허리가 있어 베어 낼 수 있으며, 넣었다가 다시 펼 수 있는 구체적 대상으로 형상화하였다.

✚ 감정 이입과 객관적 상관물의 차이점

감정 이입은 화자의 감정을 대상에 불어넣는 표현 방법으로, 감정 이입의 주체와 대상의 감정이 동일하다. 한편, 객관적 상관물은 화자의 감정을 드러내기 위해 동원된 사물이나 정황이므로 주체와 대상의 감정이 항상 동일한 것은 아니다.

3 시상 전개 방식

'시상 전개 방식'은 선지에 자주 등장하니 꼭 알아 두세요.

(1) **개념**: '시상'이란 시에 담긴 시인의 생각이나 상념을 말하고, '시상 전개'란 시인의 생각을 일정한 질서에 따라 전개하는 것을 말한다.

(2) 종류

공간의 이동	시적 공간의 이동에 따라 시상을 전개하는 방식
기승전결	시상 제시 – 시상의 반복 심화 – 시상 전환 – 시상 마무리
선경후정	사물 또는 풍경을 그림을 그리듯이 보여 준 다음 화자의 정서를 표출하는 방식
시간의 흐름	시간이나 계절의 흐름에 따라 시상을 전개하는 방식
시상의 전환	시상을 전개하면서 작품의 분위기나 어조, 화자의 정서 및 태도를 변화시키는 방식
시선의 이동	먼 데서 가까운 데로 혹은 위에서 아래로 등 시선을 옮기면서 시상을 전개하는 방식
어조의 변화	어조를 변화시킴으로써 시상의 전환을 가져오는 방식
점층적 전개	시상이 전개됨에 따라 시어의 의미나 단어의 형태, 화자의 정서나 의지, 시적 상황 등을 통해 감정이나 의지가 고조되는 방식

꼼꼼 단어 돋보기

● **관념**
어떤 일에 대한 견해나 생각

● **형상화**
형체로는 분명히 나타나지 않은 것을 어떤 방법이나 매체를 통하여 구체적이고 명확한 형상으로 나타냄

4 관점에 따른 감상

1. 문학의 소통 구조

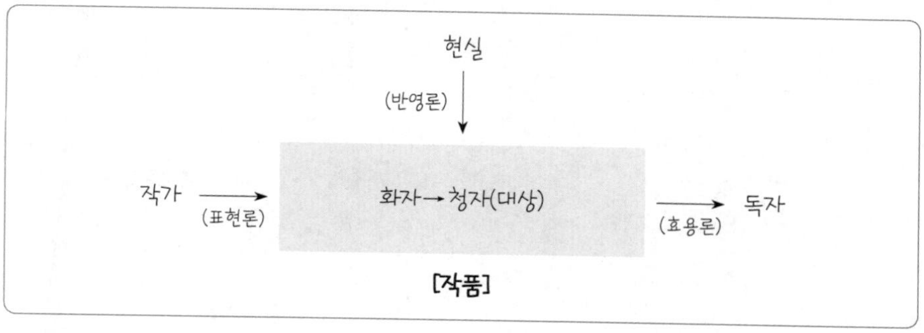

2. 문학 감상의 관점

(1) **내재적 관점(절대주의적 관점):** 작품의 내용이나 형식적 측면에 중점을 두고 감상하는 관점이다.

예 이 작품은 3음보의 운율을 형성하고 있다.

(2) **외재적 관점:** 작품 바깥에 있는 것(작가, 현실, 독자)을 기준으로 작품을 감상하는 관점이다.

① **표현론적 관점:** 작품을 작가의 체험, 사상, 감정을 표현한 것으로 보고, 작가에 주목하여 작품을 감상하는 관점이다.

예 작가가 승려였음을 고려할 때, 이 시에서 '당신'은 '부처'로 해석할 수 있다.

② **반영론적 관점:** 작품을 현실의 반영으로 보고, 작품의 내용을 현실과의 관계를 바탕으로 해석하는 관점이다.

예 일제 강점기에 쓰인 시임을 고려할 때, '해'는 광복을 의미한다.

③ **효용론적 관점:** 작품이 독자에게 미치는 효용을 중시하여, 작품을 읽고 나서 독자가 얻는 교훈이나 감동에 주목하여 작품을 감상하는 관점이다.

예 이 작품을 읽고 나서, 나도 앞으로는 의지적으로 살아야겠다고 생각했다.

✚ 문학 감상의 관점

내재적 관점	작품 내적 요소에 초점을 두는 관점
외재적 관점	작품 외적 요소에 초점을 두는 관점

꼼꼼 단어 돋보기

● **관점**
사물이나 현상을 관찰할 때, 그 사람이 보고 생각하는 태도나 방향 또는 처지

진달래꽃 김소월

| 2013년 1회

나 보기가 역겨워
(마음에 거슬려)

가실 때에는
(이별의 상황 가정)

말없이 고이 보내 드리우리다.
(애원이나 원망 없이)

···→ 1연: 이별의 정한(기)

영변에 약산
(실제 지명을 사용–향토적, 토속적 분위기)

㉠진달래꽃
(화자의 분신, 사랑의 표상, 한의 표상)

아름 따다 가실 길에 뿌리우리다.
(산화공덕의 전통 계승)

···→ 2연: 임에 대한 사랑과 축복(승)

가시는 걸음걸음

놓인 그 꽃을
(임에 대한 '나'의 희생적 사랑)

사뿐히 즈려밟고 가시옵소서.

···→ 3연: 자기희생을 통한 사랑의 표현(전)

나 보기가 역겨워

가실 때에는

㉡죽어도 아니 눈물 흘리우리다.
(반어법, 도치법, 애이불비)

···→ 4연: 슬픔의 초극과 승화(결)

(1연과 4연: 수미상관)

이해와 감상

이 작품은 우리 민족의 보편적 정서인 '이별의 정한'을 노래한 시로, 민요적 율격과 애절하고 부드러운 어조를 통해 이별의 슬픔과 그것을 극복하려는 내적 의지를 형상화하고 있다.

작품 정리

갈래 : 자유시, 서정시
성격 : 전통적, 애상적, 민요적, 향토적
주제 : 승화된 이별의 정한(情恨)
특징
- 7·5조, 3음보의 민요적 율격을 사용함
- 반어적 표현으로 정서를 제시함
- 부드럽고 간절한 어조를 보임
- '~우리다'의 반복을 통해 운율을 형성함

한눈에 콕콕

'진달래꽃'의 상징적 의미
- 화자의 분신
- 한(恨)의 표상
- 임을 향한 사랑과 정성

음악성을 드러내는 요소
- 7·5조, 3음보의 민요적 율격
- 시행의 규칙적인 배열
- 1연과 4연의 수미상관
- 종결형 어미 '~우리다'의 반복에 의한 각운

반어적 표현

죽어도 아니 눈물 흘리우리다
- 표면적 의미: 떠나는 임을 축복하며 눈물을 흘리지 않겠다는 다짐
- 이면적 의미: 임이 떠나지 않기를 바라는 속마음

꼼꼼 단어 돋보기

● **산화공덕**
불교의 전통 의식 중 하나로, 부처님이 지나가는 길에 꽃을 뿌려 공덕을 기림

● **애이불비**
슬프지만 겉으로는 슬픔을 나타내지 않음

● **수미상관**
첫 연을 끝 연에 다시 반복하는 문학적 구성. 내용을 반복함으로써 의미를 강조하며 운율을 형성함

▶ '이별의 정한'을 노래한 다른 작품과의 비교

구분		진달래꽃	서경별곡	가시리
공통점	상황	사랑하는 사람과의 이별		
	주제	이별의 슬픔		
	운율	3음보		
	어조	부드러운 어조		
차이점	화자의 태도	이별의 상황을 수용하고 슬픔을 인내하겠다는 소극적이고 순종적인 태도	이별을 거부하려는 의사를 직접적으로 표출하는 적극적인 태도	이별의 상황을 수용하지만 임이 돌아오기를 끝까지 기다리겠다는 의지적인 태도

시험에 이렇게 나와요

01 윗글의 표현상 특징과 효과로 적절하지 않은 것은?

① 각 연을 3행으로 배열하여 형태적 안정감을 얻었다.
② 시대적 현실에 대한 고뇌와 슬픔이 바탕에 깔려 있다.
③ 반어법을 사용하여 임에 대한 화자의 심정을 드러냈다.
④ 유사한 시구를 처음과 끝에 반복하여 주제를 강조했다.

02 ㉠의 의미로 적절하지 않은 것은?

① 임에 대한 화자의 사랑을 의미한다.
② 임의 앞날을 축복하기 위한 소재이다.
③ 화자가 맞이하게 될 밝은 미래를 암시한다.
④ 임이 떠나지 않기를 바라는 화자의 마음을 대변한다.

03 ㉡에 대한 설명으로 적절하지 않은 것은?

① 애이불비의 의지를 보이고 있다.
② 화자의 속마음과 반대로 표현하고 있다.
③ 상황과 모순되는 역설적 표현을 사용하고 있다.
④ 이별의 정한을 사랑으로 승화시키려는 의지가 나타나 있다.

정답 해설 2쪽
01 ② 02 ③ 03 ③

향수 정지용

| 2015년 1회

넓은 벌 동쪽 끝으로 / 옛이야기 지줄대는 실개천이 휘돌아 나가고,
(의인법)

얼룩백이 황소가 / 해설피 ㉠금빛 게으른 울음을 우는 곳,
(공감각적 심상(청각의 시각화))

— 그곳이 차마 꿈엔들 잊힐 리야.
(후렴구 - 운율 형성, 그리움 강조, 설의법)

⋯→ 1연: 고향의 한가롭고 평화로운 정경

질화로에 재가 식어지면 / 비인 밭에 밤바람 소리 말을 달리고,
(시간의 흐름) (공감각적 심상(청각의 시각화))

엷은 졸음에 겨운 늙으신 아버지가 / 짚베개를 돋아 고이시는 곳,

— 그곳이 차마 꿈엔들 잊힐 리야.

⋯→ 2연: 겨울밤의 정경과 늙은 아버지의 모습

흙에서 자란 내 마음 / 파아란 하늘빛이 그리워
(시적 화자) (이상향, 꿈과 소망)

함부로 쏜 화살을 찾으려 / 풀섶 이슬에 함추름 휘적시던 곳,
(유년 시절의 꿈과 이상)

— 그곳이 차마 꿈엔들 잊힐 리야.

⋯→ 3연: 순수했던 어린 시절의 모습

전설 바다에 춤추는 밤물결 같은
(직유법(원관념: 검은 귀밑머리))

검은 귀밑머리 날리는 어린 누이와 / 아무렇지도 않고 예쁠 것도 없는
(평범하고 소박함)

사철 발 벗은 아내가 / 따가운 햇살을 등에 지고 이삭 줍던 곳,
(가난함) (촉각적 심상)

— 그곳이 차마 꿈엔들 잊힐 리야.

⋯→ 4연: 어린 누이와 아내

하늘에는 성근 별 / 알 수도 없는 모래성으로 발을 옮기고,
(신비롭고 동화적인 분위기)

서리 까마귀 우지짖고 지나가는 초라한 지붕,
(청각적 심상)

흐릿한 불빛에 둘러앉아 도란도란거리는 곳,
(가난하지만 단란하고 행복한 가족의 모습)

— 그곳이 차마 꿈엔들 잊힐 리야.

⋯→ 5연: 가난하지만 단란한 가족의 모습

이해와 감상

이 작품은 시적 화자가 어린 시절을 보낸 고향을 생각하는 내용을 담은 시이다. 가난하지만 평화로웠던 고향의 모습을 회상하며, 고향에 대한 간절한 그리움을 노래하고 있다.

작품 정리

갈래 : 자유시, 서정시
성격 : 묘사적, 향토적, 감각적
주제 : 고향에 대한 그리움
특징
- 다양한 감각적 이미지를 구사함
- 후렴구가 반복되는 병렬식 구조를 보임
- 향토적 소재와 시어를 사용함

✚ 행과 연 구분

'/'은 행을 구분하는 표시이고, '//'은 연을 구분하는 표시이다.

한눈에 콕콕

시상 전개

1연	2연	3연	4연	5연
고향 마을의 평화롭고 한적한 정경(원경)	겨울밤 집 풍경과 아버지에 대한 그리움	꿈을 키우던 유년 시절 회상	누이와 아내의 모습 회상	화목하고 단란한 가족의 모습

후렴구의 역할

그곳이 차마 꿈엔들 잊힐 리야. ➡
- 시에 형태적 통일성을 줌
- 각 연의 끝에서 반복되어 운율을 형성함
- 고향에 대한 그리움이라는 주제 의식을 강조함

공감각적 심상 – 청각의 시각화

- 금빛 게으른 울음
- 밤바람 소리 말을 달리고

➡ 원래의 감각(청각)을 다른 감각(시각)으로 전이시켜 표현함

시험에 이렇게 나와요

04 윗글에 대한 설명으로 적절하지 않은 것은?

① 고향에 대한 기억을 병렬적으로 제시하고 있다.
② 화자가 살던 고향에 대한 추억을 제시하고 있다.
③ 후렴구를 활용하여 화자의 정서를 심화하고 있다.
④ 반어적 기법을 통해 현실에 대한 부정적 태도를 나타내고 있다.

05 ㉠과 유사한 심상의 유형이 드러나는 것은?

① 울음이 타는 가을 강
② 새파란 초생달이 시리다
③ 분수처럼 흩어지는 푸른 종소리
④ 금(金)으로 타는 태양의 즐거운 울림

06 윗글을 영상으로 제작한다고 할 때, 그 내용으로 적절하지 않은 것은?

① 바다와 접한 시골 농촌에서 누이가 일하는 모습을 그려야 해.
② 피곤에 지친 아버지가 짚베개를 돋우며 조시는 모습을 보여야 해.
③ 평범한 얼굴의 아내가 들판에서 이삭을 줍는 모습을 그려야 할 거야.
④ 허름한 농가에서 가족들이 단란하게 이야기하는 모습을 그려야 해.

정답 해설 2쪽

04 ④ 05 ③ 06 ①

유리창 1 정지용

유리에 ㉠차고 슬픈 것이 어른거린다.
화자와 죽은 아이 사이의 매개체
열없이 붙어 서서 입김을 흐리우니
기운 없이, 힘없이
길들은 양 ㉡언 날개를 파닥거린다.
사라지는 입김이 만들어 낸 형상
지우고 보고 지우고 보아도
죽은 아이에 대한 간절한 그리움이 반영된 행동
㉢새까만 밤이 밀려 나가고 밀려와 부딪치고,

물먹은 별이, 반짝, 보석처럼 박힌다.
화자의 눈물 속에 비친 별
밤에 홀로 유리를 닦는 것은
죽은 아이와 다시 만나고 싶은 화자의 간절함이 반영된 행동
외로운 황홀한 심사이어니,
아이의 죽음으로 인한 외로움과 아이의 환영을 볼 수 있다는 황홀함이 공존함(역설법)
고운 폐혈관이 찢어진 채로
아이가 죽은 원인
아아, 늬는 ㉣산새처럼 날아갔구나!
화자의 비애가 집약적으로 드러남

이해와 감상

이 작품은 유리창을 매개로 하여 어린 자식을 잃은 화자의 슬픔과 그리움을 감각적으로 그려 낸 시이다.

작품 정리

갈래 : 자유시, 서정시
성격 : 상징적, 감각적, 회화적
주제 : 자식을 잃은 슬픔과 죽은 아이에 대한 그리움
특징
- 선명하고 감각적인 이미지를 사용함
- 화자의 감정을 절제하여 표현함
- 역설적 표현을 사용하여 화자의 정서를 효과적으로 드러냄

한눈에 콕콕

유리창의 이중적 기능

창 안		창밖
• 이승, 삶의 세계 • 화자가 현재 머물고 있는 공간	— 유리창 —	• 저승, 죽음의 세계 • 대상(죽은 자식, 산새)이 머무는 공간

역설법

외로움		황홀함
죽은 자식에 대한 그리움과 슬픔	+	유리창을 통해 죽은 자식의 이미지를 볼 수 있음

시험에 이렇게 나와요

07 윗글의 표현상 특징으로 적절하지 않은 것은?

① 비유적 표현을 사용하여 대상을 나타내고 있다.
② 영탄법을 사용하여 화자의 정서를 표현하고 있다.
③ 시상의 전환을 통해 시적 긴장감을 형성하고 있다.
④ 역설적 표현을 사용하여 대상에 대한 인식을 드러내고 있다.

08 ㉠~㉣ 중 가리키는 대상이 다른 하나는?

① ㉠ ② ㉡ ③ ㉢ ④ ㉣

09 윗글의 화자에 대한 이해로 가장 적절한 것은?

① 자신의 삶에 대한 성찰을 보여 주고 있다.
② 긍정적 미래에 대한 인식을 나타내고 있다.
③ 부정적 현실에 대한 극복 의지를 표출하고 있다.
④ 부재하는 대상에 대한 그리움을 드러내고 있다.

정답 해설 2쪽

07 ③ 08 ③ 09 ④

비

정지용

돌에

그늘이 차고,
비 오기 전 먹구름이 끼고 어두워짐

따로 몰리는
바람이 마치 보이는 것처럼 느껴짐
소소리 바람.
이른 봄에 살 속으로 스며드는 듯한 차고 매서운 바람

앞섰거니 하여

꼬리 치날리어 세우고,
① 빗방울이 앞다투어 떨어지며 튀어 오르는 모습을 시각화함
② 빗방울의 모습을 꼬리를 치켜세우고 바쁘게 가는 산새의 모습으로 비유함

종종 다리 •까칠한

산(山)새 걸음걸이.
① 빗방울이 점점 세차게 떨어지는 모습을 시각화함
② 빗방울의 모습을 빗방울을 튀기며 바쁘게 가는 산새의 걸음으로 비유함

•여울지어

수척한 흰 물살,
물줄기가 가늘게 흐르는 모습을 비유함(의인화)

「갈갈이

손가락 펴고.」 「 」: 물줄기가 가늘게 여러 갈래로 퍼져 나가는 모습을 의인화함

멎은 듯

새삼 •듣는 빗낱
빗방울

색채 이미지
붉은 잎 잎
반복을 통해 잎사귀마다 떨어지는 빗줄기를 표현함
소란히 밟고 간다.
굵어진 빗줄기의 모습(청각적, 시각적, 활유적 표현)

이해와 감상

이 작품은 비 내리는 모습을 한 폭의 그림을 보는 듯한 느낌으로 표현하고 있는 시이다. 비가 오기 전의 모습부터 비가 내리는 과정이 시간의 흐름에 따라 짧고 절제된 감각으로 묘사되어 있다.

작품 정리

갈래 : 자유시, 서정시
성격 : 묘사적, 감각적
주제 : 비 내리는 정경
특징
- 비 내리는 풍경을 시간의 흐름에 따라 그려냄
- 간결한 시행과 감각적인 묘사가 두드러짐

꼼꼼 단어 돋보기

● 까칠하다
야위거나 메말라 살갗이나 털이 윤기가 없고 조금 거칠다.

● 여울
강이나 바다 따위의 바닥이 얕거나 폭이 좁아 물살이 세게 흐르는 곳

● 듣다
눈물, 빗물 따위의 액체가 방울져 떨어지다.

한눈에 콕콕

비가 내리는 모습에 따른 시상 전개

비가 내리기 전	먹구름이 끼고 바람이 불기 시작함
⬇	
빗방울	빗방울이 새의 모습처럼 튀어 오름
⬇	
가는 빗줄기	물줄기가 여울을 이루어 여러 갈래로 흐름
⬇	
굵은 빗줄기	굵은 빗줄기가 나뭇잎 위로 다시 떨어짐

표현에 따른 정서나 분위기

생동감 있는 감각적 표현

⬇

빗방울이 떨어지는 모습, 빗물이 여울을 이루어 흐르는 모습 등 비 내리는 풍경을 눈앞에서 보듯 감각적으로 나타냄

겉으로 드러나지 않는 절제된 감정 표현

⬇

화자의 감정을 직접 드러내지 않고 비 오는 날의 풍경을 객관적으로 묘사하여 마치 그림을 감상하는 듯한 느낌을 줌

시험에 이렇게 나와요

10 윗글에 대한 설명으로 적절하지 않은 것은?

① 대상을 의인화한 표현이 나타나 있다.
② 시간의 흐름에 따라 시상을 전개하고 있다.
③ 섬세하게 갈고 다듬은 시어를 구사하고 있다.
④ 공감각적 이미지를 통해 선명한 인상을 드러내고 있다.

11 윗글에 나타난 시적 화자의 태도로 가장 적절한 것은?

① 경이로운 자연 현상을 예찬하고 있다.
② 대상에게 공감하며 연민을 느끼고 있다.
③ 비가 내리는 정경을 관조적으로 바라보고 있다.
④ 현실의 괴로움을 이겨 내고자 하는 의지를 보여 주고 있다.

12 다음 설명과 관계 깊은 연으로 적절한 것은?

> 빗방울이 땅에 떨어져 튀어 오르는 모습을 다른 대상의 구체적인 동작에 빗대어 시각적으로 표현하였다.

① 1연　② 3연　③ 6연　④ 8연

정답 해설 2쪽

10 ④　11 ③　12 ②

절정 이육사

2023년 1회

매운 계절(季節)의 채찍에 갈겨
(일제 강점기 / 탄압, 시련)

마침내 북방(北方)으로 휩쓸려 오다
(수평적 공간의 극한 지점)

⋯→ 1연: 수평적 공간에서의 극한 상황(기)

하늘도 그만 지쳐 끝난 고원(高原)
(수직적 공간의 극한 지점)

서릿발 칼날진 그 위에 서다
(생존의 극한 상황 – 절정)

⋯→ 2연: 수직적 공간에서의 극한 상황(승)

어데다 무릎을 꿇어야 하나?

한 발 재겨 디딜 곳조차 없다
(심리적 극한 상황)

⋯→ 3연: 극한 상황에서의 화자의 심리(전)

이러매 눈 감아 생각해 볼밖에
(인식의 전환)

㉠겨울은 강철로 된 무지갠가 보다
(역설을 통한 초극 의지)

⋯→ 4연: 극한 상황을 초극하려는 의지(결)

한눈에 쏙쏙

시상 전개 방식

기	수평적 극한 – 북방	화자의 상황
승	수직적 극한 – 고원	
전	극한 상황에 대한 인식	화자의 인식
결	극한 상황에 대한 극복 의지	

화자의 태도

극단적인 절망의 상황에서도 희망을 잃지 않고 초극하려는 자신의 의지와 결단을 강렬한 어조를 통해 드러낸다.

역설적 인식과 초극 의지

겨울, 강철	+	무지개
혹독한 시련의 시간, 차가운 이미지		희망, 황홀한 이미지

⬇

겨울은 강철로 된 무지개
역설적 인식을 통한 극한 상황의 초월

화자는 강철이 가진 차갑고 비정한 금속성의 이미지와 무지개의 황홀한 이미지를 결합시켜 비극적이면서도 황홀한 느낌을 표현하고 있다. 이는 극한적인 현실 상황에 대한 화자의 역설적 인식으로, 관조적 자세를 통해 비극적 상황을 초극하려는 의지를 표현한 것으로 볼 수 있다.

이해와 감상

이 작품은 견디기 어려운 극한 상황에서 오히려 그것을 관조의 정신으로 받아들이는 강인함을 절제된 언어로 보여 주고 있다.

작품 정리

갈래: 자유시, 서정시
성격: 상징적
주제: 극한 상황에서의 초월적 인식
특징
- 역설적 표현을 통해 주제를 효과적으로 형상화함
- 상징적 시어와 강인한 어조로 의지를 표출함
- 현재형 시제를 사용하여 긴박감을 더함

꼼꼼 단어 돋보기

● **관조적**
고요한 마음으로 사물이나 현상을 관찰하거나 비추어 보는 것

시험에 이렇게 나와요

13 윗글에 나타난 화자의 태도로 가장 적절한 것은?

① 극한의 상황에서도 관조적 태도를 보이고 있다.
② 나약한 자신에 대한 반성의 태도가 나타나 있다.
③ 현실 상황에 대한 체념적 태도를 드러내고 있다.
④ 세속적인 것을 버리고 자연과의 합일을 소망하고 있다.

14 ㉠에 나타난 표현 기법이 사용되지 <u>않은</u> 것은?

① 두 볼에 흐르는 빛이 / 정작으로 고와서 서러워라
② 괴로웠던 사나이 / 행복한 예수 그리스도에게처럼
③ 밤에 홀로 유리를 닦는 것은 / 외로운 황홀한 심사이어니
④ 나 보기가 역겨워 / 가실 때에는 / 죽어도 아니 눈물 흘리우리다

15 윗글을 크게 두 부분으로 나눌 때, 각 부분의 성격을 잘 나타낸 것은?

① 공간의 상승 – 갈등의 극복
② 극한의 상황 – 역설적 의지
③ 저항의 의지 – 화해와 초월
④ 고통의 역사 – 자아의 고독

정답 해설 2쪽

13 ① 14 ④ 15 ②

광야 이육사

| 2018년 2회

㉠까마득한 날에 / 하늘이 처음 열리고 / 어데 ㉡닭 우는 소리 들렸으랴
과거 / 생명의 기척 / 설의법
··· 1연: 광야의 원시성

모든 산맥(山脈)들이
바다를 연모(戀慕)해 휘달릴 때도
의인법, 역동적 이미지
차마 이곳을 범(犯)하던 못하였으리라
광야
··· 2연: 광야의 광활함과 신성성

끊임없는 광음(光陰)을
시간, 세월
부지런한 ㉢계절(季節)이 피어선 지고
세월의 흐름을 꽃이 피고 지는 시각적 이미지로 표현
큰 강물이 비로소 길을 열었다
역사, 문명
··· 3연: 역사의 태동

지금 눈 내리고
현재 – 일제 강점기
매화 향기(梅花香氣) 홀로 아득하니
고난에 굴하지 않는 민족의 정기, 조국 광복의 기운
내 여기 ㉣가난한 노래의 씨를 뿌려라
속죄양 모티프, 자기희생의 의지
··· 4연: 광야의 현실 상황과 극복 의지

다시 천고(千古)의 뒤에
미래
백마(白馬) 타고 오는 초인(超人)이 있어
조국 광복을 이끌 후손, 미래 역사의 주인공
이 광야에서 목 놓아 부르게 하리라
역사의 현장, 민족의 터전
··· 5연: 민족의 미래에 대한 신념

한눈에 콕콕

시간의 순서에 따른 추보식 구성

과거	➡	현재	➡	미래
까마득한 날		지금		천고의 뒤

시어의 의미

닭 우는 소리	생명의 기척	매화 향기	조국 광복의 기운
강물	인류의 역사, 문명	백마 타고 오는 초인	조국 광복을 이끌 후손, 미래 역사의 주인공
눈	고난, 시련, 부정적 현실	광야	역사의 현장, 민족의 터전

이해와 감상

이 작품은 강인한 어조를 통해 암울한 현실 상황에 대한 인식과 민족의 밝은 미래를 위해 자신을 희생하겠다는 의지를 표현하고 있다.

작품 정리

갈래 : 자유시, 서정시
성격 : 의지적, 저항적, 미래 지향적
주제 : 조국 광복에 대한 의지와 염원
특징
- 독백적 어조로 내면의 신념을 드러냄
- 속죄양 모티프를 통해 주제를 형상화함
- 시간의 흐름에 따라 시상을 전개함

16 윗글에 대한 설명으로 적절하지 않은 것은?

① 화자는 현재 상황에 절망하고 있다.
② 시간의 흐름에 따라 내용이 전개되고 있다.
③ 강인한 어조로 화자의 태도를 드러내고 있다.
④ 4연에서 '눈'은 부정적 현실이자, 극복해야 하는 고통을 의미한다.

17 ㉠~㉣의 의미로 적절하지 않은 것은?

① ㉠: 과거(태초)
② ㉡: 생명의 기척
③ ㉢: 계절(세월)의 흐름
④ ㉣: 우리 민족의 암담한 현실

18 윗글과 〈보기〉가 같은 시대적 배경을 지녔다고 할 때, 두 작품에 대한 감상의 결과로 보기 어려운 것은?

보기

> 죽는 날까지 하늘을 우러러 / 한 점 부끄럼이 없기를,
> 잎새에 이는 바람에도 / 나는 괴로워했다.
> 별을 노래하는 마음으로 / 모든 죽어 가는 것을 사랑해야지.
> 그리고 나한테 주어진 길을 / 걸어가야겠다.
>
> 오늘 밤에도 별이 바람에 스치운다.
>
> – 윤동주, 「서시」 –

① 두 작품 모두 현실에 대한 인식을 창작 동기로 삼고 있다.
② 〈보기〉의 '별을 노래하는 마음'에서 시적 화자가 지향하는 도덕적 순결성이 나타난다.
③ 윗글은 미래에 대해 긍정적인 시각을 보이고 있고, 〈보기〉는 부정적인 시각을 보이고 있다.
④ 윗글에는 현실 극복에 대한 의지가 드러나 있고, 〈보기〉에는 미래의 삶에 대한 의지가 강하게 나타난다.

정답 해설 2쪽
16 ① 17 ④ 18 ③

남신의주 유동 박시봉방

백석

「어느 사이에 나는 아내도 없고, 또,
「 」: 현실적 문제로 인한 고향 상실과 가족 공동체의 비극
아내와 같이 살던 집도 없어지고,
단란하고 오붓한 가정
그리고 살뜰한 부모며 동생들과도 멀리 떨어져서,
가족과 떨어져 있는 화자의 처지
그 어느 바람 세인 쓸쓸한 거리 끝에 헤매이었다.」
'센'을 늘여 쓴 말(시적 허용)
바로 날도 저물어서,
바람은 더욱 세게 불고, 추위는 점점 더해 오는데,
암울한 현실, 시련
나는 어느 목수(木手)네 집 헌 ●샅을 깐,
박시봉
한 방에 들어서 ●쥔을 붙이었다.
방 한 칸
이리하여 나는 이 습내 나는 춥고, ●누긋한 방에서,
좋지 않은 환경
낮이나 밤이나 나는 나 혼자도 너무 많은 것같이 생각하며,
자기 몸 하나 건사하기 힘들 정도로 어려운 생활
「●딜옹배기에 ●북덕불이라도 담겨 오면,
「 」: 화자의 무기력한 모습
이것을 안고 손을 쬐며 재 우에 뜻 없이 글자를 쓰기도 하며,
또 문밖에 나가지두 않구 자리에 누워서,
머리에 손깍지 벼개를 하고 굴기도 하면서,」
뒹굴기도
나는 내 슬픔이며 어리석음이며를 소처럼 연하여 ●쌔김질하는 것이었다.
회한의 정서 / 반복적으로 지난 일을 생각함(지나온 삶에 대한 반성)
「내 가슴이 꽉 메어 올 적이며,
「 」: 슬픔과 회한을 느끼게 하는 지난 시절
내 눈에 뜨거운 것이 핑 괴일 적이며,
또 내 스스로 화끈 낯이 붉도록 부끄러울 적이며,」
나는 내 슬픔과 어리석음에 눌리어 죽을 수밖에 없는 것을 느끼는 것이었다.
삶에 대한 절망과 체념
그러나 잠시 뒤에 나는 고개를 들어,
시상 전환 / 절망 → 희망(화자의 태도 변화)
허연 문창을 바라보든가 또 눈을 떠서 높은 천정을 쳐다보는 것인데,
이때 나는 내 뜻이며 힘으로, 나를 이끌어 가는 것이 힘든 일인 것을 생각하고,
무기력한 자아 인식
이것들보다 더 크고, 높은 것이 있어서, 나를 마음대로 굴려 가는 것을 생각하는 것인데,
개인의 의지를 초월하는 존재, 운명 / 운명론적 세계관
이렇게 하여 여러 날이 지나는 동안에,
내 어지러운 마음에는 슬픔이며, 한탄이며, 가라앉을 것은 차츰 앙금이 되어 가라앉고,
마음의 진정, 내면의 안정

이해와 감상

이 작품의 제목은 '신의주 남쪽 유동에 사는 박시봉 집에서'라는 뜻으로 편지에 적은 발신인의 주소에 해당한다. 서간체 형식으로 자아에 대한 진지한 성찰을 보여 주고 있다.

작품 정리

갈래 : 자유시, 서정시
성격 : 고백적, 반성적, 의지적
주제 : 무기력한 삶에 대한 반성과 새로운 삶에 대한 의지

특징
- 편지 형식을 빌려 화자의 근황을 드러냄
- 평안도 방언과 향토적인 시어를 사용하여 토속적인 분위기를 형성함
- 쉼표(,)의 잦은 활용으로 내재율을 획득함
- 산문적 서술을 통해 시상을 전개함

+ '남신의주 유동 박시봉방'의 의미

남신의주 유동이라는 지역에 사는 박시봉이라는 사람의 집이라는 의미이다. '방(方)'은 예전에 편지에서 세대주나 집주인의 이름 아래 붙여 그 집에 거처하고 있음을 나타낸 말이다.

꼼꼼 단어 돋보기

● 샅
갈대를 엮어서 만든 자리

● 쥔을 붙이다
주인집에 세 들어 살다.

● 누긋하다
메마르지 않고 좀 눅눅하다.

● 딜옹배기
질옹배기. 둥글넓적하고 아가리가 벌어진 작은 질그릇

● 북덕불
짚이나 풀, 겨 따위가 뒤섞여 엉클어진 뭉텅이에 피운 불

● 쌔김질
새김질

외로운 생각만이 드는 때쯤 해서는,
가족에 대한 그리움

더러 나줏손에 쌀랑쌀랑 싸락눈이 와서 문창을 치기도 하는 때도 있는데,
시련

나는 이런 저녁에는 화로를 더욱 다가 끼며, 무릎을 꿇어 보며,
반성과 성찰의 자세

어니 먼 산 뒷옆에 바우 섶에 따로 외로이 서서,

「어두워 오는데 하이야니 눈을 맞을, 그 마른 잎새에는,
「 」: 추위를 견디는 의지적 모습

쌀랑쌀랑 소리도 나며 눈을 맞을,」

그 드물다는 굳고 정한 갈매나무라는 나무를 생각하는 것이었다.
고난을 이겨 내는 의지적 삶의 표상(객관적 상관물)

한눈에 콕콕

시상 전개의 과정

1~8행	상실과 방랑 끝에 어느 목수의 집에 세를 얻어 살게 됨(시적 화자의 고난과 방황)
9~19행	좌절과 실의 속에 무기력하게 살면서 죽음까지 생각하는 절망적 상황에 이름(시적 화자의 번민과 고통)
20~23행	삶의 고달픔과 슬픔이 운명적인 것임을 깨달음(현실적 한계의 수용)
24~32행	겸허한 자세로 다시 운명을 긍정하고 현실을 극복하겠다는 의지를 다짐함(무기력한 삶에 대한 반성과 현실 극복의 의지)

'갈매나무'의 상징성

어두워 오는 하늘 밑에서 하얗게 눈을 맞고 있음 ➡ 시련 속에서도 의연하게 삶을 살아가겠다는 화자의 의지를 드러내는 소재

꼼꼼 단어 돋보기

- **나줏손**
  저녁 무렵
- **어니**
  어느
- **바우 섶**
  바위 옆
- **갈매나무**
  갈매나뭇과의 낙엽 활엽 관목. 높이는 2~5미터이며, 나무껍질은 연한 잿빛을 띤다.

시험에 이렇게 나와요

19 윗글의 표현상 특징으로 적절하지 않은 것은?

① 담담한 어조로 정서를 드러내고 있다.
② 산문적 서술을 통해 시상을 전개하고 있다.
③ 역설적 표현을 통해 시적 의미를 강조하고 있다.
④ 편지 형식을 통해 화자의 근황을 드러내고 있다.

20 윗글의 화자에 대한 설명으로 가장 적절한 것은?

① 화자의 직업은 목수(木手)이다.
② 화자는 밤낮없이 바쁘게 일한다.
③ 화자는 적극적인 자세로 불의에 저항한다.
④ 화자는 자신의 운명을 겸허히 받아들인다.

정답 해설 2쪽
19 ③ 20 ④

자화상 윤동주

| 2022년 1회

산모퉁이를 돌아 논가 외딴 ㉠우물을 홀로 찾아가선 가만히 들여다봅니다.
자아 성찰의 매개체 / 자아 성찰

「우물 속에는 달이 밝고 구름이 흐르고 하늘이 펼치고 파아란 바람이 불고 가을이 있습니다.」
「 」: 평화롭고 아름다운 우물 속 자연 풍경(열거법) / 시적 허용

그리고 한 사나이가 있습니다.
우물에 비친 자신의 모습(암울한 현실의 초라한 자아)

어쩐지 그 사나이가 미워져 돌아갑니다.
화자의 정서 ① 현실적 자아에 대한 부끄러움

「돌아가다 생각하니 그 사나이가 가엾어집니다.
「 」: 애증의 반복으로 인한 내적 갈등 / 화자의 정서 ② 자신에 대한 연민

도로 가 들여다보니 사나이는 그대로 있습니다.」

다시 그 사나이가 미워져 돌아갑니다.
화자의 정서 ③ 현실적 자아에 대한 미움

돌아가다 생각하니 그 사나이가 그리워집니다.
화자의 정서 ④ 순수했던 과거의 모습, 이상적 자아에 대한 그리움

우물 속에는 달이 밝고 구름이 흐르고 하늘이 펼치고 파아란 바람이 불고 가을이 있고 추억(追憶)처럼 사나이가 있습니다.
2연의 반복, 변주(구성상 안정감과 균형감 부여) / 순수했던 과거 자신의 모습 발견 → 현실적 자아와의 화해, 내적 갈등 해소

이해와 감상

이 작품은 일제 강점기라는 암울한 현실 속에서 우물을 들여다보는 행위를 통해 자신을 성찰하고자 하는 화자의 모습을 형상화하고 있다.

작품 정리

갈래 : 자유시, 서정시

성격 : 성찰적, 고백적

주제 : 자아 성찰과 자신에 대한 애증

특징

- 평서문을 사용하여 산문적으로 진술함
- 구체적 행동을 통해 화자의 심리 변화를 형상화함
- 수미상관의 구성으로 시적 안정감을 부여함

한눈에 콕콕

시어의 의미

자화상	스스로의 얼굴을 바라보며 자신의 삶을 반성한다는 의미
우물	자아 성찰의 매개체
자연	초라한 자아와 대조되는 순수하고 아름다우며 조화로운 대상
사나이	우물 속에 비친 자신의 모습(현실의 초라한 자아)

우물 속 풍경과 현실의 대조

우물 속 풍경		현실		
평화롭고 아름다운 자연의 모습	↔ 대조	'한 사나이'의 부끄러운 모습	➡	과거 추억 속 순수했던 자아의 모습을 발견함 (내적 갈등의 해소)

시험에 이렇게 나와요

21 윗글에 대한 설명으로 적절하지 않은 것은?

① 공간의 이동에 따라 시상을 전개하고 있다.
② 차분한 어조로 자기 성찰의 과정을 그리고 있다.
③ 화자의 행동을 통해 심리 변화를 형상화하고 있다.
④ 시구의 반복을 통해 형태적 안정감을 부여하고 있다.

22 ㉠에 대한 설명으로 적절하지 않은 것은?

① 시적 화자가 벗어나고자 하는 현재의 관습에 해당한다.
② 시적 화자가 자신을 성찰하도록 하는 매개 역할을 한다.
③ 시적 화자의 초라한 현실을 확인하게 하는 구실이 된다.
④ 시적 화자가 자신의 과거 모습을 발견하게 하는 역할을 한다.

23 윗글에 나타난 화자의 심리 및 태도로 적절하지 않은 것은?

① 자기 자신에게 연민을 느낌
② 자기 자신에 대해 미움을 느낌
③ 꿈을 이루고자 하는 의지를 다짐
④ 순수했던 과거 자신의 모습을 떠올림

정답 해설 2쪽
21 ① 22 ① 23 ③

별 헤는 밤 윤동주

계절이 지나가는 하늘에는

가을로 가득 차 있습니다.
쓸쓸함의 정서를 불러일으킴

…→ 1연: 계절적 배경 제시(현재)

나는 아무 걱정도 없이
순수한 마음으로

가을 속의 ㉠별들을 다 헤일 듯합니다.
밝고 아름다운 이상 세계, 과거 회상의 매개체, 화자가 지향하는 내적 세계

…→ 2연: 순수한 마음으로 별을 바라봄(현재)

가슴속에 하나 둘 새겨지는 별을
화자의 내면세계에 떠오르는 여러 가지 상념과 추억

이제 다 못 헤는 것은

쉬이 아침이 오는 까닭이요,
현실적 제약

내일 밤이 남은 까닭이요,
마음의 여유

아직 나의 청춘이 다하지 않은 까닭입니다.
미래에 대한 희망

…→ 3연: 별을 다 세지 못하는 까닭(현재)

별 하나에 추억과

별 하나에 사랑과 ☐: 화자에게 의미 있는 삶의 가치나 화자가 그리워하는 대상(열거법)

별 하나에 쓸쓸함과

별 하나에 동경과

별 하나에 시와

별 하나에 어머니, 어머니,

…→ 4연: 별을 보며 상념에 잠김(과거)

「어머님, 나는 별 하나에 아름다운 말 한 마디씩 불러 봅니다. 소학교 때 책상을 같이
「 」: 1~4연과 달리 산문 형식으로 그리움의 대상들을 구체적으로 열거하며 리듬에 변화를 주고 있음

했던 아이들의 이름과, 패(佩), 경(鏡), 옥(玉) 이런 이국 소녀들의 이름과, 벌써 애기
유년 시절 북간도에서 만났던 중국 소녀들의 이름

어머니 된 계집애들의 이름과, 가난한 이웃 사람들의 이름과, 비둘기, 강아지, 토끼,
연약하고 순수한 생명체들

노새, 노루, '프랑시스 잠', '라이너 마리아 릴케', 이런 시인의 이름을 불러 봅니다.」

…→ 5연: 아름다웠던 과거에 대한 그리움(과거)

이네들은 너무나 멀리 있습니다.
별을 보며 화자가 떠올린 것들

이해와 감상

이 작품은 밤하늘의 별을 보며 아름다웠던 과거를 그리워하고, 자아 성찰을 하는 화자의 모습을 형상화한 시이다.

작품 정리

갈래 : 자유시, 서정시
성격 : 서정적, 성찰적
주제 : 과거에 대한 그리움과 자아 성찰
특징
- '현재–과거–현재–미래'라는 시간의 흐름에 따른 시상 전개
- 상징적 시어를 통해 화자의 정서를 드러냄
- 동일한 문장 구조를 반복적으로 배치함으로써 운율을 형성하고 화자의 정서를 강조함

별이 아슬히 멀듯이,
① 화자와 추억의 대상들 사이의 물리적 거리감을 말해 줌
② 고독한 상황에 처한 화자의 그리움을 심화시킴

→ 6연: 너무나 멀리 있는 추억의 대상들(과거)

어머님,

그리고 당신은 멀리 북간도에 계십니다.
시인의 고향, 과거 회상의 구체적인 공간

→ 7연: 어머니에 대한 그리움(과거)

나는 무엇인지 그리워
아름다움과 순수 등 화자가 지향하는 이상적 가치
이 많은 별빛이 내린 언덕 위에
아름다움, 순수
내 이름자를 써 보고,
자아 성찰의 태도를 구체적인 행위로 나타냄
흙으로 덮어 버리었습니다.
부끄러움을 느꼈기 때문에

→ 8연: 자아 성찰을 하며 부끄러움을 느끼는 화자(현재)

딴은 밤을 새워 우는 벌레는
암울하고 불확실한 현실 상황
부끄러운 이름을 슬퍼하는 까닭입니다.
행동하지 못하는 무기력한 자아에 대한 반성

→ 9연: 현재의 삶에 대한 부끄러움(현재)

□: 시상 전환
그러나 겨울이 지나고 나의 별에도 봄이 오면
암울하고 불확실한 현실 상황 / 생명력의 회복(조국의 광복)
무덤 위에 파란 잔디가 피어나듯이
소멸, 죽음 / 부활과 재생
「내 이름자 묻힌 언덕 위에도
「 」: 부끄럽지 않은 삶을 살다 간 존재의 모습을 환기시킴
자랑처럼 풀이 무성할 게외다.」
부활과 재생

→ 10연: 소생과 부활에 대한 소망(미래)

한눈에 콕콕

시어의 상징적 의미

시어	상징적 의미
별	밝고 아름다운 이상 세계, 과거 회상의 매개체, 화자가 지향하는 내적 세계
밤, 겨울	암울하고 불확실한 현실 상황(일제 강점기)
봄	생명력의 회복(조국의 광복)
파란 잔디, 풀	부활과 재생

시험에 이렇게 나와요

24 윗글의 표현상 특징으로 적절하지 <u>않은</u> 것은?

① 고백적 어조를 사용한다.
② 자연에 대한 예찬적 태도를 표현하고 있다.
③ 종결 어미의 반복을 통해 운율을 형성하고 있다.
④ 미래의 소망을 통해 현실 극복 의지를 표현하고 있다.

25 ㉠의 시적 기능과 의미에 대한 설명으로 적절하지 <u>않은</u> 것은?

① 과거를 회상하게 하는 매개체 역할을 하고 있다.
② 순수하고 아름다운 세계와 대상을 환기하고 있다.
③ 이상 추구와 좌절이라는 의미를 드러내 보이고 있다.
④ 내면세계의 갖가지 상념과 추억을 함축적으로 제시하고 있다.

26 윗글에 대한 설명으로 적절하지 <u>않은</u> 것은?

① 시적 화자는 자신의 현재 모습을 성찰하고 있다.
② 시적 화자는 과거의 아름답던 시절을 떠올리고 있다.
③ '북간도'는 시적 화자의 과거 회상의 구체적 공간이다.
④ '어머니'라는 시어는 시적 화자에게 죄책감을 불러일으키게 한다.

정답 해설 2쪽

24 ② 25 ③ 26 ④

눈 김수영

| 2021년 1회

눈은 살아 있다 □: 평서형 어미의 반복 – 대상이 지닌 가치에 대한 확신을 드러냄

떨어진 눈은 살아 있다
고통을 견디며 살아 있는 순수한 생명력을 지닌 존재
마당 위에 떨어진 눈은 살아 있다

기침을 하자 □: 청유형 어미의 반복 – 공동의 행동을 촉구하는 효과
불순물을 뱉어 내는 정화 행위
젊은 시인이여 기침을 하자
불의와 타협하지 않고 정의와 순수성을 회복하기 위한 행위를 실천하는 사람
눈 위에 대고 기침을 하자

눈더러 보라고 마음 놓고 마음 놓고
기침을 마음 놓고 하지 못했던 현실을 추측할 수 있음
기침을 하자

눈은 살아 있다

죽음을 잊어버린 영혼과 육체를 위하여
죽음을 무릅쓰고 부정적인 현실에 맞서며 살아가는 존재
눈은 새벽이 지나도록 살아 있다
생명력을 보여 주는 시간, 희망의 시간

기침을 하자

젊은 시인이여 기침을 하자

눈을 바라보며

밤새도록 고인 가슴의 가래라도
불순물, 부정적인 것
마음껏 뱉자
현실 대응 자세

이해와 감상

이 작품은 겨울밤에 내리는 '눈'을 대상으로 하여 부정적인 현실의 암담함을 극복하고 순수하고 정의로운 삶을 살고자 하는 의지를 드러내고 있다.

작품 정리

갈래 : 자유시, 서정시
성격 : 의지적, 참여적, 비판적
주제 : 순수하고 정의로운 삶에 대한 소망과 부정적인 현실에 대한 극복 의지

특징
- 부정한 현실에 대한 비판 정신이 드러남
- 대립적 시어, 상징적 시어가 사용됨
- 시구의 점층적 반복과 확장이 나타남
- 일상적 언어를 사용함

한눈에 콕콕

대응 및 대립 구조

1연과 3연	↔	2연과 4연
'눈은 살아 있다'가 반복	기침: 불순물을 뱉어 내는 정화 행위	'기침을 하자'가 반복
눈: 순수한 생명력, 순수, 양심		가래: 내적 불순물, 속물성, 비양심
평서형 문장으로 대상이 지닌 가치에 대한 확신을 나타냄		청유형 문장으로 대상에게 행동할 것을 촉구함

'젊은 시인'의 의미

불의와 타협하지 않고 정의와 순수성을 회복하기 위한 행위를 실천하는 사람
(= 죽음을 잊어버린 영혼과 육체)

시험에 이렇게 나와요

27 윗글을 이해한 내용으로 적절하지 않은 것은?

① '젊은 시인'은 기침을 함으로써 자신의 내면을 깨끗이 하고 있다.
② '눈 위에 대고 기침'을 하는 행위는 마음속 불순함을 없애려는 행위이다.
③ '밤새도록 고인 가슴의 가래'는 순수한 것과 거리가 먼 것들을 의미한다.
④ '죽음을 잊어버린 영혼과 육체'는 순수와 정의를 치열하게 추구하는 모습을 나타낸다.

28 윗글과 〈보기〉를 비교한 내용으로 가장 적절한 것은?

보기

죽는 날까지 하늘을 우러러 / 한 점 부끄럼이 없기를,
잎새에 이는 바람에도 / 나는 괴로워했다.
별을 노래하는 마음으로 / 모든 죽어 가는 것을 사랑해야지.
그리고 나한테 주어진 길을 / 걸어가야겠다.

오늘 밤에도 별이 바람에 스치운다.

– 윤동주, 「서시」 –

① 윗글은 〈보기〉와 달리 반복을 통해 주제를 전달하고 있다.
② 윗글과 〈보기〉 모두 시간의 흐름에 따라 시를 전개하고 있다.
③ 〈보기〉는 윗글과 달리 청자에게 행동 변화를 요구하고 있다.
④ 〈보기〉는 윗글과 달리 자연물에 인격을 부여하는 표현법을 사용하고 있다.

29 다음 질문에 대한 대답으로 가장 적절한 것은?

> 이 시는 1, 3연에서 '눈은 살아 있다'라는 문장을, 2, 4연에서 '기침을 하자'라는 문장을 반복하고 변형함으로써 의미를 점층적으로 강조하고 있습니다. 이러한 표현 방식의 효과는 무엇일까요?

① 운율을 형성하며, 순수한 삶에 대한 화자의 강한 열망을 드러낸다.
② 운율을 형성하며, 삶에 대한 화자의 깊은 절망감을 느낄 수 있게 한다.
③ 어조의 변화를 느낄 수 있으며, 순수한 삶에 대한 화자의 강한 열망을 드러낸다.
④ 어조의 변화를 느낄 수 있으며, 삶에 대한 화자의 깊은 절망감을 느낄 수 있게 한다.

30 윗글의 '눈'과 〈보기〉의 '눈'에 대한 설명으로 가장 적절한 것은?

> 보기
> 눈 마자 휘여진 대를 뉘라셔 굽다턴고
> 구블 절(節)이면 눈 속의 프를소냐
> 아마도 세한 고절(歲寒孤節)은 너뿐인가 하노라

① 〈보기〉의 '눈'은 윗글의 '눈'과 달리 생명력이 강조되고 있다.
② 윗글의 '눈'은 〈보기〉의 '눈'과 달리 화자의 의지와 대립되는 존재이다.
③ 〈보기〉의 '눈'은 시간적 배경을 나타내고 있지만, 윗글의 '눈'은 공간적 배경을 나타내고 있다.
④ 윗글의 '눈'은 순수한 생명력을 가진 존재이지만, 〈보기〉의 '눈'은 시적 대상에게 시련을 안겨 주는 존재이다.

정답 해설 2쪽

27 ① 28 ① 29 ①
30 ④

너를 기다리는 동안 황지우

네가 오기로 한 그 자리에
기다림의 대상
내가 미리 가 너를 기다리는 동안
화자의 처지
다가오는 모든 「발자국은
「 」: 청각적 심상
내 가슴에 쿵쿵거린다」
발자국의 주인이 '너'일지도 모른다는 기대감(기다림의 심정)
바스락거리는 나뭇잎 하나도 다 내게 온다
기다림의 절실함
기다려 본 적이 있는 사람은 안다
동질감 유발
세상에서 기다리는 일처럼 가슴 애리는 일 있을까
설의법
네가 오기로 한 그 자리, 내가 미리 와 있는 이곳에서
막연한 기다림이 아닌 만남의 확신을 갖는 기다림
문을 열고 들어오는 모든 사람이

너였다가
'너'일 것이라는 확신(소망의 간절함)
너였다가, 너일 것이었다가
'너'이기를 바라는 소망(확신의 약화)
다시 문이 닫힌다
'너'가 아님을 확인(실망)
···› 1~12행: 간절한 마음으로 너를 기다림
사랑하는 이여
기다림의 대상
오지 않는 너를 기다리며

마침내 나는 너에게 간다
화자의 태도 변화(시상 전환)
···› 13~15행: 너를 기다리며 마침내 너에게 감
아주 먼 데서 나는 너에게 가고
공간적 거리감
아주 오랜 세월을 다하여 너는 지금 오고 있다
시간적 거리감
아주 먼 데서 지금도 천천히 오고 있는 너를

너를 기다리는 동안 나도 가고 있다
기다림의 태도 변화: 소극적 → 적극적
남들이 열고 들어오는 문을 통해

내 가슴에 쿵쿵거리는 모든 발자국 따라
의성어를 통해 '너'에 대한 그리움을 나타냄
너를 기다리는 동안 나는 너에게 가고 있다
기다림을 능동적으로 표현하여 만남에 대한 의지를 강조(역설법)
···› 16~22행: 너와의 만남에 대한 의지

이해와 감상

이 작품은 청각적 심상과 의성어 등을 통해 기다림의 애틋한 감정을 효과적으로 전달하고 있다.

작품 정리

갈래 : 자유시, 서정시
성격 : 감각적, 고백적, 희망적
주제 : 누군가를 기다리는 동안의 절실함, 사랑하는 이를 기다리는 간절한 마음
특징
- 청각적 심상과 의성어를 사용하여 기다림의 초조함을 표현함
- 동일한 시구의 반복으로 운율을 형성함
- 역설적 표현을 통해 능동적 기다림의 자세를 강조함

한눈에 콕콕

표현 및 구조상의 특징

전반부와 후반부의 대칭 구조	➡	기다림의 변화를 드러냄
동일한 시구의 반복	➡	운율을 형성하고 간절함을 표현함
청각적 심상, 의성어의 사용	➡	기다림의 초조함을 표현함
역설적 표현	➡	능동적 기다림의 자세를 강조함

기다림의 자세

너를 기다림	소극적 기다림	➡ 마침내	너에게 다가감	적극적 기다림

시험에 이렇게 나와요

31 윗글의 어조로 가장 적절한 것은?

① 자기반성적 어조
② 엄숙하고 묵직한 어조
③ 간절한 기다림과 희망이 나타난 어조
④ 부정적 현실에 대한 풍자와 냉소의 어조

32 윗글에 대한 설명으로 가장 적절한 것은?

① 자조적 표현을 통해 현실의 모순을 드러낸다.
② 전체적으로 '기 – 승 – 전 – 결'의 짜임을 보여 준다.
③ 반복과 변주를 통해 화자의 상황과 정서를 강조한다.
④ 강렬한 색채 이미지의 대비를 통해 생동감을 부여한다.

33 윗글의 화자가 심리를 독백한다고 할 때 가장 적절한 것은?

① 이번 일을 계기로 내가 어떤 사람인지 제대로 깨달았어.
② 나는 지금까지 소극적인 자세에 머물러 있었어. 이제 희망을 갖고 적극적인 태도를 지녀야겠어.
③ 나는 지금까지 무척 단조롭게 살아왔어. 앞으로는 새로운 분야에 관심을 기울이며 변화를 추구해야겠어.
④ 좋은 결과를 얻기 위해서는 꾸준한 노력이 필요해. 꾸준히 노력한 다음에는 그 결과를 냉정하게 평가해야 해.

정답 해설 2쪽

31 ③ 32 ③ 33 ②

울타리 밖 박용래

머리가 마늘쪽같이 생긴 고향의 소녀와
묶인 머리의 모양이 가운데는 둥글고 끝은 가는 것을 '마늘쪽'에 비유함
한여름을 알몸으로 사는 고향의 소년과
원시성, 순수한 모습
같이 낯이 설어도 사랑스러운 들길이 있다
① 처럼 ② 함께 → 이 해석에 따라 '낯이 설어도 사랑스러운'의 수식 범위가 달라짐
…→ 1연: 고향의 소녀, 소년과 들길

그 길에 아지랑이가 피듯 태양이 타듯
사랑스러운 들길
제비가 날듯 길을 따라 물이 흐르듯 그렇게

그렇게
…→ 2연: 들길에 펼쳐지는 자연의 모습

천연(天然)히
생긴 그대로 조금도 꾸밈이 없이 자연스럽게 있는 속성
…→ 3연: 꾸밈이 없는 모습(상태)

울타리 밖에도 화초를 심는 마을이 있다
안과 밖을 구분하지 않는 천연한 행동(따뜻하고 넉넉한 마음)
오래오래 잔광이 부신 마을이 있다

밤이면 더 많이 별이 뜨는 마을이 있다
① 시골이라서 공기가 맑기 때문에
② 천연한 마을이라서 자연이 더 오래, 더 많이 머무르기 때문에
…→ 4연: 천연하게 사는 사람들의 마을과 자연의 조화

한눈에 콕콕

시의 구성

1, 2연	인간과 자연의 모습을 다양한 시어로 표현함 예 소녀, 소년, 들길, 아지랑이, 태양, 제비, 물
3연	• '천연히'라는 단어를 통해 1·2연과 4연을 연결하며 의미의 상관성을 보여 줌 • 시상을 집약하며 주제를 함축함
4연	인간과 자연이 천연히 조화를 이루고 있는 모습을 다양한 시어로 표현함 예 화초, 마을, 잔광, 별

이해와 감상

이 작품은 고향의 소녀와 소년, 들길의 풍경과 길을 따라 흐르는 물을 묘사하여 인간과 자연이 모두 조화를 이룬 모습을 노래하고 있다.

작품 정리

갈래 : 자유시, 서정시
성격 : 서정적, 향토적, 자연 친화적
주제
- 천연한 자연과 인간이 조화된, 아름다운 세계에 대한 소망
- 자연과 인간이 어우러진 고향에 대한 그리움

특징
- 시각적 이미지를 활용하여 풍경을 묘사함으로써 회화성을 살림
- 2연에서 '~듯'이라는 연결 어미를 반복하여 다양한 소재의 동질적 속성을 부각함
- 3연에서 하나의 시어로 독립적인 연을 구성하여 주제 의식을 함축적으로 드러냄

꼼꼼 단어 돋보기

● 마늘쪽
마늘의 낱개

● 잔광
해가 질 무렵의 약한 햇빛

시험에 이렇게 나와요

34 윗글에 대한 설명으로 적절하지 않은 것은?

① 시각적 이미지를 활용하여 풍경을 묘사하고 있다.
② 대구법을 활용하여 고향의 모습을 드러내고 있다.
③ 직유법을 사용하여 대상의 속성을 드러내고 있다.
④ 계절의 흐름을 통해 대상에 대한 그리움을 드러내고 있다.

35 '화초'에 대한 설명으로 적절하지 않은 것은?

① 고향의 평화로운 모습을 드러내는 소재이다.
② 인간과 자연의 조화에 대한 화자의 바람을 나타낸다.
③ 아름다움을 이웃과 함께 누리고자 하는 마음이 담겨 있다.
④ '울타리 안'과 '울타리 밖'을 구분 짓고자 하는 마음이 드러난다.

정답 해설 2쪽

34 ④ 35 ④

귀뚜라미 나희덕

높은 가지를 흔드는 매미 소리에 묻혀
매미가 사는 공간
내 ㉠울음 아직은 ㉡노래 아니다.
귀뚜라미(의인법) 귀뚜라미가 소망하는 것(↔울음)
··· 1연: 매미 소리에 묻힌 귀뚜라미의 울음

차가운 바닥 위에 토하는 울음,
부정적 현실
풀잎 없고 이슬 한 방울 내리지 않는
지하도 콘크리트 벽 좁은 틈에서
귀뚜라미가 처한 열악한 환경
숨막힐 듯, 그러나 나 여기 살아 있다
고통 속에서도 자신이 살아 있음을 알리려는 의지
귀뚜르르 뚜르르 보내는 ●타전 소리가
의성어 살아 있음을 알리는 소리(=울음)
누구의 마음 하나 울릴 수 있을까.
□: 의문형 어미의 반복(설의적 표현)
누군가에게 감동을 줄 수 있을까
··· 2연: 고통 속에서도 꿈과 소망을 잃지 않는 귀뚜라미

지금은 매미 떼가 하늘을 찌르는 시절
계절적 배경(여름)
그 소리 걷히고 맑은 가을이
여름이 지나가고(청각의 시각화)
어린 풀숲 위에 내려와 뒤척이기도 하고
계단을 타고 이 땅 밑까지 내려오는 날
귀뚜라미가 기다리는 날
발길에 눌려 우는 내 울음도
현재 상황
누군가의 가슴에 실려 가는 노래일 수 있을까.
누군가에게 감동을 주는 소리
··· 3연: 가을에는 자신의 울음이 누군가에게 감동을 주는 노래가 되길 희망함

이해와 감상

이 작품은 '귀뚜라미'를 시적 화자로 설정하여 귀뚜라미가 시련의 시간을 지나 가을이 되면 다른 존재에게 감동을 주는 노래를 들려줄 수 있기를 바라는 화자의 소망을 드러내고 있다.

작품 정리

갈래: 자유시, 서정시

성격: 비유적, 미래 지향적

주제: 자신의 노래가 누군가에게 감동을 줄 수 있기를 소망함

특징
- 귀뚜라미를 의인화하여 주제를 표현함
- 다른 대상(매미)과 대조하여 화자의 처지와 소망을 드러냄
- 청각적 심상과 의성어를 사용하여 화자의 상황을 생동감 있게 드러냄
- 의문형 어미를 반복하여 운율을 형성함

꼼꼼 단어 돋보기

● **타전**
전보나 무전을 침

한눈에 콕콕

시적 화자와 시적 상황

시적 화자	나(귀뚜라미)
계절	여름
장소	지하도 콘크리트 벽 좁은 틈
상황	• 매미 소리에 묻혀 '나'의 소리가 다른 이들에게 전해지지 않음 • 열악한 환경에 처해 있지만, 자신의 소리를 전하려 포기하지 않고 노력함 • 가을이 되어 '나'의 소리가 전해져서 누군가에게 감동을 줄 수 있기를 바람

대조적 시어

매미	↔	귀뚜라미
하늘을 찌르는 소리		매우 작은 타전 소리
나무 높은 곳(높은 가지)		지하 낮은 곳(차가운 바닥, 콘크리트 벽 좁은 틈, 이 땅 밑)
여름(현재)		가을(미래의 소망)

시험에 이렇게 나와요

36 윗글에 대한 설명으로 가장 적절한 것은?

① 역설법을 사용하여 주제를 강조하고 있다.
② 의태어를 사용하여 시의 분위기를 형성하고 있다.
③ 다른 대상과 대조하여 화자의 처지와 소망을 드러내고 있다.
④ 의문형 어미를 사용하여 화자와 청자 간의 소통을 강조하고 있다.

37 윗글의 ㉠과 ㉡에 대한 설명으로 가장 적절한 것은?

① ㉠은 기쁨의 소리이고, ㉡은 슬픔의 소리이다.
② ㉠은 믿음의 소리이고, ㉡은 체념의 소리이다.
③ ㉠은 현재의 모습이고, ㉡은 미래의 소망이다.
④ ㉠은 적극적인 모습이고, ㉡은 소극적인 모습이다.

38 윗글의 화자가 추구하는 태도와 가장 유사한 태도를 지닌 사람은?

① 남을 위해 자신을 기꺼이 희생하는 헌신적인 사람
② 열등감에서 벗어나 남보다 자기를 높게 여기는 사람
③ 변화하는 환경에 적응하기 위해 최선을 다하는 사람
④ 힘든 상황에서도 꿈을 잃지 않고 최선을 다하는 사람

정답 해설 2쪽
36 ③ 37 ③ 38 ④

원어(原語) 하종오

동남아인 두 여인이 소곤거렸다

고향 가는 열차에서

나는 말소리에 귀 기울였다

외국인, 이방인에 대한 호기심

각각 무릎에 앉아 잠든 아기 둘은

한국으로 시집온 두 여인의 처지를 알 수 있음

두 여인 닮았다

맞은편에 앉은 나는

짐짓 차창 밖 보는 척하며

인간적인 관심이라기보다는 이질적 대상에 대한 호기심에 불과함

한마디쯤 알아들어 보려고 했다

「휙 지나가는 먼 산굽이 「 」: 풍경 묘사를 통해 낯선 타국에서 살아가는 동남아 여인의 힘든 삶을 드러냄

나무 우거진 비탈에

산그늘 깊었다」

위태롭고 어두운 산그늘의 모습을 통해 두 여인의 외롭고 힘든 삶을 나타냄

두 여인이 잠잠하기에

내가 슬쩍 곁눈질하니

㉠머리 기대고 졸다가 언뜻 잠꼬대하는데

두 여인에게 이질감을 느낌

여전히 알아들을 수 없는 외국 말이었다

두 여인이 동남아 어느 나라 시골에서

우리나라 시골로 시집왔든 간에

여인을 호기심의 대상으로만 여기는 자신의 태도에 대한 성찰, 반성

내가 왜 공연히 호기심 가지는가

한참 자고 난 아기 둘이 칭얼거리자

두 여인이 깨어나 등 토닥거리며 달래었다

㉡「한국말로,

울지 말거레이

집에 다 와 간데이」 「 」: 한국말을 사용하는 두 여인을 보며 우리와 동질적 존재임을 깨달음

이해와 감상

이 작품은 다른 사람을 대하는 자신의 태도와 행동에 대한 성찰을 표현하고 있다.

작품 정리

갈래 : 자유시, 서정시
성격 : 반성적, 서사적
주제 : 결혼 이주 여성들을 보는 시선에 대한 깨달음과 반성

특징
- 짧고 간결한 문장을 활용하여 시상을 서사적으로 전개하고 있음
- 물음의 형식을 통해 화자가 반성하고 있음을 우회적으로 표현함
- 동남아 여인들의 말을 직접적으로 제시하여 화자의 깨달음을 간접적으로 드러냄

한눈에 콕콕

상황에 따라 다른 '원어'의 의미

대화, 잠꼬대를 할 때		
고국의 '원어'(외국 말)를 씀	➡	여인들이 우리와 다르다는 '이질성' 강조

아이를 달랠 때		
한국의 '원어'(한국말)를 씀	➡	여인들이 우리와 다르지 않다는 '동질성' 강조

화자의 태도 변화

이방인에 대한 호기심 ➡ 자신의 태도에 대한 자각과 반성 ➡ 그들이 우리와 동질적 존재임을 깨달음

시험에 이렇게 나와요

39 윗글의 표현상 특징에 대한 설명으로 적절하지 <u>않은</u> 것은?

① 관찰자의 시선으로 시적 대상을 묘사하고 있다.
② 구체적 지명을 활용하여 향토적 정서를 환기하고 있다.
③ 도치된 문장을 사용하여 시적 상황을 명확히 드러내고 있다.
④ 일상적 경험을 평이한 시어로 진술하여 사실성을 높이고 있다.

40 ㉠과 ㉡에 대한 설명으로 적절하지 <u>않은</u> 것은?

① ㉠은 동남아인 두 여인이 꿈에서 모국어를 사용하는 상황으로, 고국에 대한 그리움을 짐작할 수 있다.
② ㉠에서 동남아인 두 여인이 잠결에 사용하는 외국 말을 통해 그들이 가지고 있는 정체성의 혼란을 짐작할 수 있다.
③ ㉡을 통해 화자가 동남아인 두 여인을 단지 호기심 어린 시선으로 바라보고 있다는 것을 알 수 있다.
④ ㉡은 동남아인 두 여인이 현실에서 한국어를 사용하는 상황으로, 그들이 우리와 다르지 않다는 '동질성'을 나타낸다.

정답 해설 2쪽
39 ② 40 ③

첫사랑 고재종

| 2021년 2회

흔들리는 ㉠나뭇가지에 ㉡꽃 한번 피우려고
사랑
㉢눈은 얼마나 많은 도전을 멈추지 않았으랴
눈꽃을 피우기 위해 많은 노력을 함(의인법, 설의법)

··· 1연: 꽃을 피우기 위한 눈의 도전

싸그락 싸그락 두드려 보았겠지
음성 상징어
난분분 난분분 춤추었겠지
눈이 흩날리어 어지럽게 내리는 모습
미끄러지고 미끄러지길 수백 번,
눈이 나뭇가지에 쌓이지 못함 → 눈꽃을 피우기 위한 시련

··· 2연: 꽃을 피우기 위한 눈의 시련과 노력

바람 한 자락 불면 휙 날아갈 사랑을 위하여
눈꽃의 순간적인 속성 – 사랑은 쉽게 이루어지지 않음
햇솜 같은 마음을 다 퍼부어 준 다음에야
직유법 / 눈의 헌신적 태도
마침내 피워 낸 저 황홀 보아라
눈꽃 – 첫사랑이 이루어짐

··· 3연: 인내와 헌신 끝에 얻은 눈꽃

봄이면 가지는 그 한번 덴 자리에
눈꽃이 피었던 자리, 이별의 상처가 있는 곳
세상에서 가장 ㉣아름다운 상처를 터뜨린다
봄꽃, 시련과 고난을 겪은 뒤 얻은 사랑의 결실(역설법)

··· 4연: 눈꽃이 사라진 자리에 피어난 봄꽃

이해와 감상

이 작품은 한겨울 나뭇가지에 눈이 쌓이는 풍경을 소재로 삼아 사랑의 결실을 위한 시련과 고난, 헌신의 의미를 노래하고 있다.

작품 정리

갈래 : 자유시, 서정시

성격 : 서정적, 역설적, 회화적

주제 : 인내와 헌신으로 피워 낸 아름다운 사랑

특징

- 시간의 흐름(계절 변화)에 따라 시상을 전개함
- 눈꽃이 피어나는 과정에서 사랑을 이루는 과정을 유추하여 시상을 전개함
- 음성 상징어를 사용하여 대상을 생동감 있게 표현함
- 역설적 표현을 사용하여 시적 의미를 강조함

한눈에 콕콕

● '눈꽃'과 '첫사랑'의 공통점

- 쉽게 이루어지지 않음
- 더 나은 모습이 되는 데에 도움을 줌
- 대상을 향한 노력과 인내, 정성과 헌신을 통해 이루어질 수 있음

● 역설적 표현 – '아름다운 상처'

'아름다운 상처'에서 '상처'는 첫사랑을 비유한 '눈꽃'이 녹아 없어진 자리에 피어난 '봄꽃'을 의미한다. '눈꽃'이 녹아 없어졌다는 것은 첫사랑이 결실을 맺지 못하고 아픈 이별을 경험했음을 의미한다. 시인은 이러한 아픈 경험을 '상처'로 표현하고 있다. 그런데 그 '상처'는 더욱 성숙한 '봄꽃'으로 피어났기에 '아름다운 상처'로 승화된다. 이러한 역설적 표현을 통해 성숙한 사랑의 아름다움을 효과적으로 형상화하고 있다.

◎ 의인법을 통한 의미의 생성

- 싸그락 싸그락 두드려 봄
- 난분분 난분분 춤을 춤
- 미끄러지고 미끄러지길 수백 번 함
- 햇솜 같은 마음을 다 퍼부어 줌

⬇

눈이 나뭇가지에 내려앉는 모습을 눈의 도전으로 표현하여 '첫사랑을 이루기 위한 노력과 인내'라는 새로운 의미를 생성함

시험에 이렇게 나와요

41 윗글의 표현상 특징으로 적절하지 않은 것은?

① 설의적 표현을 활용하여 의미를 강조하고 있다.
② 동일한 시어를 반복하여 리듬감을 형성하고 있다.
③ 음성 상징어를 통해 새로운 의미를 생성하고 있다.
④ 비유적 표현을 사용하여 대상의 속성을 드러내고 있다.

42 ㉠~㉣ 중 나머지와 가장 이질적인 것은?

① ㉠　② ㉡　③ ㉢　④ ㉣

43 윗글의 구조를 다음과 같이 도식화했을 때, ㉮에 들어갈 내용으로 가장 적절한 것은?

1, 2연	3, 4연
사랑을 이루기 위한 도전과 시련	(㉮)

⬇

사랑의 의미 발견

① 마음에 상처를 준 사랑의 모습
② 아팠던 만큼 성숙한 사랑의 모습
③ 많은 어려움을 지닌 사랑의 모습
④ 지우려 해도 지워지지 않는 사랑의 모습

정답　해설 2쪽
41 ③　42 ①　43 ②

02 고전 시가

이번 단원에서는 고전 시가의 갈래와 그에 따른 특징 및 대표 작품을 학습하게 됩니다. 각 갈래의 발생 과정과 특징을 기억하고, 대표 작품들의 주제와 표현상의 특징 등을 알아 두세요.

1 고대 가요

1. 고대 가요의 이해

① 고대 부족 국가 시대부터 삼국 시대 초기까지 불린 노래이다.

② 원시 종합 예술에서 발생한 노래로, 서사와 시가가 완전히 분리되지 않았다.

③ 초기에는 집단 노동요, 의식요 위주로 창작되었고, 이후에는 개인적 서정 가요가 창작되었다.

④ 주로 배경 설화와 함께 전해진다.

⑤ 기록 수단이 없어 구전(口傳)되어 오다가 후대에 한문으로 번역되어 전한다.

2. 고대 가요의 대표 작품

작품	내용
공무도하가	남편이 물에 빠져 죽은 후 슬퍼하며 부른 노래
구지가	김수로왕의 강림을 기원하는 노래
정읍사	행상 나간 남편을 염려하는 아내의 심정을 표현한 노래
황조가	꾀꼬리의 정다움에 견주어 이별의 아픔을 표현한 노래

2 향가

1. 향가의 이해

① 신라 시대부터 고려 초기까지 창작·향유된, 향찰로 표기된 우리 고유의 시가이다.

② 향찰은 한자로 표기하되 우리말 어순대로 적는다.

③ 승려나 화랑 등이 주 작자층이다.

④ 4구체는 향가의 가장 초기 형태이다.

⑤ 8구체는 4구체에서 10구체로 발전해 가는 과도기적 형태이다.

⑥ 향가의 가장 완결된 형태인 10구체는 마지막 2구의 첫머리에 반드시 감탄사를 두는 것이 특징이다.

2. 향가의 대표 작품

작품	내용
모죽지랑가	화랑 죽지랑을 추모하여 부른 노래
서동요	서동이 선화 공주를 얻기 위해 아이들에게 부르게 한 노래

꼼꼼 단어 돋보기

- **구전**: 말로 전하여 내려옴. 또는 말로 전함
- **향찰**: 한자의 음과 뜻을 빌려 한국어를 표기하는 방식인 차자 표기 방법 중 하나임

제망매가	요절한 누이의 명복을 빌며 극락 세상에서 재회할 것을 기약하는 노래
찬기파랑가	기파랑의 인품을 예찬하며 부른 노래

3 고려 가요

1. 고려 가요의 이해

① 고려 시대에 평민들이 부르던 민요적 성격을 가진 노래로, 고려 속요 또는 여요라고도 한다.

② 남녀 간의 사랑, 이별의 안타까움 등 평민들의 소박한 생활 감정을 표현하였다.

③ 3음보, 3·3·2조의 음수율이 많이 나타난다.

④ 대부분 작자 미상이다.

⑤ 대체로 몇 개의 연이 연속적으로 구성되는 분절체이며, 후렴구로 구분된다.

+ 음수율과 음보율

음수율은 글자(음절)의 수가 규칙적으로 반복되어 이루어지는 운율로, 3·4조, 4·4조 등이 있다. 음보율은 호흡(음보)이 규칙적으로 반복되어 이루어지는 운율로, 보통 3음절이나 4음절이 반복되며 운율을 이룬다.

쏙쏙 이해 더하기 분절체

분절체란 몇 개의 연이 연속적으로 구성되는 것이다. 즉, 여러 절 또는 연(聯)으로 이어지는 형식을 말한다. 다른 말로 '연장체', '분연체'라고도 한다. 분절체는 향가 10구체 이래 우리나라 시가의 전통적 형식으로 자리 잡았으며, 고려 가요는 거의 모든 형식이 분절체이다. 경기체가 또한 몇 개의 연이 중첩되어 한 작품을 이루는 분절체의 형식을 지닌다.

2. 고려 가요의 대표 작품

작품	내용
가시리	떠나는 임에게 다시 돌아올 것을 애원하는 이별가
동동	월별로 자연의 모습이나 세시 풍속에 따라 임을 그리워하는 노래
서경별곡	서경(평양)의 여인이 사랑하는 임과 이별하며 부른 노래
정석가	임의 만수무강을 기원하며 굳은 사랑을 맹세한 노래
청산별곡	힘든 현실을 피해 이상향을 꿈꾸는 노래

4 경기체가

경기체가는 검정고시의 출제 범위에 해당하는 갈래는 아니에요. 고전 시가의 흐름을 파악하기 위해 참고만 하세요.

1. 경기체가의 이해

① 고려 후기 신흥 사대부들이 즐기던 노래이다.

② 구체적인 사물을 나열하면서 객관적인 설명을 더하는 교술적 성격을 지니고 있다.

③ 선비들의 학식과 체험을 노래한 것으로 글, 경치, 기상 등을 제재로 삼고 있다.

④ 몇 개의 연이 중첩되어 한 작품을 이룬다.

⑤ 작가가 분명하다.

2. 경기체가의 대표 작품

안축이 지은 경기체가 작품 '관동별곡'과 정철이 지은 가사 작품 '관동별곡'이 있어요. 두 작품을 구분하여 기억하세요!

작품	작가	내용
관동별곡	안축	관동 팔경의 절경을 찬양한 노래
한림별곡	한림 제유	최초의 경기체가로, 귀족의 생활 감정을 표현한 노래

5 한시

한시는 검정고시의 출제 범위에 해당하는 갈래는 아니에요.
고전 시가의 흐름을 파악하기 위해 참고만 하세요.

1. 한시의 이해

① 중국을 비롯한 주변 국가에서 발달한, 한자로 된 정형시이다.
② 삼국 시대부터 조선 시대까지 광범위하게 창작된 갈래이다.
③ 한 구에 다섯 자를 배열하면 오언시, 일곱 자를 배열하면 칠언시라고 한다.
④ 4구로 이루어지면 절구, 8구로 이루어지면 율시라고 한다.

2. 한시의 대표 작품

작품	내용
보리타작	보리타작하는 농부들을 보며 노동의 건강함을 예찬하는 노래
부벽루	고려의 옛 유적지인 부벽루에 올라 국운의 회복을 소망하는 노래
송인	대동강을 배경으로, 임과 이별한 슬픔을 표현한 노래
제가야산독서당	세상을 멀리하고 산중에 은둔하고 싶어 하는 지식인의 노래

6 시조

1. 시조의 이해

① 고려 말부터 발달해 온 우리 고유의 정형시이다.
② 3·4조 또는 4·4조의 4음보, 3장 6구 45자 내외의 기본형을 갖추고 있다.
③ 종장의 첫 음보는 3음절로 고정된다.
④ 평시조는 3장 6구 45자 내외의 간결한 형식이 특징이고, 연시조는 평시조 여러 수가 이어진 것이다.
⑤ 사설시조는 특히 중장이 길어진 특징을 보인다.

2. 시조의 기본 형식

평시조를 기준으로 할 때, 시조는 주로 3·4조의 음수율을 가지고 3장 6구 45자 내외로 이루어져 있다. 4음보격이며, 자수는 기본 자수에서 1, 2자 정도의 차이가 있을 수 있지만 종장 첫째 구만은 3음절을 지켜야 한다.

[초장] 오백 년 / 도읍지를 / 필마로 / 도라드니 (4음보)
3 4 (1구) / 3 4 (2구)

[중장] 산천은 / 의구하되 / 인걸은 / 간 듸 업다. (4음보)
3 4 (3구) / 3 4 (4구)

[종장] 어즈버 / 태평연월이 / 꿈이런가 / 하노라. (4음보)
3 5 (5구) / 4 3 (6구)

– 길재, 「오백 년 도읍지를」 –

꼼꼼 단어 돋보기

- **정형시**: 일정한 형식과 규칙에 맞추어 지은 시
- **예찬**: 무엇이 훌륭하거나 좋거나 아름답다고 찬양함
- **국운**: 나라의 운명

3. 시조의 전개 양상

구분	내용
고려 후기	유교적 충의 사상을 노래한 시조가 주를 이룸
조선 전기	• 사대부들의 충의 사상과 자연관을 노래한 시조가 주를 이룸 • 연시조가 등장함
조선 후기	• 충의, 안빈낙도, 연정, 현실 비판 및 풍자 등 다양한 내용이 등장함 • 산문화와 서민 의식의 영향으로 사설시조가 등장함

쏙쏙 이해 더하기 평시조와 사설시조

평시조	구분	사설시조
주로 사대부 양반 계층	작자층	주로 중인과 평민층
3장 6구 45자 내외, 4음보	형식	평시조 틀에서 두 구 이상 길어진 형식
유교적 이념, 자연과의 조화, 풍류 사상 등	내용	서민들의 일상, 삶의 애환, 지배 계층에 대한 비판 등
유교적 세계관(충, 효, 열)에 대해 비유적·관념적으로 노래함	표현	생활 밀착, 풍자와 해학이 두드러짐

7 가사

1. 가사의 이해

① 경기체가가 쇠퇴하면서 생겨난, 시가와 산문의 중간 형태의 문학이다.
② 3(4)·4조, 4음보의 연속체 시가로 길이에는 제한이 없다.
③ '서사 – 본사 – 결사'의 짜임을 지니고 있다.

서사	주로 화자가 처한 현재 상황을 제시함
본사	화자의 본격적인 사연이나 경험을 제시함
결사	앞의 내용을 마무리하면서 주제를 표현함

2. 가사의 전개 양상

구분	내용	대표 작품
조선 전기	• 임금의 은총을 노래하거나 자연에서 유유자적하는 태도를 노래한 가사가 주를 이룸 • 임금에 대한 충성심을 남녀에 빗대어 표현하는 충신연주지사가 등장함	면앙정가(송순), 관동별곡(정철), 사미인곡(정철), 속미인곡(정철)
조선 후기	• 현실 생활을 사실적으로 그린 가사가 등장함 • 내방 가사, 유배 가사가 등장하고 산문화 경향이 뚜렷해짐	선상탄(박인로), 누항사(박인로), 규원가(허난설헌), 만언사(안조환)

✚ 충신연주지사
충성스러운 신하가 임금을 그리워하며 부른 노래라는 뜻이다.

8 민요

① 민중 속에서 자연적으로 발생하여 오랫동안 전해 오는 구전 가요이다.
② 서민들의 생활 감정과 삶이 함축되어 있고, 노동 · 의식 · 놀이 등을 위해 불렀다.
③ 3음보나 4음보 연속체로 된 긴 노래가 많고 후렴구가 붙어 있다.
④ 다양한 가창 방식으로 불렀다. 예 독창, 제창, 선후창 등

+ 가창 방식
- 독창: 혼자 노래를 부르는 방식
- 제창: 같은 가락을 두 사람 이상이 동시에 노래하는 방식
- 선후창: 한 사람이 선창하면 한 사람 또는 여러 사람이 후렴 따위를 이어 부르는 방식

9 고전 시가의 시어

1. 관습적 의미의 시어

관습적 의미의 시어는 '자연 친화'나 '임금에 대한 충절' 등 고전 시가에서 전통적으로 즐겨 다루는 주제를 형상화한 작품에서 특히 두드러지게 나타난다. '하늘, 해, 달, 별, 매화, 국화, 대나무, 소나무' 등과 같은 자연물이 고전 시가에 주로 등장하는 관습적 의미를 지닌 시어들이다.

하늘, 해, 달, 별	높은 곳에 있다는 특성과 관련하여 임금을 상징함
매화, 국화, 대나무, 소나무	외부의 시련에 굴하지 않는 선비의 지조와 절개를 상징함
눈, 서리, 바람	화자에게 시련을 주는 부정적인 대상을 상징함
구름, 까마귀	변절자나 임금의 총명을 가리는 간신배를 상징함

2. 대조적 의미의 시어

고전 시가에서는 자연의 아름다움, 이별의 슬픔과 그리움, 임금에 대한 충절, 부정적 현실에 대한 비판 등의 주제를 효과적으로 드러내기 위해 대조적 의미의 시어를 활용하기도 한다.

자연에서의 삶	↔	속세에서의 삶
유유자적, 한가로움		공명, 부귀

3. '임'의 의미

'임'은 화자가 사랑하고 연모하는 대상으로, 우리 시가 문학에서 자주 나타나는 개념이다. 그런데 고전 시가에 나타나는 '임'은 향유 계층에 따라 의미하는 대상이 다르기도 하다.

갈래 및 향유 계층	'임'의 의미
고려 가요, 사설시조, 민요(평민들의 노래)	남녀 간의 연정(戀情)의 대상
가사, 시조(사대부 계층)	절대적인 충절의 대상인 '임금'

꼼꼼 단어 돋보기

● **관습적**
어떤 사회에서 오랫동안 지켜 내려와 그 사회 성원들이 널리 인정하는 질서나 풍습에 따른 것

● **대조적**
서로 달라서 대비가 되는 것

10 고전 시가의 주제

1. 자연 친화, 안빈낙도

① 속세에 대한 미련을 전혀 보이지 않고 자연과 물아일체를 이루며 안빈낙도하는 삶을 지향하는 태도를 드러내는가 하면, 부정적 현실과 단절하고 이와 대비되는 자연에 은둔하고자 하는 태도를 나타내기도 한다.

② 자연의 삶에 만족하지만 정치 상황이나 현실적 고뇌 사이에서의 갈등을 표현하는 작품들도 창작되었다.

✚ '자연 친화'와 관련 있는 관습적 의미의 시어

백구(갈매기)	물아일체
초려 삼간, 단사표음	가난, 소박
청산, 바다	이상향
도화, 무릉	신선의 세계

2. 이별의 슬픔과 그리움

① 임과의 이별로 인한 슬픔과 그리움을 형상화하고 있는 작품이 많다.

② 화자는 슬픔과 그리움을 직접적으로 표출하기보다는 이를 감추고 인내하는, 수동적인 모습으로 설정된 경우가 많다.

3. 연군과 우국지정

① 사대부들이 유교적 이념을 바탕으로 한 '연군지정'을 드러낸 작품을 창작하였다.

② 주로 나라에 대한 걱정과 변함없는 충성심을 드러낸다.

4. 부정적 현실 비판

① 평민들이 주 창작층인 사설시조에서는 일상생활을 바탕으로 한 현실적인 삶의 여러 단면들을 주로 다룬다.

② 현실의 모순과 부조리함에 대한 비판이나 부패한 양반 계층에 대한 풍자가 드러난다.

꼼꼼 단어 돋보기

● 물아일체
자연과 자아가 어울려 하나가 됨

● 안빈낙도
가난한 생활을 하면서도 편안한 마음으로 도를 즐겨 지킴

정읍사(井邑詞) 어느 행상인의 아내

강조 접미사(소망을 강조하기 위해 사용)

㉠ ᄃᆞᆯ하 노피곰 도ᄃᆞ샤
기원의 대상(초월적 존재 – 돈호법, 의인법)

어긔야 머리곰 비취오시라
여음 / 기원적 어조

「어긔야 어강됴리

아으 다롱디리」 「 」: 후렴구, 여음구로 운율을 형성할 뿐 의미를 지니지 않음

··· 달님에게 남편의 안전을 기원함

현대어 풀이

달님이시여, 높이높이 돋으시어
아, 멀리멀리 비치시라

져재 녀러 신고요
남편은 행상인으로 추측됨

어긔야 즌 ᄃᆡ를 드ᄃᆡ욜셰라
진 데, 위험한 곳 / '-ㄹ셰라': '~할까 두려워라'라는 뜻의 종결 어미

어긔야 어강됴리

··· 남편에게 위험한 일이 생길까 두려워함

현대어 풀이

시장에 가 계신가요
아, 진 곳을 디딜까 두려워라

어느이다 노코시라
남편이 위험에 처하느니 차라리 다 놓고 왔으면 하는 소망이 드러남

어긔야 내 가논 ᄃᆡ 졈그ᄅᆞᆯ셰라
내 임(자신과 임을 동일시함)

어긔야 어강됴리

아으 다롱디리

··· 남편이 무사히 집에 돌아오기를 바람

현대어 풀이

어느 곳에나 다 놓아 버리십시오
아, 내 임 가는 그 길 저물까 두려워라

한눈에 콕콕

밝음과 어둠의 대립적 이미지

밝음	↔	어둠
ᄃᆞᆯ(소망, 기원의 대상)		즌 ᄃᆡ(진 곳, 어두워서 더욱 위험한 곳)

'즌 ᄃᆡ'의 의미

위험한 곳, 또는 남편을 유혹하는 존재나 다른 여성

이해와 감상

이 작품은 행상 나간 남편의 안전을 기원하는 여인의 간절한 마음을 노래한 백제 시대의 가요이다.

작품 정리

갈래 : 고대 가요
성격 : 기원적, 서정적
주제 : 행상 나간 남편의 안전을 기원
특징
- 현재까지 전해 내려오는 유일한 백제의 국문 노래로, 시조 형식의 원형을 보여 줌
- 비유적 표현과 대조적 이미지를 활용하여 정서를 나타냄
- 의인법, 돈호법, 영탄법을 사용하여 정서를 강조함

꼼꼼 단어 돋보기

● 하
높임의 호격 조사

● 노피곰
높이높이

● 머리곰
멀리멀리

● 져재
'저자'의 옛말. '저자'는 '시장'을 예스럽게 이르는 말

시험에 이렇게 나와요

01 윗글의 표현상 특징으로 가장 적절한 것은?

① 공간의 이동에 따라 시상을 전개하고 있다.
② 반복되는 표현을 통해 주제 의식을 강조하고 있다.
③ 감정 이입을 통해 화자의 정서를 구체화하고 있다.
④ 화자가 대상에게 소원을 비는 방식으로 표현되어 있다.

02 ㉠과 〈보기〉의 ㉮를 비교한 것으로 적절하지 않은 것은?

> 보기
>
> ㉮작은 것이 높이 떠서 만물을 다 비추니
> 밤중에 광명(光明)이 너만 한 이 또 있느냐.
> 보고도 말 아니 하니 내 벗인가 하노라.
>
> – 윤선도, 「오우가」 –

① ㉠과 ㉮ 모두 인격을 부여하여 표현하고 있다.
② ㉠과 ㉮ 모두 '비춘다'라는 속성을 지니고 있다.
③ ㉠은 초월적 존재로, ㉮는 화자의 벗으로 나타나 있다.
④ ㉮는 ㉠과 달리 화자의 소망을 들어주는 존재로 설정되어 있다.

03 윗글에 대한 설명으로 적절한 것을 골라 묶은 것은?

> ㄱ. 화자는 자신의 신세를 한탄하고 있다.
> ㄴ. 화자는 자신의 행동을 후회하고 있다.
> ㄷ. 자연물을 통해 화자의 심정을 표현하고 있다.
> ㄹ. 달은 임의 안녕을 지켜 줄 수 있는 대상이다.
> ㅁ. '어긔야 어강됴리'는 시상 전개상 반드시 필요한 부분이다.

① ㄴ, ㄷ　② ㄷ, ㄹ　③ ㄹ, ㅁ　④ ㄱ, ㄹ

정답 해설 6쪽
01 ④　02 ④　03 ②

제망매가(祭亡妹歌)

월명사

| 2022년 1회, 2016년 2회

생사(生死) 길흔
죽음의 갈림길
이에 이샤매 머믓그리고,
여기(이승)
나ᄂᆞᆫ 가ᄂᆞ다 말ㅅ도
누이
몯다 니르고 가ᄂᆞ닛고.

현대어 풀이

삶과 죽음의 길은
여기에 있으므로 머뭇거리고,
나는 간다는 말도
못다 이르고 어찌 갑니까.

→ 기: 죽은 누이에 대한 정

어느 ᄀᆞ슬 이른 ᄇᆞᄅᆞ매
누이의 요절
이에 뎌에 ᄠᅥ러딜 닙곤,
죽은 누이
ᄒᆞᄃᆞᆫ 가지라 나고
같은 부모
가논 곧 모ᄃᆞ론뎌.

현대어 풀이

어느 가을 이른 바람에
여기저기 떨어질 잎처럼
같은 나뭇가지에 나고서도
가는 곳을 모르겠구나.

→ 서: 인생의 허무함

아야 미타찰(彌陀刹)에 맛보올 나
감탄사 극락세계 화자
도(道) 닷가 기드리고다.
종교적 승화

현대어 풀이

아아, 극락세계에서 만날 나는
도를 닦으며 기다리겠노라.

→ 결: 슬픔의 종교적 승화

이해와 감상

이 작품은 누이의 제사를 지내면서 부른 신라 시대의 노래로, 화자는 죽은 누이를 바람에 떨어지는 잎에 비유하여 존재의 무상감을 표현하고 누이와 극락세계에서 다시 만나기를 기원하며 슬픔을 극복하고 있다.

작품 정리

갈래 : 10구체 향가
성격 : 추모적, 애상적, 종교적
주제 : 죽은 누이에 대한 추모
특징
- 자연물에 상징적 의미를 부여하여 삶과 죽음의 섭리를 표현함
- 불교적 사고를 바탕으로 누이의 죽음과 삶의 무상함을 초극하려는 의지를 보임 ➡ 삶과 죽음에 대한 성찰과 종교적 승화를 보여 줌

한눈에 콕콕

비유적 표현에 담긴 의미

이른 ᄇᆞᄅᆞᆷ	예기치 못하게 찾아온 가혹한 운명 ➡ 누이가 젊은 나이에 죽음
ᄠᅥ러딜 닙	죽은 누이
ᄒᆞᄃᆞᆫ 가지	같은 부모, 한 핏줄

'이'와 '미타찰'의 대비를 통해 본 화자의 태도

이	➡	미타찰
이승, 누이와의 이별	슬픔을 종교적으로 승화	극락세계, 누이와의 재회

시험에 이렇게 나와요

04 윗글에 대한 설명으로 적절하지 <u>않은</u> 것은?

① 신라 시대에 지어진 10구체 향가이다.
② 표현면에서 비유법과 상징성이 두드러진다.
③ 향찰로 표기하지만 한자식 어순대로 읽는다.
④ 마지막 2구의 첫머리에 감탄사가 사용되었다.

05 다음을 참고하여 윗글의 창작 동기를 추측한 내용으로 가장 적절한 것은?

> 이 작품은 재(齋)를 올리며 부른 의식가의 일종이다. 작가 월명사가 죽은 누이의 명복을 빌면서 이 노래를 부르자 갑자기 불어온 바람에 지전이 날려 서쪽으로 사라졌다고 전한다.

① 자연물에 추상적, 상징적 의미를 부여하기 위해서이다.
② 극락에 가고 싶은 개인적 염원을 달성하기 위해서이다.
③ 이별의 슬픔에서 해탈하려는 종교적 목적을 위해서이다.
④ 삶과 죽음이라는 인간사의 문제를 표면화하기 위해서이다.

06 윗글과 〈보기〉를 비교한 내용으로 적절하지 <u>않은</u> 것은?

보기

가시리 가시리잇고 나는
ᄇᆞ리고 가시리잇고 나는
　위 증즐가 大平盛代(대평셩ᄃᆡ)

날러는 엇디 살라 ᄒᆞ고
ᄇᆞ리고 가시리잇고 나는
　위 증즐가 大平盛代(대평셩ᄃᆡ)

잡ᄉᆞ와 두어리마ᄂᆞᄂᆞᆫ
선ᄒᆞ면 아니 올셰라
　위 증즐가 大平盛代(대평셩ᄃᆡ)

셜온 님 보내ᄋᆞᆸ노니 나는
가시는 ᄃᆞᆺ 도셔 오쇼셔 나는
　위 증즐가 大平盛代(대평셩ᄃᆡ)

– 작자 미상, 「가시리」 –

① 윗글과 〈보기〉 모두 화자와 시적 대상이 이별한 상황이다.
② 윗글과 〈보기〉 모두 시적 대상과의 재회를 소망하고 있다.
③ 윗글의 화자는 시적 상황을 극복하려는 의지를 보이고 있다.
④ 〈보기〉에서는 화자가 시적 대상에게 분노를 표출하고 있다.

정답　해설 6쪽
04 ③　05 ③　06 ④

가시리 작자 미상

2021년 2회

㉠가시리 가시리잇고 나ᄂᆞᆫ
흥을 돋우기 위한 여음

ᄇᆞ리고 가시리잇고 나ᄂᆞᆫ
버리고 가시렵니까

(A) 위 증즐가 大平盛代(대평셩ᄃᆡ) □: 이별의 분위기와 어울리지 않는 시구
후렴구(조흥구, 여음구)

→ 기: 이별에 대한 안타까움과 애원

현대어 풀이

가시렵니까? 가시렵니까?
(나를) 버리고 가시렵니까?

날러는 엇디 살라 ᄒᆞ고

ᄇᆞ리고 가시리잇고 나ᄂᆞᆫ

위 증즐가 大平盛代(대평셩ᄃᆡ)

→ 승: 애원(원망)의 고조

현대어 풀이

나는 어찌 살아가라고
버리고 가시렵니까?

㉡잡ᄉᆞ와 두어리마ᄂᆞᄂᆞᆫ

㉢선ᄒᆞ면 ㉣아니 올셰라
화자가 임을 보내는 이유

위 증즐가 大平盛代(대평셩ᄃᆡ)

→ 전: 감정의 절제와 체념

현대어 풀이

붙잡아 두고 싶지만
서운하면 아니 오실까 두렵습니다.

셜온 님 보내ᄋᆞᆸ노니 나ᄂᆞᆫ
주체 ①: 임(이별을 서러워하는 임)
주체 ②: 화자(나를 서럽게 하는 임)

가시ᄂᆞᆫ ᄃᆞᆺ 도셔 오쇼셔 나ᄂᆞᆫ
재회 소망

위 증즐가 大平盛代(대평셩ᄃᆡ)

→ 결: 소망과 기원

현대어 풀이

서러운 임 보내 드리니
가시자마자 곧 돌아오소서.

이해와 감상

이 작품은 이별의 정한을 노래한 고려 가요이다. 사랑하는 사람을 떠나보내는 시적 화자의 슬프고도 애절한 마음이 잘 느껴지면서도 끝내는 그 감정을 절제하며 임이 돌아오기를 기원하고 있다.

작품 정리

갈래 : 고려 가요
성격 : 서정적, 민요적, 애상적
주제 : 이별의 정한
특징

- 3·3·2조, 3음보의 음보율이 나타남
- 각 연 2행의 분절체이며, 후렴구가 있음
- 기－승－전－결의 구조로 이루어져 있음
- 반복법과 순우리말 시어를 사용함

꼼꼼 단어 돋보기

● **가시리**
'가시리잇고'의 축약형

● **셜온**
서러운

한눈에 콕콕

화자의 정서 및 태도

이별의 정한, 소극적이고 자기희생적인 태도, 재회 소망, 순종적인 모습

후렴구의 효과

운율 형성, 시 전체에 통일성 부여, 형태적 안정감 획득, 분연의 기능

후렴구에 '대평성대'가 나타난 이유

궁중악으로 편입되는 과정에서, 임금의 덕이 태평성대를 이룰 정도로 높다고 칭송하기 위해 첨가된 것으로 볼 수 있다.

'이별의 정한'의 맥을 잇는 작품

공무도하가 ➡ 가시리, 서경별곡 ➡ 황진이의 시조 ➡ 민요 아리랑 ➡ 진달래꽃

시험에 이렇게 나와요

07 윗글에 대한 설명으로 적절하지 <u>않은</u> 것은?

① 연의 구분이 있고 4음보의 율격을 따르고 있다.
② 보편적인 정서를 소박하고 진솔하게 표현하고 있다.
③ 궁중 음악으로 편입되는 과정에서 후렴구가 추가되었다.
④ 이별의 안타까움을 여성적 화자의 목소리로 나타내고 있다.

08 (A)의 역할로 적절하지 <u>않은</u> 것은?

① 음악적 효과를 준다.
② 주제를 효과적으로 부각한다.
③ 시각적으로 연을 구분 짓는다.
④ 시의 구조에 통일성을 부여한다.

09 ㉠~㉣의 뜻으로 적절하지 <u>않은</u> 것은?

① ㉠: 가시렵니까?
② ㉡: 잡아 두고 싶지만
③ ㉢: 착하면
④ ㉣: 아니 오실까 두렵습니다

정답 해설 6쪽

07 ① 08 ② 09 ③

청산별곡 작자 미상

| 2019년 1회

살어리 살어리랏다 청산(靑山)애 살어리랏다.
화자의 이상향, 속세와 대비되는 공간
멀위랑 ᄃᆞ래랑 먹고 청산(靑山)애 살어리랏다.
소박한 음식
3음보, 3·3·2조의 율격, a-a-b-a의 문장 구조

㉠얄리얄리 얄랑셩 얄라리 얄라
후렴구

···› 1연: 청산에 대한 동경

현대어 풀이

살겠노라 살겠노라. 청산에서 살겠노라.
머루랑 다래를 먹고 청산에서 살겠노라.

●우러라 우러라 새여 자고 니러 우러라 새여.
화자가 동병상련을 느끼는 감정 이입의 대상
●널라와 시름 한 나도 자고 니러 우니로라.
보다(비교격 조사) 화자의 비애와 슬픔
얄리얄리 얄라셩 얄라리 얄라

···› 2연: 삶의 비애와 고독

현대어 풀이

우는구나, 우는구나 새여, 자고 일어나서 우는구나 새여.
너보다 근심이 많은 나도 자고 일어나서 울며 지낸다.

속세(↔ 청산, 바다)
가던 새 가던 새 본다 믈 아래 가던 새 본다.
① 날아가던 새(화자의 상실감), ② 경작하던 밭(유랑민의 슬픔)
●잉 무든 장글란 가지고 믈 아래 가던 새 본다.
화자에 따라 다양하게 해석됨 속세에 대한 미련
얄리얄리 얄라셩 얄라리 얄라

···› 3연: 현실 세계에 대한 미련

현대어 풀이

경작하던 밭을 바라본다. 속세에서 경작하던 밭을 바라본다.
이끼 묻은 쟁기(연장)를 가지고 속세에서 경작하던 밭을 바라본다.

이링공 뎌링공 ᄒᆞ야 나즈란 디내와손뎌.
오리도 가리도 업슨 바ᄆᆞ란 ᄯᅩ 엇디 호리라.
고독의 시간 비탄과 절망
얄리얄리 얄라셩 얄라리 얄라

···› 4연: 절망적인 고독과 비탄

현대어 풀이

이럭저럭 하여 낮은 지내 왔건만
올 사람도 갈 사람도 없는 밤은 또 어떻게 할 것인가?

이해와 감상

이 작품은 고달픈 현실을 벗어나 이상향을 추구하고자 하는 화자의 마음을 표현한 고려 가요이다.

작품 정리

갈래 : 고려 가요
성격 : 현실 도피적, 체념적
주제 : 삶의 고뇌와 비애에서 벗어나고 싶은 욕구

특징
- 상징적 시어를 사용하여 주제 의식을 강조함
- 시구의 반복을 통해 운율을 형성하고 의미를 강조함
- 구전되어 오다가 조선 시대에 문자로 기록됨
- 1~4연을 '청산 노래'로, 5~8연을 '바다 노래'로 본다면 5연과 6연의 순서를 바꾸었을 때 시상 전개가 더 자연스러움

꼼꼼 단어 돋보기

● 우러라
① 우는구나(감탄형)
② 울어라(명령형)
③ 노래하라(명령형)

● 널라와
너보다

● 잉 무든 장글란
① 이끼 묻은 쟁기일랑
② 날이 무딘 병기일랑
③ 이끼 묻은 은장도일랑

어듸라 더디던 돌코 누리라 마치던 돌코.
피할 수 없는 인간의 운명(화자의 비애를 야기하는 매개체)
믜리도 괴리도 업시 마자셔 우니노라.
화자의 고통스러운 삶 – 운명적 체념
얄리얄리 얄라셩 얄라리 얄라

⋯→ 5연: 운명에 대한 체념

현대어 풀이

어디에다 던지던 돌인가? 누구를 맞히려던 돌인가?
미워할 사람도 사랑할 사람도 없이 (그 돌에) 맞아서 울고 있노라.

살어리 살어리랏다 바ᄅᆞ래 살어리랏다.
현실 도피처, 안식처(=청산)
ᄂᆞᄆᆞ자기 구조개랑 먹고 바ᄅᆞ래 살어리랏다.
소박한 음식
얄리얄리 얄라셩 얄라리 얄라

⋯→ 6연: 바다에 대한 동경

현대어 풀이

살겠노라 살겠노라. 바다에 살겠노라.
나문재랑 굴조개랑 먹고 바다에서 살겠노라.

가다가 가다가 드로라 에졍지 가다가 드로라.
사ᄉᆞ미 짒대예 올아셔 ᄒᆡ금(奚琴)을 혀거를 드로라.
① 기적이 일어나기를 바라는 절박한 심정, ② 연주를 들으며 삶의 괴로움을 잊고 싶은 심정, ③ 당대의 산대놀음과 결부시킨 것
얄리얄리 얄라셩 얄라리 얄라

⋯→ 7연: 삶에 대한 절박한 심정

현대어 풀이

가다가 가다가 듣노라. 외딴 부엌을 지나가다가 듣노라.
사슴이 장대에 올라가서 해금을 켜는 것을 듣노라.

가다니 ᄇᆡ브른 도긔 설진 강수를 비조라.
술(괴로움을 잊기 위한 도구)
조롱곳 누로기 ᄆᆡ와 잡ᄉᆞ와니 내 엇디 ᄒᆞ리잇고.
술로 시름을 달래는 화자 / 체념적 태도
얄리얄리 얄라셩 얄라리 얄라

⋯→ 8연: 술을 통한 고뇌의 해소

현대어 풀이

가다 보니 배가 불룩한 술독에 진한 술을 빚는구나.
조롱박꽃 모양의 누룩 냄새가 매워 (나를) 붙잡으니, 나는 어찌하리오.

한눈에 콕콕

시어의 상징적 의미

연	시어	상징적 의미
1연	청산	괴로운 현실을 벗어날 수 있는 공간, 화자의 이상향
2연	새	고독한 존재, 감정 이입의 대상
3연	새(사래, 밭)	속세에 대한 미련을 떠올리게 하는 대상
4연	밤	절망적인 고독의 시간

꼼꼼 단어 돋보기

- **ᄂᆞᄆᆞ자기**
'나문재'라는 식물을 뜻하는 것으로 추정됨
- **에졍지**
'외따로 떨어져 있는 부엌'으로 추정됨
- **사ᄉᆞ미**
① 사슴이
② '사ᄅᆞ미'의 오기(誤記)
③ 사슴 분장의 광대가
- **짒대**
장대. 대나무나 나무를 다듬어 만든 긴 막대기
- **설진**
진한
- **조롱곳**
조롱박꽃

5연	돌	운명적 고난
6연	바다	현실 도피처, 안식처, 탈속의 세계(=청산)
7연	사슴	기적에 대한 소망, 삶의 각박함
8연	강수	고뇌 해소의 매개체, 체념적 정서를 드러내는 소재

후렴구의 기능

- 각 연을 분절하는 역할을 함
- 화자의 정서적 지향(괴로운 현실에서의 탈출)과 일치함
- 노래의 흥을 돋우고 운율을 형성함
- 각 연마다 반복되어 구조적 통일성과 안정감을 줌
- 화자의 처지와는 상반되지만, 민중의 낙천성을 드러냄
- 'ㄹ, ㅇ' 음의 반복으로 경쾌한 리듬감을 형성하며, 낙천적이고 명랑한 느낌을 줌

시험에 이렇게 나와요

10 윗글의 화자에 대한 설명으로 적절한 것을 골라 바르게 묶은 것은?

> ㄱ. 세속적 현실로부터 도피를 소망하고 있다.
> ㄴ. 떠나온 속세에서의 삶에 대해 미련을 지니고 있다.
> ㄷ. 자연과 더불어 풍류를 즐기고자 하는 마음을 노래하고 있다.
> ㄹ. 고통스러운 현실을 이겨 내고자 하는 현실 극복 의지를 드러내고 있다.

① ㄱ, ㄴ　② ㄴ, ㄷ　③ ㄴ, ㄹ　④ ㄷ, ㄹ

11 ㉠에 대한 설명으로 적절하지 않은 것은?

① 밝고 경쾌하며 명랑한 느낌을 준다.
② 울림소리를 연속적으로 반복하고 있다.
③ 흥을 돋우는 조흥구의 역할을 하고 있다.
④ 각 연의 정서와 긴밀하게 조응하고 있다.

12 윗글에서 다음 밑줄 친 시어와 기능이 유사한 것은?

> 천만리(千萬里) 머나먼 길에 고운 님 여의옵고
> 내 마음 둘 데 없어 냇가에 앉았으니
> 저 물도 내 안 같아서 울어 밤길 가는구나.
>
> – 왕방연 –

① 청산　② 새　③ 돌　④ 강수

정답　해설 6쪽
10 ①　11 ④　12 ②

[시조 1] 사랑과 그리움

가 동지(冬至)ㅅᄃᆞᆯ 기나긴 밤을 한 허리를 버혀 내여
부정적 시간(임의 부재) / 허리의 한가운데

춘풍(春風) 니불 아래 서리서리 너헛다가
봄바람처럼 따뜻한 이불 / 우리말의 묘미를 살린 음성 상징어

어론 님 오신 날 밤이여든 구뷔구뷔 펴리라.
사랑하는 임과 함께인 긍정적 시간 / 우리말의 묘미를 살린 음성 상징어

– 황진이, 「동지(冬至)ㅅᄃᆞᆯ 기나긴 밤을」 –

현대어 풀이

동짓날 기나긴 밤의 한가운데를 베어 내어
봄바람 같은 이불 아래에 서리서리 넣었다가
정든 임 오시는 날 밤이면 굽이굽이 펴리라.

가

이해와 감상

이 작품은 겨울의 긴 밤을 베어 두었다가 임이 오시는 날 밤의 시간을 연장하겠다는 발상을 통해 임에 대한 절실한 그리움을 형상화하고 있다.

작품 정리

갈래 : 평시조, 서정시
성격 : 감상적, 낭만적, 연정가
주제 : 임을 기다리는 애타는 마음
특징
- 추상적 개념을 구체적 사물로 표현함
- 음성 상징어를 사용하여 표현 효과를 높임

나 어져 내 일이야 그릴 줄을 모로던가.
감탄사 / 이별의 회한

이시라 하더면 가랴마는 제 구태여
있으라고 했더라면 / ① 임이 굳이(도치법), ② 내가 굳이(행간 걸침)

보내고 그리는 정(情)은 나도 몰라 하노라.
자존심과 연정 사이의 갈등

– 황진이, 「어져 내 일이야」 –

현대어 풀이

아! 내가 한 일이 후회스럽구나. 이렇게 그리울 줄을 미처 몰랐던가
있으라고 했더라면 임이 굳이 떠났을까마는 (내가) 굳이
보내 놓고는 이제 와서 그리워하는 마음을 나도 모르겠구나.

나

이해와 감상

이 작품은 임을 떠나보낸 후의 회한을 진솔하게 나타낸 시조로, 자존심과 연정 사이에서 겪는 오묘한 심리적 갈등이 우리말의 절묘한 구사를 통해 섬세하게 표현되어 있다.

작품 정리

갈래 : 평시조, 서정시
성격 : 감상적, 애상적, 이별가
주제 : 임을 그리워하는 마음
특징 : 도치법 혹은 행간 걸침의 수법을 통해 화자의 심리를 표현함

다 묏버들 갈ᄒᆡ 것거 보내노라 님의손ᄃᆡ
화자의 분신, 사랑의 매개체 / 도치법

자시ᄂᆞᆫ 창(窓)밧긔 심거 두고 보쇼셔.
주무시는

밤비예 새 닙곳 나거든 날인가도 너기쇼셔.
새 잎이 / 자신을 잊지 말아 달라는 당부

– 홍랑, 「묏버들 갈ᄒᆡ 것거」 –

현대어 풀이

산의 버드나무 중에서 (아름다운 것을) 골라 꺾어 보내노라. 임에게
(임이) 주무시는 방의 창밖에 심어 두고 보소서.
밤비에 새 잎이라도 나거든 나인가도 여기소서.

다

이해와 감상

이 작품은 떠나는 임에 대한 사랑을 소박한 자연물을 통해 드러내고 있다. 화자는 자기의 분신이라 할 수 있는 '묏버들'을 보내면서 임에게 자신을 기억해 달라는 당부를 하고 있다.

작품 정리

갈래 : 평시조, 서정시
성격 : 감상적, 애상적, 이별가
주제 : 임에게 보내는 사랑
특징 : 떠나는 임에 대한 사랑을 소박한 자연물을 통해 드러냄

한눈에 콕콕

가

'밤'의 양면성과 시적 화자의 정서 대비

동지(冬至)ㅅ 돌 기나긴 밤	↔	어론 님 오신 날 밤
• 임이 부재하는 현실 • 부정적 시간	↔	• 임이 돌아와 함께 정을 나누는 때 • 긍정적 시간
• 차가움 • 외로움, 고독함 • 길게 느껴짐	↔	• 따뜻함 • 애정, 사랑 • 짧게 느껴짐

추상적 개념의 구체화

동지(冬至)ㅅ 돌 기나긴 밤		
	자름	'한 허리를 버혀 내여'
	넣어 둠	'서리서리 너헛다가'
	폄	'구뷔구뷔 펴리라'

⬇

추상적 개념(시간)을 구체적 사물로 표현함

⬇

임과의 재회를 기다리는 화자의 정서가 드러남

나

'제 구태여'의 중의성

'가랴마는 제 구태여'으로 보는 경우	'임'을 주어로, '임'의 행위를 강조하는 도치로 봄
'제 구태여 보내고'로 보는 경우	화자 '나'를 주어로, '행간 걸침'으로 볼 수 있음

다

'묏버들'의 의미

묏버들

화자 ⟶ 임

• 화자의 심경을 말해 주는 대상
• 임을 그리워하는 화자의 분신

화자는 '묏버들'을 통해 임과의 사랑이 끝나지 않고 이어지기를 바라고 있다.

13 가~다의 갈래에 대한 설명으로 가장 적절한 것은?

① 한자의 음과 뜻을 빌려 표기한 노래 문학으로, 주로 승려와 화랑이 지었다.
② 고려 시대에 사대부들이 향락적 여흥을 위해 만든 갈래로, 몇 개의 연이 중첩되어 있다.
③ 3장 6구로 이루어진 우리 고유의 정형시로, 우리 민족의 정서를 가장 잘 나타낸 노래 문학이다.
④ 고려 때 평민들이 부르던 민요 형태의 노래 문학으로, 3음보로 되어 있으며 후렴구를 지니고 있다.

14 가의 어조로 가장 적절한 것은?

① 절망적이고 절박한 목소리
② 의지적이며 단호한 목소리
③ 쓸쓸함이 담긴 애틋한 목소리
④ 활기가 넘치는 희망찬 목소리

15 가~다의 시조에 나타나는 정서와 가장 유사한 것은?

① 뫼흔 길고 길고 물은 멀고 멀고.
어버이 그린 뜻은 많고 많고 하고 하고.
어디서 외기러기는 울고 울고 가느니.

– 윤선도, 「견회요」 –

② 간밤의 부던 ᄇᆞ람에 눈서리 치단말가.
낙락장송(落落長松)이 다 기우러 가노ᄆᆡ라.
ᄒᆞ믈며 못 다 핀 곳이야 닐러 무슴 ᄒᆞ리오.

– 유응부, 「간밤의 부던 ᄇᆞ람에」 –

③ 반중(盤中) 조홍(早紅)감이 고와도 보이ᄂᆞ다.
유자(柚子) 안이라도 품엄즉도 ᄒᆞ다마ᄂᆞᆫ
품어 가 반기리 없슬ᄉᆡ 글노 설워ᄒᆞᄂᆞ이다.

– 박인로, 「반중(盤中) 조홍(早紅)감이」 –

④ 이화우(梨花雨) 흣ᄲᅮ릴 제 울며 잡고 이별(離別)ᄒᆞᆫ 님,
추풍낙엽(秋風落葉)에 저도 날 ᄉᆡᆼ각ᄂᆞᆫ가.
천 리(千里)에 외로운 ᄭᅮᆷ만 오락가락 ᄒᆞ노매.

– 계랑, 「이화우(梨花雨) 흣ᄲᅮ릴 제」 –

정답 해설 6쪽
13 ③ 14 ③ 15 ④

[시조 2] 자연과 풍류

가 추강(秋江)에 밤이 드니 물결이 차노매라.
가을 강(계절적 배경) / 차구나(촉각적 심상)

낚시 드리치니 고기 아니 무노매라.
드리우니 / 물지 않는구나.

무심(無心)한 달빛만 싣고 빈 배 저어 오노라.
욕심이 없는 자연 / 무욕의 경지

– 월산 대군, 「추강(秋江)에 밤이 드니」 –

현대어 풀이

가을 강에 밤이 되니 물결이 차갑구나.
낚시를 드리우니 고기는 물지 않는구나.
욕심이 없는 달빛 싣고 빈 배 저어 돌아오는구나.

가

이해와 감상

이 작품은 물욕과 명리를 벗어나 자연 속에서 유유자적하는 삶의 모습을 그린 시조이다. 빈 배에 고기 대신 달빛만 가득 싣고 돌아오는 풍류는 욕심을 버린 작가의 마음을 반영한다.

작품 정리

갈래 : 평시조, 서정시
성격 : 풍류적, 탈속적
주제 : 가을 달밤의 풍류의 정취
특징 : 한적한 가을밤의 풍취를 드러내어 물욕을 벗어난 탈속의 정서를 표출함

나 십 년(十年)을 경영(經營)ᄒᆞ여 초려 삼간(草廬三間) 지여 내니,
초가삼간 – 안분지족하는 삶 / 준비하여

나 ᄒᆞᆫ 간, ᄃᆞᆯ ᄒᆞᆫ 간에 청풍(淸風) ᄒᆞᆫ 간 맛져 두고,
맡겨 두고 / 자연과 하나되는 물아일체(의인법)

강산(江山)은 들일 듸 업스니 둘러 두고 보리라.

– 송순, 「십 년(十年)을 경영ᄒᆞ여」 –

현대어 풀이

십년을 준비하여 초가삼간 지어 내니
나 한 칸, 달 한 칸, 맑은 바람 한 칸을 맡겨 두고
강산은 들일 데 없으니 (병풍처럼) 둘러두고 보리라.

나

이해와 감상

이 작품은 자연과 하나가 되어 풍류를 즐기는 삶을 노래하고 있다. '나'와 '달', '청풍'이 초려 삼간 속에서 하나가 되고 있으며(물아일체), 이를 통해 안분지족의 생활 태도를 엿볼 수 있다.

작품 정리

갈래 : 평시조, 서정시
성격 : 풍류적, 낭만적, 전원적
주제 : 자연과의 물아일체, 안분지족
특징 : 의인법을 사용하여 자연과 하나되는 기발한 발상을 드러냄

다 짚 방석 내지 마라, 낙엽(落葉)엔들 못 안즈랴.
인공적 요소 / 자연적 요소

솔불 혀지 마라, 어제 진 ᄃᆞᆯ 도다 온다.
인공적 요소 / 자연적 요소

아ᄒᆡ야 박주산채(薄酒山菜)ㄹ망정 업다 말고 내여라.
소박한 생활

– 한호, 「짚 방석 내지 마라」 –

현대어 풀이

짚으로 만든 방석을 내지 말아라, 낙엽엔들 앉지 못하겠느냐.
솔불을 켜지 말아라, 어제 진 달이 다시 떠오른다.
아이야! 변변치 않은 술과 산나물이라도 좋으니 없다 말고 내오너라.

다

이해와 감상

이 작품은 인위적 소재와 자연적 소재를 대조하여 화자가 추구하는 안빈낙도의 삶을 보여 주고 있다.

작품 정리

갈래 : 평시조, 서정시
성격 : 풍류적, 낭만적, 전원적
주제 : 자연 속에서의 소박한 풍류
특징 : 대조적인 소재를 사용하여 풍류를 즐기는 화자의 모습을 드러냄

한눈에 콕콕

가

화자의 태도

달빛(탈속적 자연) + 빈 배(무욕의 심리) ➡ 세속적 명리를 초월한 삶의 경지

나

화자의 자연관

나 - 달 - 청풍 ➡ 물아일체

강산을 병풍처럼 둘러 두겠다는 발상 ➡ 자연과 합일된 모습

자연과 인간을 나누는 경계를 벗어나 자연과 하나가 되고자 하는 화자의 자연관이 드러나 있다.

다

시어의 의미

짚 방석, 솔불		낙엽, 달		박주산채		
인공의 세계	⬌	자연의 세계	+	안빈낙도의 삶	➡	자연과 인간이 합일된 삶

시험에 이렇게 나와요

16 가~다에 공통적으로 나타나는 시적 상황을 나타내는 말이 아닌 것은?

① 안분지족(安分知足)
② 안빈낙도(安貧樂道)
③ 유유자적(悠悠自適)
④ 점입가경(漸入佳境)

17 나의 표현상 특징으로 가장 적절한 것은?

① 공간적 배경의 변화에 따라 시상을 전개하고 있다.
② 대조적 성격의 소재를 통해 화자의 심리 상태를 드러내고 있다.
③ 독창적 발상과 의인법을 통해 자연에 대한 친화감을 드러내고 있다.
④ 언어유희를 통해 자연을 대하는 화자의 여유로운 심정을 드러내고 있다.

정답 해설 6쪽

16 ④ 17 ③

[시조 3] 지조와 절개

가 눈 마ᄌᆞ 휘여진 ᄃᆡ를 뉘라셔 굽다턴고
시련, 고난 / 충신의 지조와 절개를 상징 / 변절을 의미함
구블 절(節)이면 눈 속의 프를소냐
굽힐 절개 / 지조와 절개를 드러냄(설의법)
아마도 세한 고절(歲寒孤節)은 너ᄲᅮᆫ인가 ᄒᆞ노라
한겨울에 추위에도 홀로 지키는 절개 / 대나무(의인법)

현대어 풀이
눈을 맞아 휘어진 대나무를 누가 굽었다고 하던가
구부러질 절개라면 눈 속에 푸르겠는가
아마도 한겨울의 추위에 굴하지 않는 절개는 너뿐일 것이다

– 원천석, 「눈 마ᄌᆞ 휘여진 ᄃᆡ를」 –

가

이해와 감상

이 작품은 대나무를 의인화하여 고려 왕조에 대한 절개를 나타낸 조선 전기의 평시조이다.

작품 정리

갈래 : 평시조
성격 : 의지적, 절의적
주제 : 고려 왕조에 대한 충절
특징
• 자연물의 속성을 활용하여 화자의 굳은 절개와 의지를 표현함
• 고도의 상징과 설의법, 의인법을 활용함

나 「이 몸이 주거 가셔 무어시 될고 ᄒᆞ니」「」: 자문
극한적 상황 설정(가정)
「봉래산(蓬萊山) 제일봉에 낙락장송(落落長松) 되야 이셔
굳은 절개와 지조를 상징
백설이 만건곤(滿乾坤)ᄒᆞᆯ 제 독야청청(獨也靑靑)ᄒᆞ리라」「」: 자답
시련, 고난 / 수양 대군의 득세 / 시류에 휩쓸리지 않고 끝까지 절개를 지키겠다는 다짐과 의지

현대어 풀이
이 몸이 죽어서 무엇이 될 것인가 생각해 보니
봉래산 가장 높은 봉우리에 우뚝 솟은 키 큰 소나무가 되어서
흰 눈이 온 세상에 가득할 때 홀로 푸르르리라

– 성삼문, 「이 몸이 주거 가셔」 –

나

이해와 감상

이 작품은 세조의 왕위 찬탈을 배경으로 단종을 향한 충심과 절개를 지키겠다는 다짐을 표현한 조선 전기의 평시조이다.

작품 정리

갈래 : 평시조
성격 : 의지적, 비판적
주제 : 단종에 대한 변함없는 절의
특징
• 비유와 상징을 통해 주제를 효과적으로 드러냄
• 자문자답의 형식으로 지조와 절개를 드러냄

한눈에 콕콕

가

화자의 태도
• 예찬적: 눈을 맞아 휘어져도 푸르름을 잃지 않는 대나무의 모습을 예찬함
• 절개와 의지: 푸르름을 잃지 않는 '대나무'에 빗대어, 지조와 충절을 지키고자 하는 자신의 굳은 의지를 드러냄

시어의 상징적 의미

대나무		
• 눈 속에서도 푸른빛을 잃지 않는 존재 • 충신의 지조와 절개 상징	➡	끝까지 지조를 지키고자 하는 화자의 의지를 대나무에 빗대어 표현함으로써 자신의 충절을 강조함

나

◎ 창작 배경

이 시조는 성삼문이 단종의 복위를 꾀하다가 실패하고 죽임을 당할 때 읊은 시조이다. 온 세상이 모두 세조를 섬길지라도 자신만은 봉래산의 키 큰 소나무처럼 단종을 향한 굳은 절개를 지키겠다는 성삼문의 의지가 나타나 있다.

◎ 시어의 의미

낙락장송	화자의 굳은 절개와 지조를 상징함
백설	시련, 고난(단종을 몰아내고 왕위를 찬탈한 수양 대군 일파를 상징)

시험에 이렇게 나와요

18 **가**에 대한 설명으로 적절하지 않은 것은?

① 초장에서는 'ᄃᆡ'의 모습을 제시하고 있다.
② 초장의 '눈'은 'ᄃᆡ'를 휘게 하는 시련, 고난을 의미한다.
③ 중장의 '절(節)'은 'ᄃᆡ'의 속성이자 화자가 지향하는 가치를 의미한다.
④ 종장의 '너ᄲᅮᆫ인가 ᄒᆞ노라'는 화자의 성찰적·반성적 태도를 보여 준다.

19 다음을 참고하여 **나**를 감상한 내용으로 가장 거리가 먼 것은?

> 1453년 수양 대군은 계유정난을 일으켜 정권을 잡았다. 이후 그는 어린 조카인 단종을 위협하여 왕위를 빼앗았다. 이때 성삼문은 이개, 박팽년, 유응부 등과 함께 단종 복위 운동을 계획하였다. 하지만 모의 사실이 밝혀져 성삼문은 수양 대군에게 모진 고문을 당하였고, 계획은 수포가 되었다. 성삼문은 자신의 뜻을 굽히지 않고 불의에 끝까지 저항하다가 죽음을 맞았다.

① '봉래산 제일봉'은 왕위를 빼앗긴 단종을 의미한다.
② '낙락장송'은 불의에 저항한 성삼문의 지조와 절개를 상징한다.
③ '백설'은 왕위를 빼앗은 수양 대군 일파를 가리킨다.
④ '독야청청'은 끝까지 절개를 지키겠다는 성삼문의 다짐이라고 할 수 있다.

정답 해설 6쪽

18 ④ 19 ①

[시조 4] 기다림과 해학

님이 오마 ᄒᆞ거ᄂᆞᆯ 「저녁밥을 ㉠일 지어 먹고 중문(中門) 나서 대문(大門) 나가 지방
화자가 기다리는 대상 / 「 」: 화자의 들뜬 마음이 반영된 행동

(地方) 우희 치ᄃᆞ라 안자 ㉡이수(以手)로 가액(加額)ᄒᆞ고 오ᄂᆞᆫ가 가ᄂᆞᆫ가 건넌 산(山)
손으로 이마를 가리고, 임이 오는 곳을 계속 바라봄

ᄇᆞ라보니」 거머횟들 셔 잇거ᄂᆞᆯ 져야 님이로다
화자가 임을 본 것으로 착각함

보션 버서 품에 품고 신 버서 손에 쥐고 곰븨님븨 님븨곰븨 쳔방지방 지방쳔방 즌
의태어

ᄃᆡ ᄆᆞ른 ᄃᆡ ᄀᆞᆯ희지 말고 워렁충창 건너가셔 정(情)엣말 ᄒᆞ려 ᄒᆞ고 겻눈을 흘긧 보니
의성어 / 임과의 회포를 푸는 말

㉢상년(上年) 칠월(七月) 사흔날 ᄀᆞᆯ가 벅긴 주추리 삼대 ㉣ᄉᆞᆯ드리도 날 소겨거다
화자가 임으로 착각한 대상

모쳐라 밤일ᄉᆡ만졍 ᄒᆡᆼ혀 낫이런들 ᄂᆞᆷ 우일 번 ᄒᆞ괘라
실망감보다는 멋쩍음을 드러냄(사설시조 특유의 낙천성과 해학성)

– 작자 미상, 「님이 오마 ᄒᆞ거ᄂᆞᆯ」 –

현대어 풀이

임이 온다고 하여 저녁밥을 일찍 지어 먹고 중문을 나와 대문으로 나가 문지방 위에 올라가 앉아 손으로 이마를 가리고 (임이) 오는가 가는가 건너편 산을 바라보니 검은 듯 흰 듯한 것이 서 있기에 저것이 임이로구나

버선 벗어 품에 품고 신 벗어 손에 쥐고 엎치락뒤치락 허둥지둥 진 데 마른 데 가리지 않고 우당탕퉁탕 건너가서 정이 있는 말 하려고 곁눈으로 흘깃 보니 작년 7월 3일에 갉아 벗긴 주추리 삼대가 알뜰히도 나를 속였구나

마침 밤이었기에 망정이지 행여 낮이었다면 남을 웃길 뻔했구나

이해와 감상

이 작품은 임을 기다리는 화자의 마음을 해학적으로 표현한 사설시조이다.

작품 정리

갈래 : 사설시조
성격 : 해학적, 과장적
주제 : 임을 애타게 기다리는 마음
특징
- 의태어와 의성어를 사용하여 행동을 과장하여 묘사함
- 해학적 표현과 희극적 요소가 나타남

한눈에 콕콕

웃음을 유발하는 화자의 행동

'주추리 삼대'를 임으로 착각함	➡	• 버선과 신발을 벗어 들고 엎치락뒤치락 허둥지둥 뛰어감 • 진 곳 마른 곳 가리지 않고 마구 건너감 • 주추리 삼대가 자신을 속인 것이라고 말함 • 남들이 자신의 행동을 못 봐서 다행이라고 여김

화자의 상황과 정서 및 태도

상황	임이 오기를 기다리고 있음
정서 및 태도	• 임을 그리워함 • 임이 오기를 간절히 기다리는 마음에 비슷한 물건을 보고 임이 온 것으로 착각하고 달려가는 모습을 보임

꼼꼼 단어 돋보기

● 일
일찍

● 거머횟들
검은빛과 흰빛이 뒤섞인 모양

● 곰븨님븨
엎치락뒤치락 급히 구는 모양

● 쳔방지방
너무 급하여 허둥지둥 함부로 날뛰는 모양

● 워렁충창
급히 달리는 발소리

● 주추리 삼대
삼의 줄기

● 우일 번
웃길 뻔. 웃음거리가 될 뻔

20 윗글의 표현상 특징으로 적절하지 <u>않은</u> 것은?

① 유사한 시어를 반복하고 있다.
② 상황을 과장하여 표현하고 있다.
③ 음성 상징어를 통해 화자의 정서를 드러내고 있다.
④ 장면에 따른 화자의 처지 변화가 생동감을 주고 있다.

21 윗글을 낭송할 때 고려할 사항으로 적절한 것을 모두 고른 것은?

ㄱ. 전체적으로 임에 대한 그리움이 묻어나는 어조로 낭송한다.
ㄴ. 중장은 반복 구절이 많으므로, 운율을 살려서 낭송한다.
ㄷ. 종장은 임을 만난 기쁨이 담긴 어조로 낭송한다.
ㄹ. 종장은 낮이 아니었음을 안도하는 느낌으로 낭송한다.

① ㄱ, ㄴ, ㄷ ② ㄱ, ㄷ, ㄹ ③ ㄱ, ㄴ, ㄹ ④ ㄴ, ㄷ, ㄹ

22 ㉠~㉣의 현대어 풀이가 바르지 <u>않은</u> 것은?

① ㉠: 일찍 지어 먹고
② ㉡: 손으로 이마를 가리고
③ ㉢: 올해 칠월
④ ㉣: 알뜰히도

정답 해설 6쪽

20 ④ 21 ③ 22 ③

[시조 5] 풍자와 해학

가 댁들에 동난지이 사오. 저 장사야 네 황화 그 무엇이라 웨는다 사자.
(게젓 장수의 말 / 댁들(손님)의 말 – 장수가 한 말을 이해하지 못함)

외골내육(外骨內肉), 양목(兩目)이 상천(上天), 전행(前行) 후행(後行) 소(小)아리
(두 눈이 위에 붙음 / 아리: 다리)

팔족(八足), 대(大)아리 이족(二足), 청장(淸醬) 아스슥 하는 동난지이 사오.
(아스슥: 의성어 – 감각적 표현)

장사야, 하 거북이 웨지 말고 게젓이라 하렴은.
(댁들(손님)의 말–게젓 장수가 어려운 한자어로 장황하게 이야기하고 있음을 익살맞게 꼬집음)

– 작자 미상, 「댁들에 동난지이 사오」 –

현대어 풀이

사람들아, 동난지이 사오. 저 장수야, 네 물건 그 무엇이라 외치느냐? 사자.
밖은 단단하고 안은 물렁하며, 두 눈은 위로 솟아 하늘을 향하고, 앞뒤로 기는 작은 발 여덟 개, 큰 발 두 개, 푸른 장이 아스슥하는 동난지이 사오.
장수야, 그렇게 거북하게(장황하게) 말하지 말고 게젓이라 하려무나.

나 두터비 ᄑᆞ리를 물고 두험 우희 치ᄃᆞ라 안자
(두터비: 탐관오리 / ᄑᆞ리: 힘없는 백성 / 두험 우희 치ᄃᆞ라 안자: 두꺼비의 횡포)

것넌 산(山) ᄇᆞ라보니 백송골(白松鶻)이 ᄯᅥ 잇거ᄂᆞᆯ 가슴이 금즉ᄒᆞ여 풀덕 ᄯᅱ여
(백송골(白松鶻): 중앙 관리, 외세 / 풀덕: 음성 상징어)

내ᄃᆞᆺ다가 두험 아래 쟛바지거고.

모쳐라 ᄂᆞᆯ랜 낼싀만정 에헐질 번ᄒᆞ괘라.
(두꺼비의 자화자찬, 자기 합리화)

– 작자 미상, 「두터비 ᄑᆞ리를 물고」 –

현대어 풀이

두꺼비가 파리를 물고 두엄 위에 뛰어 올라가 앉아
건너편 산을 바라보니 흰 송골매가 떠 있거늘 가슴이 섬뜩하여 펄쩍 뛰어 내닫다가 두엄 아래 자빠졌구나.
마침 날랜 나였기에 망정이지 (하마터면) 피멍이 들 뻔했구나.

한눈에 콕콕

가

시적 화자의 상황과 태도

상황	게젓 장수와의 대화 상황(상거래 장면)
태도	쉬운 우리말 대신 어려운 한자어를 쓰는 게젓 장수의 현학적 태도를 비판함

대화

게젓 장수	댁들(사람들)
'게'를 한자어로 장황하게 묘사	거북이 웨지 말고 게젓이라 하렴은
⬇	⬇
잘난 척, 현학적 태도	빈정거림, 비판

가

이해와 감상

이 작품은 어려운 한자어를 사용하여 게젓을 설명하는 장사꾼의 현학적 태도를 비판하는 사설시조이다.

작품 정리

갈래 : 사설시조
성격 : 해학적, 풍자적
주제 : 현학적인 태도 비판
특징
- 대화체를 사용하여 생동감을 유발함
- 서민의 생활과 상거래 모습을 보여 줌
- 게의 사실적 묘사가 돋보임

나

이해와 감상

이 작품은 두꺼비, 파리, 백송골의 대응 관계를 통해 양반의 허세를 풍자한 사설시조이다.

작품 정리

갈래 : 사설시조
성격 : 풍자적, 우의적, 해학적
주제 : 탐관오리의 횡포와 허장성세에 대한 풍자
특징
- 의인법을 사용하여 대상을 희화화함
- 비유를 통해 세태를 풍자함

꼼꼼 단어 돋보기

- **동난지이**
게젓
- **황화**
잡화, 팔 물건
- **청장**
맑은 간장. 게의 배 속에 들어 있는 푸른 빛깔의 장
- **두험**
'두엄'의 옛말. 풀, 짚 또는 가축의 배설물 따위를 썩힌 거름
- **백송골**
매의 한 종류로 몸이 크고 성질이 굳셈
- **현학적**
학식이 있음을 자랑하는 것

나

◎ 시어의 관계

파리	⬅	두터비	➡	백송골
힘없는 백성	횡포	탐관오리	두려워함	중앙 관리, 외세

⬇

- 백성을 착취하는 부패한 탐관오리
- 자기 변명 및 자기 합리화

◎ 관련 한자 성어 및 속담

허장성세(虛張聲勢)	실속은 없으면서 큰소리를 치거나 허세를 부림
빈 수레가 요란하다	실속 없는 사람이 겉으로 더 떠들어 댐을 비유적으로 이르는 말

시험에 이렇게 나와요

23 가, 나의 공통점으로 거리가 먼 것은?

① 서민적인 언어와 표현을 활용하고 있다.
② 평시조보다 길어진 사설시조에 해당한다.
③ 중장의 첫 음보가 3음절로 고정되어 있다.
④ 대상을 비판하고자 하는 의도가 담겨 있다.

24 가와 나에 대한 설명으로 적절하지 않은 것은?

① (가)의 중장에서는 한자어를 사용하여 대상을 장황하게 묘사하고 있다.
② (가)와 (나)에서는 모두 음성 상징어를 활용하여 상황을 생동감 있게 표현하고 있다.
③ (나)는 '두터비'로 상징되는 부패한 탐관오리의 이중적이고 위선적인 모습을 보여 주고 있다.
④ (가)에는 게젓 장수와 물건을 사려는 사람 간의 갈등이 나타나 있는데, 이는 가격 흥정에서 비롯되고 있다.

25 나에 나타난 '두꺼비'의 태도와 가장 관련이 깊은 한자 성어는?

① 허장성세(虛張聲勢)
② 고진감래(苦盡甘來)
③ 괄목상대(刮目相對)
④ 면종복배(面從腹背)

정답 해설 6쪽

23 ③ 24 ④ 25 ①

오우가(五友歌) 윤선도

| 2021년 1회, 2019년 2회

「내 버디 몃치나 ᄒᆞ니 수석(水石)과 송죽(松竹)이라」
「 」: 문답법 / 수석(水石): 물과 바위 / 송죽(松竹): 소나무와 대나무

동산(東山)의 ᄃᆞᆯ 오르니 그 더옥 반갑고야
ᄃᆞᆯ: 달

두어라 이 다ᄉᆺ 밧긔 또 더ᄒᆞ야 머엇ᄒᆞ리
두어라 이 다ᄉᆺ 밧긔 또 더ᄒᆞ야 머엇ᄒᆞ리: 안분지족(다섯의 벗만 있으면 만족함)

…› 제1수: 다섯 벗(물, 바위, 소나무, 대나무, 달) 소개

현대어 풀이

내 벗이 몇인가 하니 물, 돌과 소나무, 대나무로다
동산에 달이 떠오르니 그것(달)이 더욱 반갑구나
두어라 이 다섯 외에 또 더하여 무엇하리

구룸빗치 조타 ᄒᆞ나 검기ᄅᆞᆯ ᄌᆞ로 ᄒᆞᆫ다
구룸: 변하는 존재 / ᄌᆞ로: 자주

ᄇᆞ람소ᄅᆡ ᄆᆞᆰ다 ᄒᆞ나 그칠 적이 하노매라
ᄇᆞ람: 변하는 존재 / 하노매라: 많구나

「조코도 그츨 뉘 업기ᄂᆞᆫ ㉠믈뿐인가 ᄒᆞ노라」
「 」: 물의 불변성 / 뉘: 때

…› 제2수: 물의 불변성

현대어 풀이

구름 빛이 깨끗하다고 하지만 검기를 자주 한다
바람 소리가 맑다고 하지만 그칠 적이 많구나
깨끗하고도 그칠 때가 없기는 물뿐인가 하노라

「고즌 므스 일로 퓌며셔 쉬이 디고
「 」: 자주 변하는 꽃과 풀의 특성을 바탕으로 시류에 영합하는 소인배를 나타냄

플은 어이ᄒᆞ야 프르ᄂᆞᆫ ᄃᆞᆺ 누르ᄂᆞ니」
플: 순간적 존재

아마도 변티 아닐ᄉᆞᆫ ㉡바회뿐인가 ᄒᆞ노라
바회: 불변의 존재

…› 제3수: 바위의 불변성

현대어 풀이

꽃은 무슨 일로 피면서 쉬이 지고
풀은 어이하여 푸른 듯 누르니
아마도 변하지 않는 것은 바위뿐인가 하노라

더우면 곳 퓌고 치우면 닙 디거ᄂᆞᆯ
더우면 곳 퓌고 치우면 닙 디거ᄂᆞᆯ: 세상 형편에 따라 편하게 살아감

㉢솔아 너ᄂᆞᆫ 얻디 눈 서리ᄅᆞᆯ 모ᄅᆞᄂᆞᆫ다
솔아 너: 소나무(의인화) / 눈 서리: 시련과 고난

구천(九泉)의 블희 고ᄃᆞᆫ 줄을 글로 ᄒᆞ야 아노라
구천(九泉)의 블희 고ᄃᆞᆫ 줄을 글로 ᄒᆞ야 아노라: 소나무의 속성을 바탕으로 지조와 절개의 가치를 드러냄

…› 제4수: 소나무의 절개

현대어 풀이

더우면 꽃 피고 추우면 잎 지거늘
소나무야, 너는 어찌 눈서리를 모르는가(변함이 없는가)
깊은 땅속까지 뿌리가 곧게 뻗은 것을 그것으로 인하여 알겠노라

이해와 감상

이 작품은 '물', '바위', '소나무', '대나무', '달' 다섯 개의 자연물을 예찬한 연시조이다.

작품 정리

갈래 : 평시조, 연시조
성격 : 예찬적, 자연 친화적
주제 : 오우 예찬
특징
- 다섯 가지 자연물을 의인화하여 화자의 벗으로 표현하고 있음
- 문답법, 대조법과 같은 다양한 표현 방법이 드러남

꼼꼼 단어 돋보기

● **구천**
땅속 깊은 밑바닥

● **블희**
뿌리가

나모도 아닌 거시 플도 아닌 거시

곳기ᄂᆞᆫ 뉘 시기며 속은 어이 뷔연ᄂᆞᆫ다
대나무의 속성이 곧으며 속이 빈 것을 나타내고 있음

뎌러코 ᄉᆞ시(四時)예 프르니 ㉣그를 됴하 ᄒᆞ노라
대나무(의인화)

⟶ 제5수: 대나무의 절개

현대어 풀이

나무도 아니고 풀도 아닌 것이
곧은 것은 누가 시켰으며 속은 어찌 비었느냐
저러고 사시(사계절)에 푸르니 그(대나무)를 좋아하노라

쟈근 거시 노피 떠셔 만믈(萬物)을 다 비취니
달이 만물을 비춤(선비가 지녀야 할 덕성과 연관시킴)

밤듕의 광명(光明)이 너만ᄒᆞ니 또 잇ᄂᆞ냐
달

보고도 말 아니 ᄒᆞ니 내 벋인가 ᄒᆞ노라
달의 과묵함

⟶ 제6수: 달의 광명과 과묵함

현대어 풀이

작은 것이 높이 떠서 온 세상을 다 비추니
밤중의 밝은 빛이 너만 한 것이 또 있겠느냐
(세상의 온갖 더러운 것을) 보고도 말 아니 하니 내 벗이라 할 만하다

한눈에 콕콕

자연물에 담긴 인간의 덕성

물	변하지 않는 이상적인 선비의 모습
바위	쉽게 변하는 속세에 굴하지 않고 한결같은 선비의 모습
소나무	지조 있는 선비의 모습
대나무	겸허한 자세와 절개
달	세상의 일에 침묵하는 미덕

시어의 대조적 의미

구름, 바람, 꽃, 풀, 잎	↔	물, 바위, 소나무, 대나무, 달
가변성, 순간성		불변성, 영원성

꼼꼼 단어 돋보기

● 뉘
'누가'를 예스럽게 이르는 말

● 시기다
'시키다'의 옛말

● ᄉᆞ시
사계절

26 윗글에 대한 설명으로 적절하지 않은 것은?

① 문답법을 사용하여 대상의 특성을 강조하고 있다.
② 자연물을 의인화하여 화자의 지향점을 드러내고 있다.
③ 상반된 대상을 활용하여 대상의 가치를 드러내고 있다.
④ 자연 현상에 빗대어 인간의 다양한 모습을 표현하고 있다.

27 ㉠~㉣에서 강조되는 덕성으로 가장 적절하지 않은 것은?

① ㉠: 깨끗하면서도 변치 않음
② ㉡: 상황의 변화에 굴하지 않고 한결같음
③ ㉢: 신념을 굽히지 않음
④ ㉣: 다른 사람을 시기하지 않음

28 윗글과 〈보기〉를 비교한 내용으로 적절한 것은?

보기

님이 오마 ᄒᆞ거ᄂᆞᆯ 져녁밥을 일 지어 먹고 중문(中門) 나서 대문(大門) 나가 지방(地方) 우희 치ᄃᆞ라 안자 이수(以手)로 가액(加額)ᄒᆞ고 오ᄂᆞᆫ가 가ᄂᆞᆫ가 건넌 산(山) ᄇᆞ라보니 거머흿들 셔 잇거ᄂᆞᆯ 져야 님이로다

보션 버서 품에 품고 신 버서 손에 쥐고 곰븨님븨 님븨곰븨 쳔방지방 지방쳔방 즌 ᄃᆡ ᄆᆞ른 ᄃᆡ ᄀᆞᆯ희지 말고 워렁충창 건너가셔 정(情)엣말 ᄒᆞ려 ᄒᆞ고 겻눈을 흘긧보니 상년(上年) 칠월(七月) 사흔날 ᄀᆞᆯ가 벗긴 주추리 삼대 ᄉᆞᆯ드리도 날 소겨거다

모쳐라 밤일싀만졍 힝혀 낫이런들 ᄂᆞᆷ 우일 번 ᄒᆞ괘라

– 작자 미상, 「님이 오마 ᄒᆞ거ᄂᆞᆯ」 –

① 〈보기〉는 윗글과 달리 4음보가 일정하게 유지된다.
② 윗글과 〈보기〉는 종장의 첫 구절이 3음절로 고정된다.
③ 윗글은 〈보기〉와 달리 다양한 음성 상징어를 활용한다.
④ 〈보기〉는 윗글과 달리 3장 6구의 형식을 갖추고 있다.

정답 해설 6쪽

26 ④ 27 ④ 28 ②

만흥(漫興) 윤선도

| 2015년 2회, 2012년 1회

산슈간 바회 아래 쒸집을 짓노라 ᄒᆞ니,
(속세를 초탈한 공간 / 소박한 초가집)

그 모른 ᄂᆞᆷ들흔 웃는다 ᄒᆞᆫ다마ᄂᆞᆫ,

어리고 •햐암의 ᄯᅳᆺ의ᄂᆞᆫ 내 분인가 ᄒᆞ노라.
(안분지족)

···› 1수: 안분지족의 삶

현대어 풀이

산수 간 바위 아래에 띠풀로 이은 초가집을 지으려 하니,
그것(나의 뜻)을 모르는 남들은 비웃는다지만,
어리석고 시골에 사는 세상 물정 모르는 내 생각에는 이것이 내 분수인가 하노라.

보리밥 픗ᄂᆞ믈을 알마초 먹은 후(後)에
(소박한 음식)

바횟긋 ᄆᆞᆰᄀᆞ의 슬ᄏᆞ지 노니노라.

그 나믄 녀나믄 일이야 부ᄅᆞᆯ 줄이 이시랴.
(속세의 일 / 부러워할 줄 있으랴(설의법))

···› 2수: 안빈낙도의 삶

현대어 풀이

보리밥, 풋나물을 알맞게 먹은 후에
바위 끝 물가에서 실컷 노니노라.
그 나머지 다른 일이야 부러워할 줄이 있으랴.

잔 들고 혼자 안자 먼 뫼흘 ᄇᆞ라보니

그리던 님이 오다 반가옴이 이러ᄒᆞ랴.
(그리운 임이 찾아오는 반가움보다 자연과 더불어 사는 즐거움이 더 큼)

말ᄉᆞᆷ도 우움도 아녀도 몯내 됴하ᄒᆞ노라.
(주체 – 산)

···› 3수: 물아일체의 삶

현대어 풀이

잔 들고 혼자 앉아 먼 산을 바라보니
그리워하던 임이 온다고 한들 반가움이 이 정도이랴.
말도 웃음도 아니하지만 마냥 좋아하노라.

누고셔 •삼공(三公)도곤 낫다ᄒᆞ더니 •만승(萬乘)이 이만ᄒᆞ랴.
(~보다)

이제 헤여든 소부 허유(巢父許由)ㅣ 냑돗더라.
(고대 중국의 인물들로 자연에 은거하였던 선비들)

아마도 •임천한흥(林泉閑興)을 비길 곳이 업세라

···› 4수: 강호 한정의 삶

현대어 풀이

누가 (자연이) 삼정승보다 낫다더니 만승천자가 이만하겠는가?
이제 생각해 보니 소부와 허유가 영리하도다.
아마도 자연 속에서 느끼는 한가한 흥취는 비할 데가 없으리라.

이해와 감상

이 작품의 제목은 '흥이 넘쳐 흐른다'는 의미로, 속세의 번민을 떨쳐 버리고 자연에서 지내는 소박하고 한가로운 삶의 즐거움을 노래하고 있다.

작품 정리

갈래 : 평시조, 연시조
성격 : •강호가도, 자연 친화적
주제 : 자연을 벗하는 생활
특징
- 총 6수로 이루어진 연시조임
- 설의적 표현을 통해 자연의 흥취를 더욱 잘 드러내고 있음
- 자연에 묻혀 지내면서도 임금의 은혜를 잊지 않는 관습적 표현이 드러남

꼼꼼 단어 돋보기

● 햐암
향암. 시골에서 지내 온갖 사리에 어둡고 어리석은 사람

● 삼공
삼정승

● 만승
만 개의 수레를 부리는 천자(황제) 또는 천자의 자리를 이르는 말

● 임천한흥
자연 속에서 느끼는 한가한 흥취

● 강호가도
조선 시대에 은자나 시인, 묵객들이 현실을 도피하여 자연을 벗 삼아 지내면서 일으킨 시가 창작의 한 경향

내 셩이 게으르더니 하ᄂᆞᆯ히 아ᄅᆞ실샤
천성
인간 만ᄉᆞ(人間萬事)를 ᄒᆞᆫ 일도 아니 맛뎌
속세의 일
다만당 ᄃᆞ토리 업슨 강산(江山)을 딕히라 ᄒᆞ시도다.
다툴 상대가 없는

…→ 5수: 자연 귀의의 삶

현대어 풀이

내 천성이 게으른 것을 하늘이 아셔서
세상의 많은 일 가운데 한 가지 일도 맡기지 않으시고
다만 다툴 상대가 없는 자연을 지키라고 하셨도다.

강산(江山)이 됴타 ᄒᆞᆫ들 내 분(分)으로 누얻ᄂᆞ냐.
분수
님군 은혜(恩惠)ᄅᆞᆯ 이제 더욱 아노이다.
임금의 은혜(유교적 충의 사상)
아므리 갑고쟈 ᄒᆞ야도 ᄒᆡ올 일이 업세라.

…→ 6수: 임금의 성은에 대한 감사

현대어 풀이

강산이 좋다고 한들 나의 분수로 (이렇게 편안히) 누워 있겠는가.
(이 모두가) 임금 은혜인 것을 이제 더욱 알겠도다.
(하지만) 아무리 갚고자 해도 내가 할 수 있는 일이 없구나.

한눈에 콕콕

▶ 화자가 지향하는 삶의 모습

- 속세에서 벗어나 자연을 즐기는 자연 친화적 삶과 안빈낙도의 삶을 추구함
- 임금의 은혜를 찬양하는 유교적 충(忠) 사상을 보임

▶ 표현상의 특징

- '자연'과 '속세'를 상징하는 시어들을 통해 대조적 이미지를 형성함
- 한자어를 적게 사용하여 우리말의 아름다움을 살림
- 중국 고사의 인물(소부, 허유)을 인용함

시험에 이렇게 나와요

29 윗글과 〈보기〉의 공통점으로 적절하지 않은 것은?

보기

강호(江湖)에 봄이 드니 미친 흥(興)이 절로 난다
탁료계변(濁醪溪邊)에 금린어(錦鱗魚) 안주로다
이 몸이 한가하옴도 역군은(亦君恩)이샷다

강호에 여름이 드니 초당(草堂)에 일이 없다
유신(有信)한 강파(江波)는 보내느니 바람이다
이 몸이 서늘하옴도 역군은(亦君恩)이샷다

– 맹사성, 「강호사시가」 –

① 강호한정을 노래한 연시조이다.
② 계절 변화에 따른 시상 전개로 자연의 아름다움을 부각하고 있다.
③ 자연을 즐기며 사는 삶을 임금의 은혜 덕분으로 돌리는 표현이 나타나 있다.
④ 윗글의 '임천한흥'과 〈보기〉의 '미친 흥'은 모두 자연에서의 즐거움을 의미한다.

30 윗글의 화자에 대한 설명으로 적절하지 않은 것은?

① 소박한 삶에 만족하고 있다.
② 자연 속에서 한가로운 삶을 살고 있다.
③ 삶의 외로움을 한 잔의 술로 달래고 있다.
④ 세속에서보다 자연에서의 삶을 지향하고 있다.

31 윗글의 표현상 특징으로 적절하지 않은 것은?

① 대조를 통해 자연에 대한 태도를 드러내고 있다.
② 반어법을 사용하여 화자의 소망을 드러내고 있다.
③ 과장된 표현을 통해 삶의 만족감을 드러내고 있다.
④ 중국 고사의 인물을 인용하여 화자의 바람을 드러내고 있다.

정답 해설 6쪽

29 ② 30 ③ 31 ②

상춘곡(賞春曲)

정극인

2023년 1회

서사

紅홍塵진에 뭇친 분네 이내 生생涯애 엇더ᄒᆞᆫ고
속세(↔ 산림)
녯사ᄅᆞᆷ 風풍流류ᄅᆞᆯ 미ᄎᆞᆯ가 못 미ᄎᆞᆯ가
선인들의 풍류와 비교해도 자신의 풍류 생활이 손색이 없다는 자부심(설의법)
天천地지間간 男남子자 몸이 날만 ᄒᆞᆫ 이 하건마ᄂᆞᆫ
山산林림에 뭇쳐 이셔 至지樂락을 ᄆᆞᄅᆞᆯ 것가
산림(↔ 속세)
數수間간茅모屋옥을 碧벽溪계水수 앎픠 두고
작은 초가, 화자가 있는 곳 / 푸른 시냇물
松송竹죽 鬱울鬱울裏리에 風풍月월主주人인 되어셔라
자연의 임자, 맑은 바람과 밝은 달 따위의 아름다운 자연을 즐기는 사람

⋯→ 서사: 자연에 묻혀 살며 즐거움을 누림

현대어 풀이

속세에 묻힌 분들이여, 이내 생애 어떠한가 / 옛사람 풍류에 미칠까 못 미칠까.
이 세상 남자로 태어난 몸으로 나만 한 이 많건마는 / 자연에 묻혀 사는 즐거움을 모르는가.
초가집 몇 칸을 푸른 시내 앞에 두고 / 소나무와 대나무 울창한 곳에 자연의 주인이 되었구나.

본사

「엇그제 겨을 지나 새봄이 도라오니
「 」: 새봄을 맞이한 자연의 풍경 묘사. 다채롭고도 아름다운 봄의 경치에 화자가 몹시 감탄하고 있음
桃도花화 杏행花화ᄂᆞᆫ 夕석陽양裏리에 퓌여 잇고
복숭아꽃, 살구꽃
綠녹楊양芳방草초ᄂᆞᆫ 細세雨우 中중에 프르도다
푸른 버들, 향긋한 풀 / 가랑비
(대구법)
칼로 ᄆᆞᆯ아 낸가 붓으로 그려 낸가
造조化화神신功공이 物물物물마다 헌ᄉᆞᄅᆞᆸ다」
수풀에 우ᄂᆞᆫ 새ᄂᆞᆫ 春춘氣기ᄅᆞᆯ ᄆᆞᆺ내 계워 소ᄅᆡ마다 嬌교態태로다
감정 이입(새봄을 맞은 기쁨)
物물我아一일體체어니 興흥이ᄋᆡ 다ᄅᆞᆯ소냐
설의법
柴시扉비예 거러 보고 亭정子자애 안자 보니
사립문
逍소遙요吟음詠영ᄒᆞ야 山산日일이 寂적寂적ᄒᆞᆫᄃᆡ
閒한中중眞진味미ᄅᆞᆯ 알 니 업시 호재로다
한가한 가운데 깃드는 참다운 맛 / 혼자로다

⋯→ 본사 1: 봄 경치를 즐기며 흥을 느낌

현대어 풀이

엇그제 겨울 지나 새봄이 돌아오니 / 복숭아꽃, 살구꽃은 석양에 피어 있고
푸른 버들, 향긋한 풀은 가랑비에 푸르도다. / 칼로 재단했는가, 붓으로 그려 냈는가.
조물주의 솜씨가 사물마다 신비롭구나. / 수풀에 우는 새는 봄 흥취에 겨워 소리마다 교태로다.
물아일체이니 흥이야 다를쏘냐. / 사립문 주변을 걸어 보고 정자에도 앉아 보고
산보하며 읊조리니 산중 생활 적적한데, / 한가함 속 즐거움을 알 이 없이 혼자로다.

이해와 감상

이 작품은 작가가 벼슬에서 물러나 고향에 머무르면서 지은 것으로, 봄을 구경하고 즐기는 노래이다. 시적 화자는 봄의 경치를 감상하면서 물아일체의 경지에 이르러 자연과 함께하는 삶의 즐거움, 안빈낙도하는 데 대한 만족감과 자부심을 드러낸다.

작품 정리

갈래 : 양반 가사, 강호 한정가
성격 : 자연 친화적, 묘사적
주제 : 봄 경치를 감상하며 느낀 즐거움과 안빈낙도

특징
- 설의법, 대구법, 직유법, 의인법 등 다양한 표현 기법을 사용함
- 화자의 공간 이동에 따라 시상을 전개함
- 4음보의 규칙적인 율격을 지니며, 마지막 행은 시조의 종장과 형식이 같음

꼼꼼 단어 돋보기

● 홍진
번거롭고 속된 세상을 비유적으로 이르는 말

● 풍류
멋스럽고 풍치가 있는 일. 또는 그렇게 노는 일

● 송죽
소나무와 대나무를 아울러 이르는 말

● 교태
아양을 부리는 태도

● 물아일체
'나(자아)'와 '외부 세계'가 어울려 하나가 됨

● 소요음영
자유롭게 이리저리 슬슬 거닐며 나지막이 시를 읊조림

● 적적하다
조용하고 쓸쓸하다. 또는 하는 일 없이 심심하다.

이바 니웃드라 山산水수 구경 가쟈스라
공간의 이동, 확장

踏답靑청으란 오ᄂᆞᆯ ᄒᆞ고, 浴욕沂기란 來내日일ᄒᆞ새

아ᄎᆞᆷ에 採채山산ᄒᆞ고, 나조ᄒᆡ ㉠ 釣조水수ᄒᆞ새
산에서 나물을 캠 / 낚시

「ᄀᆞᆺ 괴여 닉은 술을 葛갈巾건으로 밧타 노코
화자의 흥겨운 마음을 고조시킴

곳나모 가지 것거 수 노코 먹으리라」
「 」: 단순히 술을 마시는 것이 아니라 풍류를 즐김

和화風풍이 건ᄃᆞᆺ 부러 綠녹水수를 건너오니

淸청香향은 잔에 지고 落낙紅홍은 옷새 진다
화자와 자연이 하나 된 경지를 감각적으로 나타냄

樽준中중이 뷔엿거든 ㉡ 날ᄃᆞ려 알외여라

小소童동 아ᄒᆡᄃᆞ려 酒주家가에 술을 믈어

얼운은 막대 잡고 아ᄒᆡᄂᆞᆫ 술을 메고

微미吟음緩완步보ᄒᆞ야 시냇ᄀᆞ의 호자 안자

明명沙사 ㉢ 조ᄒᆞᆫ 믈에 잔 시어 부어 들고

「淸청流류를 굽어보니 ᄯᅥ오ᄂᆞ니 桃도花화ㅣ로다
「 」: 화자가 시냇물 위에 떠내려오는 복숭아꽃을 발견하고 눈앞에 보이는 들(또는 산)이 무릉도원일 것이라 하며 봄의 절경을 찬미함

武무陵릉이 갓갑도다 져 ᄆᆡ이 긘거인고」

松송間간細세路로에 杜두鵑견花화를 부치 들고

峰봉頭두에 급피 올나 구름 소긔 안자 보니
산봉우리, 공간 이동

千천村촌萬만落락이 곳곳이 버러 잇ᄂᆡ
수많은 촌락

煙연霞하日일輝휘ᄂᆞᆫ 錦금繡수를 재폇ᄂᆞᆫ ᄃᆞᆺ
수놓은 비단을 펼쳐 놓은 듯(직유법)

엇그제 검은 들이 봄빗도 有유餘여ᄒᆞᆯ샤

⋯ 본사 2: 산수 구경을 권하며 술 마시고 취하여 즐거움을 노래함

결사

功공名명도 날 ᄭᅴ우고, 富부貴귀도 날 ᄭᅴ우니
주객전도된 표현(화자 자신이 공명과 부귀를 멀리함을 공명과 부귀가 자신을 꺼린다고 표현함)

淸청風풍明명月월 외예 엇던 벗이 잇ᄉᆞ올고
의인법

簞단瓢표陋누巷항에 흣튼 ㉣ 혜음 아니 ᄒᆞᄂᆡ
헛된 생각

아모타 百백年년行행樂락이 이만ᄒᆞᆫᄃᆞᆯ 엇지ᄒᆞ리
(3·5·4·3(4), 시조의 종장과 형식이 같음)

⋯ 결사: 안빈낙도하는 삶에 대한 만족감을 드러냄

현대어 풀이

이봐, 이웃들아, 산수 구경 가자꾸나.
답청은 오늘 하고 욕기는 내일 하세.
아침에 나물 캐고 저녁에 낚시하세.
갓 익은 술을 갈건으로 걸러 놓고
꽃나무 가지 꺾어 잔 수 세며 먹으리라.
화창한 바람이 살짝 불어 푸른 시내 건너오니
맑은 향은 잔에 지고 붉은 꽃잎은 옷에 지네.
술독이 비었거든 나에게 아뢰어라.
아이더러 술집에서 술 받아 오라 하여
어른은 막대 잡고 아이는 술을 메고
흥얼대며 걸어서 시냇가에 혼자 앉아
맑은 모래 깨끗한 물에 잔 씻어 부어 들고
맑은 물 굽어보니 복숭아꽃 떠오는구나.
무릉도원 가깝도다. 저 들이 그곳인가.
솔숲 오솔길에 진달래 부여잡고
산봉우리에 급히 올라 구름 속에 앉아 보니
수많은 촌락들이 곳곳에 벌여 있네.
아름다운 자연 경치는 비단을 펼친 듯.
엊그제 검던 들이 봄빛도 넘치는도다.

현대어 풀이

공명도 날 꺼리고 부귀도 날 꺼리니 / 맑은 바람과 밝은 달 외에 어떤 벗이 있으리오.
누항에서 먹는 물과 밥에 헛된 생각 아니 하네. / 아무튼 한평생 즐거움을 누리는 것이 이만한들 어떠하리.

꼼꼼 단어 돋보기

● **답청**
봄에 파랗게 난 풀을 밟으며 산책함. 또는 그런 산책

● **욕기**
기수(沂水)에서 목욕한다는 뜻으로, 명예와 이익을 잊고 유유자적함을 이르는 말

● **갈건**
칡으로 짠 베로 만든 두건

● **미음완보**
작은 소리로 읊으며 천천히 거닒

● **무릉**
'무릉도원(武陵桃源)'의 준말. '이상향', '별천지'를 비유적으로 이르는 말

● **ᄆᆡ**
들이나 벌. '뫼'를 잘못 기록한 것으로 보고 '산'이라 풀이하기도 함

● **연하일휘**
안개와 노을과 빛나는 햇살이라는 뜻으로, 아름다운 자연 경치를 비유적으로 이르는 말

● **공명**
공을 세워서 자기의 이름을 널리 드러냄. 또는 그 이름

● **청풍명월**
맑은 바람과 밝은 달

● **단표누항**
누항(좁고 지저분한 거리나 마을)에서 먹는 한 그릇의 밥과 한 바가지의 물이라는 뜻으로, 선비의 청빈한 생활을 이르는 말

한눈에 콕콕

공간 이동에 따른 시상 전개

구분	화자의 행동이나 태도	중심 어구	공간
1행~6행	자연 속에서 풍류를 즐기는 삶에 대한 자부심	풍월주인	초가집
7행~16행	봄 풍경을 구경하고 산보하며 읊조림	춘기, 물아일체, 한중진미	
17행~30행	시냇가에서 술을 마시며 봄의 흥취를 즐김	산수 구경, 술, 무릉	시냇가
31행~35행	봉우리에 올라 아래를 내려다봄	천촌만락, 연하일휘, 봄빛	봉우리
36행~39행	자연과 벗하며 안빈낙도함	청풍명월, 단표누항	

화자의 가치관을 보여 주는 시어

구분	공명, 부귀	청풍명월, 단표누항
의미	세속적 가치(입신양명)	자연과 함께하는 소박한 삶(안빈낙도)
화자의 생각	훗튼 혜음(욕심)	백년행락(만족감)

시험에 이렇게 나와요

32 윗글을 감상하며 상상할 수 있는 화자의 모습으로 적절하지 않은 것은?

① 시냇물이 보이는 초가집에서 사는 모습
② 새소리를 들으며 봄의 경치를 즐기는 모습
③ 자연의 아름다운 풍경을 붓으로 그리는 모습
④ 시를 읊조리며 혼자 산속을 거닐고 있는 모습

33 윗글에 대한 설명으로 적절하지 않은 것은?

① 조선 시대에 향유된 우리말 노래이다.
② 입에서 입으로 전승된 구비 문학이다.
③ 4음보 연속체로 행수에 제한을 받지 않는다.
④ 3·4조, 4·4조의 음수율을 통해 율격을 형성한다.

34 ㉠~㉣의 뜻풀이가 적절하지 않은 것은?

① ㉠: 낚시
② ㉡: 나에게
③ ㉢: 좋은
④ ㉣: 생각

정답   해설 6쪽

32 ③   33 ②   34 ③

속미인곡(續美人曲) 정철

| 2016년 1회

서사

뎨 가는 뎌 각시 본 듯도 혼뎌이고.
(뎌 각시: 을녀 – 중심인물)

텬샹(天上) 빅옥경(白玉京)을 엇디ᄒᆞ야 니별(離別)ᄒᆞ고
(작가가 선조 18년에 관직에서 물러나 은거한 상황을 나타냄)

ᄒᆡ 다 뎌 져믄 날의 눌을 보라 가시ᄂᆞᆫ고.

···› 갑녀의 질문: 백옥경을 떠난 이유

어와 네여이고 내 ᄉᆞ셜 드러 보오.
(네: 갑녀 – 보조적 인물 / ᄉᆞ셜: 사연, 이야기)

내 얼굴 이 거동이 님 괴얌즉 ᄒᆞᆫ가마ᄂᆞᆫ
(얼굴: 모습, 형체 / 님: 임금 / 괴얌즉: 사랑함직)

엇딘디 날 보시고 네로다 녀기실ᄉᆡ

나도 님을 미더 군ᄠᅳ디 전혀 업서

이ᄅᆡ야 교ᄐᆡ야 어ᄌᆞ러이 구돗쎤디
(을녀가 생각하는 이별의 원인)

반기시ᄂᆞᆫ ᄂᆞᆺ비치 녜와 엇디 다ᄅᆞ신고.

누어 ᄉᆡᆼ각ᄒᆞ고 니러 안자 혜여ᄒᆞ니

내 몸의 지은 죄 뫼ᄀᆞ티 빠혀시니
(뫼ᄀᆞ티: 산같이)

하ᄂᆞᆯ히라 원망ᄒᆞ며 사ᄅᆞᆷ이라 허믈ᄒᆞ랴.
(허믈ᄒᆞ랴: 탓하겠는가)

셜워 플텨 혜니 조믈(造物)의 타시로다.
(① 표면적 – 조물주를 탓함(운명론적 태도), ② 이면적 – 자책함)

···› 을녀의 대답: 조물주의 탓(자책과 체념)

현대어 풀이

저기 가는 저 각시(부인, 젊은 여자) 본 듯도 하구나.
임금이 계시는 대궐을 어찌하여 이별하고,
해가 다 져서 저문 날에 누구를 만나러 가시는고?
아, 너로구나. 내 사정 이야기를 들어 보오.
내 몸(모습)과 이 나의 태도는 임께서 사랑함직한가마는
어쩐지 (임께서) 나를 보시고 너로구나 여기시기에(사랑하시기에)
나도 임을 믿어 딴 생각이 전혀 없어
응석과 아양을 부리며 지나치게 굴었던지
반기시는 얼굴빛이 옛날과 어찌 다르신고?
누워 생각하고 일어나 앉아 생각하니(헤아려 보니)
내 몸이 지은 죄가 산같이 쌓였으니,
하늘을 원망하며 사람을 탓하랴.
서러워 헤아려 보니 조물주의 탓이로다.

이해와 감상

이 작품은 「사미인곡」의 속편으로, 여인의 목소리로 연군의 정을 읊은 노래이다. 대화 형식의 구성으로 이별의 슬픔을 절실히 드러내고 있다.

작품 정리

갈래 : 양반 가사, 서정 가사, 정격 가사
성격 : 서정적, 애상적, 충신연주지사
주제 : 임을 향한 연모의 정
특징
- 두 명의 여성 화자를 설정하여 대화체로 구성함
- 우리말의 묘미를 잘 살려 절묘하게 구사한 작품으로 평가받음
- 임과 이별한 여인의 애달픈 심정에 의탁하여 연군의 심정을 표현함

꼼꼼 단어 돋보기

● **빅옥경**
도가(道家)에서 말하는 옥황상제가 있다는 곳. 여기서는 '임금이 있는 한양, 또는 대궐'을 가리킴

● **얼굴**
중세 국어에서는 몸 전체를 의미했음. 현대에는 눈, 코, 입이 있는 머리의 앞면을 의미하는 말로 의미가 축소됨

본사

글란 ᄉᆡᆼ각 마오.

→ 갑녀: 위로의 말

ᄆᆡ친 일이 이셔이다.
임에게 사랑(충정)을 다하지 못한 안타까움

님을 뫼셔 이셔 님의 일을 내 알거니
임금(선조)

믈 ᄀᆞᄐᆞᆫ 얼굴이 편ᄒᆞ실 적 몃 날일고.
연약한 임의 몸

●츈한고열(春寒苦熱)은 엇디ᄒᆞ야 디내시며

●츄일동텬(秋日冬天)은 뉘라셔 뫼셧ᄂᆞᆫ고.

죽조반(粥早飯) 죠셕(朝夕) 뫼 녜와 ᄀᆞᆺ티 셰시ᄂᆞᆫ가.
아침밥을 먹기 전에 먹는 죽 / 임금이 먹는 밥(수라)

기나긴 밤의 ᄌᆞᆷ은 엇디 자시ᄂᆞᆫ고.

→ 을녀: 임에 대한 염려

님다히 쇼식(消息)을 아므려나 아쟈 ᄒᆞ니
임 계신 곳(한양)

오ᄂᆞᆯ도 거의로다. ᄂᆡ일이나 사ᄅᆞᆷ 올가.
임의 소식을 전하는 사람

내 ᄆᆞᄋᆞᆷ 둘 ᄃᆡ 업다. 어드러로 가쟛 말고.

잡거니 밀거니 놉픈 뫼히 올라가니
소망 성취를 위한 공간 ①

구롬은ᄏᆞ니와 안개ᄂᆞᆫ 므ᄉᆞ일고.
임과 나를 가로막는 장애물, 조정을 어지럽히는 간신

산쳔(山川)이 어둡거니 일월(日月)을 엇디 보며
막막한 상황 / 임(선조)

지쳑(咫尺)을 모ᄅᆞ거든 쳔 리(千里)ᄅᆞᆯ ᄇᆞ라보랴.

현대어 풀이

그렇게는 생각하지 마오.
(마음속에) 맺힌 일이 있습니다.
예전에 임을 모시어서 임의 일을 내가 알거니
물같이 연약한 몸이 편하실 때가 몇 날일까?
이른 봄날의 추위와 여름철의 무더위는 어떻게 지내시며
가을날 겨울날은 누가 모셨는고?
죽조반과 아침저녁 진지는 예전과 같이 잘 잡수시는가?
기나긴 밤에 잠은 어떻게 주무시는가?
임 계신 곳의 소식을 어떻게 해서라도 알려고 하니
오늘도 거의 저물었구나. 내일이나 임의 소식 전해 줄 사람이 올까?
내 마음 둘 곳이 없다. 어디로 가자는 말인가?
(나무, 바위 등을) 잡기도 하고 밀기도 하면서 높은 산에 올라가니
구름은 물론이거니와 안개는 또 무슨 일로 저렇게 끼어 있는고?
산천이 어두운데 해와 달은 어떻게 바라보며
눈앞의 가까운 곳도 모르는데 천 리나 되는 먼 곳을 바라볼 수 있으랴.

꼼꼼 단어 돋보기

● 츈한고열
이른 봄의 추위와 여름철의 무더위

● 츄일동텬
가을과 겨울 날씨

출하리 믈ᄀᆞ의 가 ᄇᆡ 길히나 보쟈 ᄒᆞ니
소망 성취를 위한 공간 ②

ᄇᆞ람이야 믈결이야 어둥졍 된뎌이고.
임과 나를 가로막는 장애물, 간신

샤공은 어ᄃᆡ 가고 빈 ᄇᆡ만 걸렷ᄂᆞ니.
배를 타고 임에게 가려 해도 갈 수 없는 화자의 안타깝고 막막한 심정

강텬(江天)의 혼쟈 셔셔 디ᄂᆞᆫ ᄒᆡ를 구버보니

님다히 쇼식(消息)이 더옥 아득ᄒᆞᆫ뎌이고.

⋯ 을녀: 임의 소식을 알고 싶어 함

모쳠(茅簷) ᄎᆞᆫ 자리의 밤듕만 도라오니
초가집 처마

반벽청등(半壁靑燈)은 눌 위ᄒᆞ야 ᄇᆞᆯ갓ᄂᆞᆫ고.
객관적 상관물 – 화자의 외로움 부각

오ᄅᆞ며 ᄂᆞ리며 헤ᄯᅳ며 바니니
임의 소식을 알 길이 없어 헤매는 모양

져근덧 녁진(力盡)ᄒᆞ야 픗ᄌᆞᆷ을 잠간 드니
잠깐 동안 / 기운이 다함

정셩(精誠)이 지극ᄒᆞ야 ᄭᅮᆷ의 님을 보니
임과 만날 수 있게 하는 매개체

옥(玉) ᄀᆞᆺ튼 얼굴이 반(半)이나마 늘거셰라.
임의 곱던 모습

ᄆᆞᄋᆞᆷ의 머근 말ᄉᆞᆷ 슬ᄏᆞ장 ᄉᆞᆲ쟈 ᄒᆞ니
그리움의 사연

눈믈이 바라 나니 말인들 어이ᄒᆞ며

정(情)을 못다 ᄒᆞ야 목이조차 몌여ᄒᆞ니

오뎐된 계셩(鷄聲)의 ᄌᆞᆷ은 엇디 ᄭᆡ돗던고.
화자의 소망을 방해하는 장애물

⋯ 을녀: 독수공방의 애달픔과 꿈속의 재회

현대어 풀이

차라리 물가에 가서 뱃길이나 보려고 하니
바람과 물결로 어수선하게 되었구나.
뱃사공은 어디 가고 빈 배만 걸려 있는고?
강가에 혼자 서서 지는 해를 굽어보니
임 계신 곳의 소식이 더욱 아득하구나.
초가집 찬 잠자리에 한밤중이 돌아오니
벽에 걸려 있는 등불은 누구를 위하여 밝게 켜져 있는가?
산을 오르내리며 (강가 여기저기를) 헤매며 오락가락하니
잠깐 사이에 힘이 다하여(잠시 몸이 지쳐) 풋잠을 잠깐 드니
정성이 지극하여 꿈에 임을 보니
옥과 같이 곱던 모습이 반 넘게 늙었구나.
마음속에 품은 말을 실컷 아뢰려고 하였더니
눈물이 연달아 쏟아지니 말인들 어찌하며
정회도 다 못 풀어 목마저 메니
방정맞은 닭소리에 잠은 어찌 깨 버렸는가?

꼼꼼 단어 돋보기

- **어둥정**
  어수선하게, 어리둥절하게
- **반벽청등**
  벽 가운데 걸려 있는 등불
- **오뎐된**
  방정맞은

결사

어와, 허ᄉᆞ(虛事)로다. 이 님이 어ᄃᆡ 간고.

결의 니러 안자 창(窓)을 열고 ᄇᆞ라보니

어엿븐 그림재 날 조ᄎᆞᆯ 섄이로다.

ᄎᆞᆯ하리 ᄉᆡ여디여 낙월(落月)이나 되야이셔
죽어서라도 임 곁으로 가고 싶은 화자의 간절한 사모의 정

님 겨신 창(窓) 안ᄒᆡ 번드시 비최리라.

각시님 ᄃᆞᆯ이야ᄏᆞ니와 구ᄌᆞᆫ비나 되쇼셔.
시조의 종장과 음수율이 비슷함

현대어 풀이

아, 헛된 일이로다. 이 임이 어디 갔는가?
꿈결에 일어나 앉아 창문을 열고 밖을 바라보니,
가엾은 그림자만이 나를 따르고 있을 뿐이로다.
차라리 죽어 사라져서 지는 달이나 되어
임이 계신 창문 안에 환하게 비치리라.
각시님, 달은커녕 궂은비나 되십시오.

⋯→ 을녀: 임에 대한 간절한 사모의 정

⋯→ 갑녀: 위로의 말

한눈에 콕콕

작품의 구성

갑녀의 질문	백옥경을 떠난 이유를 물음
을녀의 대답	조물주의 탓이라고 자책하며, 임과의 이별에 체념적인 태도를 보임
갑녀의 위로	그렇게 생각하지 말라고 위로함
을녀의 하소연	• 임에 대한 염려와 충정 • 임의 소식을 알고 싶어 하는 안타까운 마음 • 독수공방의 외로움, 꿈속에서 임과 재회한 사연 • 임을 향한 간절한 사모의 정
갑녀의 위로	낙월 대신 궂은비가 되라고 대답함

'속미인곡'의 두 화자

갑녀		을녀
• 보조적 화자 • 주로 을녀의 하소연을 듣고 위로하는 역할을 함	↔	• 중심 화자 • 갑녀의 질문에 답하고 하소연하는 인물로, 작가의 처지를 대변함

⬇

작가의 의도를 드러내기 위해 설정된 작가의 분신에 해당함

'임'의 함축적 의미

'속미인곡'에서 '미인'은 '임'을 의미한다. '미인'은 일반적으로 용모가 아름다운 여인, 군주, 재덕이 뛰어난 사람을 일컫는다. 그런데 '속미인곡'의 화자는 '임'과 이별한 '여인'이므로 여기서 '미인', 곧 '임'은 남성이거나 군주이다.

'낙월'과 '구준비'의 의미 비교

'구준비'는 '낙월'보다 임에 대한 사랑과 간절함, 적극성이 강조된 존재로 볼 수 있다. '낙월'이 하늘에 떠 있어 임과의 거리감을 지닌 소극적인 존재라면 '구준비'는 '낙월'보다 임과 가까이 있을 수 있는 적극적인 존재인 것이다.

꼼꼼 단어 돋보기

● 허ᄉᆞ
헛된 일

시험에 이렇게 나와요

35 윗글에 대한 설명으로 적절하지 않은 것은?

① 일정한 음보의 반복을 통해 리듬감을 살리고 있다.
② 고유어의 아름다움을 살려 생동감 있게 표현하였다.
③ 전체적으로 계절의 흐름에 따라 내용을 전개하고 있다.
④ 임금에 대한 충정을 남녀의 사랑에 빗대어 표현하고 있다.

36 다음을 바탕으로 '갑녀'와 '을녀'에 대해 설명한 것으로 적절하지 않은 것은?

> 이 글은 서로 다른 두 명의 화자가 등장하여 대화를 나누는 형식으로 전개되고 있다. 맨 처음 말한 여자를 임의로 '갑녀'라 하고, 두 번째 말한 여자를 '을녀'라고 한다.

① 을녀는 갑녀를 만나 자신의 사연을 털어놓는 주요 인물이다.
② 갑녀는 을녀의 이야기를 들어 주는 보조적 위치에 있는 인물이다.
③ 을녀는 갑녀가 자책하며 한탄하자 그녀를 위로하는 역할을 하는 인물이다.
④ 갑녀는 을녀의 이야기를 이끌어 내고 있을 뿐 아니라 작품을 끝맺기도 하는 인물이다.

37 윗글에 나타난 화자의 정서와 거리가 먼 것은?

① 청산은 내 뜻이오 녹수(綠水)ᄂᆞᆫ 님의 정(情)이,
녹수(綠水) 흘러간들 청산이야 변(變)ᄒᆞᆯ손가.
녹수(綠水)도 청산(靑山)을 못 니져 우러 예어 가ᄂᆞᆫ고.

— 황진이, 「청산은 내 뜻이오」 —

② 잔 들고 혼자 안자 먼 뫼흘 ᄇᆞ라보니,
그리던 님이 오다 반가옴이 이러ᄒᆞ랴.
말ᄉᆞᆷ도 우움도 아녀도 몯내 됴하ᄒᆞ노라.

— 윤선도, 「만흥(漫興)」 —

③ ᄇᆞᄅᆞᆷ도 쉬어 넘ᄂᆞᆫ 고ᄀᆡ, 구름도 쉬어 넘ᄂᆞᆫ 고ᄀᆡ
산진이 수진이 해동청 보ᄅᆞ미도 다 쉬어 넘ᄂᆞᆫ 고봉 장성령 고ᄀᆡ
그 너머 님이 왓다 ᄒᆞ면 나ᄂᆞᆫ 아니 ᄒᆞᆫ 번도 쉬어 넘어가리라.

— 작자 미상, 「ᄇᆞᄅᆞᆷ도 쉬어 넘ᄂᆞᆫ 고ᄀᆡ」 —

④ ᄆᆞ음이 어린 후(後)ㅣ니 ᄒᆞᄂᆞᆫ 일이 다 어리다.
만중운산(萬重雲山)에 어ᄂᆡ 님 오리마ᄂᆞᆫ,
지ᄂᆞᆫ 닙 부ᄂᆞᆫ ᄇᆞ람에 ᄒᆡᆼ혀 귄가 ᄒᆞ노라.

— 서경덕, 「ᄆᆞ음이 어린 후(後)ㅣ니」 —

정답 해설 6쪽
35 ③ 36 ③ 37 ②

관동별곡(關東別曲)

정철 | 2019년 2회

가

강호(江湖)애 병(病)이 깁펴 듁님(竹林)의 누엇더니,
자연을 사랑하는 마음으로 인해 병이 생김(연하고질)

관동(關東) 팔ᄇᆡᆨ(八百) 니(里)에 방면(方面)을 맛디시니,
강원도 지방의 관찰사 소임을 맡김

어와 셩은(聖恩)이야 가디록 망극(罔極)ᄒᆞ다.
셩은: 임금의 큰 은혜

「연츄문(延秋門) 드리ᄃᆞ라 경회(慶會) 남문(南門) ᄇᆞ라보며,
연츄문: 경복궁의 서쪽 문 / 경회 남문: 광화문

하직(下直)고 믈너나니 옥졀(玉節)이 알ᄑᆡ셧다.」
「」: 임금을 뵙고 하직하는 장면과 부임을 위한 행사 준비 절차가 과감하게 생략되어, 관찰사로 부임하는 과정이 속도감 있게 전개됨(생략과 비약에 의한 전개)

평구역(平丘驛) ᄆᆞᆯ을 ᄀᆞ라 흑슈(黑水)로 도라드니,
평구역: 양주 / 흑슈: 여주

셤강(蟾江)은 어듸메오 티악(雉岳)이 여긔로다.
셤강: 원주 섬강 / 티악: 원주 치악산

쇼양강(昭陽江) ᄂᆞ린믈이 어드러로 든단말고.
연군지정(임금에 대한 마음)

「고신거국(孤臣去國)에 ᄇᆡᆨ발(白髮)도 하도할샤.」
고신: 화자 자신 / ᄇᆡᆨ발: 걱정, 고민
「」: 우국지정(나라를 걱정하는 마음)

동쥬(東洲) ㅣ 밤 계오 새와 븍관뎡(北寬亭)의 올나ᄒᆞ니,

「삼각산(三角山) 뎨일봉(第一峰)이 ᄒᆞ마면 뵈리로다.」
삼각산 뎨일봉: 임금이 계신 곳(북한산)
「」: 연군지정(임금에 대한 마음)

「궁왕(弓王) 대궐(大闕) 터희 오쟉(烏鵲)이 지지괴니,
궁왕: '궁예'의 다른 이름 / 오쟉: 까마귀와 까치

쳔고(千古) 흥망(興亡)을 아ᄂᆞᆫ다 몰ᄋᆞᄂᆞᆫ다.」
「」: 인생무상, 맥수지탄

회양(淮陽) 녜 일홈이 마초아 ᄀᆞᄐᆞᆯ시고.
회양: 강원도의 지명 / 마초아: 마침

「급댱유(汲長孺) 풍ᄎᆡ(風彩)를 고텨 아니 볼 게이고.」
「」: 선정 포부(급장유의 고사)

→ 관찰사 부임 여정과 선정의 포부

현대어 풀이

자연을 사랑하는 마음이 병처럼 되어, 은거지에서 지내고 있었는데
800리나 되는 강원도 관찰사의 직분을 맡기시니
아, 임금님의 은혜야말로 갈수록 끝이 없다.
연추문으로 달려 들어가 경회 남문을 바라보며
(임금께) 하직 인사 드리고 물러나니, 관찰사의 신표가 앞에 있다.
평구역(양주)에서 말을 갈아타고 흑수(여주)로 돌아드니
섬강(원주)은 어디인가, 치악(원주 치악산)이 여기로다.
소양강에서 흘러내리는 물이 어디로 간다는 말인가?
임금님 곁을 떠난 외로운 신하가 근심이 많기도 많구나.
동주(철원)의 하룻밤을 겨우 새워 북관정에 오르니
삼각산(북한산) 높은 봉우리가 웬만하면 보일 것도 같구나.
태봉국을 세웠던 궁예왕의 대궐터에 까마귀와 까치가 지저귀니
역사의 흥망을 아는가, 모르는가?
회양이라는 옛 한나라의 고을 이름과 이곳 회양의 이름이 마침 같구나.
급장유의 풍채를 다시 보게 되지 않겠는가?(나를 통해 급장유의 풍채를 다시 보게 될 것이다.)

이해와 감상

이 작품은 작가가 관동 지방을 기행하면서 쓴 기행 가사이다.

작품 정리

갈래 : 양반 가사, 기행 가사, 정격 가사
성격 : 풍류적, 묘사적
운율 : 3(4)·4조, 4음보
주제 : 금강산과 관동 팔경에 대한 감상 및 연군지정

특징

- 시간과 공간의 이동에 따라 시상을 전개함
- 영탄법과 대구법, 은유법 등의 다양한 표현 방법을 활용하고 고사를 인용함
- 우리말의 아름다움을 잘 살린 표현이 많음

꼼꼼 단어 돋보기

● 방면
관찰사의 소임. '방면지임(方面之任)'의 준말

● 옥졀
옥으로 만든 패. 임금이 신표로 주는 관찰사의 상징물

● 고신거국
임금의 신임이나 사랑을 받지 못하는 신하가 서울을 떠남

● 급댱유
중국 한나라 때의 충신. 회양 태수로 좌천되었으나, 오히려 백성들에게 선정(善政)을 베풀고 고을을 번성하게 하였다고 함

나

영중(營中)이 무사(無事)ᄒᆞ고 시절(時節)이 삼월(三月)인 제,
관내가 태평함을 들어 자신의 선정을 과시함
화천(花川) 시내 길히 풍악(楓岳)으로 버더 잇다.
시간적 배경은 봄이지만 흥취를 드러내기 위해 금강산의 가을 이름을 사용함
행장(行裝)을 다 쩔티고 석경(石逕)의 막대 디퍼,
간소한 차림으로
백천동(百川洞) 겨ᄐᆡ 두고 만폭동(萬瀑洞) 드러가니,
금강산에 있는 폭포, 금강산의 여정
은(銀) ᄀᆞᄐᆞᆫ 무지게 옥(玉) ᄀᆞᄐᆞᆫ 용(龍)의 초리, □: 만폭동 폭포 비유(대구법, 직유법)
섯돌며 ᄲᅮᆷ는 소ᄅᆡ 십 리(十里)의 ᄌᆞ자시니,
들을 제ᄂᆞᆫ 우레러니 보니ᄂᆞᆫ 눈이로다.
청각 시각
⋯→ 만폭동의 장관

현대어 풀이
감영 안이 무사하고 시절이 삼월인 때 / 화천 시내 길이 풍악으로 뻗어 있다.
행장을 다 떨치고 돌길에 막대 짚어 / 백천동 곁에 두고 만폭동 들어가니,
은 같은 무지개 옥 같은 용의 꼬리 / 섞여 돌며 뿜는 소리 십 리에 잦았으니,
들을 때엔 우레더니, 볼 때는 눈이로다

다

정양사(正陽寺) 진헐대(眞歇臺) 고텨 올나 안즌마리,
금강산의 여정
여산(廬山) 진면목(眞面目)이 여긔야 다 뵈ᄂᆞ다.
진헐대에서 바라본 금강산의 경치를 중국 여산의 참모습에 비유함
어와 조화옹(造化翁)이 헌ᄉᆞ토 헌ᄉᆞ홀샤.
조물주가 만든 자연의 아름다움에 감탄함
ᄂᆞᆯ거든 ᄯᅱ디 마나 셧거든 솟디 마나.
산봉우리의 역동적인 모습을 표현한 것으로 송순의 '면앙정가'에서 영향을 받음
「부용(芙蓉)을 고잣ᄂᆞᆫ 듯 백옥(白玉)을 믓것ᄂᆞᆫ 듯,
「 」: 산봉우리의 아름다운 모습(대구법, 직유법, 활유법)
동명(東溟)을 박ᄎᆞᄂᆞᆫ 듯 북극(北極)을 괴왓ᄂᆞᆫ 듯.」
임금을 상징
놉흘시고 망고대(望高臺) 외로올샤 혈망봉(穴望峰)이 □: 화자가 자신과 동일시하는 대상. 화자가 추구하는 충신의 모습을 드러냄(대구법, 도치법)
하ᄂᆞᆯ의 추미러 므ᄉᆞ 일을 ᄉᆞ로리라,
임금을 상징
천만겁(千萬劫) 디나도록 구필 줄 모ᄅᆞᄂᆞᆫ다.
오랜 시간 충신의 곧은 절개
「어와 너여이고 너 ᄀᆞᄐᆞ니 ᄯᅩ 잇ᄂᆞᆫ가.」 「 」: 자신도 망고대와 혈망봉처럼 절개를 지키는 신하가 되고자 함
망고대, 혈망봉(의인법) 없다(설의법)
⋯→ 진헐대에서 바라본 금강산

현대어 풀이
정양사 진헐대 다시 올라 앉았더니 / 여산의 진면목이 여기서 다 보인다.
아아! 조물주가 요란하고 요란하다. / 날거든 뛰지 말거나 섰거든 솟지 말거나
연꽃을 꽂았는 듯 백옥을 묶었는 듯 / 동해를 박차는 듯 북극을 괴었는 듯
높을시고 망고대 외롭구나 혈망봉이 / 하늘에 치밀어 무슨 일을 아뢰려고
천만겁 지나도록 굽힐 줄 모르는가? / 아아! 너로구나! 너 같은 이 또 있는가?

꼼꼼 단어 돋보기
- 영중
감영 안. '감영'은 조선 시대에 관찰사가 직무를 보던 관아를 뜻함
- 풍악
가을의 금강산
- 석경
돌이 많은 좁은 길
- 섯돌며
섞이어 돌며
- 조화옹
만물을 창조하는 노인(조물주)

라

개심대(開心臺) 고텨 올나 중향성(衆香城) ᄇᆞ라보며,
금강산의 여정

만 이천 봉(萬二千峰)을 녁녁(歷歷)히 혀여ᄒᆞ니,
금강산의 봉우리

봉(峰)마다 ᄆᆡᆺ쳐 잇고 긋마다 서린 긔운,

ᄆᆞᆰ거든 조티 마나 조커든 ᄆᆞᆰ디 마나.
깨끗하고 맑은 산의 정기

「뎌 긔운 흐터 내야 인걸(人傑)을 ᄆᆞᆫᄃᆞᆯ고쟈.」 「 」: 인재를 양성하고 싶은 마음(우국지정)
뛰어난 인재

「형용(形容)도 그지업고 톄세(體勢)도 하도 할샤.」 「 」: 금강산의 변화무쌍한 모습
금강산의 정적인 모습 / 금강산의 동적인 모습

「천지(天地) 삼기실 제 자연(自然)이 되연마ᄂᆞᆫ,
「 」: 조물주의 솜씨를 찬양함

이제 와 보게 되니 유정(有情)도 유정(有情)ᄒᆞᆯ샤.」

비로봉(毗盧峰) 상상두(上上頭)의 올라 보니 긔 뉘신고.
올라가 본 사람이 누구인가?(없다)

동산(東山) 태산(泰山)이 어ᄂᆞ야 놉돗던고.
중국에 있는 두 산

노국(魯國) 조븐 줄도 우리ᄂᆞᆫ 모ᄅᆞ거든,
공자가 태어난 나라

넙거나 넙은 천하(天下) 엇ᄯᅵᄒᆞ야 젹닷 말고.
동산 태산에 올라 천하를 작다고 여긴 공자를 연상함

어와 뎌 디위ᄅᆞᆯ 어이ᄒᆞ면 알 거이고.
공자의 높은 정신적 경지를 찬양함(호연지기)

오ᄅᆞ디 못ᄒᆞ거니 ᄂᆞ려가미 고이ᄒᆞᆯ가.
이상할까?(설의법)

··· 개심대에서 바라본 금강산과 비로봉에서의 감회

현대어 풀이

개심대 다시 올라 중향성 바라보며 / 만 이천 봉을 역력히 헤아리니
봉마다 맺혀 있고 끝마다 서린 기운 / 맑거든 깨끗하지 말거나 깨끗하거든 맑지 말거나
저 기운 흩어 내어 뛰어난 인재를 만들고 싶다. / 형용도 한이 없고 체세도 많고 많다.
천지 생기실 때 저절로 됐건마는 / 이제 와 보게 되니 유정도 유정하구나.
비로봉 꼭대기에 올라 본 이 누구신가? / 동산과 태산이 어느 것이 높았던가?
노국 좁은 줄도 우리는 모르거늘 / 넓고도 넓은 천하 어찌하여 작다고 했는가?
아아! 저 경지를 어찌하면 알 것인가? / 오르지 못하거니 내려감이 이상할까?

마

원통(圓通)골 ᄀᆞᄂᆞᆫ 길로 사자봉(獅子峰)을 ᄎᆞ자가니,

그 알ᄑᆡ 너러바회 화룡(火龍)쇠 되어셰라.
금강산의 여정

천년 노룡(千年老龍)이 구ᄇᆡ구ᄇᆡ 서려 이셔,
오랜 경륜과 포부를 지닌 늙은이(화자 자신)

듀야(晝夜)의 흘녀 내여 창해(滄海)예 니어시니,
넓고 큰 바다

풍운(風雲)을 언제 어더 삼일우(三日雨)ᄅᆞᆯ 디련ᄂᆞ다.
선정을 베풀 수 있는 기회 / 선정, 임금의 은총

「음애(陰崖)예 이온 플을 다 살와 내여ᄉᆞ라.」 「 」: 선정에 대한 포부
헐벗고 굶주린 백성들

··· 화룡소에서의 회포

✚ "동산 태산이~젹닷 말고"의 의미

"동산에 올라 노국이 좁은 줄을 알았고 태산에 올라 천하가 작은 줄을 알았다."라고 한 공자의 말을 인용한 구절로, 노국이 좁은 줄도 모르는 자신은 태산에 올라 천하가 좁다고 한 공자의 경지에는 다다를 수 없으니 산에서 내려갈 수밖에 없다는 겸양의 말이다.

꼼꼼 단어 돋보기

● **조티**
깨끗하지

● **톄셰**
산의 동태. '형용'이 산의 정적인 모습이라면 '톄셰'는 산의 동적인 모습임

● **음애**
햇빛이 들지 아니하는 낭떠러지나 언덕

현대어 풀이

원통골 좁은 길로 사자봉을 찾아가니 / 그 앞에 넓은 바위 화룡소가 되었구나.
천년 노룡이 굽이굽이 서려 있어 / 밤낮으로 흘러내려 넓은 바다에 이어졌으니
바람과 비를 언제 얻어 삼 일 동안 비를 내리려나? / 햇빛이 들지 않는 낭떠러지에 시든 풀을 다 살려 내려무나.

바

진쥬관(眞珠館) 듁셔루(竹西樓) 오십쳔(五十川) ᄂᆞ린 믈이,

태ᄇᆡᆨ산(太白山) 그림재ᄅᆞᆯ 동ᄒᆡ(東海)로 다마 가니, (태ᄇᆡᆨ산(太白山) 그림재: 태백산의 아름다운 경치)

「출하리 한강(漢江)의 목멱(木覓)의 다히고져.」 (한강(漢江)의 목멱(木覓): 임금이 계신 곳(남산)) 「 」: 연군지정(임금에 대한 마음)

왕뎡(王程)이 유ᄒᆞᆫ(有限)ᄒᆞ고 풍경(風景)이 못 슬믜니, (왕뎡(王程): 임금의 일로 다니는 여정(화자의 신분 암시))

유회(幽懷)도 하도 할샤 ᄀᆡᆨ수(客愁)도 둘 ᄃᆡ 업다. (ᄀᆡᆨ수(客愁): 나그네의 근심) □: 화자의 갈등(왕뎡 ↔ ᄀᆡᆨ수)

⋯→ 죽서루에서 느끼는 객수

현대어 풀이

진주관 죽서루 아래 오십천에서 흘러내린 물이 / 태백산의 아름다운 경치를 동해로 담아 가니
차라리 이 물줄기를 한양의 남산에 닿게 하고 싶다.
관원의 여정은 한계가 있고 경치는 싫증나지 않으니 / 그윽한 회포가 많기도 하구나. 나그네의 수심도 달랠 길이 없다.

➕ 화자의 심리적 갈등

왕정
• 관찰사로서의 의무와 책임 • 공적, 이성적
⬍
객수
• 자연을 즐기고 싶은 본연의 욕망 • 사적, 감성적

사

송근(松根)을 볘여 누어 픗ᄌᆞᆷ을 얼픗 드니,

ᄭᅮᆷ애 ᄒᆞᆫ 사ᄅᆞᆷ이 날ᄃᆞ려 닐온 말이, (ᄒᆞᆫ 사ᄅᆞᆷ: 꿈에서 만난 신선(갈등 해결의 매개자))

「그ᄃᆡᄅᆞᆯ 내 모ᄅᆞ랴 샹계(上界)예 진션(眞仙)이라. (그ᄃᆡ: 화자 / 내: 신선 / 샹계(上界): 하늘 나라 / 진션(眞仙): 화자를 신선이라고 함) 「 」: 신선의 말

황뎡경(黃庭經) 일ᄌᆞ(一字)ᄅᆞᆯ 엇디 그ᄅᆞᆺ 닐거 두고,

인간(人間)의 내려와셔 우리ᄅᆞᆯ ᄯᆞᆯ오ᄂᆞᆫ다. (인간(人間): 인간 세상 / 우리: 신선)

져근덧 가디 마오 이 술 ᄒᆞᆫ 잔 머거 보오.」

「븍두셩(北斗星) 기우려 챵ᄒᆡ슈(滄海水) 부어 내여,」 (븍두셩(北斗星): 북두칠성(술 국자) / 챵ᄒᆡ슈(滄海水): 푸른 바닷물(술)) 「 」: 화자의 호방한 기상이 드러남

저 먹고 날 머겨ᄂᆞᆯ 서너 잔 거후로니, (저: 신선 / 날: 화자)

화풍(和風)이 습습(習習)ᄒᆞ야 냥ᄋᆡᆨ(兩腋)을 추혀드니,

구만(九萬) 리(里) 댱공(長空)애 져기면 ᄂᆞ리로다. (구만(九萬) 리(里) 댱공(長空): 아득하게 높고 먼 하늘)

꼼꼼 단어 돋보기

● **유회**
마음속 깊이 품은 생각

● **황뎡경**
도가의 경서. 신선이 옥황상제 앞에서 이 경서의 한 글자만 잘못 읽어도 그 죄로 이 세상에 내쳐진다는 말이 있음

「이 술 가져다가 ᄉᆞᄒᆡ(四海)예 고로 ᄂᆞᆫ화, 「 」: 화자의 말(애민 정신, 선우후락)

온 세상

●억만창ᄉᆡᆼ(億萬蒼生)을 다 취(醉)케 ᄆᆡᆼ근 후(後)의,

그제야 고텨 맛나 ᄯᅩ ᄒᆞᆫ 잔 ᄒᆞ잣고야.」

말 ●디쟈 학(鶴)을 ᄐᆞ고 구공(九空)의 올나가니,

「공듕(空中) 옥쇼(玉簫) 소ᄅᆡ 어제런가 그제런가.」

「 」: 꿈 → 현실 / 신선이 부는 피리

나도 ᄌᆞᆷ을 ᄭᆡ여 바다ᄒᆞᆯ 구버보니,

기픠ᄅᆞᆯ 모ᄅᆞ거니 ᄀᆞ인들 엇디 알리.

명월(明月)이 쳔산만낙(千山萬落)의 아니 비췬 ᄃᆡ 업다. 3·5·4·3 음수의 정격 가사

밝은 달(임금의 은총) / 온 세상

⋯→ 꿈속에서 신선을 만남

현대어 풀이

소나무 뿌리를 베고 누워 선잠이 잠깐 드니,
꿈에 한 사람(신선)이 나에게 이르기를
"그대를 내가 모르랴? 그대는 하늘 나라의 참된 신선이라.
황정경(도교의 경전) 한 글자를 어찌 잘못 읽어서
인간 세계에 내려와 우리(꿈속의 신선)를 따르는가.
잠깐 동안 가지 마오. 이 술 한 잔 먹어 보오."
북두칠성을 기울여 푸른 바닷물을 부어 내어
저(신선)도 먹고 나(화자)에게도 먹이기에 서너 잔을 기울이니,
훈훈한 바람이 산들산들 불어 양쪽 겨드랑이를 추켜올리니
구만 리나 되는 멀고 높은 하늘도 웬만하면 날아갈 듯하구나.
"이 술을 가져다가 온 천하에 고루 나누어
모든 백성을 다 취하게 한 후에
그때에야 다시 만나 또 한 잔 하자꾸나."
말이 끝나자 신선이 학을 타고 높은 창공으로 올라가니,
옥피리 소리가 어제던가 그제던가 싶게 어렴풋하구나.
나도 잠을 깨어 바다를 굽어보니,
깊이를 모르는데 그 바다의 끝을 어찌 알겠는가?
밝은 달빛이 온 세상에 비치지 않은 곳이 없다.

✚ 화자의 태도

화자가 꿈에서 만난 신선에게 한 말로 보아, 화자는 '왕정'을 마친 후에 '객수'를 즐기겠다는 마음을 드러내고 있다. 이는 화자의 갈등이 해소됨을 의미한다.

꼼꼼 단어 돋보기

● 억만창ᄉᆡᆼ
수많은 백성

● 디쟈
끝나자

한눈에 콕콕

작품에 나타나는 화자의 정서 및 태도

화자의 정서 및 태도	내용
연군지정(임금)	• 쇼양강(昭陽江) ᄂᆞ린믈이 어드러로 든단말고. • 삼각산(三角山) 뎨일봉(第一峰)이 ᄒᆞ마면 뵈리로다. • 출하리 한강(漢江)의 목멱(木覓)의 다히고져.
우국지정(나라)	• 고신거국(孤臣去國)에 ᄇᆡᆨ발(白髮)도 하도할샤. • 뎌 긔운 흐터 내야 인걸(人傑)을 ᄆᆡᆫ둘고쟈.
선정 포부, 애민 정신(백성)	• 급댱유(汲長孺) 풍치(風彩)를 고텨 아니 볼 게이고. • 음애(陰崖)예 이온 플을 다 살와 내여ᄉᆞ라. • 이 술 가져다가 ᄉᆞ히(四海)예 고로 ᄂᆞᆫ화, 억만창싱(億萬蒼生)을 다 취(醉)케 ᄆᆡᆼ근 후(後)의,
회고의 정서, 무상감	궁왕(弓王) 대궐(大闕) 터희 오쟉(烏鵲)이 지지괴니, 쳔고(千古) 흥망(興亡)을 아ᄂᆞᆫ다 몰ᄋᆞᄂᆞᆫ다.
내적 갈등	왕뎡(王程)이 유ᄒᆞᆫ(有限)ᄒᆞ고 풍경(風景)이 못 슬믜니, 유회(幽懷)도 하도 할샤 ᄀᆡᆨ수(客愁)도 둘 듸 업다.

시험에 이렇게 나와요

38 윗글에 대한 설명으로 적절하지 않은 것은?

① 공간을 이동해 가며 자연의 아름다움을 즐기고 있다.
② 작가의 체험을 바탕으로 보고 느낀 것을 기록하였다.
③ 유교적 충의 사상을 바탕으로 우국지정을 표현하였다.
④ 더욱 넓은 세계에서 학문을 닦고자 하는 소망을 드러내고 있다.

39 다음을 바탕으로 윗글을 감상할 때 적절하지 않은 것은?

> '관동별곡'은 정철이 45세 되던 선조 13년(1580) 강원도 관찰사로 부임한 후 강원도의 명소를 둘러보고 쓴 기행 가사이다. 이 작품은 자연의 아름다움을 잘 표현했을 뿐만 아니라 관리로서의 책임감과 선정을 펴겠다는 포부, 그리고 당대의 현실에 대한 염려를 잘 보여 주고 있다.

① '너 ᄀᆞᄐᆞ니 또 잇ᄂᆞᆫ가.'에는 임금께 바른말을 하는 사람이 없는 현실을 안타까워하는 마음이 드러나 있다.
② '뎌 긔운 흐터 내야 인걸(人傑)을 ᄆᆡᆫ둘고쟈.'에는 청렴한 성품을 지닌 인재가 있었으면 좋겠다는 소망이 드러나 있다.
③ '비로봉(毗盧峰) 상상두(上上頭)의 올라 보니 긔 뉘신고.'에서는 현재보다 더 높은 벼슬에 오르고 싶다는 야망을 내비치고 있다.
④ '음애(陰崖)예 이온 플을 다 살와 내여ᄉᆞ라.'에는 힘들게 사는 백성들을 위해서 선정을 펴고 싶다는 포부가 나타나 있다.

정답 해설 6쪽

38 ④ 39 ③

03 현대 소설

이번 단원에서는 소설의 서술자와 시점, 서술상의 특징 등 소설을 감상하는 데 필요한 요소를 학습하게 됩니다.

1 소설의 이해

현대 소설을 읽을 때는 인물, 갈등, 시점을 기억하세요.
또한 각 작품에 등장하는 소재의 상징적 의미와 서술상의 특징을 파악하세요.

현실 세계에 있음직한 일을 작가가 상상하여 그럴듯하게 꾸며 쓴 이야기를 말한다. 인물이 등장하고, 그들의 갈등을 중심으로 사건이 일어나면서 주제가 작품 속에 구현된다.

2 소설의 특징

1. 허구성
소설은 작가의 상상력을 통하여 가공된 허구의 이야기, 즉 픽션이다.

2. 개연성
소설은 꾸며 낸 이야기이기는 하지만, 현실에서 실제 일어날 수 있는 사건이나 존재할 만한 인물을 그린다.

3. 진실성
소설은 허구를 통하여 인생의 참된 모습과 진실을 표현한다.

4. 서사성
소설은 일정한 시간의 흐름에 따라 이야기가 전개된다.

3 소설의 요소

1. 주제(내용적 요소)
① 작가가 독자에게 작품을 통해 말하고자 하는 것이다.
② 당대의 사회 현실을 구체적으로 다루는 구체성과 함께 시대나 공간을 뛰어넘어 인간성을 구현하는 보편성을 지니고 있어야 한다.

2. 구성(형식적 요소)
① 인과 관계를 중심으로 소설의 사건을 서술한 것이다.
② '누가(인물)', '언제/어디에서(배경)', '무엇을(사건)' 하였는가를 다룬다.
③ 소설의 구성 단계

발단	인물과 배경, 사건의 실마리가 제시되는 단계
전개	사건이 진행·발전되고 갈등이 표면화되는 단계

꼼꼼 단어 돋보기

● **갈등**
개인이나 집단 사이에 목표나 이해관계가 달라 서로 적대시하거나 충돌함

● **구현되다**
어떤 내용이 구체적인 사실로 나타나다.

위기	사건이 새로운 국면을 맞이하면서 긴장감과 갈등이 심화되는 단계
절정	갈등이 가장 격렬해지고 사건이 최고조에 이르며, 사건 해결의 전환점이 되는 단계
결말	모든 갈등과 위기가 해소되고 사건이 마무리되는 단계

④ 구성의 유형

평면적 구성	시간의 흐름에 따라 사건을 순행적으로 구성하는 방식
입체적 구성	역행적 구성이라고도 하며, 사건을 시간의 흐름에 따라 구성하지 않고 시간 순서를 바꾸어 구성하는 방식
액자식 구성	하나의 바깥 이야기(외화) 속에 또 다른 안의 이야기(내화)를 포함시켜 사건을 구성하는 방식
여로형 구성	사건의 시작과 끝을 여행의 시작과 끝으로 구성하는 방식

3. 문체(표현적 요소)

① 문장에 나타나는 작가의 개성이다.

② 작가가 어떤 단어를 선택하고 어떤 문장 길이로 서술하는가와 언어를 어떤 방식으로 사용하느냐에 따라 달라진다.

4 소설의 구성 요소

1. 인물

소설에 등장하는 캐릭터로, 이야기를 이끌어 가는 주체들을 말한다.

(1) 인물의 유형

구분	유형
역할	• 주동 인물: 소설의 주인공으로, 사건과 행동의 주체가 되는 인물 • 반동 인물: 소설 속에서 주인공에 맞서 갈등하는 인물
중요도	• 주요 인물: 주인공이나 그에 버금가는 비중을 지닌 인물 • 주변 인물: 주인공을 돋보이게 하는 인물
특성	• 전형적 인물: 어떤 사회 계층이나 직업, 세대를 대표하는 인물 • 개성적 인물: 자기만의 뚜렷한 개성을 지닌 인물
성격의 변화 양상	• 평면적 인물: 처음부터 끝까지 성격적 변화를 보이지 않는 인물 • 입체적 인물: 환경이나 상황의 변화에 따라 성격이 변화하는 인물

(2) 인물 제시 방법

직접 제시 (말하기)	서술자가 인물의 성격이나 심리를 직접 설명하는 방법 예 본시 부끄럼을 타는 계집애도 아니거니와 또한 분하다고 눈에 눈물을 보일 얼병이도 아니다. – 김유정, 「동백꽃」 –
간접 제시 (보여 주기)	행동, 대화를 통해 인물의 성격이나 심리를 짐작하게 하는 방법 예 게다가 눈에 독을 올리고 한참 나를 요렇게 쏘아보더니 나중에는 눈물까지 어리는 것이 아니냐. 그리고 바구니를 다시 집어 들더니 이를 꼭 악물고는 엎어질 듯 자빠질 듯 논둑으로 횡허케 달아나는 것이다. – 김유정, 「동백꽃」 –

꼼꼼 단어 돋보기

● 전환점
다른 방향이나 상태로 바뀌게 되는 계기

● 주체
사물의 작용이나 어떤 행동의 주가 되는 것

● 짐작하다
사정이나 형편 따위를 어림잡아 헤아리다.

2. 사건

인물들 간에 구체적으로 전개되는 이야기로, 인물들의 갈등을 중심으로 진행된다.

(1) 갈등의 개념

인물의 심리나 인물 간의 관계에서 드러나는 대립적인 관계를 뜻한다.

(2) 갈등의 종류

내적 갈등	한 인물의 마음속에서 일어나는 갈등
외적 갈등	인물과 인물을 둘러싼 환경 속에서 일어나는 갈등

✚ 외적 갈등의 유형

인물 ↕ 인물	주동 인물과 반동 인물의 성격, 가치관의 차이로 일어나는 갈등 예 이태준, 「돌다리」
인물 ↕ 사회	인물과 그가 속한 사회 환경이 충돌하여 일어나는 갈등 예 현진건, 「술 권하는 사회」
인물 ↕ 운명	인물의 삶이 운명의 힘에 의해 좌우되어 일어나는 갈등 예 김동리, 「역마」
인물 ↕ 자연	인물과 자연환경이 충돌하여 일어나는 갈등 예 김정한, 「사하촌」

3. 배경

인물이 행동하고 사건이 일어나는 시대적·사회적 환경이나 장소이다. 시간과 공간은 물론 인물의 심리적 상황도 배경이 될 수 있다.

(1) 배경의 기능

① 작품에 사실성을 부여한다. 특히 구체적인 지명이나 역사적 상황 등이 나오면 이러한 효과는 더욱 높아진다.

② 작품의 분위기를 형성한다. 배경이 작품의 전체적인 분위기 형성에 영향을 주기도 한다.

③ 작품의 주제를 뚜렷이 드러낸다.

④ 인물의 심리 및 앞으로 일어날 사건을 암시한다.

(2) 배경의 종류

시간적 배경	어떤 행동이나 사건이 발생하는 시간이나 시기
공간적 배경	어떤 행동이나 사건이 일어나는 장소나 지역
시대적 배경	사회 현실이나 시대적 상황, 역사적 상황

쏙쏙 이해 더하기 소재

1. 소재의 의미

소설 속에서 소재란, 작가가 의도적으로 사용하는 글의 재료이다. 소설에서는 주제를 효과적으로 드러내기 위해 다양한 소재들이 사용되기도 한다.

2. 소재의 기능

갈등의 유발 및 해소	인물 사이의 갈등을 일으키거나 해소시킴
인물의 심리 및 상황 제시	인물의 심리를 드러내기도 하고, 인물이 처한 상황이나 당시의 시대상을 드러내기도 함
주제의 형상화	작가가 작품을 통해 궁극적으로 말하고자 하는 바를 소재를 통해 드러냄
사건의 암시 및 연결	앞으로 일어날 사건을 암시하는 역할을 하기도 하고, 사건과 사건을 연결해 주는 역할을 하기도 함

5 시점

1. 시점의 종류

서술자		서술자의 위치		특징
'나' 등장 (소설 속)	1인칭	주인공(심리 O)	1인칭 주인공 시점	가장 주관적
		부수적(심리 X)	1인칭 관찰자 시점	
'나' 등장 X (소설 밖)	3인칭	전지적(심리 O)	전지적 작가 시점	
		관찰자(심리 X)	3인칭 관찰자 시점	가장 객관적

2. 시점의 특징

(1) 1인칭 주인공 시점

① 작품 속 주인공인 '나'가 서술자가 되어 자신의 이야기를 전개해 나가는 방식이다.

② 주인공의 내면세계를 효과적으로 드러낼 수 있고, 독자에게 친근감을 준다.

(2) 1인칭 관찰자 시점

① 작품 속 부수적 인물인 '나'가 주인공의 이야기를 서술해 나가는 방식이다.

② 이야기의 내용은 '나'가 관찰할 수 있는 내용으로 제한된다.

(3) 전지적 작가 시점

① 서술자가 전지전능한 신의 입장에서 인물의 내면 심리나 성격, 행동 등을 서술해 나가는 방식이다.

② 작가의 의도를 가장 분명하게 전달할 수 있으나, 독자의 상상력을 제한할 우려가 있다.

(4) 3인칭 관찰자 시점

① 서술자가 외부 관찰자의 입장에서 객관적인 태도로 이야기를 서술해 나가는 방식이다.

② 독자들이 상상할 수 있는 여지가 많다.

꼼꼼 단어 돋보기

● 시점

작품 속에서 서술 대상이나 사건을 바라보는 서술자의 위치나 관점

엄마의 말뚝2

박완서 | 2022년 2회

앞부분의 줄거리 어느 날 외출에서 돌아온 '나'는 친정어머니가 눈길에 넘어져 크게 다쳤다는 소식을 듣고 병원으로 간다. 다리 골절로 수술해야 한다는 진단을 듣고 노령의 어머니가 큰 수술을 감당할 수 있을지 걱정했지만, 다행히 수술은 성공적으로 끝난다. 가족들을 보내고 홀로 병실에 남은 '나'는 어머니의 마취가 풀리기를 기다리다가 잠이 든다. 잠시 후 마취에서 깨어난 어머니가 환각 증상을 보인다.

"그놈 또 왔다. 뭘 하고 있냐? 느이 오래빌 숨겨야지, 어서."

"엄마, 제발 이러시지 좀 마세요. 오빠가 어디 있다고 숨겨요?"

"그럼 느이 오래빌 벌써 잡아갔냐."

"엄마, 제발."

어머니의 손이 사방을 더듬었다(아들을 찾기 위해). 그러다가 붕대 감긴 자기의 다리에 손이 닿자 날카롭게 속삭였다.

"가엾은 내 새끼 여기 있었구나. 꼼짝 말아. 다 내가 당할 테니."(어머니는 환각 속에서 자신의 다리를 아들로 여기고 있음)

어머니의 떨리는 손이 다리를 감싸는 •시늉을 했다. 그때부터 어머니의 다리는 어머니의 아들이었다. 어머니는 온몸으로 그 다리를 •엄호하면서 어머니의 적(아들을 죽인 인민군 군관)을 노려보았다. 어머니의 적은 저승의 사자가 아니었다.

"군관 동무, 군관 선생님, 우리 집엔 여자들만 산다니까요."

어머니의 눈의 푸른 기가 애처롭게 흔들리면서 입가에 비굴한 웃음이 감돌았다. 나는 어머니가 환각으로 보고 있는 게 무엇이라는 걸 알아차렸다. 가엾은 어머니, 차라리 저승의 사자를 보시는 게 나았을 것을…….(어머니에게는 저승사자보다 아들의 목숨을 빼앗으러 오는 군관이 훨씬 더 공포스러운 존재임)

어머니는 그 다리를 어디다 숨기려는지 몸부림쳤다. 그러나 어머니의 다리는 •요지부동이었다.

"군관 나으리, 우리 집엔 여자들만 산다니까요. 찾아보실 것도 없다니까요. 군관 나으리."

그러나 •절체절명의 위기(군관에게 아들이 발각될 위기)가 어머니에게 •육박해 오고 있음을 난들 어쩌랴. 「공포와 아직도 한 가닥 기대를 건 비굴이 어머니의 얼굴을 뒤죽박죽으로 일그러뜨리고 이마에선 구슬 같은 땀이 송글송글 솟아오르고 다리를 감싼 손과 앙상한 어깨는 사시나무 떨듯 떨고 있었다.」(「 」: 어머니의 외양 묘사를 통해 절박한 심리를 드러냄)

가엾은 어머니, 하늘도 무심하시지, 차라리 죽게 하시지, 그 몹쓸 일을 두 번 겪게 하시다니…….(어머니는 과거에 자신의 눈앞에서 아들이 죽는 모습을 보았고, 현재 그 일을 다시 환각으로 보게 됨)

"어머니, 어머니, 이러시지 말고 제발 정신 차리세요."

나는 어머니의 어깨를 흔들면서 울부짖었다. 어머니는 어디서 그런 힘이 솟는지 나를 검부러기처럼 가볍게 털어 내면서 격렬하게 몸부림쳤다.(아들을 지키기 위해 혼신의 힘을 쏟음)

→ 아들이 죽게 된 상황을 환각으로 다시 겪게 된 어머니

중략 부분의 줄거리 한국 전쟁 당시 '나'의 오빠는 인민군 치하에서 어쩔 수 없이 북한 의용군에 지원했다가 심신이 피폐해진 채로 겨우 도망친다. '나'의 가족은 오빠를 보호하기 위해 어린 시절을 보냈던 산동네로 가서 숨어 지낸다. 그러나 얼마 지나지 않아 오빠는 인민군 군관에게 발각되어 총상을 입고 죽게 된다.

이해와 감상

이 작품은 전쟁 중 혈육을 잃은 아픔이 수십 년의 세월이 흐른 뒤에도 여전히 아물지 않고 있음을 그리고 있다.

작품 정리

갈래: 전후 소설, 중편 소설, 연작 소설
성격: 자전적, 회상적
시점: 1인칭 주인공 시점
배경: 한국 전쟁 당시와 분단이 고착화된 현재, 서울
주제: 전쟁이 남긴 상처와 분단 극복의 의지
특징
- 전쟁의 아픔을 망각해 가는 현실에 대한 비판적 인식을 담음
- 현재 시점에서 한국 전쟁 당시를 회상하는 내용을 삽입한 역순행적 구성을 취함

꼼꼼 단어 돋보기

- **시늉**: 어떤 모양이나 움직임을 흉내 내어 꾸미는 짓
- **엄호하다**: 덮거나 가려서 보호해 주다.
- **요지부동**: 흔들어도 꼼짝하지 않음
- **절체절명**: 몸도 목숨도 다 되었다는 뜻으로, 어찌할 수 없는 절박한 경우를 비유적으로 이르는 말
- **육박**: 바싹 가까이 다가붙음

서울이 수복되고 화장장이 정상화되자마자 어머니는 오빠를 화장할 것을 의논해 왔다. 그때 우리와 합하게 된 올케는 아비 없는 아들들에게 무덤이라도 남겨 줘야 한다고 공동묘지로라도 이장할 것을 주장했다. 어머니는 오빠를 죽게 한 것이 자기 죄처럼, 젊어 과부 된 며느리한테 기가 죽어 지냈었는데 (아들을 지키지 못한 데 대한 어머니의 죄의식) 그때만은 조금도 양보할 기세가 아니었다. 남편의 임종도 못 보고 과부가 된 것도 억울한데 그 무덤까지 말살하려는 시어머니의 모진 마음이 야속하고 정떨어졌으련만 그런 기세 속엔 거역할 수 없는 위엄과 비통한 의지가 담겨 있어 종당엔 올케도 순종을 하고 말았다.

오빠의 살은 연기가 되고 뼈는 한 줌의 가루가 되었다(오빠의 시신을 화장함). 어머니는 앞장서서 강화로 가는 시외버스 정류장으로 갔다. 우린 묵묵히 뒤따랐다. 강화도에서 내린 어머니는 사람들에게 묻고 물어서 멀리 개풍군 땅이 보이는 바닷가에 섰다(오빠의 뼛가루를 고향 쪽으로 날리기 위해서). 그리고 지척으로 보이되 갈 수 없는 땅을 향해 그 한 줌의 먼지를 훨훨 날렸다. 개풍군 땅은 우리 가족의 선영이 있는 땅이었지만 선영에 못 묻히는 한을 그런 방법으로 풀고 있다곤 생각되지 않았다. 어머니의 모습엔 운명에 순종하고 한을 지그시 품고 삭이는(전쟁이 가져온 비참한 운명에 순응하는) 약하고 다소곳한 여자 티는 조금도 없었다. 방금 출전하려는 용사처럼 씩씩하고 도전적이었다(남북의 분단과 그것이 가져온 개인의 비극을 극복하려는 어머니의 의지).

어머니는 한 줌의 먼지와 바람으로써 너무도 엄청난 것(전쟁의 상처와 분단의 비극)과의 싸움을 시도하고 있었다. 어머니에게 그 한 줌의 먼지와 바람은 결코 미약한 게 아니었다. 그야말로 어머니를 짓밟고 모든 것을 빼앗아 간, 어머니가 도저히 이해할 수 없는 분단이란 괴물을 홀로 거역할 수 있는 유일한 수단이었다.

→ 오빠를 고향이 보이는 바다에 뿌렸던 어머니

어머니는 나더러 그때 그 자리에서 또 그 짓(고향이 보이는 강화도의 바닷가에서 뼛가루를 바람에 날리는 것)을 하란다. 이젠 자기가 몸소 그 먼지와 바람이 될 테니 나더러 그 짓을 하란다(분단이 가져온 비극과 정면으로 맞서려는 의지의 표현). 그 후 30년이란 세월이 흘렀건만 그 괴물을 무화시키는 길은 정녕 그 짓밖에 없는가?(분단 후 오랜 시간이 흘렀으나 그 아픔을 온전히 극복하지 못하는 현실에 대한 안타까운 마음)

"너한테 미안하구나, 그렇지만 부탁한다."

어머니도 그 짓밖에 물려줄 수 없는 게 진정으로 미안한 양 표정이 애달프게 이지러졌다.

아아, 나는 그 짓을 또 한 번 할 수밖에 없을 것 같다(어머니의 유언을 따를 수밖에 없다고 생각함).

어머니는 아직도 투병 중이시다(분단과 전쟁으로 인한 상처가 회복되지 않음).

→ '나'에게 유언을 지켜 주기를 당부하는 어머니

꼼꼼 단어 돋보기

- **수복되다** 잃었던 땅이나 권리 등이 되찾아지다.
- **이장** 무덤을 옮겨 씀
- **말살하다** 있는 사물을 뭉개어 아주 없애 버리다.
- **종당** 일의 마지막
- **지척** 아주 가까운 거리
- **선영** 조상의 무덤
- **출전하다** 싸우러 나가다.
- **정녕** 조금도 틀림없이 꼭
- **이지러지다** 불쾌한 감정 따위로 얼굴이 일그러지다.

한눈에 콕콕

역순행적 구성

현재		과거		현재
고령의 어머니가 다리 부상으로 수술을 한 후 환각 증세를 보임	➡	전쟁 당시 오빠가 군관에 의해 무참하게 죽임을 당했던 일을 회상함	➡	어머니가 자신의 뼛가루를 북쪽 고향을 향해 날려 달라는 유언을 함

'나'가 어머니를 이해해 가는 과정

'나'는 한국 전쟁의 기억을 잊고 자신과 가족의 삶에만 집중해 온 평범한 가정주부임	➡	수술 후유증으로 발작을 일으킨 어머니를 보고 그때의 어두운 기억을 상기하게 됨	➡	전쟁의 상처를 가슴의 한으로 품고 살아온 어머니의 삶을 이해하게 됨

연작 소설의 이해

엄마의 말뚝1	'나'의 가족이 고향을 떠나 서울에 터전을 잡게 된 과정과 홀로 두 자녀를 억척스럽게 키워 낸 엄마의 모습 및 '나'의 성장을 그린 이야기
엄마의 말뚝2 [교재 수록]	안정된 삶을 살아가던 '나'가 엄마의 다리 부상을 계기로, 한국 전쟁 당시 인민군 군관의 총에 오빠를 잃었던 참담한 기억을 떠올리며 엄마를 이해하게 되는 이야기
엄마의 말뚝3	수술 후유증으로 7년여를 투병하던 엄마가 화장되기를 바랐던 생전 소망과는 달리 돌아가신 후 서울 근교의 공원 묘지에 묻히기까지의 이야기

시험에 이렇게 나와요

01 윗글의 서술상 특징으로 가장 적절한 것은?

① 동일한 사건을 여러 번 서술하여 그 의미를 강조하고 있다.
② 회상을 통해 외부 이야기에서 내부 이야기로 이동하고 있다.
③ 현재의 관점에서 인물과 관련된 과거를 회상하여 서술하고 있다.
④ 인물의 과거의 경험을 객관적으로 서술하며 현재 상황을 분석하고 있다.

02 윗글에 대한 이해로 가장 적절한 것은?

① '나'와 어머니는 '오빠'를 매장하는 문제로 갈등했다.
② 어머니는 '오빠'의 죽음으로 인한 충격으로 병원에 입원했다.
③ 어머니는 '오빠'의 유골을 고향을 향해 뿌리며 병이 낫길 염원했다.
④ 어머니는 비장한 마음으로 '오빠'의 유골을 고향이 보이는 바닷가에 뿌렸다.

03 다음 설명에 해당하는 것으로 가장 적절한 것은?

- 어머니가 '나'에게 부탁한 것
- 분단과 홀로 맞섰던 어머니의 의지
- 죽어서나마 자식과 함께하고 싶은 어머니의 소망

① 몹쓸 일　② 몸부림　③ 괴물　④ 그 짓

정답　해설 10쪽
01 ③　02 ④　03 ④

돌다리 이태준

| 2019년 2회, 2016년 1회

앞부분의 줄거리 의사가 된 아들은 병원을 확장하기 위해 시골에 있는 농토를 팔려는 생각으로 고향에 내려온다. 아버지는 나무다리가 새로 놓인 뒤 동네 사람들에게 잊혀 가던 돌다리를 고치기 위해 애를 쓰고 있다.

아버지는 아들의 뒤를 쫓아 이내 개울에서 들어왔다. 아들은, 의사인 아들은, 마치 환자에게 치료 방법을 이르듯이, 냉정히 차분차분히 이야기를 시작하였다. 「외아들인 자기가 부모님을 진작 모시지 못한 것이 잘못인 것, 한집에 모이려면 자기가 병원을 버리기보다는 부모님이 농토를 버리시고 서울로 오시는 것이 순리인 것, 병원은 나날이 환자가 늘어 가나 입원실이 부족되어 오는 환자의 삼분지 일밖에 수용 못하는 것, 지금 시국에 큰 건물을 새로 짓기란 거의 불가능의 일인 것, 마침 교통 편한 자리에 삼층 양옥이 하나 난 것, 인쇄소였던 집인데 전체가 콘크리트여서 방화 방공으로 가치가 충분한 것, 삼층은 살림집과 직공들의 합숙실로 꾸미었던 것이라 입원실로 변장하기에 용이한 것, 각 층에 수도, 가스가 다 들어온 것, 그러면서도 가격은 염한 것, 염하기는 하나 삼만 이천 원이라, 지금의 병원을 팔면 일만 오천 원쯤은 받겠지만 그것은 새집을 고치는 데와, 수술실의 기계를 완비하는 데 다 들어갈 것이니 집값 삼만 이천 원은 따로 있어야 할 것, 시골에 땅을 둔대야 일 년에 고작 삼천 원의 실리가 떨어질지 말지 하지만 땅을 팔아다 병원만 확장해 놓으면 적어도 일 년에 만 원 하나씩은 이익을 뽑을 자신이 있는 것, 돈만 있으면 땅은 이담에라도, 서울 가까이라도 얼마든지 좋은 것으로 살 수 있는 것……」 아버지는 아들의 의견을 끝까지 잠잠히 들었다. 그리고,

> 아들은, 의사인 아들은: 아들이 농부인 아버지와 대립되는 근대적 사고방식을 지닌 인물임을 강조
> 냉정히 차분차분히 이야기를 시작하였다: 땅을 팔고자 아버지를 설득하는 창섭
> 「 」: 창섭이 제시한 땅을 팔아야 하는 근거
> 을 진작 모시지 못한 것이 잘못인 것: 자식의 도리를 언급하며 인정에 호소함 → 땅을 파는 것이 자신의 욕심 때문만은 아님을 강조함
> 삼분지 일: 3분의 1
> 시골에 땅을 둔대야 ~ 있는 것: 땅을 가지고 있는 것보다 팔아서 병원을 확장하는 것이 이익이 됨 → 땅을 도구적 대상으로 여기는 창섭의 가치관이 드러남

"점심이나 먹어라. 나두 좀 생각해 봐야 대답허겠다."

> 즉각 답을 하지 않는 아버지의 태도를 통해 땅을 파는 일이 간단한 문제가 아님을 드러냄

하고는 다시 개울로 나갔고, 떨어졌던 다릿돌을 올려놓고야 들어와 그도 점심상을 받았다.

> ⋯→ 땅을 팔자고 아버지를 설득하는 창섭

점심을 자시면서였다. / "원, 요즘 사람들은 힘두 줄었나 봐! 그 다리 첨 놀 제 내가 어려서 봤는데 불과 여나믄 이서 꺼들던 돌인데, 장정 수십 명이 한나절을 씨름을 허다니!"

> 그 다리 첨 놀 제 내가 어려서: 돌다리, 튼튼하지만 만들기 어려움 – 전통적 사고방식의 상징적 소재

"나무다리가 있는데 건 왜 고치시나요?" / "너두 그런 소릴 허는구나. 나무가 돌만 하다든? 「넌 그 다리서 고기 잡던 생각두 안 나니? 서울로 공부 갈 때 그 다리 건너서 떠나던 생각 안 나니? 시쳇사람들은 모두 인정이란 게 사람헌테만 쓰는 건 줄 알드라! 내 할아버님 산소에 상돌을 그 다리로 건네다 모셨구, 내가 천잘 끼구 그 다리루 글 읽으러 댕겼다. 네 어미두 그 다리루 가말 타구 내 집에 왔어.」 나 죽건 그 다리루 건네다 묻어라……. 난 서울 갈 생각 없다."

> 나무다리가 있는데 건 왜 고치시나요?: 창섭의 근대적 사고방식이 드러남
> 「 」: 돌다리에 가족의 역사와 추억이 담겨 있음을 알 수 있음
> 시쳇사람들은 모두 인정이란 게 사람헌테만 쓰는 건 줄 알드라: 사람뿐 아니라 자연에도 인정을 갖고 대해야 함 – 전통적 사고방식
> 나 죽건 그 다리루 건네다 묻어라……. 난 서울 갈 생각 없다.: 땅과 고향에 대한 아버지의 애착이 드러남

"네?"

> ⋯→ 땅을 팔 생각이 없는 아버지

"천금이 쏟아진대두 난 땅은 못 팔겠다. 내 아버님께서 손수 이룩허시는 걸 내 눈으로 본 밭이구. 내 할아버님께서 손수 피땀을 흘려 모신 돈으로 작만허신 논들이야. 돈 있다구 어디가 느르지논 같은 게 있구, 독시장밭 같은 걸 사? 느르지논 둑에 선 느티나문 할아버님께서 심으신 거구, 저 사랑 마당에 은행나무는 아버님께서 심으신 거다. 그 나무 밑에를 설 때마다 난 그 어른들 동상(銅像)이나 다름없이 경건한 마음이 솟아 우러러보군 헌다. 땅이란 걸 어떻게 일시 이해를 따져 사구팔구 허느냐? 땅 없어 봐라, 집이 어딨으며 나라가 어딨는 줄

> 천금이 쏟아진대두 난 땅은 못 팔겠다: 땅에 대한 아버지의 강한 애착
> 그 나무 밑에를 설 때마다 ~ 우러러보군 헌다: 조상들이 가꾸고 심은 것에 대한 아버지의 무한한 존경심
> 땅이란 걸 어떻게 일시 이해를 따져 사구팔구 허느냐?: 땅을 이해타산의 수단으로 여기는 아들에 대한 비판

이해와 감상

이 작품은 농토를 파는 문제를 둘러싼 아버지와 아들 사이의 갈등을 바탕으로 서구 문화의 유입 속에서 물질만 중시하는 근대적 사고방식에 대한 비판을 드러내고 있다.

작품 정리

갈래 : 단편 소설
성격 : 사실적, 교훈적, 비판적
시점 : 전지적 작가 시점
배경 : 일제 강점기 말, 농촌 마을
주제 : 땅의 가치에 대한 인식과 물질 만능 사회에 대한 비판
특징
- 상징적 소재를 통해 가치관의 대립을 보여 줌
- 인물 간의 대화와 서술자의 요약적 제시를 통해 주제를 드러냄

+ '돌다리'의 의미
전통적인 세대의 자연 중심적 가치관을 상징하는 소재

꼼꼼 단어 돋보기

- **염하다**
값이 싸다.
- **꺼들다**
잡아 쥐고 당겨서 추켜들다.
- **시쳇사람들**
요즘 사람들. '시체'는 그 시대의 풍습이나 유행이라는 뜻
- **상돌**
무덤 앞에 제물을 차려 놓기 위하여 넓적한 돌로 만들어 놓은 상
- **작만하다**
장만하다. '작만'은 '장만'을 한자를 빌려서 쓴 말이다.
- **느르지논**
철원군 철원읍 사요리 일대의 논을 이르는 말. 기름진 논
- **독시장밭**
철원군 철원읍 율리리 근방에 소재한 선비소(늪) 위에 있는 밭 이름

아니? 땅이란 천지만물의 근거야. 「돈 있다구 땅이 뭔지두 모르구 욕심만 내 문서 쪽으로 사
땅에 대한 아버지의 생각, 땅을 만물의 근원으로 여기며 소중히 대함
모기만 하는 사람들, 돈놀이처럼 변리만 생각허구 제 조상들과 그 땅과 어떤 인연이란 건
치부(致富)의 수단처럼 생각하는 태도 비판
도시 생각지 않구 헌신짝 버리듯 하는 사람들, 다 내 눈엔 괴이한 사람들루밖엔 뵈지 않드
「 」: 땅을 재산으로만 평가하는 사람들에 대한 아버지의 비판적 시각이 드러남
라.」/ "……."

"네가 뉘 덕으로 오늘 의사가 됐니? 내 덕인 줄만 아느냐? 내가 땅 없이 뭘루? 밭에 가 절하구 논에 가 절해야 쓴다. 자고로 하늘 하늘 허나 하늘의 덕이 땅을 통허지 않군 사람헌테 미치는 줄 아니? 땅을 파는 건 그게 하늘을 파는 거나 다름없는 거다." / "……."
땅이 만물의 근거임을 말하고 있음 – 땅의 중요성 강조

··→ 땅의 소중함을 역설하는 아버지

한눈에 콕콕

▶ 아버지와 아들(창섭)의 비교

구분	아버지	아들(창섭)
직업	시골에 사는 농부	도시에 사는 의사
땅에 대한 생각	• 조상들이 피땀 흘려 가꾼 것 • 만물의 근원	• 금전적 수단 • 돈과 교환할 수 있는 것
상징	돌다리	나무다리
삶의 태도	욕심을 부리지 않고 자신의 소임을 다하며 묵묵히 살아감	병원을 크게 늘릴 욕심을 가지고 있음
가치관	전통적 가치관	근대적 가치관

꼼꼼 단어 돋보기

● 변리
남에게 돈을 빌려 쓴 대가로 치르는 일정한 비율의 돈

● 도시
도무지

시험에 이렇게 나와요

04 윗글의 제목인 '돌다리'에 대한 설명으로 적절하지 않은 것은?

① 과거와 현재를 이어 주는 매개물
② 가족의 역사와 추억이 담긴 소재
③ 자연 중심적 가치관을 상징하는 소재
④ 창섭과 아버지 사이의 갈등을 유발하는 소재

05 〈보기〉가 윗글 작가와의 인터뷰라고 할 때, ㉠에 들어갈 말로 가장 적절한 것은?

보기

학생: 선생님이 이 소설을 통해 궁극적으로 드러내고자 했던 점은 무엇인지요?
작가: 제가 이 소설을 통해 전달하려고 했던 주제를 한 문장으로 말하면 이렇습니다. (㉠)

① 변화에 적응하는 유연한 태도가 필요하다.
② 자연은 인간이 소중히 돌보아야 할 대상이다.
③ 대상의 가치는 실용적 가치로 평가될 수 있다.
④ 시대가 변해도 우리 모두가 지켜야 할 가치가 있다.

정답 해설 10쪽
04 ④ 05 ④

달밤 이태준

앞부분의 줄거리 사대문 안에서 성북동으로 이사 온 '나'는 신문 보조 배달원인 황수건을 알게 된다. '나'는 첫 만남에서 그가 못난이임을 알게 된다. '나'는 황수건이 신문 원배달부가 되기를 소망한다는 것을 듣게 된다. 하지만 황수건은 보조 배달원 자리에서 해고된다.

그는,

"너희 색시 달아난다."

하는 말을 제일 무서워했다 한다. 한번은 어느 선생이 장난말로,

"요즘 같은 따뜻한 봄날엔 옛날부터 색시들이 달아나기를 좋아하는데 어제도 저 아랫말에서 둘이나 달아났다니까 오늘은 이 동네에서 꼭 달아나는 색시가 있을걸……."

했더니 수건이는 점심을 먹다 말고 눈이 휘둥그레졌다 한다(너무 천진하여 남에게 잘 속음). 그리고 그날 오후에는 어서 바삐 하학을 시키고 집으로 갈 양으로 오십 분 만에 치는 종을 이십 분 만에, 삼십 분 만에 함부로 다가서 쳤다는 이야기도 있다.

→ 천진난만한 황수건과 관련된 일화

하루는 나는 거의 그를 잊어버리고 있을 때,

"이 선생님 곕쇼?"

하고 수건이가 찾아왔다. 반가웠다(황수건에 대한 '나'의 호감이 직접적으로 드러남).

"선생님, 요즘 신문이 거르지 않고 잘 옵쇼?"

하고 그는 배달 감독이나 되어 온 듯이(황수건의 엉뚱한 모습을 희화화함) 묻는다.

"잘 오우. 왜 그러우?"

한즉 또,

"늦지도 않굽쇼, 일즉이 제때마다 꼬옥 옵쇼?"

한다.

"당신이 돌릴 때보다 세 시간은 일찍이 오고 날마다 꼭꼭 잘 오우."

하니 그는 머리를 벅적벅적 긁으면서(쑥스러움과 겸연쩍음을 드러내는 비언어적 표현),

"하루라도 거르기만 해라, 신문사에 가서 대뜸 일러바치지……."

(신문사에서 쫓겨난 것에 대한 억울함과 새 배달원에 대한 질투심을 거르지 않고 그대로 표현함 – 황수건의 천진하고 어수룩한 성격이 드러남)

하고 그 빈약한 주먹을 부르댄다.

→ '나'에게 새 신문 배달원에 대해 묻는 황수건

"그런뎁쇼, 선생님?"

"왜 그러우?"

"삼산학교에 말씀예요, 그 제 대신 들어온 급사가 저보다 근력이 세게 생겼습죠?"

"나는 그 사람을 보지 못해서 모르겠소."

하니 그는 은근한 말소리로 히죽거리며(황수건의 행동을 희화화함),

"제가 거길 또 들어가 볼랴굽쇼, 운동을 합죠."

"어떻게 운동을 하오?"

「"그까짓 거 날마당 사무실로 갑죠. 다시 써 달라고 졸라 댑죠. 아, 그랬더니 새 급사란 녀석

「 」: 문제의 근본적인 원인과 해결 방법을 제대로 파악하지 못하고 엉뚱한 생각을 하는 황수건

이해와 감상

이 작품은 황수건이라는 못난이의 각박한 세상살이와 실패를 관찰자 '나'의 시선으로 그린 소설이다.

작품 정리

갈래 : 단편 소설
성격 : 서정적, 애상적
시점 : 1인칭 관찰자 시점
배경 : 1930년대, 성북동
주제 : 세상으로부터 밀려난 못난이 '황수건'의 삶에 대한 연민

특징
- 세밀하고 서정적인 묘사를 통해 인물과 사건을 선명하게 제시함
- 주인공에 관한 일들을 나열한 에피소드식 구성을 취하고 있음
- 배경이 사건의 비극성을 심화시키지 않고, 서정적인 분위기를 만들어 줌으로써 독자에게 여운을 남김

꼼꼼 단어 돋보기

● 하학
학교에서 그날의 수업을 마침

● 근력
근육의 힘. 또는 그 힘의 지속성

이 저보다 크기도 무척 큰뎁쇼, 이 녀석이 막 불근댑니다그려. 그래 한번 쌈을 해야 할 턴뎁쇼, 그 녀석이 근력이 얼마나 센지 알아야 뎀벼들 턴뎁쇼, 허…….”」

“그렇지, 멋모르고 대들었다 매만 맞지.”
황수건의 엉뚱한 소리에 동조하고 추임새를 넣어 줌 → 황수건에 대한 '나'의 호의적인 태도
하니 그는 한 걸음 다가서며 또 은근한 말을 한다.

“그래섭쇼, 엊저녁엔 큰 돌멩이 하나를 굴려다 삼산학교 대문에다 놨습죠. 그리구 오늘 아침에 가 보니깐 없어졌는뎁쇼, 이 녀석이 나처럼 억지루 굴려다 버렸는지, 뻰쩍 들어다 버렸는지 그만 못 봤거든입쇼, 제길…….”
새 급사의 근력을 시험해 보기 위한 행동

→ 삼산 학교에 들어온 새 급사에 대해 이야기하는 황수건
하고 머리를 긁는다. 그러더니 갑자기 무얼 생각한 듯 손뼉을 탁 치더니,

“그런뎁쇼, 제가 온 건입쇼, 댁에선 우두를 넣지 마시라구 왔습죠.”
황수건이 '나'의 집을 방문한 목적
한다.

“우두를 왜 넣지 말란 말이오?”

한즉,

“요즘 마마가 다닌다구 모두 우두들을 넣는뎁쇼, 우두를 넣으면 사람이 근력이 없어지는 법인뎁쇼.”

하고 자기 팔을 걷어 올려 우두 자리를 보이면서,

“이걸 봅쇼. 저두 우두를 이렇게 넣었기 때문에 근력이 줄었습죠.”

한다.

“우두를 넣으면 근력이 준다고 누가 그럽디까?”

물으니 그는 싱글거리며,

“아, 내가 생각해 냈습죠.”
근거 없는 말임이 드러남. 우두 접종 시 며칠 동안 약하게 천연두를 앓게 되어 기운이 없어지는 현상을 황수건이 자의적으로 해석한 것으로 볼 수 있음
한다.

“왜 그렇소?”

하고 캐니,

“뭘…… 저 아래 윤금보라고 있는데 기운이 장산뎁쇼. 아 삼산학교 그 녀석두 우두만 넣었다면 그까짓 것 무서울 것 없는뎁쇼, 그걸 모르겠거든입쇼…….”
횡설수설, 동문서답

한다. 나는,

“그렇게 용한 생각을 하고 일러 주러 왔으니 아주 고맙소.”
근거 없는 말임을 알면서도 자신을 생각하여 일부러 찾아와 말을 전해 준 황수건의 따뜻한 마음 씀씀이에 '나'가 고마움을 표함
하였다. 그는 좋아서 벙긋거리며 머리를 긁었다.
황수건의 순박하고 천진난만한 성격이 드러남

→ 우두 접종을 하지 말라고 말하는 황수건

“그래 삼산학교에 다시 들기만 기다리고 있소?”

물으니 그는,

“돈만 있으면 그까짓 거 누가 고쓰카이 노릇을 합쇼? 밑천만 있으면 삼산학교 앞에 가서 버젓이 장사를 할 턴뎁쇼.”

한다.

꼼꼼 단어 돋보기

● **불근대다**
흥분하여 자꾸 성을 월컥 내다.

● **우두**
천연두를 예방하기 위하여 소에서 뽑은 면역 물질

● **마마**
'천연두'를 일상적으로 이르는 말

● **고쓰카이**
'소사(小使)'의 일본어. 관청이나 회사, 학교, 가게 따위에서 잔심부름을 시키려고 고용한 사람

"무슨 장사?"

"아, 방학될 때까지 ●차미 장사도 하굽쇼, 가을부턴 군밤 장사, 왜떡 장사, 습자지, 도화지 장사 막 합죠. 삼산학교 학생들이 저를 어떻게 좋아하겝쇼. 저를 선생들보다 낫게 치는뎁쇼."

황수건의 허풍스러운 성격이 드러남

한다.

나는 그날 그에게 돈 삼 원을 주었다. 그의 말대로 삼산학교 앞에 가서 버젓이 참외 장사라도 해 보라고. 그리고 돈은 남지 못하면 돌려주지 않아도 좋다 하였다. 그는 삼 원 돈에 덩실덩실 춤을 추다시피 뛰어나갔다. 그리고 그 이튿날,

황수건에 대한 '나'의 애정과 연민이 드러나는 소재

"선생님 잡수시라굽쇼."

하고 나 없는 때 참외 세 개를 갖다 두고 갔다.

··· 황수건에게 돈 삼 원을 준 '나'

그러고는 온 여름 동안 그는 우리 집에 얼씬하지 않았다. 「들으니 참외 장사를 해 보긴 했는데 이내 장마가 들어 밑천만 까먹었고, 또 그까짓 것보다 한 가지 놀라운 소식은 그의 아내가 달아났다는 것이었다. 저희끼리 금슬은 괜찮았건만 동서가 못 견디게 굴어 달아난 것이라 한다. 남편만 남 같으면 따로 살림 나는 날이나 기다리고 살 것이나 평생 동서 밑에 살아야 할 신세를 생각하고 달아난 것이라 한다.」

「 」: 사건의 요약적 제시

··· 참외 장사에 실패하고 아내도 달아난 황수건

그런데 요 며칠 전이었다. 밤인데 ●달포 만에 수건이가 우리 집을 찾아왔다. 웬 포도를 큰 것으로 대여섯 송이를 종이에 싸지도 않고 맨손에 들고 들어왔다. 그는 벙긋거리며,

"선생님 잡수라고 사 왔습죠."

고마운 사람에게 마음을 전하고자 하는 황수건의 착한 성품이 드러남

··· '나'에게 포도를 가져온 황수건

한눈에 쏙쏙

등장인물

황수건(주인공)	천성이 착하고 순수하나 사회생활에 적응하지 못하여 세상에서 밀려나는 인물
'나'(서술자)	황수건을 연민 어린 시선으로 바라보는 관찰자

'달밤'의 기능

주인공 황수건이 처한 불우한 상황과 비극적인 결말을 서정적인 분위기로 정화시키는 역할을 함

꼼꼼 단어 돋보기

● **차미**
'참외'의 방언

● **달포**
한 달이 조금 넘는 기간

06 윗글을 읽은 후 보일 수 있는 '황수건'에 대한 독자의 반응으로 적절하지 않은 것은?

① 어수룩한 행동과 상식에 벗어난 말이 웃음을 자아낸다.
② 못난 인간형이지만 미워할 수 없는 순박한 인물임을 알 수 있다.
③ 우리 주변에 그와 같은 사회적 약자들이 소외받고 있지는 않나 생각하게 해 준다.
④ 삶에 대한 집착이 크고 열심히 사는 것으로 보아 성실한 삶의 태도를 배울 수 있다.

07 윗글에 나타난 황수건과 '나'의 대화에 대한 설명으로 알맞은 것은?

ㄱ. 황수건은 '나'와의 대화를 마지못해 이어 가고 있다.
ㄴ. '나'는 황수건의 엉뚱한 말을 그대로 받아 주고 있다.
ㄷ. 황수건은 '나'가 자기 말을 믿지 않을까 걱정하고 있다.
ㄹ. 황수건은 '나'에게 자신이 겪은 일들을 늘어놓고 있다.

① ㄱ, ㄴ ② ㄴ, ㄹ ③ ㄴ, ㄷ ④ ㄷ, ㄹ

08 다음 글을 참고하여 윗글을 이해한 내용으로 적절하지 않은 것은?

작가가 이 소설을 쓴 1930년대는 일제 강점기로, 당시 조선인들은 대부분 경제적으로 어려웠다. 일본인이 받는 임금과 조선인이 받는 임금의 격차가 점점 더 벌어지고, 실업자와 걸인, 궁민의 숫자는 빠르게 늘어 갔다. 당시에는 사대문 안쪽만을 '서울'이라고 생각하는 사람들이 많았다. 이 소설의 배경인 '성북동'처럼 사대문 밖의 공간은 '시골'로 간주되는 변두리로, 가난한 조선인들이 주로 거주하던 곳이었다.

① '성북동'에 거주하는 황수건은 가난한 조선인을 상징하는군.
② 황수건의 궁핍한 삶은 당시 조선인들의 사회적 상황을 상징적으로 표현하고 있는 것이군.
③ '나'는 사대문 안에 살던 인물로 궁핍한 조선인과는 달리 일제 강점기에 잘 적응한 인물이군.
④ 공간적 배경을 사대문 밖 성북동으로 설정하여 작품의 주제 의식을 보다 선명하게 드러내고 있군.

정답 해설 10쪽

06 ④ 07 ② 08 ③

봄·봄 김유정

| 2023년 1회, 2018년 2회

"장인님! 인젠 저……."
대화 형식으로 시작, 독자의 흥미 유발

내가 이렇게 뒤통수를 긁고, 나이가 찼으니 성례를 시켜 줘야 하지 않겠느냐고 하면, 그 대답이 늘

"이 자식아! 성례구 뭐구 미처 자라야지!"
상투적 답변, 성례를 시켜 주지 않는 이유

하고 만다.

이 자라야 한다는 것은 내가 아니라 장차 내 안해(아내)가 될 점순이의 키 말이다. 내가 여기에 와서 돈 한 푼 안 받고 일하기를 삼 년 하고 꼬박이 일곱 달 동안을 했다(3년 7개월 동안 노동력을 착취당함). 그런데도 미처 못 자랐다니까 이 키는 언제야 자라는 겐지 짜증(과연 정말로) 영문 모른다. 일을 좀 더 잘해야 한다든지, 혹은 밥을(많이 먹는다고 노상 걱정이니까)(장인의 인색한 성격) 좀 덜 먹어야 한다든지 하면 나도 얼마든지 할 말이 많다. 허지만, 점순이가 안죽(아직) 어리니까 더 자라야 한다는 여기에는 어째 볼 수 없이 고만 벙벙하고 만다. 이래서 나는 애최 계약이 잘못된 걸 알았다.

[중략]

그래 내 어저께 싸운 것이지(과거 회상, 역순행적 구성) 결코 장인님이 밉다든가 해서가 아니다. 모를 붓다가 가만히 생각을 해 보니까 또 승겁다(못마땅하다). 이 벼가 자라서 점순이가 먹고 좀 큰다면 모르지만, 그렇지도 못할 걸 내 심어서 뭘 하는 거냐. 해마다 앞으로 축 거불지는 장인님의 아랫배(가 너머 먹은 걸 모르고 내병이라나, 그 배)를 불리기 위하야 심으곤 조곰도 싶지 않다.

"아이구, 배야!"
일할 의욕이 없어 꾀병을 부림

난 몰 붓다(못자리를 만들어 씨를 뿌리다) 말고 배를 씨다듬으면서 그대루 논둑으로 기어올랐다. 그리고 겨드랑에 꼈든 벼 담긴 키를 그냥 땅바닥에 털썩 떨어치며 나도 털썩 주저앉었다.

일이 암만 바뻐도 나 배 아프면 고만이니까. 아픈 사람이 누가 일을 하느냐. 파릇파릇 돋아오른 풀 한 숲을 뜯어 들고 다리의 거머리를 쓱쓱 문태며 장인님의 얼굴을 쳐다보았다.

논 가운데서 장인님도 이상한 눈을 해 가지고 한참 날 노려보드니

"너, 이 자식, 왜 또 이래, 응?"
이런 행동이 자주 있었음

"배가 좀 아파서유!"

하고 풀 우에 슬며시 쓰러지니까 장인님은 약이 올랐다. 저도 논에서 철벙철벙 둑으로 올라오드니 잡은 참 내 멱살을 웅켜잡고 빰을 치는 것이 아닌가…….
장인의 거친 성격

㉠"이 자식아, 일허다 말면 누굴 망해 놀 셈속이냐? 이 대가릴 까놀 자식."
비속어(해학적)

중략 부분의 줄거리 '나'는 점순이의 충동질과 장인에 대한 반발심으로 꾀병을 부리고, 구장을 찾아가서 담판을 지으려 한다. 하지만 장인의 위세에 눌려 구장은 장인의 편을 들고, '나'는 구장의 설득으로 다시 일을 하게 된다.

"구장님한테 갔다 그냥 온담 그래!"
구장에게 갔다 와도 좋은 결과가 없는 데 대한 불만

하고 엇그제 산에서와 같이 되우 쫑알거린다. 딴은 내가 더 단단히 덤비지 않고만 것이 좀 어

이해와 감상

이 작품은 1930년대 농촌을 배경으로 데릴사위와 장인 간의 희극적인 갈등을 해학적으로 그린 농촌 소설이다.

작품 정리

갈래 : 단편 소설, 농촌 소설
성격 : 토속적, 해학적
시점 : 1인칭 주인공시점
배경 : 1930년대, 강원도 농촌
주제 : 어수룩한 데릴사위와 그를 이용하는 교활한 장인 간의 해학적 갈등

특징
- 사건의 시간과 서술 순서가 뒤바뀐 역순행적 구성을 보임
- 토속어, 비속어 등을 사용하여 향토적인 느낌과 현장감을 줌
- 상황을 과장되게 설정하여 웃음을 유발함

꼼꼼 단어 돋보기

● **성례**
혼인의 예식을 지냄

● **벙벙하다**
어리둥절하여 얼빠진 사람처럼 멍하다.

● **거불지다**
둥글고 두두룩하게 툭 비어져 나오다.

● **너머**
너무

● **내병**
속병

● **문태며**
문대며

● **참**
무엇을 하는 경우나 때

● **되우**
아주 몹시

리석었다, 속으로 그랬다. 나도 저쪽 벽을 향하야 외면하면서 내 말로

"안 된다는 걸 그럼 어떻건담!"
'나'의 소극적, 수동적 성격

하니까,

"쇰을 잡아채지 그냥 둬, 이 바보야!"
점순이의 적극적 성격, 점순이의 2차 충동질

하고 또 얼굴이 빨개지면서 성을 내며 안으로 샐죽하니 튀들어가지 않느냐. 이때 아무도 본 사람이 없었게 망정이지, 보았다면 내 얼굴이 에미 잃은 황새 새끼처럼 가여웁다 했을 것이다.
이유: 점순이에게 바보 취급을 당해서

중략 부분의 줄거리 점순이의 2차 충동질로 인해 '나'는 장인과 서로 바짓가랑이를 잡으며 싸운다.

내가 머리가 터지도록 매를 얻어맞은 것이 이 때문이다. 그러나 여기가 또한 우리 장인님이 유달리 착한 곳이다.
장인의 의도를 모르는 우둔한 성격

여느 사람이면 사경을 주어서라도 당장 내쫓았지, 터진 머리를 불솜으로 손수 지져 주고, 호주머니에 희연 한 봉을 넣어 주고, 그리고
시대적 배경을 알려 주는 소재

㉡"올 갈엔 꼭 성례를 시켜 주마. 암말 말구 가서 뒷골의 콩밭이나 얼른 갈아라."
장인이 '나'를 부려 먹기 위해 회유함

하고 등을 뚜덕여 줄 사람이 누구냐. 나는 장인님이 너무나 고마워서 어느덧 눈물까지 났다.
'나'의 어리숙함

점순이를 남기고 인젠 내쫓기려니 하다 뜻밖의 말을 듣고,

㉢"빙장님! 인제 다시는 안 그러겠어유……."

이렇게 맹서를 하며 불랴살야 지게를 지고 일터로 갔다.
장인의 회유에 넘어가 다시 일하러 나감

그러나 이때는 그걸 모르고 장인님을 원수로만 여겨서 잔뜩 잡아다렸다.

"아! 아! 이놈아! 놔라, 놔, 놔……."

장인님은 헷손질을 하며 솔개미에 챈 닭의 소리를 연해 질렀다.
고통으로 인해 다급해하는 장인의 모습

놓긴 왜, 이왕이면 호되게 혼을 내 주리라 생각하고 짓궂이 더 댕겼다마는, 장인님이 땅에 쓰러져서 눈에 눈물이 피잉 도는 것을 알고 좀 겁도 났다.

㉣"할아버지! 놔라, 놔, 놔, 놔, 놔놔."
장인이 사위인 '나'를 할아버지라고 부름. 해학성

그래도 안 되니까,

"얘, 점순아! 점순아!"
장인이 도움을 청함

이 악장에 안에 있었든 장모님과 점순이가 헐레벌떡하고 단숨에 뛰어나왔다. 나의 생각에 장모님은 제 남편이니까 역성을 할는지도 모른다. 그러나 점순이는 내 편을 들어서 속으로 고수해서 하겠지……. 대체 이게 웬 속인지(지금까지도 난 영문을 모른다.), 아버질 혼내 주기는 제가 내래 놓고 이제 와서는 달겨들며
제가 부추겨 놓고

"에그머니! 이 망할 게 아버지 죽이네!"
점순이의 이중적 태도

하고 내 귀를 뒤로 잡어댕기며 마냥 우는 것이 아니냐. 그만 여기에 기운이 탁 꺾이어 나는 얼빠진 등신이 되고 말었다.
'나'가 당황하여 동작을 멈춤

꼼꼼 단어 돋보기

- **어떻건담**
  어떡한담
- **쇰**
  수염
- **샐죽하다**
  샐쭉하다. 마음에 차지 아니하여서 약간 고까워하는 태도가 드러나다.
- **가여웁다**
  가엽다. 마음이 아플 만큼 안되고 처연하다.
- **불솜**
  상처를 소독하기 위해 불에 그을린 솜
- **희연**
  희연. 일제 강점기 때의 담배 이름
- **뚜덕이다**
  잘 울리지 않는 물체를 좀 세게 두드리는 소리를 내다.
- **맹서**
  맹세
- **불랴살야**
  부랴사랴. 매우 부산하고 급하게 서두르는 모양
- **헷손질**
  헛손질
- **솔개미**
  '솔개'의 방언
- **악장**
  악을 쓰는 것
- **역성**
  옳고 그름에는 관계없이 무조건 한쪽 편을 들어 주는 일
- **고수해서**
  고소해서

한눈에 쏙쏙

작품의 구성

역순행적 구성: 사건이 시간적 순서에 따라 전개되지 않고, '나'의 회상에 의해 서술 순서가 뒤바뀌어 진행되고 있음

3년 7개월 전	'나'가 데릴사위로 들어옴
작년 이맘때	늦잠 잔다고 장인이 돌멩이를 던져 발목이 삐어서 며칠간 일을 못 함
그저께	점순이의 1차 충동질(밤낮 일만 하다 말 텐가!)
어제	꾀병을 부려 장인과 다툼(오전) → 구장을 찾아감(낮) → 뭉태가 충동질함(밤)
오늘	아침밥을 가져온 점순이의 2차 충동질(쇰을 잡아채지 그냥 둬, 이 바보야!) → 장인과 바짓가랑이를 쥐는 싸움 → 결국 일터로 나감

갈등 양상

'나'	↔	장인
'점순'과 빨리 혼례를 치르기를 원함	갈등 원인 - 성례 문제	'나'의 노동력을 착취하기 위하여 혼례를 미룸

시험에 이렇게 나와요

09 윗글에서 어수룩한 서술자를 내세워 얻고 있는 효과로 가장 적절한 것은?

① '나'와 장인의 갈등이 '나'의 결함에서 비롯되었음을 강조한다.
② 순박함과 우직함의 미덕을 '나'를 통해 구체적으로 형상화한다.
③ 이기적이고 교활한 다른 등장인물들과의 대비를 통해 주제 의식을 전달한다.
④ 상황을 정확하게 인식하지 못하는 '나'의 행동과 판단을 통해 독자의 웃음을 유발한다.

10 윗글로 보아 '나'가 장인과 싸움을 하게 된 근본적인 원인으로 가장 적절한 것은?

① 점순이가 '나'를 구박하고 감시하였기 때문에
② 점순이와의 성례 약속이 지켜지지 않았기 때문에
③ '나'가 일을 한 대가인 사경을 받지 못했기 때문에
④ 걸핏하면 장인이 '나'를 지게막대기로 때렸기 때문에

11 윗글에 나타난 점순이의 태도와 관련된 속담으로 가장 적절한 것은?

① 가는 말이 고와야 오는 말이 곱다.
② 낮말은 새가 듣고 밤말은 쥐가 듣는다.
③ 호랑이 굴에 들어가야 호랑이를 잡는다.
④ 열 길 물속은 알아도 한 길 사람 속은 모른다.

12 ㉠~㉣에 나타난 인물의 심리로 적절하지 않은 것은?

① ㉠: 꾀병을 부리는 '나'에게 화가 남
② ㉡: '나'에 대해 안타깝고 미안한 마음
③ ㉢: 장인에 대한 고마움과 성례를 할 수 있을 것이라는 기대
④ ㉣: 상황을 벗어나고자 하는 다급한 마음

정답 해설 10쪽

09 ④ 10 ② 11 ④ 12 ②

장마 윤흥길

앞부분의 줄거리 서술자인 '나(김동만)'의 집에는 6·25 전쟁으로 피란 온 외가 가족(외할머니와 작은 이모)이 함께 살고 있다. '나'의 삼촌은 빨치산이 되어 산속 생활을 하고 있고, 국군 소위인 외삼촌은 일선 소대장으로 전쟁터에서 싸우고 있다. 이처럼 서로의 아들이 반대편에 서 있지만 친할머니와 외할머니는 친하게 지낸다. 사돈 사이에 지켜야 할 예의를 잘 알기 때문이다. 그런 두 사람의 관계는 외삼촌이 전사했다는 연락이 날아들면서 크게 변하여 심각한 갈등 상태에 접어들게 된다. 아들의 죽음에 상심한 외할머니가 빨치산들이 숨어 있는 산을 바라보며 빨치산들이 벼락에 맞아 불타 죽기를 바라는 저주를 퍼부었기 때문이다. 그 뒤 국군의 빨치산 토벌 작전으로 많은 빨치산이 죽어 그 주검들이 읍내에 전시되기에 이른다. 아버지를 비롯한 가족들은 '나'의 삼촌이 죽었을 거라고 체념하는데 할머니만은 삼촌이 살아 있다고 굳게 믿는다. 점쟁이의 점괘가 이런 할머니의 믿음을 더욱 단단하게 만들었다. 점쟁이는 '아무 날 아무 시'라고 날짜와 시간까지 들어 삼촌이 살아서 돌아온다고 했던 것이다. 할머니는 아들이 점쟁이가 말한 그때 집으로 돌아올 거라고 굳게 믿으며 집안 사람들을 독촉하여 잔치 음식을 준비하게 한다. 삼촌이 돌아온다는 그 날, 구렁이 한 마리가 집으로 찾아온다.

"아악!"

외마디 비명을 지르면서 마치 헌 옷가지가 구겨져 흘러내리듯 그렇게 마루 위로 고꾸라지는 할머니의 모습을 나는 목격했다. 외할머니가 내 손에서 작대기를 빼앗아 버렸다. 말은 없어도 외할머니의 부릅뜬 두 눈이 나한테 엄한 꾸지람을 던지고 있었다.

(샤머니즘에서는 구렁이를 죽은 사람의 현신으로 보기 때문에 할머니는 구렁이를 본 순간 아들이 죽었다고 생각하며 졸도함)
(외할머니도 구렁이를 삼촌으로 생각하고 있음을 알 수 있음)

난데없는 구렁이의 출현으로 말미암아 우리 집은 삽시에 엉망진창이 되어 버렸다. 무엇보다 큰 걱정이 할머니의 졸도였다. 식구들이 모두 안방에만 매달려 수족을 주무르고 얼굴에 찬물을 뿜어 대는 등 야단법석을 떨어가며 할머니가 어서 깨어나기를 빌었다.

⋯→ 구렁이를 보고 졸도한 할머니

[중략]

"돌멩이를 땡기는 게 어떤 놈이냐!"

('던지다'의 방언)

외할머니의 고함은 서릿발 같았다. 팔매질이 뚝 멎었다. 그러자 외할머니는 천천히 감나무 아래로 걸어가기 시작했다. 외할머니의 몸이 구렁이가 친친 감긴 늙은 감나무 바로 밑에 똑바로 서 있는데도 아무 일도 일어나지 않자, 그때까지 숨을 죽여 가며 지켜보던 많은 사람들 입에서 저절로 한숨이 새어 나왔다. 바로 머리 위에서 불티처럼 박힌 앙증스런 눈깔을 요모조모로 빛내면서 자꾸 대가리를 숙여 꺼뜩꺼뜩 위협을 주는 커다란 구렁이를 보고도 외할머니는 조금도 두려워하지 않았다. 외할머니는 두 손을 천천히 가슴 앞으로 모아 합장했다.

(외할머니의 무사함에 대한 사람들의 안도)
(구렁이를 삼촌의 현신으로 생각하며 잘 대접해서 보내려는 마음이 있음)

"에구 이 사람아, 집안일이 못 잊어서 이렇게 먼 질을 찾어왔능가?"

(구렁이를 삼촌으로 생각하면서 말을 걸고 있음) (질: 길(사투리 사용 – 현장감))

⋯→ 구렁이에게 말을 건네는 외할머니

[중략]

"㉠가야 헐 디가 보통 먼 질이 아닌디 여그서 이러고 충그리고만 있어서야 되겄능가. 자꼬 이러면은 못쓰네, 못써. 자네 심정은 내 짐작을 허겄네만 집안 식구덜 생각도 혀야지. 자네 노친 양반께서 자네가 이러고 있는 꼴을 보면 얼매나 가슴이 미여지겄능가."

(가야 헐 디: 저승) (여그: 이승) (가족을 잊지 못하는 마음) (할머니의 마음을 이해하는 외할머니)

외할머니는 꼭 산 사람을 대하듯 위를 올려다보면서 조용조용히 말을 건네고 있었다. 하지만 아무리 간곡한 말씨로 거듭 타일러 봐도 구렁이는 좀처럼 움직일 기척을 안 보였다. 이때 울바자 너머에서 어떤 아낙네가 뱀을 쫓는 묘방을 일러 주었다. 모습은 안 보이고 목소리만 들리는 그 여자는 머리카락을 태워 냄새를 피우면 된다고 소리쳤다. 외할머니의 지시에 따라 나

(샤머니즘적 방법 – 분단 극복을 위해서는 전통적인 세계관을 바탕으로 동질성을 회복해야 할 필요가 있음)

이해와 감상

이 작품은 6·25 전쟁을 배경으로 서술자인 '나'의 시각을 통해 한 집안에 발생한 이데올로기의 대립과 화해의 과정을 그리고 있다.

작품 정리

갈래 : 중편 소설, 전후 소설
성격 : 상징적, 토속적, 샤머니즘적
시점 : 1인칭 관찰자 시점
배경 : 6·25 전쟁 중 여름철 장마 기간, 어느 시골 마을
주제 : 이념의 대립과 전쟁으로 인한 가족 내의 비극과 그 극복

특징
- 샤머니즘적 방법으로 분단과 전쟁의 상처를 극복하려 함
- 사투리(방언)를 사용하여 생동감 있는 표현을 구사함
- 어린 화자를 등장시켜 전쟁과 이데올로기로 인한 비극을 효과적으로 보여 줌

꼼꼼 단어 돋보기

● 충그리다
'머물러서 웅크리고 있거나 머뭇거리다'라는 의미의 방언

는 할머니의 머리카락을 얻으러 안방으로 달려갔다.

…→ 외할머니의 말에도 움직이지 않는 구렁이

[중략]

「"자네 오면 줄라고 노친께서 여러 날 들어 장만헌 것일세. 먹지는 못헐망정 눈요구라도 허고 가소. 다아 자네 노친 정성 아닌가. 내가 자네를 쫓을라고 이러는 건 아니네. 그것만은 자네도 알어야 되네. 남새가 나드라도 너무 섭섭타 생각 말고, 집안일일랑 아모 걱정 말고 머언 걸음 부데 펜안히 가소."」

「 」: 외할머니는 구렁이를 정성껏 대접함으로써 할머니의 죽은 아들의 영혼을 위로하고 있음
눈요구: '눈요기'의 방언
남새: '냄새'의 방언

이야기를 다 마치고 외할머니는 불씨가 담긴 그릇을 헤집었다. 그 위에 할머니의 흰 머리를 올려놓자, 지글지글 끓는 소리를 내면서 타오르기 시작했다. 단백질을 태우는 노린내가 멀리까지 진동했다. 그러자 눈앞에서 벌어지는, 그야말로 희한한 광경에 놀라 사람들은 저마다 탄성을 올렸다. 외할머니가 아무리 타일러도 그때까지 움쩍도 하지 않고 그토록 오랜 시간을 버티던 그것이 서서히 움직이기 시작한 것이다.

희한한 광경: 기척도 없던 구렁이가 움직이는 광경

…→ 구렁이를 달래 무사히 보내는 외할머니

[중략]

"고맙소."

정기가 꺼진 우묵한 눈을 치켜 간신히 외할머니를 올려다보면서 할머니는 목이 꽉 메었다.

외할머니, 할머니: ① 민족적 비극의 희생자로, 자식을 잃음 ② 샤머니즘(무속 신앙)에 대한 믿음 ③ 모성애를 통해 화해의 실마리 마련

"사분도 별시런 말씀을 다……."

사분: 할머니

외할머니도 말끝을 마무르지 못했다.

"야한티서 이얘기는 다 들었소. 내가 당혀야 헐 일을 사분이 대신 맡었구랴. 그 험헌 일을 다 치르노라고 얼매나 수고시렀으꼬."

갈등이 화해로 변하는 순간

"인자는 다 지나간 일이닝게 그런 말씀 고만두시고 어서어서 뫼이나 잘 추시리기라우."

추시리기라우: 일을 잘 수습하여 처리하다

"고맙소, 참말로 고맙구랴."

㉡할머니가 손을 내밀었다. 외할머니가 그 손을 잡았다. 손을 맞잡은 채 두 할머니는 한동안 말을 잇지 못했다. 그러다가 할머니 쪽에서 먼저 입을 열어 아직도 남아 있는 근심을 털어놓았다.

두 할머니의 화해 – 분단의 아픔 해소는 서로에 대한 이해와 가족적 애정에서 비롯되어야 함

"탈 없이 잘 가기나 혔는지 몰라라우."

"염려 마시랑게요. 지금쯤 어디 가서 펜안히 거처험시나 사분 댁 터주 노릇을 톡톡이 허고 있을 것이요."

그만한 이야기를 나누는 데도 대번에 기운이 까라져 할머니는 가쁜 숨을 몰아쉬었다. 가까스로 할머니가 잠들기를 기다려 구완을 맡은 고모만을 남기고 모두들 큰방을 물러 나왔다.

…→ 화해하는 할머니와 외할머니

그날 저녁에 할머니는 또 까무러쳤다. 의식이 없는 중에도 댓 순갈 흘려 넣은 미음과 탕약을 입 밖으로 죄다 토해 버렸다. 그리고 이튿날부터는 마치 육체의 운동장에서 정신이란 이름의 장난꾸러기가 들어왔다 나갔다 숨바꼭질하기를 수없이 되풀이하는 것 같은 고통의 시간의 연속이었다. 대소변을 일일이 받아 내는 고역을 치러 가면서 할머니는 꼬박 한 주일을 더 버티었다. 안에 있는 아들보다 밖에 있는 아들을 언제나 더 생각했던 할머니는 마지막 날 밤에 다 타

안에 있는 아들: '나'의 아버지
밖에 있는 아들: '나'의 삼촌

꼼꼼 단어 돋보기

- **노린내**: 짐승의 고기 또는 털 따위가 타면서 나는 역겨운 냄새
- **정기**: 심신(心身) 활동의 근본이 되는 힘
- **마무르다**: 일의 뒤끝을 맺다.
- **터주**: 집터를 지키는 귀신
- **구완**: 아픈 사람이나 해산한 사람을 간호함
- **고역**: 몹시 힘든 일

버린 촛불이 스러지듯 그렇게 눈을 감았다. 할머니의 긴 일생 가운데서, 어떻게 생각하면, 잠도 안 자고 먹지도 않고 그러고도 놀라운 기력으로 며칠 동안이나 식구들을 들볶아 대면서 삼촌을 기다리던 그 짤막한 기간이 사실은 꺼지기 직전에 마지막 한순간을 확 타오르는 촛불의 찬란함과 맞먹는, 할머니에겐 가장 자랑스럽고 행복에 넘치던 시간이었었나 보다.

죽음을 맞이하다

임종의 자리에서 할머니는 내 손을 잡고 내 지난날을 모두 용서해 주었다. 나도 마음속으로 할머니의 모든 걸 용서했다.

삼촌으로 인해 갈등 관계에 있었던 '나'와 '할머니'의 화해

정말 지루한 장마였다.

① 오래고 지긋지긋한 가족사의 불행
② 6·25 전쟁이라는 비극적 사건

···› 할머니의 임종

한눈에 콕콕

작품의 구성

발단	6·25 전쟁의 발발로 할머니와 외할머니의 아들이 각각 인민군과 국군으로 전쟁에 나감
전개	어느 날 국군인 외삼촌의 전사 소식이 전해지고, 외할머니와 할머니의 갈등이 시작됨
위기	공산주의자들을 저주하는 외할머니의 말로 인해 할머니와 외할머니의 갈등이 심해지고, 할머니는 삼촌이 '아무 날 아무 시'에 돌아온다는 점쟁이의 말을 믿고 삼촌을 맞이할 준비를 함
절정	그날이 되자 삼촌 대신 커다란 구렁이가 나타나고, 할머니는 구렁이를 보고 기절함. 외할머니가 구렁이를 달래 무사히 보냄
결말	구렁이 사건 이후 할머니가 외할머니에게 고마움을 표하면서 두 할머니는 화해하고, 할머니는 세상을 떠남

'장마'의 의미

- 작품 전체에 음울한 분위기를 형성함
- 한 집안에 닥친 불행이자 민족에게 닥친 불행(6·25 전쟁)을 암시함
- 할머니와 외할머니의 갈등의 시작과 끝이 장마의 시작(발단)과 장마의 끝(결말)에 대응되어 구성상 완결성을 보임

시험에 이렇게 나와요

13 윗글 전체에 대한 설명으로 적절하지 않은 것은?

① 동족상잔의 비극인 6·25 전쟁을 배경으로 하고 있다.
② 어린 서술자인 '나'의 시각을 통해 이야기를 서술하고 있다.
③ 두 할머니는 이념이나 사상보다 어머니로서의 정이 앞서고 있다.
④ 외부 이야기 속에 내부 이야기가 들어 있는 구성을 취하고 있다.

14 외할머니가 구렁이에게 ㉠과 같이 말하는 속뜻은?

① 이제는 방황을 멈추고 집으로 돌아와라.
② 더 이상 집안에 해를 끼치는 일을 하지 말아라.
③ 나라를 위해 먼 길 떠나는 것이니 몸조심해라.
④ 이승에서의 한(恨)을 풀고 마음 편히 저승으로 가라.

15 ㉡이 상징하는 바로 가장 적절한 것은?

① 세대 간의 갈등 극복
② 지역 간의 갈등 회복
③ 가족의 화해와 분단의 비극 치유
④ 가부장제의 문제점에 대한 비판과 그 극복

정답 해설 10쪽

13 ④ 14 ④ 15 ③

삼포 가는 길

황석영

2021년 1회

앞부분의 줄거리 공사판을 떠돌아다니는 영달은 공사가 중단되자 어디로 갈 것인가를 생각하며 방황한다. 그리고 현장 사무소가 문을 닫을 즈음에 밀린 밥값을 내지 않고 도망치다가, 고향인 삼포로 가는 정 씨를 만나게 된다. 두 사람은 함께 삼포로 가는 기차를 타려고 감천으로 가던 중 술집에서 도망친 백화를 만난다. 백화는 처음에 두 사람을 경계하지만 자신과 비슷한 처지라는 것을 알고 서서히 마음을 연다.

그들은 일곱 시쯤에 감천 읍내에 도착했다. 마침 장이 섰었는지 파장된 뒤인데도 읍내 중앙은 흥청대고 있었다. 전 부치는 냄새, 고기 굽는 냄새, 곰국 냄새가 풍겨 왔다. 영달이는 이제 백화를 옆에서 부축하고 있었다. 발을 디딜 때마다 여자가 얼굴을 찡그렸다.

백화에 대한 영달의 호감이 드러남

정 씨가 백화에게 물었다.

"어느 방향이오?"

"전라선이에요."

"나는 호남선 쪽인데. 여비는 있소?"

"군용차를 사정해서 타고 가면 돼요."

그들은 장터 모퉁이에서 아직도 따뜻한 온기가 남아 있는 팥 시루떡을 사 먹었다. 백화가 자기 몫에서 절반을 떼어 영달에게 내밀었다.

백화가 영달에게 고마움을 전달하는 매개체

"더 드세요. 날 업구 왔으니 기운이 배나 들었을 텐데."

역으로 가면서 백화가 말했다.

"어차피 갈 곳이 정해지지 않았다면 우리 고향에 함께 가요. 내 일자리를 주선해 드릴게."

영달에 대한 백화의 호감 표현

"내야 삼포루 가는 길이지만, 그렇게 하지?"

정 씨의 고향

정 씨도 영달이에게 권유했다. 영달이는 흙이 덕지덕지 달라붙은 신발 끝을 내려다보며 아무 말이 없었다. 대합실에서 정 씨가 영달이를 한쪽으로 끌고 가서 속삭였다.

백화를 따라가고 싶지만 능력이 없어 함께 가지 못하는 영달의 고민이 드러남

"여비 있소?"

"빠듯이 됩니다. 비상금이 한 천 원쯤 있으니까."

"어디루 가려오?"

"일자리 있는 데면 어디든지……."

갈 곳 없는 뜨내기 신세인 영달

스피커에서 안내하는 소리가 웅얼대고 있었다. 정 씨는 대합실 나무 의자에 피곤하게 기대어 앉은 백화 쪽을 힐끗 보고 나서 말했다.

"같이 가시지. 내 보기엔 좋은 여자 같군."

"그런 거 같아요."

"또 알우? 인연이 닿아서 말뚝 박구 살게 될지. 이런 때 아주 뜨내기 신셀 청산해야지."

영달이는 시무룩해져서 역사 밖을 멍하니 내다보았다. 백화는 뭔가 쑤군대고 있는 두 사내를 불안한 듯이 지켜보고 있었다. 영달이가 말했다.

백화의 제안에 고민하는 영달의 모습

"어디 능력이 있어야죠."

영달이 백화를 따라가지 못하는 이유(경제력이 없는 떠돌이 신세)

이해와 감상

이 작품은 1970년대 이후 급속하게 진행되었던 농촌의 해체와 근대화 과정에서 고향을 잃고 떠도는 사람들의 삶의 모습을 그리고 있다.

작품 정리

갈래: 현대 소설, 여로 소설
성격: 현실 비판적, 사실적
시점: 전지적 작가 시점
배경: 1970년대, 겨울
주제: 급속한 산업화 속에서 고향을 상실한 떠돌이들의 애환과 그들 사이의 연대 의식

특징

- 대화와 행동 묘사를 주로 사용하여 사실적이고 극적인 효과를 나타냄
- 길을 모티브로 삼고 있는 여로 소설의 구조를 통해 주제를 형상화함
- 여운을 남기는 방식으로 작품의 결말을 처리함

꼼꼼 단어 돋보기

● 파장
시장 등이 끝남

● 여비
여행하는 데에 드는 비용

● 주선하다
일이 잘되도록 여러가지 방법으로 힘쓰다.

● 대합실
공공시설에서 손님이 기다리며 머물 수 있도록 마련한 곳

● 뜨내기
일정한 거처가 없이 떠돌아다니는 사람

● 청산하다
과거의 부정적 요소를 깨끗이 씻어 버리다.

"삼포엘 같이 가실라우?"

"어쨌든……."

영달이가 뒷주머니에서 꼬깃꼬깃한 오백 원짜리 두 장을 꺼냈다.

"저 여잘 보냅시다."
백화와 함께 가는 것을 포기

영달이는 표를 사고 삼립 빵 두 개와 찐 달걀을 샀다. 백화에게 그는 말했다.
백화에 대한 영달의 호감

"우린 뒤차를 탈 텐데…… 잘 가슈."

영달이가 내민 것들을 받아 쥔 백화의 눈이 붉게 충혈되었다.

그 여자는 더듬거리며 물었다.

"아무도…… 안 가나요?"

"우린 삼포루 갑니다. 거긴 내 고향이오."

영달이 대신 정 씨가 말했다. 사람들이 개찰구로 나가고 있었다. 백화가 보퉁이를 들고 일어섰다.

"정말, 잊어버리지…… 않을게요."

백화는 개찰구로 가다가 다시 돌아왔다. 돌아온 백화는 눈이 젖은 채로 웃고 있었다.

"내 이름 백화가 아니에요. 본명은요……. 이점례예요."
인간적 정을 나눈 영달과 정 씨에게 마음을 열고, 자신의 참모습을 보여 주는 백화

여자는 개찰구로 뛰어나갔다. 잠시 후에 기차가 떠났다.

[중략]

정 씨 옆에 앉았던 노인이 두 사람의 행색과 무릎 위의 배낭을 눈여겨 살피더니 말을 걸어왔다.
'삼포'에 대한 정보 전달, 산업화와 도시화로 인한 변화에 대한 작가의 비판적 시각 대변

"어디 일들 가슈?"

"아뇨, 고향에 갑니다."

"고향이 어딘데……."

"삼포라고 아십니까?"

"어 알지, 우리 아들놈이 거기서 도자를 끄는데……."

"삼포에서요? 거 어디 공사 벌릴 데나 됩니까? 고작해야 고기잡이나 하구 감자나 매는데요."
과거 삼포의 모습

"어허! 몇 년 만에 가는 거요?"

"십 년."

노인은 그렇겠다며 고개를 끄덕였다.

"말두 말우, 거긴 지금 육지야. 바다에 방둑을 쌓아 놓구, 추럭이 수십 대씩 돌을 실어 나른다구."
현재 삼포의 모습

"뭣 땜에요?"

"낸들 아나. 뭐 관광호텔을 여러 채 짓는담서, 복잡하기가 말할 수 없데."
산업화로 인해 삼포가 관광지로 개발되고 있음 → 고향이 더 이상 민중에게 안락한 공간이 될 수 없음

"동네는 그대루 있을까요?"

"그대루가 뭐요. 맨 천지에 공사판 사람들에다 장까지 들어섰는걸."

꼼꼼 단어 돋보기

- **개찰구**
개표구. 차표 또는 입장권 등을 들어가는 입구에서 검사하고 사람들을 안으로 받아들이는 곳
- **보퉁이**
물건을 보에 싸서 꾸려 놓은 것
- **도자**
불도저. 토목 공사에 사용하는 특수 자동차의 하나
- **방둑**
방죽. 물이 밀려들어 오는 것을 막기 위하여 쌓은 둑
- **추럭**
트럭. 화물 자동차

"그럼 나룻배두 없어졌겠네요."

"바다 위로 신작로가 났는데, 나룻배는 뭐에 쓰오. 허허, 사람이 많아지니 변고지. 사람이 많아지면 하늘을 잊는 법이거든."

산업화와 도시화에 대한 작가의 비판적인 시각이 나타남

작정하고 벼르다가 찾아가는 고향이었으나, 정 씨에게는 풍문마저 낯설었다. 옆에서 잠자코 듣고 있던 영달이가 말했다.

변해 버린 고향의 모습을 받아들이지 못하는 정 씨

"잘됐군. 우리 거기서 공사판 일이나 잡읍시다."

영달에게 삼포는 단지 일자리를 얻는 공간임

그때에 기차가 도착했다. 정 씨는 발걸음이 내키질 않았다. 그는 마음의 정처를 방금 잃어버렸던 때문이었다. 어느 결에 정 씨는 영달이와 똑같은 입장이 되어 버렸다.

마음의 안식처인 고향을 상실하여 갈 곳 없는 떠돌이 신세가 됨

기차가 눈발이 날리는 어두운 들판을 향해서 달려갔다.

여운을 남김, 정 씨와 영달의 앞날이 순탄치 않을 것임을 비유적으로 암시함

한눈에 콕콕

등장인물

영달	• 공사판을 전전하는 뜨내기 막노동자 • 행동과 말은 거칠지만 따뜻한 인간미를 지님	유대감
정씨	• 교도소에서 출옥 후 막노동으로 생계를 유지하며 고향인 삼포를 찾아가는 인물 • 생각이 깊고 인정이 있음	
백화	• 술집에서 도망친 작부 • 어린 나이에 산전수전을 겪었지만, 인정이 많고 마음이 따뜻함	
노인	• 영달과 정 씨에게 삼포가 관광지로 개발되어 과거와 달라졌음을 알려 줌 • 산업화, 도시화로 인한 변화에 대한 작가의 비판적인 시각을 대변함	

'삼포'의 의미

- 뜨내기로 살아온 정 씨가 생각하는 정신적 안식처이자 그의 고향을 말함
- 가공의 지명으로, 떠돌아다니는 사람들에게 영원한 마음의 고향을 의미함
- 산업화와 근대화로 인해 본연의 포근함과 안락함을 잃은 농어촌을 상징함

꼼꼼 단어 돋보기

• 신작로
새로 만든 길이라는 뜻으로, 자동차가 다닐 수 있을 정도로 넓게 새로 낸 길을 이르는 말

• 변고
갑작스러운 재앙이나 사고

• 풍문
바람처럼 떠도는 소문

16 윗글의 서술상 특징으로 가장 적절한 것은?

① 시간의 흐름에 따라 사건을 전개하고 있다.
② 등장인물의 삶을 요약적으로 제시하고 있다.
③ 대화를 통해 인물 간의 첨예한 갈등을 드러내고 있다.
④ 작품 속 인물이 자기의 내면을 독백적으로 제시하고 있다.

17 윗글의 인물에 대한 설명으로 적절하지 않은 것은?

① 정 씨는 백화를 좋은 사람이라고 생각하고 있다.
② 백화는 정 씨와 영달과의 헤어짐을 아쉬워하고 있다.
③ 영달은 능력이 없는 자신의 처지 때문에 고민하고 있다.
④ 영달은 갈 곳이 정해져 있는 정 씨와 백화를 부러워하고 있다.

18 '눈발'이 의미하는 것으로 가장 적절한 것은?

① 정 씨와 영달의 새로운 삶의 출발을 의미한다.
② 정 씨와 영달이 헤쳐 나가야 할 시련과 고난을 의미한다.
③ 정 씨와 영달의 관계가 지속되기 어려울 것임을 암시한다.
④ 정 씨와 영달이 고향에 대해 느끼는 편안함과 안락함을 의미한다.

정답 해설 10쪽

16 ① 17 ④ 18 ②

도요새에 관한 명상 김원일

전체 줄거리 철새 도래지인 동진강 하구에는 언제부터인가 도요새가 사라지고 있다. 재수생인 병식은 용돈을 벌기 위해 친구와 함께 새를 밀렵하는 일을 한다. 서울에서 대학을 다니던 형 병국은 시국 사건에 연루되어 제적된 후, 낙향하여 자책감을 갖고 생활한다. 그러다 환경 문제에 관심을 갖게 되어 동진강의 철새들이 사라지는 원인을 밝히려고 노력한다. '나(아버지)'는 북에 가족을 두고 온 실향민으로, 환경 오염 문제를 파헤치다 군 통제 구역에 들어가는 바람에 붙잡힌 병국을 데리러 간다.

동진읍에 정착했던 그해 가을이던가, 전쟁 전 고향 땅에서 본 ㉠도요새 무리를 동진강 삼각주에서 발견했을 때, 나는 마치 헤어진 부모와 동기간과 약혼녀를 만난 듯 반가웠다. 너희들이 휴전선 위 통천을 거쳐 여기로 날아왔으려니, 하고 대답 없는 물음을 던지면 울컥 사무쳐 오는 향수가 내 심사를 못 견디게 긁어 놓았다. 가져온 술병을 기울이며 나는 새 떼와 많은 대화를 나누었다.

('나'가 실향민임을 알 수 있음 / '도요새'는 고향의 가족들을 떠올리게 하는 매개체 / 고향에 가지 못하는 '나'와 달리 '도요새'는 남북을 자유롭게 왕래함 / 고향 생각에 마음이 아픈 '나' / '새'를 북에 두고 온 그리운 가족이라 생각함)

[중략]

"아, 아들놈이 낸 진정서가 틀림없습니까?"

노무과장에게 내가 물었다.

"분명합니다. 알고 보니 자제분은 이 방면에 상습범이더군요. 지난 유월에는 풍천 화학을 상대로 진정서를 낸 바 있습니다. 풍천 화학 역시 야음을 틈타 카드뮴·수은 등 중금속 물질을 다량 배출하여 동진강 하류 삼각주 지대 각종 새 삼백여 마리와 물고기들이 떼죽음을 했다나요. 사람이 아닌 한갓 새나 물고기가 죽은 걸 두고 말입니다."

(노무과장의 가치관 – 환경 문제에는 관심이 없고 사업 이익만을 생각함(인간 중심적인 가치관))

노무과장 목소리가 열을 띠더니 '새나 물고기'란 말을 힘주어 강조했다.

"기가 막혀서. 뭐 제 놈이 실신했다거나 가족이 떼죽음당했다면 또 몰라."

한 젊은이가 가소롭다는 듯 시큰둥 말했다.

"국민 소득 일천 달러 달성에, 오늘날 조국 근대화가 다 무엇으로 이루어진 성과인 줄 선생도 알지요?"

(조국 근대화: 환경 오염을 정당화하는 근거(경제 성장 중시))

다른 젊은이가 내 눈을 찌를 듯 손가락질했다.

"빈대 잡겠다고 초가삼간 태우겠다는 미친놈 짓거리를 이번으로 뿌릴 뽑아야 해!"

(빈대 잡겠다고 초가삼간 태우겠다는: 관용적 표현 / 미친놈: 병국 / 뿌릴 뽑아야 해: 관용적 표현)

또 다른 젊은이가 말했다. 그들은 병국이 소재를 두고 다시 한차례 이구동성 삿대질하며, 그놈이 돌아올 자정까지라도 기다리겠다며 세 젊은이가 마루로 올라왔다.

(A) "선생, 진정도 진정 나름입니다. 그러나 이번 문제는 명예 훼손으로밖에 볼 수 없어요. 간혹 기계 고장으로 가스가 새는 수가 있긴 합니다. 그러나 그걸 고의로 몰아붙이는 이런 진정에는 우리가 오히려 명예 훼손으로 자제분을 고발할 수 있다는 것을 아셔야 해요. 선생도 지난번 반상회엘 나갔다면 우리 비(B) 공단에서 돌린 공문을 받아 보았을 겁니다. 「공단 측에서도 공해 문제에 관심을 가지고 아황산가스·일산화탄소·폐수·풍속 측정 등 팔대 공해 검증 기구를 사들이려 예산을 책정했다는 내용 말입니다. 또 오염 가능 지역을 삼 단계로 분류하여 오백여 가구 이주 계획을 세워 놓았다는 점」도 읽으셨겠죠?

(이번 문제는 명예 훼손으로밖에 볼 수 없어요: 적반하장 / 간혹 기계 고장으로 가스가 새는 수가 있긴 합니다: 폐기물 방류가 고의가 아님을 내세워 책임을 회피하려 함 / 그걸 고의로 ~ 아셔야 해요: 은근히 협박하고자 하는 의도 / 「 」: 공단 측의 생색내기 대책)

이해와 감상

이 작품은 산업화가 진행되던 1970년대를 배경으로 환경과 분단에 대한 다양한 시각을 다루고 있는 소설이다.

작품 정리

갈래 : 중편 소설, 환경 소설
성격 : 사실적, 생태적, 현실 비판적
시점 : 1인칭 주인공 시점(인물별)
배경 : 1970년대 동진강 하구
주제 : 산업화로 인한 환경 오염 문제에 대한 비판과 민족의 비극적 역사 현실에 대한 인식

특징
- 각 부마다 서술 시점이 변화하면서 등장인물의 내면을 효과적으로 드러냄
- 과거와 현재가 교차되는 역순행적 구성 방식을 취함

꼼꼼 단어 돋보기

- **동기간** 형제자매 사이
- **통천** 강원도 통천군에 있는 면
- **진정서** 실정이나 사정을 진술하여 적은 글
- **검증** 검사하여 증명함

노무과장이 숨을 돌리더니 담배를 꺼내어 한 대를 자기가 물고 한 대를 내게 권했다. 그로부터 그들은 한 시간 남짓 집에 머물러 있었다. 그동안 노무과장은 이론을 앞세운 설득으로, 세 젊은이는 힘을 과시한 위협으로 나를 몰아붙였다. 그동안 병국이는 용케 집으로 돌아오지 않았다. 그때도 그는 이틀째 집을 비우고 있었다. 동진강 하류에서 텐트를 치고 야영하거나, 아니면 웅포리 아바이집 토방에서 잠을 잤음이 틀림없었다.

병국의 행위를 옹호하고 싶은 '나'의 심리를 엿볼 수 있음

"선생님이 김병국 부친 되십니까?"

중위가 정중하게 물었다.

"예, 그렇습니다만……."

"보호자로서 저희 부대까지 동행해 주셔야겠습니다."

[중략]

윤 소령은 당번병을 불러 김병국 군을 데려오라고 말했다. 한참 뒤, 사병과 함께 병국이 파견대장실로 들어왔다. 「땟국 앉은 꾀죄죄한 그의 몰골이 중병 환자 같았다. 점퍼와 검정 바지도 펄투성이여서 하수도 공사를 하다 나온 듯했다. 병국은 움푹 꺼진 동태 눈으로 나를 보았다.」

「 」: 외양 묘사(병국의 현재 처지와 내면을 보여 줌)

"이 녀석아, 넌 도대체 어, 어떻게 돼먹은 놈이냐! 통금 시간에 허가증 없이 해안 일대에 모, 못 다니는 줄 뻔히 알면서."

통금 제도가 있었던 1970년대 사회상

내가 노기를 띠고 아들에게 소리쳤다.

병국의 초췌한 모습에 안타까움과 연민의 정을 느끼고 있으나 윤 소령을 의식하여 일부러 화를 냄

"본의는 아니었어요. 사흘 사이 동진강 하구 삼각주에서 갑자기 새들이 집단으로 죽기에 그 이유를 좀 알아보려던 게……."

병국이 군부대에 붙잡히게 된 이유

병국이 머리를 떨구었다.

"그래도 변명은!"

"고정하십시오. 자제분 의도나 진심은 충분히 파악했으니깐요."

윤 소령이 말했다.

병국은 간밤에 쓴 진술서에 손도장을 찍고, 각서 한 장을 썼다. 내가 그 각서에 연대 보증을 섬으로써 우리 부자가 파견대 정문을 나서기는 정오가 가까울 무렵이었다. 부대에서 나올 때 집으로 찾아왔던 중위가 병국이 사물을 인계했다. 닭털 침낭과 등산 배낭, 이인용 천막, 그리고 걸레 조각처럼 늘어진 바다오리와 꼬마물떼새 시신이 각 열 구씩이었다.

긴 시간 동안 복잡하고 까다로운 절차를 거침

병국이 야영을 하며 새들의 집단 폐사 원인을 조사했음을 알 수 있음

"죽은 새는 뭘 하게?"

'나'의 질문 의도: 환경 오염과 관련된 병국의 행동에 관심을 보임

웅포리 쪽으로 걸으며 내가 물었다.

"해부를 해서 사인을 캐 보려구요."

"폐, 폐수 탓일까?"

"글쎄요……."

병국은 새들의 집단 폐사 원인이 공장 폐수가 아닐 수도 있다고 생각함

"너도 시장할 테니 아바이집으로 가서 저, 점심 요기나 하자."

나는 웅포리 정 마담을 만나 이잣돈을 받아 오라던 아내 말을 떠올렸다. 병국이는 식사 따위

꼼꼼 단어 돋보기

● **연대 보증**
보증인이 채무자와 연대하여 채무를 이행할 것을 약속하는 보증

● **시장하다**
배가 고프다.

에 관심이 없어 보였다.

"아버지, 아무래도 새를 독살하는 치들이 있는 것 같아요."

병국이 추측하는 새들의 폐사 원인

"그걸 어떻게 아니?"

"갑자기 떼죽음당하는 게 이상하잖아요? 물론 전에도 새나 물고기가 떼죽음하는 경우가 있었지만, 이번은 뭔가 다른 것 같아요."

"물 탓이야. 이제 동진강은 강물이 아니고 도, 독물이야. 조만간 이곳에서 새 떼가 자취를 감추고 말 게야."

뒷부분의 줄거리 병국은 철새의 죽음과 병식이 하는 일이 관련 있음을 알게 되고 아무런 문제의식을 갖지 못하는 병식과 다툰 뒤 바다로 가는 버스에 오른다. 병국은 버스에서 내려 술집을 지나가다가 통일을 기다리는 아버지의 말을 듣지만 자신의 존재가 도움이 되지 못한다는 생각으로 지나쳐 버린다. 그리고 비상하는 도요새를 바라보고 따라가다 놓치고 만다.

한눈에 콕콕

작품의 구성

발단[1부]	재수생인 '나(병식)'는 친구인 '족제비'와 함께 도요새를 밀렵하여 팔아 유흥비로 쓰며 생활함
전개[2부]	학생 운동으로 대학에서 제적당한 '나(병국)'는 낙향하여 동진강 하구의 환경 오염 문제에 관심을 기울임
위기·절정[3부]	실향민인 '나(아버지)'는 도요새를 보며 고향을 그리워하고, 환경 오염 문제를 파헤치다 군 통제 구역에 들어가는 바람에 붙잡힌 '병국'을 데리고 돌아옴
결말[4부]	'병국'은 '병식'과 '병식의 밀렵 행위'로 다투고, '병국'은 홀로 자유의 상징인 도요새의 비상을 바라며 따라가지만 놓쳐 버리고 맒

작품 전체에 나타난 '도요새'의 의미

병식	• 경제적 이익 추구의 대상(돈벌이 수단) • 타락한 삶의 수단
병국	• 정신적 자유의 상징(지켜야 할 생명) • 환경 오염으로 사라져 가는 안타까운 대상이자 자신과 동일시하는 대상
아버지	• 고향에 대한 그리움을 불러일으키는 존재 • 자신의 고향을 상징하는 대상

꼼꼼 단어 돋보기

● 치
'사람'을 낮잡아 이르는 말

19 윗글의 서술상 특징으로 가장 적절한 것은?

① 인물 간의 대화를 통해 갈등 상황을 제시하고 있다.
② 서술자가 관찰자의 입장에서 사건을 객관적으로 전달하고 있다.
③ 서술자의 논평을 통해 인물의 성격을 구체적으로 드러내고 있다.
④ 작품 밖의 서술자가 풍자적 어조를 통해 인물의 행위를 비판하고 있다.

20 (A)에 나타난 인물의 발화 의도로 가장 적절한 것은?

① 자신들의 힘이 미약함을 일깨워 도움을 요청하고자 한다.
② 자신들의 행위가 고의가 아님을 내세워 책임을 회피하고자 한다.
③ 자신들의 처지에 대한 동정심을 유발하여 상황을 모면하고자 한다.
④ 자신들의 의도와 다르게 상황이 전개되고 있음을 알려 우호적 관계를 유지하고자 한다.

21 밑줄 친 시어 중, ㉠과 그 기능이 유사한 것은?

① 산수간(山水間) 바회 아래 뛰집을 짓노라 하니
그 모른 남들은 웃는다 한다마는
어리고 하암의 뜻에는 내 분(分)인가 하노라.

② 반중(盤中) 조홍(早紅)감이 고와도 보이나다.
유자ㅣ 아니라도 품음직도 하다마는
품어 가 반길 이 없을싀 글로 설워하나이다.

③ 방 안에 혓는 촉(燭)불 눌과 이별 하엿관대
것츠로 눈물 디고 속 타는 줄 모르는고.
뎌 촉(燭)불 날과 같아서 속 타는 줄 모르도다.

④ 묏버들 가려 것거 보내노라 님의 손대,
자시는 窓(창) 밧긔 심어 두고 보쇼셔.
밤비예 새닙곳 나거든 날인가도 너기쇼셔.

정답 해설 10쪽

19 ① 20 ② 21 ②

아홉 켤레의 구두로 남은 사내

윤흥길 | 2021년 2회

앞부분의 줄거리 초등학교 교사인 '나(오 선생)'는 셋방살이를 전전하다가 개발이 진행 중인 한 도시 주택가에 집을 장만하고 문간방에 세를 놓는다. 이 방에 '권 씨'가 아내와 두 아이를 데리고 이사를 온다. '권 씨' 가족은 통보도 없이 이사 오기로 한 날보다 앞서 이사를 와서는 약속한 전세금마저 다 내놓지 않는다. 게다가 '권 씨'의 아내는 아이를 임신한 상태이다. '권 씨'는 이불 보따리 하나와 취사도구뿐인 궁색한 살림살이 속에서도 여러 켤레의 구두만큼은 소중히 여기며 깨끗하게 닦아 놓는다. '권 씨'가 이사 온 며칠 뒤 이 순경이 '나'를 찾아와 '권 씨'가 전과자이니 그의 동태를 살펴 달라는 부탁을 한다. 그러던 어느 날 '나'는 학생 집에 가정 방문을 가다가 공사장에서 일하던 '권 씨'를 우연히 만난다. 그날 밤 술에 취해 들어온 '권 씨'는 집을 마련하기 위해 분양받았던 땅 문제로 정부 정책에 항의하다 소요의 주동자로 몰려 징역을 산 자신의 과거를 털어놓는다. 얼마 뒤 집에서 아이를 낳으려던 '권 씨'의 아내는 진통이 길어져 한밤중에 병원으로 옮겨진다.

"지금 내 형편에 현금은 어렵군요. 원장한테 바로 전화 걸어서 내가 보증을 서마고 약속할 테니까 권 선생도 다시 한번 매달려 보세요. 의사도 사람인데 설마 사람을 생으로 죽게야 하겠습니까. 달리 변통할 구멍이 없으시다면 그렇게 해 보세요."

→ '권 씨'의 부탁을 완곡하게 거절하는 '나'

[중략]

"바쁘실 텐데 실례 많았습니다."

'썰면'처럼 두툼한 입술이 선잠에서 깬 어린애같이 움씰거리더니 겨우 인사말이 나왔다. 무슨 말이 더 있을 듯싶었는데 그는 이내 돌아서서 휘적휘적 걷기 시작했다. 나는 내심 그의 입에서 끈끈한 가래가 묻은 소리(원망하는 소리)가, 이를테면, 오 선생 너무하다든가 잘 먹고 잘 살라든가 하는 말이 날아와 내 이마에 탁 눌어붙는 순간에 대비하고 있었는지도 모른다. 그래서 그가 갑자기 돌아서면서 나를 똑바로 올려다봤을 때 그처럼 흠칫 놀랐을 것이다.

"오 선생, 이래 봬도 나 대학 나온 사람이오."(상처 입은 자존심을 회복하기 위한 '권 씨'의 말)

→ 자존심을 지키기 위해 노력하는 '권 씨'

그것뿐이었다. 내 호주머니에 촌지를 밀어 넣던 어느 학부형같이 그는 수줍게 그 말만 건네고는 언덕을 내려갔다. 별로 휘청거릴 것도 없는 작달막한 체구를 연방 휘청거리면서 내딛는 한 걸음 한 걸음마다 땅을 저주하고 하늘을 저주하는 동작으로 내 눈에 그는 비쳤다('나'가 '권 씨'의 절박한 심정을 알아챔). 산 고팽이를 돌아 그의 모습이 벌거벗은 황토의 언덕 저쪽으로 사라지는 찰나, 나는 뛰어가서 그를 부르고 싶은 충동을 느꼈다(연민의 감정이 북받침). 돌팔매질을 하다 말고 뒤집혀진 삼륜차로 달려들어 아귀아귀 참외를 깨물어 먹는 군중을 목격했을 당시의 권 씨처럼, 이건 완전히 나체구나 하는 느낌이 팍 들었다('권 씨'가 절박한 생존의 문제에 놓여 있음을 깨달음).

중략 부분의 줄거리 '나'는 아내의 수술비를 빌려 달라는 '권 씨'의 부탁을 거절했다가 이후 '권 씨'를 돕는다. '나'가 '권 씨' 아내의 수술비를 대신 내 준 날, '나'의 집에 강도가 든다. '나'는 강도의 어리숙한 행동을 보고 그 강도가 '권 씨'임을 알아차린다.

그 순간 강도의 눈이 의심의 빛('나'가 강도의 정체를 알고 있으리라는 생각)으로 가득 찼다. 분개한 나머지 이가 딱딱 마주칠 정도로 떨면서 그는 대청마루를 향해 나갔다. 내 옆을 지나쳐 갈 때 그의 몸에서는 역겨울 만큼 술 냄새가 확 풍겼다(술기운으로 강도 행각을 벌임. 강도 일에 미숙한 사람임을 알 수 있음). 그가 허둥지둥 끌어안고 나가는 건 틀림없이 갈기갈기 찢어진 한 줌의 자존심일 것이었다. 애당초 의도했던 바(강도를 안심시켜 편안하게 돌아가게 하려는 의도)와는 달리 내 방법이 결국 그를 편안케 하긴커녕 외려 더욱더 낭('권 씨'의 자존심을 상하게 함)

이해와 감상

이 작품은 1970년대 산업화 과정에서 소외된 도시 빈민의 힘겨운 삶을 형상화한 소설로, 사건 전개에 따른 인물의 심리와 소재의 상징성에 주목하며 감상해야 한다.

작품 정리

갈래 : 중편 소설, 세태 소설
성격 : 사실적, 현실 비판적
시점 : 1인칭 관찰자 시점
배경 : 1970년대, 성남 지역
제재 : 도시 개발 과정에서 밀려난 가난한 이의 삶과 자존심
주제 : 산업화 과정에서 소외된 계층의 어려운 삶과 부조리한 현실 고발

특징
- 상징적 소재와 관련된 행위를 통해 인물의 심리와 성격을 그려 냄
- 사실적 문체와 예리한 문제의식으로 현실의 모순을 지적함

꼼꼼 단어 돋보기

● **썰면**
'나'와 함께 근무하는 교사의 별명. 입술이 두툼해서 썰면 한 접시는 되겠다는 의미이다.

● **고팽이**
굽은 길의 모퉁이

패케 만들었음을 깨닫고 나는 그의 등을 향해 말했다.

"어렵다고 꼭 외로우란 법은 없어요. 혹 누가 압니까, 당신도 모르는 사이에 당신을 아끼는 어떤 이웃이 당신의 어려움을 덜어 주었을지?"

'나'가 '권 씨' 아내의 수술비를 내 준 것을 우회적으로 말함

"개수작 마! 그따위 이웃은 없다는 걸 난 똑똑히 봤어! 난 이제 아무도 안 믿어!"

'나'가 자신의 부탁을 거절한 것을 떠올리며 한 말. 의지할 데 없는 현실에 대한 깊은 좌절감

그는 현관에 벗어 놓은 구두를 신고 있었다. 그 구두를 보기 위해 전등을 켜고 싶은 충동이 불현듯 일었으나 나는 꾹 눌러 참았다. 현관문을 열고 마당으로 내려선 다음 부주의하게도 그는 식칼을 들고 왔던 자기 본분을 망각하고 엉겁결에 문간방으로 들어가려 했다. 그의 실수를 지적하는 일은 훗날을 위해 나로서는 부득이한 조처였다.

자신이 강도라는 사실을 잊고 자신의 집으로 들어가려 함

"대문은 저쪽입니다."

'권 씨'의 자존심을 지켜 주기 위한 '나'의 배려이지만 '권 씨'의 자존심을 자극함

문간방 부엌 앞에서 한동안 망연해 있다가 이윽고 그는 대문 쪽을 향해 느릿느릿 걷기 시작했다. 비틀비틀 걷기 시작했다. 대문에 다다르자 그는 상체를 뒤틀어 이쪽을 보았다.

"이래 봬도 나 대학까지 나온 사람이오."

자신의 정체가 탄로난 것을 알고 자포자기한 심정에서 마지막 자존심을 내세우고 있음

누가 뭐라고 그랬나? 느닷없이 그는 자기 학력을 밝히더니만 대문을 열고는 보안등 하나 없는 칠흑의 어둠 저편으로 자진해서 삼켜져 버렸다. 나는 대문을 잠그지 않았다.

'권 씨'가 돌아오기를 기다림

→ '나'에게 정체를 들킨 것을 알고 자존심이 상한 채 사라진 강도('권 씨')

[중략]

그 다음 날, 그 다음다음 날도 권 씨는 귀가하지 않았다. 그가 행방불명이 된 것이 이제 분명해졌다. 그리고 본의는 그게 아니었다 해도 결과적으로 내 방법이 매우 졸렬했음도 이제 확연히 밝혀진 셈이었다. 복면 위로 드러난 두 눈을 보고 나는 그가 다름 아닌 권 씨임을 대뜸 알아차릴 수 있었다. 밝은 아침에 술이 깬 권 씨가 전처럼 나를 떳떳이 대할 수 있게 하자면 복면의 사내를 끝까지 강도로 대우하는 그 길뿐이라고 판단했었다.

자존심이 상하여 집에 돌아오지 않는 '권 씨'

어설픈 배려로 '권 씨'에게 상처를 준 것을 자책함

'권 씨'가 강도라는 것을 알고도 모른 척해 주는 것

→ 귀가하지 않는 '권 씨'와 자신의 행동을 자책하는 '나'

[중략]

가장 값나가는 세간의 자격으로 장롱 따위가 자리 잡고 있을 꼭 그런 자리에 아홉 켤레나 되는 구두들이 사열받는 병정들 모양으로 가지런히 놓여 있었다. 정갈하게 닦인 것이 여섯 켤레, 그리고 먼지를 덮어쓴 게 세 켤레였다. 모두 해서 열 켤레 가운데 마음에 드는 일곱 켤레를 골라 한꺼번에 손질을 해서 매일매일 갈아 신을 한 주일의 소용에 당해 온 모양이었다. 잘 닦인 일곱 중에서 비어 있는 하나를 생각하던 중 나는 한 켤레의 그 구두가 그렇게 쉽사리는 돌아오지 않으리란 걸 알딸딸하게 깨달았다.

'권 씨'가 구두를 가장 소중히 여겼음을 알 수 있음

'권 씨'가 신고 나간 구두

'권 씨'의 자존심이 쉽게 회복되지 않으리란 걸 깨달음

→ 아홉 켤레의 구두만 남긴 채 행방불명된 '권 씨'

꼼꼼 단어 돋보기

● **졸렬하다**
옹졸하고 천하여 서투르다.

● **세간**
집안 살림에 쓰는 온갖 물건

● **사열**
부대의 훈련 정도나 장비 유지 상태를 검열하는 일

한눈에 콕콕

주요 등장인물

'나(오 선생)'		
• 초등학교 교사이며 어렵게 집 한 채를 마련함 • 안락한 삶을 포기하지 않으려 함	➡	가난한 이웃에게 연민을 느끼지만 자신이 입을 피해도 걱정하는 소시민적 이중성을 지닌 인물

권 씨		
• '나'의 집 세입자로, 불합리한 정부 정책에 항의하다 전과자가 됨 • 몰락한 소시민이지만 지식인의 자존심을 지키려 함	➡	산업화 과정에서 소외되었으나 지식인으로서의 허위의식을 버리지 못한 인물

갈등 양상

인물의 내적 갈등	'나'에게 '권 씨'가 자기 아내의 출산 문제로 돈을 빌리러 왔을 때, 그에게 돈을 빌려줄 것인지 말 것인지 고민하며 '나'가 겪은 갈등
인물 간의 갈등	• 도시 빈민층으로 살아가는 '권 씨'에게 수술비를 강요하는 '의사'와 '권 씨'의 갈등 • 아내의 수술비를 빌려 달라는 '권 씨'와 그 부탁을 거절하는 '나'의 갈등 • 자신의 집에 강도로 침입한 '권 씨'를 배려하는 '나'의 행동과 말로 인한 '권 씨'와 '나'의 갈등
인물과 사회의 갈등	'권 씨'가 우연히 시위 주동자로 몰려 전과자가 되고, 사회 빈민층으로 전락해 가는 과정에서 겪는 사회와의 갈등

'구두'의 상징적 의미

- '권 씨'의 심리 상태를 암시함
- '권 씨'가 소중하게 생각하는 대상임
- 지식인으로서 마지막 남은 '권 씨'의 자존심을 상징함

시험에 이렇게 나와요

22 윗글에 대한 설명으로 적절하지 <u>않은</u> 것은?

① 서술자의 주관적 판단이 드러나 있다.
② 시간의 흐름에 따라 사건이 전개되고 있다.
③ 대화와 행동을 통해 인물의 심리가 드러나고 있다.
④ 작품 밖의 서술자가 모든 인물의 내면 심리를 직접 서술하고 있다.

23 윗글의 '구두'에 대한 설명으로 적절하지 <u>않은</u> 것은?

① '권 씨'의 마지막 남은 자존심이다.
② 아홉 켤레의 남은 구두는 상처 입은 '권 씨'의 내면을 보여 준다.
③ '권 씨'가 구두를 깨끗하게 손질한 것은 집주인보다 자신이 우월함을 보여 주기 위함이다.
④ 비어 있는 한 켤레의 구두는 자존심을 잃고 집에 돌아오지 않는 '권 씨'의 모습을 상징한다.

24 작가가 윗글을 쓴 이유로 가장 적절한 것은?

① 이웃 간에 서로 무관심한 비인간적인 세태에 대해 풍자하고 싶었다.
② 산업화 시대에 적응하지 못한 소시민의 비참한 삶을 보여 주고 싶었다.
③ 빈부의 격차가 세습되는 현실에 대한 부정적 시각을 드러내고 싶었다.
④ 물질 만능주의가 만연한 현실에 대한 비판적 시각을 드러내고 싶었다.

정답 해설 10쪽

22 ④ 23 ③ 24 ②

황만근은 이렇게 말했다 성석제

| 2018년 1회

"만그인지 반그인지 그 바보 자석 하나 따문에 소 여물도 못 하러 가고 이기 뭐라. 「스무 바리나 되는 소가 한꺼분에 밥 굶는 기 중요한가, 바보 자석 하나가 어데 가서 술 처먹고 집에 안 오는 기 중요한가, 써그랄."」

황만근에 대한 사람들의 일반적인 평가

「 」: 실종된 황만근을 그다지 걱정하지 않고 자기 일에만 관심을 보이는 이장의 이기적인 태도

마을에서 연장자 축에 들고 가장 학식이 높아 해마다 한 번씩 지내는 용왕제(龍王祭)에 축(祝)을 초(草)하는 황재석 씨가 받았다.

축문(祝文)의 초안을 잡는

"그래도 질래 있던 사람이 없어지마 필시 연유가 있는 기라. 사람이 바늘이라, 모래라. 기양 없어지는 기 어디 있어. 암만 그래도 우리 동네 사람 아이라. 반그이, 아이다, 만그이가 여게서 나서 사는 동안 한 분도 밖에서 안 들어온 적이 없는데 말이라."

'사람이 바늘이냐, 모래냐. 그냥 없어질 리가 있느냐.'라는 뜻

반근이. 황만근의 별명으로 '어딘지 모자라는 사람'이라는 뜻의 '반푼이'를 연상시키는 말

"아이지요, 어르신. 가가 군대 간다 캤을 때 여운지 토깨인지하고 밤새도록 싸우니라고 하루는 안 들어왔심다."

용왕제에서 집사 역을 하는 황동수가 우스개처럼 말을 이었다. 아침밥을 먹기도 전 황만근의 아들이 찾아와 황만근이 집에 돌아오지 않았다고 하길래 얼결에 동네 사람들을 불러 모으는 역할을 하게 된 민 씨는 분위기가 이상하게 돌아간다 생각하고 참견을 했다.

황만근의 실종을 대수롭지 않게 여김

황만근의 안위를 걱정하지 않는 마을 사람들의 태도에 민 씨가 의아함을 느낌 ··· 황만근의 실종을 진지하게 받아들이지 않는 마을 사람들

"어제 궐기 대회 한다 하고 간 사람이 누구누구십니까. 황만근 씨하고 같이 간 사람은요? 궐기 대회 하는 동안 본 사람은 없나요?"

자리에 모인 대여섯 명의 황씨들은 서로의 얼굴을 마주 보더니 모두 고개를 흔들었다.

공간적 배경의 특징 → 같은 성씨끼리 모여 사는 집성촌임을 알 수 있음

"사람이라고 및 밍이나 되나. 군 전체 사람이 모도 모있다는 기 백 밍이 될라나 말라나 한데 반그이는 돼지고기 반 근만 해서 그런지 안 보이더라칸께."

'반근이'와 '반근(고기의 무게를 재는 단위)'의 발음이 같은 데서 말 재미를 유발함

이장은 계속 빈정거리듯 말을 이었다. 민 씨는 이장이 궐기 대회 전날 황만근을 따로 불러 무슨 말을 건네던 것을 기억해 냈다.

"그제 밤에 내일 궐기 대회 한다고 사람들 모였을 때 이장님이 황만근 씨에게 뭐라고 하셨죠. 모임 끝난 뒤에."

이장은 민 씨를 흘기듯 노려보았다.

민 씨가 황만근 실종에 대한 책임을 자신에게 묻고 있다고 느꼈기 때문

"왜, 농민보고 농민 궐기 대회 꼭 나오라 캤는데, 뭐가 잘못됐나."

민 씨는 자기도 모르게 따지는 어조가 되었다.

"군 전체가 모두 모여도 몇 명 안 되었다면서요. 「그런 자리에 황만근 씨가 꼭 가야 합니까. 아니, 황만근 씨만 가야 할 이유라도 있습니까. 따로 황만근 씨한테 부탁을 할 정도로."」

「 」: 이장이 황만근에게만 대회 참석을 당부한 것은 부당하다는 생각을 드러냄

"이 사람이 뭐라 카는 기라. 이장이 동민한테 농가 부채 탕감 촉구 전국 농민 총궐기 대회가 있다, 꼭 참석해서 우리의 입장을 밝히자 카는데 뭐가 잘못됐다 말이라."

당시(1990년대 말) 경제 위기 상황에서 농촌의 어려운 현실을 드러냄

"잘못이라는 게 아니고요, 다른 사람들은 다 돌아왔는데 왜 황만근 씨만 못 오고 있나 하는 겁니다."

이해와 감상

이 작품은 약간 모자라는 인물인 황만근의 생애를 해학적인 문체로 그려 낸 소설이다. 작가는 선량한 인물인 황만근과 대조되는 마을 사람들을 제시함으로써 이해타산적인 현대인의 면모를 날카롭게 꼬집고 있다.

작품 정리

갈래 : 단편 소설, 농촌 소설
성격 : 풍자적, 해학적
시점 : 전지적 작가 시점
배경 : 1990년대 말, 신대리(농촌 마을)
주제 : 황만근의 이타적인 삶
특징
- 바보같고 우직한 인물을 통해 이기적인 세태를 비판함
- 사투리를 사용하여 현장감과 사실성을 부여함

꼼꼼 단어 돋보기

- **바리**
'마리'의 방언
- **축**
축문(祝文). 제사 때에 읽어 신명(神明)께 고하는 글
- **초하다**
글의 초안을 잡다.
- **궐기 대회**
어떤 문제에 대하여 해결책을 촉구하기 위하여 뜻있는 사람들이 궐기하는 모임
- **동민**
① 한 동네에서 같이 사는 사람
② 그 동(洞)에 같이 사는 사람

"내가 아나, 읍에 가 보이 장날이더라고. 보나 마나 어데서 술 처먹고 주질러 앉았을 끼라. 백 리 길을 깅운기를 끌고 갔으이 시간도 마이 걸릴 끼고."

이장이 궐기 대회 당일 황만근의 행적에 대해 아는 바가 있음을 나타냄

다른 사람들은 말이 없었고 민 씨와 이장만이 공을 주고받는 꼴이 되어 버렸다.

→ 황만근의 행방이 이장과 관련이 있다고 생각하는 민 씨

"글쎄, 그 자리에 꼭 황만근 씨만 경운기를 끌고 갔어야 했느냐 이 말입니다. 그것도 고장 난 경운기를."

황만근이 돌아오지 않는 이유를 암시

"깅운기를 끌고 오라는 기 내 말이라? 투쟁 방침이 그렇다 카이. 깅운기도 그렇지, 고장은

농가 부채 탕감 촉구 총궐기 대회 때 시행하기로 결의된 방침

무신 고장, 만그이가 그걸 하루 이틀 몰았나. 남들이 못 몬다 뿌이지."

황만근은 경운기를 오래 타고 다녔으며, 마을 사람들보다 기계를 다루는 능력이 뛰어남

"그럼 이장님은 왜 경운기를 안 타고 가고 트럭을 타고 가셨나요. 이장님부터 [ⓐ]을 해야지 다른 동민들이 따라 할 텐데, 지금 거꾸로 되었잖습니까."

→ 이장의 모순된 언행을 비판하는 민 씨

[중략]

마침 황만근의 어머니가 나오지 않았으면 몸싸움이 났을지도 몰랐다. 민 씨가 막 핏대를 세우며 맞대꾸를 하려는데, 도저히 시골의 환갑노인으로는 보이지 않는, 곱고 여린 외모의 여인이 종종걸음으로 다가와서는 평상 앞에서 어른들의 눈치를 보며 엉거주춤 서 있는 손자를 붙들고 우는 소리를 냈다.

"내가 고딩어를 안 먹는다 캤으마, 이런 일이 없을 낀데. 내가 고딩어를 안 먹는다 캤어도 이런 일이 없을 낀데. 내가 고여히 고딩어를 먹는다 캐 가이고 우리 만그이가, 우리 만그이가 고딩어를 사러 갔다가 이래 안 오는구나아."

그래서 사람들은 알게 되었다. 황만근이 경운기를 끌고 간 날 아침, 아침을 차리던 황만근에게 그의 어머니가 고등어자반이 없으면 밥을 먹지 않겠다고 한 사실을. 이장은 그것 보라는

아들에게 반찬 투정을 할 정도로 철이 없는 어머니

듯이, "반동가리 반그이가 궐기 대회가 아이고 고딩어 사러 갔구마. 효자 났네, 효자 났어." 하

고등어를 핑계로 자신의 책임을 회피함

고는 허리를 쭉 폈다. 황재석 씨도 수염을 쓰다듬으며 "홀어머니 조석을 지극정성으로 핑생 한 끼도 안 빠뜨리고 •공궤하니, 암만, 효자는 효자지. 천생지효자라." 했다.

→ 황만근의 실종에 대한 어머니의 증언

뒷부분의 줄거리 이장의 지시에 따라 경운기를 끌고 갔던 황만근은 사고를 당해 일주일 후 백골이 되어 돌아온다. 마을 사람들과 달리 황만근의 가치를 알았던 민 씨는 글을 지어 그를 기린다.

한눈에 콕콕

등장인물

황만근	• 모자라지만 이타적이고 성실한 인간성을 지닌 인물 • 마을의 궂은일을 도맡아 함 • 농민 궐기 대회에 경운기를 끌고 나간 후 돌아오지 않음
이장	황만근의 실종에 책임이 있으면서도 이를 회피하고 자기 일에만 신경 쓰는 이기적인 인물
민 씨	• 귀농한 지 얼마 되지 않은 외지인 • 마을에서 유일하게 황만근의 훌륭한 성품을 알아보는 인물
마을 사람들	황만근을 무시하고 그를 있으나 마나 한 존재로 대우해 왔지만, 마을의 힘든 일을 황만근이 대신한다는 점에서는 그를 없어서는 안 되는 존재로 생각함

꼼꼼 단어 돋보기

● 공궤
음식을 줌

25 윗글에서 '민 씨'의 역할로 가장 적절한 것은?

① 이장과 마을 사람들의 갈등을 조장하고 있다.
② 황만근에 대한 독자의 동정과 연민을 불러일으키고 있다.
③ 대화를 주도하여 황만근의 실종의 원인을 찾으려 하고 있다.
④ 황만근과 마을 사람들 사이에 쌓인 오해를 불식시키고 있다.

26 윗글의 인물에 대한 독자의 반응으로 적절하지 않은 것은?

① 민 씨는 이장의 행동이 갖는 부당성을 날카롭게 지적하고 있어.
② 황만근은 평생 외박한 적이 거의 없을 정도로 매우 성실하고 근면한 사람이었어.
③ 이장은 사라진 황만근은 걱정하지 않고 자기 일에만 신경 쓰는 이기적인 사람이야.
④ 황동수는 어색한 분위기에서 웃음을 유발하기 위해 일부러 바보처럼 행동하고 있어.

27 윗글에 대한 설명으로 가장 적절한 것은?

① 과거를 회상하여 서정적 분위기를 자아내고 있다.
② 방언을 사용하여 장면을 생동감 있게 보여 주고 있다.
③ 공간적 배경을 묘사하여 인물들의 처지를 부각하고 있다.
④ 상징적 소재를 활용하여 주제를 효과적으로 형상화하고 있다.

28 ⓐ에 들어갈 한자 성어로 가장 적절한 것은?

① 갑론을박(甲論乙駁)
② 두문불출(杜門不出)
③ 부화뇌동(附和雷同)
④ 솔선수범(率先垂範)

정답 해설 10쪽

25 ③ 26 ④ 27 ②
28 ④

04 고전 소설

이번 단원에서는 고전 소설의 특징 및 표현상의 특징을 바탕으로 대표 작품을 학습하게 됩니다.

1 고전 소설의 개념

① 개화기(갑오개혁) 이전의 소설이다.
② 삶의 과정에서 생겨나는 갈등에 주목한다는 점에서 신화와 구별된다.
③ 산문으로 기록된 서사 문학이라는 점에서 설화와 차이가 있다.

✚ 신화vs전설vs민담
- 신화: 신적인 존재나 탁월한 능력을 지닌 인물이 주인공으로 등장하여 전승 집단의 구성원들에게 신성한 이야기로 믿어진다.
- 전설: 구체적인 시간과 장소가 나타나며, 증거물이 있다.
- 민담: 민족이나 지역을 초월하여 보편적인 성격을 가지고 전승된다.

2 고전 소설의 발생

① 고전 소설은 설화, 패관 문학, 가전체 등의 문학적 전통을 바탕으로 중국의 영향을 받아 생겨난 산문 문학의 한 갈래이다.
② 17세기부터 소설의 창작이 활발해지고 독자층이 점차 넓어졌다.
③ 18세기에는 소설의 시대라고 불릴 만큼 질적·양적인 발달을 이루었다.

3 고전 소설의 특징 현대 소설과 구별되는 사건, 인물, 구성 등의 특징을 이해하고 서술상의 특징에 주목하세요.

인물	전형적, 평면적	한 계층을 대표하고(전형적), 성격이 변하지 않는(평면적) 인물이 등장함 예 효녀를 대표하는 「심청전」의 심청
사건	우연적, 비현실적	사건의 전개가 필연적이지 않고 주로 우연한 계기에서 이루어지며, 현실에서 일어나기 어려운 전기적 사건이 자주 일어남 예 주인공이 환생해서 새로운 삶을 살다가 다시 현실로 돌아오는 「구운몽」
배경	일정성	보수적 소설은 중국을, 진보적 평민 소설은 우리나라를 주된 배경으로 함 예 중국을 배경으로 한 「구운몽」, 우리나라의 남원을 배경으로 한 「춘향전」
구성	일대기적, 순차적	태어나면서부터 죽을 때까지의 전 생애를 시간 순서대로 보여 줌 예 조웅의 출생에서부터 영웅이 되기까지의 일대기를 그린 「조웅전」
주제	권선징악	주인공이 원하는 것을 얻는 행복한 결말로 끝맺으며, 착한 사람은 복을 받고 나쁜 사람은 벌을 받는다는 주제를 전달함 예 탐관오리는 벌을 받고, 춘향은 이몽룡과 행복하게 살게 되는 「춘향전」

꼼꼼 단어 돋보기

● 패관 문학
임금의 정사를 돕기 위하여 가설항담(거리나 항간에 떠도는 소문)을 모아서 엮은 설화 문학

● 가전체
설화에서 탈피하여 우화·의인화 수법을 써서 지은 짧은 전기체 설화

● 전기 소설
중국 당나라 때 발생한 문어체 소설. 대체로 귀신과 인연을 맺거나 용궁에 가 보는 것과 같은 기괴하고 신기한 일을 내용으로 함

4 고전 소설의 서술

1. 환몽 구조

① 전기 소설에서 많이 발견되는 방식으로, '현실 – 꿈 – 현실'의 구조로 이루어져 있다.
② 주인공은 꿈속에서 새로운 삶을 체험한 뒤 깨달음을 얻고 현실로 돌아온다.

2. 해학과 풍자

(1) 개념

① 해학: 대상에 대한 긍정적인 웃음이나 연민을 바탕으로 하는 웃음을 말한다.

② 풍자: 대상을 무언가에 빗대는 비유적 표현을 통해 대상이나 현상을 비웃고 비판하는 것을 의미한다.

(2) 종류

① 언어유희: 말이나 문자를 소재로 한 해학적 유희나 말장난이다.

> 어 추워라, 문 들어온다, 바람 닫아라, 물 마른다, 목 들여라.
>
> – 작자 미상, 「춘향전」 –

② 과장적 표현: 사실을 있는 그대로 나타내지 않고 원래보다 부풀려서 나타내는 표현 기법이다.

> 인궤 잃고 과줄 들고, 병부 잃고 송편 들고, 탕건 잃고 용수 쓰고, 갓 잃고 소반 쓰고, 칼집 쥐고 오줌 누기.
>
> – 작자 미상, 「춘향전」 –

+ 언어유희
소리나 의미의 유사성을 이용해서 재미있게 표현하는 것으로, 때로는 대상을 우스꽝스럽게 만들어서 대상의 권위를 떨어뜨리는 효과를 거두기도 한다.

3. 편집자적 논평

작품 중간에 서술자가 개입하여 자신의 견해를 밝혀 서술하는 것이다.

> 한참 이리 즐길 적에 춘향 모 들어와서 가없이 즐겨 하는 말을 어찌 다 설화(說話)하랴. 춘향의 높은 절개 광채 있게 되었으니 어찌 아니 좋을쏜가?
>
> – 작자 미상, 「춘향전」 –

5 성격에 따른 갈래

1. 애정 소설

① 남녀 주인공이 현실의 고난을 극복하고 애정을 쟁취하는 내용을 다룬 소설이다.
② 유교적 윤리나 질서보다 남녀 간의 애정을 중심으로 하는 새로운 가치관을 제시하며, 나아가 인간성의 해방으로까지 주제를 확대시킨다. 예 김시습, 「이생규장전」

2. 영웅·군담 소설

① 영웅적 주인공이 전쟁에서 활약하는 내용을 다룬 소설이다.
② 주인공의 비범한 출생과 뛰어난 능력, 시련과 극복의 영웅적 면모를 담은 일대기적 구성과 행복한 결말이 그 특징이다. 예 조위한, 「최척전」/작자 미상, 「홍계월전」

+ 영웅 소설의 구조
고귀한 출생, 비정상적 출생 → 비범한 능력 → 위기와 고난 → 구출된 후 양육 → 성장 후의 위기 → 고난 극복과 승리

3. 가정 소설

봉건적인 가정 안에서 벌어지는 가족 구성원 간의 갈등을 다룬 소설이다.
예 김만중, 「사씨남정기」

4. 풍자·우화 소설

봉건적 사상에서 벗어나지 못한 양반 계층과 남성들을 풍자의 대상으로 하여 희화화하거나 동물로 의인화한 소설이다. 예 박지원, 「양반전」·「허생전」

5. 판소리계 소설

광대에 의해 구전된 구비 문학인 판소리 사설이 소설로 정착된 것이다. 당대 민중의 갈등과 고통을 해학적 전통으로 승화시켜 표현하였다. 예 작자 미상, 「춘향전」·「심청전」

+ 판소리 사설체
판소리가 글로 옮겨진 것으로, 운문적인 양식과 산문적인 양식이 동시에 나타난다는 문체적 특징을 지니며, 소설이면서도 율격을 느낄 수 있다.

주몽 신화 작자 미상

시조 동명성제의 성은 고씨(高氏)이며, 이름은 주몽(朱蒙)이다. 이에 앞서 북부여의 왕 해부루가 이미 동부여로 피해 갔으며, 부루가 세상을 떠나자 금와가 왕위를 계승했다. 이때 금와는 태백산 남쪽 우발수(優渤水)에서 한 여자를 만나 누구인가를 물으니 여자가 말하기를,

고구려의 시조인 고주몽에 관한 이야기임을 알 수 있음 / 고대 국가 간 치열한 세력 싸움이 전개되었던 시기임을 암시함 / 부여의 왕

「"나는 하백(河伯)의 딸로 이름은 유화(柳花)인데, 여러 아우와 노닐고 있을 때에 한 남자가 나타나 자기는 천제의 아들 해모수라고 하면서 나를 웅신산(熊神山) 밑 압록강 가에 있는 집 속으로 꾀어 남몰래 정을 통해 놓고 가서는 돌아오지 않았습니다. 그래서 우리 부모는 내가 중매도 없이 혼인한 것을 꾸짖어 마침내 이곳으로 귀양을 보낸 것입니다."

주몽의 모계 – 수신 / 주몽의 부계 – 천신 / 천제의 아들(해모수)과 수신의 딸의 결연(주몽의 고귀한 혈통)

라고 하였다.」 「 」: 천손 강림 화소

금와는 이를 이상하게 여겨 그 여인을 방 속에 가두어 두었더니, 햇빛이 방 속을 비췄다. 여인이 몸을 피하자 햇빛이 따라와 또 비췄다. 그로부터 태기가 있더니 알 하나를 낳았는데, 크기가 닷 되들이만 했다. 「왕은 그것을 버려 개와 돼지에게 주었으나, 모두 먹지를 않았다. 그래서 길에 내다 버리게 하였더니, 소와 말이 모두 그 알을 피해서 지나갔다. 또 들에 내다 버리니, 새와 짐승이 오히려 덮어 주었다.」 「 」: 짐승들이 알을 신성한 존재로 여김

주몽의 비정상적인 출생(태양 숭배) / 난생 화소 / 주몽의 고난

이에 왕이 알을 쪼개 보려고 했으나 깨뜨릴 수가 없어 마침내 그 어머니에게 다시 돌려주었다. 그 어머니는 알을 물건으로 싸서 따뜻한 곳에 두었더니, 한 아이가 껍질을 깨고 나왔는데, 골격과 외양이 영특하고 기이하였다.

비범한 존재임을 암시

겨우 일곱 살에 용모와 재략이 ●비범했으며, 스스로 활과 화살을 만들어 백 번 쏘아 백 번 맞추었다. 나라의 풍속에 활 잘 쏘는 사람을 주몽이라 했으므로 이로써 이름을 삼았다.

탁월한 능력을 지닌 주몽, 영웅적 면모가 보임

금와에게는 아들이 일곱 있었는데, 항상 주몽과 함께 놀았다. 그러나 그들의 ●기예가 주몽에게 미치지 못하자 맏아들 대소가 말했다.

"주몽은 사람에게서 태어난 것이 아니니 일찍이 도모하지 않으면 후환이 있을 것입니다."

왕은 듣지 않고 주몽에게 말을 기르도록 했다. 주몽은 준마를 알아보고 먹이를 조금씩 주어 마르게 하고, 늙고 병든 말은 잘 먹여 살찌게 했다. 왕은 살찐 말을 타고 주몽에게 마른 말을 주었다. 왕의 아들들과 여러 신하들이 함께 주몽을 해치려 하자, 그 사실을 알게 된 주몽의 어머니가 아들에게 말했다.

주몽의 총명함(영웅으로서의 자질)

"나라 사람들이 곧 너를 해치려고 하는데, 너의 재략이라면 어디 간들 살지 못하겠느냐? 빨리 떠나거라."

고난 / 재주와 꾀

그래서 주몽은 오이 등 세 사람과 벗을 삼아 떠나 엄수에 이르러 물에게 말했다.

조력자

"나는 천제의 아들이자 하백의 손자다. 오늘 도망치는데 뒤쫓는 자들이 가까이 오고 있으니 어떻게 하면 좋겠는가?"

그러자 물고기와 자라가 다리를 만들어 주어 건너게 했다. 그러고는 다리를 풀었으므로 뒤

조력자

이해와 감상

이 작품은 고구려를 건국한 주몽의 탄생과 활약이 담긴 건국 신화이다.

작품 정리

갈래 : 건국 신화

성격 : 신화적, 서사적, 영웅적

주제 : 고구려를 건국한 주몽의 탄생과 활약

특징

- 천손 강림 화소와 난생 화소 등 신화적 화소로 주몽의 신성성이 부각됨
- '문제 상황 – 문제 해결'의 구조가 반복됨
- 전형적인 영웅 일대기 구조를 보이며, 후대 서사 문학에 영향을 줌
- 향유 집단의 자부심 고취와 연대감 형성에 기여함

+ 천손 강림 화소

하늘에서 내려온 신적 존재가 자신들의 선조라고 하는 건국 신화의 한 유형이다.

+ 난생 화소

신성한 인물이 알에서 태어난다는 이야기로, 한국의 건국 신화에서 자주 나타난다.

꼼꼼 단어 돋보기

● **비범하다**
보통 수준보다 훨씬 뛰어나다.

● **기예**
기술이나 재주

쫓던 기병은 건너지 못했다.

졸본주에 이르러 마침내 도읍을 정했으나, 미처 궁궐을 짓지 못하고 비류수 가에 초가집을 지어 살면서 국호를 고구려라고 했다. (시련을 극복하고 위업을 달성함) 이에 고(高)를 성씨로 삼았는데, 그때 주몽의 나이 열두 살이었다.

한눈에 쏙쏙

이야기의 구조

고귀한 혈통	천신과 수신의 결합으로 태어남
기이한 탄생	알에서 태어남
비범한 능력	활쏘기를 잘하고 준마를 알아봄
고난과 시련	알이 버려짐 / 금와왕의 아들들과 신하들이 해치려 함
위기 극복	동물들이 알을 보호함 / 물고기와 자라가 다리를 만들어 줌(조력자의 도움)
위업 달성	고구려를 세움

꼼꼼 단어 돋보기

● 기병
말을 타고 싸우는 병사

● 비류수
「고려사」에 의하면 평양의 동북쪽에 있다고 한다.

시험에 이렇게 나와요

01 윗글과 같은 갈래에 대한 설명을 바르게 골라 묶은 것은?

ㄱ. 전승 집단의 구성원들에게 진실하고도 신성하다고 믿어진다.
ㄴ. 이야기를 뒷받침하는 구체적이고 개별적인 증거물이 존재한다.
ㄷ. 신적 존재나 탁월한 능력을 지닌 신성한 인물이 주인공으로 등장한다.
ㄹ. 전승되는 동안 민족이나 지역을 초월하는 보편적인 성격을 가진다.

① ㄱ, ㄴ ② ㄱ, ㄷ ③ ㄴ, ㄹ ④ ㄷ, ㄹ

02 다음은 「유충렬전」의 줄거리이다. 윗글과 비교 감상한 것으로 적절하지 않은 것은?

명나라 고관인 유심은 늦도록 자식이 없자 산천에 기도하여 신이한 태몽을 꾸고 충렬을 낳는다. 유심의 정적인 간신 정한담은 누명을 씌워 유심을 귀양 보내고 충렬 모자마저 죽이려 하나 충렬은 간신히 위기를 넘기고 강희주의 사위가 된다. 강희주마저 정한담에 의해 귀양을 가게 되고 충렬은 아내와 헤어져 광덕산의 도승을 만나 도술을 배우게 된다. 정한담이 남적, 북적과 함께 반란을 일으켜 나라가 위기에 처하자 충렬이 등장해 천자를 구해 낸다. 충렬은 반란군을 진압하고 유배지에서 고생하던 아버지와 장인을 구한 뒤 아내와 함께 부귀영화를 누린다.

① '유충렬'과 '주몽'은 모두 고귀한 혈통을 지니고 있다고 할 수 있다.
② '유충렬'은 '도술'이 뛰어나고 '주몽'은 활 쏘는 솜씨가 남다르다.
③ '유충렬'은 '강희주'에 의해 죽을 위기를 만났고, '주몽'은 '대소'에 의해 위기를 만난다.
④ '유충렬'은 반란군을 진압하며 위업을 달성하고, '주몽'은 부여의 기마병을 물리치고 고구려를 세운다.

정답 해설 13쪽

01 ② 02 ③

허생전 박지원

| 2017년 1회, 2013년 2회

가 허생은 묵적골(墨積洞)에 살았다. 곧장 남산(南山) 밑에 닿으면, 우물 위에 오래된 은행나무가 서 있고, 은행나무를 향하여 사립문이 열렸는데, 두어 칸 초가는 비바람을 막지 못할 정도였다. 그러나 허생은 글 읽기만 좋아하고, 그의 처가 남의 바느질품을 팔아서 입에 풀칠을 했다.

(묵적골: 당대 몰락한 남인들이 살던 장소(실제 지명을 사용하여 현실성을 높임) / 두어 칸 초가는 비바람을 막지 못할 정도였다: 궁핍한 처지 / 허생은 글 읽기만 좋아하고, 그의 처가 남의 바느질품을 팔아서 입에 풀칠을 했다: 실생활에 무능한 선비의 모습)

하루는 그 처가 몹시 배가 고파서 울음 섞인 소리로 말했다.

"당신은 평생 과거(科擧)를 보지 않으니, 글을 읽어 무엇합니까?"

(아내가 생각하는 글 읽기 목적 – 입신양명의 수단)

허생은 웃으며 대답했다.

"나는 아직 독서를 익숙히 하지 못하였소."

(허생이 생각하는 글 읽기 목적 – 학문적 성취)

"그럼 장인바치 일이라도 못 하시나요?"

(아내의 실용적 사고 – 생계 유지를 위해선 어떠한 일이라도 해야 함)

"장인바치 일은 본래 배우지 않았는 걸 어떻게 하겠소?"

"그럼 장사는 못 하시나요?"

"장사는 밑천이 없는 걸 어떻게 하겠소?"

(할 수 없다(양반의 무능))

처는 왈칵 성을 내며 소리쳤다.

(경제적 무능에 대한 분노)

"밤낮으로 글을 읽더니 기껏 '어떻게 하겠소?' 소리만 배웠단 말씀이오? 장인바치 일도 못 한다, 장사도 못 한다면, 도둑질이라도 못 하시나요?"

(남편에 대한 반감이 최고조에 달함)

허생은 읽던 책을 덮어 놓고 일어나면서,

"아깝다. 내가 당초 글 읽기로 십 년을 기약했는데, 인제 칠 년인걸……."

하고 휙 문밖으로 나가 버렸다.

(새로운 사건을 벌일 것임을 암시)

허생은 거리에 서로 알 만한 사람이 없었다. 바로 운종가로 나가서 시중의 사람을 붙들고 물었다.

(글만 읽었기 때문)

"누가 서울 성중에서 제일 부자요?"

변 씨(卞氏)를 말해 주는 이가 있어서, 허생이 곧 변씨의 집을 찾아갔다. 허생은 변 씨를 대하여 길게 읍하고 말했다.

(조선 후기 상업으로 부를 축적한 신흥 부유층)

"내가 집이 가난해서 무얼 좀 해 보려고 하니, 만 냥을 꿔어 주시기 바랍니다."

변 씨는

"그러시오."

(처음 보는 허생에게 이유도 묻지 않고 돈을 빌려줌 – 대범함, 과감함)

하고 당장 만 냥을 내주었다.

[중략]

나 "아니, 이제 하루아침에, 평생 누군지도 알지 못하는 사람에게 만 냥을 그냥 내던져 버리고 성명도 묻지 않으시다니, 대체 무슨 영문인가요?"

(생면부지(生面不知))

변 씨가 말하는 것이었다.

이해와 감상

이 작품은 박지원의 현실 비판 의식과 실학사상이 잘 반영된 소설이다. 무능력한 양반 지배층을 풍자하며 실천을 통한 현실 개혁의 필요성을 제시하고 있다.

작품 정리

갈래 : 한문 소설, 풍자 소설
성격 : 비판적, 풍자적, 현실 개혁적
시점 : 전지적 작가 시점
주제 : 무능한 지배층에 대한 비판 및 개혁 실천 촉구

특징
- 실학사상을 바탕으로 당대 사회의 모순을 풍자함
- '허생'이라는 영웅적 인물의 행적을 중심으로 사건을 전개함
- 미완결의 구조를 통해 인물의 이인다움을 부각함

꼼꼼 단어 돋보기

● 장인바치
손으로 물건을 만드는 일을 업으로 하는 사람인 '장인'을 낮잡아 이르는 말

● 운종가
조선 시대에, 서울의 거리 가운데 지금의 종로 네거리를 중심으로 한 곳

● 읍하다
정중하게 인사하다

● 이인
재주가 신통하고 비범한 사람

"이건 너희들이 알 바 아니다. 대체로 남에게 무엇을 빌리러 오는 사람은 으레 자기 뜻을 대단히 선전하고, 신용을 자랑하면서도(●자화자찬) 비굴한 빛이 얼굴에 나타나고(●교언영색), 말을 중언부언하게 마련이다. 그런데 저 객은 형색은 허술하지만, 말이 간단하고, 눈을 오만하게 뜨며, 얼굴에 부끄러운 기색이 없는 것으로 보아, 재물이 없어도 스스로 만족할 수 있는 사람이다. 그 사람이 해 보겠다는 일이 작은 일이 아닐 것이매, 나 또한 그를 시험해 보려는 것이다(변 씨가 허생에게 돈을 빌려준 이유). 안 주면 모르되, 이왕 만 냥을 주는 바에 성명은 물어 무엇을 하겠느냐?"(변 씨의 대범하고 호탕한 성격)

허생은 만 냥을 입수하자, 다시 자기 집에 들르지도 않고('만 냥'이 사적인 목적으로 쓰이지 않을 것을 암시) 바로 안성(安城)으로 내려갔다. 안성은 경기도, 충청도 사람들이 마주치는 곳이요, 삼남(三南)의 길목이기 때문이다(안성의 지리적, 경제적 조건 – 교통의 요지이며 상품의 집산지임).

거기서 대추·밤·감·배며, 석류·귤·유자 ●등속의 과일을(양반의 허례허식을 드러내는 소재) 모조리 두 배의 값으로 사들였다(매점매석). 허생이 과일을 몽땅 쓸었기 때문에 온 나라가 잔치나 제사를 못 지낼 형편에 이르렀다. 얼마 안 가서, 허생에게 두 배의 값으로 과일을 팔았던 상인들이 도리어 열 배의 값을 주고 사 가게 되었다(눈앞의 작은 이익만 생각하다 오히려 손해를 봄 – 소탐대실). 허생은 길게 한숨을 내쉬었다.

"만 냥으로 온갖 과일의 값을 좌우했으니, 우리나라의 형편을 알 만하구나."(조선 경제 구조의 취약성을 한탄함)

한눈에 콕콕

인물의 성격 및 가치관

- **허생**
  - 가난하지만 비범한 선비로, 지배층에 대해 비판적인 태도를 지닌 인물
  - ●이용후생의 실학사상을 실천하고자 함
- **아내**
  - 실용적인 사고를 하는 인물
  - 현실적인 문제를 걱정하며 허생의 경제적 무능을 탓하여 허생이 상행위를 하게 되는 계기를 제공함
- **변 씨**
  - 허생의 비범함을 알아보고 그에게 돈 만 냥을 빌려주는 인물
  - 대범하고 호탕한 성격의 신흥 상인 계층으로, 이완 대장과 허생을 이어 주는 매개 역할을 함

「허생전」에 나타난 조선 후기의 모습

- 국내 유통과 해외 무역이 취약하였음
- 집권층은 무능하고 허례허식에 차 있었음
- 상공업이 발달하고, 신흥 상인 계층이 등장하였음
- 임진왜란과 병자호란의 영향으로 백성들의 생활이 ●피폐했음
- 국외적으로 명나라와 청나라의 세력이 교체되던 시기였고, 조선 내에서는 북벌론이 논의되고 있었음

허생의 행동과 작가의 현실 인식

허생의 행동		작가의 현실 인식
집에서 글만 읽고 경제적으로는 무능한 모습	➡	체면만 중시하는 사대부의 삶 비판
변 씨에게 돈을 빌려서 매점매석으로 이익을 남기는 행동	➡	• 조선의 취약한 경제 구조 지적 • 양반의 허례허식 비판

꼼꼼 단어 돋보기

- **자화자찬**: 자기가 그린 그림을 스스로 칭찬한다는 뜻으로, 자기가 한 일을 스스로 자랑함을 이르는 말
- **교언영색**: 아첨하는 말과 알랑거리는 태도
- **등속**: 나열한 사물과 같은 종류의 것들을 몰아서 이르는 말
- **이용후생**: 기구를 편리하게 쓰고 먹을 것과 입을 것을 넉넉히 하여 국민의 생활을 나아지게 함
- **피폐하다**: 지치고 쇠약하여지다.

03 윗글에 대한 설명으로 적절하지 않은 것은?

① 한문으로 쓰인 작품이다.
② 중국을 배경으로 쓰인 작품이다.
③ 전지적 작가 시점으로 쓰인 작품이다.
④ 당시의 사회 상황을 반영하고 있는 작품이다.

04 가의 허생과 그의 아내에 대한 설명으로 적절하지 않은 것은?

① 허생은 실학적 사상을 지니고 있는 인물이다.
② 허생의 아내는 실용적 사고를 지닌 인물이다.
③ 허생의 아내는 경제적 능력을 중시하는 인물이다.
④ 허생과 허생의 아내는 허생의 무능력함을 이유로 갈등하고 있다.

05 나의 내용으로 미루어 알 수 있는 당대의 세태로 가장 적절한 것은?

① 양반들의 허례허식이 널리 퍼져 있었다.
② 상인들의 상품 독점 행위가 비일비재하였다.
③ 상업을 통해 큰 이익을 얻은 사람들이 많았다.
④ 전국을 연결하는 교통망이 제법 발달해 있었다.

정답 해설 13쪽

03 ② 04 ① 05 ①

심청전 작자 미상

| 2022년 1회

심청이 들어와 눈물로 밥을 지어 아버지께 올리고, 상머리에 마주 앉아 아무쪼록 진지 많이 잡수시게 하느라고 자반도 떼어 입에 넣어 드리고 김쌈도 싸서 수저에 놓으며,

"진지를 많이 잡수셔요."

심 봉사는 철도 모르고,
눈치 없이

"야, 오늘은 반찬이 유난히 좋구나. 뉘 집 제사 지냈느냐?"

그날 밤에 꿈을 꾸었는데, 부자간은 천륜지간(天倫之間)이라 꿈에 미리 보여 주는 바가 있었다.
서술자가 사건에 대한 자신의 견해를 밝힘(편집자적 논평)

「"아가 아가, 이상한 일도 있더구나. 간밤에 꿈을 꾸니, 네가 큰 수레를 타고 한없이 가 보이더구나. 수레라 하는 것이 귀한 사람이 타는 것인데 우리 집에 무슨 좋은 일이 있을란가 보다. 그렇지 않으면 장 승상 댁에서 가마 태워 갈란가 보다."」
「 」: 앞으로 심청에게 벌어질 일을 암시

심청이는 저 죽을 꿈인 줄 짐작하고 둘러대기를,

"그 꿈 참 좋습니다."
아버지를 안심시키기 위한 말

하고 진짓상을 물려 내고 담배 태워 드린 뒤에 밥상을 앞에 놓고 먹으려 하니 간장이 썩는 눈물은 눈에서 솟아나고, 아버지 신세 생각하며 저 죽을 일 생각하니 정신이 아득하고 몸이 떨려 밥을 먹지 못하고 물렸다.
아버지의 안위를 걱정하는 심청의 착한 마음과 절망감

그런 뒤에 심청이 사당에 하직하려고 들어갈 제, 다시 세수하고 사당문을 가만히 열고 하직 인사를 올렸다.

"못난 여손(女孫) 심청이는 아비 눈 뜨기를 위하여 인당수 제물로 몸을 팔려 가오매, 조상 제사를 끊게 되오니 사모하는 마음을 이기지 못하겠습니다."

울며 하직하고 사당문 닫은 뒤에 아버지 앞에 나와 두 손을 부여잡고 기절하니, 심 봉사가 깜짝 놀라,
담담한 척했으나 아버지가 걱정되어 불안해하는 심청이의 모습

"아가 아가, 이게 웬일이냐? 정신 차려 말하거라."

심청이 여쭙기를,

"제가 못난 딸자식으로 아버지를 속였어요. 공양미 삼백 석을 누가 저에게 주겠어요. 남경 뱃사람들에게 인당수 제물로 몸을 팔아 오늘이 떠나는 날이니 저를 마지막 보셔요."
사람의 몸을 제물로 바치는 당시 풍습(인신공양)이 드러남

심 봉사가 이 말을 듣고,

(A) "참말이냐, 참말이냐? 애고 애고, 이게 웬 말인고? 못 가리라, 못 가리라. 네가 날더러 묻지도 않고 네 마음대로 한단 말이냐? 네가 살고 내가 눈을 뜨면 그는 마땅히 할 일이나, 자식 죽여 눈을 뜬들 그게 차마 할 일이냐? 너의 어머니 늦게야 너를 낳고 초이레 안에 죽은 뒤에, 눈 어두운 늙은 것이 품 안에 너를 안고 이집 저집 다니면서 구차한 말 해 가면서 동냥젖 얻어 먹여 이만치 자랐는데, 내 아무리 눈 어두우나 너를 눈으로 알고, 너의
반복을 통해 운율 형성(설의적 표현)
문장 구조의 반복(대구)

이해와 감상

이 작품은 심청이 아버지의 개안(開眼)을 위해 남경 상인에게 팔려가며 아버지와 이별하는 비극적 상황을 그리고 있다. 이를 통해 '효'의 가치를 드러낸다.

작품 정리

갈래 : 판소리계 소설
성격 : 교훈적, 비현실적, 우연적
시점 : 전지적 작가 시점
주제 : 부모에 대한 지극한 효성
특징
- 불교의 인과응보 사상, 유교의 효 사상, 도교의 신선 사상이 담겨 있음
- 심청이 공양미 삼백 석에 팔려 인당수 제물이 될 때까지의 전반부와 환생하여 황후가 되어 아버지를 만나고 아버지가 눈을 뜨는 후반부로 나뉨

꼼꼼 단어 돋보기

- **자반**: 생선을 소금에 절여서 만든 반찬감
- **천륜**: 부모와 자식 간에 하늘의 인연으로 정하여져 있는 사회적 관계나 혈연적 관계
- **사당**: 조상의 신주를 모셔 놓은 집
- **여손**: 여자 후손
- **초이레**: 매달 첫째 날부터 헤아려 일곱째 되는 날

어머니 죽은 뒤에 걱정 없이 살았더니 이 말이 무슨 말이냐? 마라 마라, 못 하리라. 아내 죽고 자식 잃고 내 살아서 무엇하리? 너하고 나하고 함께 죽자. 눈을 팔아 너를 살 터에 너를 팔아 눈을 뜬들 무엇을 보려고 눈을 뜨리? 어떤 놈의 팔자길래 사궁지수(四窮之首) 된단 말이냐? 네 이놈 상놈들아! 장사도 좋지마는 사람 사다 제사하는 데 어디서 보았느냐? 하느님의 어지심과 귀신의 밝은 마음 앙화가 없겠느냐? 눈먼 놈의 무남독녀 철모르는 어린아이 나 모르게 유인하여 값을 주고 산단 말이냐? 돈도 싫고 쌀도 싫다. 네 이놈 상놈들아.

심 봉사의 불행한 처지 강조

뱃사람들에 대한 적대감과 분노

옛글을 모르느냐? 「칠년대한(七年大旱) 가물 적에 사람으로 빌라 하니 탕임금 어지신 말씀, '내가 지금 비는 바는 사람을 위함인데 사람 죽여 빌 양이면 내 몸으로 대신하리라.' 몸소 희생되어 몸을 정히 하여 상림 뜰에 빌었더니 수천 리 너른 땅에 큰비가 내렸느니라.」 이런 일도 있었으니 내 몸으로 대신 감이 어떠하냐? 여보시오 동네 사람, 저런 놈들을 그저 두고 보오?"

「 」: 심 봉사가 자신의 상황과 어울리는 고사를 인용함

심청이 아버지를 붙들고 울며 위로하기를,

"아버지 할 수 없어요. 저는 이미 죽지마는 아버지는 눈을 떠서 밝은 세상 보시고, 착한 사람 구하셔서 아들 낳고 딸을 낳아 후사나 전하고, 못난 딸자식은 생각지 마시고 오래오래 평안히 계십시오. 이도 또한 천명이니 후회한들 어찌하겠어요?"

운명을 받아들이는 태도

뱃사람들이 그 딱한 형편을 보고 모여 앉아 공론하기를,

비록 심청이를 제물로 샀지만 심청 부녀를 딱하게 여기며 인정을 보임

"심 소저의 효성과 심 봉사의 일생 신세 생각하여 봉사님 굶지 않고 헐벗지 않게 한 살림을 꾸며 주면 어떻겠소?"

"그 말이 옳소."

하고 쌀 이백 석과 돈 삼백 냥이며, 무명 삼베 각 한 동씩 마을에 들여 놓고 동네 사람들을 모아 당부하기를,

"쌀 이백 석과 돈 삼백 냥을 착실한 사람 주어 실수 없이 온전하게 늘려 심 봉사에게 바칩시다. 이백 석 가운데 이십 석은 올해 양식으로 제하고, 나머지는 해마다 빚을 주어 이자를 받으면 양식이 넉넉할 테고, 무명 삼베로는 사철 의복 장만해 드리기로 하고, 이런 내용을 관청에 공문으로 보내고 마을에도 알립시다."

꼼꼼 단어 돋보기

- **사궁지수** 네 가지 딱한 부류의 사람들 중에 가장 첫 번째 오는 처지. '사궁'은 늙은 홀아비, 늙은 과부, 부모 없는 아이, 자식 없는 늙은이를 가리킴
- **앙화** 어떤 일로 인하여 생기는 재난. 지은 죄의 앙갚음으로 받는 재앙
- **칠년대한** 칠 년 동안이나 내리 계속되는 큰 가뭄. 중국 은나라 탕왕 때에 있었던 큰 가뭄에서 유래함
- **정히** 조심스럽게 다루어 깨끗하고 온전하게
- **상림** 중국 은나라 때 7년 동안 가뭄이 계속되자 탕왕이 기우제를 지냈다는 수풀
- **공론하다** 여럿이 의논하다.
- **소저** '아가씨'를 한문 투로 이르는 말

한눈에 콕콕

등장인물의 특성

심청	• 운명에 순응함 • 희생정신이 강함 • 아버지에 대한 효성이 지극함
심 봉사	• 무능력함 • 정이 많음 • 딸을 많이 사랑함
뱃사람	• 심청 부녀를 딱하게 여기며, 배려심이 있음 • 인정이 많고, 홀로 남겨질 심 봉사를 위해 살림을 꾸며 줌

판소리계 소설의 특징이 드러나는 부분

'심 봉사'의 말	• 반복을 통해 운율을 형성함 • 구어적 표현과 운문체를 사용하여 생동감을 부여함

시험에 이렇게 나와요

06 윗글에 대한 설명으로 적절하지 않은 것은?

① 판소리가 정착되면서 형성된 소설이다.
② 공간의 이동에 따라 장면이 전환되고 있다.
③ 행동 묘사를 통해 인물의 심리를 드러내고 있다.
④ 서술자가 개입하는 편집자적 논평이 나타나 있다.

07 윗글의 인물에 대한 설명으로 가장 적절한 것은?

① 심청은 자신의 기구한 삶을 운명으로 받아들인다.
② 심청은 죽음을 앞둔 상황에서도 한결같이 의연함을 유지한다.
③ 심 봉사는 뱃사람들의 사정을 이해하면서 자신의 요구 사항을 부탁한다.
④ 뱃사람들은 심청 부녀의 딱한 사정을 알고 심청을 제물로 산 것을 후회한다.

08 [A]에 드러난 표현상의 특징으로 적절하지 않은 것은?

① 반복과 대구를 통해 운율을 형성한다.
② 구어적 표현을 통해 생동감을 부여한다.
③ 비속어를 사용하여 감정을 솔직하게 드러낸다.
④ 상황에 맞지 않는 고사를 인용하여 웃음을 유발한다.

정답 해설 13쪽
06 ② 07 ① 08 ④

최척전

조위한 | 2021년 2회

앞부분의 줄거리 남원 사람인 최척은 이옥영과 약혼하여 혼인날을 정해 놓고 기다리던 중 왜적의 침입을 막기 위해 의병에 참여하게 된다. 혼인 날짜가 지나도록 최척이 돌아오지 않자 옥영의 어머니는 부자의 아들인 양생을 사위로 맞으려 한다. 하지만 옥영은 최척이 돌아오기를 기다렸고, 결국 최척과 옥영은 혼인하여 첫아들 몽석을 낳고 행복한 나날을 보낸다.

※ 수록된 부분은 정유재란으로 인해, 최척과 남장을 한 옥영이 각각 명나라와 일본으로 가서 생활하다가 안남에서 해후하는 장면이다.

경자년(1600) 봄이었다. 최척은 송우를 따라 한마을의 장사꾼들과 함께 배를 타고 안남으로(공간의 이동) 장사하러 갔다. 이때 일본 배 10여 척도 같은 포구에 정박해 있었다.

열흘 넘게 머물러 4월 초이튿날이 되었다. 「하늘엔 구름 한 점 없고 물빛은 비단처럼 고왔다. 바람이 그쳐 물결이 잔잔했으며 사방이 고요해 그림자 하나 보이지 않았다. 뱃사람들은 깊은 잠에 빠져 있었고, 간간이 물새 울음소리가 들려올 뿐이었다.」(「 」: 배경의 사실적 묘사 – 쓸쓸하고 고즈넉한 분위기) 일본 배에서는 염불하는 소리가 들렸는데, 그 소리가 매우 구슬펐다.

최척은 홀로 선창(船窓)에 기대 자신의 신세를 생각하다가,(잃어버린 가족에 대한 그리움과 슬픔) 짐 꾸러미 안에서 통소를 꺼내 슬픈 곡조의 노래를 한 곡 불어 가슴속에 맺힌 슬픔과 원망을 풀어 보려 했다. 최척의 통소 소리(인물의 심리 반영, 최척과 옥영이 만나게 되는 계기)에 바다와 하늘이 애처로운 빛을 띠고 구름과 안개도 수심에 잠긴 듯했다(감정 이입 – 그리움, 슬픔). 뱃사람들도 그 소리에 놀라 일어나 모두들 서글픈 표정을 지었다. 그때 문득 일본 배에서 염불하던 소리가 뚝 그쳤다. 잠시 후 조선말로 시를 읊는 소리(예전에 옥영이 최척의 통소 소리를 듣고 지은 시)가 들렸다.

왕자교 퉁소 불 제 달은 나지막하고
바닷빛 파란 하늘엔 이슬이 자욱하네.
푸른 난새 함께 타고 날아가리니
봉래산 안개 속에서도 길 잃지 않으리.

시 읊는 소리가 그치더니 한숨 소리, 쯧쯧 혀 차는 소리가 들려왔다. 최척은 시 읊는 소리를 듣고는 깜짝 놀라 얼이 빠진 사람 같았다. 저도 모르는 새 퉁소를 땅에 떨어뜨리고 마치 죽은 사람처럼 멍하니 서 있었다. 송우가 말했다.

⋯→ 퉁소를 불던 최척이 왜선에서 들려오는 시 읊는 소리에 놀람

"왜 그래? 왜 그래?"

거듭 물어도 대답이 없었다. 세 번째 물음에 이르러서야 비로소 최척은 뭔가 말을 하려 했지만 목이 막혀 말을 하지 못하고 눈물만 하염없이 흘렸다(최척이 충격을 받고 놀람 – 인물의 심리 간접 제시). 최척은 잠시 후 마음을 진정시킨 뒤 이렇게 말했다.

「"저건 내 아내가 지은 시일세. 우리 부부 말곤 아무도 알지 못하는 시야(옥영이 일본인 배에 있음을 암시). 게다가 방금 시를 읊던 소리도 아내 목소리와 흡사해. 혹 아내가 저 배에 있는 게 아닐까? 그럴 리 없을 텐데 말야."」(「 」: 최척이 시 읊는 소리에 놀란 이유)

그러고는 자기 일가가 왜적에게 당했던 일의 전말을 자세히 말했다(이 글의 시대적 배경(정유재란)이 드러남). 배 안에 있던 사람들이

이해와 감상

이 작품은 최척과 옥영의 사랑 이야기를 바탕으로 전란으로 인한 가족의 이산과 기적적인 재회를 그리고 있다. 임진왜란과 정유재란으로 인한 당시 민중 계층의 희생, 가족들의 이산의 아픔 등이 사실적으로 나타나 있다.

작품 정리

갈래: 한문 소설, 전쟁 소설, 애정 소설
성격: 우연적, 사실적
시점: 전지적 작가 시점
배경
- 시간적 배경: 임진왜란, 정유재란과 그 이후
- 공간적 배경: 조선, 중국, 일본, 베트남

주제: 이산가족의 고통과 가족애를 통한 재회
특징
- '만남 – 이별 – 재회'가 반복됨
- 여성이 적극적이고 진취적인 인물로 그려짐
- 조선뿐 아니라 중국, 일본, 베트남 등으로 작품의 배경이 확장됨

꼼꼼 단어 돋보기

● 안남
오늘날 베트남의 중북부 근처를 가리킴

● 정박하다
배가 닻을 내리고 머무르다.

● 초이튿날
둘째 되는 날

● 염불하다
불경을 외다.

● 선창
배의 창문

● 전말
처음부터 끝까지의 일이 진행되어 온 경과

모두 놀랍고 희한한 일로 여겼다.

그 자리에 두홍(杜洪)이란 사람이 있었는데, 젊고 용감한 자였다. 두홍은 최척의 말을 듣더니 의기 넘치는 표정이 되어 주먹으로 노를 치고 분연히 일어서며 이렇게 말했다.
인물의 성격 직접 제시

"내가 저 배로 가서 사정을 살펴보겠소!"
의기는 넘치나 성급한 두홍의 성격 – 간접 제시

송우가 두홍을 말리며 말했다.

"야심한 시각에 소란을 일으켰다가는 큰 난리가 날지도 모르네. 내일 아침에 조용히 처리하는 게 좋겠어."
송우의 침착하고 신중한 성격

사람들이 모두 그러는 게 좋겠다고 했다. 최척은 앉은 채로 아침이 오기만을 기다렸다.
⋯→ 최척이 사람들에게 자신의 사연을 이야기하고 다음 날 왜선을 찾아가기로 함

이윽고 해가 떠올랐다. 최척은 즉시 해안으로 내려가 일본 배 앞으로 다가갔다. 그러고는 조선말로 물었다.

"간밤에 시를 읊던 사람은 분명 조선 사람이었소. 나 역시 조선 사람인데, 한번 만나 볼 수 있다면 그 기쁨이 타국을 떠돌아다니다가 자기 나라 사람 비슷한 이를 보고 기뻐하는 데 견줄 수 있겠소?"

옥영은 어젯밤 배 안에서 최척의 퉁소 소리를 들었다. 조선 가락인 데다 귀에 익은 곡조인지라, 혹시 자기 남편이 저쪽 배에 타고 있는 것이 아닐까 의심하여 시험 삼아 예전에 지었던 시를 읊어 본 것이었다. 그러던 차에 밖에서 최척이 말하는 소리를 듣고는 허둥지둥 엎어질 듯이 배에서 뛰어 내려왔다.
이심전심(서로 마음이 통함)
최척과 옥영의 재회 – 우연성

최척과 옥영은 마주 보고 소리치며 얼싸안고 모래밭을 뒹굴었다. 기가 막혀 입에서 말이 나오지 않았다. 눈물이 다하자 피눈물이 나왔으며 눈에 아무것도 보이지 않았다.

뒷부분의 줄거리 최척과 옥영은 중국에 가서 살며 둘째 아들 몽선을 낳고, 몽선은 자라서 중국인인 홍도와 결혼한다. 명나라와 후금 사이에 전쟁이 일어나자 최척은 명나라 군사로 출전하였다가 포로가 된다. 그리고 수용소에서 조선에서 구원병으로 출전한 맏아들 몽석을 만나 함께 탈출하여 조선으로 돌아온다. 옥영은 몽선, 홍도와 함께 귀국하여 온 가족이 상봉한 뒤 행복한 삶을 누린다.

한눈에 콕콕

작품의 시대적 · 공간적 배경

시대적 배경	공간적 배경
임진왜란, 정유재란	조선을 넘어 일본, 중국, 안남(베트남) 등의 넓은 지역
⬇	⬇
작품에 사실성 부여	작품의 장대한 스케일 형성

표현상의 특징

사실성의 확보	실제 일어난 전쟁을 배경으로 당시 백성들의 고통을 사실적으로 표현함
구성의 복잡화	'만남–이별–재회'의 과정이 세 차례 반복됨

꼼꼼 단어 돋보기

● **의기**
기세가 좋은 적극적인 마음

● **분연히**
떨쳐 일어서는 기운이 세차고 꿋꿋하게

09 윗글에 대한 설명으로 적절하지 않은 것은?

① 실제 있었던 전란을 배경으로 한다.
② 옥영은 적극적이고 현명한 여인이다.
③ 송우는 상황을 고려하여 행동하는 인물이다.
④ 시간적 배경은 정유재란, 공간적 배경은 조선이다.

10 윗글을 통해 작가가 궁극적으로 말하고자 하는 바로 가장 적절한 것은?

① 인간의 본성에 대한 긍정
② 부정적 세태에 대한 풍자
③ 전쟁으로 인한 백성들의 고통
④ 어려운 현실에 대한 극복 의지

11 〈보기〉를 바탕으로 윗글의 특징을 파악한 내용으로 적절하지 않은 것은?

보기

고전 소설의 특징
- 배경: 주로 중국을 무대로 함
- 내용: 사건의 우연성, 전기성
- 문체: 문어체, 산문과 운문의 결합
- 등장인물: 비범한 인물
- 결말: 행복한 결말

① 윗글 또한 중국을 배경으로 하는 고전 소설의 틀을 따르고 있다.
② 대부분의 고전 소설과 같이 윗글 또한 우연적인 사건 전개가 나타난다.
③ 대부분의 고전 소설에서 비범한 인물이 주인공인 것과 달리, 윗글의 주인공은 비범한 인물이 아니다.
④ 전쟁으로 헤어진 가족들이 다시 만나는 것으로 보아 대부분의 고전 소설과 같이 행복한 결말이 나타난다.

정답 해설 13쪽
09 ④ 10 ③ 11 ①

홍계월전
작자 미상

앞부분의 줄거리 명나라 때 홍무와 부인 양씨는 뒤늦게 계월을 낳아, 남자 옷을 입혀 기른다. 장사랑의 난을 피하다가 부모와 헤어진 계월은 강물에 버려진다. 여공이 계월을 구해 평국이라는 이름을 지어 주고, 아들 보국과 함께 곽 도사에게 수학하게 한다. 남장을 한 계월은 보국과 함께 과거에 급제하고, 서달의 난이 일어나자 각각 대원수와 중군장으로 출전하여 공을 세운다. 그 과정에서 계월은 헤어졌던 부모를 만나게 된다. 전쟁에 다녀온 후로 병이 든 계월은 어의에게 진맥을 받고 난 뒤 여자임이 밝혀진다. 남장 사실이 밝혀지나 계월은 천자에게 용서를 받고 보국과 혼인한다. 그 후 계월이 보국의 애첩인 영춘을 죽이는 등 갈등을 겪으며 규중에서 살아간다.

이때 보국은 계월이 영춘을 죽였다는 말을 듣고 분함을 이기지 못해 부모에게 아뢰었다.
영춘이 보국의 총애를 믿고 교만하게 행동하자 계월이 군법을 적용하여 목을 베도록 지시함

"계월이 전날은 대원수 되어 소자를 중군장으로 부렸으니 군대에 있을 때에는 소자가 계월을 업신여기지 못했사옵니다. 하지만 지금은 계월이 소자의 아내이오니 어찌 소자의 사랑하는 영춘을 죽여 제 마음을 편안하지 않게 할 수가 있단 말이옵니까?"
계월이 보국보다 계급이 높기 때문
남편의 권위를 내세워 계월의 처사를 비난함

여공이 이 말을 듣고 만류했다.
보국의 아버지

"계월이 비록 네 아내는 되었으나 벼슬을 놓지 않았고 기개가 당당하니 족히 너를 부릴 만한 사람이다. 그러나 예로써 너를 섬기고 있으니 어찌 마음 씀을 그르다고 하겠느냐? 영춘은 네 첩이다. 자기가 거만하다가 죽임을 당했으니 누구를 한하겠느냐? 또한 계월이 잘못해 궁노(宮奴)나 궁비(宮婢)를 죽인다 해도 누가 계월을 그르다고 책망할 수 있겠느냐? 너는 조금도 염려하지 말고 마음을 변치 마라. 만일 계월이 영춘을 죽였다 하고 계월을 꺼린다면 부부 사이의 의리도 변할 것이다. 또한 계월은 천자께서 중매하신 여자라 계월을 싫어한다면 네게 해로움이 있을 것이니 부디 조심하라."
보국을 만류하는 이유 ① 계월의 능력이 보국보다 우월함
보국을 만류하는 이유 ② 영춘의 행동이 잘못됨
보국을 만류하는 이유 ③ 부부 사이의 의리가 변할 수 있음
보국을 만류하는 이유 ④ 천자의 명을 어긴 것처럼 보여 후환이 있을 수 있음

"장부가 되어 계집에게 괄시를 당할 수 있겠나이까?"
불만의 근본적인 이유(남존여비 의식)

보국이 이렇게 말하고 그 후부터는 계월의 방에 들지 않았다.

중략 부분의 줄거리 이후 천자는 오왕과 초왕의 반란을 진압하기 위해 규중에 있는 계월을 부른다.

천자께서 이에 크게 기뻐하시고 즉시 수많은 군사와 말을 징발해 주셨다. 그리고 벼슬을 높여 평국을 대원수로 삼으시니 원수가 사은숙배하고 위의를 갖추어 친히 붓을 잡아 보국에게 전령(傳令)을 내렸다.

'적병의 형세가 급하니 중군장은 급히 대령하여 군령을 어기지 마라.'
중심 부대의 장(보국)

보국이 전령을 보고 분함을 이기지 못해 부모에게 말했다.

"계월이 또 소자를 중군장으로 부리려 하오니 이런 일이 어디에 있사옵니까?"
아내인 계월의 지시를 받은 것에 대한 불만(보국의 가부장적 면모)

여공이 말했다.

"전날 내가 너에게 무엇이라 일렀더냐? 계월이를 괄시하다가 이런 일을 당했으니 어찌 계월이가 그르다고 하겠느냐? 나랏일이 더할 수 없이 중요하니 어찌할 수 없구나."
개인사나 가정사보다 나라의 일이 더 중요함

이렇게 말하고 어서 가기를 재촉했다. 보국이 할 수 없이 갑옷과 투구를 갖추고 진중(陣中)에 나아가 원수 앞에 엎드리니 원수가 분부했다.

이해와 감상

이 작품은 중국 명나라를 배경으로 홍계월의 영웅적 면모를 그린 군담 소설이다. 여성의 봉건적 역할을 거부하는 근대적 가치관이 드러나 있다.

작품 정리

갈래 : 여성 영웅 소설, 군담 소설
성격 : 전기적, 영웅적, 일대기적
시점 : 전지적 작가 시점
배경 : 중국 명나라
주제 : 홍계월의 영웅적인 행적과 활약, 남성 중심 사회에 대한 비판

특징
- 영웅의 일대기 구성 방식을 취함
- 신분을 감추기 위한 남장 모티프가 사용됨
- 여성이 남성보다 우월한 능력을 가진 존재로 그려짐
- 여성의 봉건적 역할을 거부하는 근대적 가치관이 드러남

꼼꼼 단어 돋보기

● **규중**
부녀자가 거처하는 곳

● **대원수**
국가의 전군(全軍)을 통솔하는 최고 계급인 원수를 더 높여 이르는 말

● **징발하다**
국가에서 특별한 일에 필요한 사람이나 물자를 강제로 모으거나 거두다.

● **사은숙배**
임금의 은혜에 감사하며 공손하고 경건하게 절을 올리던 일

● **위의**
예법에 맞는 몸가짐

● **진중**
군대나 부대의 안

"만일 명령을 거역하는 자가 있다면 군법으로 시행할 것이다."
공과 사를 구분하는 태도

보국이 겁을 내어 중군장 처소로 돌아와 명령이 내려지기를 기다렸다.

[중략]

이튿날 원수가 중군장에게 분부했다.

"며칠은 중군장이 나가 싸우라."

중군장이 명령을 듣고 말에 올라 삼 척 장검을 들고 적진을 가리켜 소리 질렀다.

"나는 명나라 중군 대장 보국이다. 대원수의 명령을 받아 너희 머리를 베려 하니 너희는 어서 나와 칼을 받으라."

적장 운평이 이 소리를 듣고 크게 성을 내어 말을 몰아 나와서 싸웠다. 삼 합이 못 하여 보국의 칼이 빛나며 운평의 머리가 말 아래에 떨어졌다. 적장 운경이 운평이 죽는 것을 보고 매우 화를 내어 말을 몰아 달려들었다. 보국이 기세등등하여 창을 높이 들고 서로 싸웠다. 몇 합이 못 되어 보국이 칼을 날려 운경이 칼 든 팔을 치니 운경이 미처 손을 놀리지 못하고 칼을 든 채 말 아래에 떨어졌다.
보국이 적장 운평을 죽임(전쟁에서 공을 세운 보국)
보국이 적장 운경을 죽임

「보국이 운경의 머리를 베어 들고 본진으로 돌아가려는 즈음에, 적장 구덕지가 대로해 긴 칼을 높이 들고 말을 몰아 크게 고함을 치고 달려들었다. 난데없는 적병이 또 사방에서 달려드니 보국이 겁이 나고 두려워 피하려고 했으나 순식간에 적들이 함성을 지르고 보국을 천여 겹으로 에워쌌다.」 형세가 위급하므로 보국이 하늘을 우러러 탄식했다.
「 」: 위기에 처한 보국(사면초가)

(A) 이때 원수가 장대에서 북을 치다가 보국의 위급함을 보고 급히 말을 몰아 긴 칼을 높이 들고 좌충우돌해 적진을 헤치고 구덕지의 머리를 베어 들고 보국을 구했다. 몸을 날려 적진에서 충돌하니 동에 번쩍 서쪽의 장수를 베고, 남으로 가는 듯하다가 북쪽의 장수를 베었다. 이처럼 좌충우돌하여 적장 오십여 명과 군사 천여 명을 한칼로 소멸하고 본진으로 돌아왔다.
비범한 능력으로 적을 물리치고 보국을 구한 계월

보국이 원수 보기를 부끄러워하니 원수가 보국을 꾸짖어 말했다.
남성과 여성의 보편적 위계가 역전됨

"저러고서도 평소에 남자라고 칭하리오? 나를 업신여기더니 이제도 그렇게 할까?"
여자라는 이유로 계월의 능력을 인정하지 않으려 했던 보국의 가부장적 태도를 조롱하고 비판함

이렇게 말하며 보국을 무수히 조롱했다.

뒷부분의 줄거리 이후 천자가 위기에 처하자, 계월이 천자를 구한다. 그 사이 보국이 오왕과 초왕의 항복을 받아 돌아오는데, 계월이 적장 맹길인 체하며 보국을 속여 조롱한다. 보국은 모든 면에서 자기보다 우월한 계월의 능력을 인정하고 둘의 갈등은 해소된다. 두 차례에 걸친 국가의 위기를 구한 계월은 대사마 대장군의 작위를 받는다. 또한 천자는 보국을 승상에 봉하고 여공을 오왕에, 홍무를 초왕에 봉한다. 이후 계월은 보국을 예로써 섬기며 행복하게 살고 그들의 자손은 대대로 부귀영화를 누린다.

꼼꼼 단어 돋보기

● **기세등등**
기세가 매우 높고 힘찬 모양

● **장대**
장수가 올라서서 명령, 지휘하던 대

한눈에 콕콕

여성 영웅 소설로서의 의의

계월이 국가에 충성하는 신하이자 국난을 극복하는 영웅으로 사회적 자아를 실현하는 것	➡	• 여성도 삶의 주체로서 사회적 자아를 실현할 수 있는 존재임을 보여 줌 • 여성의 사회 진출을 부정적으로 인식한 당대 남성 중심의 사회적 제도와 가부장적 질서 체계에 대한 비판을 담음
계월이 남편인 보국과의 갈등을 능력의 우월함으로 해결하는 것	➡	남성의 권위에서 벗어나지 못했던 기존 여성 영웅 소설의 한계를 과감히 탈피함

시험에 이렇게 나와요

12 윗글의 내용과 일치하지 <u>않는</u> 것은?

① 여공은 계월의 능력이 뛰어나다고 인정하고 있다.
② 계월은 영춘을 죽인 일로 보국과 갈등을 겪고 있다.
③ 보국은 자신의 가부장적 권위를 내세워 계월에 대한 불만을 드러내고 있다.
④ 신하들은 계월의 관직과 지위를 인정하지 않아 그의 출전(出戰)을 반대하고 있다.

13 '여공'이 '보국'을 설득하기 위해 내세운 근거가 <u>아닌</u> 것은?

① 계월은 기개가 당당하고 보국보다 벼슬이 높다.
② 영춘의 행동에 문제가 있었으므로 계월을 탓할 수 없다.
③ 계월과 갈등을 일으키는 것은 보국에게 이로울 것이 없다.
④ 천자가 중매한 사람이므로 계월은 보국을 남편으로 섬기지 않더라도 문제가 되지 않는다.

14 (A)에 대한 설명으로 적절하지 <u>않은</u> 것은?

① (A)를 계기로 보국이 계월의 능력을 인정하였다.
② (A)를 통해 보국과 계월의 사회적 지위가 역전되었다.
③ (A) 사건 이후 보국은 계월을 보는 것을 부끄러워하였다.
④ (A)를 통해 계월의 능력이 보국보다 뛰어나다는 것을 알 수 있다.

정답 해설 13쪽

12 ④ 13 ④ 14 ②

춘향전

작자 미상 | 2023년 1회, 2019년 1회, 2015년 1회

앞부분의 줄거리 춘향의 자태에 첫눈에 반한 몽룡은 방자를 시켜 춘향에게 밤에 집으로 찾아가겠다는 말을 전하고, 그날 밤으로 춘향의 집을 찾아 백년가약을 맺는다. 서로에 대한 마음이 깊어 가던 어느 날, 몽룡의 아버지인 이 부사가 승진하여 한양으로 가게 되고, 몽룡은 춘향에게 후일을 약속하고 한양으로 떠난다. 한편, 남원에 새로 부임한 사또인 변학도는 춘향의 용모가 아름답다는 것을 알고는 자신의 수청을 들라고 강요하고, 이를 거절한 춘향은 옥에 갇히게 된다. 한양으로 간 몽룡은 과거에 장원 급제한 뒤 암행어사가 되어 남원으로 내려오는 도중에 농부들로부터 춘향이 옥중에 있다는 이야기를 듣게 된다. 마침내 몽룡은 걸인의 행색으로 변 사또의 생일잔치에 찾아간다.

어사또 들어가 단좌(端坐)하여 좌우를 살펴보니, 당상(堂上)[대청 위]의 모든 수령 다담을 앞에 놓고 진양조 양양(洋洋)할 제[소리가 아주 느린 속도로 우렁차고 씩씩하게 퍼질 때] 어사또 상을 보니 어찌 아니 통분하랴[원통하고 분하다(편집자적 논평)]. 모 떨어진 개상판에 닥채 저붐, 콩나물, 깍두기, 막걸리 한 사발 놓았구나. 상을 발길로 탁 차 던지며 운봉의 갈비를 직신,

"갈비 한 대 먹고 지고."[해학적 표현 – 동음이의어를 이용한 언어유희]

"다라도 잡수시오."

하고 운봉이 하는 말이

"이러한 잔치에 풍류로만 놀아서는 맛이 적사오니[재미없으니] 차운(次韻) 한 수씩 하여 보면 어떠하오?"

"그 말이 옳다."

하니 운봉이 운(韻)을 낼 제, 높을 고(高) 자, 기름 고(膏) 자 두 자를 내어 놓고 차례로 운을 달 제, 어사또 하는 말이

"걸인도 어려서 추구권(抽句卷)이나 읽었더니, 좋은 잔치 당하여서 주효를 포식하고[반어적 표현] 그저 가기 무렴(無廉)하니[염치없으니] 차운 한 수 하사이다."

운봉이 반겨 듣고 필연(筆硯)을 내어 주니 좌중(座中)이 다 못하여 글 두 귀[句]를 지었으되,[어사또의 뛰어난 재능(일필휘지)] 민정(民情)을 생각하고 본관의 정체(政體)[탐관오리]를 생각하여 지었것다.

「"금준미주(金樽美酒)는 천인혈(千人血)이요, 옥반가효(玉盤佳肴)는 만성고(萬姓膏)라. 촉루낙시(燭淚落時) 민루낙(民淚落)이요, 가성고처(歌聲高處) 원성고(怨聲高)라."」

「 」: 대구, 은유를 이용한 이몽룡의 한시 – 변 사또가 세금을 가혹하게 거두어들임(가렴주구)

「이 글 뜻은, '금동이의 아름다운 술은 일만 백성의 피요, 옥소반의 아름다운 안주는 일만 백성의 기름이라. 촛불 눈물 떨어질 때 백성 눈물 떨어지고, 노랫소리 높은 곳에 원망 소리 높았더라.'」

「 」: 서술자의 개입

[중략]

"암행어사 출도야."[이몽룡의 정체가 공개됨으로써 상황의 극적인 반전이 일어나는 구절]

외치는 소리에 강산이 무너지고 천지가 뒤집히는 듯 초목금수(草木禽獸)인들 아니 떨랴.[편집자적 논평을 덧붙여 암행어사의 위세를 과장하여 표현함]

「남문에서,

"출도야."

북문에서,

"출도야."

동서문 출도 소리 청천(靑天)에 진동하고,

「 」: 어사 출도 장면. 부패한 아전들이 도망치는 모습을 실감나게 묘사하고, 호흡이 짧은 어구와 문장을 사용하여 긴장감을 조성함

이해와 감상

이 작품은 청춘 남녀의 신분을 초월한 지고지순한 사랑을 그려 내고 있다. 설화에서 판소리를 거쳐 고전 소설로 정착한 작품으로, 개인의 창작물이 아닌 민중의 공동작이다.

작품 정리

갈래 : 판소리계 소설, 염정 소설

성격 : 운문적, 해학적, 풍자적

주제 : 신분을 초월한 남녀 간의 지순한 사랑과 유교적 정절

배경 : 조선 시대, 전라도 남원

특징

- 서민들의 삶의 애환과 당대 사회에 대한 비판이 해학과 풍자를 통해 드러남
- 편집자적 논평, 확장적 문체 등 판소리의 특징이 나타남
- 양반층과 서민층의 언어가 어우러져 나타남

꼼꼼 단어 돋보기

● **다담**
손님을 대접하기 위하여 내놓은 다과

● **닥채 저붐**
닥나무로 만든 젓가락

● **차운**
남이 지은 시의 운자(韻字)를 따서 시를 지음

● **추구권**
좋은 구절을 뽑아 적은 책권

● **주효**
술과 안주를 아울러 이르는 말

● **필연**
붓과 벼루

● **염정 소설**
남녀 주인공이 난관과 장애를 뛰어넘어 사랑을 성취하는 유형의 소설

"모든 아전들 들라."

외치는 소리에 육방(六房)이 넋을 잃어,

"공형이오."

등채로 휘닥딱.

"애고 죽겠다."

"공방, 공방."

공방이 자리 들고 들어오며,

"안 하겠다던 공방을 하라더니 저 불속에 어찌 들랴."

등채로 휘닥딱.
무장할 때 쓰던 채찍

"애고 박 터졌네."」

「좌수(座首), 별감(別監) 넋을 잃고 이방, 호방 혼을 잃고 나졸들이 분주하네. 모든 수령 도망 갈 제 거동 보소. 인궤 잃고 강정 들고, 병부(兵符) 잃고 송편 들고, 탕건 잃고 용수 쓰고, 갓 잃고 소반 쓰고, 칼집 쥐고 오줌 누기. 부서지는 것은 거문고요, 깨지는 것은 북과 장고라.」

인궤: 각종 도장을 넣어 두던 상자 / 병부: 나무패 / 탕건: 벼슬아치가 갓 아래 받쳐 쓰던 관의 하나 / 용수: 죄수 머리에 씌우는 둥근 통

「 」: 열거, 대구, 과장 등의 표현 방법을 활용하여 당황한 수령들이 도망치는 모습을 표현함. 육방 관속들과 더불어 수령들을 희화화함으로써 대상 인물들이 느끼는 충격의 강도를 효과적으로 나타냄

본관 사또가 똥을 싸고 멍석 구멍 새앙쥐 눈뜨듯 하고, 안으로 들어가서,
비정상적인 행동. 공포에 질린 변 사또의 모습을 희화화함

"어 추워라. 문 들어온다 바람 닫아라. 물 마르다 목 들여라."
도치에 의한 언어유희 – 단어를 뒤바꾸어 말하는 모습을 통하여 매우 당황한 변 사또의 심리를 드러내면서 독자에게 웃음을 유발함

관청색은 상을 잃고 문짝을 이고 내달으니, 서리, 역졸 달려들어 후닥딱.

"애고 나 죽네."

이때 어사또 분부하되,

"이 골은 대감이 좌정하시던 골이라. 잡소리를 금하고 객사(客舍)로 옮겨라."
대감: 이몽룡의 아버지 / 객사: 나그네를 묵게 하는 집

자리에 앉은 후에,

"본관은 봉고파직(封庫罷職)하라."

분부하니,

"본관은 봉고파직이오!"

사대문에 방 붙이고 옥 형리 불러 분부하되,

"네 골 옥수(獄囚)를 다 올리라."
옥수: 옥에 갇힌 사람

호령하니 죄인을 올리거늘, 다 각각 문죄(問罪) 후에 무죄자 방송(放送)할새,
변 사또의 잘못된 정사를 바로잡음

"저 계집은 무엇인다?"

형리 여짜오되,

"기생 월매 딸이온데, 관정(官庭)에 포악(暴惡)한 죄로 옥중에 있삽내다."

"무슨 죈다?"

형리 아뢰되,
수청: 아녀자나 기생이 높은 벼슬아치에게 몸을 바쳐 시중을 들던 일

"본관 사또 수청(守廳)으로 불렀더니 수절(守節)이 정절(貞節)이라 수청 아니 들려 하고, 관
'수절'과 '정절'은 모두 절개를 지킨다는 의미 – 동음 반복을 통한 언어 유희

꼼꼼 단어 돋보기

● **봉고파직**
어사나 감사가 못된 짓을 많이 한 고을의 원을 파면하고 관가의 창고를 봉하여 잠금

● **방송**
죄인을 감옥에서 나가도록 풀어 주던 일

전(官前)에 포악한 춘향이로소이다."

어사또 분부하되,

「"너만 년이 수절한다고 관정 포악하였으니 살기를 바랄쏘냐? 죽어 마땅하되 내 수청도 거역할까?"」

「 」: 이몽룡이 춘향의 절개를 시험함

춘향이 기가 막혀

(A) "내려오는 관장(官長)마다 개개이 명관이로구나. 수의사또 들조시오. 층암절벽(層巖絕壁) 높은 바위 바람 분들 무너지며, 청송녹죽(靑松綠竹) 푸른 남기 눈이 온들 변하리까? 그런 분부 마옵시고 어서 바삐 죽여 주오."

명관이로구나: 반어적 표현 / 층암절벽(層巖絕壁) 높은 바위: 춘향의 절개 / 바람: 본관 사또와 어사또의 수청 요구 / 청송녹죽(靑松綠竹) 푸른 남기: 춘향의 절개 / 눈: 본관 사또와 어사또의 수청 요구

하며,

"향단아, 서방님 어디 계신가 보아라. 어젯밤에 옥 문간에 와 계실 제 천만당부하였더니 어디를 가셨는지, 나 죽는 줄 모르는가?"

나 죽는 줄 모르는가: 원망과 아쉬움의 심정

어사또 분부하되,

"얼굴 들어 나를 보라."

하시니, 춘향이 고개 들어 대상(臺上)을 살펴보니 걸객(乞客)으로 왔던 낭군, 어사또로 뚜렷이 앉았구나. 반 웃음 반 울음에

춘향이 고개 들어 ~ 앉았구나: 갈등 해소의 계기, 극적인 반전 / 반 웃음 반 울음: ① 기쁨 – 사랑의 성취, ② 서러움 – 그동안의 고초

"얼씨구나 좋을씨고. 어사 낭군 좋을씨고. 남원 읍내 추절(秋節) 들어 떨어지게 되었더니, 객사에 봄이 들어 이화 춘풍(梨花春風) 날 살린다. 꿈이냐 생시냐, 꿈을 깰까 염려로다."

추절(秋節): 변 사또의 학정 / 떨어지게 되었더니: 춘향이 죽을 위기 / 이화 춘풍(梨花春風): 오얏꽃에 부는 따뜻한 봄바람, 이몽룡

한참 이리 즐길 적에 춘향 모 들어와서 가없이 즐겨 하는 말을 어찌 다 설화(說話)하랴. 춘향의 높은 절개 광채 있게 되었으니 어찌 아니 좋을쏜가?

한참 이리 ~ 좋을쏜가: 서술자에 의한 요약적 진술과 편집자적 논평

한눈에 쏙쏙

갈등 양상과 주제 의식

이몽룡을 향한 정절을 지키고자 하는 춘향	↔	권력의 힘으로 춘향에게 수청을 강요하는 변 사또	➡	• 탐관오리의 횡포에 대한 저항 • 여성의 유교적 정절
탐관오리의 수탈과 횡포를 응징하려는 어사또	↔	백성들을 수탈하고 부정부패를 일삼는 변 사또	➡	탐관오리의 수탈과 횡포에 대한 징계
신분에 얽매이지 않고 이몽룡을 사랑하고자 하는 춘향	↔	출생에 따른 신분적 제약을 지닌 봉건 신분 사회	➡	신분적 갈등 극복을 통한 인간 해방

표현상의 특징

• 판소리 특유의 해학과 풍자가 나타남
• 해학적 문체로 장면을 극대화하여 표현함
• 서민층과 양반층의 언어가 혼재되어 나타남
• 서술자가 작품 속에 개입하여 편집자적 논평을 함

꼼꼼 단어 돋보기

● 청송녹죽
푸른 소나무와 푸른 대나무

● 대상
높은 대의 위

● 가없이
끝없이

● 설화
말로 풀어 설명함

15 윗글에 대한 설명으로 적절하지 않은 것은?

① 우리나라를 배경으로 하고 있다.
② 판소리계 소설의 대표적인 작품이다.
③ 서민층 언어와 양반층의 언어가 혼재되어 있다.
④ 유교적 가치관을 전면적으로 부정한 근대적인 성격을 지닌다.

16 윗글에 나타난 '춘향'의 심리 변화로 가장 적절한 것은?

① 고마움 → 그리움
② 절망감 → 반가움
③ 안도감 → 불안감
④ 배신감 → 실망감

17 (A)에 대한 설명으로 적절하지 않은 것은?

① '바람'과 '눈'은 춘향의 소망을 뜻한다.
② 반어적 표현으로 어사또를 비난하고 있다.
③ 설의적 표현으로 자신의 정절을 강조하고 있다.
④ '층암절벽'과 '청송녹죽'은 춘향의 절개를 뜻한다.

정답 해설 13쪽

15 ④ 16 ② 17 ①

05 수필 · 극

이번 단원에서는 수필, 희곡, 시나리오의 특징을 바탕으로 대표 작품을 학습하게 됩니다.

1 수필

1. 수필의 개념

① 인생에 대한 관조와 체험을 개성적 문체로 표현하여 붓 가는 대로 자연스럽게 쓴 글이다.

② 정해진 형식 없이 글쓴이 자신을 진실하게 드러내면서 멋과 운치를 곁들인 산문 문학의 한 갈래이다.

③ 글쓴이의 개성이 두드러지게 나타난다.

2. 수필의 특성

(1) 개성의 문학

글쓴이의 체험, 생활 태도, 인생관 및 세계관 등 글쓴이가 지닌 개성적 면모가 솔직하게 드러난다.

(2) 자유로운 형식의 문학

형식에 구애받지 않고 다양한 형식으로 자유롭게 쓸 수 있다.

(3) 비전문적인 문학

누구나 쓸 수 있는 대중적인 문학이다.

(4) 교훈과 성찰의 문학

인생에 대한 깊이 있는 사색을 통해 이를 접한 독자가 감동을 느끼고 자신을 성찰할 수 있게 한다.

(5) 멋과 운치의 문학

수필에 나타나는 글쓴이의 유머와 위트는 글의 건조함을 덜어 주고, 독자에게 지적인 감흥을 불러일으킨다.

3. 수필의 갈래

(1) 경수필

① 생활 주변에서 일어나는 사소한 일을 소재로 가볍게 쓴 수필이다.

② 감성적, 주관적, 개인적, 정서적 특성을 지닌 신변잡기적인 글이다.

③ 일기, 편지, 기행문, 독후감, 감상문 등이 이에 속한다.

(2) 중수필

① 주로 무거운 내용을 담고 있으며 논리적, 객관적 특성을 지닌다.

② 비평적 수필, 과학적 수필 등이 이에 속한다.

꼼꼼 단어 돋보기

● **관조**
고요한 마음으로 사물이나 현상을 관찰하거나 비추어 봄

● **신변잡기**
자신의 주변에서 일어나는 여러 가지 일을 적은 수필체의 글

쏙쏙 이해 더하기 경수필과 중수필의 차이점

경수필	중수필
• 문장의 흐름이 가벼운 느낌을 줌 • 자기 고백적이며 '나'가 겉으로 드러남 • 개인적, 주관적인 관점이 나타남 • 개인적인 감성과 정서에 바탕을 둠 • 신변잡기적임	• 문장의 흐름이 무거운 느낌을 줌 • 논리적이며 '나'가 겉으로 드러나지 않음 • 객관적, 사회적인 관점이 나타남 • 보편적인 논리와 이성에 바탕을 둠 • 지적, 사색적임

4. 수필의 수용과 감상

① 수필의 내용을 통해 글쓴이의 태도와 인생관을 파악해야 한다.

② 수필에는 인생이나 자연에 대한 글쓴이의 체험과 가치관이 독특한 개성에 의해 녹아들어 있으므로, 글쓴이의 체험과 그에 대한 태도를 파악할 수 있어야 한다.

2 극

희곡과 시나리오의 특징 및 구성 요소를 이해하고 둘을 비교하여 구분할 수 있도록 공부하세요.

1. 희곡

(1) 희곡의 개념

배우들이 무대 위에서 관객을 상대로 말과 행동을 통해 직접 보여 주기 위해 꾸며 낸 이야기로, 무대 상연을 전제로 한다.

(2) 희곡의 특징

① **무대 상연을 전제로 한 문학**: 무대에서 상연하기 위한 문학이므로 많은 제약이 따르며, 극적 관습을 지켜야 한다.

② **행동과 대사의 문학**: 배우의 행동과 대사를 통해 사건이 진행되고, 주제가 형상화된다.

③ **갈등의 문학**: 인물 간의 갈등과 그 해소 과정을 주된 내용으로 한다.

④ **현재 진행형의 문학**: 배우들의 행동을 통해 관객의 눈앞에서 현재 벌어지고 있는 사건으로 표현한다.

+ 희곡의 구성 단계
발단 – 전개 – 절정 – 하강 – 대단원

(3) 희곡의 요소

① 해설: 막이 오르기 전후에 극의 시간적·공간적 배경, 등장인물, 무대 장치 등을 설명한다.

② 지시문: 등장인물의 행동이나 말투, 음향 효과나 무대 장치 등을 지시하고 설명한다.

③ 대사: 등장인물이 하는 말이다.

대화	인물과 인물이 서로 주고받는 대사
독백	인물이 상대역 없이 혼자서 하는 대사
방백	관객에게는 들리고 상대역에게는 들리지 않는 것으로 약속된 대사

꼼꼼 단어 돋보기

● **사색**
어떤 것에 대하여 깊이 생각하고 이치를 따짐

● **전제**
어떠한 사물이나 현상을 이루기 위하여 먼저 내세우는 것

2. 시나리오

(1) 시나리오의 개념

영화를 촬영하기 위하여 꾸며 낸 이야기로, 상영을 전제로 한다.

(2) 시나리오의 특징

① 화면에 의해 표현되므로 촬영을 고려해야 하며, 대본에 특수한 시나리오 용어가 사용된다.
② 대사와 행동으로 인물의 특성과 사건의 진행을 표현한다.
③ 장면의 변화가 자유롭고 시간적, 공간적 배경이나 등장인물 수의 제약이 적다.
④ 직접적인 심리 묘사가 어렵고, 장면과 대상에 의해 심리를 간접적으로 묘사한다.

(3) 시나리오의 요소

장면 표시	사건의 배경이 되는 장면의 설정이나 장면 번호로, S#으로 나타냄
해설	시나리오의 첫머리에 등장인물, 때와 장소, 배경 등을 설명해 놓은 부분
대사	배우가 극 중에서 하는 말로, 인물의 성격을 드러내고 사건을 진행시키며 갈등 관계를 나타내고 작품의 주제를 구현함
지시문	인물의 표정이나 동작, 카메라 위치, 필름 편집 기술 등을 지시하는 부분

(4) 시나리오의 용어

C.U.	클로즈업. 특정 부분을 집중적으로 확대하여 찍는 것
E.	효과음
F.I.	페이드인. 화면이 어둡다가 점차 밝아지는 것
F.O.	페이드아웃. 화면이 밝았다가 점차 어두워지는 것
Ins.	인서트. 화면과 화면 사이에 다른 화면을 끼워 넣는 것
NAR.	내레이션. 해설
O.L.	오버랩. 화면을 자연스럽게 겹치게 하면서 장면을 바꾸는 것
Montage	몽타주. 여러 장면을 한데 배합하여 일시적으로 보여 주는 것

쏙쏙 이해 더하기 희곡과 시나리오의 차이점

구분	희곡	시나리오
목적	연극 상연	영화 상영
단위	막과 장	장면
제약	시간적·공간적 배경, 인물 수에 제약이 있음	비교적 제약이 적음
형태	상연으로 소멸됨	필름으로 보존됨

+ 희곡과 시나리오의 공통점
- 서술자가 없다.
- 허구성을 지닌다.
- 갈등이 드러나는 문학이다.
- 대사와 지문으로 사건이 진행된다.

수오재기(守吾齋記)

정약용 | 2021년 1회

기 수오재(守吾齋), 즉 '나를 지키는 집'은 큰형님이 자신의 서재에 붙인 이름이다. 나는 처음
수오재의 뜻
그 이름을 보고 의아하게 여기며, "나와 단단히 맺어져 서로 떠날 수 없기로는 '나'보다 더한 게 없다. 비록 지키지 않는다 한들 '나'가 어디로 갈 것인가. 이상한 이름이다."라고 생각했다.
→ 기: 의문 제기 – 독자의 관심 유도

승 장기로 귀양 온 이후 나는 홀로 지내며 생각이 깊어졌는데, 어느 날 갑자기 이러한 의문
'나'를 지킨다는 것의 의미
점에 대해 환히 깨달을 수 있었다. 나는 벌떡 일어나 다음과 같이 말했다.
유배지에서 성찰의 시간을 보내다가 '수오재'의 진정한 의미를 깨닫게 됨

천하 만물 중에 지켜야 할 것은 오직 '나'뿐이다. 「내 밭을 지고 도망갈 사람이 있겠는가? 그
주장 제시 / 「 」: 근거 – 지키지 않아도 되는 것들과 그 이유(열거법, 설의법)
러니 밭은 지킬 필요가 없다. 내 집을 지고 달아날 사람이 있겠는가? 그러니 집은 지킬 필요가 없다. 내 동산의 꽃나무와 과실나무들을 뽑아 갈 수 있겠는가? 나무뿌리는 땅속 깊이 박혀 있다. 내 책을 훔쳐 가서 없애 버릴 수 있겠는가? 성현(聖賢)의 경전은 세상에 널리 퍼져 물과 불처럼 흔한데 누가 능히 없앨 수 있겠는가. 내 옷과 양식을 도둑질하여 나를 궁색하게 만들 수 있겠는가? 천하의 실이 모두 내 옷이 될 수 있고, 천하의 곡식이 모두 내 양식이 될 수 있다. 도둑이 비록 훔쳐 간다 한들 하나둘에 불과할 터, 천하의 모든 옷과 곡식을 다 없앨 수는 없다. 따라서 천하 만물 중에 꼭 지켜야만 하는 것은 없다.」

그러나 유독 이 '나'라는 것은 그 성품이 달아나기를 잘하며 출입이 무상하다. 아주 친밀하게
본질적 자아
붙어 있어 서로 배반하지 못할 것 같지만 잠시라도 살피지 않으면 어느 곳이든 가지 않는 곳이
본질적 자아를 확립하기 위한 노력을 게을리하면
없다. 이익으로 유혹하면 떠나가고, 위험과 재앙으로 겁을 주면 떠나가며, 질탕한 음악 소리만
인간의 마음은 유혹이나 위협에 쉽게 흔들림(열거법, 예시)
들어도 떠나가고, 미인의 예쁜 얼굴과 요염한 자태만 보아도 떠나간다. 그런데 한번 떠나가면 돌아올 줄 몰라 붙잡아 만류할 수 없다. 그러므로 천하 만물 중에 잃어버리기 쉬운 것으로는
인간은 외부 유혹에 쉽게 흔들림
'나'보다 더한 것이 없다. 그러니 꽁꽁 묶고 자물쇠로 잠가 '나'를 굳게 지켜야 하지 않겠는가?
철저히 수양하여 '나'를 굳게 지켜야 한다는 말 → 승: 나를 지켜야 하는 이유를 깨달음

전 나는 '나'를 허투루 간수했다가 '나'를 잃은 사람이다. 어렸을 때는 과거 시험을 좋게 여겨
현상적 자아 / 반성, 후회, 자책
그 공부에 빠져 있었던 것이 10년이다. 마침내 조정의 벼슬아치가 되어 사모관대에 비단 도포
입신양명
를 입고 백주 도로를 미친 듯 바쁘게 돌아다니며 12년을 보냈다. 그러다 갑자기 상황이 바뀌
귀양을 가게 됨
어 친척을 버리고 고향을 떠나 한강을 건너고 문경 새재를 넘어 아득한 바닷가 대나무 숲이 있
유배지
는 곳에 이르러서야 멈추게 되었다. 이때 '나'도 땀을 흘리고 숨을 몰아쉬며 허둥지둥 내 발뒤꿈치를 쫓아 함께 이곳에 오게 되었다. 나는 '나'에게 말했다.
자아 성찰의 행동

「"너는 무엇 때문에 여기에 왔는가? 여우나 도깨비에게 홀려서 왔는가? 바다의 신이 불러서
「 」: 자문을 통한 자아 성찰
왔는가? 너의 가족과 이웃이 소내에 있는데, 어째서 그 본고장으로 돌아가지 않는가?"」

그러나 '나'는 멍하니 꼼짝도 않고 돌아갈 줄을 몰랐다. 그 안색을 보니 마치 얽매인 게 있어
벼슬길에 미련이 남아 '나'의 마음의 본래의 자리로 돌아가지 못하고 있는 상태를 의미
돌아가려 해도 돌아갈 수 없는 듯했다. 그래서 '나'를 붙잡아 함께 머무르게 되었다.

이 무렵, 내 둘째 형님 또한 그 '나'를 잃고 남해의 섬으로 가셨는데, 역시 '나'를 붙잡아 함께 그곳에 머무르게 되었다.
→ 전: 본질적 자아를 잃고 살아온 지난 삶에 대한 회고와 반성을 통해 깨달음을 얻음

이해와 감상

이 작품은 자문자답의 방식을 통해 잃기 쉬우나 잃어서는 안 될 본질적 자아를 지키는 것이 바로 '나를 지키는 것'임을 깨달아 가는 과정을 보여 주고 있다.

작품 정리

갈래 : 한문 수필, 기(記)
성격 : 반성적, 회고적, 교훈적
주제 : 참된 자아를 지키는 것의 중요성
특징
- 관념적인 '나의 마음'을 구체화하여 그것과 대화하는 방식으로 글을 구성함
- 자신의 과거를 반성적으로 돌아보고 그 과정에서 얻은 깨달음을 전함

꼼꼼 단어 돋보기

● 장기
경상북도 포항시 장기면. 정약용은 신유박해 때문에 장기에서 유배 생활을 했다.

● 성현
성인(지혜와 덕이 매우 뛰어나 길이 우러러 본받을 만한 사람)과 현인(어질고 총명하여 성인에 다음가는 사람)을 아울러 이르는 말

● 궁색하다
아주 가난하다.

● 무상하다
일정하지 않고 늘 변하는 데가 있다.

● 질탕
신이 나서 정도가 지나치도록 흥겨움

● 소내
현재 경기도 남양주시 조안면 능내리 마현 마을

결 유독 내 큰형님만이 '나'를 잃지 않고 편안하게 수오재에 단정히 앉아 계신다. 본디부터
큰형님만이 마음의 중심을 잡고 유혹에 휩쓸리지 않음으로써 본질적 자아를 지킴
지키는 바가 있어 '나'를 잃지 않으신 때문이 아니겠는가? 이것이야말로 큰형님이 자신의 서재 이름을 '수오'라고 붙이신 까닭일 것이다. 일찍이 큰형님이 말씀하셨다.

"아버지께서 나의 자(字)를 태현(太玄)이라고 하셨다. 나는 홀로 나의 [태현]을 지키려고 서재 이름을 '수오'라고 하였다."
큰형님이 서재 이름을 '수오'라고 지은 이유

[ ]: 본질적 자아

이는 그 이름 지은 뜻을 말씀하신 것이다.

맹자께서 말씀하시기를, "무엇을 지키는 것이 큰일인가? [자신]을 지키는 것이 큰일이다."라고 하셨는데, 참되도다, 그 말씀이여!
맹자의 말을 인용하여 자신의 생각을 뒷받침함

드디어 내 생각을 써서 큰형님께 보여 드리고 수오재의 기문(記文)으로 삼는다.
글을 쓰게 된 동기와 갈래상의 특징 제시

··· 결: 「수오재기」를 쓰게 된 이유

+ 기(記) 형식
중국의 문장 형식으로, 잡기(雜記)라고도 한다. 기(記)란 본래 기술(記述)한다는 뜻인데 기술의 대상은 사물이다. 즉, 여러 가지 사물에 관해 기술한 산문 문장 형식이 바로 기(記) 형식이다.

한눈에 콕콕

글쓴이의 인식

천하 만물	다른 사람이 가져갈 수 없거나, 세상에 무수히 많아 다른 것으로 대체할 수 있음	➡	지키지 않아도 됨
'나'	쉽게 잃어버릴 수 있으며, 한번 떠나가면 돌아올 줄 모름	➡	굳게 지켜야 함

'자신을 지키는 것(수오)'의 의미

- '나'의 생각이나 주관을 잃지 않는 것
- 자신의 본성을 온전한 상태로 유지하는 것
- 세속적인 유혹에 빠지지 않는 올바른 정신을 지키는 것

꼼꼼 단어 돋보기

- **태현**
심오하고 현묘한 이치
- **기문**
기록한 문서

시험에 이렇게 나와요

01 윗글의 내용과 일치하지 <u>않는</u> 것은?

① 12년 동안 조정의 벼슬아치로서 바쁘게 살았다.
② 어렸을 때부터 과거 시험을 준비하며 공부에 빠져 있었다.
③ 큰형님이 서재에 붙인 이름을 처음 봤을 때 의문을 품었었다.
④ 갑작스러운 상황 변화에 따라 남해의 섬으로 유배를 가게 되었다.

02 윗글의 글쓴이가 사용한 글쓰기 전략을 〈보기〉에서 모두 골라 바르게 묶은 것은?

보기

ㄱ. 성현의 말을 인용하여 자신의 생각을 뒷받침한다.
ㄴ. 우화를 제시하여 자신이 처한 부정적인 상황을 강조한다.
ㄷ. 다른 대상과의 대비를 통해 말하고자 하는 대상의 특성을 부각한다.
ㄹ. 자신이 직접 겪은 사건을 통해 얻은 삶의 깨달음을 제시하여 설득력을 높인다.

① ㄱ, ㄷ
② ㄴ, ㄹ
③ ㄱ, ㄷ, ㄹ
④ ㄴ, ㄷ, ㄹ

03 다음에 제시된 소재 중 언급된 맥락의 성격이 <u>다른</u> 것은?

① 밭과 집
② 옷과 양식
③ 성현의 경전
④ 질탕한 음악 소리

정답 　해설 15쪽
01 ④ 　02 ③ 　03 ④

이옥설(理屋說) 이규보

| 2022년 2회

집에 오래 지탱할 수 없이 퇴락한 •행랑채 세 칸이 있어서 나는 부득이 그것을 모두 수리하게 되었다. 이때 앞서 그중 두 칸은 비가 샌 지 오래되었는데, 나는 그것을 알고도 어물어물하다가 미처 수리하지 못하였고, 다른 한 칸은 한 번밖에 비를 맞지 않았기 때문에 급히 기와를 갈게 하였다.

차일피일 미루다 수리할 시기를 놓침

조치를 취함

(A) 「그런데 수리하고 보니, 비가 샌 지 오래된 것은 서까래, 추녀, 기둥, 들보가 모두 썩어서 못 쓰게 되었으므로 경비가 많이 들었고, 한 번밖에 비를 맞지 않은 것은 재목들이 모두 완전하여 다시 쓸 수 있었기 때문에 경비가 적게 들었다.」

「 」: 구체적인 경험을 통해, 잘못된 것을 알고 바로 고쳤을 때와 그렇지 않았을 때의 차이를 보여 줌

나는 여기에서 이렇게 생각한다. 사람의 몸에 있어서도 역시 마찬가지이다. 잘못을 알고서도 곧 고치지 않으면 몸의 •패망하는 것이 나무가 썩어서 못 쓰게 되는 이상으로 될 것이고, 잘못이 있더라도 고치기를 꺼려하지 않으면 다시 좋은 사람이 되는 것이 집 재목이 다시 쓰일 수 있는 이상으로 될 것이다.

체험을 통한 깨달음이 제시됨 / 유추적 적용

이뿐만 아니라, 나라의 •정사도 이와 마찬가지다. 모든 일에 있어서, 백성에게 심한 해가 될 것을 머뭇거리고 개혁하지 않다가, 백성이 못살게 되고 나라가 위태하게 된 뒤에 갑자기 변경하려 하면, 곧 붙잡아 일으키기가 어렵다. 삼가지 않을 수 있겠는가?

유추적 적용

소 잃고 외양간 고친다 – 사후약방문

자신과 타인에 대한 경계의 태도 – 만시지탄을 경계함

이해와 감상

이 작품은 집을 수리하는 일상적인 체험을 바탕으로 한 수필이다. 잘못을 발견하면 즉시 대처해야 하며, 이를 방치하면 개인에게나 국가에게도 큰 문제가 발생할 수 있다는 것을 유추의 방법을 통해 이야기하고 있다.

작품 정리

갈래 : 한문 수필, 설(說)

성격 : 교훈적, 예시적, 경험적, 유추적

주제 : 잘못을 알았을 때 즉시 고쳐 나가는 자세의 중요성

특징

- '경험 – 깨달음'의 구성 방식을 취함
- 구체적인 경험에서 깨달은 바를 인간사 일반에 유추하여 이치를 밝힘

✚ 설(說) 형식

'설'은 고전 수필의 한 종류로, 보통 사물의 이치를 밝히는 부분과 글쓴이의 생각을 밝히는 2단 구조로 되어 있다. 구체적인 사물에 관해서 자신의 의견을 서술하는 형태로, 교훈적 성격이 강하다.

한눈에 콕콕

경험의 유추적 적용

행랑채 수리	일상생활의 구체적 경험(비가 새면 발견한 즉시 수리해야 함)

↙ ↘

사람의 경우	나라 정치의 경우
깨달음의 적용(사람의 잘못도 발견한 즉시 고쳐야 함)	깨달음의 범위를 확장·적용(나라의 정치도 잘못을 발견한 즉시 개선해야 함)

꼼꼼 단어 돋보기

● 행랑채
대문간 곁에 있는 집채

● 패망
싸움에서 져서 망함

● 정사
정치 또는 행정상의 일

04 윗글의 특징에 대하여 설명한 것으로 적절하지 않은 것은?

① 체험과 깨달음의 구성 방식을 보이고 있다.
② 일상적 경험을 제시함으로써 설득력을 높이고 있다.
③ 독자에게 교훈을 전달하고자 하는 의도를 담고 있다.
④ 문제 상황에 대한 구체적 해결 방안을 제시하고 있다.

05 다음 중 윗글의 글쓴이가 말하려는 내용을 가장 바르게 이해한 사람은?

① 성수: 집을 잘못 수리하고 나서 후회하는 일이 없도록, 집을 수리할 때는 신중을 기해야 한다는 것을 깨달았어.
② 선용: 집을 처음에 온전히 수리하면 비용이 덜 드는 것처럼, 모든 일에 완벽을 기해야 잘못을 덜 범할 수 있다는 것을 알았어.
③ 유병: 집을 제대로 수리하지 않으면 집이 더 망가지는 것처럼, 나라도 제대로 정비하지 않으면 망할 수 있다는 것을 알게 되었어.
④ 혁수: 집에 잘못된 점이 있음을 알면 바로 수리해야 하는 것처럼, 잘못을 알고 있으면 즉시 고쳐 나가는 자세가 중요하다는 것을 깨달았어.

06 (A)의 상황을 드러내기에 가장 적절한 속담은?

① 십년공부 도로 아미타불
② 닭 쫓던 개 지붕 쳐다보듯
③ 빈대 잡으려고 초가삼간 태운다.
④ 호미로 막을 것을 가래로 막는다.

정답 해설 15쪽
04 ④ 05 ④ 06 ④

통곡할 만한 자리 박지원

기 7월 초8일 갑신일
1780년(정조 4년) 7월 8일
맑다.

정사와 한 가마를 타고 삼류하(三流河)를 건너 냉정(冷井)에서 조반을 먹었다. 십여 리를 가다가 산기슭 하나를 돌아 나가니 태복(泰卜)이란 놈이 갑자기 국궁(鞠躬)을 하고는 말 머리로 쫓아와서 땅에 엎드리고 큰 소리로,
기행문의 요소 중 하나인 '여정'이 드러남 / 정 진사의 하인

㉠"백탑(白塔)이 현신하였기에, 이에 아뢰나이다."
백탑이 곧 보인다는 의미로, 백탑을 의인화하여 표현하고 있음(주객이 전도된 표현)

한다. 태복은 정 진사의 마두이다.

산기슭이 가로막고 있어 백탑이 보이지 않기에 말을 급히 몰아 수십 보를 채 못 가서 겨우 산기슭을 벗어났는데, 안광이 어질어질하더니 홀연히 검고 동그란 물체가 오르락내리락한다.
요동 벌판의 광활함으로 현기증이 날 듯했다는 의미로, 글쓴이의 심리적 충격을 드러냄

㉡이제야 깨달았다. 사람이란 본래 의지하고 붙일 곳 없이 단지 하늘을 이고 땅을 밟고 이리저리 나다니는 존재라는 것을. 말을 세우고 사방을 둘러보다가 나도 모르게 손을 들어 이마에 얹고,
요동 벌판을 보며 인간이 미미한 존재임을 새삼 깨달음

"한바탕 통곡하기 좋은 곳이로구나."
요동 벌판에 대한 벅찬 느낌을 표현함 → 글쓴이의 창의적 발상이 드러남

⋯→ 기: 광활한 요동 벌판을 바라봄

승 "천지간에 이렇게 시야가 툭 터진 곳을 만나서는 별안간 통곡할 것을 생각하시니, 무슨 까닭입니까?"
장관을 보면 우는 것이 아니라, 감탄하기 마련이라는 상식에서 비롯된 물음 → 정 진사의 상식적이고 보편적인 생각

하고 묻기에 나는,

"그렇긴 하나, 글쎄. 천고의 영웅들이 잘 울고, 미인들이 눈물을 많이 흘렸다고 하나, 기껏 소리 없는 눈물이 두어 줄기 옷깃에 굴러 떨어진 정도에 불과하였지, 그 울음소리가 천지 사이에 울려 퍼지고 가득 차서 마치 악기에서 나오는 소리와 같다는 얘기는 들어 보지 못했네.
상식적으로 옳은 말임을 인정함

사람들은 단지 인간의 칠정(七情) 중에서 오로지 슬픔만이 울음을 유발한다고 알고 있지, 칠정이 모두 울음을 자아내는 줄은 모르고 있네. ㉢기쁨이 극에 달하면 울음이 날 만하고, 분노가 극에 치밀면 울음이 날 만하며, 즐거움이 극에 이르면 울음이 날 만하고, 사랑이 극에 달하면 울음이 날 만하며, 미움이 극에 달하면 울음이 날 만하고, 욕심이 극에 달해도 울음이 날 만한 걸세. 막히고 억눌린 마음을 시원하게 풀어 버리는 데에는 소리를 지르는 것보다 더 빠른 방법이 없네.
울음에 대한 일반적인 생각 / 울음에 대한 상식을 뒤집는 글쓴이의 창의적 생각 / 감정을 정화하는 울음의 기능

통곡 소리는 천지간에 우레와 같아 지극한 감정에서 터져 나오고, 터져 나온 소리는 사리에 절실할 것이니 웃음소리와 뭐가 다르겠는가? 「사람들이 태어나서 사정이나 형편이 이런 지극한 경우를 겪어 보지 못하고 칠정을 교묘하게 배치하여 슬픔에서 울음이 나온다고 짝을 맞추어 놓았다네.」 그리하여 초상이 나서야 비로소 억지로 '아이고' 하는 등의 소리를 질러 대지.
울음과 웃음의 공통점 / 「 」: 울음이 슬픔에서만 비롯된다는 편견이 생긴 이유

「그러나 정말 칠정에서 느껴서 나오는 지극하고 진실한 통곡 소리는 천지 사이에 억누르고
「 」: 한나라 가의의 사례를 들어 진정한 울음은 지극한 상황을 겪어야 나올 수 있음을 밝힘

이해와 감상

이 작품은 박지원이 요동 벌판에서 느낀 감회를 새로운 시각으로 표현한 수필이다.

작품 정리

갈래 : 한문 수필, 기행 수필
성격 : 비유적, 교훈적, 사색적, 체험적
주제 : 광활한 요동 벌판을 보며 느끼는 감회

특징
- 일반적인 통념을 깨뜨리는 작가의 참신한 발상이 돋보임
- 문답에 의한 구성 방식을 통해 주장을 논리적으로 전개함
- 적절한 비유와 구체적인 예시로 대상을 실감 나게 표현함

꼼꼼 단어 돋보기

- **정사**
사신 가운데 우두머리가 되는 사람 또는 그런 지위. 박지원의 팔촌 형인 박명원을 가리킴
- **조반**
아침밥
- **국궁**
윗사람 앞에서 존경하는 뜻으로 몸을 굽힘
- **백탑**
중국 요나라와 금나라의 전탑(塼塔)을 이르는 말
- **현신하다**
다른 사람에게 자신을 보이다.
- **마두**
역마(驛馬)에 관한 일을 맡아보던 사람
- **안광**
눈의 정기

참고 억제하여 감히 아무 장소에서나 터져 나오지 못하는 법이네. ㉣한나라 때 가의(賈誼)는 적당한 통곡의 자리를 얻지 못해 울음을 참다가 견뎌 내지 못하고 갑자기 한나라 궁실인 선실(宣室)을 향해 한바탕 길게 울부짖었으니, 어찌 사람들이 놀라고 괴이하게 여기지 않을 수 있겠는가?"」

⋯→ 승: 요동 벌판을 통곡하기 좋은 곳이라고 말한 이유

전 하니 정 진사는,

"지금 여기 울기 좋은 장소가 저토록 넓으니, 나 또한 그대를 좇아 한바탕 울어야 마땅하겠는데, 칠정 가운데 어느 정에 감동받아 울어야 할지 모르겠습니다."

하기에 나는,

"그건 갓난아이에게 물어보시게. 갓난아이가 처음 태어나 칠정 중 어느 정에 감동하여 우는지? 갓난아이는 태어나 처음으로 해와 달을 보고, 그다음에 부모와 앞에 꽉 찬 친척들을 보고 즐거워하고 기뻐하지 않을 수 없을 것이네(갓난아이의 울음은 희(喜), 락(樂)과 관련이 있다고 여김(창의적 사고)). 이런 기쁨과 즐거움은 늙을 때까지 두 번 다시 없을 터이니, 슬퍼하거나 화를 낼 이치가 없을 것이고 응당 즐거워하고 웃어야 할 것이 아닌가(설의법). 그런데도 도리어 한없이 울어 대고 분노와 한이 가슴에 꽉 찬 듯이 행동을 한단 말이야.「이를 두고, 신성하게 태어나거나 어리석고 평범하게 태어나거나 간에 사람은 모두 죽게 되어 있고, 살아서는 허물과 걱정 근심을 백방으로 겪게 되므로, 갓난아이는 자신이 태어난 것을 후회하여 먼저 울어서 자신을 위로하는 것이라고 한다면,」(「 」: 갓난아이가 세상에 태어날 때 우는 이유에 대한 다른 사람들의 견해) 이는 갓난아이의 본마음을 참으로 이해하지 못해서 하는 말이네(갓난아이가 우는 것은 슬픔 때문이 아님).「갓난아이가 어머니 태중에 있을 때 캄캄하고 막히고 좁은 곳에서 웅크리고 부대끼다가 갑자기 넓은 곳으로 빠져나와 손과 발을 펴서 기지개를 켜고 마음과 생각이 확 트이게 되니, 어찌 참소리를 질러 억눌렸던 정을 다 크게 씻어 내지 않을 수 있겠는가!」(「 」: 갓난아이가 세상에 태어날 때 광활한 곳에 이른 기쁨과 같은 감정을 느낀다고 생각함(창의적 사고))

⋯→ 전: 갓난아이의 울음은 세상에 나왔을 때의 기쁨과 즐거움 때문임

결 그러므로 갓난아이의 거짓과 조작이 없는 참소리(즐겁고 기쁠 때 자연스럽게 나오는 울음소리)를 응당 본받는다면, 금강산 비로봉(통곡할 만한 자리의 예 ①)에 올라 동해를 바라봄에 한바탕 울 적당한 장소가 될 것이고, 황해도 장연(長淵)의 금모래 사장(통곡할 만한 자리의 예 ②)에 가도 한바탕 울 장소가 될 것이네. 지금 요동 들판에 임해서 여기부터 산해관(山海關)까지 일천이백 리가 도무지 사방에 한 점의 산이라고는 없이, 하늘 끝과 땅끝이 마치 아교로 붙인 듯, 실로 꿰맨 듯하고 고금의 비와 구름만이 창창하니, 여기가 바로 한바탕 울어 볼 장소가 아니겠는가?"

⋯→ 결: 비로봉, 장연의 모래 사장, 요동 벌판 등은 한바탕 울어 볼 만한 자리임

한눈에 콕콕

대상에 대한 관점의 차이

대상 \ 관점	정진사(일반 사람) –일반적·보편적 사고	작가(박지원) –창의적·개성적 사고
요동 벌판	광활한 장관을 보며 감탄함	한바탕 울고 싶음
울음	슬픔에서 비롯된다고 생각함	모든 감정이 극에 달할 때 터져 나온다고 생각함

꼼꼼 단어 돋보기

- **가의**: 전한(前漢)의 정치가이며 문인. 당시의 정세를 분석하여 통곡할 일과 눈물지을 일, 한숨 쉴 일 등을 조목조목 따져서 올린 상소문이 전해짐
- **태중(胎中)**: 아이를 배고 있는 동안
- **아교**: 짐승의 가죽, 힘줄, 뼈 따위를 고아서 굳힌 끈끈한 것

비유적 표현의 의미

글쓴이(원관념)	갓난아이(보조 관념)
좁은 조선에서 나와 광활한 벌판을 봄	어미 태에서 나옴
통곡할 만함	한없이 울어 댐

➡

의미
폐쇄적인 곳에서 넓은 세상으로 나와 새로운 문물을 접함
새로운 것을 접한 기쁨이 극에 달해 통곡할 만함

시험에 이렇게 나와요

07 윗글에 드러난 글쓴이의 생각과 일치하지 않는 것은?

① 인간의 칠정은 모두 울음을 유발한다.
② 천고의 영웅들이나 미인들은 통곡하면서 마음을 풀었다.
③ 기쁨이 극에 달해 터져 나오는 울음은 웃음과 다를 바 없다.
④ 즐거움이나 미움, 욕심이 극에 달하는 순간에도 울음이 나올 수 있다.

08 윗글에 사용된 단어의 뜻을 풀이한 내용으로 적절하지 않은 것은?

① 조반: 아침밥
② 국궁: 우리나라 고유의 활
③ 마두: 역마(驛馬)에 관한 일을 맡아보던 사람
④ 사리: 일의 이치

09 ㉠~㉣에 대한 설명으로 적절하지 않은 것은?

① ㉠: 사물을 의인화하였다.
② ㉡: 문장의 순서를 뒤바꾸었다.
③ ㉢: 성격이 서로 다른 대상을 대조하였다.
④ ㉣: 중국의 고사를 인용하였다.

정답 해설 15쪽

07 ② 08 ② 09 ③

과학자의 서재 최재천

| 2018년 2회

가 활활 타오르는 모닥불 속에 썩은 통나무 한 개비를 집어 던졌다. 그런데 미처 그 통나무 속에 개미집이 있다는 것을 나는 몰랐다. 통나무가 우지직, 소리를 내며 타오르자 별안간 개미들이 떼를 지어 쏟아져 나오며 안간힘을 다해 도망치기 시작했다. 그들은 통나무 뒤로 달리더니 넘실거리는 불길에 휩싸여 경련을 일으키며 타 죽어 갔다. 나는 황급히 통나무를 낚아채서 모닥불 밖으로 내던졌다. 다행히 많은 개미가 생명을 건질 수 있었다. 어떤 놈은 모래 위로 달려가기도 하고 어떤 놈은 솔가지 위로 기어오르기도 했다. 그러나 이상한 일이었다. 개미들은 좀처럼 불길을 피해 달아나려고 하지 않았다. 가까스로 공포를 이겨 낸 개미들은 다시 방향을 바꾸어 통나무 둘레를 빙글빙글 돌기 시작했다. 개미들은 통나무 주위에 모여들기 시작했다. 그리곤 그 많은 개미가 통나무를 붙잡고 바동거리며 그대로 죽어 가는 것이었다.

동물학자가 된 이후(글쓴이의 직업이 드러남)에야 비로소 이해하게 되었지만, 당시에는 나도 솔제니친과 마찬가지로 개미들이 왜 그렇게 행동하는지 정말 궁금했다(책을 통해 가지게 되는 의문점). 생물학자가 아니라 문학가인 솔제니친은 그 상황을 과학적으로 설명하지 못하고 철학적으로 받아들인 듯하다. 당시의 나 역시 개미의 행동을 설명할 길이 없었으나 그 작품은 묘하게도 내 머릿속에 깊이 박혔다(훗날 사회 생물학에 대한 관심으로 이어짐).

그러다가 훗날 미국 유학을 가서 꽂혀 버린 학문, 사회 생물학을 접했을 때 순간적으로 솔제니친의 그 수필이 생각났다. 그간 수많은 문학 작품을 읽고 고독을 즐기는 속에서 점점 더 많은 삶의 수수께끼들을 껴안고 살았는데, 사회 생물학이라는 학문이 그것들을 가지런히 정리해서 대답해 주었다. 《모닥불과 개미》 속의 개미도 내가 안고 있던 수수께끼 중 하나였다. 그 개미들을 이해하게 된 순간, 나는 이 학문을 평생 공부하겠다고 결정했다(글쓴이가 사회 생물학을 전공하게 된 이유). ⋯→ 사회 생물학을 연구하게 된 계기

나 그런데 《사회 생물학》을 읽으며 발견한 또 다른 책이 바로 《이기적 유전자》다(한 권의 책을 읽은 후 그와 관련된 다른 책을 읽으면서 독서의 폭이 넓어지게 됨). 이미 《사회 생물학》을 읽으며 그 매력에 빠져들고 있었으므로 관련된 책들을 모두 읽어 보고 싶었다. 우선 영국 옥스퍼드 대학교의 리처드 도킨스 교수가 쓴 《이기적 유전자》를 사서 읽었다.

세상을 살면서 한 권의 책 때문에 인생관, 가치관, 세계관이 하루아침에 바뀌는 경험을 하는 이들이 과연 몇이나 될까(의문의 형식으로 독자의 흥미와 공감을 이끌어 냄)? 대부분은 아마 단 한 번도 그런 짜릿한 경험을 못 하고 생을 마칠 것이다. 그런데 나는 《이기적 유전자》를 읽으면서 그런 엄청난 경험(한 권의 책으로 인생관, 가치관, 세계관이 바뀌는 경험)을 했다.

⋯→ 《이기적 유전자》를 읽고, 인생관, 가치관, 세계관이 바뀜

다 나는 그날 그 새벽에 바라본 세상의 모습, 그 순간을 잊지 못한다. 그 순간부터 내 삶은 그 전과 후로 완벽하게 갈라졌다. 그전에는 여러 가지 삶의 의문에 이렇게도 생각하고 저렇게도 생각하면서, 그때마다 다른 답을 내곤 했다(명쾌한 답을 내지 못해 고민하고 방황함). 그러나 《이기적 유전자》를 읽고 난 그 새벽부터는 모든 것이 가지런해졌다. 한길로 나란히 늘어선 것처럼. 그저 유전자의 관점에서 세상을 다시 분석하면 모든 것이 명쾌하게 설명되었다. 그때 느낀 기쁨과 즐거움은(다양한 의문에 대한 답을 얻어 황홀함을 느낌) 말로 표현하기가

이해와 감상

이 작품은 책을 통해 자신의 진로를 찾은 한 과학자의 경험을 담은 수필이다.

작품 정리

갈래: 경수필
성격: 체험적, 고백적, 자전적
주제: 자신의 학문과 삶에 영향을 미친 독서 경험
특징
- 과거의 체험을 시간의 흐름에 따라 서술함
- 독서 과정에서 경험한 가치관의 변화에 초점을 맞추어 서술함

꼼꼼 단어 돋보기

● **솔제니친**
러시아의 소설가. 강제 노동 수용소에서의 경험을 바탕으로 옛 소련의 정치적 억압을 문학 작품으로 형상화함

● **사회 생물학**
인간을 포함한 모든 동물의 사회적 행동을 생물학의 관점에서 체계적으로 연구하는 학문

쉽지 않다. ···› 그동안 지녀 온 삶의 의문을 《이기적 유전자》를 통해 해결함

라 처음 읽었을 때는 답을 얻은 기분에 세상이 달라 보였는데(황홀감), 그 단계가 지나니 시간이 지날수록 만사가 시시하게 여겨졌다(좌절감).

'그래, 무엇 때문에 난 그렇게 애를 썼나? 저 사람은 무엇 때문에 저렇게 기를 쓰나? 모든 것이 유전자 때문인데, 유전자가 계획한 대로 움직이는 것뿐인데…….'

이런 생각이 드니까 모든 것에서 맥이 풀렸다. 열심히 사는 것, 노력하는 것이 말짱 헛일이고 인생사 일장춘몽(一場春夢)이라는 말이 떠올랐다(《이기적 유전자》를 읽고 인생의 허무함을 느끼게 됨).

'그럼, 지금 내가 사라져도 별것 아니겠네? 어차피 세상은 유전자 덕에 탈 없이 유지될 테니…….'

책을 읽고 몇 달이 지난 시기였다. 그렇게 아무것도 할 수 없는 상태로 잠시 살았다. 하지만 다행히 방황이 길지는 않았고 재해석을 통해 세상의 의미를 정리했다(허무함을 극복하게 된 계기).

···› 삶의 의문에 대한 답을 얻은 뒤 허무함을 느낌

마 '그래, 나는 아무것도 아니야. 지금 없어져도 세상에 아무런 변화를 일으킬 수 없는 그런 존재야. 그렇지만 그렇다고 해서 ㉠구지 없어질 필요는 없다. 내가 존재하는 이유는 따로 있다. 이 세상에 태어났으니 나의 모든 상황에 온 힘을 다하고 즐기며 사는 것이다. 나에게 주어진 삶의 길을 아름답게 가면 된다(《이기적 유전자》를 재해석하여 회의감을 극복함).'

자칫하면 운명론자처럼 보일 위험이 있지만 운명론자와는 다르다(인생의 모든 걸 운명에 맡기는 수동적인 자세가 아님). 내가 가야 할 길을 담담히, 최선을 다해 아름답게 가면 세상도 나도 의미 있는 존재가 된다고 생각한다. 그런데 내게 주어진 것보다 더 많은 무엇을 해 보겠다고 욕심을 부리며 ㉡아등바등 살 필요는 없다. 내가 할 수 있고 해야 할 일들은 어떻게 보면 내 유전자가 나한테 허락한 범주 내에서의 일들이다. ㉢그런데 할 수 있다는 자신감을 갖고 최선을 다하면 내가 하고자 한 일을 모두 이룰 수 있다고 믿는다(수동적 → 적극적).

나는 특별한 사람은 아니다. 하지만 하고 싶은 학문을 하면서 그 학문을 통해 깨달은 대로 살아가고, 그 삶에서 행복과 만족을 느끼고 있다. 단적으로 표현하자면 삶의 모든 부분에서 무척 여유로워졌고 무슨 일을 ㉣하던 초조해하지 않는다. 그냥 내가 할 수 있는 일을 다 한 다음에는 마음을 편히 먹고 살아간다. 이제야 드디어 삶을 즐길 줄 알게 된 것이다.

여기에 이르기까지 가장 큰 영향을 준 책이 바로 ㉮《이기적 유전자》와 《사회 생물학》(글쓴이에게 영향을 미친 책 두 권)이었다. 이 두 권의 책 덕분에 학문적으로 내가 걸어가야 할 길이 정해졌을 뿐만 아니라 나의 개인적 삶의 태도에도 명확한 기준이 생겼다(글쓴이의 진로에 영향을 끼침).

···› 두 권의 책이 글쓴이의 삶에 큰 영향을 미침

꼼꼼 단어 돋보기

- **범주**
  동일한 성질을 가진 부류나 범위
- **단적**
  곧바르고 명백한 것

한눈에 콕콕

시간적 순서에 따른 내용 전개

처음		솔제니친의《모닥불과 개미》를 읽고 개미의 행동에 관심을 갖게 됨
중간	황홀감	《이기적 유전자》를 읽고 삶의 다양한 의문이 한꺼번에 해결됨
		⬇
	좌절감	인간이란 유전자가 계획한 대로 움직이는 것일 뿐이라고 생각함
		⬇
	편안함	과학자로서의 삶에 행복과 만족을 느낌
끝		글쓴이의 삶에《사회 생물학》과《이기적 유전자》가 큰 영향을 미침

글쓴이의 독서 경험과 영향

읽은 책	읽은 시기	글쓴이가 받은 영향
《모닥불과 개미》	미국 유학을 떠나기 전	개미의 행동에 호기심을 갖게 되었고 이는 미국 유학 중 사회 생물학에 입문하는 계기가 됨
《사회 생물학》	미국 유학 중	사회 생물학이라는 새로운 학문의 매력에 빠지게 되었고, 리처드 도킨스의《이기적 유전자》를 읽도록 이끌어 줌
《이기적 유전자》	미국 유학 중	세상에 대한 근원적 궁금증을 해결해 주었고, 삶의 가치관과 방향을 정하게 함

시험에 이렇게 나와요

10 윗글을 친구에게 소개하기 위해 떠올린 생각으로 가장 적절한 것은?

① 책을 통해 자신의 진로와 삶이 변화할 수 있다는 것을 말해 줄 거야.
② 자신보다 남을 생각하는 마음을 가져야 한다는 것을 얘기해 줘야지.
③ 현대 사회를 살아가면서 이해타산을 생각하는 사람들을 비판해야지.
④ 도시의 각박한 삶을 버리고 자연과 함께 행복하게 사는 삶을 주장할 거야.

11 ㉮를 읽고 글쓴이가 깨달은 내용으로 알맞지 않은 것은?

① 여유로운 삶의 자세를 지니게 되었다.
② 운명을 중시하는 자세를 가지게 되었다.
③ 욕심 부리지 않고 최선을 다하게 되었다.
④ 개인적 삶의 태도에 명확한 기준이 생겼다.

12 마의 ㉠~㉣에 대한 고쳐쓰기 방안 중 적절하지 않은 것은?

① ㉠: 문맥상 의미에 맞도록 '굳이'로 고친다.
② ㉡: 표기법에 맞게 '아둥바둥'으로 고친다.
③ ㉢: 앞 문장이 뒤 문장의 이유이므로 '그러므로'라고 고친다.
④ ㉣: 과거를 나타내는 것이 아니므로 '하든'으로 고친다.

정답 해설 15쪽
10 ① 11 ② 12 ②

반 통의 물 나희덕

가 워낙 넉넉히 뿌린 탓인지, 새들이 당근 씨를 별로 좋아하지 않는 탓인지, 당근 싹은 좀 늦긴 했지만 촘촘하게 돋아났다. 처음엔 그 어렵게 틔워 낸 이쁜 싹들을 솎아 내느니 차라리 잘고 못생긴 당근을 먹는 게 낫다고 그냥 두었다. 그러나 워낙 자라는 속도가 빨라 자리를 잡지 못하고 밀려 나오는 뿌리가 하나둘이 아니었다. 이러다가는 당근 전체가 제대로 자랄 수 없을 것 같았다.(당근 싹이 너무 촘촘하게 돋아났기 때문(영양 섭취를 제대로 할 수 없음)) 그것을 보면서 식물에게는 적절한 거리라는 것이 매우 중요하다는 생각이 들었다.(글쓴이의 깨달음) 사람과 사람 사이에서도 지켜야 할 최소한의 거리가 깨졌을 때 폭력과 환멸이 생겨나는 것처럼, 좁은 땅에 서로 머리를 디밀며 얽혀 있는 그 붉은 뿌리들에서도 어떤 아우성이(적절한 거리를 유지하고 싶다는 아우성) 들려오는 것 같았다. 내가 그들을 돕는 길은 갈 때마다 조금씩 솎아 주어서 그 아우성을 중재하는 일이었다.(식물들 사이에 적절한 거리를 만들어 줌) 농사를 배운다는 것은 바로 그들의 적절한 '거리'를 익히는 과정이 아닐까.

→ 식물에게 적절한 거리가 중요함을 깨달음

나 미운 풀이 죽으면 고운 풀도 죽는다는 속담이 있다.(미운 풀 옆에는 고운 풀도 있는 법으로, 미운 풀을 죽이려고 밟다 보면 그 곁에 있던 고운 풀도 죽게 됨) 김을 맬 때마다 나는 그 말을 자주 떠올린다. 그럼 내가 뽑고 있는 잡초는 미운 풀이고, 키우고 있는 채소는 고운 풀이란 말인가. 곱고 미운 것의 기준은 어디에 있을까. 사람이 먹을 수 있느냐 없느냐에 따라 잡초와 채소를 구분하여 하나는 죽이고 하나는 살리는 것이 이른바 농사다.(잡초와 채소는 인간의 기준에 의한 구분일 뿐임) 그러나 미운 풀이 죽으면 고운 풀도 죽는다고 하지 않는가. 선택보다는 공존이 땅의 본래적 질서라고 할 때, 밭은 숲보다 생명에 덜 가깝다.(밭은 잡초를 뽑고 농작물만 키우기 때문)

→ 공존이 땅의 본래적 질서임

다 물통을 들고 걸을 때마다 생각나는 사람이 있다. 우리 집에서 가까운 텃밭을 일구시는 어떤 할아버지인데, 물을 주러 가시는 모습을 몇 번 본 적이 있다. 「그 할아버지는 몸 반쪽이 마비되어 걷는 게 그리 자유롭지 못하다. 성한 한쪽 팔로 물통을 들고 걸어가시는 모습은 거의 몸부림에 가까우면서도 이상한 평화 같은 것을 느끼게 한다. 절뚝절뚝 몸이 심하게 흔들릴 때마다 물은 찰랑거리면서 그의 낡은 바지를 적시고 길 위에 쏟아져, 결국 반 통도 채 남지 않게 된다. 그렇게 몇 번씩 오가는 걸 나는 때로는 끌 듯이 지나가는 발소리로 듣기도 하고, 때로는 마른 길 위에 휘청휘청 내고 간 젖은 길을 보고 알기도 한다.」(「 」: 텃밭에 물을 주러 가는 할아버지의 모습)

그 젖은 길은 이내 말라 버리곤 했지만, ㉠나는 그 길보다 더 아름답고 빛나는 길을 별로 보지 못했다.(생명을 사랑하는 할아버지의 소중한 마음이 느껴지기 때문) 그리고 어느 날부터인가 나 역시 그 밭의 채소들처럼 할아버지의 발소리를 기다리게 되었다. 반 통의 물을 잃어버린 그 발소리를.

물통을 나르다가 문득 이런 생각이 들곤 한다. 내가 열 번 오가야 할 것을 그 할아버지는 스무 번 오가야 할 것이지만, 내가 이 채소들을 키우는 일도 그 할아버지와 크게 다르지 않은 어떤 안간힘 때문은 아닐까.(힘이 들더라도 채소에게 생명의 기운을 쏟아붓고 싶은 마음이 자신에게도 있음) 몸에 피가 돌지 않는 것처럼 문득문득 마음 한쪽이 굳어져 가는 걸 느끼면서, 절뚝거리면서, 그러면서도 남은 반 통의 물을 살아 있는 것들에게 쏟아붓고 싶은 마음(생명을 사랑하는 마음), 그런 게 아니었을까.

이 짤막한 이야기들은 그렇게 밭을 가꾸는 동안 절뚝거리던 내 영혼의 발소리 같은 것이다.(농사를 지으며 겪은 일을 통해 생명에 대한 사랑과 소중함을 깨달음)

이해와 감상

이 작품은 밭을 일구고 김을 매고, 풀에 물을 주는 모습을 통해 생명을 사랑하는 마음을 깨닫게 하는 수필이다.

작품 정리

갈래 : 경수필
성격 : 사색적, 체험적, 성찰적
주제 : 밭을 가꾸면서 얻은 깨달음
특징
- 농사를 짓는 자신의 체험에서 깨달음을 이끌어 내고 있음
- 밭을 일구면서 느낀 점을 중심으로 짤막한 이야기들을 병렬적으로 나열함

꼼꼼 단어 돋보기

- **환멸** 꿈이나 기대나 환상이 깨어짐. 또는 그때 느끼는 괴롭고도 속절없는 마음
- **중재** 분쟁에 끼어들어 쌍방을 화해시킴
- **김** 논밭에 난 잡풀

감히 농사라고는 할 수 없지만, 자연과의 행복한 합일이라고도 부를 수 없지만, 그 어둠과 불구에 힘입어 푸른 것들을 만나러 가곤 했다. ㉡그들에게 물을 주고 돌아오는 물통은 언제나 비어 있다.

채소를 키우며 그들에게 사랑을 흠뻑 쏟음
→ 생명을 대하는 올바른 자세를 깨달음

한눈에 콕콕

◎ 작가가 경험에서 얻은 깨달음

경험		깨달음
당근이 자랄 수 있도록 솎아 준 일	➡	당근을 적절히 솎아 내지 않으면 전체가 자랄 수 없음 → '적절한 거리의 중요성'을 깨달음
밭의 풀을 뽑지 않아 잡초가 무성해진 일	➡	사람이 잡초와 채소를 구분하여 죽이고 살림 → 선택보다는 공존이 땅의 본래적 질서임을 깨달음
몸이 불편한 할아버지가 채소에 물을 주러 가는 것을 본 일	➡	통에 담긴 물을 반 이상 쏟으면서도 물을 주러 가는 할아버지의 모습을 봄 → 생명을 소중히 여기는 마음을 깨달음

시험에 이렇게 나와요

13 윗글을 감상하는 방법으로 적절하지 않은 것은?

① 글쓴이의 깨달음을 파악하며 읽는다.
② 글쓴이의 개성과 표현 방식을 파악하며 읽는다.
③ 대상을 바라보는 글쓴이의 태도를 파악하며 읽는다.
④ 인물과 인물 사이의 갈등의 원인을 파악하며 읽는다.

14 윗글의 내용과 일치하지 않는 것은?

① 글쓴이는 체험을 통해 생명의 소중함을 깨닫고 있다.
② 글쓴이는 밭을 일구며 풀을 뽑아야 하는 것을 안타까워한다.
③ 글쓴이는 어렵게 틔워 낸 싹들이 아까워 하나도 솎아 내지 못했다.
④ 글쓴이는 농사란 잡초와 채소를 구분하는 일이라는 것을 인정하고 있다.

15 글쓴이가 ㉠과 같이 생각한 이유로 적절한 것은?

① 내가 열 번 오가면서 물을 기른 길이기 때문에
② 할아버지가 아침 일찍 깨끗하게 청소하는 길이기 때문에
③ 물에 젖은 길이 햇빛에 반사되어 아름답게 보였기 때문에
④ 할아버지가 불편한 몸으로 생명을 키우기 위해 걸어간 길이기 때문에

16 ㉡에 드러난 글쓴이의 심리로 적절한 것은?

① 만족감 ② 우월감 ③ 상실감 ④ 허전함

정답 해설 15쪽

13 ④ 14 ③ 15 ④
16 ①

동승 함세덕

앞부분의 줄거리 '도념'은 언젠가는 파계한 비구니인 어머니가 자신을 데리러 오리라는 믿음을 갖고 어머니를 그리워한다. 그러던 중 죽은 자식의 불공을 드리러 온 서울 안 대갓집 미망인에게서 어머니의 사랑을 느낀다. 미망인이 '도념'에게 호감을 느끼고 그를 수양아들로 삼기로 하자 '도념'은 기뻐하며 서울 생활을 기대한다. 그런데 '도념'이 어머니에게 줄 털목도리를 만들기 위해 살생을 금하라는 계율을 어기고 잡은 토끼들의 가죽이 불상 뒤에서 발견된다. 이를 본 주지는 '도념'의 하산을 허락하지 않고, 미망인의 친정 모 또한 미망인에게 '도념'을 수양아들로 삼으려는 생각을 접을 것을 강요한다.

도념: (홀연히) 스님, 전 세상에 가서 살구 싶어요.

주지: 닥듸려. 무얼 잘했다구 또 그런 소리를 하구 있니?
('닥쳐'의 사투리)

도념: 절더러 거짓말한다구만 마시구, 저한테 어머니 계신 데를 가르쳐 주십쇼.
(어머니를 향한 도념의 그리움)

주지: 네 어미란 대죄를 지은 자야. 너에겐 에미라기보다 대천지 원수라는게 마땅하겠다. 파계를 한 네 에미 죄의 피가 그 피를 받은 네 심줄에 가뜩 차 있으니까, 너는 남이 한 번 헤일 염주면 두 번 헤어야 한다.
(대죄: 여승으로서 사냥꾼과 정을 통하고 도념을 낳은 후 절을 떠난 것)
(도념이 어머니의 죄를 물려받았기 때문에)

도념: 왜 밤낮 어머니 욕만 하십니까? 아름다운 관세음보살님은 그 얼굴처럼 마음두 인자하시다구 하시지 않으셨어요? 절에 오는 사람마다 모두 우리 엄마는 이뻤을 것이라구 허는 걸 보면 스님 말씀 같은 그런 무서운 죄를 지으셨을 리가 없어요.
(주지의 말을 믿지 않음 → 어머니를 향한 그리움이 강함)

[중략]

도념: (미망인에게 매달리며) 어머니, 저를 데려가 주세요.

미망인: 응, 염려 마라.

주지: 염려 마라니요? 아씨는 그저 애를 데려가실 작정이십니까?

미망인: 그럼은요.

친정 모: 못 한다. 넌 얘 하는 짓을 지금껏 두 눈으로 똑똑히 보구두 이러니?

미망인: 어머니, 봤기에 한층 더 데려가구 싶은 생각이 솟았어요. 얼마나 어머니를 그리워했으면 그런 짓을 다 했겠어요? 지금 이 애를 바른 길루 이끌어 가려면, 내 사랑 속에서 키우는 것밖에 딴 도리가 없어요.
(그런 짓: 토끼를 잡아 그 가죽을 불상에 걸어 둔 일)

친정 모: 얘는 전생에 제 부모의 죄를 받구 태어났기 때문에, 아무리 구하려구 해두 구할 수가 없단다. 홍역 마마하듯 이렇게 피하지 못할 죄가 하나씩 둘씩 발생하지 않니? 얘보담, 우리 인철이 영혼 축원할 도리나 걱정해라.
(불교의 윤회 사상과 업보설이 반영된 말)

미망인: 인철인 기왕 죽은 애니까 재를 다시 지내면 그만 아니에요?

친정 모: 얘가 ㉠토끼 목도리를 존상 뒤에다 감춰만 뒀다면 모를까, 젊은 별좌 얘길 들으니까 어젯밤에 떡 그 더러운 것을 관세음보살님 목에다 걸어 놓구 물끄러미 바라다보구 있었다는구나.
(㉠: 어머니를 향한 도념의 사랑과 그리움을 상징(갈등의 매개체))

미망인: (울며 미친 듯이) 어머니, 난 애당초에 생각이나 안 먹었으면 모를까, 한번 먹어 놓은 것이라 잃구는 살 수가 없어요. 얘 없이는 살 수가 없어요.

이해와 감상

이 작품은 인간의 세속적 욕망과 불교적 금욕 세계의 대비를 통해 어머니를 향한 동승의 그리움을 형상화하고 있다.

작품 정리

갈래: 희곡
성격: 낭만적, 비극적
배경: 초겨울, 깊은 산 고찰(절)
주제: 어머니를 향한 동승의 그리움과 진정한 사랑

특징
- 인물의 심리를 섬세하게 묘사함
- 인물과 배경이 주제와 긴밀히 연관됨

꼼꼼 단어 돋보기

● **파계하다**
계를 받은 사람이 그 계율을 어기고 지키지 아니하다.

● **축원하다**
신적 존재에게 자기의 뜻을 아뢰고 그것이 이루어지기를 마음속으로 원하다.

● **존상**
지위가 높고 귀한 형상

● **별좌**
부처님께 공양할 음식을 만드는 스님

주지: 아씨께서 진정으로 얘를 사랑하신다면, 눈앞에 두구 노리개를 삼으실랴구 하시지 말구 애 매디매디에 사무쳐 있는 전생의 죄 속에서 영혼을 구하게 이 절에 둬 주십시오. 자기 한 몸의 죄만 아니라 제 아비 제 어미 죄도 씻어야 할 테니까 얘는 여간한 •공덕을 쌓기 전에는 저승에 가서 무서운 지옥을 면치 못하게 될 것입니다.

(곁에 양자로 두려 하지 마시고)
(주지는 '절'을 도념과 그의 부모의 죄를 씻어 낼 수 있는 신성한 공간으로 인식함)
(도념의 출생을 염두에 두고 한 말로, 속세에서는 도념의 죄를 씻을 수 없다고 생각함)

도념: 스님, 죽어서 지옥에 가더래두 난 내려가겠어요. 찾아오는 사람을 막지 않구 떠나는 사람을 붙들지 않는 것이 우리 절 주의라구 늘 말씀하시지 않으셨습니까? ㉮

(미망인을 따라 속세로 가겠다는 도념의 확고한 의지)

주지: (열화같이 노하며) 수다스러. 한번 못 간다면 못 가는 줄 알어라. (미망인을 보고 선언하듯) 아씨께서 서방님을 잃으시고 외아들마저 잃으신 것두 다 전생에 죄가 많으셨던 탓입니다. 아씨 죄두 미처 벗지 못하시구 이 죗덩이를 데려다가 어떻게 하실려구 이러십니까? 두 번 다시 이 이야기를 꺼내시려거든 다신 이 절에 오시지 마십시오.

(미망인의 삶에 대한 주지의 운명론적 생각이 드러남)

한눈에 콕콕

인물의 갈등 구조

도념	미망인에게 어머니의 정을 느끼며 입양되기를 바람
미망인	죽은 자식에 대한 상실감으로 도념을 데려가 자신의 아들로 삼으려 함

↔ 갈등

주지	도념이 절에 남아 부모의 죗값을 갚고 구원을 받아야 한다고 생각함
친정 모	토끼를 죽여 만든 목도리를 보고 도념의 인간됨을 의심하며 도념을 데려가는 것을 반대함

미망인이 도념을 양자로 삼으려는 이유

- 도념이 자신의 죽은 아들처럼 느껴지기 때문에
- 도념을 자식으로 삼아 자신의 죽은 아들에 관한 기억을 잊고 싶기 때문에

작품 무대인 '절'의 기능

- 세속적 욕망을 강조하여 드러내는 장치
- 도념과 도념 부모의 죄를 씻어 낼 수 있는 공간
- 도념이 어머니를 기다리는 공간이자 어머니를 찾기 위해 떠나고 마는 공간

꼼꼼 단어 돋보기

● 공덕
좋은 일을 행한 덕으로 훌륭한 결과를 가져오게 하는 능력

시험에 이렇게 나와요

17 윗글의 내용으로 적절하지 않은 것은?

① 미망인은 도념을 데려가서 자신이 키우려고 한다.
② 도념은 미망인에게 자신을 데려가 달라고 부탁한다.
③ 친정 모는 도념을 직접 보자 미망인의 생각을 따르게 된다.
④ 주지는 미망인이 전생에 죄를 지어서 아들을 잃었다고 생각한다.

18 윗글에서 확인할 수 있는 ㉠에 대한 인물의 관점으로 적절하지 않은 것은?

① 미망인이 도념을 불쌍하게 여기는 이유에 해당한다.
② 주지는 도념이 살생을 저질렀다며 혼내려 하고 있다.
③ 미망인은 도념이 어머니를 그리워한다는 점에 주목했다.
④ 친정 모는 도념을 부정적 행동을 하는 존재로 인식하고 있다.

19 ㉮에 나타난 말하기 방식으로 가장 적절한 것은?

① 주지에게 자신이 잘한 점을 들어 설득하려 하고 있다.
② 주지에게 동정심을 일으켜 허락을 받아 내려 하고 있다.
③ 주지의 말이 모순됨을 들어 주장을 관철하려 하고 있다.
④ 주지가 저지른 잘못을 꾸짖어 반성하게 하려 하고 있다.

정답 해설 15쪽

17 ③ 18 ② 19 ③

파수꾼 이강백

앞부분의 줄거리 이리 떼의 습격을 미리 알리기 위해 세 명의 파수꾼이 망루에서 끊임없이 감시하고 있다. 마을 사람들은 파수꾼이 양철 북을 두드리면 즉시 대피하기 위해 만반의 준비를 갖추고 있다. 파수꾼 '다'는 선임 파수꾼 '가'의 "이리 떼다, 이리 떼! 이리 떼가 몰려온다!"라는 외침과 양철 북 소리에 항상 긴장한다. 그러나 파수꾼 '다'는 실제로 이리 떼를 본 적은 없다. 어느 날 저녁, 파수꾼 '다'는 다른 파수꾼이 모두 잠을 자고 있는 사이, 두려움을 안고 망루에 올라가 파수꾼 '가'가 외치는 '이리 떼'의 정체가 '흰 구름'이라는 사실을 알아낸다. 그리고는 그 사실을 촌장에게 알린다.

촌장: 이것, 네가 보낸 거냐? / 다: 네, 촌장님.

촌장: 나를 이곳에 오도록 해서 고맙다. 한 가지 유감스러운 건, 이 편지를 가져온 운반인이 도중에서 읽어 본 모양이더라. '이리 떼는 없고, ㉠흰 구름뿐.' 그 수다쟁이가 사람들에게 떠벌리고 있단다. 조금 후엔 모두들 이곳으로 몰려올 거야. 물론 네 탓은 아니다. 몰려오는 사람들은, 말하자면 불청객이지. 더구나 그들은 화가 나서 도끼라든가 망치를 들고 올 거다.

다: 도끼와 망치는 왜 들고 와요?

촌장: 망루를 부수려고 그러겠지. 그 성난 사람들만 오지 않는다면 난 너하구 딸기라도 따러 가고 싶다(촌장이 딸기로 '다'를 회유함. 진실을 밝히지 않는다면 그에 대한 대가가 있을 것임을 암시함). 난 어디에 딸기가 많은지 알고 있거든. ㉡이리 떼를 주의하라는 팻말(촌장이 마을을 다스리기 위해 사용하는 가공의 존재) 밑엔 으레 잘 익은 딸기가 가득하단다.

다: 촌장님은 이리가 무섭지 않으세요?

촌장: 없는 걸 왜 무서워하겠냐?(촌장 역시 이리가 없다는 점을 알고 있다는 사실이 확인됨)

다: ㉢촌장님도 아시는군요? / 촌장: 난 알고 있지.

다: 아셨으면서 왜 숨기셨죠? 모든 사람들에게, 저 덫을 보러 간 파수꾼에게, 왜 말하지 않은 거예요?

촌장: 말해 주지 않는 것이 더 좋기 때문이다.

다: 거짓말 마세요, 촌장님! 일생을 이 쓸쓸한 곳(체제 유지를 위해 안보를 악용했던 1970년대 정치 현실을 풍자함)에서 보내는 것이 더 좋아요? 사람들도 그렇죠! '이리 떼가 몰려온다.' 이 헛된 두려움에 시달리고 사는 게 그게 더 좋아요?

촌장: 「얘야, 이리 떼는 처음부터 없었다. 없는 걸 좀 두려워한다는 것이 뭐가 그렇게 나쁘다는 거냐? 지금까지 단 한 사람도 이리에게 물리지 않았단다. 마을은 늘 안전했어. 그리고 사람들은 이리 떼에 대항하기 위해서 단결했다. 난 질서를 만든 거야. 질서, 그게 뭔지 넌 알기나 하니? 모를 거야, 너는. 그건 마을을 지켜 주는 거란다. 물론 저 충직한 파수꾼에겐 미안해. 수천 개의 쓸모없는 덫들을 보살피고 ㉣양철 북을 요란하게 두들겼다(마을 사람들의 불안감 조성). 허나 말이다, 그의 일생이 그저 헛되다고만 할 순 없어. 그는 모든 사람들을 위해 고귀하게 희생한 거야. 난 네가 이러한 것들을 이해하여 주기 바란다. 만약 네가 새벽에 보았다는 구름만을 고집한다면, 이런 것들은 모두 허사가 된다. 저 파수꾼은 늙도록 헛북이나 친 것이 되구, 마을의 질서는 무너져 버린다. 얘야, 넌 이렇게 모든 걸 헛되게 하고 싶진 않겠지?」

「 」: 체제 유지를 위해 진실을 속인 자신의 행위를 정당화함

이해와 감상

이 작품은 우화를 모티프로 하여 1970년대의 정치 상황을 풍자하고 권력의 위선과 허위를 간접적으로 폭로하는 희곡이다.

작품 정리

갈래 : 단막극, 풍자극
성격 : 풍자적, 교훈적, 상징적, 우화적
주제 : 진실을 향한 열망과 진실이 통하지 않는 사회의 비극

특징
- 널리 알려진 이야기를 바탕으로 하여, 현실을 우화적으로 그림
- 상징성이 강한 등장인물과 소재를 사용함

다: 왜 제가 헛된 짓을 해요? 제가 본 흰 구름은 아름답고 평화로웠어요. 저는 그걸 보여 주려는 겁니다. 이제 곧 마을 사람들이 온다죠? 잘됐어요. 저는 망루 위에 올라가서 외치겠어요.
진실을 밝히고자 하는 굳은 의지

촌장: 뭐라구? (잠시 동안 굳은 표정으로 침묵) 사실 우습기도 해. 이리 떼? 그게 뭐냐? 있지도 않은 그걸 이 황야에 가득 길러 놓고, 마을엔 가시 울타리를 둘렀다. 망루도 세웠고, 양철 북도 두들기고, 마을 사람들은 무서워서 떨기도 한다. 아하, 언제부터 내가 이런 거짓 놀이에 익숙해졌는지 모른다만, 나도 알고는 있지. 이 모든 것이 잘못되어 있다는 걸 말이다.
진정한 반성이 아닌 '다'의 동의를 얻은 다음, 그를 회유하려는 의도가 담겨 있음

다: 그럼 촌장님, 저와 같이 망루 위에 올라가요. 그리구 함께 외치세요.

촌장: 그래, 외치마. / 다: 아, 이젠 됐어요!

촌장: (혼잣말처럼) ……그러나 잘될까? 흰 구름, 허공에 뜬 그것만으로 마을이 잘 유지될까? 오히려 이리 떼가 더 좋은 건 아닐지 몰라.

다: 뭘 망설이시죠?

촌장: 아냐, 아무것두…… 난 아직 안심이 안 돼서 그래. 사람들은 망루를 부순 다음엔 속은 것에 더욱 화를 낼 거야! 아마 날 죽이려고 덤빌지도 몰라. 아니 꼭 그럴거다. 그럼 뭐냐? 지금까지 이리에게 물려 죽은 사람은 단 한 명도 없었는데, 흰 구름의 첫날 살인이 벌어진다.
자신이 위험에 처하게 될 것이라며 '다'의 동정심을 얻으려 함

다: 살인이라구요?

촌장: 그래, 살인이지. (난폭하게) 생각해 보렴. 「도끼에 찍히고 망치로 얻어맞는 내 모습을. 살은 찢기고 피가 샘솟듯 흘러내릴 거다. 끔찍해. 얘, 너는 내가 그런 꼴이 되길 바라고 있지?」
「 」: 끔찍한 상황을 가정하여 '다'를 설득하고 있음

다: 아니에요, 그건!

촌장: 아니라구? 그렇지만 내가 변명할 시간이 어디 있니? 난 마을 사람들에게 왜 이리 떼를 만들었던가, 그걸 충분히 설명해 줘야 해. 그럼 그들도 날 이해할 거야.

다: 네, 그렇게 말씀하세요.

촌장: 허나 지금은 내가 말할 틈이 없다. 사람들이 오면, 넌 흰 구름이라 외칠 거구, 사람들은 분노하여 도끼를 휘두를 테구, 그럼 나는, 나는……. (은밀한 목소리로) 얘, 네가 본 그 흰 구름 있잖니, 그건 내일이면 사라지고 없는 거냐?
흰 구름은 내일도 볼 수 있음 – 시간을 벌려는 속셈

다: 아뇨. 그렇지만 난 오늘 외치구 싶어요.

촌장: 그것 봐. 넌 내가 끔찍하게 죽는 것을 보고 싶은 거야. 「더구나 더 나쁜 건, 넌 흰 구름을 믿지도 않아. 내일이면 변할 것 같으니까, 오늘 꼭 외치려고 그러는 거지. 아하, 넌 네가 본 그 아름다운 걸 믿지도 않는구나!」
촌장은 '다'가 평화를 깨는 이유가 살인을 원하기 때문이라는 억지 논리를 펼침 「 」: 촌장은 '다'를 궁지에 몰고 있음

다: (창백해지며) 그건, 그건 아니에요!

촌장: 그래? 그럼 너는 내일까지 기다려야 해. (괴로워하는 파수꾼 '다'를 껴안으며) 오늘은 나에게 맡겨라. 그러면 나도 내일은 너를 따라 흰 구름이라 외칠 테니.

자신을 믿게 하기 위한 촌장의 위선적 행동

조건적인 타협안을 내세움

다: 꼭 약속하시는 거죠? / 촌장: 물론 약속하지.

다: 정말이죠, 정말? / 촌장: 그럼. 정말 약속한다니까.

한눈에 콕콕

소재의 상징성

이리 떼	거짓, 지배 이념
망루, 양철 북	불안감을 조성하여 민중을 통제하기 위한 권력의 장치
흰 구름	진실
딸기	권력자가 민중을 현혹하기 얻기 위해 언급하는 회유책
도끼	권력자가 민중을 협박하기 위해 언급하는 대상

시험에 이렇게 나와요

20 윗글의 특징으로 적절하지 않은 것은?

① 우화를 차용하고 있다.
② 창작 당시의 정치 현실을 풍자하고 있다.
③ 당시의 현실 상황을 직접적으로 고발하고 있다.
④ 상징성이 강한 등장인물과 소재를 사용하고 있다.

21 윗글에 나타난 '촌장'과 파수꾼 '다'의 주된 갈등의 원인은?

① 직업 선택에 대한 갈등
② 진실과 왜곡에 대한 갈등
③ 명령과 복종에 대한 갈등
④ 노동력 착취에 대한 갈등

22 ㉠~㉣의 상징적 의미로 옳지 않은 것은?

① ㉠: 진실
② ㉡: 거짓, 지배 이념
③ ㉢: 지배 이념을 생산하여 민중을 통제하려는 권력자
④ ㉣: 권력자가 민중의 공감을 얻기 위해 언급하는 회유책

정답 해설 15쪽

20 ③ 21 ② 22 ④

결혼 이강백

| 2015년 2회

남자: (㉠이야기책을 낭독한다.) 옛날에, 옛날에, 한 사기꾼이 살고 있었습니다. 그는 젊고 잘 생겼으나 땡전 한 닢 없는 빈털터리였습니다. 어느 날 그는 외로워졌으므로 결혼하고 싶어졌습니다. 누구나 젊음의 한 시기엔 외로워지기 마련입니다. 그래서 그런지 누구나 결혼한다고들 합니다. 하지만 그 사기꾼에겐 엄청난 고민이 있었습니다. 그 고민은 이렇습니다. 이 세상의 어떤 처녀가, ㉡자기 같은 빈털터리 남자와 결혼해 줄 리 있겠습니까? 없습니다. 아무도 없다고 생각했습니다. 그래서 그런지 그는 몹시 절망적인 기분이 들었습니다. 그런 기분은 좋지 않습니다. 저절로 한숨이 나오고 정신에도, 몸에도, 해롭습니다. 빨리 심호흡을 해서 그런 기분은 몰아내야 합니다. 그래서 그런지 그 젊은 사기꾼도 심호흡을 했습니다. 그리고는 벌떡 일어섰습니다.

(한 사기꾼: 이야기책 속 주인공 – '남자'와 동일시됨 / 땡전 한 닢 없는 빈털터리: '남자'의 상황과 비슷함 / 자기 같은 빈털터리 남자와 결혼해 줄 리 있겠습니까: 경제력이 결혼의 중요한 조건임)

중략 부분의 줄거리 남자는 물건들을 빌린 후, 여자와 맞선을 보기로 한다.

여자: 안녕하세요? / 남자: 더 안녕하세요? / 여자: 제 이름은…….

남자: 아, 우리 소갠 나중에 하십시다. 요즈음의 인간관계는 결론이 시작이 되고, 서로의 인물 소개는 맨 끝으로 돌리는 걸 새로운 관습으로 삼고 있으니까요.

(우리 소갠 나중에 하십시다: 시간이 많지 않아 서두르는 남자 / 인물 소개는 맨 끝으로 돌리는 걸 새로운 관습으로 삼고 있으니까요: 진실이 결여된 현대 사회)

여자: 그런 관습도 새로 생겼군요!

남자: 네. 그건 별로 자랑거리 없는 남자가 첫눈에 반할 만한 여자를 만났을 때 응용하는 방법입니다. 왜냐하면 그 남자가 별 신통찮은 자길 소개할 경우 상대편 여자는 몹시 실망하게 됩니다. 그럼 두 사람의 관계는 뭐가 되겠습니까? 그 즉시 끝장입니다. 우리는 이런 유감스런 사태를 피하자는 겁니다. 우리 둘 사이를 풍부하게 한 다음 소개는 그때 가서 하십시다. 좋겠지요, 그게?

(그 남자가 별 신통찮은 자길 소개할 경우 상대편 여자는 몹시 실망하게 됩니다: 외적 조건에 따라 관계가 결정되는 현실)

여자: (엉겁결에) 네, 좋아요.

(두 남녀는 의자에 앉는다. 동시에 남자가 청혼을 한다.)

(동작 지시문)

남자: 결혼하십시다. / 여자: 결혼? 누가 누구하고요?

(결혼하십시다: 첫 번째 청혼 – 진심이 담기지 않음)

남자: 그야 내가 당신하고지요. / 여자: 만난 지 몇 분 됐다고 그러시죠?

(만난 지 몇 분 됐다고 그러시죠: 당황함)

(하인, 느닷없이 덤벼들어서 남자의 구두를 벗겨 간다. 여자는 몹시 당황한다. 남자는 만류하지만 하인은 자기 행동의 정당성을 과시하려는 듯 시계를 가리킨다. 남자는 구두를 빼앗기고 하인은 벗겨 낸 구두를 가져간다.)

(시계를 가리킨다: 정해진 시간이 지났음을 의미)

남자: 내 하인의 무례함을 용서하십시오. / 여자: 뭐죠?

남자: 구두가 내 발에서 떠나갔습니다. 시간이 지났기 때문입니다.

여자: 전 뭐가 뭔지 모르겠어요.

이해와 감상

이 작품은 다양한 실험적 기법을 사용하여 물질 만능주의 시대를 살아가는 현대인에게 소유의 본질과 진정한 사랑의 의미를 생각하게 하는 희곡이다.

작품 정리

갈래: 단막극, 실험극

성격: 풍자적, 희극적, 교훈적

주제: 소유의 본질과 진정한 사랑의 의미

특징

- 특별한 무대 장치가 없음
- 관객을 극 중으로 끌어들임
- 이야기책의 내용을 극 중 현실로 바꿈

남자: 어찌 아시겠습니까? 인생이 그런 거리라곤…….
시간이 지나면 하인이 구두를 빼앗는 것처럼 모든 것은 시간이 지나면 사라짐을 의미

[중략]

여자, 얼굴을 외면한 채 걸어 나간다.
마음이 흔들릴까 봐

(하인, 서서히 그 무거운 구둣발을 이끌고 남자에게 다가온다. 남자는 뒷걸음질을 친다. 그는 마지막으로 절규하듯이 여자에게 말한다.)

남자: 덤, 난 가진 것 하나 없습니다. 모두 빌렸던 겁니다. 그런데 덤, 당신은 어떻습니까? 당신이 가진 건 뭡니까? 무엇이 정말 당신 겁니까? (넥타이를 빌렸었던 남성 관객에게) 내 말을 들어 보시오. 그럼 당신은 나를 이해할 거요. 내가 당신에게서 넥타이를 빌렸을 때, 그때 내가 당신 물건을 어떻게 다뤘었소? 마구 험하게 했었소? 어딜 망가뜨렸소? 아니오, 그렇진 않았습니다. 오히려 빌렸던 것이니까 소중하게 아꼈다간 되돌려 드렸지요. 덤, 당신은 내 말을 들었소? 여기 증인이 있습니다. 이 증인 앞에서 약속하지만, 내가 이 세상에서 덤 당신을 빌리는 동안에, 아끼고, 사랑하고, 그랬다가 언젠가 그 시간이 되면 공손하게 되돌려 줄 테요. 덤! 내 인생에서 당신은 나의 소중한 덤입니다. 덤! 덤! 덤!

(주석: "그런데 덤, 당신은 어떻습니까? 당신이 가진 건 뭡니까? 무엇이 정말 당신 겁니까?" — 여자를 설득하려 함 / "오히려 빌렸던 것이니까 소중하게 아꼈다간 되돌려 드렸지요" — 넥타이를 빌려 소중하게 아낀 것처럼 여자를 아끼고 사랑하겠다는 마음을 강조함 / "증인" — 넥타이를 빌렸던 남성 관객 / "내가 이 세상에서 … 되돌려 줄 테요" — 소유의 본질에 대한 깨달음을 바탕으로 고백함)

한눈에 쏙쏙

등장인물

남자
- 부자인 체하기 위해 물건을 빌리는 등 허영심이 많음
- 모든 사물뿐 아니라 인간의 삶조차도 빌린 것임을 깨닫고 있음
- 거짓말에 능숙하지만, 사랑하는 여자 앞에서는 자신의 진심을 털어놓음

여자
- 물질적인 조건에 황홀해하는 등 속물적인 면이 있음
- '덤'으로 태어난 자신의 상황을 긍정적으로 생각함
- 진실 앞에서는 약해지는 순진한 면이 있으며, 결국 물질적 조건보다 사랑을 선택함

주제 의식

- 소유의 본질 ➡ 허망하게 사라지게 될 소유물에 연연하지 말아야 함
- 진정한 사랑 ➡ 결혼의 참된 조건은 물질이 아니라 진정한 사랑임

시험에 이렇게 나와요

23 윗글에 대한 설명으로 옳지 않은 것은?

① 특별한 무대 장치가 사용되지 않았다.
② 전통적 기법으로부터 벗어난 실험적 작품이다.
③ 인물의 행동을 나타내는 지시문이 사용되지 않았다.
④ 인물이나 대사가 상징적인 의미를 내포하면서 사회적 상황을 보여 준다.

24 ㉠의 의미를 설명한 내용으로 가장 적절한 것은?

① 극의 내용에 사실성을 부여해 준다.
② 앞으로 극이 진행될 방향을 제시해 준다.
③ 인물의 가치관과 상반된 내용을 보여 준다.
④ 관객들이 극 중에 참여할 수 있도록 돕는다.

25 ㉡을 통해 알 수 있는 내용이 아닌 것은?

① 속물적인 사회상
② 글쓴이의 문제의식
③ 헌신적인 사랑의 가치
④ 남자의 결혼에 대한 인식

정답 해설 15쪽

23 ③ 24 ② 25 ③

두근두근 내 인생 김애란 원작, 최민석 외 각본

앞부분의 줄거리 실제 나이는 열여섯 살이지만 선천성 조로증으로 신체 나이는 여든 살이 넘은 소년 '아름'. 이제 서른세 살이 된 젊은 부모 '대수'와 '미라'. 이들은 함께하는 하루하루를 소중히 여기며 씩씩하고 밝게 살아가고 있다. 대수는 택시 운전을 하고 미라는 세탁 공장에 나가서 열심히 일하지만, 각종 노인성 질환으로 고통받는 아름의 치료비를 내기엔 턱없이 부족하다.

이들은 아름의 치료비를 마련하기 위해 아름의 사연을 소개하는 텔레비전 방송에 출연한다. 아름은 방송 출연 후 '서하'라는 또래 여자아이에게 이메일을 받고, 이후 계속 편지를 주고받으며 가까워지진다. 이후 아름은 서하의 정체(시나리오를 쓰기 위해 열여섯 살 소녀를 가장한 영화감독 지망생)를 알고 큰 충격을 받는다.

가 S#62. 대수의 택시 안(저녁)

(두꺼운 옷을 챙겨 입고 보조석에 앉은 아름이. 모자도 눌러 썼다.

대수는 운전을 하면서도 연신 걱정되는 얼굴로 아름이를 쳐다본다.

아름이, 유리창에 기대서 밖을 바라본다.

유리창에 비친 아름이의 나이 든 얼굴)

내레이션: 그 애에게 마지막 편지를 썼다.
'서하'의 정체를 안 뒤에 쓰는 편지

(인서트(Insert). 아름이의 병실. 전자 우편 창에 "누구세요?"라는 단 한 문장만 적혀 있다.
'서하'에게 묻고 싶은 말
이내 "누구세요?"를 탁탁 삭제하고 대신 "안녕……."이라고 써넣는 아름이)
'서하'의 존재를 끝까지 인정하는 아름 – 자신의 인생에서 다시 느끼지 못할 삶에 대한 열의와 설레는 감정을 갖게 해 준 '서하'와의 추억을 그대로 간직하고 싶은 마음

나 S# 63 하늘 공원(밤)

(하늘 공원에 도착한 대수의 택시. "겨울철 출입 금지"라고 써진 차단기가 보인다.

망설임 없이 문을 열고 먼저 내리는 아름이. 대수도 주차를 하고 서둘러 따라 내려 보면, 어느새 저만치 아름이가 어두운 오솔길을 뛰어가고 있다.
답답함을 분출

당황하는 대수. 아름이를 부르며 쫓아가고 두 사람의 추격 아닌 추격이 계속된다.

전망대 부근에 다가가서야 겨우 아름이를 붙잡아 세우는 대수.

숨을 내쉬고는 돌이켜 세워 보면 아름이가 숨을 가쁘게 헐떡이며 울고 있다.)
여러 가지 감정들이 울음으로 터져 나옴

대수: 아름이 너! (혼내려다 눈물범벅인 아름이를 보고) 왜 그래? 무슨 일이야?

아름: 흑흑……. 너무 좋아서요.

대수: 대체 무슨 소리야. 괜찮아?

아름: (거친 숨을 내쉬고 눈물 흘리며) 네. 그냥 너무 좋아서요. 아빠랑 다시 차를 탈 수 있어서 좋았고, 이렇게 여기 다시 와서 좋고. 다…… 다…… 전부 다 좋아요.
'서하'에게 받은 상처로 인한 슬픔, 자신의 운명에 대한 분노 등이 울음을 통해 표출되는 한편 아빠 '대수'에 대한 감사의 마음도 나타남

대수: 뭐?

아름: (대수 품에 와락 안기며) 너무 좋아요. (울음이 완전히 터진 채로) 엉엉…….

(•컷 투(cut to). 언덕에 누워 하염없이 하늘을 올려다보고 있는 부자)

이해와 감상

이 작품은 선천성 조로증에 걸린 열여섯 살 소년 '아름'과 열일곱 살에 부모가 된 젊은 부모 '대수'와 '미라'를 통해, 삶의 가장 찬란한 순간인 '청춘'을 경험해 본 부모와 '청춘'을 꿈꿀 수 없는 아들의 이야기를 그리고 있는 시나리오이다.

작품 정리

갈래: 시나리오
성격: 서정적, 감성적
주제: 선천성 조로증에 걸린 소년의 삶과 가족 간의 사랑
특징
- 청춘과 노년의 삶을 동시적으로 보여 주는 아이러니한 서사 구조를 통해, 아프지만 아름다운 청춘과 인생의 의미를 성찰하게 함
- 조로증이라는 희귀병을 다루면서도 무겁지 않은 경쾌하고 따뜻한 분위기로 독자에게 감동을 전함

꼼꼼 단어 돋보기

● 컷 투(cut to)
한 장면에서 다른 장면으로 전환할 때 컷으로 바꾸는 촬영 기법

대수: 언제까지 이렇게 누워 있어야 하지?

아름: 조금만 더 있어 봐요. 어! (하늘 가리키며) 아빠, 저기!

대수: (아름이가 가리키는 곳을 보며) 뭐야? 떨어졌어? 아이, 못 봤네.

아름: 또 떨어질 거예요. 이제부터가 시작이니까.

(하늘을 보면, 휙 지나가는 유성.)

대수: 어, 어어! 저기 떨어졌다, 떨어졌어.

아름: 봤어?

대수: 어! 우아, 아빠 별똥별 진짜 오랜만에 본다. 그리고 보니까 별은 똥도 별이네.(웃음)
유머러스한 '대수'의 성격 – 아들을 즐겁게 해 주려고 애씀

아름: (웃음) 아빠 소원 빌었어요?

대수: 아, 깜빡했다.

아름: 또 떨어질 거예요. 그럼 그때 소원 빌어요.

대수: 그래, 너는? 빌었어?

아름: 전 벌써 빌었죠.

대수: 뭔데?

아름: 으음, 비밀이에요.

대수: 치.

아름: 아빠랑 둘이서 이렇게 별을 보고 있으니까 갑자기 행복해졌어요. 그리고 아빠가 우리 아빠라는 게 너무너무 좋아요.

다 대수: 나도 아름이 네가 내 아들이라는 게 너무 좋다. (한숨) 아름이 너같이 괜찮은 애는 진짜 아프면 안 되는데…….
'아름'을 깊이 사랑하는 '대수'의 마음

(그때 통증이 오는지 순간 눈을 감는 아름이.

「잠시 후 눈을 떠 보면, 아름이의 시점으로 주변 사물들이 흐려지기 시작한다.
「 」: '아름'이 실명하는 순간을 '아름'의 시각에서 형상화한 장면

밤하늘, 나무들을 둘러보고 옆에 누운 대수를 돌아보는데 점점 어두워져 간다.

아름이의 얼굴도 어두워진다. 아름이의 시점. 하늘의 별들이 순간 불꽃놀이처럼 폭발하더니 이내 암흑의 세계.」

눈치채지 못하고 하늘만 뚫어져라 보는 대수.)

대수: (갑자기) 어! 또 떨어졌다! 소원 빌어야지.

(소원을 비는 대수. 애써 어렵게 미소를 지어 보이는 아름이.)
시력을 잃었으나 태연하게 행동함

대수: 갈까 이제? 아빤 무지 배고프다.
(아름이의 안색을 살피더니) 왜 그래? 몸이 안 좋아?

아름: 아빠…… 나 눈이 안 보여요.

대수: 무슨 소리야. 아무것도 안 보여?

아름: 안 보여요.

대수: 아빠 봐 봐! 괜찮아?

내레이션: 반짝이는 밤하늘과 떨어지는 유성 그리고 아빠의 얼굴이, 내가 이 세상에서 본 마지막 것이 되었다.

뒷부분의 줄거리 아름이는 눈이 멀게 되는 등 하루하루 병세가 악화된다. 아름이가 살날이 얼마 남지 않았음을 느낀 대수는 가족끼리 남은 시간을 함께 보내고 싶어 퇴원을 감행한다. 아름이의 소원대로 보신각 제야의 종 타종 행사를 보러 가던 도중에, 아름이는 대수와 미라에게 마지막 인사를 하고 숨을 거둔다.

한눈에 콕콕

인물의 성격

인물	성격
아름	• 어릴 때부터 병을 앓아 온 탓에 조숙한 면이 있고, 속이 깊음 • 참을성이 많고 어른스러움 • 이성에 관심을 보임 • 여리고 섬세함
미라	• 어린 나이에 엄마가 되었고, 아픈 아들을 두고 있지만 씩씩함 • 당당하고 긍정적임 • 모성애가 강함
대수	• 철없는 면이 있지만, 자상하고 긍정적인 태도로 '미라'와 '아름'에게 큰 힘이 됨 • 욱하는 면이 있으나 아들을 깊이 사랑함 • 유머러스하고 자상함

제목의 의미

투병 중인 '아름'의 가슴을 설레게 한 인생의 순간을 의미함. '아름'이 서하의 편지를 받으면서 설렘, 기쁨, 삶에 대한 열망 등을 느끼게 되는 내용을 효과적으로 나타냄

꼼꼼 단어 돋보기

● **내레이션**
영화, 방송극, 연극 따위에서, 장면에 나타나지 않으면서 장면의 진행에 따라 그 내용이나 줄거리를 장외(場外)에서 해설하는 일. 또는 그런 해설

시험에 이렇게 나와요

26 윗글의 주제로 적절한 것끼리 바르게 묶인 것은?

> ㄱ. 부모와 자식 간의 사랑
> ㄴ. 타인에 대한 배려와 연민
> ㄷ. 일상적 삶의 아름다움과 가치
> ㄹ. 사회적 약자에 대한 구조적 지원의 필요성

① ㄱ, ㄴ ② ㄱ, ㄷ ③ ㄴ, ㄷ ④ ㄴ, ㄹ

27 **나**에서 알 수 있는 아름이의 심리로 가장 적절한 것은?

① 마음속에 쌓인 응어리의 해소
② 죽음을 맞이해야 하는 두려움
③ 매서운 추위 때문에 느끼는 고통
④ 나날이 쇠약해져 가는 상황에 대한 절망

28 **다**에서 추측할 수 있는 상황으로 가장 적절한 것은?

① 아름이의 병세가 점점 더 악화될 것이다.
② 아름이가 부모에 대한 기억을 잃을 것이다.
③ 아름이의 아빠가 다른 나라로 떠날 것이다.
④ 아름이가 실명을 피하려 치료를 받을 것이다.

정답 해설 15쪽

26 ② 27 ① 28 ①

세상에서 가장 아름다운 이별 노희경 원작, 민규동 각색

앞부분의 줄거리 가족 뒷바라지로 항상 분주한 인희는 남편 정철이 퇴직하면 교외에서 살기 위해 전원주택을 짓고 있다. 그러던 어느 날 가끔 느끼는 통증 때문에 진료를 받으러 갔다가 자궁암 말기임을 알게 된다. 정철은 아프다는 아내의 말을 흘려들은 자신을 자책한다. 수술 후 인희의 병세는 더욱 악화되고, 인희는 자신의 죽음을 예상하며 죽음 이후를 생각한다. 인희는 자신이 죽으면 시어머니를 돌보아 줄 사람이 없을 것이라는 생각에 걱정한다.

S# 67. 차 안

(연수, 정철의 안전띠를 풀어 주고, 몸을 뒤로 돌려 인희를 본다.)

연수: 다 왔어요.

인희: (깜빡 자다가 일어나 둘레를 보며) 여긴, 우리 집이잖아.

정철: 내가 연수랑 대충 정리했어. 들어가자. (보따리를 들고 내린다.)

인희: (마음이 짠해져, 집을 한번 본다.)
정철과 노후에 함께 살고자 했던 곳을 병들어서 죽음을 눈앞에 두고 왔기 때문임

정수: (눈물을 참으며, 창밖만 본다. 인희를 보면 눈물이 날까 봐 시선을 피하는 정수)

인희: (정수의 손을 잡고) 정수야, 엄마 봐야지.

정수: (힘들게 고개 돌리다, 차마 인희를 못 보고 고개 숙인다.)
슬픈 마음에 차마 인희(엄마)를 보지 못하는 정수

인희: (마음 아픈 것을 참고, 정수의 남방 단추를 모두 채워 주고) 엄마, 내일이라도 다 쉬었다 싶으면 갈게. 울어?
엄마가 아들에게 해 주는, 사소하지만 따뜻한 애정을 담은 행동

정수: (고개를 젓는다.)

인희: (장난처럼, 밝게) 정수야, 나 누구야.
슬퍼하는 정수를 위로하기 위해

정수: (고개를 들고 눈을 부릅떠 눈물을 참고, 아이처럼) 엄마.

인희: 다시 한번만 더 불러 봐.

정수: (목이 메어) 엄……마.

인희: (눈물이 그렁그렁하여) 정수야, 너…… 다 잊어버려도, 엄마 얼굴도 웃음도 다 잊어버려도…… 니가 이 엄마 배 속에서 나온 것은 잊으면 안 돼.
자신이 정수의 '엄마'라는 존재로 살아왔다는 사실을 기억해 주기를 바라는 인희

정수: (힘들게 끄덕인다.)

인희: (손가락에 낀 반지를 빼서, 정수 손에 쥐여 주고) 이거, 네 마누라 줘.
아들에게 주는 엄마로서의 마지막 선물

정수: ! → 죽음을 앞둔 상황에서도 자신을 걱정하는 엄마의 모습에 말을 잇지 못함

인희: 잊어 먹을까 봐 그래. (정수를 안으며 눈물이 주룩 흐르고) 아무리 뒤져 봐도 엄마가 이거밖에 줄 게 없다. 미안해.

정수: (안겨, 이를 앙다물고 운다.)
반지를 계기로 참고 있던 눈물을 흘리게 됨

인희: (정수를 떼어 내고, 창가로 얼굴을 돌려 외면하고) 잠깐 내려 봐. 누나랑 할 얘기 있어.
눈물을 흘리는 것을 정수가 알지 못하게 하기 위해

(정수, 내린다.)

인희: (의자에 몸을 기대 나오는 눈물을 참고, 고개를 모로 돌리며, 연수에게) 연수야, 엄마가

이해와 감상

이 작품은 자궁암 말기로 죽음을 앞둔 주인공을 통해 가족의 소중함을 그린 시나리오이다.

작품 정리

갈래: 시나리오
성격: 애상적
주제: 죽음의 과정을 통해 본 가족의 진정한 의미

특징
- 이별을 준비하는 가족의 심정을 형상화함
- 이별의 감정을 형상화하기 위한 다양한 영상 기법과 장치를 활용함
- 행동과 대사를 중심으로 가족의 죽음을 바라보는 등장인물들의 심리를 드러냄
- 파편화된 가족 구성원이 어머니(인희)의 죽음을 통해 가족의 사랑을 확인해 가는 모습을 그림

+ 인희와 정수(아들)의 이별

- 정수를 위로하고 말을 건넴
- 자신이 정수의 엄마였음을 잊지 말라고 당부함

⬇

미래의 아내에게 주라며 아들에게 반지를 건넴
→ 아들에 대한 미안함과 사랑

⬇

아들과의 아름다운 이별

아무래도 곧 정신을 놓칠 것 같다. 자꾸 가물가물해.
자신의 삶이 얼마 남지 않았음을 느끼는 인희

연수: (운전대를 잡은 채, 앞만 보며 마음 아프게 고개를 끄덕인다.)

인희: 엄마, 연수 사랑해. 알지? (눈물을 주룩 흘린다.)

연수: 네. (고개를 숙이고, 눈물을 흘리며) 저도…… 엄마 사랑해요.
자신의 슬픔을 드러내지 않으려는 연수

인희: (주입하듯) 그래, 사랑해. 아주 많이 사랑해.

연수: …….
죽음을 앞두고 자신에게 사랑의 마음을 전하는 엄마에 대한 안타까움과 슬픔

인희: 너는…… 나야. 엄마는…… 연수야.
연수는 엄마 인희에게 소중한 딸이었음을 드러냄. 앞으로 자기 대신 엄마의 자리를 채워 달라는 간접적인 부탁

연수: (소리 죽여 울며) 네.

인희: 이제 동생 데리고 가. 엄마, 아버지랑 좀 쉬어야겠다. (아쉬워하며) 아이고, 우리 딸. (등 뒤에서 연수를 안고, 볼에 입을 맞춘다.)
마지막이 될 수도 있기 때문

연수: (눈물이 연이어 흐른다.)

✚ 인희와 연수(딸)의 이별

- 연수에게 사랑의 마음을 전함
- '너는 나고 나는 너'라며 자기 대신 엄마의 자리를 살펴 달라는 부탁을 함
  → 딸에 대한 사랑과 뒷일에 대한 부탁

⬇

딸과의 아름다운 이별

S# 73. 침실

(조금은 어두운, 그러나 따뜻해 보이는.

인희, 정철, 조금은 낯설고 멋쩍게 침대에 걸터앉아 있다.)

정철: (멀뚱하게 앞만 보며) 텔레비전이라도 하나 갖다 놓을걸. 심심하네.

인희: 여보, 나 소원 있어.

정철: 뭐.

인희: ㉠나 무덤 만들어 줘.
자신이 죽은 뒤 남겨질 가족을 걱정하는 마음이 드러나는 말

정철: 언제는 답답해서 싫다고 화장해 달라며.

인희: 우리 엄마 화장하니까 별로더라. 강에 뿌렸는데 하도 오래되니까 여기다 뿌렸는지, 저기다 뿌렸는지 도통 기억에 없고. 여기 가서 울다 저기 가서 울다, 꼭 미친 사람처럼. 당신하고 애들은 그러지 말라고.
가족에 대한 걱정 때문에 자신이 죽은 뒤 묻어 달라고 하는 인희. 가족에 대한 인희의 끝없는 사랑

정철: ……. / 인희: 당신은…… 나 없이도 괜찮지?

정철: (인희를 본다.) / 인희: 잔소리도 안 하고 좋지, 뭐.
반어적으로 표현함

정철: (고개 돌리며) 싫어. / 인희: 나…… 보고 싶을 것 같아?

정철: (고개를 끄덕인다.)

인희: 언제? 어느 때? / 정철: 다.

인희: 다 언제? / 정철: 아침에 출근하려고 넥타이 맬 때.

인희: (안타까운 마음으로 본다.) 또?

정철: (고개를 돌려, 눈물을 참으며) 맛없는 된장국 먹을 때.

인희: 또? / 정철: 맛있는 된장국 먹을 때.

인희: 또?

정철: 술 먹을 때, 술 깰 때, 잠자리 볼 때, 잘 때, 잠 깰 때, 잔소리 듣고 싶을 때, 어머니 망령 부릴 때, 연수 시집갈 때, 정수 대학 갈 때, 그놈 졸업할 때, 설날 지짐이 할 때, 추석날 송편 빚을 때, 아플 때, 외로울 때.

삶을 살아가는 모든 순간이 인희에 대한 그리움으로 가득할 것이라고 말하는 정철

인희: (눈물이 그렁그렁하고, 괜한 옷섶만 만지고 두리번거리며) 당신, 빨리 와. 나 심심하지 않게. (눈물이 주룩 흐른다.)

정철: (인희를 안고, 눈물 흘린다.)

인희: (울며 웃으며) 여보, 나 이쁘면 뽀뽀나 한번 해 줘라.

정철: (인희 얼굴을 손으로 안고, 입을 맞춰 준다.)

(두 사람, 다시 안고 운다.)

정철: 고마웠다.

엄마로서, 아내로서 열심히 살아온 아내에게 고마움을 전하는 정철

(울고.)

한눈에 콕콕

▶ 제목에 담긴 의미

- 인희가 가족들로부터 따뜻한 사랑을 받으며 아름답게 이별을 맞이함
- 서로 소원하던 가족이 엄마와 이별하게 되면서 서로의 소중함과 사랑을 깨닫게 됨
- 가족의 소중함과 사랑의 의미를 강조함

시험에 이렇게 나와요

29 S# 67의 내용을 통해 알 수 있는 사실이 아닌 것은?

① '인희'는 '정수'보다 '연수'를 더 깊이 사랑하고 있다.
② '정철'은 '인희'를 전원주택에 데려오기 위해 '연수'와 미리 준비했다.
③ '인희'는 죽음을 앞둔 상태에서도 자신보다 가족들을 생각하고 있다.
④ '정철'과 '인희'는 아이들을 보내고 전원주택에서 단둘이 남은 시간을 보내려 한다.

30 인희가 ㉠과 같은 소원을 말한 이유로 가장 적절한 것은?

① 혼자 죽는 것이 억울해서
② 자신을 그리워할 가족들을 걱정해서
③ 가족들이 자신을 잊어 주기를 바라서
④ 감정의 기복이 심해져 자신이 원하는 바를 몰라서

정답 해설 15쪽

29 ① 30 ②

이론 쏙! 핵심 딱!

쏙딱 TEST

I 문학

정답과 해설 18쪽

선생님이 알려 주는 **출제 경향**

갈래에 따른 표현상 특징을 정확하게 학습하세요. 반복 출제되는 선지의 내용은 반드시 기억해야 합니다.

주제 1 현대 시

[01~03] 다음 글을 읽고 물음에 답하시오. 2021년 2회

흔들리는 나뭇가지에 꽃 한번 피우려고
눈은 ㉠얼마나 많은 도전을 멈추지 않았으랴

㉡싸그락 싸그락 두드려 보았겠지
난분분[1] 난분분 춤추었겠지
㉢미끄러지고 미끄러지길 수백 번,

㉣바람 한 자락 불면 휙 날아갈 사랑을 위하여
햇솜[2] 같은 마음을 다 퍼부어 준 다음에야
마침내 피워 낸 저 황홀 보아라

봄이면 가지는 그 한 번 덴 자리에
세상에서 ⓐ가장 아름다운 상처를 터뜨린다

– 고재종, 「첫사랑」 –

1) 난분분: 눈이나 꽃잎 따위가 흩날리어 어지럽게
2) 햇솜: 당해에 새로 난 솜

01 윗글의 표현상 특징으로 적절하지 않은 것은?

① 자연 현상을 통해 시상을 전개하고 있다.
② 청유형 문장을 통해 화자의 정서를 드러내고 있다.
③ 감각적 이미지를 활용하여 대상을 구체화하고 있다.
④ 비유적 표현을 활용하여 시적 의미를 형상화하고 있다.

02 다음과 관련하여 윗글을 감상할 때, ㉠~㉣ 중 시적 의미가 가장 이질적인 것은?

나뭇가지에 쌓이는 눈꽃을 피우기 위한 '눈'의 노력

① ㉠ ② ㉡ ③ ㉢ ④ ㉣

03 ⓐ의 시적 의미와 표현 방법으로 적절한 것은?

	시적 의미	표현 방법
①	성숙한 사랑의 가치	역설법
②	첫사랑에 대한 그리움	대구법
③	미래에 대한 불길한 예감	역설법
④	지나간 사랑에 대한 미련	대구법

[04~06] 다음 글을 읽고 물음에 답하시오. 2018년 2회

까마득한 날에
㉠하늘이 처음 열리고
어데 닭 우는 소리 들렸으랴.

모든 산맥(山脈)들이
㉡바다를 연모(戀慕)해 휘달릴 때도
차마 이곳을 범(犯)하던 못하였으리라.

끊임없는 광음(光陰)을
부지런한 계절(季節)이 피어선 지고
큰 강물이 비로소 길을 열었다.

지금 ㉢눈 내리고
매화 향기(梅花香氣) 홀로 아득하니
내 여기 가난한 노래의 씨를 뿌려라.

다시 천고(千古)의 뒤에
㉣백마(白馬) 타고 오는 초인(超人)이 있어
이 광야에서 목 놓아 부르게 하리라.

– 이육사, 「광야」 –

주목

04 윗글에 대한 설명으로 가장 적절한 것은?

① 청자를 부르며 말을 건네고 있다.
② 청유형 어미를 반복적으로 사용하고 있다.
③ 시간의 흐름에 따라 내용이 전개되고 있다.
④ 처음과 마지막 연에 비슷한 구절을 배치하고 있다.

05 윗글의 내용에 대한 이해로 적절하지 않은 것은?

① 2연에서 '이곳'은 침범할 수 없는 광야를 뜻한다.
② 3연에서 계절의 순환이 나타난다.
③ 4연에서 화자는 미래를 위해 노력하려 한다.
④ 5연에서 화자는 초자연적인 존재를 두려워한다.

06 ㉠~㉣ 중 다음을 뜻하는 시어로 가장 적절한 것은?

• 부정적 현실 • 극복해야 할 고통 혹은 시련

① ㉠ ② ㉡ ③ ㉢ ④ ㉣

[07~09] 다음 글을 읽고 물음에 답하시오. 2015년 2회

돌에
그늘이 차고,

따로 몰리는
소소리바람[1].

앞섰거니 하여
꼬리 치날리어 세우고,

종종 다리 까칠한
산(山)새 걸음걸이.

여울지어
㉠수척한 흰 물살,

갈갈이
손가락 펴고.

멎은 듯
새삼 듣는 빗낱[2]

붉은 잎 잎
소란히 밟고 간다.

– 정지용, 「비」 –

1) 소소리바람: 이른 봄에 살 속으로 스며드는 듯한 차고 매서운 바람
2) 빗낱: 빗방울

07 윗글에 대한 감상으로 적절하지 않은 것은?

① 말을 주고받는 형식으로 친근감을 준다.
② 간결한 시어로 감정을 절제하여 표현한다.
③ 시각적 이미지를 사용하여 선명한 느낌을 전달한다.
④ 모든 연을 2행으로 하여 형식적인 규칙성이 느껴진다.

빠른 정답 체크

01 ② 02 ④ 03 ① 04 ③ 05 ④ 06 ③ 07 ①

08 ㉠과 동일한 표현 방법이 사용된 것으로 가장 적절한 것은?

① 풀은 눕고 / 드디어 울었다
② 기다리는 일이 더 행복하였습니다
③ 그립다 / 말을 할까 / 하니 그리워
④ 가난하다고 해서 사랑을 모르겠는가

09 윗글의 시상 전개에 따라 (가)~(라)를 바르게 나열한 것은?

(가) 잠시 멎은 듯했던 비가 다시 내리는 모습
(나) 빗물이 모여 흘러가는 모습
(다) 비가 내리기 시작하는 모습
(라) 비가 내리기 직전의 모습

① (가) → (나) → (다) → (라)
② (나) → (가) → (라) → (다)
③ (다) → (라) → (가) → (나)
④ (라) → (다) → (나) → (가)

[10~13] 다음 글을 읽고 물음에 답하시오. 2015년 1회

넓은 벌 동쪽 끝으로
옛이야기 지줄대는 실개천이 휘돌아 나가고,
얼룩백이 황소가
해설피 ㉠금빛 게으른 울음을 우는 곳,
—그곳이 차마 꿈엔들 잊힐 리야.

질화로에 재가 식어지면
비인 밭에 밤바람 소리 말을 달리고,
엷은 졸음에 겨운 늙으신 아버지가
짚베개를 돋아 고이시는 곳,
—그곳이 차마 꿈엔들 잊힐 리야.

흙에서 자란 내 마음
㉡파아란 하늘빛이 그리워
함부로 쏜 화살을 찾으려
풀섶 이슬에 함추름 휘적시던 곳,
—그곳이 차마 꿈엔들 잊힐 리야.

전설 바다에 춤추는 밤물결 같은
㉢검은 귀밑머리 날리는 어린 누이와
아무렇지도 않고 예쁠 것도 없는
사철 발 벗은 아내가
따가운 햇살을 등에 지고 이삭 줍던 곳,
—그곳이 차마 꿈엔들 잊힐 리야.

㉣하늘에는 성근 별
알 수도 없는 모래성으로 발을 옮기고,
서리 까마귀 우지짖고 지나가는 초라한 지붕,
흐릿한 불빛에 둘러앉아 도란도란거리는 곳,
—그곳이 차마 꿈엔들 잊힐 리야.

– 정지용, 「향수」 –

10 윗글의 특징으로 가장 적절한 것은?

① 반어적 표현으로 현실의 모순을 드러낸다.
② 감정을 절제하여 대상을 객관적으로 표현한다.
③ 표면에 드러나지 않은 화자가 대상을 관찰한다.
④ 후렴구를 사용하여 시 전체에 통일된 인상을 준다.

주목
11 윗글에 드러난 '고향'의 모습으로 적절하지 않은 것은?

① 한가롭고 평화로웠던 공간
② 어린 시절의 꿈을 간직한 공간
③ 가난하지만 가족들과 단란했던 공간
④ 풍경은 아름답지만 인정이 메마른 공간

12 ㉠~㉣ 중 공감각적 심상이 나타난 것은?

① ㉠ ② ㉡ ③ ㉢ ④ ㉣

13 윗글과 다음 시조의 공통된 정서로 가장 적절한 것은?

동지(冬至)ㅅ돌 기나긴 밤을 한 허리를 버혀 내여
춘풍(春風) 니불 아레 서리서리 너헛다가
어론 님 오신 날 밤이여든 구뷔구뷔 펴리라.

– 황진이, 「동지(冬至)ㅅ돌 기나긴 밤을」 –

① 포근함 ② 기대감
③ 그리움 ④ 서러움

[14~16] 다음 글을 읽고 물음에 답하시오.

> 네가 오기로 한 그 자리에
> 내가 미리 가 너를 기다리는 동안
> 다가오는 모든 발자국은
> 내 가슴에 쿵쿵거린다
> 바스락거리는 나뭇잎 하나도 다 내게 온다
> 기다려 본 적이 있는 사람은 안다
> 세상에서 기다리는 일처럼 가슴 애리는 일 있을까
> 네가 오기로 한 그 자리, 내가 미리 와 있는 이곳에서
> ㉠문을 열고 들어오는 모든 사람이
> 너였다가
> 너였다가, 너일 것이었다가
> 다시 ㉡문이 닫힌다
> 사랑하는 이여
> 오지 않는 너를 기다리며
> 마침내 나는 너에게 간다
> 아주 먼 데서 나는 너에게 가고
> 아주 오랜 세월을 다하여 너는 지금 오고 있다
> 아주 먼 데서 지금도 천천히 오고 있는 너를
> 너를 기다리는 동안 나도 가고 있다
> 남들이 열고 들어오는 문을 통해
> 내 가슴에 쿵쿵거리는 모든 발자국 따라
> 너를 기다리는 동안 나는 너에게 가고 있다.
>
> – 황지우, 「너를 기다리는 동안」 –

14 윗글의 표현상 특징으로 적절하지 않은 것은?

① 의태어를 통해 간절한 기다림을 드러냈다.
② 청각적 심상을 통해 화자의 심정을 표현했다.
③ 기다림의 소극적 태도가 만남에 대한 적극적 태도로 변화한다.
④ 동일한 시구를 반복하여 운율감을 형성하고 간절함을 드러낸다.

15 ㉠과 ㉡의 의미를 비교한 것으로 적절한 것은?

① ㉠은 시간적 개념이고, ㉡은 공간적 개념이다.
② ㉠은 단절의 의미가 있고, ㉡은 소통의 의미가 있다.
③ ㉠은 희망적 심리를 유발하고, ㉡은 절망적 심리를 유발한다.
④ ㉠은 화자의 수동적 태도를 드러내고, ㉡은 능동적인 태도를 드러낸다.

16 윗글을 감상한 내용으로 적절하지 않은 것은?

① 발자국 소리가 심장 박동 소리로 연결되어 '너'를 기다리는 화자의 간절함과 설렘을 드러낸다.
② '너'가 올지도 모른다는 기대감이 점점 커지다가 아님을 확인하고 실망하는 화자의 안타까운 심정이 담겨 있다.
③ 화자를 '나'로, 시적 대상을 '너'로 설정하여 소중한 상대를 기다리는 마음을 표현하고 있다.
④ '너'를 만나려고 하는 화자의 확고한 의지는 시간이 지나도 초조함을 느낄 뿐 행동하지 않는 기다림으로 나타나고 있다.

[17~18] 다음 글을 읽고 물음에 답하시오.

> 산모퉁이를 돌아 논가 외딴 우물을 홀로 찾아가선 가만히 들여다봅니다.
>
> 우물 속에는 달이 밝고 구름이 흐르고 하늘이 펼치고 파아란 바람이 불고 가을이 있습니다.
>
> 그리고 한 사나이가 있습니다.
> 어쩐지 그 사나이가 미워져 돌아갑니다.
>
> 돌아가다 생각하니 그 사나이가 가엾어집니다.
> 도로 가 들여다보니 사나이는 그대로 있습니다.
>
> 다시 그 사나이가 미워져 돌아갑니다.
> 돌아가다 생각하니 그 사나이가 그리워집니다.
>
> 우물 속에는 달이 밝고 구름이 흐르고 하늘이 펼치고 파아란 바람이 불고 가을이 있고 추억처럼 사나이가 있습니다.
>
> – 윤동주, 「자화상」 –

빠른 정답 체크

08 ① 09 ④ 10 ④ 11 ④ 12 ① 13 ③ 14 ① 15 ③ 16 ④

주목

17 윗글에 대한 설명으로 적절하지 않은 것은?

① 시간의 흐름에 따라 시상을 전개하고 있다.
② 문법을 지키지 않은 표현 기법이 나타나 있다.
③ 동일한 종결 어미를 사용하여 운율을 형성하고 있다.
④ 운문체를 활용하여 외형률이 두드러지게 나타나고 있다.

18 윗글에 드러난 화자의 자신에 대한 감정의 흐름이 가장 적절하게 나열된 것은?

① 미움 → 그리움 → 연민 → 애증
② 미움 → 연민 → 애증 → 그리움
③ 연민 → 미움 → 애증 → 그리움
④ 연민 → 그리움 → 미움 → 애증

주제 2 고전 시가

[19~20] 다음 글을 읽고 물음에 답하시오. 2019년 2회

강호(江湖)애 병(病)이 깁퍼 듁님(竹林)의 누엇더니,
관동(關東) 팔ᄇᆡᆨ(八百) 니(里)에 방면(方面)[1]을 맛디시니,
어와 셩은(聖恩)이야 가디록 망극(罔極)ᄒᆞ다.
연츄문(延秋門) 드리ᄃᆞ라 경회(慶會) 남문(南門) ᄇᆞ라보며,
하직(下直)고 믈너나니 옥졀(玉節)[2]이 알ᄑᆡ 셧다.
평구역(平丘驛) ᄆᆞᆯ을 ᄀᆞ라 흑슈(黑水)로 도라드니,
셤강(蟾江)은 어듸메오 티악(雉岳)이 여긔로다.
쇼양강(昭陽江) ᄂᆞ린 믈이 어드러로 든단 말고.
고신거국(孤臣去國)에 ᄇᆡᆨ발(白髮)도 하도 할샤.
동쥬(東洲) ㅣ 밤 계오 새와 븍관뎡(北寬亭)의 올나ᄒᆞ니,
삼각산(三角山) 뎨일봉(第一峰)이 ᄒᆞ마면 뵈리로다.
궁왕(弓王) 대궐(大闕) 터희 오쟉(烏鵲)이 지지괴니,
쳔고(千古) 흥망(興亡)을 아ᄂᆞᆫ다 몰ᄋᆞᄂᆞᆫ다.
회양(淮陽) 녜 일홈이 마초아 ᄀᆞᄐᆞᆯ시고.
급댱유(汲長孺)[3] 풍ᄎᆡ(風彩)를 고텨 아니 볼 게이고.

– 정철, 「관동별곡(關東別曲)」 –

1) 방면(方面): 관찰사의 소임. '방면지임(方面之任)'의 준말
2) 옥절(玉節): 옥으로 만든, 임금이 신표(信標)로 주는 패(牌)로 관찰사의 상징물
3) 급댱유(汲長孺): 중국 한나라 때의 충신. 회양 태수로 좌천되었으나, 오히려 백성들에게 선정(善政)을 베풀고 고을을 번성하게 하였다고 함

19 윗글에 대한 설명으로 가장 적절한 것은?

① 공간의 이동에 따라 시상을 전개하고 있다.
② 전절과 후절의 대립 구조가 나타나 있다.
③ 3음보의 율격이 반복되고 있다.
④ 10구체 형식이 사용되고 있다.

20 윗글의 화자에 대한 설명으로 적절하지 않은 것은?

① 역사 속 인물을 언급하며 관리로서의 포부를 다짐하고 있다.
② 성현의 말을 인용하여 자신의 역할을 점검하고 있다.
③ 자신에게 소임을 맡긴 임금에게 감사하고 있다.
④ 옛 왕조의 성터에서 무상함을 느끼고 있다.

[21~22] 다음 글을 읽고 물음에 답하시오. 2019년 1회

살어리 살어리랏다 청산(靑山)애 살어리랏다.
㉠멀위랑 ᄃᆞ래랑 먹고 청산(靑山)애 살어리랏다.
얄리얄리 얄랑셩 얄라리 얄라

우러라 우러라 새여 자고 니러 우러라 새여.
㉡널라와[1] 시름 한[2] 나도 자고 니러 우니노라.
얄리얄리 얄라셩 얄라리 얄라

이링공 뎌링공 ᄒᆞ야 나즈란 디내와손뎌.
㉢오리도 가리도 업슨 바므란 ᄯᅩ 엇디 호리라.
얄리얄리 얄라셩 얄라리 얄라

가다니 ᄇᆡ브른 도긔 설진[3] 강수를[4] 비조라.
㉣조롱곳[5] 누로기 ᄆᆡ와 잡ᄉᆞ와니 내 엇디 ᄒᆞ리잇고.
얄리얄리 얄라셩 얄라리 얄라

– 작자 미상, 「청산별곡(靑山別曲)」 –

1) 널라와: 너보다
2) 한: 많은
3) 설진: 덜 익은 또는 (술의 농도가) 진한
4) 강수를: 강한 술을
5) 조롱곳: 조롱박꽃

주목

21 윗글에 대한 설명으로 적절하지 않은 것은?

① 후렴구를 통해 연을 나누고 있다.
② 계절의 순서에 따라 시상을 전개하고 있다.
③ 시구의 반복을 통해 화자의 소망을 강조하고 있다.
④ 'ㄹ, ㅇ' 음을 사용하여 리듬감을 형성하고 있다.

22 ㉠~㉣에 대한 설명으로 적절하지 않은 것은?

① ㉠: 소박한 삶을 동경하고 있다.
② ㉡: 시적 대상과 자신을 비교하고 있다.
③ ㉢: 외로운 상황 속에서 힘겨워하고 있다.
④ ㉣: 힘겨운 현실을 적극적으로 극복하고 있다.

[23~24] 다음 글을 읽고 물음에 답하시오. 2017년 1회

십 년(十年)을 경영(經營)ᄒᆞ여 초려 삼간(草廬三間)[1] 지여 내니,
나 ᄒᆞᆫ 간[2], ᄃᆞᆯ ᄒᆞᆫ 간에 청풍(淸風) ᄒᆞᆫ 간 맛져 두고,
강산(江山)은 들일 듸 업스니 둘러 두고 보리라.

– 송순, 「십 년(十年)을 경영(經營)ᄒᆞ여」 –

1) 초려 삼간: 세 칸짜리 초가, 아주 소박한 집
2) ᄒᆞᆫ 간: 한 칸

주목

23 윗글의 갈래에 대한 설명으로 적절하지 않은 것은?

① 초장, 중장, 종장으로 구성되었다.
② 4구체, 8구체, 10구체로 분류되었다.
③ 가락을 붙여 시조창으로 부르기도 했다.
④ 작자층이 양반층에서 서민층으로 확대되었다.

24 윗글의 화자가 지향하는 삶의 태도로 가장 적절한 것은?

① 사람을 사귀지 말고 혼자 산속에서 살아야겠다.
② 강과 산보다는 달과 바람을 더 가까이 해야겠다.
③ 욕심 없이 자연과 더불어 소박하게 살아야겠다.
④ 자연을 가까이 하기보다는 부귀영화를 누려야겠다.

[25~27] 다음 글을 읽고 물음에 답하시오. 2016년 2회

생사(生死) 길흔
이에 이샤매 머믓그리고,
나ᄂᆞᆫ 가ᄂᆞ다 말ㅅ도
몯다 니르고 가ᄂᆞᆫ닛고.
어느 ᄀᆞᅀᆞᆯ 이른 ᄇᆞᄅᆞ매
㉠이에 뎌에 ᄠᅥ러딜 닙곤,
ᄒᆞᄃᆞᆫ 가지라 나고
가논 곧 모ᄃᆞ론뎌.
(A) 아야 미타찰(彌陀刹)에 맛보올 나
도(道) 닷가 기드리고다.

– 월명사, 「제망매가(祭亡妹歌)」 –

25 윗글에 대한 설명으로 가장 적절한 것은?

① 4구체 향가이다.
② 영탄적 표현이 나타난다.
③ 3·3·2조의 운율이 사용된다.
④ 공감각적 이미지가 드러난다.

26 ㉠에 쓰인 표현 방법을 사용하지 않은 것은?

① 섶벌같이 나아간 지아비
② 우리는 점점 신명이 난다.
③ 너는 산새처럼 날아갔구나!
④ 서글픈 옛 자취인 양 흰 눈이 내려

27 (A)에 나타난 화자의 태도로 가장 적절한 것은?

① 죽은 누이의 업적을 예찬하고 있다.
② 죽은 누이를 다시 만날 것을 두려워하고 있다.
③ 이별한 누이를 잊고 세속적 즐거움을 찾고자 한다.
④ 누이와 이별한 슬픔을 종교적으로 극복하고자 한다.

빠른 정답 체크

17 ④ 18 ② 19 ① 20 ② 21 ② 22 ④ 23 ②
24 ③ 25 ② 26 ② 27 ④

[28~31] 다음 글을 읽고 물음에 답하시오. 2016년 1회

(가) 가시리 가시리잇고 나는
㉠ᄇᆞ리고 가시리잇고 나는
위 증즐가 大平盛代(대평셩ᄃᆡ)

㉡날러는 엇디 살라 ᄒᆞ고
ᄇᆞ리고 가시리잇고 나는
위 증즐가 大平盛代(대평셩ᄃᆡ)

잡ᄉᆞ와 두어리마ᄂᆞᄂᆞᆫ
㉢선ᄒᆞ면 아니 올세라.
위 증즐가 大平盛代(대평셩ᄃᆡ)

셜온 님 보내ᄋᆞᆸ노니 나는
가시는 ᄃᆞᆺ 도셔 오쇼셔 나는
㉣위 증즐가 大平盛代(대평셩ᄃᆡ)

– 작자 미상, 「가시리」 –

(나) ᄎᆞᆯ하리 믈ᄀᆞ의 가 ᄇᆡ 길히나 보쟈 ᄒᆞ니
ᄇᆞ람이야 믈결이야 어둥졍[1] 된뎌이고.
샤공은 어ᄃᆡ 가고 븬 ᄇᆡ만 걸렷ᄂᆞ니.
강텬(江天)의 혼쟈 셔셔 디ᄂᆞᆫ[2] ᄒᆡ를 구버보니
님다히 쇼식(消息)이 더옥 아득ᄒᆞᆫ뎌이고.
모쳠(茅簷)[3] ᄎᆞᆫ 자리의 밤듕만 도라오니
반벽쳥등(半壁青燈)[4]은 눌 위ᄒᆞ야 ᄇᆞᆯ갓ᄂᆞᆫ고.
오ᄅᆞ며 ᄂᆞ리며 헤ᄯᅳ며[5] 바니니[6]
져근덧 역진(力盡)ᄒᆞ야 픗ᄌᆞᆷ을 잠간 드니
졍셩(精誠)이 지극ᄒᆞ야 ᄭᅮᆷ의 님을 보니
옥(玉) ᄀᆞᄐᆞᆫ 얼굴이 반(半)이나마 늘거셰라.
ᄆᆞ음의 머근 말ᄉᆞᆷ 슬ᄏᆞ장[7] ᄉᆞᆲ쟈[8] ᄒᆞ니
눈믈이 바라 나니 말인들 어이ᄒᆞ며
졍(情)을 못다ᄒᆞ야 목이조차 메여ᄒᆞ니
오뎐된[9] 계셩(鷄聲)의 ᄌᆞᆷ은 엇디 ᄭᆡ돗던고.
어와, 허ᄉᆞ(虛事)로다. 이 님이 어ᄃᆡ 간고.
결의 니러 안자 창(窓)을 열고 ᄇᆞ라보니
어엿븐 그림재 날 조ᄎᆞᆯ ᄲᅮᆫ이로다.
ᄎᆞᆯ하리 싀여디여[10] 낙월(落月)이나 되야이셔
님 겨신 창(窓) 안히 번드시 비최리라.
각시님 ᄃᆞᆯ이야ᄏᆞ니와 구ᄌᆞᆫ비나 되쇼셔.

– 정철, 「속미인곡(續美人曲)」 –

1) 어둥졍: 어리둥절. 어수선하게
2) 디ᄂᆞᆫ: 지는
3) 모쳠(茅簷): 띠로 지붕을 이은 초가
4) 반벽쳥등(半壁青燈): 벽 가운데 달린 등불
5) 헤ᄯᅳ며: 마음이 초조하여 허둥거리며
6) 바니니: 부질없이 왔다 갔다 하니
7) 슬ᄏᆞ장: 실컷
8) ᄉᆞᆲ쟈: 사뢰려고, 아뢰려고
9) 오뎐된: 방정맞은
10) 싀여디여: 죽어서

28 (가)에 대한 설명으로 가장 적절한 것은?

① 화자는 임과의 재회를 바라고 있다.
② 의인화를 통해 시상을 전개하고 있다.
③ 4음보의 규칙적인 율격을 활용하고 있다.
④ 자연 경관을 제시한 후 감정을 노래하고 있다.

29 (가)에서 화자가 임을 보내 주려는 이유가 드러난 부분은?

① ㉠ ② ㉡ ③ ㉢ ④ ㉣

30 (나)의 화자에 대한 설명으로 적절하지 않은 것은?

① ‘ᄭᅮᆷ’ 속에서 임을 보았다.
② ‘믈ᄀᆞ’에서 사공을 만났다.
③ ‘강텬(江天)’에서 지는 해를 바라보았다.
④ ‘낙월(落月)’이라도 되어 임 계신 곳을 비추고 싶어 한다.

31 (가)와 (나)의 공통점으로 가장 적절한 것은?

① 구체적인 장소가 드러난다.
② 일정한 후렴구가 반복된다.
③ 과거에 대한 회상이 나타난다.
④ 화자의 안타까운 심정이 드러난다.

[32~33] 다음 글을 읽고 물음에 답하시오.

가 동지(冬至)ㅅ돌 기나긴 ㉠밤을 한 허리를 버혀 내여
춘풍(春風) 니불 아레 서리서리 너헛다가
어론 님 오신 날 밤이여든 구뷔구뷔 펴리라

– 황진이, 「동지(冬至)ㅅ돌 기나긴 밤을」 –

나 님이 오마 ᄒᆞ거ᄂᆞᆯ 저녁밥을 일 지어 먹고 중문(中門) 나서 대문(大門) 나가 지방(地方) 우희 치ᄃᆞ라 안자 이수(以手)로 가액(加額)ᄒᆞ고 오ᄂᆞᆫ가 가ᄂᆞᆫ가 건넌 산(山) ᄇᆞ라보니 거머흿들 셔 잇거ᄂᆞᆯ 져야 님이로다

보션 버서 품에 품고 신 버서 손에 쥐고 곰븨님븨 님븨곰븨 천방지방 지방천방 즌 듸 ᄆᆞ른 듸 ᄀᆞᆯ희지 말고 워렁충창 건너가셔 정(情)엣말 ᄒᆞ려 ᄒᆞ고 겻눈을 흘긧 보니 상년(上年) 칠월(七月) 사흔날 ᄀᆞᆯ가 벅긴 주추리 삼대 ᄉᆞᆯ드리도 날 소겨거다

모쳐라 ㉡밤일싀만졍 ᄒᆡᆼ혀 낫이런들 ᄂᆞᆷ 우일 번 ᄒᆞ괘라

– 작자 미상, 「님이 오마 ᄒᆞ거ᄂᆞᆯ」 –

32 가와 나의 표현상 공통점으로 가장 적절한 것은?

① 추상적인 개념을 구체적인 사물처럼 대상화하여 드러내고 있다.
② 의태어를 활용한 표현을 바탕으로 시적 상황을 구체화하고 있다.
③ 가상적인 상황을 설정하여 시적 대상에 대한 태도를 강조하고 있다.
④ 자연물에 감정을 이입하는 방식으로 화자의 정서를 형상화하고 있다.

33 ㉠, ㉡을 이해한 내용으로 가장 적절한 것은?

① ㉠, ㉡ 모두 화자가 자신의 내면을 성찰하는 시간이다.
② ㉠, ㉡ 모두 화자가 자신의 처지에 대해 한탄하는 시간이다.
③ ㉠은 화자의 행동이, ㉡은 화자의 계획이 구체화된 시간이다.
④ ㉠은 화자의 외로움이, ㉡은 화자의 위안이 투영된 시간이다.

주제 3 현대 소설

[34~36] 다음 글을 읽고 물음에 답하시오. 2018년 2회

"장인님! 인젠 저……."

내가 이렇게 뒤통수를 긁고, 나이가 찼으니 성례를 시켜줘야 하지 않겠느냐고 하면, 그 대답이 늘

㉠"이 자식아! 성례구 뭐구 미처 자라야지!"

하고 만다.

이 자라야 한다는 것은 내가 아니라 장차 내 아내가 될 점순이의 키 말이다.

내가 여기에 와서 돈 한 푼 안 받고 일하기를 삼 년 하고 꼬박이 일곱 달 동안을 했다. 그런데도 미처 못 자랐다니까 이 키는 언제야 자라는 겐지 짜증 영문 모른다. 일을 좀 더 잘해야 한다든지, 혹은 밥을(많이 먹는다고 노상 걱정이니까) 좀 덜 먹어야 한다든지 하면 나도 얼마든지 할 말이 많다. 허지만 점순이가 안죽 어리니까 더 자라야 한다는 여기에는 어째 볼 수 없이 고만 벙벙하고 만다.

이래서 나는 애초에 계약이 잘못된 걸 알았다. 이태면 이태, 삼 년이면 삼 년, 기한을 딱 작정하고 일을 해야 원 할 것이다. 덮어놓고 딸이 자라는 대로 성례를 시켜 주마 했으니, 누가 늘 지키고 섰는 것도 아니고 그 키가 언제 자라는지 알 수 있는가. 그리고 난 사람의 키가 무럭무럭 자라는 줄만 알았지 붙배기 키에 모로만 벌어지는 몸도 있는 것을 누가 알았으랴.

때가 되면 장인님이 어련하랴 싶어서 군소리 없이 꾸벅꾸벅 일만 해 왔다. 그럼 말이다, 장인님이 제가 다 알아채려서,

㉡"어 참, 너 일 많이 했다. 고만 장가들어라."

하고 살림도 내주고 해야 나도 좋을 것이 아니냐. 시치미를 딱 떼고 도리어 그런 소리가 나올까 봐서 지레 펄펄 뛰고 이야단이다. 명색이 좋아 데릴사위지 일하기에 싱겁기도 할 뿐더러 이건 참 아무것도 아니다. 숙맥이 그걸 모르고 점순이의 키 자라기만 까맣게 기다리지 않았나.

[중략]

아무리 잘 봐야 내 겨드랑(다른 사람보다 좀 크긴 하지만) 밑에서 넘을락 말락 밤낮 요 모양이다. 개, 돼지는 푹푹 크는데 왜 이리도 사람은 안 크는지, 한동안 머리가 아프도록 궁리도 해 보았다. 아하 물동이를 자꾸 이니까 뼈다귀가 옴츠라드나 보다, 하고 내가 넌짓넌지시 그 물을 대신 길어도 주었다. 뿐만 아니라 나무를 하러 가면 서낭당에 돌을 올려놓고

빠른 정답 체크

28 ① 29 ③ 30 ② 31 ④ 32 ② 33 ④

㉢"점순이의 키 좀 크게 해 줍소사. 그러면 담엔 떡 갖다 놓고 고사 드립죠니까."
하고 치성도 한두 번 드린 것이 아니다. 어떻게 돼먹은 킨지 이래도 막무가내니…….

그래 내 어저께 싸운 것이지 결코 장인님이 밉다든가 해서가 아니다.

모를 붓다가 가만히 생각을 해 보니까 또 싱겁다. 이 벼가 자라서 점순이가 먹고 좀 큰다면 모르지만, 그렇지도 못한 걸 내 심어서 뭘 하는 거냐, 해마다 앞으로 축 거불지는 장인님의 아랫배(가 너머 먹은 걸 모르고 내병이라나, 그 배)를 불리기 위하야 심으곤 조곰도 싶지 않다.

㉣"아이구, 배야!"

난 몰 붓다 말고 배를 씨다듬으면서 그대루 논둑으로 기어올랐다.

– 김유정, 「봄·봄」 –

34 윗글의 서술 방식에 대한 설명으로 가장 적절한 것은?

① 주인공 '나'가 자신의 이야기를 전달하고 있다.
② '나'가 주인공들의 이야기를 관찰하여 전달하고 있다.
③ 서술자가 관찰한 이야기를 객관적으로 전달하고 있다.
④ 작품 밖 서술자가 전지적으로 이야기를 전달하고 있다.

35 윗글에 대한 이해로 적절하지 않은 것은?

① '나'는 '장인'과의 계약이 잘못된 것을 깨달았군.
② '나'는 '점순이'를 아내가 될 사람으로 생각했군.
③ '나'는 '점순이'의 키가 크기를 간절히 바라고 있군.
④ '장인'은 '나'와 '점순이'를 결혼시키지 못해 불안해하는군.

36 ㉠~㉣ 중 '장인'이 실제로 한 말은?

① ㉠ ② ㉡ ③ ㉢ ④ ㉣

[37~40] 다음 글을 읽고 물음에 답하시오. 2018년 1회

앞부분의 줄거리 황만근이 없어지자 마을 사람들이 회관 앞에 모였다.

먼저 이장이 입을 열었다.

"만그인지 반그인지 그 바보 자석 하나 때문에 소 여물도 못 하러 가고 이기 뭐라. 스무 바리나 되는 소가 한꺼분에 밥 굶는 기 중요한가, 바보 자석 하나가 어데 가서 술 처먹고 집에 안 오는 기 중요한가, 써그랄."

마을에서 연장자 축에 들고 가장 ㉠학식이 높아 해마다 한 번씩 지내는 용왕제에 축을 초하는 황재석 씨가 받았다.

"그래도 질래 있던 사람이 없어지마 필시 ㉡연유가 있는 기라. 사람이 바늘이라, 모래라. 기양 없어지는 기 어디 있어. 암만 그래도 우리 동네 사람 아이라. 반그이, 아이다, 만그이가 여게서 나서 사는 동안 한 분도 밖에서 안 들어온 적이 없는데 말이라."

"아이지요, 어르신. 가가 군대 간다 캤을 때 여운지 토깨인지 하고 밤새도록 싸우니라고 하루는 안 들어왔심다."

용왕제에서 집사 역을 하는 황동수가 우스개처럼 말을 이었다. 아침밥을 먹기도 전 황만근의 아들이 찾아와 황만근이 집에 돌아오지 않았다고 하길래 얼결에 동네 사람들을 불러 모으는 역할을 하게 된 민 씨는 분위기가 이상하게 돌아간다 생각하고 참견을 했다.

"어제 ㉢궐기 대회 한다 하고 간 사람이 누구누구십니까. 황만근 씨하고 같이 간 사람은요? 궐기 대회 하는 동안 본 사람은 없나요?"

자리에 모인 대여섯 명의 황씨들은 서로의 얼굴을 마주 보더니 모두 고개를 흔들었다.

"사람이라고 및 밍이나 되나. 군 전체 사람이 모도 모있다는 기 백 밍이 될라나 말라나 한데 반그이는 돼지고기 반근만 해서 그런지 안 보이더라칸께."

이장은 계속 빈정거리듯 말을 이었다. 민 씨는 이장이 궐기 대회 전날 황만근을 따로 불러 무슨 말을 건네던 것을 기억해 냈다.

"그제 밤에 내일 궐기 대회 한다고 사람들 모였을 때 이장님이 황만근 씨에게 뭐라고 하셨죠. 모임 끝난 뒤에."

이장은 민 씨를 흘기듯 노려보았다.

"왜, 농민보고 농민 궐기 대회 꼭 나오라 캤는데, 뭐가 잘못됐나."

민 씨는 자신도 모르게 따지는 어조가 되었다.

"군 전체가 모두 모여도 몇 명 안 되었다면서요. 그런 자리에 황만근 씨가 꼭 가야 합니까. 아니, 황만근 씨만 가야 할 이유라도 있습니까. 따로 황만근 씨한테 부탁을 할 정도로."

"이 사람이 뭐라 카는 기라. 이장이 동민한테 농가 부채

㉣탕감 촉구 전국 농민 총궐기 대회가 있다. 꼭 참석해서 우리의 입장을 밝히자 카는데 뭐가 잘못됐다 말이라."
"잘못이라는 게 아니고요. 다른 사람들은 다 돌아왔는데 왜 황만근 씨만 못 오고 있나 하는 겁니다."

– 성석제, 「황만근은 이렇게 말했다」 –

37 위와 같은 글을 읽는 방법으로 적절한 것을 〈보기〉에서 모두 고른 것은?

보기

ㄱ. 주장과 근거를 구분하며 읽는다.
ㄴ. 인물 간 갈등 관계를 확인하며 읽는다.
ㄷ. 사건 중심으로 줄거리를 파악하며 읽는다.
ㄹ. 글쓴이의 경험이 사실인지 확인하며 읽는다.

① ㄱ, ㄴ ② ㄴ, ㄷ ③ ㄴ, ㄹ ④ ㄷ, ㄹ

38 윗글을 이해한 내용으로 가장 적절한 것은?

① 이장은 황만근의 실종을 안타까워하면서 빨리 찾으려고 한다.
② 황재석은 황만근이 별다른 이유 없이 집을 나갔다고 생각한다.
③ 황동수는 황만근이 없어진 것을 중요한 사건으로 받아들이고 있다.
④ 민 씨는 황만근의 행방이 이장이 황만근에게 한 말과 관련이 있다고 생각한다.

39 윗글의 서술상 특징으로 가장 적절한 것은?

① 방언을 사용하였다.
② 공간적 배경이 전환되었다.
③ 1인칭 주인공 시점이 나타난다.
④ 인물의 외양 묘사가 두드러진다.

40 ㉠~㉣의 사전적 의미로 적절하지 않은 것은?

① ㉠ 학식(學識): 배워서 얻은 지식
② ㉡ 연유(緣由): 일의 까닭
③ ㉢ 궐기(蹶起): 시간, 힘, 정열 따위를 헛되이 다 써 버림
④ ㉣ 탕감(蕩減): 빚이나 요금, 세금 따위의 물어야 할 것을 삭쳐 줌

[41~43] 다음 글을 읽고 물음에 답하시오.

내가 그 계집애를 맨 처음 본 것은 봄볕이 다냥하게 내리쬐는 한낮이었다. 아침에 등교하면서 길가에 멍석을 펴는 짝눈이 아저씨를 봤기 때문에 나는 그날도 하굣길에 일부러 네거리 하나를 더 지나 먼 길을 에돌아 집으로 향하고 있었다.

경찰서 앞을 지난 다음 시청 앞에서 잠시 발걸음을 멈추었다. 시청 담벼락을 따라 길게 잇대어 세워 놓은 게시판이 큼지막한 벽보들로 더덕더덕 도배되어 있었다. 벽보에는 최근의 전황들이 주먹 덩이만 한 붓글씨로 짤막짤막하게 적혀 있어 지나가던 행인들을 게시판 앞에 한참씩 붙들어 세우곤 했다. '국군 1사단 평양 입성', '국군과 유엔군 청천강 도하, 압록강 향해 진격 중', '중공군 참전 사실 밝혀져' 따위 새로운 소식들을 내가 차례로 접하게 된 것도 그 게시판을 통해서였다. 만세 주장 고두밥을 훔쳐 먹기로 작정한 날은 덤으로 최근의 전황에 접하는 날이기도 했다.

[중략]

시청 앞을 떠나 시공관 네거리에서 오른쪽으로 꺾어 돌면 곧바로 익산 군청이었다. 나는 군청 입구에서 길바닥에 떨어진 나뭇개비를 찾느라 사방을 두리번거렸다. 그다음 차례가 익산 군수 관사이기 때문이었다. 관사 정원과 도로 사이에 담장 대신 내부가 훤히 들여다보이는 철책이 쳐져 있었다. 철책에 나뭇개비를 대고 이쪽 끝에서 저쪽 끝까지 힘껏 달리면 따발총같이 타타타타 소리가 요란하게 울리곤 했다.

관사 철책에 나뭇개비를 막 갖다 대려다 말고 나는 갑자기 손놀림을 멈칫했다. 며칠 전까지만 해도 나무 몇 그루와 잔디밭만 휑하니 드러내 보이던 정원에서 인기척이 났다. 나하고 동갑 또래로 보이는 계집애였다. 화사한 꽃무늬 원피스 차림에 정갈하게 단발머리를 한 계집애가 한 손에 하얀 고무공을 쥔 채 양팔을 앞으로 나란히 뻗은 괴상야릇한 자세로 도로 쪽을 향해 소리 없이 다가오는 중이었다.

– 윤흥길, 「종탑 아래에서」 –

빠른 정답 체크

34 ① 35 ④ 36 ① 37 ② 38 ④ 39 ① 40 ③

주목

41 윗글을 통해 알 수 있는 서사 갈래의 특징으로 적절하지 않은 것은?

① 현실에 있을 법한 이야기가 전개된다.
② 이야기를 전달하는 서술자가 존재한다.
③ 갈등이 심화되고 해결되며 주제가 드러난다.
④ 작가가 설정한 인물이 사건의 주체로 행동한다.

42 윗글의 서술상 특징으로 가장 적절한 것은?

① 작가가 모든 인물의 생각과 심리에 대해 서술하고 있다.
② 작품 속의 인물이 자신이 보고 들은 것과 생각한 것을 서술하고 있다.
③ 작품 밖의 서술자가 인물들의 행동만을 관찰하며 사건을 서술하고 있다.
④ 작품 속의 인물이 객관적 자세를 유지하며 주인공의 행동을 관찰하고 있다.

43 '나'에 대한 설명으로 적절하지 않은 것은?

① 익산 군수 관사에서 살고 있다.
② 시청 담벼락에 붙은 전황에 관심이 있다.
③ 만세 주장 고두밥을 훔쳐 먹을 예정이다.
④ 중공군이 참전하였다는 사실을 알게 되었다.

[44~46] 다음 글을 읽고 물음에 답하시오.

앞부분의 줄거리 사대문 안에서 성북동으로 이사 온 '나'는 신문 보조 배달원인 황수건을 알게 된다. '나'는 첫 만남에서 그가 못난이임을 알게 된다. '나'는 황수건이 신문 원배달부가 되기를 소망한다는 것을 듣게 된다.

그는 이튿날 저녁, 집을 알고 오는데도 아홉 시가 지나서야,
"신문 배달해 왔습니다."
하고 소리를 치며 들어섰다.
"오늘은 왜 늦었소?"
물으니,
"자연 그렇죠."
하고 다른 이야기를 꺼냈다.

자기는 워낙 이 아래 있는 삼산학교에서 일을 보다 어떤 선생하고 뜻이 덜 맞아 나왔다는 것, 지금은 신문 배달을 하나 원배달이 아니라 보조 배달이라는 것, 저희 집엔 양친과 형님 내외와 조카 하나와 저희 내외까지 식구가 일곱이란 것, 저희 아버지와 저희 형님의 이름은 무엇무엇이며, 자기 이름은 황가인 데다가 목숨 수 자하고 세울 건 자로 황수건이기 때문에, 아이들이 노랑 수건이라고 놀려서 성북동에서는 가가호호에서 노랑 수건 하면 다 자긴 줄 알리라고 자랑스럽게 이야기하다가 이날도,
"어서 그만 다른 집에도 신문을 갖다 줘야 하지 않소?"
하니까 그때서야 마지못해 나갔다.

우리 집에서는 그까짓 반편과 무얼 대꾸를 해 가지고 그러느냐 하되, 나는 그와 지껄이기가 좋았다.

그는 아무것도 아닌 것을 가지고 열심스럽게 이야기하는 것이 좋았고, 그와는 아무리 오래 지껄이고 나도 웃음밖에는 남는 것이 없어 기분이 거뜬해지는 것도 좋았다.

[중략]

"돈만 있으면 그까짓 거 누가 고쓰카이 노릇을 합쇼? 밑천만 있으면 삼산학교 앞에 가서 버젓이 장사를 할 턴뎁쇼."
한다.
"무슨 장사?"
"아, 방학 될 때까지 차미 장사도 하굽쇼, 가을부턴 군밤 장사, 왜떡 장사, 습자지, 도화지 장사 막 합죠. 삼산학교 학생들이 저를 어떻게 좋아하겝쇼. 저를 선생들보다 낫게 치는뎁쇼."
한다.

나는 그날 그에게 돈 삼 원을 주었다. 그의 말대로 삼산학교 앞에 가서 버젓이 참외 장사라도 해 보라고. 그리고 돈은 남지 못하면 돌려주지 않아도 좋다 하였다. 그는 삼 원 돈에 덩실덩실 춤을 추다시피 뛰어나갔다. 그리고 그 이튿날,
"선생님 잡수시라굽쇼."

하고 나 없는 때 참외 세 개를 갖다 두고 갔다.

그러고는 온 여름 동안 그는 우리 집에 얼씬하지 않았다. 들으니 참외 장사를 해 보긴 했는데 이내 장마가 들어 밑천만 까먹었고, 또 그까짓 것보다 한 가지 놀라운 소식은 그의 아내가 달아났다는 것이었다. 저희끼리 금슬은 괜찮았건만 동서가 못 견디게 굴어 달아난 것이라 한다. 남편만 남 같으면 따로 살림 나는 날이나 기다리고 살 것이나 평생 동서 밑에 살아야 할 신세를 생각하고 달아난 것이라 한다.

그런데 요 며칠 전이었다. 밤인데 달포 만에 수건이가 우리 집을 찾아왔다. 웬 포도를 큰 것으로 대여섯 송이를 종이에 싸지도 않고 맨손에 들고 들어왔다. 그는 벙긋거리며,

"선생님 잡수라고 사 왔습죠."

하는 때였다. 웬 사람 하나가 날쌔게 그의 뒤를 따라 들어오더니 다짜고짜로 수건이의 멱살을 움켜쥐고 끌고 나갔다. 수건이는 그 우둔한 얼굴이 새하얗게 질리며 꼼짝 못하고 끌려 나갔다.

나는 수건이가 포도원에서 포도를 훔쳐 온 것을 직각하였다. 쫓아 나가 매를 말리고 포도값을 물어 주었다. 포도값을 물어 주고 보니 수건이는 어느 틈에 사라지고 보이지 않았다.

㉠나는 그 다섯 송이의 포도를 탁자 위에 얹어 놓고 오래 바라보며 아껴 먹었다. 그의 은근한 순정의 열매를 먹듯 한 알을 가지고도 오래 입안에 굴려 보며 먹었다.

— 이태준, 「달밤」 —

44 윗글을 이해한 내용으로 가장 적절한 것은?

① 인물의 행적을 일화 중심으로 서술하고 있다.
② 동시에 벌어진 사건들을 나란히 배열하고 있다.
③ 액자식 구성을 통해 인물의 과거를 드러내고 있다.
④ 인물의 내적 갈등을 중심으로 사건이 전개되고 있다.

45 윗글을 통해 알 수 있는 사실이 아닌 것은?

① 황수건은 '나'에 대해 고마움을 느끼고 있다.
② 황수건은 삼산학교에서 급사를 한 적이 있다.
③ '나'는 황수건에 대해 호의적인 태도를 취하고 있다.
④ 황수건은 계속된 실패를 극복하여 새로운 사람이 되었다.

46 ㉠에 나타난 '나'의 심리로 가장 적절한 것은?

① 대신 갚은 포도값을 아까워하며 귀한 포도를 아끼고 있다.
② 황수건을 다시 볼 수 없게 된 사실에 서운함을 느끼고 있다.
③ 자신에게 선물을 한 황수건의 순박한 정을 소중히 생각하고 있다.
④ 도둑질한 사실을 들켜 나타나지 않는 황수건을 안타까워하고 있다.

빠른 정답 체크

41 ③ 42 ② 43 ① 44 ① 45 ④ 46 ③

[47~49] 다음 글을 읽고 물음에 답하시오.

백화는 개찰구로 가다가 다시 돌아왔다. 돌아온 백화는 눈이 젖은 채로 웃고 있었다.

"내 이름 백화가 아니에요. 본명은요…… 이점례예요."

여자는 개찰구로 뛰어나갔다. 잠시 후에 기차가 떠났다.

그들은 나무 의자에 기대어 한 시간쯤 잤다. 깨어 보니 ⓐ대합실 바깥에 다시 눈발이 흩날리고 있었다. 기차는 연착이었다. 밤차를 타려는 시골 사람들이 의자마다 가득 차 있었다. 두 사람은 말없이 담배를 나눠 피웠다. 먼 길을 걷고 나서 잠깐 눈을 붙였더니 더욱 피로해졌던 것이다. 영달이가 혼잣말로,

"쳇, 며칠이나 견디나……."

"뭐라구?"

"아뇨, 백화란 여자 말요. 저런 애들…… 한 사날두 촌 생활 못 배겨 나요."

"사람 나름이지만 하긴 그럴 거요. 요즘 세상에 일이 년 안으루 인정이 휙 변해 가는 판인데……."

정 씨 옆에 앉았던 노인이 두 사람의 행색과 무릎 위의 배낭을 눈여겨 살피더니 말을 걸어왔다.

"어디 일들 가슈?"

"아뇨, 고향에 갑니다."

"고향이 어딘데……."

"삼포라구 아십니까?"

"어 알지, 우리 아들놈이 거기서 도자를 끄는데……."

"삼포에서요? 거 어디 공사 벌일 데나 됩니까? 고작해야 고기잡이나 하구 감자나 매는데요."

"어허! 몇 년 만에 가는 거요?"

"십 년."

노인은 그렇겠다며 고개를 끄덕였다.

"말두 말우. 거긴 지금 육지야. 바다에 방둑을 쌓아 놓구, 트럭이 수십 대씩 돌을 실어 나른다구."

"뭣 땜에요?"

"낸들 아나. 뭐 관광호텔을 여러 채 짓는담서, 복잡하기가 말할 수 없네."

"동네는 그대루 있을까요?"

"그대루가 뭐요. 맨 천지에 공사판 사람들에다 장까지 들어섰는걸."

"그럼 나룻배두 없어졌겠네요."

"바다 위로 신작로가 났는데, 나룻배는 뭐에 쓰오. 허허, 사람이 많아지니 변고지. 사람이 많아지면 하늘을 잊는 법이거든."

작정하고 벼르다가 찾아가는 고향이었으나, 정 씨에게는 풍문마저 낯설었다.

옆에서 잠자코 듣고 있던 영달이가 말했다.

"잘됐군. 우리 거기서 공사판 일이나 잡읍시다."

그때에 기차가 도착했다. 정 씨는 발걸음이 내키질 않았다. 그는 마음의 정처를 방금 잃어버렸던 때문이었다. 어느 결에 ㉠정 씨는 영달이와 똑같은 입장이 되어 버렸다.

ⓑ기차는 눈발이 날리는 어두운 들판을 향해서 달려갔다.

– 황석영, 「삼포 가는 길」 –

47 ㉠의 의미로 가장 적절한 것은?

① 영달과 같은 고향 출신이다.
② 고향을 잃은 소외감을 느꼈다.
③ 삼포에서 일자리를 얻고 싶어졌다.
④ 백화를 따라가지 않은 것을 후회하고 있다.

48 ⓐ와 ⓑ의 의미로 가장 적절한 것은?

① ⓐ는 영달과 정 씨에게 고난이 닥칠 것임을, ⓑ는 영달과 정 씨가 힘차게 살아갈 것임을 암시한다.
② ⓐ는 영달과 정 씨가 편안하게 살아갈 것임을, ⓑ는 영달과 정 씨가 힘겹게 살아갈 것임을 암시한다.
③ ⓐ와 ⓑ 모두 영달과 정 씨의 현재는 암울하지만, 앞으로 새로운 희망이 찾아올 것임을 암시한다.
④ ⓐ와 ⓑ 모두 영달과 정 씨의 앞날이 순탄치 않고 계속해서 방랑의 삶을 살게 될 것임을 암시한다.

주목

49 〈보기〉를 참고하여 윗글을 감상한 내용으로 적절하지 않은 것은?

보기

'삼포(森浦)'는 '바닷가의 숲이 울창한 마을'이란 뜻으로, 경치가 아름답고 인정이 넘치는 고향, 근대화 이전의 훼손되지 않은 농어촌 공동체를 의미한다. 즉, 작가가 작품 속에서 설정한 가상 공간으로, 영원한 마음의 고향을 뜻하는 심리적 지명인 것이다. 이러한 삼포는 떠돌이 삶을 살아가는 정 씨에게는 오랜 방랑 생활의 종착역으로, 영원한 마음의 고향이자 정신적인 안식처이다.

① '삼포'는 떠도는 자의 영원한 마음의 고향이다.
② '삼포'는 근대화에서 소외된 계층의 집합소이다.
③ '삼포'는 산업화로 인해 잃어버린 안식처를 상징한다.
④ '삼포'는 결국 본원적 가치가 훼손된 모습으로 등장한다.

주제 4 고전 소설

[50~52] 다음 글을 읽고 물음에 답하시오. 2019년 2회

앞부분의 줄거리 남원 사람인 최척은 이옥영과 약혼하여 혼인날을 기다리던 중 왜적의 침입을 막기 위해 의병(義兵)으로 전쟁에 나가게 된다. 혼인날이 지나도 그가 돌아오지 않자 심 씨는 부잣집 아들인 양생을 사위로 맞으려 한다. 하지만 옥영은 최척을 끝까지 기다려 혼인하고, 아들 몽석을 낳아 행복한 나날을 보낸다. ㉠그러던 중에 정유재란(丁酉再亂)이 일어나 최척과 옥영은 또다시 헤어진다.

그때 마침 명나라 장수가 기병(騎兵) 10여 인을 이끌고 남원 성에서 나와 금석교 아래에서 말을 씻기고 있었다. 최척은 의병으로 나가 있을 때 꽤 오랫동안 명나라 군대와 접촉한 경험이 있어 중국 말을 조금 할 줄 알았다. 최척은 명나라 장수에게 자기 일가가 모두 해를 입은 상황을 말하고 의탁할 곳 없게 된 자신의 신세를 하소연한 뒤 중국에 따라 들어가 은둔하고 싶다고 말했다. ㉡명나라 장수는 그 말을 듣고 측은히 여겼으며, 또 최척의 뜻을 가련히 여겨 이렇게 말했다.

"나는 오 총병(吳總兵)의 천총(千摠) 여유문(余有文)이라 하오. 집은 절강성 요흥(姚興)에 있는데, 가난하지만 먹고 살 만은 하다오. 인생은 마음을 알아주는 사람을 만나는 게 중요하나니, 먼 곳이건 가까운 곳이건 자기 마음 가는 대로 노닐고 머물 따름이지 하필 구석진 땅에 머물며 옹색하게 살 이유가 무어 있겠소?"

이윽고 최척에게 말 한 필을 주어 자신의 진영으로 데리고 갔다.

㉢최척은 용모가 빼어나고 생각이 주도면밀하며 말타기와 활쏘기를 잘하는 데다 문장에도 능했으므로, 여유문은 이런 최척을 매우 아껴서 한 상에서 밥을 먹고 같은 이불을 덮고 잠을 잘 정도였다.

얼마 뒤 총병의 군대가 명나라로 돌아가게 되었다. 여유문은 최척을 전사한 병사 한 사람 대신 명부(名簿)에 끼워 넣어 국경을 통과하게 한 뒤 요흥으로 데리고 가서 함께 살았다.

이에 앞서 최척 일가가 왜적에게 붙잡혀 섬진강에 이르렀을 때의 일이다. 왜적은 최척의 부친과 장모가 늙고 병들었다 여겨 감시를 소홀히 했다. 두 사람은 왜적의 감시가 태만한 틈을 타 갈대숲에 몸을 숨겼다. 왜적이 떠난 뒤 마을을 돌아다니며 구걸을 하다 연곡사에 이르렀다. 그런데 연곡사 승려들의 방에서 아기 우는 소리가 들리는 게 아닌가. 심 씨가 울며 최숙에게 말했다.

"어떤 아이 울음소리기에 우리 손주 소리와 똑같을까요?"

㉣최숙이 급히 문을 열고 들여다보니 과연 몽석이었다. 최숙은 우는 아이를 품에 안고 한참 어루만졌다. 잠시 후 최숙이 승려들에게 물었다.

"이 아이를 어디서 데려왔소?"

혜정(慧正)이라는 승려가 앞으로 나오며 이렇게 대답했다.

"제가 길가의 시체 더미 속에서 울음소리를 듣고 불쌍하여 거두었습니다.

[A] 혹 아기의 부모가 찾아오지 않을까 기다렸는데 지금 과연 그렇게 되었으니, 이 어찌 하늘의 도움이 아니겠습니까!"

최숙은 손자를 찾은지라, 심 씨와 번갈아 업어 가며 집으로 돌아왔다. 그러고는 부리던 종들을 다시 불러 모아 집안 살림을 꾸려 나갔다.

– 작자 미상, 「최척전」 –

50 ㉠~㉣에 대한 설명으로 적절하지 않은 것은?

① ㉠: 실제 있었던 전쟁을 배경으로 삼고 있다.
② ㉡: 충효를 중시하는 유교적 이념이 드러난다.
③ ㉢: 재자가인형 인물을 주인공으로 설정하였다.
④ ㉣: 고전 소설의 특징인 우연성을 확인할 수 있다.

51 다음을 참고하여 윗글을 이해한 내용으로 적절하지 않은 것은?

> 개연성이란, 사건 A가 일어난다고 해서 반드시 사건 B가 일어나는 것은 아니지만, 일어날 확률이 높음을 나타낸다.

	사건 A	사건 B
①	전쟁이 일어남	가족들이 뿔뿔이 흩어지게 됨
②	최척이 명나라 군대와 접촉한 경험이 있음	최척이 중국말을 조금 할 줄 알았음
③	여유문이 뛰어난 능력을 지닌 최척을 아낌	여유문이 최척을 명나라로 데리고 감
④	승려가 아기 울음소리를 듣고 데려옴	최숙과 심 씨가 아기를 찾게 됨

52 [A]의 상황에 어울리는 한자 성어는?

① 천우신조(天佑神助) ② 상전벽해(桑田碧海)
③ 어부지리(漁夫之利) ④ 연목구어(緣木求魚)

빠른 정답 체크

47 ② 48 ④ 49 ② 50 ② 51 ④ 52 ①

[53~55] 다음 글을 읽고 물음에 답하시오. 2017년 1회

변 씨는 대경해서 일어나 절하여 ㉠사양하고, 십분의 일로 이자를 쳐서 받겠노라 했다. 허생이 잔뜩 ㉡역정을 내어,

"당신은 나를 장사치로 보는가?"

하고는 소매를 뿌리치고 가 버렸다.

변 씨는 가만히 그의 뒤를 따라갔다. 허생이 남산 밑으로 가서 조그만 초가로 들어가는 것이 멀리서 보였다. 한 늙은 할미가 우물터에서 빨래하는 것을 보고 변 씨가 말을 걸었다.

"저 조그만 초가가 누구의 집이오?"

"허 생원 댁입지요. 가난한 형편에 글공부만 좋아하더니, 하루아침에 집을 나가서 5년이 지나도록 돌아오지 않으시고, 시방 부인이 혼자 사는데, 집을 나간 날로 제사를 지냅지요."

변 씨는 비로소 그의 성이 허씨라는 것을 알고, 탄식하며 돌아갔다.

이튿날, 변 씨는 받은 돈을 모두 가지고 그 집을 찾아가서 돌려주려 했으나, 허생은 받지 않고 거절하였다.

"내가 부자가 되고 싶었다면 백만 냥을 버리고 십만 냥을 받겠소? 이제부터는 당신의 도움으로 살아가겠소. 당신은 가끔 나를 와서 보고 양식이나 떨어지지 않고 옷이나 입도록 하여 주오. 일생을 그러면 족하지요. 왜 재물 때문에 정신을 괴롭힐 것이오?"

변 씨가 허생을 여러 가지로 권유하였으나, 끝끝내 어찌할 도리가 없었다.

변 씨는 그때부터 허생의 집에 양식이나 옷이 떨어질 때쯤 되면 몸소 찾아가 도와주었다. 허생은 그것을 ㉢흔연히 받아들였으나, 혹 많이 가지고 가면 좋지 않은 기색으로,

"나에게 재앙을 갖다 맡기면 어찌하오?"

하였고, 혹 술병을 들고 찾아가면 아주 반가워하며 서로 술잔을 기울여 취하도록 마셨다.

[중략]

어느 날, 변 씨가 5년 동안에 어떻게 백만 냥이나 되는 돈을 벌었던가를 조용히 물어보았다. 허생이 대답하기를,

(A) "그야 가장 알기 쉬운 일이지요. 조선이란 나라는 배가 외국에 통하질 않고, 수레가 나라 안에 다니질 못해서, 온갖 물화가 제자리에 나서 제자리에서 사라지지요. 무릇, 천 냥은 적은 돈이라 한 가지 물종(物種)을 독점할 수 없지만, 그것을 열로 쪼개면 백 냥이 열이라, 또한 열 가지 물건을 살 수 있겠지요. 단위가 작으면 굴리기가 쉬운 까닭에, 한 물건에서 실패를 보더라도 다른 아홉 가지의 물건에서 재미를 볼 수 있으니, 이것은 보통 이(利)를 취하는 방법으로 조그만 장사치들이 하는 짓 아니오? 대개 만 냥을 가지면 족히 한 가지 물종을 독점할 수 있기 때문에, 수레면 수레 전부, 배면 배를 전부, 한 고을이면 한 고을을 전부, 마치 촘촘한 그물로 훑어 내듯 할 수 있지요. 뭍에서 나는 만 가지 중에 한 가지를 슬그머니 독점하고, 물에서 나는 만 가지 중에 슬그머니 하나를 독점하고, 의원의 만 가지 약재 중에 슬그머니 하나를 독점하면, 한 가지 물종이 한곳에 묶여 있는 동안 모든 장사치들이 ㉣고갈될 것이매, 이는 백성을 해치는 길이 될 것입니다. 후세에 당국자들이 만약 나의 이 방법을 쓴다면 반드시 나라를 병들게 만들 것이오."

— 박지원, 「허생전(許生傳)」 —

53 윗글을 통해 알 수 있는 내용으로 적절하지 않은 것은?

① 변 씨는 허생에게 돈을 번 방법을 물었다.
② 변 씨는 허생을 몸소 찾아가 도움을 주었다.
③ 허생은 변 씨가 돌려주려 한 돈을 거절했다.
④ 허생은 재물 소유를 긍정적으로 인식하고 있다.

주목

54 (A)에서 드러난 '허생'의 생각으로 가장 적절한 것은?

① 독점은 백성의 삶과는 무관하다.
② 돈의 단위가 작으면 굴리기가 어렵다.
③ 조선은 교통이 열악하고 경제 구조가 취약하다.
④ 조선에서 한 가지 물종을 독점하는 일은 불가능하다.

55 ㉠~㉣을 활용한 예로 적절하지 않은 것은?

① ㉠: 사양 말고 많이 드세요.
② ㉡: 그 일로 아버지께서 역정을 내셨다.
③ ㉢: 친구의 말장난에 속이 상해서 흔연히 일어났다.
④ ㉣: 올봄은 오랜 가뭄으로 하천의 물이 고갈될 지경이다.

[56~58] 다음 글을 읽고 물음에 답하시오.

모든 수령 도망할 제 거동 보소. ㉠인궤(印櫃) 잃고 과줄 들고, 병부(兵符) 잃고 송편 들고, 탕건 잃고 용수 쓰고, 갓 잃고 소반(小盤) 쓰고, 칼집 쥐고 오줌 누기. 부서지니 거문고요, 깨지느니 북, 장구라. 본관이 똥을 싸고 멍석 구멍 생쥐 눈 뜨듯 하고 내아(內衙)로 들어가서

(A) "어, 추워라, 문 들어온다, 바람 닫아라. 물 마른다, 목 들여라."

관청색은 상을 잃고 문짝 이고 내달으니, 서리, 역졸 달려들어 후닥딱

"애고, 나 죽네!"

이때 수의(繡衣) 사또 분부하되,

"이 골은 대감이 좌정하시던 골이라, 훤화[1]를 금하고 객사(客舍)로 사처[2]하라."

좌정(座定) 후에

"본관은 봉고파직하라."

분부하니,

"본관은 봉고파직이오!"

사대문에 방 붙이고 옥 형리 불러 분부하되,

"네 골 옥수(獄囚)를 다 올리라."

호령하니 죄인을 올리거늘, 다 각각 문죄(問罪) 후에 무죄자 방송(放送)할새,

"저 계집은 무엇인다?"

형리 여짜오되,

"기생 월매 딸이온데, 관정에 포악한 죄로 옥중에 있삽내다."

"무슨 죈다?"

형리 아뢰되,

"본관 사또 수청(守廳)으로 불렀더니 수절(守節)이 정절(貞節)이라 ㉡수청 아니 들려 하고, 관전(官前)에 포악한 춘향이로소이다."

어사또 분부하되,

"너만 년이 수절한다고 관정 포악하였으니 살기를 바랄쏘냐? 죽어 마땅하되 내 수청도 거역할까?"

춘향이 기가 막혀

"㉢내려오는 관장(官長)마다 개개이 명관이로구나. 수의사또 듣조시오. ㉣층암절벽(層巖絕壁) 높은 바위 바람 분들 무너지며, 청송녹죽(靑松綠竹) 푸른 남기 눈이 온들 변하리까? 그런 분부 마옵시고 어서 바삐 죽여 주오."

– 작자 미상, 「열녀 춘향 수절가(烈女春香守節歌)」 –

1) 훤화(喧譁): 시끄럽게 떠듦
2) 사처(徙處): 처소를 옮김

주목

56 윗글의 특징으로 적절하지 않은 것은?

① 운율이 느껴지는 문체가 사용되었다.
② 당대 지배층에 대한 풍자가 드러난다.
③ 인물 간의 대화를 통해 사건이 전개된다.
④ 배경 묘사를 통해 주제를 간접적으로 드러낸다.

57 ㉠~㉣에 대한 설명으로 적절하지 않은 것은?

① ㉠: 수령들의 행동을 해학적으로 보여 주고 있다.
② ㉡: 춘향이 하옥된 이유를 제시하고 있다.
③ ㉢: 어사또의 공명정대함을 칭송하고 있다.
④ ㉣: 자연물에 빗대어 춘향의 의지를 강조하고 있다.

58 (A)와 같은 방식의 언어유희에 해당하는 것은?

① 고향이 제주라서 재주가 많구나.
② 말이 빠져서 이가 헛나가 버렸네.
③ 형편이 없으니까 형이 맨날 지는 거야.
④ 서방인지 남방인지 잘난 사람 하나 왔다.

빠른 정답 체크

53 ④　54 ③　55 ③　56 ④　57 ③　58 ②

[59~60] 다음 글을 읽고 물음에 답하시오.

"나는 도적이 아니다. 대국 대원수 평국이니 놀라지 말고 나와 천자께서 가신 곳을 일러 달라."

하니 노인이 그제야 도로 기어 나와 대성통곡했다. ㉠원수가 자세히 보니 이 사람은 기주후 여공이었다. 급히 말에서 내려 땅에 엎드려 통곡하며 말했다.

"시아버님은 무슨 연유로 이 수챗구멍에 몸을 감추고 있사오며 소부의 부모와 시모님은 어디로 피난했는지 아시나이까?"

여공이 원수의 옷을 붙들고 울며 말했다.

"뜻밖에도 도적이 들어와 대궐에 불을 지르고 노략하더구나. 그래서 장안의 백성들이 도망하여 갔는데 나는 갈 길을 몰라 이 구멍에 들어와 피난했으니 사돈 두 분과 네 시모가 간 곳은 알지 못하겠구나."

이렇게 말하고 통곡하니, 원수가 위로했다.

㉡"설마 만나 뵈올 날이 없겠나이까?"

또 물었다.

"황상께서는 어디에 가 계시나이까?"

여공이 대답했다.

"여기에 숨어서 보니 ⓐ한 신하가 천자를 업고 북문으로 도망해 천태령을 넘어갔는데 그 뒤에 도적이 따라갔으니 천자께서 반드시 위급하실 것이다."

원수가 크게 놀라 말했다.

"천자를 구하러 가오니 아버님은 제가 돌아오기를 기다리소서."

그러고서 말에 올라 천태령을 넘어갔다. ㉢순식간에 한수 북쪽에 다다라서 보니 십 리 모래사장에 적병이 가득하고 항복하라고 하는 소리가 산천에 진동하고 있었다. 원수가 이 소리를 듣자 투구를 고쳐 쓰고 우레같이 소리치며 말을 채쳐 달려들어 크게 호령했다.

"적장은 나의 황상을 해치지 말라. 평국이 여기 왔노라."

이에 맹길이 두려워해 말을 돌려 도망하니 원수가 크게 호령하며 말했다.

"㉣네가 가면 어디로 가겠느냐? 도망가지 말고 내 칼을 받으라."

이와 같이 말하며 철통같이 달려가니 ⓑ원수의 준총마가 주홍 같은 입을 벌리고 순식간에 맹길의 말꼬리를 물고 늘어졌다. 맹길이 매우 놀라 몸을 돌려 긴 창을 높이 들고 원수를 찌르려고 하자 원수가 크게 성을 내 칼을 들어 맹길을 치니 맹길의 두 팔이 땅에 떨어졌다. 원수가 또 좌충우돌해 적졸을 모조리 죽이니 피가 흘러 내를 이루고 적졸의 주검이 산처럼 쌓였다.

이때 천자와 신하들이 넋을 잃고 어찌할 줄을 모르고 천자께서는 손가락을 깨물려 하고 있었다. 원수가 급히 말에서 내려 엎드려 통곡하며 여쭈었다.

"폐하께서는 옥체를 보중하옵소서. 평국이 왔나이다."

– 작자 미상, 「홍계월전」 –

59 ㉠~㉣에 대한 설명으로 적절하지 않은 것은?

① ㉠: 고전 소설의 우연성이 나타나고 있다.
② ㉡: 다시 만날 것을 암시하고 있다.
③ ㉢: 고전 소설의 비현실성이 나타나고 있다.
④ ㉣: 전통적인 여인상의 모습이 효과적으로 나타나고 있다.

60 ⓐ와 ⓑ의 상황에 어울리는 한자 성어로 적절한 것은?

	ⓐ	ⓑ
①	백척간두(百尺竿頭)	파죽지세(破竹之勢)
②	동상이몽(同牀異夢)	전화위복(轉禍爲福)
③	풍전등화(風前燈火)	금상첨화(錦上添花)
④	전화위복(轉禍爲福)	풍수지탄(風樹之嘆)

[61~63] 다음 글을 읽고 물음에 답하시오.

가 심청이 들어와 눈물로 밥을 지어 아버지께 올리고, 상머리에 마주 앉아 아무쪼록 진지 많이 잡수시게 하느라고 자반도 떼어 입에 넣어 드리고 김쌈도 싸서 수저에 놓으며,

"진지를 많이 잡수셔요."

심 봉사는 철도 모르고,

"야, 오늘은 반찬이 유난히 좋구나. 뉘 집 제사 지냈느냐?"

그날 밤에 꿈을 꾸었는데, 부자간은 천륜지간(天倫之間)이라 꿈에 미리 보여 주는 바가 있었다.

(A)
"아가 아가, 이상한 일도 있더구나. 간밤에 꿈을 꾸니, 네가 큰 수레를 타고 한없이 가 보이더구나. 수레라 하는 것이 귀한 사람이 타는 것인데 우리 집에 무슨 좋은 일이 있을란가 보다. 그렇지 않으면 장 승상 댁에서 가마 태워 갈란가 보다."

심청이는 저 죽을 꿈인 줄 짐작하고 둘러대기를,

"그 꿈 참 좋습니다."

하고 진짓상을 물려 내고 담배 태워 드린 뒤에 밥상을 앞에 놓고 먹으려 하니 간장이 썩는 눈물은 눈에서 솟아나고, 아버지 신세 생각하며 저 죽을 일 생각하니 정신이 아득하고 몸이 떨려 밥을 먹지 못하고 물렸다. 그런 뒤에 심청이 사당에 하직하려고 들어갈 제, 다시 세수하고 사당문을 가만히 열고 하직 인사를 올렸다.

"못난 여손(女孫) 심청이는 아비 눈 뜨기를 위하여 인당수 제물로 몸을 팔려 가오매, 조상 제사를 끊게 되오니 사모하는 마음을 이기지 못하겠습니다."

울며 하직하고 사당문 닫은 뒤에 아버지 앞에 나와 두 손을 부여잡고 기절하니, 심 봉사가 깜짝 놀라,

"아가 아가, 이게 웬일이냐? 정신 차려 말하거라."

심청이 여쭙기를,

"제가 못난 딸자식으로 아버지를 속였어요. 공양미 삼백 석을 누가 저에게 주겠어요. 남경 뱃사람들에게 인당수 제물로 몸을 팔아 오늘이 떠나는 날이니 저를 마지막 보셔요."

나 저의 아버지를 동네 사람에게 붙들게 하고 뱃사람들을 따라갈 제, 소리 내어 울며 치마끈 졸라매고 치마폭 거듬거듬 안고 흐트러진 머리털은 두 귀 밑에 늘어지고 비같이 흐르는 눈물 옷깃을 적신다. 엎더지며 자빠지며 붙들어 나갈 제 건넛집 바라보며,

"아무개네 큰아가, 바느질 수놓기를 뉘와 함께 하려느냐. 작년 오월 단옷날에 그네 뛰고 놀던 일을 네가 행여 생각하느냐? 아무개네 작은아가, 금년 칠월 칠석 밤에 함께 기원하자더니 이제는 허사로다. 언제나 다시 보랴. 너희는 팔자 좋아 양친 모시고 잘 있거라."

동네 남녀노소 없이 눈이 붓도록 서로 붙들고 울다가 마을 어귀에서 서로 손을 놓고 헤어졌다. 그때 하느님이 아시던지 밝은 해는 어디 가고 어두침침한 구름이 자욱하며 청산이 찡그리는 듯, 강물 소리 흐느끼고, 휘늘어져 곱던 꽃은 시들어 제 빛을 잃은 듯하고, 하늘거리는 버들가지도 졸 듯이 휘늘어졌고, 복사꽃은 다정하여 슬픈 듯이 피어 있다.

'묻노라 저 꾀꼬리, 뉘를 이별하였길래 벗을 불러 울어 대고, 뜻밖에 두견이는 피를 내어 우는구나. 달 밝은 너른 산을 어디 두고 애끊는 슬픈 소리 울어서 보내느냐. 네 아무리 가지 위에서 가지 말라 울건마는 값을 받고 팔린 몸이 다시 어찌 돌아올까.'

바람에 날린 꽃이 얼굴에 와 부딪치니 꽃을 들고 바라보며,

"봄바람이 사람 마음 알아주지 못한다면 무슨 까닭으로 지는 꽃을 보내리오. 한무제 수양 공주 매화 비녀 있건마는 죽으러 가는 몸이 뉘를 위해 단장하리. 앞산에 지는 꽃이 지고 싶어 지랴마는 마지못한 일이러니 누구를 탓하고 누구를 원망하리오."

– 작자 미상, 「심청전」 –

61 윗글에 대한 설명으로 적절하지 않은 것은?

① 인물 간의 대화를 통해 사건을 전개하고 있다.
② 당시의 시대상을 알 수 있는 풍습을 제시하고 있다.
③ 서술자가 사건에 대한 자신의 견해를 직접 드러내고 있다.
④ 우연한 사건이 빈번히 발생하여 극적 긴장감을 높이고 있다.

62 (A)에 대한 독자의 감상으로 적절하지 않은 것은?

① 아버지를 안심시켜 드리려는 심청의 고운 심성이 느껴져.
② '수레를 타고 가는 것'은 심청의 죽음을 암시한다고 볼 수 있겠군.
③ 심청 부녀가 같은 꿈을 꾸었다니 심청의 효심에 하늘이 감동한 듯해.
④ 이 장면을 통해 심 봉사에게 곧 닥칠 비극적 상황이 극대화되는 효과가 있는 것 같아.

63 나에 드러난 심청의 말하기 방식으로 적절하지 않은 것은?

① 이웃들과 자신의 처지를 비교하고 있다.
② 자연물에 감정을 이입하여 슬픔을 표현한다.
③ 자신의 모습을 역사 속 인물에 빗대어 드러낸다.
④ 하느님의 존재를 가정하고 다음 생에 대한 소망을 드러낸다.

빠른 정답 체크

59 ④ 60 ① 61 ④ 62 ③ 63 ④

[64~66] 다음 글을 읽고 물음에 답하시오. 2015년 2회

남자: 잠깐만요, 덤…….
여자: (멈칫 선다. 그러나 얼굴은 남자를 외면한다.)
남자: 가시는 겁니까, 나를 두고서?
여자: (침묵)
남자: 덤으로 내 말을 조금 더 들어 봐요.
여자: 당신은…… 사기꾼이에요.
남자: 그래요, 난 사기꾼입니다. 이 세상 것을 잠시 빌렸었죠. 그리고 시간이 되니까 하나둘씩 되돌려 줘야 했습니다. 이제 난 본색이 드러나 이렇게 빈털터리입니다. 그러나 덤, 여기 있는 사람들에게 물어봐요. 누구 하나 자신 있게 이건 내 것이다, 말할 수 있는가를. 아무도 없을 겁니다. 없다니까요. 모두들 덤으로 빌렸지요. (관객석으로 가서 관객들이 갖고 있는 물건을 가리키며) 이게 당신 겁니까? 정해진 시간이 얼마지요? 잘 아꼈다가 그 시간이 되면 꼭 돌려주십시오. 덤, 이젠 알겠어요?
(여자, 얼굴을 외면한 채 걸어 나간다. 하인, 서서히 남자에게 다가온다. 남자는 뒷걸음질을 친다. 그는 마지막으로 절규하듯이 여자에게 말한다.)
남자: 덤, 난 가진 것 하나 없습니다. 모두 빌렸던 겁니다. 그런데 덤, 당신은 어떻습니까? 당신이 가진 건 뭡니까? 무엇이 정말 당신 것입니까? (㉠넥타이를 빌렸었던 남성 관객에게) 내 말을 들어 보시오. 그럼 당신은 나를 이해할 겁니다. 내가 당신에게서 넥타이를 빌렸을 때, 내가 당신 물건을 어떻게 다루던가요? 마구 험하게 했습니까? 어딜 망가뜨렸습니까? 아닙니다. 오히려 빌렸던 것이니까 소중하게 아꼈다간 되돌려 드렸지요. 덤, 당신은 내 말을 듣고 있어요? 여기, 증인이 있습니다. 이 증인 앞에서 약속하지만, 내가 이 세상에서 덤 당신을 빌리는 동안에, 아끼고, 사랑하고, 그랬다가 언젠가 끝나는 그 시간이 되면 공손하게 되돌려 줄 테요. 덤! 내 인생에서 당신은 나의 소중한 ㉡덤입니다. 덤! 덤! 덤!
(남자, 하인의 구둣발에 걷어차인다. 여자, 더 이상 참을 수 없다는 듯 다급하게 되돌아와서 남자를 포옹한다.)
여자: 그만해요!
남자: 이제야 날 사랑합니까?
여자: 그래요! 당신 아니고 또 누굴 사랑하겠어요!
남자: 어서 결혼하러 갑시다. 구둣발에 차이기 전에!
여자: 이래서요. 어머니도 말짱한 사기꾼과 결혼했었다던데…….
남자: 자아, 빨리 갑시다!
여자: 네, 어서 가요!

– 이강백, 「결혼」 –

64 윗글을 연극으로 공연할 때, 연출자가 지시할 수 있는 사항으로 가장 적절한 것은?

① 분장 담당은 여자의 일인이역 역할에 대비해 주세요.
② 하인 역을 맡은 배우는 대사가 없으니 유의해 주세요.
③ 무대 담당은 배경이 자주 바뀌니 철저히 준비해 주세요.
④ 여자 역을 맡은 배우는 방백 위주로 대사를 처리해 주세요.

65 ㉠에 대한 설명으로 가장 적절한 것은?

① 여자가 사기꾼임을 나타낸다.
② 남자와 하인 간의 화해 수단이다.
③ 하인의 순종적인 성격을 드러낸다.
④ 관객의 참여를 유도하는 매개체이다.

66 윗글에 ㉡의 함축적 의미로 가장 적절한 것은?

① 값어치 없는 것
② 영원히 소유할 수 있는 것
③ 내 것이기에 함부로 할 수 있는 것
④ 자신이 지닌 동안 아끼고 소중히 다루어야 하는 것

[67~69] 다음 글을 읽고 물음에 답하시오.

"좀 넉넉히 넣어요. 넉넉히."

당근 씨를 막 뿌리려는 남편에게 나는 몇 번이나 말했다. 다른 씨앗들은 한번 키워 보았기 때문에 감을 잡을 수 있겠는데, 부추 씨와 당근 씨는 올해 처음 뿌리는 것이라 대중이 서지 않았던 것이다.

게다가 아까부터 ㉠밭 주변을 종종거리는 참새 서너 마리가 어쩐지 마음에 걸린다. 작년에도 너무 얕게 씨를 뿌려 낭패를 본 적이 있기 때문이다. 씨 뿌린 지 두 주일이 넘도록 싹이 나오지 않아 웬일인가 했더니 새들이 와서 잘 잡숫고 간 뒤였다. 그제야 농부들이 씨를 뿌릴 때 적어도 세 알 이상씩 심는 뜻을 알 것 같았다. 한 알은 새를 위해, 한 알은 벌레를 위해, 그리고 한 알은 사람을 위해.

워낙 넉넉히 뿌린 탓인지, 새들이 당근 씨를 별로 좋아하지 않는 탓인지, 당근 싹은 좀 늦긴 했지만 촘촘하게 돋아났다. 처음엔 그 어렵게 틔워 낸 이쁜 싹들을 솎아 내느니 차라리 잘고 못생긴 당근을 먹는 게 낫다고 그냥 두었다. 그러나 워낙 자라는 속도가 빨라 자리를 잡지 못하고 밀려 나오는 뿌리가 하나둘이 아니었다. 이러다가는 당근 전체가 제대로 자랄 수 없을 것 같았다.

그것을 보면서 식물에게는 적절한 거리라는 것이 매우 중요하다는 생각이 들었다. 사람과 사람 사이에서도 지켜야 할 최소한의 거리가 깨졌을 때 폭력과 환멸이 생겨나는 것처럼, 좁은 땅에 서로 머리를 디밀며 얽혀 있는 그 붉은 뿌리들에서도 어떤 아우성이 들려오는 것 같았다. 내가 그들을 돕는 길은 갈 때마다 조금씩 솎아 주어서 그 아우성을 중재하는 일이었다. 농사를 배운다는 것은 바로 그들의 적절한 '거리'를 익히는 과정이 아닐까.

– 나희덕, 「반 통의 물」 –

67 ㉠의 이유를 가장 적절하게 설명한 것은?

① 작년 농사 때 밭에 비료를 잘못 썼기 때문에
② 작년 농사 때 밭에 물을 잘못 대었기 때문에
③ 작년 농사 때 밭에 뿌린 씨를 새들이 먹었기 때문에
④ 농사 방법에 대해 남편과 사소한 다툼이 있었기 때문에

68 글쓴이가 '당근 농사'를 지으면서 깨달은 점으로 가장 적절한 것은?

① 적절한 거리의 중요성을 깨달았다.
② 농사에 필요한 지식을 얻게 되었다.
③ 올바른 인간관계 형성의 방법을 깨달았다.
④ 인간에 내재되어 있는 폭력성을 알게 되었다.

69 윗글에 밑줄 친 어휘의 사전적 의미로 적절하지 않은 것은?

① 대중: 대강 어림잡아 헤아림
② 낭패: 계획한 일이 실패로 돌아가거나 기대에 어긋나 매우 딱하게 됨
③ 환멸: 꿈이나 기대나 환상이 깨어짐
④ 아우성: 남이 알아듣지 못하도록 조용하게 말함

빠른 정답 체크

64 ② 65 ④ 66 ④ 67 ③ 68 ① 69 ④

[70~71] 다음 글을 읽고 물음에 답하시오.

미망인: (울며 미친 듯이) 어머니, 난 애당초에 생각이나 안 먹었으면 모를까, 한번 먹어 놓은 것이라 잃구는 살 수가 없어요. 얘 없이는 살 수가 없어요.

주지: 아씨께서 진정으로 얘를 사랑하신다면, 눈앞에 두구 노리개를 삼으실랴구 하시지 말구 얘 매디매디에 사무쳐 있는 전생의 죄 속에서 영혼을 구하게 이 ㉠절에 둬 주십시오. 자기 한 몸의 죄만 아니라 제 아비 제 어미 죄도 씻어야 할 테니까 얘는 여간한 공덕을 쌓기 전에는 저승에 가서 무서운 지옥을 면치 못하게 될 것입니다.

도념: 스님, 죽어서 지옥에 가더래두 난 내려가겠어요. 찾아오는 사람을 막지 않구 떠나는 사람을 붙들지 않는 것이 우리 절 주의라구 늘 말씀하시지 않으셨습니까?

주지: (열화같이 노하며) 수다스러, 한번 못 간다면 못 가는 줄 알어라. (미망인을 보고 선언하듯) 아씨께서 서방님을 잃으시고 외아들마저 잃으신 것두 다 전생에 죄가 많으셨던 탓입니다. 아씨 죄두 미처 벗지 못하시구 이 죗덩이를 데려다가 어떻게 하실려구 이러십니까? 두 번 다시 이 이야기를 꺼내시려거든 다신 이 절에 오시지 마십시오.

주지, 뒤도 안 돌아보고 원내로 들어간다. 친정 모도 뒤따른다.

– 함세덕, 「동승」 –

70 윗글의 인물에 대한 설명으로 적절하지 않은 것은?

① 미망인은 도념 없이는 살 수 없다며 토로하고 있다.
② 주지는 도념이 절에 남아 속죄할 것을 주장하고 있다.
③ 미망인은 남편과 외아들을 전쟁으로 잃어 슬퍼하고 있다.
④ 도념은 미망인을 따라 속세로 가겠다고 고집을 부리고 있다.

71 ㉠의 의미로 가장 적절한 것은?

① 도념을 옥죄는 세속적인 공간
② 죄를 씻어 낼 수 있는 신성한 공간
③ 산속 깊은 곳에 있는 자연 친화의 공간
④ 어머니를 찾기 위해 머물 수밖에 없는 공간

[72~73] 다음 글을 읽고 물음에 답하시오.

지금은 어렵게 어린 시절을 보내는 사람들이 과거보다는 적어 보입니다. 그런 측면에서, 제가 책 읽기에서 느꼈던 감정을 요즘 젊은이들이 경험할 일은 드물 것 같습니다. 그렇지만 변하지 않는 것이 하나 있습니다. 어떤 시대나 예민한 청소년기에는 늘 모자람을 느낀다는 사실입니다. 아무리 세상이 청소년들을 향해 새로운 것을 쏟아 내어도 비어 있고 부족한 것이 있게 마련입니다. 그래서 외로운 것이지요. 그러나 그 모자람을 채워 간다면 스스로가 충만해집니다. 자신감도 생기고 미래에 대한 전망도 얻게 됩니다. 그렇게 되려면 어떻게 해야 할까요? 저는 책 읽기가 해답이라고 생각합니다. 청소년들은 책을 읽으며 그 안에 담긴 다양한 사람들의 삶과 가치관을 간접적으로 경험할 수 있습니다. 그러한 경험을 통해 자신의 삶에서 모자라고 부족한 부분을 채워 나갈 수 있는 것입니다.

인터넷이면 다 해결된다는 사람들이 있습니다. 그야말로 정보의 바다에 들어가면 원하는 모든 것을 낚아 올릴 수 있다고 말하지요. 저는 이런 주장에 동의하지 않습니다. 정보는 이제 그 자체로는 가치를 지니지 못합니다. 정보 혁명 이전에는 정보를 장악한 사람이 권력을 쥐었지만, 지금은 정보가 엄청나게 쏟아져 나오는 데다가 특정인이 그것을 독점할 수도 없기 때문입니다.

그렇다면 ㉠흩어져 있고, 넘쳐 나고, 흘러 다니는 정보를 가치 있게 만드는 것은 무엇일까요? 그것은 바로 수많은 정보 가운데 의미 있는 것을 골라내는 눈입니다. 그리고 무관해 보이는 정보를 엮어서 유관한 그 무엇으로 다시 만들어 내는 능력입니다. 더 나아가서 그러한 정보를 바탕으로 가치 있는 지식을 창조하는 능력입니다. 이런 안목과 능력을 갖추기 위해서는 평소 꾸준히 책을 읽어 나가야 합니다. 가장 작고 낮은 단위의 정보에서 시작해, 가장 크고 높은 단위의 지식을 다루는 것은 오직 책뿐이기 때문입니다.

– 이권우, 「책 속에 길이 있다」 –

주목

72 윗글에 대한 설명으로 적절하지 않은 것은?

① 근거를 바탕으로 독서가 가치 있는 일임을 주장하고 있다.
② 정중한 말투를 사용하여 차분하게 글쓴이의 의견을 밝히고 있다.
③ 책 읽기에 대한 전문가의 의견을 인용하여 신뢰도를 높이고 있다.
④ 반대되는 의견에 근거를 들어 반박함으로써 의견을 논리적으로 전개하고 있다.

73 ㉠이 가지는 문제에 대해 윗글의 글쓴이가 할 수 있는 조언으로 가장 적절한 것은?

① 천 리 길도 한 걸음부터라고 했습니다.
② 구슬이 서 말이라도 꿰어야 보배라고 했습니다.
③ 소 잃고 외양간 고치지 말고 미리 대비해야 합니다.
④ 번갯불에 콩 볶아 먹을 듯이 조급할 필요는 없습니다.

[74~75] 다음 글을 읽고 물음에 답하시오.

북한산 근처로 이사를 와서 주말마다 산행을 한 지 이 년 반쯤 되었다. 동행할 사람을 찾기 힘들어 대개는 혼자 산에 오른다. 처음엔 적적한 감이 없지 않았으나 그럭저럭 습관이 되니 오히려 생각할 시간도 많아지고 몸과 마음이 더욱 맑아지는 느낌을 받는다. 말을 주고받을 상대가 없으므로 무엇보다 사물의 미세한 변화가 눈에 잘 들어온다. 계곡 물가나 약수터에 앉아 보내는 혼자만의 시간도 이제는 더할 나위 없이 소중하고 충만하게 다가온다.

지금 내가 살고 있는 정릉에서 일선사 방향으로 올라가다 보면 두 개의 약수터가 있다. 일선사 경내에 서면 성북구가 한눈에 내려다보인다. 올봄부터 나는 계속 이쪽 길로 다녔는데 늘 두 번째 약수터에서 잠시 숨을 ㉠고른 다음 내처 오르곤 했다.

그런데 어느 날 약수터 옆에 서 있는 참나무 한 그루가 내 눈에 들어왔다. 인연이란 참으로 묘하디묘한 것이어서 하필이면 나무에 박혀 있는 녹슨 대못이 먼저 눈에 보였다. 오래전에 누군가 바가지를 걸어 놓기 위해 박아 놓은 것 같았다. 손으로는 빼낼 재간이 없어 그대로 내려왔는데 두고두고 그 대못이 가슴에 남았다.

그다음 주말에 나는 배낭에 장도리를 챙겨 넣고 약수터로 올라갔다. 녹슨 못을 빼내고 나니 마음이 그렇게 후련할 수가 없었다. 그 나무와의 인연은 그렇게 시작됐다. 바야흐로 사월이 되면서 참나무는 연둣빛의 아름다운 잎을 가지마다 무성하게 토해 내고 있었다. 그 후로 나는 그 참나무를 보기 위해, 아니 보고 싶어 산에 오르는 기분이 들었다. 괜히 마음이 심산스러울 때, 남에게 무심코 아픈 말을 내뱉고 후회할 때, 또한 이유 없는 공허함에 사로잡힐 때면 나는 그 나무를 보러 올라가곤 했다. 나무는 언제나 그 자리에 서 있었고 내게 시원한 그늘을 내주며 때로는 미소를 짓거나 무어라 말을 건네 오는 것 같았다. 네가 그 못을 빼 주지 않았더라면 나는 계속 옆구리가 아팠을 거야. 혹은 내게 위로의 말을 전해 주기도 했다. 힘든 때일수록 한결같은 마음을 갖도록 노력해 봐. 나는 그 나무 아래 앉아 커피를 마시며 책을 읽거나 사과나 김밥을 먹기도 했다. 여름 한철을 나는 주말마다 새로 사귄 친구를 만나러 가듯 그렇게 설레는 마음을 안고 산으로 올라갔다.

– 윤대녕, 「한 그루 나무처럼」 –

빠른 정답 체크

70 ③ 71 ② 72 ③ 73 ②

74 윗글의 내용과 일치하지 않는 것은?

① '나'는 참나무를 하나의 인격체로 대하였다.
② '나'는 참나무를 보기 위해서 일부러 산행을 하였다.
③ '나'는 산행을 하다가 항상 두 번째 약수터에서 쉬었다.
④ '나'는 북한산 근처로 이사 오게 되면서 산행을 하게 되었다.

75 ㉠과 그 의미가 같은 것은?

① 그는 음정이 고르다.
② 적당한 단어를 고르다.
③ 방바닥이 고르지 않고 울퉁불퉁하다.
④ 그는 목소리를 고르고 자기 차례를 기다리고 있다.

[76~77] 다음 글을 읽고 물음에 답하시오.

오랜 장마가 갠 어느 날 오후였다. 마침 혼자 집을 지키고 있었다. 무더위가 한풀 꺾였다고는 하나 집 안에는 아직 곰팡내 섞인 습기가 많이 남아 있어 앞뒷문을 활짝 열어 놓고 있었다. 마루에서 책을 읽고 있다가 무심히 부엌 뒷문 밖을 내다보았을 때였다. 뒷문 밖에는 꽤 넓은 툇마루가 있는데 거기 우리 집 단골 얼룩 고양이가 꼭 저 닮은 새끼를 다섯 마리나 거느리고 나란히 앉아 있는 게 아닌가. 어미는 산후라 그런지 털이 꺼칠했지만 새끼들은 털이 반지르르 윤이 흐르는 게 정말이지 눈이 부시게 아름다웠다. 어떤 인간의 가족에게서도 그렇게 아름다운 모습은 본 적이 없었다.

나는 거의 전율에 가까운 기쁨을 느꼈다. 그뿐이 아니었다. 나는 감동까지 하고 있었다. 나는 나에게 잘 얻어먹은 어미 고양이가 그동안 해산을 해서 반질반질 잘 기른 새끼들을 나에게 자랑도 할 겸, 감사와 친애의 표시도 할 겸 해서 그렇게 가족 나들이를 나왔으려니 하고 있었다. 그 쌀쌀맞고 영악하기만 한 고양이로서는 기특하기 짝이 없는 마음 씀씀이 아닌가.

나는 마치 손주 새끼들 반기듯이 만면에 웃음을 띠고 두 손까지 활짝 벌려 그들 고양이 가족을 환대한다는 표시를 하며 부엌문 쪽으로 갔다. 그러나 그다음에 나는 기절을 할 뻔하게 놀라고 말았다. 어미가 눈으로 불을 뿜으며 으르릉 이를 드러내고 나에게 공격 태세를 취하는 게 아닌가. 신속하고도 눈부신 적의(敵意)였다. 다행히 순간적이었다. 내가 혹시 대낮에 환상을 본 게 아닌가 싶게 고양이 가족은 소리도 없이 신속하게 모습을 감추었다. 그래도 나는 (㉮) 부엌문을 닫아 버렸다.

두근거리는 가슴을 진정하고 나니까 고양이에 대한 내 오해가 하도 어처구니없어서 슬며시 웃음이 났다. 그까짓 먹고 남은 생선 뼈 따위 좀 챙겨 주고 나서 내가 녀석을 길들인 줄 알다니. 녀석은 챙겨 주는 것보다 스스로 쓰레기봉투를 뚫고 찾아내는 게 훨씬 스릴도 있고 보람도 있었을 것이다. 어쩌면 녀석이 나를 공격하려 했다는 것조차 오해일 수도 있었다. 나에 대한 녀석의 적의는 곧 저렇게 생긴 인간이라는 족속에게 길들여지면 절대로 안 돼, 라는 제 새끼들에 대한 강력한 경고가 아니었을까.

우리는 흔히 고양이는 은혜를 모르는 동물이라고 생각하며 길들이기를 꺼려 한다. 그게 인간들끼리 통하는 생각이라면 고양이들끼리 통하는 생각은 인간이라는 머리 검은 동물에게 길들여진다는 건 자유와 자존심을 담보로 해야 하는, 즉 죽느니만도 못한 짓이라는 것일지도 모르겠다.

– 박완서, 「오해」 –

76 다음 중 ㉮에 들어갈 관용 표현으로 알맞은 것은?

① 코가 꿰여
② 간을 빼먹어
③ 입의 혀 같아
④ 간담이 서늘하여

77 윗글에 대해 다음과 같이 의견을 나누었을 때, 적절한 의견을 제시한 학생만을 모두 고른 것은?

수한: 글쓴이의 주장과 근거가 잘 드러나고 있어.
경아: 대상을 섬세하게 관찰하여 묘사하고 있어.
혜린: 일상적인 표현으로 글을 써서 친근하게 느껴져.
채원: 사건을 객관화하여 다양한 관점에서 사건을 보여 주고 있어

① 경아, 혜린　　② 수한, 혜린
③ 수한, 채원　　④ 혜린, 채원

[78~79] 다음 글을 읽고 물음에 답하시오.

S# 51. 화장실 안

(인희, 변기 위에 앉아 있는 할머니에게 새 속옷을 갈아입히고 있다.)

(윗옷까지 마저 다 갈아입혀 주고.)

인희: (할머니 눈을 보며, 마음 아픈 것을 참고) 좋아요?

할머니: …….

인희: (쪼그려 앉으며) 개운하지?

할머니: (인희의 눈을 보고 있다. 정신이 들었는지 인희의 마음을 알 것 같다.)

인희: (눈물을 참고, 대견해하며) 이렇게 입으니까 꼭 새색시 같네. (할머니 손을 잡고, 차마 눈은 못 보고) 어머니, 나 먼저 가 있을게, 빨리 와. (다시 할머니 눈을 보며) 싸우다 정든다고 나 어머니랑 정 많이 들었네. 친정어머니 먼저 가시고 애들 아비 공부한다고 객지 생활할 때, 애들도 없고 외롭고 그럴 때도…… 어머니는 내 옆에 있었는데……. 나 밉다고 해도 가끔 나한테 당신이 좋아하시는 거 아꼈다가 주곤 하셨는데……. 어머니, 이제 기억 하나도 안 나지?

연수: (E.) 엄마?

할머니: (갑자기 버럭, 밖에 대고) 저리 가, 이년아!

인희: (놀라, 할머니를 보고 정신이 드는가 싶어 눈물이 난다.) 어머니, 아까 미안해요. 내 마음 알죠?

할머니: (눈물이 나는 것을 참는다.) …….

인희: (손을 잡고, 울며) 이런 말 하는 거 아닌데…… 정신 드실 때 혀라도 깨물어, 나 따라와요. 아범이랑 애들 고생시키지 말고. 기다릴게. (손을 잡아 얼굴에 대고 울며) 아이고, 어머니…….

S#60. 할머니 방

(인희, 할머니와 손을 잡고 쪼그리고 앉아 있다.)

인희: (애처로운 마음 숨기고 또박또박) 어머니, 나 아범이 좋은 데 데려간대. 힘들어 안 가고 싶기도 한데, 가 보려고 해. 그냥 이 집이 조금 무섭네. 정 떼려고 그러는지. 소란 피우지 말고 있어요.

할머니: (고개를 끄덕인다.) …….

인희: (할머니 손을 세게 한 번 꼭 쥐고) 나, 가요.

할머니: 어여…… 가.

인희: (고개를 끄덕이며, 흐르는 눈물을 닦고 짐짓 밝게) 네, 갈게요.

– 노희경 원작, 민규동 각색, 「세상에서 가장 아름다운 이별」 –

78 윗글에 대한 설명으로 가장 적절한 것은?

① 현재의 사건과 과거의 사건이 중첩되고 있다.
② 두 인물 사이에 쌓인 오랜 신뢰와 정을 읽을 수 있다.
③ 부부간의 갈등이 고부간의 갈등으로 옮겨 가고 있다.
④ 죽은 사람과 산 사람이 한데 어울리는 비현실적인 상황을 담고 있다.

79 윗글에 나타난 '인희'의 말하기 방식으로 가장 적절한 것은?

① 상대방의 잘못을 추궁하고 있다.
② 오랜 병 수발에 대한 어려움을 토로하고 있다.
③ 상대방에게 상황의 자초지종을 이해시키고 있다.
④ 모녀 같은 친밀한 태도로 자신의 속마음을 털어놓고 있다.

빠른 정답 체크

74 ② 75 ④ 76 ④ 77 ① 78 ② 79 ④

단원을 끝내는

엔드노트

1 현대 시

(1) 핵심 포인트

시적 화자	시 속에서 '말하는 사람'
시적 대상	청자, 사람, 사물, 상황, 현상, 관념 등 시의 소재가 되는 모든 것
시적 상황	시적 화자나 시적 대상이 처해 있는 상황
정서와 태도	• 정서: 화자가 지니는 다양한 감정과 생각 • 태도: 정서가 겉으로 드러난 모습, 화자의 현실 인식 자세 및 대응 방식
어조	화자가 사용하는 말의 특징적인 느낌과 말투

(2) 표현 방법

비유하기	의인법, 활유법, 직유법, 은유법, 대유법
변화 주기	대구법, 도치법, 설의법, 반어법, 역설법
강조하기	반복법, 과장법, 영탄법, 점층법

2 고전 시가

(1) 갈래별 특징

향가	신라, 승려나 화랑, 향찰, 4·8·10구체
고려 가요	고려, 평민, 3음보, 분절체, 후렴구
시조	3장 6구 45자 내외, 4음보, 종장의 첫 음보는 3음절로 고정
가사	3·4조 또는 4·4조의 4음보 연속체, 운문과 산문의 중간 형태, 길이 제한 ×

(2) 평시조와 사설시조의 차이점

평시조	구분	사설시조
주로 사대부 양반 계층	작자층	주로 중인과 평민층
3장 6구 45자 내외, 4음보	형식	평시조 틀에서 두 구 이상 길어진 형식
유교적 이념, 자연과의 조화, 풍류 사상 등	내용	서민들의 일상, 삶의 애환, 지배 계층에 대한 비판 등
유교적 세계관(충, 효, 열)에 대해 비유적·관념적으로 노래함	표현	생활 밀착, 풍자와 해학이 두드러짐

3 현대 소설

(1) 핵심 포인트

서술자	소설에서 이야기를 전달해 주는 허구적 화자
시점	작품 속에서 서술 대상이나 사건을 바라보는 서술자의 위치나 관점(1인칭과 3인칭)
갈등	겉으로 드러나면 외적 갈등, 인물의 마음속에서 일어나면 내적 갈등

(2) 빈출 유형 및 해결 방안

서술상의 특징	시점, 서술자의 태도, 사건의 전개 방법, 문체와 어조를 파악
인물의 심리 및 태도	작품에 등장하는 인물의 말이나 행동을 통해 파악
소재·배경의 의미와 기능	작품 속에 드러난 주된 소재나 배경이 작품 안에서 어떤 의미나 역할을 하는지 파악
작품의 종합적 감상	인물, 사건, 배경 등 작품을 구성하고 있는 여러 요소들을 고려하여 종합적으로 이해

4 고전 소설

(1) 일반적 특징

인물	전형적, 평면적	한 계층을 대표하고(전형적), 성격이 변하지 않는(평면적) 인물이 등장함
사건	우연적, 비현실적	사건의 전개가 주로 우연한 계기에서 이루어지며, 현실에서 일어나기 어려운 전기적 사건이 자주 일어남
배경	일정성	보수적 소설은 중국을, 진보적 평민 소설은 우리나라를 주된 배경으로 함
구성	일대기적, 순차적	태어나면서부터 죽을 때까지의 전 생애를 시간 순서대로 보여 줌
주제	권선징악	행복한 결말로 끝맺으며, 착한 사람은 복을 받고 나쁜 사람은 벌을 받는다는 주제를 전달함

5 수필·극

(1) 수필의 특징

개성의 문학	글쓴이의 체험, 생활 태도, 인생관 및 세계관 등 개성적 면모가 솔직하게 드러남
자유로운 형식의 문학	형식에 구애받지 않고 다양한 형식으로 자유롭게 쓸 수 있음
비전문적인 문학	누구나 쓸 수 있는 대중적인 문학
교훈과 성찰의 문학	인생에 대한 깊이 있는 사색으로 독자가 감동을 느끼고 자신을 성찰할 수 있게 함
멋과 운치의 문학	수필에 나타난 유머와 위트는 글의 건조함을 덜어 주고, 독자에게 지적인 감흥을 불러일으킴

(2) 희곡과 시나리오

구분	희곡	시나리오
목적	연극 상연	영화 상영
단위	막과 장	장면
제약	시간적·공간적 배경, 인물 수에 제약이 있음	비교적 제약이 적음
형태	상연으로 소멸됨	필름으로 보존됨

단원을 닫으며 문학은 비중이 높은 영역인 만큼 기본 개념을 정확하게 이해하고 다양한 작품에 적용하는 것이 필수입니다.

에듀윌이
너를
지지할게

ENERGY

무엇이든 넓게 경험하고 파고들어
스스로를 귀한 존재로 만들어라.

– 세종대왕

Ⅱ

독서

CHECK POINT

01 정보 전달 갈래

설명문의 특성, 내용을 효과적으로 전달하기 위한 설명 방법, 설명문을 읽는 방법

02 설득 갈래

논설문의 특성, 논증 방법에 대한 이해

03 독서의 방법

글의 특성과 목적에 따른 적절한 읽기 방법, 비판적 읽기의 개념과 방법

04 매체 자료 읽기

매체 자료의 유형과 읽는 방법, 광고와 신문 기사의 구성 요소

이 단원에서는
설명문과 논설문을
중심으로 글을 효과적으로
읽는 방법을 알 수
있어!
멍!

01 정보 전달 갈래

이번 단원에서는 정보 전달을 목적으로 하는 설명문의 특징 및 내용 전개 방식에 대해 학습하게 됩니다.

1. 설명문의 개념

어떤 사실에 대한 정보를 전달하여 독자를 이해시키는 것을 목적으로 하는 글이다.

2. 설명문의 특성

(1) 객관성

자신의 주관을 배제하고 제삼자의 입장에서 사물을 바라본다.

(2) 사실성

사물을 있는 그대로 서술하려고 하는 경향을 보인다.

(3) 평이성

독자들이 이해할 수 있도록 쉽게 풀어서 설명한다.

(4) 체계성

각 부분이 짜임새 있게 조직되어 통일된 전체를 이룬다.

3. 설명문의 구성

(1) 처음

설명할 대상, 목적, 이유를 제시하며 독자의 관심을 유발한다.

(2) 중간

설명할 대상을 구체적으로 설명한다.

(3) 끝

본문의 내용을 요약, 정리, 강조하며 글을 마무리한다.

4. 설명문의 전개 방법

정의	어떤 사물이나 대상의 의미를 설명함 예 사람은 언어적 동물이다.
예시	구체적인 예를 들어 설명함 예 사람보다 장수하는 나무에는 느티나무, 밤나무, 은행나무 등이 있다.
분류	일정한 기준에 따라 나누어서 설명함 예 지붕은 어떤 자재를 쓰느냐에 따라 너와 지붕, 굴피 지붕, 기와지붕 등으로 나뉜다.

꼼꼼 단어 돋보기

● 유발
어떤 것이 다른 일을 일어나게 함

분석	대상을 구성하고 있는 부분으로 분해하여 설명함 예 시계는 시침과 분침, 초침으로 이루어져 있다.
대조	두 대상의 차이점을 위주로 설명함 예 사람과 달리 새는 하늘을 난다.
비교	두 대상의 공통점을 설명함 예 사람과 새는 동물이다.
인과	원인과 결과로 내용을 설명함 예 늦잠을 자서 약속 시간에 늦었다.
과정	일의 순서에 따라 내용을 설명함 예 라면 끓이는 방법은 냄비에 물을 넣고 끓인 후에 면과 스프를 넣는 것이다.
인용	다른 사람의 말이나 글을 끌어와서 설명함 예 선생님께서 "응원합니다!"라고 말씀하셨다.
묘사	눈에 보이듯 자세하게 설명함 예 나무들이 길가에 나란히 서 있고, 낙엽들이 길가에 뒹굴고 있다.
서사	시간의 흐름에 따라 설명함 예 나는 아침을 먹고, 등교해서 공부를 하다가 친구를 만나 점심을 먹고 산책을 한다.

5. 설명문을 읽는 방법

① 세부적인 내용의 정확성과 객관성을 판단하며 읽는다.
② 글에 사용된 여러 가지 설명 방법과 전개 방법에 유의하며 읽는다.
③ 설명 대상과 글의 기본 내용을 정확히 파악하며 읽는다.

꼼꼼 단어 돋보기

● **분해**
여러 부분이 결합되어 이루어진 것을 그 낱낱으로 나눔

● **객관성**
주관에 좌우되지 않고 언제 누가 보아도 그러하다고 인정되는 성질

● **유의하다**
마음에 새겨 두어 조심하며 관심을 가지다.

02 설득 갈래

이번 단원에서는 설득을 목적으로 하는 논설문의 특징 및 논증 방식에 대해 학습하게 됩니다.

1. 논설문의 개념

어떤 문제를 비판하거나 해결할 목적으로 주장이나 사상 등을 논리적으로 전개한 글이다.

2. 논설문의 특성

(1) 주관성

글쓴이의 주관적인 의견이나 주장이 드러난다.

(2) 타당성

글쓴이의 주장을 뒷받침하는 근거나 이유가 타당해야 한다.

(3) 신뢰성

정보의 출처가 분명해야 하며, 신뢰할 수 있는 근거를 제시해야 한다.

(4) 체계성

'서론 – 본론 – 결론'의 3단 구성에 따라 짜임새 있게 전개된다.

(5) 논리성

설득하는 글이므로, 내용 전개가 논리적이다.

쏙쏙 이해 더하기 **설득력을 높이는 방법**

- 근거를 다양하고 풍부하게 제시해야 한다.
- 다양한 논증의 방법을 적절하게 활용해야 한다.
- 주장과 근거 간의 관계가 타당하고 적절해야 한다.

3. 논설문의 구성

(1) 서론

① 해결해야 할 문제를 제시한다.
② 글을 쓰게 된 동기나 목적을 제시한다.
③ 독자의 흥미와 관심을 유발한다.

(2) 본론

① 문제 해결을 위한 글쓴이의 주장을 제시한다.
② 주장을 뒷받침하는 적절한 근거를 제시한다.

꼼꼼 단어 돋보기

- **타당하다**
  일의 이치로 보아 옳다.
- **동기**
  어떤 일이나 행동을 일으키게 하는 계기

(3) 결론

① 앞에서 제시한 주장을 요약·정리하고 강조한다.

② 앞으로의 전망과 과제를 제시한다.

4. 논설문을 읽는 방법

① 객관적인 사실과 주관적인 의견을 구분한다.

② 주장과 근거가 타당한지 파악한다.

5. 논설문의 논증 방식

근거를 들어 자신의 주장이 타당하다는 것을 논리적으로 증명하는 방식이다.

(1) **연역적 추론:** 일반적 원리에서 구체적 사실을 이끌어 낸다.

예 모든 인간은 죽는다.
소크라테스는 인간이다.
그러므로 소크라테스는 죽는다.

(2) **귀납적 추론:** 구체적 사실에서 일반적 원리를 이끌어 낸다.

예 포유류인 호랑이는 새끼를 낳는다.
포유류인 고래는 새끼를 낳는다.
그러므로 포유류는 새끼를 낳는다.

(3) **유추:** 두 현상의 비슷한 점을 근거로 들어 결론을 이끌어 내는 방식이다.

예 새싹은 정성껏 보살펴야 잘 자란다.
이와 같이, 어린이도 부모님과 선생님의 보살핌을 받아야 잘 성장한다.

쏙쏙 이해 더하기 논증의 방법

- 일반적인 원리로부터 구체적인 결론을 이끌어 낸다.
- 구체적인 사례를 통해 일반적인 결론을 뒷받침한다.
- 권위 있는 견해나 자료를 통해 결론을 이끌어 낸다.
- 인과 관계를 밝혀 결론을 이끌어 낸다.
- 사례의 유사성을 통해 결론을 이끌어 낸다.

꼼꼼 단어 돋보기

● 증명
어떤 사항이나 판단 따위에 대하여 그것이 진실인지 아닌지 증거를 들어서 밝힘

03 독서의 방법

이번 단원에서는 글의 특성과 독서의 목적에 따른 적절한 읽기 방법을 학습하게 됩니다.

1 사실적 읽기

1. 사실적 읽기의 개념

① 글에 표면적으로 드러난 정보들을 종합하여 글의 내용을 정확하게 파악하면서 읽는 활동을 말한다.
② 가장 기본적인 읽기 단계에 해당한다.
③ 글의 화제 찾기, 핵심적인 내용과 부차적인 내용 구분하기, 글의 논리 전개 방식 파악하기 등이 사실적 읽기에 포함된다.

2. 사실적 읽기의 방법

① 글의 핵심어와 화제를 파악한다.
② 화제와 관련성이 높은 내용을 파악한다.
③ 글의 구조를 살펴서 중심 내용과 세부 내용을 구분한다.
④ 각 문단 간의 관계를 파악한다.
⑤ 앞서 파악한 내용을 토대로 글 전체의 중심 내용 및 주제를 파악한다.

쏙쏙 이해 더하기 사실적 읽기의 과정

핵심어 및 화제 파악 ➡ 화제와 관련성 높은 내용 파악 ➡ 중심 내용과 세부 내용 구분 ➡ 문단 간의 관계 파악 ➡ 글 전체의 중심 내용 및 주제 파악

2 추론적 읽기

1. 추론적 읽기의 개념

① 글에서 직접 언급되지 않은 내용을 추측하면서 글을 읽는 활동을 말한다.
② 사실적 읽기를 토대로 글의 의미를 더 깊이 이해할 수 있는 읽기 활동이다.
③ 추론 과정에서 독자의 배경지식과 경험이 활용된다.

사실적 읽기		추론적 읽기
글에 직접 드러난 내용과 구조 파악	➡ 추론	사실적 읽기를 토대로 글의 의미를 더 깊이 이해

⬆

독자의 배경지식과 경험 활용

꼼꼼 단어 돋보기

● 추론적
직관이 아닌 판단, 추리 따위를 거듭하여 대상을 이해하는 것

2. 추론적 읽기의 방법

① 글쓴이의 의도, 목적, 숨겨진 주제 추론하기: 글쓴이가 글 속에서 본인의 의도와 목적을 직접 밝히는 경우는 드물다. 따라서 글을 읽을 때 글의 내용과 맥락을 자세히 살펴 내용을 온전히 파악해야 한다.

② 생략된 내용 추론하기: 글쓴이는 글을 쓰는 목적을 고려하여 정보의 일부를 의도적으로 감추거나 생략할 수 있다. 따라서 앞뒤 문맥, 단어나 문장 등에 나타난 단서와 자신의 지식과 경험을 적극적으로 활용하여 생략된 내용을 추론해야 한다.

3 비판적 읽기

1. 비판적 읽기의 개념

글에서 제시하고 있는 내용과 정보, 관점 등이 올바른지 따져 가며 글을 읽는 활동을 말한다.

2. 비판적 읽기의 필요성

① 글쓴이의 생각을 일방적으로 수용하기만 하면 독서를 통해 문제 해결의 방법을 찾거나 폭넓은 관점을 갖추기 어렵다.

② 글의 내용, 관점, 표현 방법의 적절성, 글쓴이의 숨겨진 의도, 사회·문화적 이념 등을 비판적으로 읽을 수 있어야 독서를 통한 사고의 확장이 가능하다.

3. 비판적 읽기의 방법

(1) 내용의 타당성 판단하기

① 글에 나타난 주장이 합리적이며 이를 뒷받침하는 근거가 정확한지를 판단하며 읽는다.

② 글에 제시된 글쓴이의 주장에 논리적 비약은 없는지, 글쓴이의 주장을 뒷받침하는 근거가 사실에 부합하는지 따져 본다.

(2) 관점의 공정성 판단하기

① 글의 내용이 어느 한쪽으로 치우치지 않고 글의 핵심에 균형적으로 접근하고 있는지를 판단하며 읽는다.

② 글쓴이의 관점이 객관적인지, 글쓴이가 균형 잡힌 시각을 유지하고 있는지 따져 본다.

(3) 표현 방법의 적절성 헤아리기

① 글쓴이가 글의 내용을 효과적으로 전달하기 위해 사용한 다양한 표현 방법을 파악하며 읽는다.

② 글에 과장된 표현이나 사실을 왜곡하는 표현이 없는지 따져 본다.

(4) 글쓴이의 의도나 사회·문화적 이념 비판하기

① 글의 의도는 글쓴이가 속한 시대의 사회·문화적 이념에 영향을 받으므로, 글을 쓴 진정한 의도와 사회·문화적 이념을 파악하며 글을 읽는다.

② 글쓴이의 의도와 자신의 생각이 어떻게 다른지 논리적으로 따져 보고, 글에 담긴 사회·문화적 이념이 올바른지 따져 본다.

꼼꼼 단어 돋보기

● 맥락
사물 따위가 서로 이어져 있는 관계나 연관

● 문맥
글에서 표현된 의미의 앞뒤 연결

04 매체 자료 읽기

이번 단원에서는 매체 자료에 나타난 글쓴이의 관점과 표현 방법의 적절성을 평가하며 매체 자료를 올바르게 읽는 방법을 학습하게 됩니다.

1 매체 자료

1. 매체와 매체 자료의 개념

① 매체: 정보를 주고받거나 서로의 생각을 나눌 때 사용하는 전달 수단을 말한다.

② 매체 자료: 정보를 전달하는 매개물로, 매체에 적합하게 가공된 자료를 말한다.

2. 매체 자료의 특성

① 특정한 생산자가 매체의 특성에 맞도록 내용을 마련하고 편집·제작한 자료이다.

② 같은 주제나 사건을 다루더라도 매체의 종류나 만드는 이의 관점·의도에 따라 결과물이 달라진다.

3. 매체 자료를 읽는 방법

① 매체 자료의 구성 요소를 분석한다.

② 글쓴이의 관점과 의도를 파악하며 비판적으로 읽는다.

③ 글쓴이의 관점과 표현 방법에 편견이 담겨 있지는 않은지 판단한다.

④ 글쓴이의 관점과 표현이 적절한지 평가하며 읽는다.

4. 매체 자료의 유형

인쇄 매체	책, 신문, 잡지 등
방송 매체	라디오, 텔레비전 등
인터넷 매체	블로그, 에스엔에스(SNS) 등 인터넷을 기반으로 한 매체

2 광고

1. 광고의 개념

상품이나 서비스에 대한 정보를 여러 가지 매체를 통하여 소비자에게 널리 알리는 의도적인 활동을 말한다.

2. 광고의 목적

광고를 접한 사람들의 생각이나 행동을 바꾸는 것이 목적이다.

3. 종류

공익 광고	• 사회 전체의 이익을 위해 정부 단체나 공공 기관이 제작하는 것 • 사회 구성원들이 바람직한 행동을 하거나 올바른 가치관을 갖도록 하는 데에 목적이 있음
상업 광고	상품을 판매하여 이익을 얻는 데에 목적이 있음

꼼꼼 단어 돋보기

● **매개물**
둘 사이에서 양편의 관계를 맺어 주는 물건

4. 구성 요소

배경	광고에서 다루는 내용의 시·공간적 상황이나 사회·문화적 상황
이미지	광고가 전달하고자 하는 바를 그림이나 사진으로 •형상화한 것
문구	• 메시지를 간단한 말로 표현한 것 • 광고의 설득 전략이 담긴 카피

3 신문 기사

1. 신문 기사의 개념

신문에 실어 어떠한 사실을 알리는 글을 말한다.

2. 신문 기사의 목적

사건에 대한 정보를 전달하고 독자의 관심과 공감을 유도한다.

3. 신문 기사의 특징

① 글쓴이가 누구인지에 따라 동일한 기삿거리에서도 표제와 관점이 다르게 나타난다.
② 기삿거리를 선택하고 결정하는 과정에 글쓴이가 현실을 인식하는 관점이 반영될 수 있다.
③ 기사의 내용에 독자들이 그렇게 인식하기를 바라는 글쓴이의 의도가 반영될 수 있다.

4. 구성 요소

표제	신문 기사의 제목
본문	구체적인 내용을 서술한 부분
사진	내용을 더 생생하게 전달하기 위해 첨부되는 자료

꼼꼼 단어 돋보기

● **형상화**
형체로는 분명히 나타나 있지 않은 것을 어떤 방법이나 매체를 통하여 구체적이고 명확한 형상으로 나타냄

이론 쏙! 핵심 딱!

쏙딱 TEST

Ⅱ 독서

정답과 해설 26쪽

선생님이 알려 주는 **출제 경향**

'내용 일치'와 '서술상 특징'은 항상 출제됩니다.

주제 1 정보 전달 갈래

[01~02] 다음 글을 읽고 물음에 답하시오. 2019년 2회

마지막으로 전문적 읽기가 있다. 이는 직업이나 학업과 관련하여 전문적으로 글을 읽는 방법을 말하는데, 주제 통합적 독서와 과정에 따른 독서가 여기에 포함된다.

주제 통합적 독서는 어떤 문제를 해결하려고 주제와 관련된 다양한 글을 서로 비교하여 읽고 자신의 관점을 정리하는 것을 말한다. 보고서를 쓰려고 주제와 관련된 여러 자료를 서로 비교하면서 읽는 것을 그 예로 들 수 있다.

㉠과정에 따른 독서는 '훑어보기, 질문 만들기, 읽기, 확인하기, 재검토하기' 등과 같은 순서로 읽는 방법을 말한다. 훑어보기 단계에서는 제목이나 목차, 서론, 결론, 삽화 등을 보고 내용을 예측하면서 대략적으로 훑어본다. 질문하기 단계에서는 훑어보기를 바탕으로 궁금하거나 알고 싶은 내용들을 스스로 질문한다. 질문은 육하원칙(누가, 무엇을, 언제, 어디서, 왜, 어떻게)을 활용하고, 메모해 두는 것이 좋다. 읽기 단계에서는 훑어보기와 질문하기 내용을 염두에 두고 실제로 글을 읽어 나간다. 확인하기 단계에서는 앞의 질문하기 단계에서 제기한 질문들에 대한 내용을 확인하거나 메모한다. 재검토하기 단계에서는 지금까지 진행한 모든 단계들을 종합하여 주요 내용들을 재검토하여 정리하고 확인한다.

01 윗글의 중심 화제로 가장 적절한 것은?

① 읽기의 계획과 검토 방법
② 독서의 개념과 원리
③ 질문의 원칙과 절차
④ 전문적 읽기 방법

02 ㉠에 대한 설명으로 적절하지 않은 것은?

① '훑어보기' – 제목이나 목차 등을 보고 내용을 대략적으로 살펴보는 단계이다.
② '질문하기' – 훑어본 내용을 바탕으로 알고 싶은 내용을 자문한다.
③ '읽기' – 훑어보고 질문한 내용을 바탕으로 글을 읽어 나간다.
④ '확인하기' – 처음으로 되돌아가 다시 훑어보고 질문하는 과정을 거친다.

[03~04] 다음 글을 읽고 물음에 답하시오. 2019년 1회

가장 흔히 볼 수 있는 거미줄의 형태는 중심으로부터 방사형으로 뻗어 나가는 둥근 그물로, 짜임이 어찌나 완벽한지 곤충의 입장에서는 마치 빽빽하게 쳐 놓은 튼튼한 고기잡이 그물과 다름없다. 이 둥근 그물을 짜기 위해 거미는 먼저 두 물체 사이를 팽팽하게 이어 주는 '다리실'을 만든다. 그다음 몇 가닥의 실을 뽑아내 별 모양으로 주변 사물들과 중심부를 연결한다. 두 번째 작업으로, 거미는 맨 위에 설치한 다리실에서부터 실을 뽑아내 거미줄의 가장자리 틀을 완성한다. 그런 후 중심과 가장자리 사이를 왔다 갔다 하며 세로줄을 친다. 세 번째 작업은 임시 가로줄을 치는 것이다. 이 가로줄은 거미가 돌아다닐 때 발판으로 쓰기 위한 것이기 때문에 점성이 없어 달라붙지 않고 튼튼하다. 나중에 거미줄을 완성하고 쓸모가 없어지면 다니면서 먹어 치웠다가 필요할 때 다시 뽑아내 재활용한다. 마지막으로 영구적이고 끈끈한 가로줄을 친다. 중심을 향해 가로줄을 친 후 다시 바깥쪽으로 꼼꼼히 치기도 하면서 끈끈하고 탄력 있는 사냥용 거미줄을 짠다. 거미는 돌아다닐 때 이 가로줄을 밟지 않으려고 각별히 조심한다고 한다. 거미의 발끝에 기름칠이 되어 있어 이 실에 달라붙지 않는다는 설도 있다. 이렇게 거미줄을 완성하면 거미는 가만히 앉아 먹잇감을 기다리기만 하면 된다. 거미줄을 완성하는 데 걸리는 시간은 한 시간 반이 안 되며 사용되는 실의 길이는 최대 30미터다.

거미줄은 거미와 곤충 사이에 벌어지는 끊임없는 생존 경쟁이 낳은 진화의 산물이다. 일례로 그물을 이루는 견사(실)는 눈에 거의 띄지 않게끔 진화했다. 그래서 1초에 자기 몸길이의 57배만큼 날아가는 초파리의 경우, 몸길이의 세 배 거리까지 접근하기 전에는 눈앞의 재앙을 감지하지 못한다.

– 리처드 코니프, 「거미줄, 죽음을 부르는 실」 –

03 윗글을 통해 알 수 있는 내용으로 적절하지 않은 것은?

① 거미줄 치기의 첫 번째 작업은 다리실을 만드는 것이다.
② 거미는 이동을 위해 점성이 없는 임시 가로줄을 친다.
③ 사냥용 거미줄은 거미가 돌아다닐 때 발판으로 쓰인다.
④ 거의 눈에 띄지 않는 거미줄은 생존을 위해 진화된 결과이다.

04 윗글을 읽기 위한 전략으로 가장 적절한 것은?

① 여정과 견문을 이해하고 감상에 공감하며 읽는다.
② 새로운 정보를 파악하고 사실인지 확인하며 읽는다.
③ 필자의 주장을 파악하고 근거의 타당성을 따지며 읽는다.
④ 글의 미적 구조를 이해하고 인물의 정서를 파악하며 읽는다.

[05~07] 다음 글을 읽고 물음에 답하시오. 2018년 1회

정치 철학자로 알려진 아렌트 여사는 우리가 보통 '일'이라 부르는 활동을 '작업'과 '고역'으로 구분한다. 이 두 가지 모두 인간의 노력, 땀과 인내를 수반하는 활동이며, 어떤 결과를 목적으로 하는 활동이다. 그러나 전자가 자의적인 활동인 데 반해서 후자는 타의에 의해 강요된 활동이다. 전자의 활동을 창조적이라 한다면 후자의 활동은 기계적이다. 창조적 활동의 목적이 작품 창작에 있다면, 후자의 활동 목적은 상품 생산에만 있다.

전자, 즉 '작업'이 인간적으로 수용될 수 있는 물리 혹은 정신적 조건하에서 이루어지는 '일'이라면 '고역'은 그 정반대의 조건에서 행해진 '일'이라는 것이다.

인간은 언제 어느 곳에서든지 '일'이라고 불리는 활동에 땀을 흘리며 노력해 왔고, 현재도 그렇고, 아마도 앞으로도 영원히 그럴 것이다. 구체적으로 어떤 종류의 일이 '작업'으로 불릴 수 있고 어떤 일이 '고역'으로 분류될 수 있느냐는 그리 쉬운 문제가 아니다. 그러나 일을 작업과 고역으로 구별하고 그것들을 위와 같이 정의할 때 고역으로서 일의 가치는 부정되어야 하지만 작업으로서 일은 오히려 찬미되고, 격려되며 인간으로부터 빼앗아 가서는 안 될 귀중한 가치라고 봐야 한다.

'작업'으로서의 일의 내재적 가치와 존엄성은 이런 뜻으로서 일과 인간의 인간됨과 뗄 수 없는 필연적 관계를 갖고 있다는 사실에서 생긴다. 분명히 일은 노력과 아픔을 필요로 하고, 생존을 위해 물질적으로는 물론 정신적으로도 풍요한 생활을 위한 도구적 기능을 담당한다.

– 박이문, 「일」 –

빠른 정답 체크

01 ④ 02 ④ 03 ③ 04 ②

05 윗글의 내용 전개상 특징으로 가장 적절한 것은?

① 시선의 이동에 따라 서술하고 있다.
② 기준에 따라 대상을 구분하고 있다.
③ 실험을 통해 가설을 검증하고 있다.
④ 묻고 답하는 형식으로 진술하고 있다.

06 윗글의 내용으로 적절하지 않은 것은?

① 인간은 생존을 위해서 일을 한다.
② 일은 노력, 땀과 인내를 필요로 한다.
③ 일은 어떤 결과를 목적으로 하는 활동이다.
④ 일은 물질인 것보다 정신적 풍요를 위한 도구이다.

07 윗글에 나타난 '작업'과 '고역'의 예로 가장 적절한 것은?

① 요리사가 되고 싶어 새로운 조리법을 개발하는 것은 '작업'이겠군.
② 자신이 좋아하는 운동을 연습하여 실력이 향상되는 것은 '고역'이겠군.
③ 방이 지저분해서 꾸지람을 들은 뒤 억지로 방 청소를 하는 것은 '작업'이겠군.
④ 신발 정리가 되어 있지 않은 것을 보고 자발적으로 정리하는 것은 '고역'이겠군.

[08~10] 다음 글을 읽고 물음에 답하시오.

뇌의 많은 영역이 오로지 시각이라는 감각 하나에 배정되어 있음에도, 세상은 워낙 변화무쌍하기 때문에 눈으로 받아들이는 모든 정보를 뇌가 빠짐없이 처리하기는 어렵다. 그래서 뇌가 선택한 전략은 선택과 집중, 적당한 무시와 엄청난 융통성이다. 우리는 쥐의 꼬리만 봐도 벽 뒤에 숨은 쥐 전체의 모습을 그릴 수 있으며, 빨간색과 파란색의 스펙트럼만 봐도 그 색이 주는 이미지와 의미까지 읽어 낼 수 있다. 하지만 이것은 때와 장소, 현재의 관심 대상과 그 수준에 따라 달라진다. 앞에서 보았듯이 우리는 하나에 집중하면 다른 것은 눈에 뻔히 보여도 인식하지 못하고 지나칠 수 있다. 즉, 우리는 정말로 보고 싶은 것만 보고 보기 싫은 것에는 눈을 질끈 감는 것이다.

감각 기관으로 들어오는 정보를 고스란히 받아들이지 않고 제 입맛에 맞는 부분만 편식하는 것은 뇌의 보편적인 특성으로, 다른 감각도 마찬가지이다. 그러니까 엄마의 잔소리를 흘려듣는 십 대 아이의 귀에 달린 엄청난 여과 능력은 일부러 그러는 것이 아니라, 무의식적으로 일어나는 자연스러운 결과일 수 있다. 따라서 눈앞에서 딴전을 피우는 아이의 귀에, 아니 뇌에 소리를 흘려 넣고 싶다면, 일단은 달콤한 말로 시작해서 집중시키는 것이 그나마 효과적이다. 눈앞에 뻔히 보이는 고릴라를 보지 못했던 사람들은 눈이 잘못되거나 얼빠진 것이 아니라, 집중하지 않은 시각적 정보는 은근슬쩍 뭉개 버리는 지극히 자연스러운 뇌를 가지고 있기 때문이다.

우리의 뇌는 이런 식으로 세상을 본다. 있어도 보지 못하거나 잘못 보는 경우도 많다. 그러므로 우리가 모든 것을 다 볼 수 없다는 사실을 제대로만 인정한다면, 서로 시각이 다른 현실에서 내 눈으로 본 것만이 옳다며 핏대를 세우거나 서로를 헐뜯는 일은 줄어들 것이다.

– 이은희, 「고릴라를 못 본 이유」 –

08 윗글의 집필 의도로 가장 적절한 것은?

① 뇌의 다양한 특성을 설명하기 위해서
② 뇌의 정보 처리 방식을 설명하기 위해서
③ 뇌 과학의 전망과 가능성을 제시하기 위해서
④ 서로 비난하고 헐뜯는 세태를 비판하기 위해서

주목

09 윗글의 서술 방식으로 가장 적절한 것은?

① 대상의 개념을 정의하고 원리를 설명하고 있다.
② 예를 들어 설명 대상에 대한 이해도를 높이고 있다.
③ 경험적 사례를 토대로 개념의 타당성을 따지고 있다.
④ 현상의 원인을 분석하여 여러 해결책을 제시하고 있다.

10 윗글을 통해 알 수 있는 사실이 아닌 것은?

① 시각은 뇌의 영역에서 큰 부분을 차지한다.
② 뇌는 부분적인 정보만으로 전체를 파악할 수 있다.
③ 뇌는 시각적 정보가 지니고 있는 다층적인 의미를 떠올릴 수 있다.
④ 눈으로 수용할 수 있는 정보에 한계가 있기 때문에 뇌는 선택과 집중이라는 전략을 사용한다.

[11~14] 다음 글을 읽고 물음에 답하시오.

슈퍼마켓은 물건을 하나라도 더 팔려는 온갖 수법의 전시장과도 같다. 슈퍼마켓 주인은 상품을 진열하는 방법에서 가격을 매기는 방법까지 세심하게 신경을 써 소비자들이 지갑을 열게 한다. 그들에게 가장 반가운 것은 소비자의 충동구매다. 그것은 마치 보너스와 같기 때문이다. 그래서 그들은 소비자가 어떤 물건을 보는 순간 갑자기 "이걸 꼭 사야 돼!"라고 외치도록 만들고 싶어 한다.

이런 목적에서 슈퍼마켓이 쓰는 고전적 수법 중 하나가 ㉠"특가 세일! 하야니 치약 5통 2만 원"과 같은 광고 문구다. 치약 한 통에 4천 원으로 가격을 낮췄다고 선전해도 되는데, 왜 5통을 묶어서 파는 방식을 선택했을까? 그 이유는 이런 광고 방식이 치약 한 통을 사러 갔던 사람에게 4통을 충동구매하게 만드는 효과를 내기 때문이다. 5통이나 사야 하므로 망설이다가 "에라, 모르겠다."를 외치며 장바구니에 담아 버린다. 바로 이 효과를 노린 것이다.

마케팅 전문가가 분석한 결과에 따르면, 이러한 판매 방식을 쓰면 하나씩 따로 팔 때보다 판매량이 32%나 증가한다고 한다. 이 방식이 분명히 충동구매를 부추기는 효과를 내고 있다는 뜻이다. 흥미로운 점은 특히 참치 통조림과 냉동식품의 판매량 증가 폭이 컸다는 것이다. 이는 그러한 판매 방식이 특별히 잘 먹히는 상품이 있음을 보여 준다. 왜 그런 결과가 나왔는지는 독자도 잘 알 것이다.

사실 이러한 판매 방식은 속이 뻔히 들여다보이는 수법이다. 어느 누구든 치약 5통을 한꺼번에 묶어서 파는 이유를 쉽게 짐작할 수 있기 때문이다. 슈퍼마켓이 쓰는 좀 더 교묘한 수법은 ㉡"폭탄 세일! 하야니 치약 4천 원, 단 고객당 5통 이내"라는 문구다. 이 광고 문구를 보는 순간 소비자는 감탄을 한다. "오, 이런 가격이면 열 통, 스무 통씩 사려는 사람이 있겠군."

정말 사재기를 막으려고 치약의 개수를 5통으로 제한했을까? 그럴 수도 있다. 슈퍼마켓이 쓰는 고전적 판촉 수단 중 하나가 '미끼 상품'이라는 것이다. 주변에 슈퍼마켓이 여러 군데 있다고 할 때 소비자는 당연히 가격이 싼 곳을 선택한다. 그러나 어떤 상품은 이 슈퍼마켓이 더 싸고, 다른 상품은 저 슈퍼마켓이 더 싸기 때문에 가격 비교에 어려움을 겪는다. 물론 자기가 사려는 상품 가격의 가중 평균을 구해 비교하면 정확한 답을 얻을 수 있겠지만, 그렇게까지 치밀한 소비자는 거의 없다.

일반적으로 소비자들은 몇 가지 상품들의 가격만 대충 비교해 보고 결론을 내 버린다. 이 사실을 아는 슈퍼마켓은 어떤 상품에 특별히 낮은 가격을 매겨 소비자를 현혹하는 수법을 쓴다. 이를테면 다른 슈퍼마켓에서 5천 원에 팔리는 간장 한 병에 3천 원이라는 비상식적인 가격표를 붙여 놓는 것이다. 엄청나게 싼 가격표를 본 소비자는 (ⓐ) 기대를 하게 된다. 바로 이런 성격의 상품을 미끼 상품이라고 부른다.

– 이준구, 「슈퍼마켓 백 배 즐기기」 –

11 윗글에 대한 설명으로 적절하지 않은 것은?

① 전문가의 의견을 인용하여 글의 신뢰성을 높이고 있다.
② 구체적인 예시를 제시하여 새로운 개념을 설명하고 있다.
③ 비유적인 표현을 사용하여 독자의 관심을 이끌어 내고 있다.
④ 대상을 비판적 시각으로 분석하여 독자의 올바른 판단을 유도하고 있다.

빠른 정답 체크

05 ② 06 ④ 07 ① 08 ② 09 ② 10 ④ 11 ④

12 윗글의 내용과 일치하지 않는 것은?

① 묶음 판매 방식은 통조림이나 냉동식품에 특히 효과적이다.
② 묶음 판매 방식은 소비자의 충동구매를 부추기는 효과가 있다.
③ 소비자의 충동구매는 판매자 입장에서 마치 보너스와 같은 것이다.
④ 묶음 판매 방식의 효과에 대해 전문가들은 회의적인 반응을 보이고 있다.

13 ㉠, ㉡에 대한 설명으로 적절하지 않은 것은?

① ㉠은 여러 개의 물건을 묶어서 판매하는 방식이다.
② ㉠은 소비자가 마음먹은 것보다 더 많이 구입하게 만드는 효과를 불러일으킬 수 있다.
③ ㉡을 통해 판매자는 소비자의 사재기를 유도할 수 있다.
④ ㉡은 소비자가 구입할 수 있는 상품의 개수를 제한하는 판매 방식이다.

14 ⓐ에 들어갈 내용으로 가장 적절한 것은?

① 특정 상품을 사재기할 수 있을 것이라는
② 그 슈퍼마켓의 다른 상품들도 쌀 것이라는
③ 싼 가격의 상품이 품질도 뛰어날 것이라는
④ 한 개만 구입한다면 합리적인 소비가 될 것이라는

[15~18] 다음 글을 읽고 물음에 답하시오.

오늘날의 대표적인 주거 형태인 아파트는 전통의 주거 형태인 주택과는 다른 특징을 보인다. 아파트는 한 단위 세대를 층층이 쌓아서 배치하는 적층(積層)을 기본으로 한다. 하나의 건물 내에 수평적, 혹은 수직적으로 균일한 주거 공간이 밀집해 있고, 거기에 동질성을 지닌 거주자가 모여 사는 것이 현대의 한국식 공동 주택이 지닌 특징이라 할 수 있다.

주거지의 울타리는 우리의 ㉠범주를 규정하는 '영역 만들기'의 역할을 한다. 단지 내부에 ㉡동질성을 지닌 사회 계층이 거주하는 것이 현대 주거지의 특징인데, 외부와 차별성을 갖는 고급 단지일수록 그 울타리가 견고하다. 그러나 외부와의 단절뿐만 아니라 단지 내부에서도 이웃과 만나기 위한 공간과 행위들은 찾아 보기 어렵다. 좁은 공간에 수많은 세대가 다닥다닥 붙어 있어 겉으로는 삭막해 보이지만 일단 현관문만 열면 아늑한 주거 환경이 펼쳐진다. 반대로 현관문 하나만 잠그면 집 전체가 바깥세상과 완전히 격리된다. 가족만의 성역에는 누구라도 예고 없이 방문할 수 없고, 이웃이나 친척이라도 안에서 문을 열어 주었을 때에만 집 안으로 들어올 수 있다. 이러한 특징은 현대인의 개인주의적 성향과 잘 맞아떨어진다.

사생활 보호에는 이렇듯 철저하지만, 같은 단지 내에서 공동의 목표를 추구할 때에는 집단의 힘을 발휘하기도 한다. 특히 그것이 단지의 이익과 관련한 것이라면 입주자회나 부녀회 같은 커뮤니티를 구성하여 주저하지 않고 의사를 표현한다. 이러한 아파트 단지의 결속성과 질서는 (　　Ⓐ　　) 비롯된다. ⓐ개별 단위 세대들은 자신들이 집에 들인 비용을 지키기 위해 집단의 힘을 발휘한다.

전통 사회에서는 이웃의 손을 빌려 개별적으로 집을 지었고, 그것이 자연스럽게 마을의 한 요소가 되었다. 하지만 아파트는 ㉢불특정 다수를 위해 전문 건설업자들이 완성한 것이어서 개별 거주자들의 취향과 요구 사항이 반영되기 어렵다. 수천 세대, 심지어는 수만 호가 일시에 건설되어 수많은 사람이 하루아침에 한동네 사람이 되기도 한다.

이러한 변화에 따라 요즘에는 '단지'가 과거의 '마을'을 대신하는 공간 단위가 되었다. 오랜 시간에 걸쳐 만들어진 전통 마을과 달리 이러한 현대의 주거지는 ㉣급조된 마을이다.

– 전남일, 「공간이 달라지면 사는 풍경도 달라질까」 –

15 윗글을 이해한 내용으로 적절하지 않은 것은?

① 울타리의 기능에 대해서 설명하고 있다.
② 현대 단지의 성격이 울타리에 영향을 미친다.
③ 전통 사회에서는 집을 혼자의 힘으로 만들었다.
④ 아파트는 과거 집에 비해 거주자의 취향이 반영되기 어렵다.

16 〈보기〉에서 ⓐ의 사례로 볼 수 있는 것을 바르게 묶은 것은?

보기

ㄱ. 단지 근처에 지하철역이 지나가도록 관청에 집단 민원을 제기한다.
ㄴ. 쓰레기 처리장이 단지 근처에 건설되는 것을 막기 위해 집단적으로 시위를 한다.
ㄷ. 불우 이웃을 돕기 위해 단지 안에서 모금 운동을 진행한다.
ㄹ. 부녀회를 중심으로 아파트 옥상에 텃밭을 가꾸고, 수확물을 판매한 수익금을 노인정에 기부한다.

① ㄱ, ㄴ　② ㄴ, ㄷ
③ ㄱ, ㄷ　④ ㄷ, ㄹ

17 ㉠~㉣의 사전적 의미로 적절하지 않은 것은?

① ㉠: 동일한 성질을 가진 부류나 범위
② ㉡: 사람이나 사물의 바탕이 같은 성질이나 특성
③ ㉢: 특별히 정한 몇몇의
④ ㉣: 급히 만듦

18 글의 논지 전개상 Ⓐ에 들어갈 가장 적절한 말은?

① 카리스마적 권위에서
② 정부의 효율적 조율에서
③ 이해관계의 일치에서
④ 인간적인 소통에서

[19~20] 다음 글을 읽고 물음에 답하시오.

가 서양화에 놀란 실학자들

조선 후기의 실학자인 이익(1681~1763)은 「화상요돌」이라는 글에서 서양화를 접하고 느낀 감동을 다음과 같이 적었다.

요즘 연경(燕京)에 사신으로 다녀온 사람들이 서양화를 사다가 대청에 걸어 놓는다. 처음에 한 눈을 감고 다른 한 눈으로 오랫동안 주시하면 건물 지붕의 모퉁이와 담이 모두 실제 형태대로 튀어나온다.

이익이 본 '대청에 걸려 있는 서양화'는 원근법과 입체감이 잘 표현된 풍경화일 것으로 보인다. 원근법이란 사물이 뒤로 갈수록 좁아 보이는 현상을 그린 투시 화법으로, 3차원의 공간을 2차원의 화면에 담는 서양화의 공간 표현법을 말한다. 이러한 투시 화법은 전통 회화에서는 볼 수 없던 새로운 방식이다.

나 '색'다른 조선 그림

18세기 이후 조선 후기 화단에 유입된 서양화는 여러 분야의 그림에 영향을 주었다. 그중에서도 산수화에 보이는 변화가 가장 주목할 만하다. 서양화법을 선두에서 받아들인 화가로는 김홍도의 스승으로도 유명한 강세황(1713~1791)이 거론된다.

강세황이 45세 되던 해, 개성을 여행한 뒤 그린 「영통동구」와 「송도전경」은 동·서양화의 접목이라는 점에서 주목된다. 서양화의 투시 원근법과 채색 기법을 사용했기 때문이다. 「영통동구」는 영통동 계곡의 명물인 거대한 바위에 초점을 맞추어, 가까운 바위는 크게 그리고 멀어지는 경물은 작게 그렸다. 산수화에 원근법을 적용한 것이다. 게다가 바위 표면에는 서양화의 채색법을 사용하여 독특한 느낌을 준다. 초록과 청록이 어우러진 미묘한 바위의 색감은 흡사 서양의 수채화를 연상시킬 정도로 특이하다. 개성 시내의 모습을 투시 원근법으로 그린 「송도전경」 또한 현대적 감각이 물씬 풍긴다.

– 김정숙, 「서양화, 조선을 깨우다」 –

빠른 정답 체크

12 ④　13 ③　14 ②　15 ③　16 ①　17 ③　18 ③

주목

19 윗글의 서술상 특징으로 가장 적절한 것은?

① 대조를 통해 대상의 특징을 드러내고 있다.
② 인용을 통해 중심 내용을 뒷받침하고 있다.
③ 서사를 통해 인물의 고뇌와 갈등을 담아 내고 있다.
④ 원인과 결과를 밝혀 주장을 논리적으로 전개하고 있다.

20 '조선 시대의 서양화'에 대한 보고서를 작성하기 위하여 윗글을 읽기 전에 만든 질문으로 적절하지 <u>않은</u> 것은?

① 조선 시대에 서양화가 처음 들어온 것은 언제였을까?
② 조선 시대에 서양화법을 수용한 화가는 누가 있을까?
③ 서양화의 대표적인 화가는 누구이고, 작품은 무엇일까?
④ 서양화법으로 그린 조선 시대 작품의 특징은 무엇일까?

[21~22] 다음 글을 읽고 물음에 답하시오.

가 1964년 영국의 사회학자 루이 클래스는 '젠트리피케이션'을 '지대의 논리'와 '계급의 논리'로 설명하면서 저소득 노동자와 그들이 살던 주거지에 중산층 사람들이 들어오면서 저소득 노동자가 타 지역으로 내몰리는 현상이라고 정의했다. 최근 우리 사회에서 자주 언급되는 '젠트리피케이션'이라는 용어도 이와 비슷하게 '임대료 상승으로 장사를 하던 기존의 상인들이 쫓겨나는 현상'을 의미하는 경우가 많다. 그래서 이 말을 '둥지 내몰림'으로 번역해야 한다는 주장도 있지만, 이는 이 말을 정확히 이해하지 못한 것이다.

'젠트리피케이션'이란 말은 지주 출신 양반을 가리키는 단어 '젠트리(gentry)'에서 파생되었다. 1930년대 미국 시카고 대학교 사회학과 교수들은 도심 낙후 지역의 변화를 도시 생태학의 관점에서 바라보면서 매우 보편적이고 일반적인 현상으로 이해했다. 그리고 노후하고 남루한 주거 지역, 상업 지역에 문화적 취향이 강한 중산층, 예술인, 사업가 등이 몰려들면 '장소의 문화화'라는 특징이 생긴다고 여긴 것이다. 도시 재생은 기실 경제, 문화, 사회, 환경 등 모든 측면에서 도심에 새로운 활력을 불어넣는 긍정적 측면도 가지고 있다.

결국 이 용어는 '도심 재활성화'란 현상을 객관적으로 기술할 때 사용해야 한다. 도심 낙후 지역으로 문화적 기호성이 강한 중산층 혹은 관련 기능의 집단이 이입할 때 발생하는 문화적 재활성화가 항상 '지대(地代)의 논리'나 '계급의 논리'로 왜곡되는 것은 아니기 때문이다. 중요한 것은 지역 사회의 구성이 어떠한 응집력을 갖고 있느냐, 문화 생태계가 어떻게 구축되고 있느냐, 도시산업이 어떻게 재구조화되고 정책과 제도가 어떻게 따라가느냐 등이다. 그에 따라 도시 재활성화의 결과는 얼마든지 달라질 수 있기 때문이다.

– 조명래, 「'젠트리피케이션'의 말뜻」 –

나 상생 도시란 토지 가치를 공유함으로써 상생의 기초를 형성하고, 재산의 소유 및 사용에 대한 권리를 보장하면서 지역 공동체가 파괴되지 않도록 지킴으로써 경제적 활력을 유지하는 도시 공간을 뜻한다. 이러한 도시를 만들기 위한 구체적인 방안으로는 다음과 같은 방식들이 논의된다. 첫째, 토지 사용자가 공공 소유의 토지를 임차한 후 토지 사용료를 납부하는 방식이다. 사용자가 공공 기관에 사용료를 납부함으로써 개발 이익의 사유화 문제를 억제할 수 있다. 둘째, 지방 정부나 기존 토지 소유자와 지역 주민, 사회적 자본 등이 조합원으로 참여하여 민간 토지를 지역 자산으로 전환하는 방식이다. 이 경우 참여자들은 지분에 따라 토지의 가치를 공유하게 된다. 셋째, 지역 개발 이익의 수혜자들이 자신의 수익 중 일부를 자발적으로 납부하여 도시 재생에 소요되는 비용을 일부 부담하는 방식이다. 넷째, 마을의 이해관계자들이 구성원들의 주거 안전성을 도모하기 위해 스스로 협약을 체결하여 개인 재산권의 남용을 제한하는 것이다. 이러한 방법들을 통해 우리는 상생이 가능한 공간을 모색할 수 있다.

– 조성찬, 「상생 도시」 –

21 가, 나의 내용과 일치하지 <u>않는</u> 것은?

① 상생 도시에서는 토지 사용자가 토지 가치를 공유한다.
② 상생 도시를 형성하기 위한 여러 구체적 방안이 논의된다.
③ '도심 재활성화'라는 용어는 현대 사회에서 사용되지 않아야 한다.
④ 일부에서는 '젠트리피케이션'을 '둥지 내몰림'으로 번역해야 한다고 주장한다.

주목

22 다음 중 가와 나에 공통적으로 사용된 내용 전개 방식은?

① 유추 ② 정의 ③ 분류 ④ 대조

[23~26] 다음 글을 읽고 물음에 답하시오.

(ⓐ)

알파고와 이세돌 9단의 바둑 대결 여파인지, '4차 산업 혁명'이라는 단어가 대중 매체에 심심치 않게 등장하게 되었다. 4차 산업 혁명을 이끌 것이라고 생각되는 네트워크 기술, 빅 데이터 기술, 사물 인터넷 기술, 인공 지능 기술, 유전 공학 기술 등의 성장 잠재력과 그에 따른 일자리 감소 및 전문 인력 대체 문제가 주요 관심사이다. 특히 인공 지능 기술과 결합한 정보 과학 기술이, 비교적 단순한 노동을 담당하는 비숙련직만이 아니라 상당한 훈련과 경력이 필요한 숙련직이나 전문직 일자리도 적지 않은 부분을 대체할 것이라는 소식에, 많은 사람들이 '4차 산업 혁명'을 위기로 인식하는 듯하다.

사실 역사적으로 보면 ㉠이런 현상이 그렇게 낯선 상황은 아니다. 산업 자동화의 역사를 살펴보면 거의 예외 없이 초기에는 비교적 자동화하기 쉬운 비숙련 육체노동을 대신하는 자동 기계가 등장했다. 그러나 기술이 발전할수록, 노동 통제나 비용 절감 등의 이유로, 자동화가 상대적으로 어려운 숙련노동의 자동화도 꾸준히 추진해 왔기 때문이다. 많은 경우 숙련노동의 자동화 초기 단계에는 ㉡숙련 노동자의 작업 유연성을 완벽하게 살리지 못한 경우가 많았고, 비용 절감보다는 생산 과정에 대한 숙련 노동자의 통제력을 약화하기 위한 노동 통제의 의도가 더 중요했다. 그렇지만 자동화 기술이 꾸준히 발달함에 따라 숙련 노동자의 작업 결과와 이를 대체한 자동 기계의 작업 결과 사이의 차이가 좁혀지거나 아예 무의미하게 되었다. 왜냐하면 거의 모든 생산물이 자동 기계를 통해 생산되고 '진품'과 '기계로 찍어 낸' 제품 사이의 품질 차이가 크지 않게 되면서, 극소수 부유층을 제외하면 '진정한' 수공예품의 가치를 향유할 수 있는 사람 자체가 줄어들었기 때문이다.

결국 자동화를 통해 기계가 인간의 능력과 일자리를 대체한 과정은, 상대적으로 실현이 쉬운 것부터 점점 더 어려운 것으로 진행되어 온 것이 현재까지의 일반적인 기계화의 유형이었다. 인공 지능이 발달하여 전문직 일자리를 대체하는 것도 이런 유형에서 크게 벗어나지 않을 것이라 예측할 수 있다.

– 「4차 산업 혁명 시대, 사람 중심의 과학 기술」 –

주목

23 ⓐ에 들어갈 소제목으로 가장 적절한 것은?

① 4차 산업 혁명, 과장인가 현실인가?
② 알파고와 이세돌 9단의 세기의 대결은?
③ 4차 산업 혁명을 이끌어 갈 기술은 무엇인가?
④ 인공 지능과 숙련 노동자는 비교할 가치가 있는가?

24 윗글의 내용과 일치하는 것은?

① 4차 산업 혁명을 이끌어 가는 것은 숙련된 노동자이다.
② 4차 산업 혁명에 대한 낙관적인 전망이 대세를 이루고 있다.
③ 숙련노동의 자동화는 초기에 생산 비용 절감을 위해 추진되어 왔다.
④ 인공 지능이 전문 인력을 대체하는 것은 일반적인 기계화의 유형과 비슷할 것이다.

25 ㉠의 사례로 보기 어려운 것은?

① 자율 주행 자동차 운행
② 택배 물류 자동화 설비 확대
③ 패스트푸드점의 주문 기계 설치
④ 3D 업종에 종사하는 외국인 노동자의 증가

26 ㉡이 뜻하는 바로 가장 적절한 것은?

① 표준 작업 시간을 줄이는 능력
② 작업 비용을 정확히 산출하는 능력
③ 예기치 않은 상황에 대처하는 능력
④ 정해진 작업 내용을 완벽하게 수행하는 능력

빠른 정답 체크

19 ② 20 ③ 21 ③ 22 ② 23 ① 24 ④ 25 ④ 26 ③

[27~30] 다음 글을 읽고 물음에 답하시오.

가 해양 생물들이 플라스틱 조각을 먹이로 알고 먹으면, 포만감을 주어 영양 섭취를 저해하거나 장기의 좁은 부분에 걸려 문제를 일으킬 수 있다. 또한 플라스틱은 제조 과정에서 첨가된 잔류성 ㉠유기 오염 물질을 포함하고 있으며 바다로 흘러 들어간 후에는 물속에 녹아 있는 다른 유해 물질까지 끌어당긴다. 미세 플라스틱을 먹이로 착각하고 먹은 플랑크톤을 작은 물고기가 섭취하고, 작은 물고기를 다시 큰 물고기가 섭취하는 먹이 사슬 과정에서 농축된 미세 플라스틱의 ㉡독성 물질은 해양 생물의 생식력을 떨어뜨릴 수 있다.

나 미세 플라스틱은 인간에게도 위협이 될 수 있다. 한국 해양 과학 기술원의 실험 결과, 양식장 부표로 사용하는 ㉢발포 스티렌은 나노(10억분의 1) 크기까지 쪼개지는 것으로 확인되었다. 나노 입자는 생체의 주요 장기는 물론 뇌 속까지 침투할 수 있는 것으로 알려져 있다. 내장을 제거하지 않고 통째로 먹는 작은 물고기나 조개류를 즐기는 이들은 수산물의 체내에서 미처 배출되지 못한 미세 플라스틱을 함께 섭취할 위험이 상대적으로 높아지는 셈이다.

다 미세 플라스틱이 인간에게 어느 정도 위협이 되는지 현재로서는 과학자들도 분명한 답을 내놓지 못하고 있다. 하지만 미국이나 영국 등의 나라에서는 사람이나 환경에 심각한 피해를 줄 우려가 있으면 인과 관계가 확실히 입증되기 전이라도 필요한 조처를 해야 한다는 '사전 예방의 원칙'에 따라 이미 여러 환경 단체가 미세 플라스틱을 추방하기 위한 활동을 활발히 하고 있다. 이들은 치약이나 세정용 각질 제거제 등을 생산하는 제조 업체들에 미세 플라스틱 알갱이를 호두 껍데기나 코코넛 껍질과 같은 ㉣유기 물질로 대체하도록 촉구하고 있다. 또한 소비자들에게는 미세 플라스틱이 함유된 생활용품을 쓰지 않도록 하는 캠페인을 진행 중이다.

– 김정수, 「바닷속 미세 플라스틱의 위협」 –

27 다음 중 플라스틱의 특징으로 적절하지 않은 것은?

① 해양 생물의 영양 섭취를 저해한다.
② 다른 유해 물질과 결합하는 성질을 가진다.
③ 먹이 사슬을 따라 생물의 몸에 농축될 수 있다.
④ 환경 오염의 우려로 인해 세계적으로 사용이 금지되었다.

28 ㉠~㉣ 중 긍정적인 의미의 소재로 쓰인 것은?

① ㉠ ② ㉡ ③ ㉢ ④ ㉣

29 가에서 주로 쓰인 설명 방법에 대한 설명으로 가장 적절한 것은?

① 어떤 대상의 성격이나 개념을 명확히 규정하는 방법이다.
② 복잡한 대상을 여러 부분들로 나누어 설명하는 방법이다.
③ 어떤 일의 원인과 그 결과를 중심으로 설명하는 방법이다.
④ 둘 이상의 대상을 견주어 그 차이점을 설명하는 방법이다.

30 윗글을 읽은 독자의 반응으로 적절하지 않은 것은?

① 은서: 상위 포식자일수록 오염 물질의 농축 정도가 심해져.
② 민지: 미세 플라스틱은 잘 분해되는 성질을 가진 물질이야.
③ 장현: 양식장의 부표로 발포 스티렌이 많이 사용되고 있어.
④ 민정: 친환경적인 신소재의 사용을 통해 미세 플라스틱의 피해를 예방하고 환경을 지킬 수 있어.

주제 2 설득 갈래

[31~33] 다음 글을 읽고 물음에 답하시오. 2017년 2회

> 몇 년 전 미국의 주간지 『타임』에서는 올해 최고의 발명품 중 하나로 '스티키봇(Stickybot)'을 선정했다. 이 로봇 기술의 핵심은 한 방향으로 힘을 가하면 잘 ㉠붙어 떨어지지 않지만 다른 방향에서 잡아당기면 쉽게 떨어지는 방향성 접착성 화합물의 구조를 가진 미세한 섬유 조직으로, 도마뱀의 발바닥에서 ㉡착안한 것이다.
>
> 스티키봇처럼 살아 있는 생물의 행동이나 구조를 모방하거나 생물이 만들어 내는 물질 등을 모방함으로써 새로운 기술을 만들어 내는 학문을 생체 모방 공학(biomimetics)이라고 한다. 이는 '생체(bio)'와 '모방(mimetics)'이란 단어의 합성어이다. 그 어원에서 알 수 있듯이 생체 모방 공학은 자연에 대한 체계적이고 조직적인 모방이다.
>
> 칼과 화살촉 같은 사냥 도구가 육식 동물의 날카로운 발톱을 모방해 만든 것이라고 한다면 생체 모방의 역사는 인류의 탄생과 함께 시작되었다고 ㉢하는 과언이 아니다. 이렇듯 인간의 모방은 인류 문명의 발전에 기여해 왔고, 이는 앞으로도 계속될 것이다. ㉣그러므로 우리는 일상 생활 속에서 '철조망이 장미의 가시를 모방한 것은 아닐까?', '(　　ⓐ　　)' 하는 의문을 가져 보기도 하고, 또 이를 통해 다른 생명체를 모방할 수 있는 방법을 생각해 보기도 하는 태도를 기를 필요가 있다.

31 윗글을 통해 알 수 있는 것으로 적절하지 않은 것은?

① 스티키봇의 핵심 기술
② 생체 모방 공학의 개념
③ 육식 동물과 초식 동물의 차이
④ 도마뱀의 발바닥을 모방한 로봇의 이름

32 ⓐ에 들어갈 수 있는 질문으로 가장 적절한 것은?

① 사다리는 의자의 다리를 모방한 것은 아닐까?
② 갑옷은 갑각류의 딱딱한 외피를 모방한 것은 아닐까?
③ 배의 모터는 자동차의 튼튼한 엔진을 모방한 것은 아닐까?
④ 아파트의 거실은 한옥의 넓은 마루를 모방한 것은 아닐까?

33 윗글을 고쳐 쓰기 위한 방안으로 알맞은 것은?

① ㉠은 잘못된 표기이므로 '붙혀'로 수정한다.
② ㉡은 부적절한 어휘이므로 '착각'으로 수정한다.
③ ㉢은 문장의 호응을 고려하여 '해도'로 수정한다.
④ ㉣은 이어질 내용을 고려하여 '그렇지만'으로 수정한다.

[34~36] 다음 글을 읽고 물음에 답하시오. 2016년 2회

> 서구에서는 오랜 기간 동안 동물을 이성적 영혼이 없는 존재로 여기는 철학 관념이 우세했다. 근세에 이르기까지도 동물 복지와 같은 것은 사실상 없었다고도 할 수 있다. 17세기 철학자인 르네 데카르트는 동물을 마치 시계와 같이 어떤 것도 느끼지 못하는 기계처럼 여겼다. 그래서 그 시대에는 완전히 ㉠의식이 있는 상태의 동물들을 마취나 진통제 처치도 하지 않고 생체 해부를 하는 일도 있었다. 그러한 경향이 오늘날까지 영향을 미쳐 동물을 마치 기계인 양 취급하는 [공장식 농장]의 출현을 가져왔다고 할 수 있다.
>
> 사실 우리는 데카르트의 주장처럼, 동물이 쾌락이나 고통을 느낀다는 것을 명백하게 입증하지 못한다. 그러나 따지고 보면 우리는 이웃이 어떤 느낌을 느끼며 사는지 역시 정확히 알지 못한다. 설령 그들이 어떤 상황에서 기쁨이나 고통을 나타내는 소리나 언어를 사용하는 등의 행동을 하더라도 그것이 우리가 느끼는 종류의 기쁨과 고통과 동일한 것인지, 혹은 꾸며서 그러는 것인지 어떻게 확신할 수 있는가?
>
> 그럼에도 불구하고 우리는 서로에게 최소한 어떤 일을 해서는 안 된다는 것을 사회적 약속으로 삼고 살아간다. 동물에게도 마찬가지이다. 우리는 동물의 쾌락과 고통을 명백히 입증하지는 못하지만, 인간뿐 아니라 동물에 대해서도 어떤 일은 해도 되지만, 어떤 일은 해서는 안 된다는 사회적 합의가 존재한다. 이 합의는 바로 동물에게도 '복지'가 있다는 생각에 근거하는 것이다. 이것은 현대 사회에서 동물의 권리에 대해 어떤 생각을 가지고 있든 최소한 공유되고 있는 생각이다.
>
> [중략]

빠른 정답 체크

27 ④　28 ④　29 ③　30 ②　31 ③　32 ②　33 ③

그러므로 불필요한 고통은 배제하고 사람을 위하여 필요한 경우라도 고통을 최소화하기 위해 노력하는 것이 인도적인 행위이다. 이는 사람과 일정한 관계를 유지하고 살아가는 동물과 건전하고 바람직한 관계를 정립하는 측면에서 마땅히 지녀야 할 자세이다. 결국 동물의 복지를 책임져야 하는 것은 바로 인간이며, 이는 인간을 보다 인간답게 하는 일이 될 것이다.

– 김진석, 「동물의 복지를 생각한다」 –

34 윗글을 읽을 때 유의할 점이 아닌 것은?

① 주장의 논리성을 따져야 한다.
② 사실과 의견을 구분해야 한다.
③ 전제나 가정이 올바른지 확인해야 한다.
④ 등장인물의 심리 변화를 고려해야 한다.

35 공장식 농장의 출현을 가져온 생각은?

① 동물은 이성적 영혼을 지니고 있다.
② 동물은 인간과 동일한 감각을 가졌다.
③ 동물은 쾌락이나 고통을 느끼지 못한다.
④ 동물은 인간과 동반자 관계를 맺고 있다.

36 ㉠과 문맥적 의미가 가장 가까운 것은?

① 너는 특권 의식을 버려야 한다.
② 그는 올바른 의식을 갖춘 사람이다.
③ 그는 마취가 덜 깼는지 의식이 흐릿했다.
④ 최근에 환경을 보호하려는 의식이 높아졌다.

[37~39] 다음 글을 읽고 물음에 답하시오.

기술 변화에 따라 일자리가 감소하는 문제를 어떻게 바라봐야 할까? 두 가지 차원에서 생각해 볼 수 있다. 사회적 차원에서는 사라지는 일자리보다 새로운 일자리를 더 많이 만들어 내면 된다. 하지만 개인에게 중요한 것은 사라지는 일자리보다 새로운 일자리가 더 많이 생길지에 대한 논의는 아닐 것이다. 그런 것은 경제학자나 정책 기획자에게나 중요한 문제이지 개인의 관심사는 아닐 수 있다. 개인들에게는 "자동화의 거센 물결 속에서 내 일자리가 앞으로 유지될 수 있느냐?" 하는 것이 훨씬 중요한 문제이다.

로봇이 일자리를 없애더라도 생산성이 높아지고 그 덕분에 사회 전체적으로 부가 가치가 늘어나면 역소득세나 기본소득의 도입, 또는 사회 복지 확대와 같은 재분배 방법을 동원해서 사람들이 일은 덜 하면서도 소비와 여가는 더 많이 누릴 수 있다는 것이 로봇 문명을 낙관하는 사람들의 생각이다. (㉠) 일자리 없이 안락함을 누리는 삶이 과연 더 행복할지는 의문이다. 노동은 자존감을 높이고 정체성을 지키게 하는 등 사람의 정신 건강에 갖는 의미가 지대하다. 기본 소득 보장과 같은 금전적 수단만으로 미래의 실업 문제를 해결하려는 것은 그래서 지나치게 단편적 접근 방식이다. 사회 구성원에게 적절한 일자리를 제공하는 것은 로봇 시대에 무엇보다 중요한 사회적 과제이다.

20세기 영국의 철학자 버트런드 러셀은 인간은 권태, 죄의식, 피해망상증 때문에 불행해지며, 그 대신 열정, 사랑, 노력과 체념, 그리고 일을 통해서 행복에 이르게 된다고 주장했다. 고된 노동은 힘들지만 적당한 일은 행복하고 보람 있는 삶에 필수적 요소라는 게 많은 현인들의 가르침이다.

로봇과 자동화의 시대에도 공동체의 안녕과 구성원의 행복을 위해서 적정한 일자리가 필요하다는 것은 명약관화하다. 아무리 사회적 안전망이 잘 갖춰져 있고 유산이나 기본소득으로 안정된 삶을 유지할 수 있다 하더라도 일자리가 없다면 진정한 행복을 누리기 어렵다.

– 구본권, 「로봇 시대, 인간의 일」 –

37 윗글의 내용과 일치하지 않는 것은?

① 일자리가 없다면 진정한 행복을 누리기 어렵다.
② 일에 관한 관점은 현인들마다 차이가 존재한다.
③ 일자리 감소에 대한 사회적 차원과 개인적 차원의 관점은 서로 다르다.
④ 경제학자나 정책 기획자는 새로운 일자리를 더 많이 만드는 것에 관심이 많다.

38 ㉠에 들어가기에 가장 적절한 접속어는?

① 그리고 ② 그래서
③ 하지만 ④ 그러므로

39 다음 질문에 대한 글쓴이의 답변으로 가장 적절한 것은?

> 소득은 있지만 일자리가 없는 사람이 많아지면 우리 사회는 어떻게 될까?

① 노동보다는 문화생활에 더 치중할 수 있기 때문에 문화 수준이 더욱 발전하는 사회가 될 것이다.
② 더 많은 소득을 얻기 위해 끊임없이 치열하게 경쟁하여 불신과 불행이 팽배해지는 사회가 될 것이다.
③ 자존감이 낮아지고 권태에 빠지는 등 불행을 느끼는 사회 구성원들이 많아져 사회 전체가 불안정해질 것이다.
④ 일자리가 없는 사람들은 기본적인 생활 수준을 누리지 못하기 때문에 많은 사람들이 고통받는 사회가 될 것이다.

[40~42] 다음 글을 읽고 물음에 답하시오.

㉠최악의 저출산 현상
해결책은 공동 육아

2016년 5월까지 국내 출산과 혼인 건수가 사상 최저치를 기록했다. 통계청이 발표한 '인구 동향'에 따르면 통계를 작성한 2000년 이래 올해 5월에 가장 적은 신생아가 태어났다. 지난 1월부터 5월까지 누계로도 신생아 수는 통계 작성 이후 가장 적다. 출산에 직접적인 영향을 미치는 ⓐ혼인 건수도 계속 줄어 역대 가장 적은 수치를 나타냈다. 신생아와 혼인 건수의 감소 추세는 앞으로도 이어져 최저치를 계속 경신할 것으로 보인다.

국내 출생률을 높이기 위해 정부는 다양한 ⓑ지원 정책을 마련해 적극적으로 추진하고 있다. 정부 정책의 성과를 높이려면 출산에 대한 사회 인식을 높이고 새로운 ⓒ육아 문화가 형성되어야 한다. 출산에 대한 사회 인식을 높이기 위해서는 우선 저출산이 심각하다는 ⓓ사회적 공감대를 형성하는 것이 절실하다. 저출산은 인구 감소로 직접 연결되며, 인구 감소는 생산 가능 인구를 축소해 노동력의 약화를 불러온다. 저출산은 급속도로 진행되고 있는 고령화 추세와 맞물려 있어 더 큰 문제이다. 젊은 세대의 노인 부양 부담이 커질수록 세대 간 불화와 갈등이 심화되고, 국가의 복지 재정 부담도 점점 증가한다. 궁극적으로는 국가 경쟁력 자체가 떨어지게 된다. 따라서 각급 학교나 언론, 시민 단체들은 기회가 있을 때마다 ㉡저출산으로 생기는 문제점을 인식하게 하고 널리 알리는 데 힘을 모아야 한다.

국내 적정 인구의 규모를 오늘날에 맞게 정확히 계산하는 것도 필요하다. 우리 사회는 점점 일자리가 줄어 고용난이 심화되고 있으며, 새로운 과학 기술의 발달로 노동 대체 현상이 나타나고 있다. 또한 인간 수명이 늘어나 생산 가능 연령이 높아짐에 따라 고령자들의 근로 기간이 연장되고 있다. 이와 같은 상황에서 무조건 인구를 늘리는 것이 최선의 대안은 아니라는 의견도 있다. 국제 경쟁력을 떨어뜨리지 않으면서도 경제 활력을 불어넣을 수 있는 적정 인구가 정확하게 계산되면 출생률을 높이기 위한 정책의 당위성이 확보될 것이다.

출생률을 실질적으로 높이려면 신생아 출산에 대한 인식을 높이고 새로운 육아 문화를 이루어야 한다. 가장 시급한 것이 이제 결혼을 앞둔 젊은 세대들을 대상으로 출산과 결혼에 대한 인식 및 가치관을 변화시키는 것이다. 지금의 결혼

빠른 정답 체크

34 ④ 35 ③ 36 ③ 37 ② 38 ③ 39 ③

적령기 층은 '아이 덜 낳기 운동'으로 출생률이 떨어지기 시작한 1980년 이후에 출생한 세대이다. 이들은 대개 두 명 이하의 형제 속에서 성장하여 다자녀 가정이 매우 낯설므로, 결혼하고 다자녀 가정을 이루는 것이 생활을 풍요롭게 하는 것임을 이들이 자연스럽게 받아들일 수 있도록 사회 분위기를 만들어야 한다. 이를 위해 교육 기관과 방송 매체 등에서도 기회가 될 때마다 다자녀 가정의 행복함을 알리는 데 힘썼으면 좋겠다.

남녀가 함께 아이를 키우는 육아 문화를 하루빨리 정착하는 일도 서둘러야 한다. 젊은 여성 직장인들이 결혼과 출산을 꺼리고 피하는 가장 큰 원인은 육아로 인해 발생하는 경력 단절을 걱정하기 때문이다. 공공 기관뿐만 아니라 일반 기업에서도 여성은 물론 남성도 육아 휴직을 편히 쓰는 분위기가 만들어져야 출산과 육아에 대한 여성의 부담을 덜 수 있게 된다. 이와 함께 조부모와 부모 그리고 손주들이 함께 생활하는 다세대 공존 주택 환경을 조성하고 육아 도우미 제도를 정착하여 대가족 공동체를 복원해야 한다. 더 나아가 각 지역이나 기업 단위로 공동 육아 시설을 확충하여 사회 전체가 육아에 참여하는 '육아 공동체'를 형성해야 비로소 한국에 아이 울음소리가 끊이지 않을 것이다.

–「매경이코노미, 제1870호」–

40 ⓐ~ⓓ 중, 글쓴이가 ㉠에 직접적인 영향을 끼치고 있는 요인으로 인식하고 있는 것은?

① ⓐ ② ⓑ ③ ⓒ ④ ⓓ

41 윗글에서 ㉠을 해결하기 위한 방안으로 제시한 내용이 아닌 것은?

① 정확한 국내 적정 인구 규모를 계산한다.
② 저출산이 심각하다는 사회적 공감대를 형성한다.
③ 남녀가 함께 아이를 키우는 육아 문화를 정착한다.
④ 대가족 공동체에서 벗어난 가족 가치관을 확립한다.

42 윗글에 드러난 ㉡의 영향으로 적절하지 않은 것은?

① 노동력의 약화
② 생산 가능 인구의 축소
③ 국가의 복지 재정 부담 증가
④ 과학 기술 발달로 인한 노동 대체 현상

[43~46] 다음 글을 읽고 물음에 답하시오.

의약품 개발 과정에서 수많은 동물이 실험 대상으로 희생되고 있다는 사실은 이미 잘 알려져 있다. 하지만 대부분 그것을 어쩔 수 없는 일이라고 생각한다. 안타깝고 잔인하지만 사람 한 명을 살릴 수 있다면 얼마가 됐든 동물을 희생시키는 일은 ㉠불가피한 선택이라고 되뇌며 말이다. 그 한 명의 사람이 바로 내가 사랑하는 가족이, 그리고 나 자신이 될 수 있다는 사실은 우리가 '모든 동물 생체 실험이 꼭 필요한가'라는 질문을 객관적으로 돌아볼 수 없게 만든다.

하지만 지금 이 자리에서 다시 한번 생각해 보자. 오늘날 인간의 수명 연장과 각종 질병 퇴치의 성과는 동물을 대상으로 한 실험에서 비롯된 것일까? 새로운 치료법의 개발은 오로지 동물 실험을 통해서만 가능한 것일까?

미국 식품 의약국[FDA]에 따르면 동물 실험을 통해 안전성과 효과가 ㉡입증된 약품의 92퍼센트는 인체에 전혀 효과가 없거나 위험하기까지 하다는 것으로 밝혀졌다. 또 동물 실험 결과를 근거로 판매가 허용된 소수의 약품도 인체에 나타난 부작용으로 판매가 중단된 경우도 많았다. 수명 연장, 질병에 따른 사망률 감소는 의약품 동물 실험을 거쳐 개발된 의약품보다는 영양 섭취, 위생 관리의 개선에 기인한 바가 더욱 크다. 동물 실험을 통해 의약품을 개발하는 것보다는 콜레스테롤 섭취나 흡연 및 음주를 줄이고, 규칙적으로 운동을 하는 등 생활 방식을 ㉢개선하는 것이 건강 증진에 크게 기여한다.

하지만 암과 같은 불치병의 치료는 조금 다르지 않을까? 인간의 생명을 위협하는 질병을 치료하기 위해서 살아 있는 생명체를 이용하는 실험을 하는 방법밖에 없는 것일까?

미국 국립 암 연구소[NCI] 대표를 역임한 리처드 클로스너는 "인간 암 연구의 역사는 곧 쥐의 암 치료 역사와 일맥상통한다."라는 유명한 말을 남겼다. 래트[1]와 마우스[2]는 암 연구를 위한 실험에 가장 많이 사용된 동물이다. 수십 년간 실험 대상인 쥐에게 암을 유발해 이를 치료하는 연구를 계속해 왔지만, 쥐를 치료한 방식이 사람에게는 그대로 적용되지 않았다. 미국 국립 암 연구소는 현재, 수술할 때 떼어 낸 인간 생체 조직의 절편[3]에서 추출한 인간 암세포를 이용해 신규 개발한 항암제를 시험한다. 과거에는 연간 100만 마리의 마우스가 같은 실험에 사용되었다. 세계 보건 기구[WHO]에서도 현존하는 것과 다른 새로운 치료법의 ㉣개발보다는 예방을 위한 보건 교육을 더욱 강조하고 있다.

– 박연주, 「동물 실험은 인류를 위한 필수 조건인가」 –

1) 래트: 실험용으로 사용하는 흰쥐, 집쥐를 길들인 것
2) 마우스: 생물학, 의학, 약학 따위의 실험용으로 육종하여 길들인 생쥐
3) 절편: 현미경으로 관찰하기 위하여 생체 조직의 일부를 얇게 자른 것

주목

43 윗글에 대한 설명으로 가장 적절한 것은?

① 대상에 대한 상반된 관점을 절충하고 있다.
② 대상의 변천 과정을 시대순으로 설명하고 있다.
③ 대상에 대한 통념을 소개하고, 질문을 던지고 있다.
④ 대상의 차이점을 중심으로 그 특성을 제시하고 있다.

44 윗글의 내용과 일치하지 않는 것은?

① 의약품 개발 과정에서 동물 실험은 널리 행해지고 있다.
② 동물 실험을 통해 안정성과 효과가 입증된 약품이 인체에 효과가 없을 수도 있다.
③ 동물 실험 결과를 근거로 판매가 허용된 약품 가운데 인체에 부작용이 있는 경우도 있다.
④ 수명의 연장은 동물 실험을 거치지 않고 개발된 의약품을 통해 이루어진 경우가 더 많다.

45 윗글에서 고려했을 쓰기 맥락을 정리한 내용이 적절하지 않은 것은?

① 전문적인 과학적 지식을 갖춘 사람들을 대상으로 한다.
② 관습적으로 행해지는 동물 실험을 줄여야 한다고 주장한다.
③ 권위 있는 기관의 연구 결과를 인용하여 주장과 근거의 신뢰성을 높인다.
④ 동물 실험이 무분별하게 진행되고 있는 상황에 대해 문제를 제기하는 것을 목적으로 한다.

46 ㉠~㉣의 사전적 의미로 적절하지 않은 것은?

① ㉠: 피할 수 없다.
② ㉡: 어떤 증거 따위를 내세워 증명함
③ ㉢: 잘못된 것이나 부족한 것, 나쁜 것 따위를 고쳐 더 좋게 만듦
④ ㉣: 새로운 영역, 운명, 진로 따위를 처음으로 열어 나감

빠른 정답 체크

40 ① 41 ④ 42 ④ 43 ③ 44 ④ 45 ① 46 ④

[47~49] 다음 글을 읽고 물음에 답하시오.

우리는 많은 사람들과 다양한 매체를 통해 소통을 하며 살아간다. 신문, 잡지와 같은 인쇄 매체, 라디오, 텔레비전과 같은 방송 매체, 인터넷과 같은 통신 매체 등의 매체는 변화와 발전을 거듭하고 있으며, 이러한 ㉠매체를 통한 의사소통은 우리의 일상이 된 지 오래이다.

우리는 매체를 통하여 많은 양의 정보를 접하고 있는데, 이러한 매체에는 필자의 특정 관점이 들어 있을 수 있다. 매체에서 개인이나 집단이 견해를 드러내는 방식을 이해하고 매체를 비판적으로 읽어야 하는 까닭이 여기에 있다. (예를 들어) 많은 사람들은 신문 기사나 텔레비전 뉴스가 사실만을 객관적으로 보도한다고 믿는다. 그러나 여기 담긴 내용에는 객관적인 사실 외에 기자나 편집자가 중요하다고 생각하는 것도 포함된다. 기사나 뉴스뿐만 아니라 대부분의 매체는 제작자나 편집자 등에 의해 재구성된 내용을 우리에게 제공한다. 광고에도 기업이나 개인, 단체의 특정한 의도가 담겨 있다. 따라서 우리는 매체에 담긴 내용과 이를 표현하는 방법을 꼼꼼히 따져 볼 필요가 있다. 예컨대 신문을 읽을 경우에는 표제, 본문, 사진 등을, 광고를 읽을 경우에는 문구, 이미지 등을 주의 깊게 살펴보아야 한다. 이때 필자의 관점은 무엇이고, 그것을 드러내기 위해 어떻게 표현하였는지 파악하고, 편견에 치우친 부분은 없는지를 판단하며 읽어야 한다.

이상에서 살핀 바와 같이 우리는 매체를 읽을 때 필자의 관점이 타당하고 공정한지, 메시지를 전달하기 위해 사용한 표현 방법이 효과적이고 적절한지 등을 평가함으로써, ㉡매체를 비판적으로 수용하는 태도를 지녀야 한다.

–「매체 평가하며 읽기」–

47 윗글의 내용과 일치하지 않는 것은?

① 매체는 지속적으로 발전하고 있다.
② 우리는 매체를 통해 의사소통을 한다.
③ 사람들은 매체가 전하는 내용을 사실이라고 믿는 경향이 있다.
④ 매체에 담긴 관점과 제작자나 편집자의 관점이 다른 경우도 있다.

48 윗글을 읽은 학생의 ㉠에 대한 의견으로 적절하지 않은 것은?

① 신문을 통해 사회에서 일어난 일을 알게 되는 것을 예로 들 수 있어.
② 텔레비전 방송을 통해 다른 사람의 의견을 듣는 것도 이에 해당하지.
③ 인터넷을 검색하며 필요한 정보를 찾는 것도 매체를 통한 의사소통이야.
④ 매체 중 라디오를 통해 얻는 정보가 주관이 배제되어 가장 객관적이야.

49 다음 중 ㉡에 해당하지 않는 것은?

① 글의 내용에 필자의 편견은 없는지 살펴본다.
② 공정한 관점에서 내용을 다루고 있는지 평가한다.
③ 매체의 내용에 담긴 필자의 관점이 타당한지 평가한다.
④ 매체에 반영된 필자의 주관적인 관점을 모두 배제한다.

[50~51] 다음 글을 읽고 물음에 답하시오.

인터넷 통신망으로 연결된 우리 삶은 더욱 풍요로워지고 있다. 개인과 개인은 물론이고 개인과 국가, 국가와 국가, 나아가 인간과 사물이 인터넷 통신망으로 연결되어 있다. 이에 따라 과거에는 인간의 힘으로 할 수 없었던 수많은 일을 손쉽게 해내고 있다. 하지만 오늘날을 지나치게 연결된 '과잉 연결 시대'라고 규정하면서 그 부작용을 우려하는 목소리도 커지고 있다. 따라서 과잉 연결로 인한 문제점을 살펴보고, 그 문제에 대응하는 방안을 주장하고자 한다.

[중략]

과잉 연결 사회는 우리를 단편적이고 불완전한 정보의 홍수에 빠지게 한다. '낯선 사람이 마른 해산물의 냄새를 맡게 한다. 그 냄새를 맡으면 바로 정신을 잃게 되니 절대로 맡아서는 안 된다.' 이 이야기는 실제로 몇 년 전 누리 소통망을 뜨겁게 달구었던 괴담이다. 물론 이 이야기는 사실무근임이 밝혀졌다. 어디서부터 시작된 이야기인지, 실제로 경험한 이야기인지 확인되지 않은 채 인터넷 세계를 떠돌아다니면서 사회적 혼란을 일으킨 사례라고 할 수 있다. 이처럼 인터넷 상에서는 왜곡된 정보가 통신망을 타고 확대, 재생산되기도 한다. 그에 따른 혼란은 고스란히 개인이 감내해야 할 몫이다. 따라서 인터넷에서 얻은 정보는 반드시 정확하고 신뢰할 만한 것인지 비판적으로 판단하여 수용하는 자세를 지녀야 한다.

마지막으로 과잉 연결 사회는 인간과 인간 사이의 진정한 소통을 가로막는다. 나는 얼마 전 아파트 이웃들과 엘리베이터를 탄 적이 있다. 모두가 좁은 엘리베이터 안에서 각자의 휴대 전화를 들여다볼 뿐 침묵이 이어졌다. 사람들은 순서대로 엘리베이터에서 내렸지만 누가 어디 사는지, 어떤 이웃인지 전혀 관심을 두지 않았다. 거미줄처럼 연결된 인터넷 통신망에 빠져 현실 세계의 인간관계를 잃어 가는 모습이다. 이웃이나 친구, 가족과 함께 있는 순간만큼은 인터넷 연결을 끊어 보자. 그러면 비로소 나와 가까운 사람들과 진정한 소통이 이루어질 수 있을 것이다.

과잉 연결 시대를 살아가는 우리는 위험하고, 혼란스럽고, 외롭다. 이렇게 많은 문제점이 있음에도 모든 연결을 끊는 것은 어렵다. 따라서 '과잉 연결'을 '적절한 연결'로 조절하는 지혜가 필요하다. '(㉠)'이란 말처럼 과도한 연결이 오히려 해가 될 수 있음을 깨닫고 '위험한 편리'보다 '안전한 불편'을 선택해 보는 것은 어떨까?

50 윗글의 내용과 일치하지 않는 것은?

① 인터넷은 긍정적인 기능보다는 부정적인 기능이 더 많다.
② 인터넷에서 얻은 정보를 비판적으로 수용하는 자세가 필요하다.
③ 과잉 연결의 시대에 '안전한 불편'을 선택하는 지혜가 필요하다.
④ 인터넷 통신망에 빠지면 현실 세계의 인간관계를 잃어버릴 수 있다.

주목
51 ㉠에 들어갈 한자 성어로 가장 적절한 것은?

① 견물생심(見物生心)
② 과유불급(過猶不及)
③ 다다익선(多多益善)
④ 일거양득(一擧兩得)

빠른 정답 체크

47 ④ 48 ④ 49 ④ 50 ① 51 ②

단원을 끝내는

엔드노트

1 설명문과 논설문

설명문	구분	논설문
정보 전달	목적	주장 전개
객관성, 사실성, 평이성, 체계성	특성	주관성, 타당성, 신뢰성, 체계성, 논리성
'처음-중간-끝'의 3단 구성	구성	'서론-본론-결론'의 3단 구성

2 설명문의 전개 방법

정의	어떤 사물이나 대상의 의미를 설명함
예시	구체적인 예를 들어 설명함
분류	일정한 기준에 따라 나누어서 설명함
분석	대상을 구성하고 있는 부분으로 분해하여 설명함
대조	두 대상의 차이점을 위주로 설명함
비교	두 대상의 공통점을 설명함
인과	원인과 결과로 내용을 설명함
과정	일의 순서에 따라 내용을 설명함
인용	다른 사람의 말이나 글을 끌어와서 설명함
묘사	눈에 보이듯 자세하게 설명함
서사	시간의 흐름에 따라 설명함

3 논설문의 논증 방식

연역적 추론	일반적 원리에서 구체적 사실을 이끌어 냄
귀납적 추론	구체적 사실에서 일반적 원리를 이끌어 냄
유추	두 현상의 비슷한 점을 근거로 들어 결론을 이끌어 냄

4 독서의 방법

(1) 사실적 읽기

개념	글에 표면적으로 드러난 정보들을 종합하여 정확하게 파악하면서 읽는 활동
방법	글의 중심 내용과 주제 파악하기, 화제 찾기
순서	핵심어 및 화제 파악 → 화제와 관련성 높은 내용 파악 → 중심 내용과 세부 내용 구분 → 문단 간의 관계 파악 → 글 전체의 중심 내용 및 주제 파악

(2) 추론적 읽기

개념	글에 직접 언급되지 않은 내용을 추측하면서 읽는 활동
방법	글쓴이의 의도·목적·숨겨진 주제 추론하기, 생략된 내용 추론하기

(3) 비판적 읽기

개념	글의 내용과 정보, 관점 등이 올바른지 따져 가며 읽는 활동
방법	내용의 타당성 판단하기, 관점의 공정성 판단하기, 표현 방법의 적절성 헤아리기, 글쓴이의 의도나 사회·문화적 이념 비판하기

(4) 갈래별 읽기 전략

시	운율, 심상, 함축적 의미, 정서를 파악하며 읽기
소설	갈등 관계, 사건, 줄거리, 정서를 파악하며 읽기
수필 및 기행문	경험, 개성, 여정, 견문, 감상을 파악하며 읽기
시나리오	카메라 동선, 인물의 대사와 행동 등을 파악하며 읽기
설명문	• 세부적인 내용의 정확성과 객관성을 판단하며 읽기 • 글에 쓰인 설명 방법과 전개 방법에 유의하며 읽기 • 글의 기본 내용을 정확히 파악하며 읽기
논설문	• 주장과 근거를 구분하며 읽기 • 사실과 의견을 구분하며 읽기 • 주장의 논리성을 따져 가며 읽기 • 전제나 가정이 올바른지 확인하며 읽기

5 매체 자료 읽기

개념	• 매체: 정보를 주고받거나 서로의 생각을 나눌 때 사용하는 전달 수단 • 매체 자료: 정보를 전달하는 매개물로, 매체에 적합하게 가공된 자료
유형	인쇄 매체(책, 신문, 잡지 등), 방송 매체(라디오, 텔레비전 등), 인터넷 매체(블로그, SNS 등)
읽기 방법	• 매체 자료의 구성 요소를 분석하기 • 글쓴이의 관점과 의도를 파악하며 비판적으로 읽기 • 글쓴이의 관점과 표현 방법에 편견이 담겨 있지는 않은지 판단하기 • 글쓴이의 관점과 표현이 적절한지 평가하며 읽기

단원을 닫으며

독서 단원은 특히 지문을 꼼꼼하게 읽는 습관이 중요합니다. 지문 안에 정답이 있다는 사실을 기억하고, 관련 개념을 정확히 이해하세요.

Ⅲ 화법과 작문

CHECK POINT

01 화법

화법의 유형, 대화의 원리, 공감적 듣기, 비판적 듣기

02 작문

계획하기, 표현하기, 고쳐쓰기, 쓰기 맥락

상황에 맞는
언어 예절과 나의 생각을
제대로 표현하는 글쓰기
방법을 학습해 볼까?
멍!

01 화법

이번 단원에서는 화법의 유형과 대화의 원리 및 공감적 듣기와 비판적 듣기에 대해 학습하게 됩니다.

1 화법의 유형

1. 대화

(1) 개념: 두 사람 이상이 서로 직접 마주 대하여 이야기하는 화법이다.

(2) 대화의 종류

① 부탁·요청

- 개념: 상대방에게 어떤 일이나 행동을 청하여 도움을 받고자 하는 행위를 말한다.
- 부탁·요청하는 말하기의 방법과 태도
  - 먼저 상대방의 상황을 확인한다.
  - 자신의 처지를 설명하고 부탁·요청의 내용을 구체적으로 말한다.
  - 상대방의 입장을 고려하여 상대방이 부담을 덜 수 있게 표현하고, 정중하고 겸손한 태도로 말한다.

② 거절

- 개념: 상대방의 부탁이나 요청을 받아들이지 않고 물리치는 행위를 말한다.
- 거절하는 말하기의 방법과 태도
  - 상대방의 처지나 입장을 충분히 이해하는 자세를 갖는다.
  - 거절의 뜻을 분명하게 밝혀 말한다.
  - 거절에 대한 미안함과 거절의 이유를 구체적으로 전한다.
  - 나중에라도 상대방을 돕고 싶다는 마음을 함께 전달한다.

③ 사과

- 개념: 자기의 잘못을 인정하고 상대방에게 용서를 비는 행위를 말한다.
- 사과하는 말하기의 방법과 태도
  - 상대방에게 피해를 주거나 기분을 상하게 한 자신의 행동을 명확하게 인식하고 자신의 잘못을 솔직하게 인정한다.
  - 상대방의 기분을 살피면서 뉘우치는 마음을 정중하고 공손하게 전달한다.
  - 자신의 행동을 합리화하거나 다른 사람을 탓하지 않는다.
  - 같은 잘못을 되풀이하지 않겠다는 다짐을 덧붙인다.

④ 감사

- 개념: 상대방에게 고마운 마음을 전달하는 행위를 말한다.
- 감사하는 말하기의 방법과 태도
  - 감사하는 까닭을 명확하게 밝히고, 자신이 받은 도움을 함께 언급한다.

꼼꼼 단어 돋보기

● **처지**
처하여 있는 사정이나 형편

- 감사의 마음을 담아 진심 어린 태도로 말한다.
- 지나친 표현이 되지 않도록 내용을 과장하거나 꾸며서 말하지 않는다.

2. 협상

(1) 개념

개인이나 집단 사이에서 이익이나 주장이 달라 갈등이 생길 때, 문제를 해결하기 위해 서로 타협하고 조정하면서 해결 방법을 찾아가는 의사소통의 방법이다.

개인이나 집단 사이에서 →	둘 이상의 주체
이익과 주장이 달라 갈등이 생길 때 →	상충된 입장
문제를 해결하기 위해 →	협상의 목적
서로 타협하고 조정하면서 →	협상의 방법
해결 방법을 찾아가는 의사소통의 방식 →	공동 의사 결정

(2) 목적

대화를 통해 ●상호 양보하고 타협하면서 공동의 이익을 추구하여 문제를 해결하는 것을 목적으로 한다.

(3) 중요성

① 이해 당사자들의 충돌을 최소화하고, 갈등을 합리적으로 조절하게 한다.
② 이해 당사자들의 관계를 조화롭게 유지하도록 도와줌으로써 다른 개인이나 집단의 불편을 최소화한다.

(4) 절차

시작 단계	• 갈등의 원인을 분석함 • 협상을 통한 문제 해결 가능성이 있는지 따져 봄
조정 단계	• 문제를 확인하며, 상대의 처지와 관점을 이해함 • 문제를 해결할 구체적인 제안이나 대안을 상호 검토하여 입장 차이를 좁혀 감
해결 단계	• 양측에게 이익이 되는 최선의 해결책을 제시함 • 문제를 해결하고 합의하며, 합의한 바를 이행함

(5) 고려해야 할 점

대안을 탐색할 때	의사를 결정할 때
• 상대방의 생각, 감정, 욕구 파악하기 • 갈등을 유발한 문제 찾기 • 상대방과 교환할 수 있는 것 살펴보기 • 양보할 수 있는 것과 없는 것 정하기	• 서로에게 이익이 되는 최선의 대안 선택하기 • 구체적인 합의 이행 계획 세우기

꼼꼼 단어 돋보기

● **상호**
상대가 되는 이쪽과 저쪽 모두

3. 토론

(1) 개념

특정한 논제에 대하여 찬성 측과 반대 측이 구체적이고 설득력 있는 •논거를 들어 자기 측 주장의 정당함을 내세우고, 상대방의 주장과 논거가 부당함을 증명해 나가는 과정이다.

(2) 토론의 구성 요소

논제	논설이나 논문, 토론 따위의 주제나 제목
입론	자신의 주장이 타당함을 근거를 들어 제시하는 과정
반론	상대방의 주장이 타당하지 않음을 논거를 들어 증명하는 과정
쟁점	찬성 측과 반대 측이 대립하게 되는 지점

(3) 논제의 특징과 종류

특징	• '~해야 한다' 또는 '~이다'처럼 긍정적 진술의 형태를 갖추어야 함 • 용어를 명확하게 정의하여 쟁점을 분명히 드러내야 함
논제의 종류	• 사실 논제: 사실의 진위를 다투는 논제 • 가치 논제: 가치관의 차이를 따져 가치 판단을 내리는 논제 • 정책 논제: 어떤 정책의 도입, 폐지, 개선 등 정책의 실행 여부와 실행 방안을 다루는 논제

(4) 정책 논제의 필수 쟁점

문제	문제의 심각성, 중요성, 시급성, 상황의 지속성 등에 관한 쟁점
해결 방안	제시된 방안의 문제 해결 가능성 및 실행 가능성에 관한 쟁점
효과와 이익	해결 방안에 따른 효과 및 개선 이익에 관한 쟁점

(5) 논증의 구성

주장	토론에서 내세우는 의견
이유	주장에 이르게 된 원인과 조건
근거	이유를 뒷받침하는 사실이자 주장을 지지하는 객관적 정보

쏙쏙 이해 더하기 토론 사회자의 역할

① 토론의 논제를 소개한다.
② 토론이 논제에서 벗어나지 않도록 조정한다.
③ 토론자의 발언 내용을 요약, 정리한다.
④ 토론 참여자들에게 동등한 발언 기회를 제공한다.
⑤ 토론 참여자들이 토론 규칙을 준수하도록 요구한다.

꼼꼼 단어 돋보기

● 논거
어떤 이론이나 논리, 논설 따위의 근거

2 대화의 원리

1. 공손성의 원리

상대방에게 공손하지 않은 표현은 최소화하고, 공손한 표현은 최대화하여 표현하는 원리이다.

(1) 요령의 격률

상대방에게 부담이 되는 표현은 최소화하고 이익이 되는 표현을 최대화한다.

내가 추워서 그러는데, 창문 좀 닫아 줄 수 있을까?
➡ 질문의 형식을 취함으로써 상대방에게 선택의 여지를 주어서 상대방의 부담을 줄인다.

(2) 관용의 격률

화자 자신에게 혜택을 주는 표현은 최소화하고, 자신의 부담은 최대화한다.

내가 잠시 딴생각을 해서 그러는데, 크게 좀 말해 줄래?
➡ 못 들은 책임을 자신에게 돌림으로써 자신의 부담을 최대화한다.

(3) 칭찬의 격률

다른 사람에 대한 비방은 최소화하고, 칭찬을 극대화한다.

(친구의 그림을 보고) 와, 대단한데! 색깔이 정말 예뻐.
➡ 친구가 그린 그림이 뛰어나지 않더라도, 작은 부분이라도 칭찬을 한다.

(4) 겸양의 격률

자신에 대한 칭찬은 최소화하고 비방을 극대화한다.

(열심히 공부한다는 칭찬을 듣고) 감사합니다. 제가 이해력이 부족해서 열심히라도 해야지요.
➡ 자신을 낮추는 표현을 사용한다.

(5) 동의의 격률

상대방과의 의견 차이는 최소화하고 일치점을 극대화한다.

(영화를 보자는 친구의 말에) 좋지. 그런데 우리 지금 시간이 조금 모자라지 않아?
➡ 상대방의 의견에 동의한 후 자신의 의견을 내세움으로써 상대방과의 의견 차이를 최소화한다.

2. 협력의 원리

대화의 목적에 성공적으로 도달하기 위해 지켜야 하는 원리이다.

(1) 양의 격률

대화의 목적에 필요한 양만큼 정보를 제공한다.

가: 당근이 얼마예요?
나: 이 당근은 제가 직접 농장에서 기른 당근이에요. 주말마다 가서 열심히 키웠는데, 막상 수확할 때가 되니 양이 얼마 되지 않더라구요.
➡ 당근의 가격을 물어본 상대방에게 필요하지 않은 정보인 당근 농사에 대한 이야기를 하고 있으므로, 양의 격률을 어긴 대화이다.

+ 대화의 원리
대화가 자연스럽게 이루어질 수 있도록 하기 위해 지켜야 하는 전제나 원칙이다.

꼼꼼 단어 돋보기
● 겸양
겸손한 태도로 남에게 양보하거나 사양함

(2) 질의 격률

타당한 근거를 들어 진실을 말한다.

> 가: 이 국어 문제 답이 뭔지 좀 알려 주라.
> 나: (알고 있음에도 불구하고) 나도 몰라.
> ➡ 상대방에게 거짓을 말하고 있으므로, 질의 격률을 어긴 대화이다.

(3) 관련성의 격률

대화의 목적이나 주제와 관련된 것을 말한다.

> 가: 이번 여름 방학에 어떤 공부를 할 예정이야?
> 나: 나는 이번 여름 방학에 제주도에 다녀올 예정이야.
> ➡ 대화의 주제와 맞지 않는 대답을 하고 있으므로, 관련성의 격률을 어긴 대화이다.

(4) 태도의 격률

모호하거나 중의적인 표현을 피하고, 간결하고 조리 있게 말한다.

> 가: 오늘 수업 끝나고 떡볶이 먹으러 갈까?
> 나: 음…. 나는 오늘 수업 끝나고 국어랑 영어 과목 복습도 해야 하고, 수학 문제 풀이 숙제도 해야 하고…. 그런데 게임도 한 판 하고 싶고….
> ➡ 상대방의 질문에 명확하게 대답하지 않고, 모호하게 말하고 있으므로 태도의 격률을 어긴 대화이다.

3. 순서 교대의 원리

① 의사소통 상황에 맞게 청자와 화자의 역할이 원활하게 교대되고 정보가 순환되는 원리이다.
② 대화를 할 때는 대화의 흐름을 잘 살피고, 자신의 대화 순서에 유의하여 적절하게 말해야 한다.
③ 대화를 독점하여 혼자만 오랫동안 말을 하지 않아야 한다.
④ 대화에 적절하게 참여하지 않거나 시종일관 침묵만 지키지 말아야 한다.
⑤ 다른 사람이 말을 하고 있을 때 끼어들지 않아야 한다.
⑥ 진행되고 있는 대화의 화제와 관련이 없는 다른 화제를 갑자기 꺼내 대화의 흐름을 방해하지 않아야 한다.

3 공감적 듣기와 비판적 듣기

1. 공감적 듣기의 방법

'공감적 듣기'란 상대방의 말을 지나치게 분석하거나 비난하기보다는 일단 상대방의 관점에서 문제를 바라보고 이해하려고 노력하는 것이다.

꼼꼼 단어 돋보기

● 중의적
한 단어나 문장이 두 가지 이상의 뜻으로 해석될 수 있는 것

소극적 듣기	상대방에게 관심을 표명하면서 화자가 이야기를 끌어갈 수 있도록 격려하는 공감적 듣기 예 "그래서?" – 관심 표현 "그러게 말이야." – 공감 표현 "저런." – 동정 표현 "잘됐다." – 기쁨 표현 "와!" – 놀람 표현
적극적 듣기	화자의 말을 요약·정리하여 화자 스스로 문제를 해결할 수 있도록 도와주는 공감적 듣기

2. 비판적 듣기의 기준

'비판적 듣기'란 단순히 들은 정보를 이해하고 수용하는 데 그치지 않고 상대의 입장이나 견해에 대하여 평가하고 판단하면서 듣는 것을 말한다.

신뢰성의 기준	• 상대방이 근거로 제시한 정보나 자료가 믿을 만한지를 따져 보는 것 • 정확하지 않거나 출처가 불명확한 정보나 자료를 사용했을 경우 상대방의 주장을 신뢰하기 어려움
타당성의 기준	• 상대방의 주장과 근거가 이치에 맞고 합리적인지를 판단하는 것 • 전후 맥락을 따져 보거나 현실이나 삶의 이치에 부합하는지 따져 봄
공정성의 기준	• 상대방의 주장이 공평하고 정의로운지를 따져 보는 것 • 판단을 할 때 어느 한쪽으로 치우치지 않았는지, 사회적 약자에 대한 배려를 담고 있는지 등을 판단함

3. 듣기·말하기 과정의 점검과 조정

(1) 듣기·말하기 과정의 점검과 조정의 필요성

듣기와 말하기를 계획하는 과정, 표현하고 전달하는 과정을 지속적으로 점검하고 조정함으로써 상황과 목적에 맞게 효과적으로 의사소통할 수 있다.

(2) 듣기 과정의 점검과 조정

① 상황과 맥락을 고려하며 듣는다.

② 담화의 목적과 의도를 파악하며 듣는다.

③ 적절하게 반응하며 듣고 있는지를 점검하며 듣는다.

(3) 말하기 과정의 점검과 조정

① 말하기의 목적과 말하는 상황을 고려하여 말한다.

② 청자의 지식수준, 감정과 태도를 고려하여 말한다.

③ 언어적 표현뿐 아니라 준언어적·비언어적 표현이 적절한지를 점검하며 말한다.

+ 표현 전략

• 언어적 표현: 어휘, 문장 등 독립적으로 쓰여 의미 작용을 하는 하나의 기호 또는 그 결합체를 말한다.
• 준언어적 표현: 언어 표현에 직접적으로 매개되어 의미 작용을 하는 표현(발음, 고저, 어조, 속도, 크기 등)을 말한다.
• 비언어적 표현: 언어 표현과는 독립적으로 의미 작용을 할 수 있는 표현(자세, 동작, 표정, 옷차림 등)을 말한다.

02 작문

이번 단원에서는 작문의 단계에 따른 계획하기, 표현하기, 고쳐쓰기를 중점적으로 학습하게 됩니다.

1 쓰기 과정

글쓰기의 각 단계를 이해하고 고쳐쓰기의 원칙을 기억하세요.

계획하기	글의 주제, 글을 쓰는 목적, 예상 독자를 고려하여 구체적으로 계획하기
⬇	
내용 생성 및 선정하기	• 글을 쓰기 위해 글의 화제와 관련되는 다양한 생각을 떠올리기 • 책, 잡지, 신문, 인터넷 등 다양한 매체에서 글의 내용으로 삼을 수 있는 자료를 수집하기 • 아이디어를 구체화 · 일반화하기 • 수집한 내용 중 글에 담을 내용을 선정하기
⬇	
내용 조직하기	선정한 내용을 주제가 잘 드러나도록 조직하기
⬇	
표현하기	• 조직한 내용을 글로 표현하기 • 문장과 문단이 글의 주제와 긴밀하게 연결되도록 표현하기
⬇	
고쳐쓰기	글의 주제는 분명하게 드러나는지, 주제와 어울리지 않는 문장이나 문단은 없는지, 맞춤법에 어긋난 단어나 올바르지 않은 문장은 없는지 등을 점검하고 고치기

✚ 글의 개요

개요는 글을 쓰기 위한 설계도이므로, 글을 쓰는 방향이 된다. 따라서 글의 논리성이 흔들리지 않도록 글쓰기의 원칙에 따라 개요를 신중하게 작성하고, 세밀하게 검토해야 한다.

쏙쏙 이해 더하기 | 내용 조직 방법

나열 구조	설명하는 대상에 관한 서로 대등한 여러 개의 정보를 늘어놓는 방법
순서 구조	설명하는 대상을 시간이나 공간의 순서에 따라 조직하는 방법
비교 · 대조 구조	일정한 기준을 사용하여 설명하는 대상 사이의 공통점과 차이점을 중심으로 내용을 조직하는 방법
원인-결과 구조	설명 대상이 사건이나 현상일 때, 그 원인과 결과를 중심으로 내용을 조직하는 방법
문제-해결 구조	어떤 현상에 대한 문제점을 밝히고 그 해결 방안을 제시하는 방법

쏙쏙 이해 더하기 | 담화 표지의 예

예고	앞으로 ~할 것이다, 다음과 같다, ~에 대해 알아본다
강조	강조하자면, 부연하자면, 중요한 것은, A가 아니라 B
정리	요컨대, 결론적으로, 정리하자면, 다시 말해, 즉
인과	그러므로, 왜냐하면 ~ 때문이다, 따라서

예시	예컨대, 예를 들면
열거	첫째, 둘째, 셋째, 끝으로
비교·대조	반면, 그러나, 하지만

쏙쏙 이해 더하기 고쳐쓰기의 원칙

통일성	• 글 전체가 하나의 주제로 집중되는 성질 • 글의 주제와 관련이 없는 내용은 삭제하거나 조정해야 함
완결성	• 하나의 내용을 완전히 마무리하는 성질 • 글쓴이가 말하고자 하는 내용이 분명히 드러나도록 해야 함 • 주제문이 제대로 갖추어져 있고, 이에 대한 뒷받침 문장들이 충분히 제시되어야 함
응집성	• 문장이 내용적·인지적으로 결속되어 있는 성질 • 한 편의 글에서 언급된 내용들은 지시어, 연결어 등의 여러 가지 언어적 장치에 의해 긴밀하게 연결되어야 함

2 쓰기 맥락

① 예상 독자: 글을 읽을 사람, 독자의 나이, 지식, 직업, 태도, 흥미, 관심사 등을 분석하여야 함

② 글의 목적

정보 전달	어떤 대상, 사실, 현상 등에 대한 새로운 가치나 정보를 알리고 설명함
설득	자신의 주장을 독자에게 이해시키고, 독자가 그 주장대로 믿고 따르게 하려 함
정서 표현	정서와 느낌, 경험 등을 표현하여 읽는 이에게 감동을 주고 정서를 순화함

③ 글의 주제: 글에서 표현하고자 하는 글쓴이의 중심 생각 등

④ 매체: 글을 독자에게 전달하는 수단(신문·잡지와 같은 인쇄 매체, 텔레비전·라디오 같은 방송 매체, 인터넷 등)

⑤ 글의 종류: 글의 갈래(설명문, 논설문, 기사문, 수필, 감상문 등)

쏙쏙 이해 더하기 쓰기 맥락의 점검

주제	글을 통해 전달하고자 하는 바가 무엇인가?
목적	글의 목적이 정보 전달, 설득, 친교 및 정서 표현, 자기 성찰 중 무엇인가?
독자	예상 독자의 연령, 지적 수준, 사회적·문화적·교육적 배경, 가치관, 관심사 등은 어떠한가?
매체	어떤 매체에 글을 실을 것인가?

3 쓰기 윤리

(1) 쓰기 윤리의 개념

글쓴이가 글을 쓰는 과정에서 지켜야 할 윤리적인 규범

꼼꼼 단어 돋보기

● 결속

한 덩어리가 되게 묶음

(2) 종류

개인적 차원의 쓰기 윤리	• 자신의 경험이나 의견 등을 진솔하게 써야 함 • 사실에 바탕을 두고 과장 없이 글을 써야 함
사회적 차원의 쓰기 윤리	다른 사람의 글이나 자료 등을 사용할 때, 저작자의 허락을 받거나 출처를 명확하게 밝혀 저작권을 침해하지 않아야 함

✚ 저작권
저작물을 창작한 사람에게 주어지는 배타적·독점적 권리로, 저작자의 생존 기간 및 사후 70년간 유지된다.

4 책임감 있는 쓰기를 위해 고려할 점

(1) 신중한 태도로 쓰기

인터넷은 불특정 다수가 이용할 수 있고 정보의 전달 속도가 빨라 파급력이 크므로 인터넷상에 글을 쓸 때에는 내용을 과장, 축소, 왜곡하지 않고 신중하게 써야 한다.

(2) 저작권 존중하며 쓰기

저작권법에 따라 보호되는 저작물을 저작자의 허락 없이 무단으로 게시하면 불법이다. 즉, 다른 사람의 아이디어나 글, 자료 등을 무단으로 사용해서는 안 되며, 사용 시에는 반드시 출처를 밝혀야 한다.

(3) 언어 예절 지키며 쓰기

자기와 의견이 다르다고, 혹은 대면하고 있지 않다고 해서 저속한 표현이나 욕설을 사용해서는 안 된다. 글을 읽는 사람들에게 불쾌감을 주지 않도록 예의 바른 표현을 사용하여 글을 써야 한다.

5 저작권의 정의와 저작권 보호의 방법

정의	책(글), 음악, 영화, 인터넷상의 글, 사진, 동영상 등 창작물에 대해 저작자가 행사할 수 있는 배타적·독점적 권리
저작권을 보호해야 하는 이유	• 저작자의 창작 의욕을 북돋아서 더 좋은 창작물들이 많이 만들어질 수 있음 • 우리의 문화 발전과 국가의 경제적 이익에도 영향을 미침
저작권을 침해하지 않는 방법	글을 쓸 때에 다른 사람의 저작물을 인용하는 경우 출처를 표기해야 함

이론 쏙! 핵심 딱!

쏙딱 TEST

Ⅲ

정답과 해설 32쪽

화법과 작문

선생님이 알려 주는 **출제 경향**

화법에서는 '화법의 유형'과 '대화의 원리'가, 작문에서는 '계획하기'와 '고쳐쓰기'가 자주 출제되고 있습니다.

주제 1 화법

01 ㉠에 들어갈 공감적 듣기로 가장 적절한 것은? 2020년 1회

① (등을 돌리며) 네가 감당해야지.
② (곁눈질하며) 힘들다니 말도 안 돼.
③ (고개를 끄덕이며) 그래, 많이 힘들었구나.
④ (다른 곳을 바라보며) 나는 너보다 더 힘들어.

02 다음을 읽고 ㉠에 들어갈 말로 가장 적절한 것은? 2019년 2회

> 〈동의의 격률〉
> 상대와의 의견 차이를 최소화하기 위해 상대와의 의견의 일치점을 극대화하여 표현한다.
>
> 〈사례〉
> A: 날씨가 덥지만, 지금 산책할까?
> B: (㉠)

① 혼자 가면 어때? 나는 집에 가야 할 것 같아.
② 나는 갈 마음이 없어. 다른 친구한테 물어볼래?
③ 글쎄, 나는 별로야. 이렇게 더운데 누가 산책하니?
④ 좋은 생각이야. 하지만 조금 시원해지면 가는 게 어때?

빠른 정답 체크

01 ③ 02 ④

03 ㉠에 들어갈 내용으로 가장 적절한 것은? 2019년 1회

말		행동		의미
그러게 말이에요. 그럼요.	+	고개를 끄덕이며	⇨	공감 표현
저런. 쯧쯧. 안됐군요.	+	㉠	⇨	동정 표현

① 차갑게 외면하며
② 무섭게 인상 쓰며
③ 엄지손가락을 치켜들며
④ 안타까운 표정을 지으며

04 다음을 읽고 ㉠에 들어갈 말로 가장 적절한 것은?
2018년 2회

〈겸양의 격률〉
자신에 대한 칭찬과 비방 중, 칭찬은 최소화하고 비방은 최대화한다.

〈사례〉
선배: 너 노력을 많이 하더니 요즘 글쓰기 실력이 제법 늘었네.
후배: [㉠] 그래도 좋게 봐 주셔서 감사합니다.

① 네, 실력이 훨씬 향상되었어요.
② 아니에요, 선배님. 아직 멀었어요.
③ 그래요, 칭찬을 잘 안 하시더니 이번엔 하시네요.
④ 당연하죠, 노력을 많이 했으니까 실력이 늘었겠죠.

주목

05 다음을 적용한 예로 가장 적절한 것은? 2018년 1회

대화를 할 때는 상대방과 불일치하는 표현은 최소화하고 일치하는 표현은 최대화한다. 즉 상대방의 의견에 동의한 다음 자신의 생각을 말한다.

① 가: 지금 사무실이 덥네요. 창문을 열어 주실 수 있나요?
나: 제가 지금 창문을 열게요.
② 가: 수상을 축하해요. 작품이 매우 뛰어나던데요.
나: 부끄러워요. 다른 작품도 훌륭한데 제가 운이 좋았어요.
③ 가: 사무실에서 상품 기획서를 갖다 주시겠어요?
나: 잠시 다른 생각하느라 못 들었어요. 다시 말씀해 주세요.
④ 가: 우리 다음 여행지는 유럽이 어때요?
나: 좋은 생각이긴 하지만, 비용이 많이 들 텐데 제주도는 어떨까요?

06 다음 대화에서 ㉠에 들어갈 말로 가장 적절한 것은?
2017년 2회

〈병문안을 가서 친구를 위로하는 상황〉

① 응. 입원한 것 정말 축하해.
② 힘들지? 얼른 나았으면 좋겠다.
③ 쯧쯧. 넌 왜 항상 이 모양이니?
④ 알겠어. 앞으로는 오라고 하지 마.

07 다음은 '인터넷 실명제 도입'을 주제로 한 토론의 일부이다. ㉮에 들어갈 말로 가장 적절한 것은? 2016년 2회

> 학생 1: 저는 인터넷 실명제 도입에 반대합니다. 인터넷에서 글쓴이의 익명성이 보장되어야 자유로운 표현이 가능하기 때문입니다.
> 학생 2: (㉮)그러나 저는 인신공격 등 악성 댓글을 막기 위해서는 인터넷 실명제가 필요하다고 생각합니다.

① 토론 주제와 상관이 없는 주장입니다.
② 그런 점만 생각하면 반대할 수도 있습니다.
③ 우리 생활과 현실적으로 무관한 주장입니다.
④ 반대 측은 주장에 대한 근거를 제시하지 않고 있습니다.

08 다음 대화와 가장 관련 깊은 공손성의 원리는?

> 귀환: 네가 그린 그림은 정말 독특하고 참신해. 발상이 기발해!
> 지민: 그렇게 말해 줘서 고마워.

① 상대에게 부담이 되는 표현은 되도록 줄이고 혜택을 베푸는 표현은 많이 한다.
② 자신에게 혜택을 주는 표현은 줄이고 부담이 되는 표현은 많이 한다.
③ 상대를 비난하거나 트집 잡는 표현은 줄이고 칭찬하고 맞장구치는 표현은 많이 한다.
④ 자신과 상대의 의견 사이에 다른 점은 줄이고 같은 점은 드러낸다.

09 〈보기1〉의 가, 나에서 따르지 않고 있는 협력의 원리를 〈보기2〉에서 찾아 바르게 짝지은 것은?

> **보기 1**
> 가
> 진우: 영훈아, 다친 데는 다 나았어?
> 영훈: 선생님께서 아까부터 너 찾으시더라. 얼른 가 봐.
> 진우: 응? 뭐라고?
> 나
> 은상: (전화상으로) 나 오늘 조퇴했잖아. 혹시 숙제 있었니?
> 준수: (숙제가 없었음에도 불구하고) 응, 오늘따라 좀 많네. 하필이면 다 내일까지야. 국어는 자기소개서 써야 하고, 수학은…….

> **보기 2**
> ㉠ 대화의 목적에 필요한 만큼의 정보를 제공한다.
> ㉡ 거짓되거나 타당한 근거가 없는 내용은 말하지 말고 진실한 정보만을 말한다.
> ㉢ 대화의 내용과 관련 있는 말을 한다.
> ㉣ 모호하거나 중의적인 표현은 피하고 간결하고 조리 있게 말한다.

	(가)	(나)
①	㉠	㉡
②	㉠	㉢
③	㉡	㉣
④	㉢	㉡

빠른 정답 체크

03 ④ 04 ② 05 ④ 06 ② 07 ② 08 ③ 09 ④

주제 2 작문

[10~11] 다음 개요를 읽고 물음에 답하시오. 2020년 1회

> **주제문**: 기부 문화의 확산
> Ⅰ. **서론**: 기부 참여도가 낮은 사회 현상 제시
> Ⅱ. **본론**
> 1. 기부 참여도가 낮은 원인
> 가. 기부의 중요성에 대한 이해 부족
> 나. 기부 실천에 대한 경험 부족
> 다. 기부 방법에 대한 정보 부족
> 2. 해결 방안
> [㉠]
> Ⅲ. **결론**: 행동으로 실천하는 기부 문화 확산

10 ㉠에 들어갈 내용으로 적절하지 않은 것은?

① 기부의 중요성 홍보
② 기부 경험 사례의 공유
③ 과소비 현상에 대한 비판
④ 기부 방식에 대한 자료 제공

11 위 주제로 캠페인 문구를 만들 때, 〈조건〉을 만족하는 것은?

> **조건**
> 대구법과 비유법을 모두 활용하여 주제를 강조할 것

① 나 하나의 기부 실천, 우리 모두의 행복 물결!
② 건강한 사회를 위한 첫걸음, 지금 시작하세요.
③ 기부는 생명의 물, 올해도 가득 채워 주실 거죠?
④ 천 원으로 만드는 행복, 기부하는 당신을 응원합니다.

[12~13] (가)는 (나)의 개요이다. 다음 글을 읽고 물음에 답하시오. 2019년 2회

> (가) **제목**: 화장품을 제대로 알고 사용하자.
> **주제**: 화장품의 화학 성분을 잘 파악하고 사용하자.
> • **처음**: 화장품의 화학 성분에 대한 호기심 유발
> • **중간**
> – 화장품에 사용되는 화학 성분의 역할
> – (㉠)
> • **끝**: 화장품에 대한 바른 이해와 올바른 사용 당부
>
> (나) 여러분은 화장품의 다양한 향과 색을 만들어 내기 위해 과일이나 꽃을 넣었다고 생각하신 적이 있나요? ㉡비록 화장품에 과일이나 꽃을 넣는다면 제조, 유통, 보관 과정이 그리 쉽진 않겠죠? 여러 가지 이유로 화장품에는 각종 성분이 첨가되는데요, 그중 화학 성분이 인체에 미치는 영향에 대해 살펴보겠습니다.
> 화장품에 사용되는 화학 성분은 자외선을 차단하고 변색을 방지하며 부패를 막거나 절대 섞일 수 없는 물과 기름을 하나로 모아 주는 역할을 합니다. 또한 향기를 오래 지속시켜 주기도 하고 화장품이 부드럽게 발리게 하며 피부를 윤기 있고 촉촉하게 보이게 해 줍니다. ㉢그래서 저는 화장을 하지 않으면 외출을 하지 않습니다.
> 하지만 화장품의 화학 성분 중에는 유해 물질이 포함된 것도 있습니다. 이것이 몸속으로 스며들어 여러 가지 질병을 일으키기도 합니다. 또한 피부에 맞지 않는 화장품을 사용하게 될 경우 피부 트러블 등의 ㉣반작용이 발생할 수도 있습니다. 화장품의 부패를 막기 위해 사용하는 파라벤은 피부의 알레르기 반응을 유발하는 것으로 알려져 있고, 그 외에도 일부 화학 물질은 내분비계 장애를 일으키는 것으로 의심되어 사용이 금지되기도 하였습니다.
> 화장품은 피부를 보호해 주고 아름답게 가꾸어 줍니다. 이런 화장품에 어떤 화학 성분이 ㉤첨가하고 있는지를 잘 파악하고 올바르게 사용함으로써 피부의 아름다움뿐만 아니라 건강도 지키시길 바랍니다.

12 가의 ㉠에 들어갈 내용으로 가장 적절한 것은?

① 화장품 용기의 종류
② 화장품의 기원 및 역사
③ 화장품 사용의 심리적 효과
④ 화장품에 사용되는 화학 성분의 유해성

주목

13 나에서 고쳐쓰기가 바르지 않은 것은?

① ㉡은 문맥을 고려하여 '설마'로 고쳐 쓴다.
② ㉢은 내용상 불필요하므로 삭제한다.
③ ㉣은 문맥을 고려하여 '부작용'으로 고쳐 쓴다.
④ ㉤은 '첨가되어 있는지를'로 고쳐 쓴다.

[14~15] 다음 글을 읽고 물음에 답하시오. 2019년 1회

> **주제문:** 도서관 이용을 활성화하자.
> Ⅰ. **서론:** 도서관의 이용 실태
> Ⅱ. **본론**
> 1. 도서관 이용의 문제점
> 가. 내부가 어두워서 책을 읽기 힘듦
> 나. 서가 배치가 잘못되어 공간 활용이 비효율적임
> 다. 도서가 부족하여 정보를 찾기 어려움
> 2. 해결 방안
> [㉠]
> Ⅲ. **결론:** 도서관 이용 활성화 촉구 ·································· ㉡

14 ㉠에 들어갈 내용으로 적절하지 않은 것은?

① 책 읽기가 편하도록 조명을 밝게 함
② 도서관 개방 시간을 야간까지 연장함
③ 서가를 재배치하여 공간 활용도를 높임
④ 예산을 확보하여 다양한 종류의 책을 구입함

15 ㉡을 효과적으로 전달하기 위해 표어를 제작하려 한다. 다음의 〈조건〉을 만족하는 것은?

> **조건**
> 비유법과 청유형을 모두 활용하여 주제를 강조할 것

① 도서관에서 성적도 높이고 지식도 쌓고!
② 도서관에서 찾은 지식, 생활 속에 도움 된다.
③ 도서관으로 오세요. 세상의 모든 것이 있어요.
④ 도서관은 보물 창고! 함께 보물을 찾아봅시다.

빠른 정답 체크

10 ③ 11 ① 12 ④ 13 ① 14 ② 15 ④

[16~17] 다음 글을 읽고 물음에 답하시오. 2018년 2회

> **초콜릿이 어떻게 만들어지는지 아시나요?**
>
> 소비자 여러분, 초콜릿은 달콤하지만 만드는 과정은 쓰다는 것을 아시나요? 초콜릿을 만들기 위한 ㉠소재인 카카오를 생산하는 데에 광범위한 아동의 노동이 포함되어 있습니다.
>
> 카카오 농사를 짓는 집 아이들은 학교 구경조차 하지 못한 ㉡체 온종일 카카오 농장에서 일합니다. 일부 카카오 농장에서 일하는 아이들 중에는 원하지 않게 팔려 온 경우도 있습니다. ○○○○의 연구 결과에 따르면 매년 아프리카에서 20만 명의 아이들이 그런 경우를 당하고 있다고 합니다. ㉢불과 열두어 살 정도의 아이들이 밥도 제대로 먹지 못하고 낮은 ㉣자금을 받으며 초콜릿을 만들고 있는 것입니다.

16 윗글에 반영된 작문 계획이 아닌 것은?

① 연구 결과를 근거로 활용하자.
② 제목을 의문형으로 해서 시선을 끌자.
③ 아프리카 아동의 노동 착취 현실을 소개하자.
④ 농장에서 일하는 아이들을 주요 독자로 삼자.

17 ㉠~㉣을 고쳐 쓴 것으로 적절하지 않은 것은?

① ㉠: 재료　　② ㉡: 채
③ ㉢: 무려　　④ ㉣: 임금

18 ㉠에 들어갈 내용으로 가장 적절한 것은? 2018년 1회

논제	동네 골목길에 CCTV를 설치해야 한다.
찬성 측 논거	• (　　　　㉠　　　　) • CCTV는 안전한 생활에 필요한 정보를 제공한다.
반대 측 논거	• CCTV는 개인의 자유 및 사생활을 침해한다. • CCTV가 지역에서 발생하는 모든 문제를 해결할 수 있는 것은 아니다.

① CCTV를 설치하기 어려운 곳도 있다.
② CCTV 설치가 지역의 미관을 해친다.
③ CCTV는 각종 범죄 예방에 효과가 있다.
④ CCTV를 설치하는 데 많은 비용이 필요하다.

19 다음 글을 바르게 고쳐 쓴 것으로 적절하지 않은 것은?
2018년 1회

> 옛말에 "하루라도 책을 읽지 않으면 입 안에 가시가 돋는다."라고 했다. 그만큼 우리 사회는 독서를 중요하게 여겨 왔다. ㉠그래서 가장 활발하게 책을 읽어야 할 청소년들이 책을 가까이하지 않는다. ㉡나는 꿈을 이루기 위해 노력하고 있다. 예전에는 시내버스 안에서 책을 읽는 사람을 쉽게 ㉢발견될 수 있었지만 요즈음은 그런 사람을 찾기가 쉽지 않다. 특히 청소년들이 책을 ㉣읽을 모습을 찾기는 더욱 어렵다.

① ㉠: 이어질 내용을 고려하여 '왜냐하면'으로 수정한다.
② ㉡: 앞뒤 문장의 흐름을 고려하여 삭제한다.
③ ㉢: 피동 표현이 잘못 사용되었으므로 '발견할'으로 고친다.
④ ㉣: 시간 표현이 어색하므로 '읽는'으로 바꾼다.

20 다음은 '지역민을 위한 휴식 공간 조성'에 대한 글쓰기 개요이다. ㉠에 들어갈 내용으로 가장 적절한 것은?

2018년 1회

> **주제문**: 지역민을 위한 휴식 공간을 조성하자.
> Ⅰ. **서론**: 지역의 휴식 공간 실태
> Ⅱ. **본론**
> 1. 휴식 공간 조성의 필요성
> 가. 휴식 공간의 부족에 대한 지역민의 불만 증대
> 나. 여가를 즐길 수 있는 공간에 대한 지역민의 요구 증가
> 2. (　　　　㉠　　　　)
> 가. 휴식 공간을 조성할 지역 내 장소 부족
> 나. 비용 마련의 어려움
> 3. 해결 방안
> 가. 휴식 공간을 조성할 지역 내 장소 확보
> 나. 지역 공동체와의 협력을 통한 비용 마련
> Ⅲ. **결론**: 지역민을 위한 휴식 공간 조성 촉구

① 휴식 공간 조성의 장애 요인
② 휴식에 대한 사회적 인식 확산
③ 생활 체육 활성화를 위한 대책 마련
④ 청소년 직업 체험 프로그램의 필요성

21 다음은 '공정 여행'에 대한 글쓰기 개요이다. ㉠에 들어갈 내용으로 가장 적절한 것은?

2017년 2회

> **1. 처음**: 공정 여행이 주목받게 된 배경
> **2. 중간**
> 가. 공정 여행의 목적
> 1) 여행지의 경제를 활성화하는 여행
> 2) 여행지의 환경을 파괴하지 않는 여행
> 나. (　　　　㉠　　　　)
> 1) 지역 재래시장에서 특산물 구매
> 2) 탄소 배출이 적은 친환경 교통수단 이용
> **3. 끝**: 공정 여행의 실천 당부

① 공정 여행의 실천 방법
② 공정 여행의 참여 대상
③ 공정 여행의 업체 선정
④ 공정 여행의 비용 산출

빠른 정답 체크

16 ④　17 ③　18 ③　19 ①　20 ①　21 ①

22 ㉠에 들어갈 내용으로 <조건>을 모두 만족하는 것은?

2017년 1회

> 아들: 엄마! 충치가 생겼나 봐요. 이가 너무 아파요.
> 엄마: 그래? 충치 때문에 많이 아프겠다.
> (㉠)

조건
- 관용 표현이 포함되도록 할 것
- 청유형으로 문장을 종결할 것

① 그러니까 무슨 일이든 뒤로 미루면 안 되는 거야.
② 내 말에 눈 하나 깜짝하지 않더니 문제가 생겼구나.
③ 더 아프기 전에 뜸 들이지 말고 빨리 치과에 가자.
④ 평소에 이를 잘 닦았다면 이런 일이 생기지 않았지.

23 다음은 '양성 평등'에 대한 글쓰기 개요이다. ㉠에 들어갈 내용으로 가장 적절한 것은?

2017년 1회

> Ⅰ. 서론: 우리 사회의 남녀 불평등 사례
> Ⅱ. 본론
> 1. 양성 불평등의 원인
> 가. 사회 제도의 구조 모순
> 나. 실질적 양성 평등에 대한 인식 부족
> 2. 양성 평등을 이루기 위한 대책
> 가. 사회 제도의 개선 및 보완
> 나. ______㉠______
> Ⅲ. 결론: 대책 방안의 적극적 실천 요구

① 출산과 육아에 대한 부담 가중
② 교육을 통한 양성 평등 의식 확립
③ 남녀 간 평균 임금의 불평등 문제 심화
④ 남아 선호 사상으로 인한 성비 불균형 문제

[24~25] 다음 글을 읽고 물음에 답하시오.

2016년 1회

> 가짜 명품을 지칭하는 '짝퉁'이라는 말은 일부 사전에도 ㉠등재되어 있다. ㉡비록 분명한 사실은 표준어가 아니라는 점이다. 최근에는 뉴스 진행자가 '짝퉁'이라는 단어를 버젓이 사용하고 있는 것을 보고 깜짝 놀랐다. ㉢굳이 뉴스에서까지 연예인 소식을 다룰 필요가 있을까? 물론 뉴스 진행자는 ㉣쓰여진 뉴스 대본대로 읽었겠지만, 아쉬운 마음이 드는 것은 어쩔 수 없다. 우리 한국어의 어휘에는 '짝퉁'이라는 속어를 굳이 쓰지 않아도 모조품, 유사품, 복제품 등 '짝퉁'이라는 속어를 대신할 표준어가 많다.

24 윗글을 고쳐 쓰기 위한 방안으로 적절하지 않은 것은?

① ㉠은 부적절한 어휘이므로 '등기'로 고친다.
② ㉡은 앞 문장과 연결을 고려하여 '그런데'로 고친다.
③ ㉢은 글의 통일성을 떨어뜨리므로 삭제한다.
④ ㉣은 피동 표현이 불필요하게 반복되었으므로 '쓰인'으로 고친다.

25 윗글에 이어질 내용을 <조건>에 맞게 쓴 것으로 가장 적절한 것은?

조건
- 글의 주제를 드러낼 것
- 대구법을 활용할 것

① 바른 언어생활은 표준어 사용에서 시작된다.
② 속어 사용을 지양하고 표준어 사용을 지향하자.
③ 일상에서 속어 사용을 늘리면 친근감이 형성된다.
④ 친구끼리 사용하는 속어는 우리말을 풍부하게 한다.

26 밑줄 친 부분을 고쳐 쓴 것으로 알맞지 않은 것은?

2015년 1회

> 꽃샘추위가 물러가는 4월입니다. 우리 ○○회에서는 그동안 ㉠미뤘던 정기 모임을 하려고 합니다. 이번에는 걷기 대회를 개최하오니 ○○회의 ㉡구성원으로써 반드시 참여하시기 바랍니다. 참가비는 기한 내에 ㉢절대로 납부해 주십시오. 단, ㉣비와 바람이 불 경우 걷기 대회는 취소될 수 있습니다.

① ㉠: 미뤘던 ② ㉡: 구성원으로서
③ ㉢: 꼭 ④ ㉣: 바람과 비가 내릴 경우

주목

27 다음 글을 고쳐 쓰기 위한 방안으로 적절하지 않은 것은?

2014년 2회

> 세계 기상 기구(WMO)에서 발표한 자료에 따르면 지난 100년간 지구 온도가 뚜렷하게 상승하고 있다고 한다. ㉠그러나 지구가 점점 더워지고 있다는 말이다. 산업 혁명 이후 석탄과 석유 등의 화석 연료를 지속적으로 사용한 결과로 다량의 온실가스가 대기로 배출되었기 때문에 지구 온난화 현상이 심화된 것이다.
> ㉡비록 작은 것일지라도 실천할 수 있는 방법들을 찾아보아야 한다. ㉢나는 이번 여름에는 꼭 수영을 배울 것이다. 자전거를 타거나 걸어다니는 것을 실천해야겠다. 또, 과대 포장된 물건의 구입을 ㉣지향해야겠다.

① ㉠은 부적절하므로 '다시 말하면'으로 바꾼다.
② ㉡은 '~일지라도'와 호응하지 않으므로 '만약'으로 바꾼다.
③ ㉢은 글의 통일성을 깨뜨리므로 삭제한다.
④ ㉣은 의미상 어울리지 않으므로 '지양'으로 바꾼다.

28 밑줄 친 부분을 고쳐 쓴 것으로 알맞지 않은 것은?

2013년 2회

> **물로켓 만드는 방법**
> ㄱ. 물로켓의 본체는 두 개의 페트병을 잘라서 만들음
> ㄴ. 페트병의 거칠은 면을 다듬어 테이프로 고정함
> ㄷ. 상단에 고깔을 씌우고, 하단에 날개를 부쳐 고정함
> ㄹ. 시험 발사하여 목표물에 정확히 날라가는 것을 확인함

① 만들음 → 만듬
② 거칠은 → 거친
③ 부쳐 → 붙여
④ 날라가는 → 날아가는

29 다음은 '학생들의 인터넷 게임 중독 문제의 해결 방안'이라는 주제로 글을 쓰기 위해 작성한 개요이다. ㉠에 들어갈 내용으로 가장 알맞은 것은?

> Ⅰ. **서론**: 학생들의 인터넷 게임 중독 실태
> Ⅱ. **본론**
>   1. 인터넷 게임 중독이 가져오는 문제
>   가. 부모님과의 관계 악화
>   나. ㉠
>   다. 신체 및 정신 건강 문제 발생
>   2. 해결 방안
>   가. 가족 상담으로 부모님과의 관계 회복 모색
>   나. 게임 이용 적정 시간 준수를 통한 학습 시간 확보
>   다. 인터넷 게임 중독 치료 프로그램 제공
> Ⅲ. **결론**: 인터넷 게임 중독의 심각성 인식 및 올바른 인터넷 사용을 위한 노력 촉구

① 다양한 여가 생활 가능
② 인터넷 게임 방법의 다양화
③ 인터넷 게임에 대한 무관심
④ 학습 시간 부족으로 인한 성적 하락

빠른 정답 체크

22 ③ 23 ② 24 ① 25 ② 26 ④ 27 ② 28 ①
29 ④

단원을 끝내는

엔드노트

1 화법

(1) 대화의 종류

부탁·요청	상대방에게 어떤 일이나 행동을 청하여 도움을 받고자 하는 말하기
거절	상대방의 부탁이나 요청을 받아들이지 않고 물리치는 말하기
사과	자기의 잘못을 인정하고 상대방에게 용서를 비는 말하기
감사	상대방에게 고마운 마음을 전달하는 말하기

(2) 대화의 원리 - 공손성의 원리

요령의 격률	상대방에게 부담이 되는 표현은 최소화, 상대방에게 이익이 되는 표현을 최대화
관용의 격률	화자 자신에게 혜택을 주는 표현은 최소화, 부담을 주는 표현을 최대화
칭찬의 격률	다른 사람에 대한 비방은 최소화, 칭찬을 극대화
겸양의 격률	자신에 대한 칭찬은 최소화, 비방을 극대화
동의의 격률	의견 사이의 차이점을 최소화, 일치점을 극대화

(3) 대화의 원리 - 협력의 원리

양의 격률	대화의 목적에 필요한 양만큼 정보를 제공함
질의 격률	타당한 근거를 들어 진실을 말함
관련성의 격률	대화의 목적이나 주제와 관련된 것을 말함
태도의 격률	모호하거나 중의적인 표현을 피하고, 간결하고 조리있게 말함

(4) 표현 전략

언어적 표현	어휘, 문장 등 독립적으로 쓰여 의미 작용을 하는 하나의 기호 또는 그 결합체
준언어적 표현	언어 표현에 직접적으로 매개되어 의미 작용을 하는 표현(발음, 고저, 어조, 속도, 크기 등)
비언어적 표현	언어 표현과는 독립적으로 의미 작용을 할 수 있는 표현(자세, 동작, 표정, 옷차림 등)

2 작문

(1) 작문의 단계

계획하기	글의 주제, 글을 쓰는 목적, 예상 독자를 고려하여 구체적으로 계획하기
내용 생성 및 선정하기	• 글을 쓰기 위해 글의 화제와 관련되는 다양한 생각을 떠올리기 • 아이디어 구체화·일반화하기 • 수집한 내용 중 글에 담을 내용 선정하기
내용 조직하기	선정한 내용을 주제가 잘 드러나도록 조직하기
표현하기	• 조직한 내용을 글로 표현하기 • 문장과 문단이 글의 주제와 긴밀하게 연결되도록 표현하기
고쳐쓰기	• 작성한 글을 점검하고 고치기 • 고쳐쓰기 점검 항목 -주제(통일성) -맞춤법, 띄어쓰기 규정 -문법적으로 틀린 표현(이중 피동 등) -문장 성분 누락 여부(서술어를 기준으로 확인) -주어/부사어와 서술어의 호응

(2) 쓰기 맥락

주제	글을 통해 전달하고자 하는 바가 무엇인가?
목적	글의 목적이 정보 전달, 설득, 친교 및 정서 표현, 자기 성찰 중 무엇인가?
독자	예상 독자의 연령, 지적 수준, 사회적 · 문화적 · 교육적 배경, 가치관, 관심사 등은 어떠한가?
매체	어떤 매체에 글을 실을 것인가?

(3) 쓰기 윤리의 종류

개인적 차원의 쓰기 윤리	• 자신의 경험이나 의견 등을 진솔하게 써야 함 • 사실에 바탕을 두고 과장 없이 글을 써야 함
사회적 차원의 쓰기 윤리	다른 사람의 글이나 자료 등을 사용할 때, 저작자의 허락을 받거나 출처를 명확하게 밝혀 저작권을 침해하지 않아야 함

단원을 닫으며 화법에서는 '대화의 원리'를 반드시 기억하고, 작문의 '고쳐쓰기' 유형은 오답 체크를 통해 꼼꼼하게 학습하세요.

Ⅳ 문법

CHECK POINT

01 음운 체계 및 음운의 변동
음운 체계에 대한 이해, 음운의 변동

02 이해를 돕는 문법 개념
형태소와 단어, 품사, 문장 성분

03 어문 규범
한글 맞춤법, 표준어 규정

04 문법 요소
종결 표현, 높임 표현, 시간 표현, 부정 표현, 피동과 사동, 인용 표현

05 정확한 문장 표현
문장의 오류 분석

06 담화
발화와 담화의 관련 개념

07 한글 창제의 원리
제자 원리, 훈민정음의 특징

08 국어의 역사
중세 국어의 문법 개념, 중세 국어 자료

여러 단원이 서로
긴밀하게 연결되어 있는
문법은 확실한 개념
이해가 가장 중요해!
멍!

국어의 단위

단위	정의	관련 내용
음운	말의 뜻을 구별해 주는 소리의 가장 작은 단위 (자음, 모음, 소리의 길이)	음운의 변동
음절	하나의 종합된 음의 느낌을 주는 말소리의 단위 (소리마디)	음절의 구성 요소
형태소	뜻을 가진 가장 작은 말의 단위 (실질/형식, 자립/의존)	형태소 분석
단어	뜻을 가지고 있으며 자립할 수 있는 단위	단어의 형성 및 품사
어절	띄어쓰기의 단위	문장 성분
구, 절	2어절 이상의 의미 단위	안은문장의 종류
문장	주어와 서술어를 갖추고 완결된 생각을 표현하는 단위	문장의 종류 (홑문장과 겹문장)

01 음운 체계 및 음운의 변동

이번 단원에서는 빈출 개념인 음운의 체계와 표준 발음법과 관련한 음운의 변동을 학습하게 됩니다.

1 음운의 개념과 종류

1. 음운의 개념

① 말의 뜻을 구별해 주는 소리의 가장 작은 단위이다.

② 음운은 의미를 분화하는 기능을 갖는다.

예 '솜'과 '봄'이 다른 뜻의 단어로 구별될 수 있는 것은 'ㅅ'과 'ㅂ'의 소리 차이 때문이며, 이 둘의 뜻이 구별될 수 있게 해 주는 'ㅅ'과 'ㅂ'을 '음운'이라고 함

+ 음운의 구분

- 분절 음운: 자음과 모음처럼 마디로 나눌 수 있는 음운을 말한다.
- 비분절 음운: 소리의 길이처럼 뜻을 구별하게 해 주지만, 마디로 나눌 수 없는 음운을 말한다.

2. 음운의 종류

(1) 분절 음운

① 소리마디의 경계를 정확히 그을 수 있는 음운이다.

② 자음과 모음이 분절 음운에 해당된다.

(2) 비분절 음운

① 소리마디의 경계를 정확히 그을 수 없지만, 말소리의 요소로서 의미를 변별하는 기능을 일정 부분 담당하는 음운이다.

② '장단'과 '억양'이 대표적인 예이다.

③ 장단은 소리의 길이에 따라 단어의 뜻이 구별되는 것이다.

예 '말[馬]'은 짧게 발음하고, '말[言]'은 길게 발음함

④ 억양은 말하는 이의 감정이나 태도, 문장의 종류 등을 구별하는 역할을 한다.

+ 분절 음운의 구분

- 자음(19개): 공기의 흐름에 장애를 받아서 만들어지며, 모음에 의존하여 쓰인다.
- 모음(21개): 공기의 흐름에 장애를 받지 않고 만들어지며, 홀로 쓰일 수 있다.

2 음운 체계

1. 자음 체계

소리 내는 방법 \ 소리 내는 위치			입술소리(순음)	잇몸소리(치조음)	센입천장 소리(경구개음)	여린입천장 소리(연구개음)	목청소리(후음)
안울림 소리	파열음	예사소리	ㅂ	ㄷ		ㄱ	
		된소리	ㅃ	ㄸ		ㄲ	
		거센소리	ㅍ	ㅌ		ㅋ	
	파찰음	예사소리			ㅈ		
		된소리			ㅉ		
		거센소리			ㅊ		
	마찰음	예사소리		ㅅ			ㅎ
		된소리		ㅆ			

+ 자음 체계

파열음	허파에서 나오는 공기를 일단 막았다가 그 막은 자리를 터뜨리면서 내는 소리
파찰음	허파에서 나오는 공기를 막았다가 서서히 터뜨리면서 마찰을 일으키며 내는 소리
마찰음	입안이나 목청 사이의 통로를 좁히고 그 틈 사이로 공기를 내보내어 마찰을 일으키며 내는 소리
비음	입안의 통로를 막고 코로 공기를 내보내면서 내는 소리
유음	혀끝을 잇몸에 가깝게 대었다가 떼거나, 잇몸에 댄 채 공기를 그 양옆으로 흘려 보내면서 내는 소리

울림소리	비음	ㅁ	ㄴ		ㅇ	
	유음		ㄹ			

2. 모음 체계

(1) 단모음(10개)

발음할 때 입술 모양이나 혀의 위치가 고정되어 움직이지 않는 모음이다.

혀의 위치 / 입술 모양 / 혀의 높이	전설 모음		후설 모음	
	평순 모음	원순 모음	평순 모음	원순 모음
고모음	ㅣ	ㅟ	ㅡ	ㅜ
중모음	ㅔ	ㅚ	ㅓ	ㅗ
저모음	ㅐ		ㅏ	

✚ 발음 기관 단면도

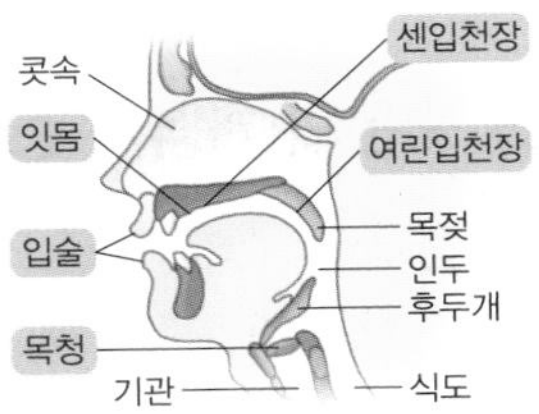

(2) 이중 모음(11개)

발음할 때 입술 모양이나 혀의 위치가 달라지는 모음이다.

예 ㅑ, ㅕ, ㅛ, ㅠ, ㅒ, ㅖ, ㅘ, ㅙ, ㅝ, ㅞ, ㅢ

3 음운 변동 발음을 쉽게 하기 위해서 음운 변동 현상이 나타나요.

1. 음운 교체

한 음운이 수적 변화 없이 환경에 따라 다른 음운으로 바뀌는 현상이다.

음절의 끝소리 규칙		자음이 음절 끝에 올 때 끝소리가 'ㄱ, ㄴ, ㄷ, ㄹ, ㅁ, ㅂ, ㅇ' 일곱 개의 대표음으로 제한되는 현상 예 옷[옫]/부엌[부억]
된소리되기 (경음화)		• 예사소리가 된소리로 바뀌는 현상 • 앞 음절의 예사소리 받침과 뒤 음절의 'ㄱ, ㄷ, ㅂ, ㅅ, ㅈ'이 만나면 뒤의 예사소리가 된소리인 [ㄲ, ㄸ, ㅃ, ㅆ, ㅉ]로 발음됨 예 국밥[국빱]/작다[작:따]
음운 동화	비음화	비음이 아닌 소리가 비음 'ㄴ, ㅁ'을 만나 비음 'ㅇ, ㄴ, ㅁ'으로 바뀌어 소리 나는 현상 ㄱ, ㄷ, ㅂ + ㄴ, ㅁ ➡ ㅇ, ㄴ, ㅁ 예 국물[궁물]/듣는[든는]/밥물[밤물]
	유음화	'ㄴ'이 'ㄹ'의 앞이나 뒤에서 'ㄹ'로 바뀌어 소리 나는 현상 ㄹ + ㄴ/ㄴ + ㄹ ➡ ㄹ 예 칼날[칼랄]/신라[실라]
	구개음화	'ㄷ, ㅌ'이 형식 형태소 'ㅣ'를 만나 'ㅈ, ㅊ'으로 바뀌어 소리 나는 현상 ㄷ, ㅌ + ㅣ ➡ ㅈ, ㅊ 예 굳이[구지]/같이[가치]/닫히다[다치다]

쏙쏙 이해 더하기 '음운 교체'와 관련한 표준 발음법

된소리되기 (경음화)		제23항	받침 'ㄱ(ㄲ, ㅋ, ㄳ, ㄺ), ㄷ(ㅅ, ㅆ, ㅈ, ㅊ, ㅌ), ㅂ(ㅍ, ㄼ, ㄿ, ㅄ)' 뒤에 연결되는 'ㄱ, ㄷ, ㅂ, ㅅ, ㅈ'은 된소리로 발음한다. 예 국밥[국빱], 옷고름[옫꼬름], 꽃다발[꼳따발]
		제24항	어간 받침 'ㄴ(ㄵ), ㅁ(ㄻ)' 뒤에 결합되는 어미의 첫소리 'ㄱ, ㄷ, ㅅ, ㅈ'은 된소리로 발음한다. 예 신고[신:꼬], 껴안다[껴안따], 앉고[안꼬] 다만, 피동, 사동의 접미사 '-기-'는 된소리로 발음하지 않는다. 예 안기다[안기다], 옮기다[옴기다]
		제26항	한자어에서, 'ㄹ' 받침 뒤에 연결되는 'ㄷ, ㅅ, ㅈ'은 된소리로 발음한다. 예 갈등[갈뜽], 말살[말쌀], 갈증[갈쯩], 물질[물찔], 발전[발쩐]
		제27항	관형사형 '-(으)ㄹ' 뒤에 연결되는 'ㄱ, ㄷ, ㅂ, ㅅ, ㅈ'은 된소리로 발음한다. 예 할 것을[할꺼슬], 갈 데가[갈떼가], 할 수는[할쑤는] [붙임] '-(으)ㄹ'로 시작되는 어미의 경우에도 이에 준한다. 예 할걸[할껄], 할밖에[할빠께], 할수록[할쑤록]
음운 동화	비음화	제18항	받침 'ㄱ(ㄲ, ㅋ, ㄳ, ㄺ), ㄷ(ㅅ, ㅆ, ㅈ, ㅊ, ㅌ, ㅎ), ㅂ(ㅍ, ㄼ, ㄿ, ㅄ)'은 'ㄴ, ㅁ' 앞에서 [ㅇ, ㄴ, ㅁ]으로 발음한다. 예 먹는[멍는], 닫는[단는], 밟는[밤:는]
		제19항	받침 'ㅁ, ㅇ' 뒤에 연결되는 'ㄹ'은 [ㄴ]으로 발음한다. 예 침략[침:냑] 강릉[강능] [붙임] 받침 'ㄱ, ㅂ' 뒤에 연결되는 'ㄹ'도 [ㄴ]으로 발음한다. 예 막론[막논→망논], 협력[협녁→혐녁]
	유음화	제20항	'ㄴ'은 'ㄹ'의 앞이나 뒤에서 [ㄹ]로 발음한다. 예 난로[날:로], 신라[실라], 칼날[칼랄], 물난리[물랄리] 다만, 다음과 같은 단어들은 'ㄹ'을 [ㄴ]으로 발음한다. 예 의견란[의:견난], 임진란[임:진난]
	구개음화	제17항	받침 'ㄷ, ㅌ(ㄾ)'이 조사나 접미사의 모음 'ㅣ'와 결합되는 경우에는, [ㅈ, ㅊ]으로 바꾸어서 뒤 음절 첫소리로 옮겨 발음한다. 예 굳이[구지], 미닫이[미:다지], 밭이[바치]

쏙쏙 이해 더하기 연음 현상

1. 모음으로 시작되는 형식 형태소 ➡ 연음 예 옷이[오시]
   모음으로 시작되는 실질 형태소 ➡ 음절의 끝소리 규칙 ➡ 연음 예 옷 안[오단]
2. 겹받침의 발음
   - 겹받침 'ㄳ', 'ㄵ', 'ㄼ, ㄽ, ㄾ', 'ㅄ'은 어말 또는 자음 앞에서 각각 [ㄱ, ㄴ, ㄹ, ㅂ]으로 발음
     예 넋[넉]/앉다[안따]/여덟[여덜]/넓다[널따]/없다[업:따]/값[갑]
   - 겹받침 'ㄺ, ㄻ, ㄿ'은 어말 또는 자음 앞에서 각각 [ㄱ, ㅁ, ㅂ]으로 발음 예 닭[닥]/삶[삼:]/읊다[읍따]

+ 겹받침의 예외 현상

① 용언의 어간 말음 'ㄺ'은 'ㄱ' 앞에서 [ㄹ]로 발음한다.
- ㄺ+ㄱ → ㄹ
  예 맑게[말께]
- ㄺ+ㄱ 외 자음 → ㄱ
  예 맑다[막따]

② '밟다'와 '넓다'는 아래와 같이 발음한다.
- '밟-'+자음 → [밥]
  예 밟고[밥:꼬]
- '넓-' → [넙]
  예 넓죽하다[넙쭈카다]
  넓둥글다[넙뚱글다]

2. 음운 축약

두 음운이 합쳐져서 하나의 음운으로 줄어드는 현상이다. A+B → C

자음 축약 (거센소리되기)	'ㄱ, ㄷ, ㅂ, ㅈ'과 'ㅎ'이 만나서 'ㅋ, ㅌ, ㅍ, ㅊ'으로 바뀌어 소리 나는 현상 ㄱ, ㄷ, ㅂ, ㅈ+ㅎ ➡ ㅋ, ㅌ, ㅍ, ㅊ 예 축하[추카]/입학[이팍]

+ 축약과 관련한 표준 발음법

제12항 받침 'ㅎ'의 발음은 다음과 같다.
1. 'ㅎ(ㄶ, ㅀ)' 뒤에 'ㄱ, ㄷ, ㅈ'이 결합되는 경우에는, 뒤 음절 첫소리와 합쳐서 [ㅋ, ㅌ, ㅊ]으로 발음한다.
   예 놓고[노코], 좋던[조:턴], 쌓지[싸치]

3. 음운 탈락

중등 과정에서는 '자음군 단순화'를 '음절의 끝소리 규칙'으로 보는 경우도 있어요. 그러나 고등 과정에서는 '음운 탈락'의 현상으로 봅니다!

두 개의 음운이 만날 때 한 음운이 없어지는 현상이다. 즉, 원래 있던 한 음운이 없어지는 것이다. A+B → A or B

자음군 단순화	음절의 끝에서 두 개(겹받침)의 자음 중 하나가 탈락하는 현상 예 닭[닥]/흙[흑]/읽고[일꼬]/밟고[밥:꼬]
'ㄹ' 탈락	실질 형태소의 끝소리 'ㄹ'이 'ㄴ, ㄷ, ㅅ, ㅈ' 등의 자음 앞에서 탈락하는 현상 예 딸+-님 → 따님/바늘+-질 → 바느질
'ㅎ' 탈락	'ㅎ' 받침으로 끝나는 용언의 어간이 모음으로 시작하는 어미를 만나면 'ㅎ'이 탈락하는 현상 예 좋은[조:은]/낳아[나아]
'ㅡ' 탈락	동사나 형용사의 어간 말 모음 'ㅡ'가 모음으로 시작하는 어미 앞에서 탈락하는 현상 예 크-+-어서 → 커서/쓰-+-어라 → 써라/담그-+-아 → 담가

+ 탈락과 관련한 한글 맞춤법

제34항 모음 'ㅏ, ㅓ'로 끝난 어간에 '-아/-어, -았-/-었-'이 어울릴 적에는 준 대로 적는다.
예 가-+-아→가, 서-+-어→서

4. 음운 첨가

없던 음운이 새로 더해지는 현상이다.

'ㄴ' 첨가	합성어나 파생어 등에서 앞말이 자음으로 끝나고 뒷말이 모음 'ㅣ, ㅑ, ㅕ, ㅛ, ㅠ'로 시작될 때, 두 단어의 사이에 'ㄴ'이 첨가되는 현상 앞말의 자음+ㅣ, ㅑ, ㅕ, ㅛ, ㅠ ➡ ㄴ 첨가 예 색+연필 → [색년필 → 생년필]/맨-+입 → [맨닙]
반모음 첨가	• 모음으로 끝난 용언 어간에 모음으로 시작하는 어미가 결합될 때에 모음 충돌을 막기 위해 반모음 'ǐ'가 덧붙는 현상 • 음운의 음가대로 발음하는 것이 원칙이나, 반모음 'ǐ'를 첨가하여 발음하는 것도 허용됨 예 피- + -어 → 피어[피어/피여]/아니- + -오 → 아니오[아니오/아니요]

+ 첨가와 관련한 표준 발음법

제29항 합성어 및 파생어에서, 앞 단어나 접두사의 끝이 자음이고 뒤 단어나 접미사의 첫음절이 '이, 야, 여, 요, 유'인 경우에는, 'ㄴ' 소리를 첨가하여 [니, 냐, 녀, 뇨, 뉴]로 발음한다.

쏙쏙 이해 더하기 음운 변동 현상

음운 교체	한 음운이 다른 음운으로 바뀌는 현상	■ + ● → ■ + ▲
음운 축약	두 음운이 합쳐져서 제3의 한 음운으로 바뀌는 현상	■ + ● → ▲
음운 탈락	원래 있던 음운이 없어지는 현상	■ + ● → ■
음운 첨가	없던 음운이 새로 더해지는 현상	■ + ● → ■ + ▲ + ●

02 이해를 돕는 문법 개념

이번 단원에서는 이후에 학습할 개념을 이해하기 위한 기초 문법에 대해 학습하게 됩니다.

1 형태소와 단어

1. 형태소

(1) 개념

뜻을 가진 가장 작은 말의 단위를 말한다. 형태소는 더 쪼개면 원래의 의미를 잃어버리게 된다.

① 실질적 의미: 구체적인 대상 또는 대상의 동작이나 상태를 나타내는 실질적인(실제로 뜻이 있는) 의미

② 문법적 의미: 말과 말 사이의 관계나 기능을 나타내는 형식적인 의미

+ 형태소 나누는 방법

① 어절을 나눈다.

② 조사를 분리한다.

③ '합성어, 파생어'를 나눈다. 용언은 기본형으로 고쳐서 나눈다.

(2) 형태소의 종류

분류 기준	종류	개념
자립의 유무	자립 형태소	혼자 쓰일 수 있는 형태소(체언, 수식언, 감탄사) 예 엄마, 그, 셋, 헌, 빨리, 야
	의존 형태소	혼자 쓰일 수 없는 형태소(조사, 용언의 어간과 어미, 접사) 예 이/가, 먹-, -다, 풋-, -꾼
실질적 의미의 유무	실질 형태소	구체적인 대상 또는 대상의 동작이나 상태 등을 나타내는 실질적 의미를 가진 형태소(자립 형태소 전부, 용언의 어간) 예 엄마, 그, 셋, 헌, 빨리, 야, 먹-, 예쁘-
	형식 형태소 (= 문법 형태소)	형식적인 의미를 표시하는 형태소(조사, 접사, 어미) 예 이/가, 풋-, -다

(3) 형태소의 종류에 따른 분류

구분	하늘(명사)	이(조사)	푸르-(형용사 어간)	-다(어미)
자립/의존	자립 형태소	의존 형태소	의존 형태소	의존 형태소
실질/형식	실질 형태소	형식 형태소	실질 형태소	형식 형태소

2. 단어

(1) 개념

문장에서 자립할 수 있는 말, 혹은 자립할 수 있는 말에 붙어서 쉽게 분리할 수 있는 말이다.

① 자립할 수 있는 말: 띄어쓰기를 할 수 있는 말 예 학생, 하늘, 푸르다

② 자립할 수 있는 말에 붙어서 쉽게 분리할 수 있는 말: 조사 예 이/가, 을/를

(2) 종류

단일어	하나의 어근으로 이루어진 단어 예 사과, 먹다	
복합어	합성어	어근과 어근이 결합된 단어 예 손발(손+발), 돌아가다(돌다+가다)
	파생어	어근과 접사가 결합된 단어 예 맨손(맨-+손), 믿음(믿+-음)

쏙쏙 이해 더하기 형태소와 단어의 관계

형태소는 단어보다 더 작거나 그와 같은 단위이다(형태소≤단어). 하나의 형태소가 하나의 단어가 되기도 하지만 보통 둘 이상의 형태소가 모여 단어를 형성한다.

하늘	돌 + 다리	푸르- + -다
⬇	⬇	⬇
하늘	돌다리	푸르다
형태소 1개, 단어 1개	형태소 2개, 단어 1개	형태소 2개, 단어 1개

2 품사

1. 개념

단어를 공통된 성질에 따라 분류해 놓은 갈래이다.

형태	기능	의미	품사
형태가 변하지 않음 (불변어)	체언(주어, 목적어, 보어의 역할)	사람이나 사물의 이름을 나타냄	명사
		사람이나 사물의 이름을 대신하여 쓰임	대명사
		수량이나 순서를 나타냄	수사
	수식언(다른 말을 꾸며 주는 역할)	뒤에 오는 체언을 꾸며 줌	관형사
		주로 용언을 꾸며 줌	부사
	독립언(다른 성분과 관계없이 독립적)	느낌, 놀람, 부름, 대답 등을 나타냄	감탄사
	관계언(체언 뒤에서 문법적 관계, 뜻을 더해 줌)	다른 말과의 관계를 표시함	조사
형태가 변함 (가변어)	용언(주어를 풀이, 서술어 역할)	사람이나 사물의 움직임을 나타냄	동사
		사람이나 사물의 성질이나 상태를 나타냄	형용사

+ 의존 명사
반드시 관형어의 꾸밈을 받아야 쓰일 수 있는 명사이다. 예 할 수, 할 것

+ '대명사'와 '지시 관형사'의 구분
조사가 붙을 수 있으면 '대명사'이며, 조사가 붙을 수 없으면 '지시 관형사'이다.

+ '수사'와 '수 관형사'의 구분
조사가 붙을 수 있으면 '수사'이며, 조사가 붙을 수 없으면 '수 관형사'이다.

+ 조사 '이다'
'이다'는 조사이지만, 형태가 변하므로 가변어에 속한다.

쏙쏙 이해 더하기 어간과 어미 및 동사와 형용사의 구분

1. 어간과 어미의 구분

어간		활용 시 변하지 않는 실질적 의미를 지닌 부분 예 먹-(실질적 의미)
어미	선어말 어미	어말 어미의 앞자리에 들어가며, 높임과 시제를 나타내는 어미 예 -(으)시-(높임), -었-(과거)
	어말 어미	어간에 결합하여 여러 가지 문법적인 의미를 더해 주는 어미 예 -다(종결), -고(연결), -던(전성)

2. 동사와 형용사의 구분

구분	동사	형용사
어간에 '-ㄴ-/-는-'을 붙여 봄	먹는다(O)	작는다(×)
명령형, 청유형으로 만들어 봄	먹어라/먹자(O)	예뻐라/예쁘자(×)
어간에 '-(으)려고', '-고자' 등을 결합시켜 봄	먹으려고(O)	작으려고(×)

3 '어근-접사'와 '어간-어미'

1. 개념

① 어근: 단어의 실질적인 의미를 나타내는 부분, '접사'와 짝꿍
② 접사: 어근과 결합하여 특정한 의미를 더하거나 품사를 바꾸는 부분
③ 어간: 용언 활용 시 변하지 않는 실질적 의미를 지닌 부분, '어미'와 짝꿍
④ 어미: 용언 및 서술격 조사가 활용하여 변하는 부분

+ 파생어의 구성
파생어는 실질적인 의미를 가진 어근과 의미를 더해주는 접사로 이루어져 있다.

2. '어근-접사'와 '어간-어미'의 구분

웃-(어근)	+	-음(접사)
실질적 의미를 나타내는 부분		특정한 의미를 더하거나 품사를 바꾸는 부분

먹-(어간)	+	-다(어미)
바뀌지 않는 부분		바뀌는 부분

구분	어근	어간
역할	단어의 의미 형성	활용 시 바뀌지 않음
기다리다	기다리-	기다리-
돌아가다	돌-, 가-	돌아가-
치솟다	솟-	치솟-

4 조사, 접사, 어미의 구분

구분	조사	접사	어미
공통점	• 실질적 의미를 갖고 있지 않음(형식 형태소) • 자립성이 없어서 다른 말에 의존해야 함(의존 형태소)		
차이점	체언 뒤에 붙어 문법적인 관계를 표시하거나 특별한 뜻을 더함	다른 어근이나 단어에 붙어 새로운 단어를 만듦	용언이 활용하여 변하는 부분으로, 어간과 함께 쓰임
예	마음을 (을: 조사)	새- + 파랗- + -다 (새-: 접사)	파랗- + -다 (-다: 어미)

+ 격조사

주격	이, 가, 께서
목적격	을, 를
보격	이, 가
서술격	이다
관형격	의
부사격	에서, 에게, 께 등
호격	아, 야

5 문장 성분

'품사'와 '문장 성분'은 다른 단위랍니다. '문장 성분'이 '품사'보다 큰 단위라는 것을 잊지 마세요.

1. 개념

① 문장을 구성하면서 문장 안에서 일정한 문법적 기능을 하는 각 부분을 말한다.

② 문장 성분 분석

문장	하늘이	푸르다.
문장 성분	주어	서술어

✚ 문장 성분을 분석하는 방법
① 서술어를 찾는다.
② 주어를 찾는다.
③ 나머지 성분을 찾는다.

2. 문장 성분의 종류

① 주성분: 문장을 이루는 데 골격이 되는 문장 성분이다. 예 주어, 목적어, 보어, 서술어
② 부속 성분: 주로 주성분을 수식하는 문장 성분이다. 예 관형어, 부사어
③ 독립 성분: 문장의 다른 어느 성분과도 직접적인 관련이 없이 독립적인 의미를 지닌 문장 성분이다. 예 독립어

3. 문장 성분별 특성

주성분	주어	• '누가', '무엇이'에 해당하는 것으로, 문장에서 동작, 상태, 성질의 주체 • '체언+이/가·께서·에서(주격 조사)'의 형태
	서술어	• '어찌하다', '어떠하다', '무엇이다'에 해당하는 것 • 주어의 동작이나 상태, 성질을 풀이하는 기능을 함 • 동사, 형용사 또는 '체언+이다(서술격 조사)'의 형태
	목적어	• '누구를', '무엇을'에 해당하는 것으로, 서술어의 동작 대상 • '체언+을/를(목적격 조사)'의 형태
	보어	• 주어와 목적어 외에 서술어가 요구하는 필수적인 성분 • 서술어 '되다', '아니다' 앞에 위치하여 뜻을 보충함 • 보격 조사 '이/가'가 붙어 만들어짐
부속 성분	관형어	• 체언을 꾸며 주는 성분 • 관형사, '체언+의(관형격 조사)', '용언의 어간+관형사형 어미'의 형태
	부사어	• 주로 서술어를 꾸며 주는 성분 • 다른 부사어나 관형어, 문장 전체를 꾸미거나 문장이나 단어를 이어 줌 • 부사어 또는 '체언+에게·에·으로 등(부사격 조사)'의 형태
독립 성분	독립어	• 문장의 다른 성분과 직접적인 관련 없이 독립적 의미를 지닌 성분 • 부름, 감탄, 놀람, 응답 등에 해당하는 성분 • 감탄사 또는 '체언+아/야(호격 조사)'의 형태

4. 서술어의 자릿수

(1) 개념

특정 서술어가 온전한 문장을 구성하기 위해 필요로 하는 문장 성분의 개수

(2) 종류

한 자리 서술어	주어만을 필수적으로 요구하는 서술어 예 예쁘다, 높다, 내리다
두 자리 서술어	주어 이외에 목적어, 보어, 부사어 중 하나를 필수적으로 요구하는 서술어 예 먹다, 되다, 입다
세 자리 서술어	주어 이외에 목적어와 부사어를 필수적으로 요구하는 서술어 예 주다, 보내다, 삼다

✚ 생략할 수 없는 부속 성분
서술어에 따라 부속 성분인 부사어를 생략할 수 없는 경우가 있다. 이를 필수적 부사어라고 한다.

03 어문 규범

이번 단원에서는 빈출 개념인 한글 맞춤법과 표준어 규정에 대해 학습하게 됩니다.

1 한글 맞춤법

1. 한글 맞춤법 총칙

[제1항] 한글 맞춤법은 표준어를 소리대로 적되, 어법에 맞도록 함을 원칙으로 한다.

표준어를 소리대로 적음	어법에 맞도록 함
• 표준어를 발음하는 그대로 표기함 • 소리와 표기가 일치함 예 뻐꾸기, 구름, 하늘, 달리다	• 뜻을 파악하기 쉽도록 하기 위해 각 형태소의 본 모양을 밝혀 적음 • 소리와 표기가 일치하지 않음 예 놀이, 얼음

+ 한글 맞춤법
우리말을 한글로 적는 기준을 정해 놓은 규범이다.

[제2항] 문장의 각 단어는 띄어 씀을 원칙으로 한다.

제41항	조사는 그 앞말에 붙여 쓴다. 예 꽃이, 꽃밖에, 꽃이다
제42항	의존 명사는 띄어 쓴다. 예 아는 것, 할 수 있다, 먹을 만큼, 뜻한 바, 떠난 지
제43항	단위를 나타내는 명사는 띄어 쓴다. 예 한 개, 차 한 대, 소 한 마리, 옷 한 벌, 열 살, 신 두 켤레
제44항	수를 적을 적에는 '만(萬)' 단위로 띄어 쓴다. 예 십이억 삼천사백오십육만 칠천팔백구십팔, 12억 3456만 7898
제45항	두 말을 이어 주거나 열거할 적에 쓰이는 말들은 띄어 쓴다. 예 국장 겸 과장, 청군 대 백군, 책상 · 걸상 등이 있다. 사과 · 배 · 귤 등

쏙쏙 이해 더하기 띄어쓰기가 헷갈리는 말

뿐, 만큼	• 체언 뒤에 쓰이면 → 조사(붙여 씀) 예 이제 믿을 것은 실력뿐이다. 집이 대궐만큼 크다. • 관형어 뒤에 쓰이면 → 의존 명사(띄어 씀) 예 소문으로만 들었을 뿐이네. 주는 만큼 받아 오다.
같이	• 체언 뒤에 쓰이면 → 조사(붙여 씀) 예 그녀의 얼굴빛이 눈같이 하얗다. • 조사 '와/과' 뒤에 쓰이면 → 부사(띄어 씀) 예 친구와 같이 공부를 하다.
데/–ㄴ데	• 뒤에 조사가 결합할 수 있으면 → 의존 명사(띄어 씀) 예 교과서를 다 읽는 데 오래 걸렸다. • 뒤에 조사가 결합할 수 없으면 → 어미(붙여 씀) 예 날씨가 추운데 외투를 입어라.
지/–ㄴ지	• 의미상 '시간의 경과'와 관련 있으면 → 의존 명사(띄어 씀) 예 집을 떠나온 지 벌써 하루가 지났다. • 의미상 '시간의 경과'와 관련 없으면 → 어미(붙여 씀) 예 당신이 어떻게 생각하는지 궁금하다.

2. 주요 규정

(1) 소리에 관한 것

제5항	한 단어 안에서 뚜렷한 까닭 없이 나는 된소리는 다음 음절의 첫소리를 된소리로 적는다. 예 어깨, 오빠, 기쁘다, 산뜻하다, 잔뜩, 훨씬
제10항	한자음 '녀, 뇨, 뉴, 니'가 단어 첫머리에 올 적에는, 두음 법칙에 따라 '여, 요, 유, 이'로 적는다. 예 여자(女子), 연세(年歲)
제11항	한자음 '랴, 려, 례, 료, 류, 리'가 단어의 첫머리에 올 적에는, 두음 법칙에 따라 '야, 여, 예, 요, 유, 이'로 적는다. 예 양심(良心), 역사(歷史) 다만, 모음이나 'ㄴ' 받침 뒤에 이어지는 '렬, 률'은 '열, 율'로 적는다. 예 백분율(百分率), 비율(比率)
제13항	한 단어 안에서 같은 음절이나 비슷한 음절이 겹쳐 나는 부분은 같은 글자로 적는다. 예 쓱싹쓱싹, 꼿꼿하다, 쌉쌀하다

(2) 형태에 관한 것

제15항	용언의 어간과 어미는 구별하여 적는다. 예 먹다, 먹고, 먹어
제19항	어간에 '-이'나 '-음/-ㅁ'이 붙어서 명사로 된 것과 '-이'나 '-히'가 붙어서 부사로 된 것은 그 어간의 원형을 밝히어 적는다. 예 먹이, 미닫이, 걸음, 믿음, 같이, 익히 [붙임] 어간에 '-이'나 '-음' 이외의 모음으로 시작된 접미사가 붙어서 다른 품사로 바뀐 것은 그 어간의 원형을 밝히어 적지 아니한다. 예 마개, 자주
제20항	명사 뒤에 '-이'가 붙어서 된 말은 그 명사의 원형을 밝히어 적는다. 예 곳곳이, 낱낱이, 바둑이 [붙임] '-이' 이외의 모음으로 시작된 접미사가 붙어서 된 말은 그 명사의 원형을 밝히어 적지 아니한다. 예 이파리, 끄트머리, 바가지
제35항	모음 'ㅗ, ㅜ'로 끝난 어간에 '-아/-어, -았-/-었-'이 어울려 'ㅘ/ㅝ, ㅘㅆ/ㅝㅆ'으로 될 적에는 준 대로 적는다. 예 보아-봐, 두어-둬, 주었다-줬다, 쏘았다-쐈다

3. 사이시옷 표기

(1) 개념

합성어에서 사잇소리 현상이 일어났을 때, 이를 나타내기 위해 표기하는 'ㅅ(사이시옷)'을 말한다.

(2) 사이시옷의 표기 조건

제30항	사이시옷은 다음과 같은 경우에 받치어 적는다. ㉠ 순우리말로 된 합성어로서 앞말이 모음으로 끝난 경우 • 뒷말의 첫소리가 된소리로 나는 것 예 나룻배(나루+배 → 나룻배[나루빼/나룯빼]), 냇가(내+가 → 냇가[내:까/낻:까])

+ 사잇소리 현상

사잇소리 현상은 두 개의 형태소 또는 단어가 합쳐져 합성 명사를 만들 때, 앞말의 끝소리가 울림소리(모음, ㄴ, ㄹ, ㅁ, ㅇ)이고, 뒷말의 첫소리가 안울림 예사소리이면 뒤의 예사소리가 된소리로 변하는 현상이다. 또 어근과 어근이 합쳐져 합성어가 될 때 'ㄴ' 소리가 덧나는 경우도 사잇소리 현상이다.

예 밤+길 → 밤길[밤낄]
이+몸 → 잇몸[인몸]
나무+잎 → 나뭇잎[나문닙]

	• 뒷말의 첫소리 'ㄴ, ㅁ' 앞에서 'ㄴ' 소리가 덧나는 것 예 뱃놀이(배+놀이 → 뱃놀이[밴노리]), 잇몸(이+몸 → 잇몸[인몸]) • 뒷말의 첫소리 모음 앞에서 'ㄴㄴ' 소리가 덧나는 것 예 뒷일(뒤+일 → 뒷일[뒨:닐]), 나뭇잎(나무+잎 → 나뭇잎[나문닙]) ㉡ 순우리말과 한자어로 된 합성어로서 앞말이 모음으로 끝난 경우 • 뒷말의 첫소리가 된소리로 나는 것 예 귓병(귀+병(病) → 귓병[귀뼝/귇뼝]), 아랫방(아래+ 방(房) → 아랫방[아래빵/아랟빵]) • 뒷말의 첫소리 'ㄴ, ㅁ' 앞에서 'ㄴ' 소리가 덧나는 것 예 훗날(후(後)+날 → 훗날[훈:날]), 제삿날(제사(祭祀)+날 → 제삿날[제:산날]) • 뒷말의 첫소리 모음 앞에서 'ㄴㄴ' 소리가 덧나는 것 예 예삿일(예사(例事)+일 → 예삿일[예:산닐]), 훗일(후(後)+일 → 훗일[훈:닐]) ㉢ 두 음절로 된 다음 한자어 • 곳간(庫間), 셋방(貰房), 숫자(數字), 찻간(車間), 툇간(退間), 횟수(回數)

+ 한자 합성어의 표기
사이시옷을 표기하는 '한자어'+'한자어' 구성의 합성어는 6개뿐이다.

2 표준어 규정

표준어는 모든 사람들이 원활하게 의사소통하기 위해서 국민들이 공통으로 사용하도록 정한 공용어이다.

1. 표준어 사정 원칙

[제1항] 표준어는 교양 있는 사람들이 두루 쓰는 현대 서울말로 정함을 원칙으로 한다.

사회적 조건	시대적 조건	지역적 조건
교양 있는 사람들	현대	서울말

2. 주요 규정

제7항	수컷을 이르는 접두사는 '수–'로 통일한다. 다만 1. 다음 단어에서는 접두사 다음에서 나는 거센소리를 인정한다. 예 수캉아지, 수캐, 수탉, 수평아리 다만 2. 다음 단어의 접두사는 '숫–'으로 한다. 예 숫양, 숫쥐, 숫염소
제9항	'ㅣ' 역행 동화 현상에 의한 발음은 원칙적으로 표준 발음으로 인정하지 아니하되, 다만 다음 단어들은 그러한 동화가 적용된 형태를 표준어로 삼는다. 예 [예외] –내기, 냄비 [붙임 1] 다음 단어는 'ㅣ' 역행 동화가 일어나지 아니한 형태를 표준어로 삼는다. 예 아지랑이 [붙임 2] 기술자에게는 '–장이', 그 외에는 '–쟁이'가 붙는 형태를 표준어로 삼는다. 예 미장이, 멋쟁이
제12항	'웃–' 및 '윗–'은 명사 '위'에 맞추어 '윗–'으로 통일한다. 예 윗니 다만 1. 된소리나 거센소리 앞에서는 '위–'로 한다. 예 위층 다만 2. '아래, 위'의 대립이 없는 단어는 '웃–'으로 발음되는 형태를 표준어로 삼는다. 예 웃어른
제26항	한 가지 의미를 나타내는 형태 몇 가지가 널리 쓰이며 표준어 규정에 맞으면, 그 모두를 표준어로 삼는다. 예 가엾다 – 가엽다 / 넝쿨 – 덩굴 / 말동무 – 말벗

04 문법 요소

이번 단원에서는 높임 표현, 시간 표현, 부정 표현, 피동과 사동 표현 등 다양한 문법 요소에 대해 학습하게 됩니다.

1 종결 표현

화자가 종결 어미 혹은 문장 끝의 억양을 통해 청자에게 자신의 생각이나 느낌을 나타내는 문법 요소이다.

평서문	화자가 청자에게 특별히 요구하는 바 없이, 어떤 정보를 전달하고자 하는 문장 예 하늘이 맑다.
의문문	일반적으로 화자가 청자에게 질문하여 대답을 요구하는 문장 예 이 음식의 이름이 뭐니?
명령문	화자가 청자에게 어떤 행동을 하도록 요구하는 문장 예 어서 먹어라.
청유문	화자가 청자에게 어떤 행동을 함께 할 것을 요청하는 문장 예 시간이 얼마 없으니 빨리 가자.
감탄문	화자가 청자를 별로 의식하지 않거나 거의 독백하는 상태에서 자기의 느낌을 표현하는 문장 예 햇살이 따스한 아침이구나!

2 높임 표현

화자가 어떤 대상에 대하여 그 대상의 높고 낮음에 따라 대우하는 의도를 언어적으로 나타낸 것이다. 높이는 대상에 따라 사용되는 높임법이 달라진다.

주체 높임법	주어를 높임	• 일반적으로 서술어에 선어말 어미 '-(으)시-'를 붙임 • 주격 조사 '께서'를 씀 • 어휘(예 잡수시다, 계시다, 주무시다 등)를 통해 실현되기도 함 예 선생님께서 우리 이름을 부르셨다.
객체 높임법	목적어나 부사어를 높임	• 주로 어휘(예 모시다, 여쭈다, 드리다, 뵈다 등)를 통해 실현됨 • 부사격 조사 '께'를 씀 예 나는 선생님께 책을 드렸다.
상대 높임법	대화 상대를 높이거나 낮춤	종결 어미를 통해 실현됨 (아래 표 참조) 예 선생님, 질문이 있어요.

구분	높임		낮춤	
격식체	하십시오체 (아주높임)	하오체 (예사높임)	하게체 (예사낮춤)	해라체 (아주낮춤)
비격식체	해요체 (두루높임)		해체 (두루낮춤)	

+ 주체를 높이는 특수한 어휘

예사말	높임말
있다	계시다
자다	주무시다
죽다	돌아가다(돌아가시다)
먹다	드시다, 잡수다, 잡수시다
아프다	편찮으시다

+ 객체를 높이는 특수한 어휘

예사말	높임말
보다, 만나다	뵈다
주다	드리다
데리다	모시다
묻다	여쭈다, 여쭙다

쏙쏙 이해 더하기 주체 높임의 방법

직접 높임	주체를 직접 높이는 것 → 선어말 어미 '-(으)시-', 높임의 특수 어휘 모두 사용 가능 예 아버지께서는 안방에 계시다.
간접 높임	대상의 신체 부분, 소유물, 생각 등을 높여 주체를 간접적으로 높이는 것 → 선어말 어미 '-(으)시-'만 사용 가능 예 아버지께서는 걱정거리가 있으시다.

쏙쏙 이해 더하기 상대 높임의 종류

구분		평서형	의문형	명령형	청유형	감탄형
격식체	하십시오체	가십니다	가십니까?	가십시오	(가시지요)	–
	하오체	가(시)오	가(시)오?	가(시)오, 가구려	갑시다	가는구려
	하게체	가네, 감세	가는가?, 가나?	가게	가세	가는구먼
	해라체	간다	가냐?, 가니?	가(거)라, 가렴, 가려무나	가자	가는구나
비격식체	해요체	가요	가요?	가(세/셔)요	가(세/셔)요	가(세/셔)요
	해체(반말)	가, 가지	가?, 가지?	가, 가지	가, 가지	가, 가지

쏙쏙 이해 더하기 잘못된 높임 표현

- 고객님, 이 제품이 예쁘십니다. → 고객님, 이 제품이 예쁩니다.
  - └→ 높일 필요가 없는 주체인 '이 제품'을 높임
- 선생님, 물어볼 것이 있어요. → 선생님, 여쭤볼 것이 있어요.
  - └→ 객체인 '선생님'이 높임의 대상인데 높이지 않음
- 교장선생님의 말씀이 계시겠습니다. → 교장 선생님의 말씀이 있으시겠습니다.
  - └→ 교장 선생님의 말씀은 주체의 생각 등을 나타내는 것이므로 간접 높임으로 표현해야 함

+ 높임법의 종류 구별법

① 서술어를 찾는다.
② 서술어가 높이는 대상을 파악한다.
③ 높이는 대상이 '주어'면 **주체 높임법**, '목적어나 부사어'면 **객체 높임법**, '종결 어미'에 높임 표현이 있다면 **상대 높임법**이다.

+ '격식체와 비격식체'의 표현 효과

격식체	• 공식적인 언어 • 심리적 거리감을 드러냄 • 객관적이고 공식적인 느낌을 줌
비격식체	• 사적인 언어 • 심리적 친밀감을 드러냄 • 친근하고 가까운 느낌을 줌

+ '말씀'의 의미

'말씀'은 높임말과 낮춤말로 모두 쓰일 수 있다.

- 남의 말을 높여 이르는 말
  예 선생님께서 말씀하셨다.
- 자기의 말을 낮추어 이르는 말
  예 선생님, 드릴 말씀이 있어요.

3 시간 표현

1. 시제

'말하는 시점(발화시)'을 기준으로 말하고자 하는 '사건이 일어나는 시점(사건시)'이 언제인지에 따라 과거 시제, 현재 시제, 미래 시제로 나눌 수 있다.

(1) 과거 시제

① 개념: 사건시가 발화시 이전인 것이다.

② 실현 방법

선어말 어미	• 서술어에 선어말 어미 '-았-/-었-'을 붙임 예 우리는 어제 그 영화를 보았다. • 과거의 일이나 경험을 회상할 때 '-더-'를 붙임 • '-았었-/-었었-'은 말하는 시점(발화시)보다 훨씬 이전에 발생하여 현재와는 강하게 단절된 사건을 표현함

관형사형 어미	• 동사에 관형사형 어미 '-(으)ㄴ'을 붙임 예 먹은 것 • 형용사, 서술격 조사에 관형사형 어미 '-던'을 붙임 예 조용하던 친구, 학생이던 사람
시간 부사어	'어제', '옛날'과 같이 시간을 나타내는 부사어를 사용함

(2) 현재 시제

① 개념: 사건시와 발화시가 일치하는 것이다.

② 실현 방법

선어말 어미	• 동사에 선어말 어미 '-는-/-ㄴ-'을 붙임 예 학생들이 지금 공부를 한다. • 형용사나 서술격 조사는 기본형으로 표현함 예 눈이 예쁘다.
관형사형 어미	• 동사에 관형사형 어미 '-는'을 붙임 예 먹는 것 • 형용사, 서술격 조사에 '-(으)ㄴ'을 붙임 예 조용한 친구, 학생인 사람
시간 부사어	'지금'과 같이 시간을 나타내는 부사어를 사용함

(3) 미래 시제

① 개념: 사건시가 발화시 이후인 것이다.

② 실현 방법

선어말 어미	• 서술어에 선어말 어미 '-겠-'을 붙임 예 내일 오겠습니다. • '-(으)ㄹ 것'(관형사형 어미+의존 명사)이 비슷하게 쓰임
관형사형 어미	동사와 형용사 모두에 관형사형 어미 '-(으)ㄹ'을 붙여 표현함 예 집에 갈 사람
시간 부사어	'내일'과 같이 시간을 나타내는 부사어를 사용함

2. 동작상

말하는 시점을 기준으로 동작이 일어나는 모습을 표현한 것이다.

동작이 진행되고 있음 (진행상)	'-고 있다', '-아/-어 가다', '-(으)면서' 등과 결합하여 동작이 진행되고 있음을 나타냄 예 먹고 있다, 다 먹어 가다, 먹으면서
동작이 완결됨 (완료상)	'-아/-어 있다', '-아/-어 버리다', '-고서' 등은 동작이 완료되었음을 나타냄 예 앉아 있다, 먹어 버리다, 숙제를 다 하고서

+ 동작의 중의성

신발을 신고 있다.

• 진행: 신발을 신는 동작이 진행 중이라는 의미이다.
• 완료: 신발을 신는 동작은 완료되었고, 그 상태가 지속된다는 의미이다(신발을 신은 상태).

4 부정 표현

문장의 길이	긴 부정문	'아니하다', '못하다'를 사용함 예 경운이는 대교를 만나지 않았다.
	짧은 부정문	'안', '못'을 사용함 예 은주는 선구를 안 만났다.

주어의 의지나 능력	'안' 부정문	어떤 내용의 단순 부정, 또는 주어의 의지에 의한 부정 예 지상이는 책을 사지 않았다. / 그 일에 대해 염려하지 않았다.
	'못' 부정문	주어의 능력 부족이나 외부 원인에 의한 부정 예 영미는 책을 사지 못했다. / 나는 네가 온 것도 알지 못했다.
'말다' 부정문		청유문과 명령문에만 사용함 예 정현이를 만나지 말자. / 예림이를 만나지 마라.

5 피동 · 사동 표현

1. 피동 표현

① 개념: 주어가 다른 힘에 의해 동작을 당하는 것이다(↔ 능동). 능동문의 주어가 피동문의 부사어가 되고, 능동문의 목적어가 피동문의 주어가 된다.

예 고양이가 쥐를 물었다.(능동문) → 쥐가 고양이한테 물렸다.(피동문)

② 실현 방법

- 용언에 피동 접사 '-이-, -히-, -리-, -기-'를 붙임
  예 도둑이 경찰에게 잡혔다. (잡-+-히-+-었-+-다)
- 용언에 '-어지다', '-게 되다'를 붙임
  예 쥐가 고양이에게 먹히게 되다.

2. 사동 표현

① 개념: 주어가 다른 주체나 대상에게 행동을 하도록 시키는 것이다(↔ 주동). 주동사가 형용사나 자동사이면 주동문의 주어가 사동문의 목적어가 되고, 사동문의 주어는 새로 도입된다.

예 길이 넓다.(주동문) → 사람들이 길을 넓힌다.(사동문)

② 실현 방법

- 용언에 사동 접사 '-이-, -히-, -리-, -기-, -우-, -구 -, -추-'를 붙임
  예 어머니가 아이에게 옷을 입힌다.(입-+-히-+-ㄴ다)
- 용언에 '-게 하다', '-게 만들다'를 붙임
  예 어머니가 아이에게 옷을 입게 하다.

✚ 피동과 사동 표현 구별법

① 서술어를 찾는다.
② 서술어를 **기본형**으로 만든 후, 어떤 표현이 더해졌는지 살펴본다.
③ '-우-, -구-, -추-, -게 하다, 시키다'가 붙으면 **사동 표현**, '-게 되다, -어지다, -되다'가 붙으면 **피동 표현**이다.
④ '-이-, -히-, -리-, -기-'가 붙었다면 **목적어**가 있는지 확인해 본다. 목적어가 있으면 **사동 표현**, 목적어가 없으면 **피동 표현**이다.

✚ 그 외 피동 · 사동 표현

피동 표현	명사에 '-되다'를 붙임 예 안건이 만장일치로 가결되었다.
사동 표현	일부 명사에 '-시키다'를 붙임 예 사장은 새로운 직원들에게 손님을 대하는 예절을 교육시켰다.

쏙쏙 이해 더하기 직접 사동과 간접 사동

직접 사동	주체가 행위에 참여함
간접 사동	주체가 행위에 참여하지 않고 시킴

쏙쏙 이해 더하기 잘못된 피동 표현 – 이중 피동

피동 접미사 '-이/히/리/기-'나 '-되(다)'가 결합해 이미 피동의 의미를 지니는 단어에 '-아/어지다'가 한 번 더 붙는 경우를 말한다. 국어에서 이중 피동은 잘못된 표현이므로 쓰지 않도록 주의해야 한다.

- 잘못 쓰여진 표현을 고르시오. → 쓰- + -이-(파생적 피동) + -어지-(통사적 피동) + -ㄴ(×)
  ↳ '피동 표현'이 두 번 사용됨
  → 잘못 쓰인 표현을 고르시오.(O) / 잘못 써진 표현을 고르시오.(O)
- 철회가 요구되어진다. → 요구 + -되-(파생적 피동) + -어지-(통사적 피동) + -ㄴ- + -다.(×)
  ↳ '피동 표현'이 두 번 사용됨
  → 철회가 요구된다.(O)

6 인용 표현

다른 데에서 들은 말이나 읽은 글을 문장 속에 넣어서 전달하는 국어의 문법 요소를 말한다.

직접 인용	• 원래의 내용과 형식을 그대로 유지한 채 인용함 • 큰따옴표(“ ”)와 조사 ‘라고’를 사용함 예 지수는 어머니께 “사랑합니다.”라고 말했다.
간접 인용	• 형식은 유지하지 않고 내용만 인용함 • 따옴표를 사용하지 않고, 조사 ‘고’를 사용함 예 지수는 어머니께 사랑한다고 말했다.

+ 인용 표현의 구분

문장 안에 큰 따옴표(“ ”)가 있으면 직접 인용, 따옴표가 없으면 간접 인용이다.

05 정확한 문장 표현

이번 단원에서는 올바른 문장 표현을 위해 필수적 문장 성분 및 문장 성분 간의 호응에 대해 학습하게 됩니다.

1 필수적 문장 성분

'주어, 서술어, 목적어, 보어' 등의 주성분과 '필수적 부사어'를 제대로 갖추지 않으면 문법에 맞지 않는 문장이 된다.

인간은 환경을 지배하기도 하고, 순응하기도 한다. (×)
서술어 '순응하다'가 필요로 하는 부사어가 생략됨
➡ 인간은 환경을 지배하기도 하고, 환경에 순응하기도 한다. (○)

2 문장 성분 간의 호응

1. 주어와 서술어의 호응

확실한 사실은 그가 지금까지 성실하게 살아왔다. (×)
'확실한 사실'이라는 주어는 '살아왔다'라는 서술어와 호응하지 않음
➡ 확실한 사실은 그가 지금까지 성실하게 살아왔다는 점이다. (○)

2. 부사어와 서술어의 호응

난 네가 내 곁에 있어서 여간 행복해. (×)
'여간'은 부정문과 호응하는 부사어임
➡ 난 네가 내 곁에 있어서 여간 행복하지 않아. (○)

3. 목적어와 서술어의 호응

이 배는 사람이나 짐을 싣고 매일 운행한다. (×)
'사람을 태우다'가 아닌 '사람을 싣다'가 되어 목적어와 서술어가 호응하지 않음
➡ 이 배는 사람을 태우거나 짐을 싣고 매일 운행한다. (○)

3 중의적 표현

1. 수식 범위에 따른 중의성

아름다운 고향의 하늘을 생각한다.
❶ 고향이 아름답다.
❷ 하늘이 아름답다.

2. 비교 대상의 중의성

그는 나보다 야구를 더 좋아한다.
❶ 나 vs 야구: 그는 나와 야구 중에서 야구를 더 좋아한다.
❷ 나 vs 그: 그는 내가 야구를 좋아하는 것보다 더 야구를 좋아한다.

+ 생략된 문장 성분 찾는 법
① 문장에서 서술어를 모두 찾는다.
② 각 서술어의 자릿수를 파악한다.
③ 서술어가 필요로 하는 문장 성분이 모두 있는지 파악한다.

+ 문장 성분의 종류
- 주성분: 문장의 뼈대를 이루는 성분을 말한다.
  예 주어, 서술어, 목적어, 보어
- 부속 성분: 주성분의 내용을 수식하는 성분을 말한다.
  예 관형어, 부사어
- 독립 성분: 문장의 다른 성분과 직접적인 관련이 없는 성분을 말한다.
  예 독립어

+ 부사어와 서술어 호응의 예
- 왜냐하면 ~ 때문이다./~까닭이다.
- 모름지기 ~ 해야 한다.
- 비록 ~ 하더라도
- 만약 ~ 라면
- 그다지 ~ 않다./못하다(부정어와 호응).
- 여간 ~지 않다./~이 아니다(부정어와 호응).
- 별로 ~ 않다./없다(부정어와 호응).
- 결코 ~ 아니다./없다./못하다(부정어와 호응).
- 절대로/전혀 ~ 아니다.

3. 연결 관계에 의한 중의성

그녀는 지선이와 지아를 만났다.
❶ 그녀는 지선이도 만났고, 지아도 만났다.(=지선이와 지아를 따로 만났다.)
❷ 그녀는 지선이와 함께 지아를 만났다.(=지선이와 지아를 동시에 만났다.)

4. 관형격 조사에 의한 중의성

그는 아버지의 그림을 가져왔다.
❶ 아버지를 그린 그림
❷ 아버지가 그린 그림
❸ 아버지가 소유한 그림

5. 부정문에 따른 중의성

사람들이 다 오지 않았다.
❶ 전체를 부정: 사람들이 아무도 오지 않았다.
❷ 일부를 부정: 사람들 중 일부가 오지 않았다.(=사람들이 다는 오지 않았다.)

쏙쏙 이해 더하기 중의적 의미를 지닌 기출 문장

- 직원은 웃으면서 들어오는 손님에게 인사했다.
  ❶ 들어오는 손님에게 직원이 웃으면서 인사했다. ❷ 웃으면서 들어오는 손님에게 직원이 인사했다.
- 그가 걸음을 걷는 것이 이상하다.
  ❶ 그의 걸음걸이가 이상하다. ❷ 그가 걸음을 걷는다는 사실 자체가 이상하다.
- 저 배를 보아라.
  ❶ 사람의 배 ❷ 배나무의 열매
- 언니가 유니폼을 입고 있다.
  ❶ 언니가 유니폼을 입은 모습으로 있다(상태). ❷ 언니가 유니폼을 입는 중이다(진행).
- 어머니가 동생에게 밥을 먹이셨다.
  ❶ 어머니가 직접 동생에게 밥을 먹이셨다(직접). ❷ 어머니가 동생으로 하여금 밥을 먹게 하셨다(간접).

4 단어의 의미 중복

한자어를 쓸 때 다른 어휘와 그 의미가 중복되지 않도록 해야 한다.

- 미리 예고하다.
  '예고'의 '예(豫)'가 '미리'의 뜻을 포함하고 있어 의미가 중복됨
- 빈 공간
  '공간'의 '공(空)'이 '비다'의 의미를 포함하고 있어 의미가 중복됨
- 여름휴가 기간 동안
  '기간(期間)'은 '어느 때부터 다른 어느 때까지의 동안'의 뜻으로, '동안'과 의미가 중복됨
- 실내 공기를 자주 환기해야 한다.
  '환기'의 '기(氣)'가 공기를 뜻하므로 의미가 중복됨
- 과반수가 넘어야 통과됩니다.
  '과반수'의 '과(過)'가 '넘치다'의 뜻을 포함하고 있어 의미가 중복됨
- 역전 앞에서 보자.
  '역전(驛前)'에서 '전(前)'이 '앞'의 뜻을 지니고 있어 의미가 중복됨
- 그 시절을 돌이켜 회상하다.
  '회상(回想)'의 '회(回)'가 '돌이키다'의 뜻을 포함하고 있어 의미가 중복됨

꼼꼼 단어 돋보기

- **예고**
  미리 알림
- **환기**
  탁한 공기를 맑은 공기로 바꿈
- **회상**
  지난 일을 돌이켜 생각함

06 담화

이번 단원에서는 담화 상황을 이해하기 위한 개념과 담화의 종류와 맥락에 대해 학습하게 됩니다.

1 발화

1. 개념

구체적인 의사소통 상황 속에서 실현된 문장이다.

2. 종류

직접 발화	• 발화자가 자신의 의도를 직접적으로 표현한 발화 • 문장의 형식과 화자의 발화 의도가 일치함 예 창문 좀 열어 줘.
간접 발화	• 발화자가 자신의 의도를 간접적으로 표현한 발화 • 문장의 형식과 화자의 발화 의도가 일치하지 않음 예 (창문을 열어 달라는 의미로) 방 안이 너무 덥지 않니?

2 담화

1. 개념

① 화자와 청자를 포함하여 구체적인 문맥 속에서 이루어지는 발화 혹은 발화의 연속체이다.

② 구성 요소로 화자, 청자, 발화, 맥락이 있다.

2. 담화 표현의 종류

언어적 표현	어휘, 문장 등 독립적으로 쓰여 의미 작용을 하는 하나의 기호 또는 그 결합체
준언어적 표현	언어 표현에 직접적으로 매개되어 의미 작용을 하는 표현 예 발음, 고저, 어조, 속도, 크기 등
비언어적 표현	언어 표현과는 독립적으로 의미 작용을 할 수 있는 표현 예 자세, 손동작, 몸동작, 얼굴 표정, 눈 맞춤, 옷차림 등

3. 담화 맥락의 종류

상황 맥락	• 담화의 수용·생산 활동에 직접적으로 개입하는 맥락 • 언어 행위의 주체, 주제, 목적 등을 포함함 • 상황에 따라 제한적으로 작용하는 미시적 맥락
사회·문화적 맥락	• 담화의 수용·생산 활동에 간접적으로 개입하는 맥락 • 역사적·사회적 상황, 이념, 공동체의 가치, 신념 등을 포함함 • 구체적 상황에 관계없이 보편적으로 존재하는 거시적 맥락

✚ 담화의 성질

• 통일성: 담화의 하위 요소들이 내용상 하나의 주제 아래 유기적인 관련을 맺는 성질이다.

• 응집성: 담화를 이루는 발화나 문장들이 특정한 형식 요소에 의해 연결되는 성질이다.

꼼꼼 단어 돋보기

● 미시적
사물이나 현상을 전체적인 면에서가 아니라 개별적으로 포착하여 분석하는 것

● 거시적
사물이나 현상을 전체적으로 분석·파악하는 것

4. 언어 공동체의 담화 관습

① 언어문화를 공유하는 집단에서 형성된 듣기·말하기의 방식이나 습관, 태도를 말한다.

② 과거의 담화 관습이 오늘날까지 이어지기도 하고 변화하기도 한다.

③ 언어 공동체의 담화 관습은 사회·문화적 상황에 따라 지속적으로 변화하기 때문에, 과거의 담화 관습을 무조건적으로 따르기보다는 비판적 성찰을 바탕으로 하여 오늘날의 사회·문화적 상황에 맞게 발전적으로 ●계승해야 한다.

5. 속담에 나타난 과거 담화 관습

속담을 통해 말을 중요하게 생각한 선조들의 담화 관습을 알 수 있다.

속담	뜻
말 많은 집은 장맛도 쓰다.	① 집안에 잔말이 많으면 살림이 잘 안된다. ② 입으로는 그럴듯하게 말하지만 실상은 좋지 못하다.
말 한마디에 천 냥 빚도 갚는다.	말만 잘하면 어려운 일이나 불가능해 보이는 일도 해결할 수 있다.
말 안 하면 귀신도 모른다.	마음속으로만 애태울 것이 아니라 시원스럽게 말을 해야 한다.

쏙쏙 이해 더하기 **관용 표현의 이해**

1. **관용 표현**: 원래의 뜻과는 다른 새로운 뜻으로 굳어져 쓰는 표현이다.
   ① **관용어**: 둘 이상의 낱말이 결합하여 원래의 의미와는 다르게 습관적으로 굳어져 사용하는 말이다.
   예 입이 귀에 걸리다. / 발이 묶이다.
   ② **속담**: 예로부터 민간에 전하여 오는 쉬운 격언이나 잠언이다.
   예 가는 말이 고와야 오는 말이 곱다. / 세 살 적 버릇 여든까지 간다.
2. **관용 표현의 특징**
   ① 일상생활에서 관습적으로 사용된다.
   ② 원래의 뜻과는 다른 의미로 사용된다.
   ③ 둘 이상의 낱말이 모여 새로운 뜻을 나타낸다.
   ④ 간결하지만 인상적으로 의사를 전달할 수 있다.

6. 과거의 담화 관습에 대해 지녀야 할 태도

① 바람직한 담화 관습을 만들기 위해 노력한다.

② 자신의 의사소통 태도를 성찰하는 계기로 삼는다.

③ 무조건 수용하기보다는 오늘날 상황에 맞게 받아들인다.

꼼꼼 단어 돋보기

● **계승하다**
조상의 전통이나 문화유산, 업적 따위를 물려받아 이어 나가다.

07 한글 창제의 원리

이번 단원에서는 훈민정음의 제자 원리 및 표기법에 대해 학습하게 됩니다.

1 훈민정음의 제자 원리와 방법

1. 초성(17자)의 제자 원리와 방법

① 상형: 기본자(ㄱ, ㄴ, ㅁ, ㅅ, ㅇ)는 발음 기관의 모습을 본떠 만들었다.
② 가획: 상형으로 만든 기본 글자에 획을 하나씩 더하여 다른 글자들을 만들었다.
③ 이체: 기본자, 가획자와 글자의 모양을 달리하여 만들었다.

오음(五音)	상형(象形)	기본자	가획자	이체자
어금닛소리 자 [아음(牙音)]	혀뿌리가 목구멍을 막는 모양	ㄱ	ㅋ	ㆁ (옛이응)
혓소리 자 [설음(舌音)]	혀가 윗잇몸에 붙는 모양	ㄴ	ㄷ, ㅌ	ㄹ
입술소리 자 [순음(脣音)]	입의 모양	ㅁ	ㅂ, ㅍ	
잇소리 자 [치음(齒音)]	이의 모양	ㅅ	ㅈ, ㅊ	ㅿ (반치음)
목구멍소리 자 [후음(喉音)]	목구멍의 모양	ㅇ	ㆆ, ㅎ	

2. 중성(11자)의 제자 원리와 방법

① 상형: 기본자(ㆍ, ㅡ, ㅣ)는 하늘[天]과 땅[地]과 사람[人]을 상형하여 만들었다.
② 합성: 기본 글자를 합성하여 다른 글자를 만들었다.

상형	기본자	초출자	재출자
천(天)	ㆍ	ㅗ, ㅏ, ㅜ, ㅓ	ㅛ, ㅑ, ㅠ, ㅕ
지(地)	ㅡ		
인(人)	ㅣ		

③ 합용: 중성 11자에는 속하지 않으나 다양한 소리를 기록하기 위한 것으로, 'ㅘ, ㆇ, ㆊ, ㅚ, ㅐ, ㅟ, ㅔ' 등의 글자를 만들었다.

3. 종성 글자의 제자 원리 ≒ 자음

종성은 글자를 따로 만들지 않고, '종성부용초성(종성은 초성의 글자를 다시 쓴다.)'의 원리를 적용하였다. 이는 세종 대왕이 종성과 초성의 소리가 비슷함을 알고 있었던 것을 뜻하며, 이로 인해 보다 적은 수의 글자로 우리말을 표기하게 되었다.

꼼꼼 단어 돋보기

● **초성**
음절의 구성에서 처음 소리의 자리

● **중성**
음절의 구성에서 중간 소리의 자리

● **종성**
음절의 구성에서 마지막 소리의 자리

4. 글자의 운용

(1) 병서의 원리: 기존에 만든 자음들을 가로로 나란히 쓰는 원리이다.

① 각자 병서: 같은 글자를 나란히 쓴다. 예 ㄲ, ㄸ, ㅃ, ㅆ, ㅉ, ㆅ

② 합용 병서: 서로 다른 글자를 나란히 쓴다. 예 ㅺ, ㅼ, ㅽ, ㅳ, ㅄ, ㅶ, ㅷ, ㅴ, ㅵ

(2) 연서의 원리: 기존에 만든 자음들을 세로로 이어 쓰는 원리이다. 예 ㅸ, ㅱ, ㅹ, ㆄ

(3) 합용의 원리: 기존에 만든 11개의 모음자들을 서로 합쳐 새로운 모음을 만드는 원리이다. 예 ㅗ+ㅏ=ㅘ, ㅡ+ㅣ=ㅢ, ㅓ+ㅣ=ㅔ

(4) 방점

훈민정음 창제 당시 우리말에는 성조(소리의 높낮이)가 존재하였는데, 이를 드러내기 위하여 각 음절의 왼쪽에 점을 찍어서 표시하였다. 그 점을 방점이라 한다.

방점의 개수	이름	소리	예
없음	평성(平聲)	낮은 소리	손[客] → 짧은소리
1개	거성(去聲)	높은 소리	·손[手] → 짧은소리
2개	상성(上聲)	낮았다가 높아지는 소리	:솔[刷]→ 긴소리

2 표기법

1. 이어 적기(연철)

앞 음절의 끝소리를 뒤 음절의 첫소리로 옮겨 적는 것이다. 예 불휘 기픈(깊+은)

2. 거듭 적기(중철)

앞 음절의 끝소리와 뒤 음절의 첫소리를 중복하여 적는 것이다. 이어 적기에서 끊어 적기로 넘어가는 시기에 생긴 과도기적 형태의 표기이다. 예 내 님믈(님+을)

3. 끊어 적기(분철)

받침 있는 체언이나 용언의 어간에 모음으로 시작되는 조사나 어미가 붙을 때, 원형을 그대로 밝혀 적는 법이다. 예 붉은 긔운이(긔운+이)

3 훈민정음의 특성

조직성	• 기본자를 만들고 이차적으로 가획이나 합성의 방법으로 다른 자음과 모음을 만드는 조직적 제자 방식을 씀 • 음성적으로 같은 계열에 속하면 글자 모양이 공통성을 가지게 함
과학성과 독창성	• 기본자를 만들고 나머지 글자는 거기에서 파생해 가는 이원적 구성임 • 소리를 발음할 때의 발음 기관과 관련시켜 제자함 • 국어의 음성 및 음운 구조에 대한 분석이 매우 정확하고 치밀함 • 기본자와 나머지 글자들 간의 음성학적 관계에 대한 파악 수준이 높음
새 체계의 문자	• 비교적 후대에 만들어진 문자임 • 기존 문자를 변모·발전시킨 것이 아니라 한 시기에 갑자기 만들어 냄
모아쓰기 방식	• 한글은 음소 문자이므로 자음과 모음이 독립된 글자이지만 음절 단위로 모아쓰기를 함 • 모아쓰기로 한글이 더욱 개성적인 문자가 됨

꼼꼼 단어 돋보기

● **파생**
사물이 어떤 근원으로부터 갈려 나와 생김

● **변모**
모양이나 모습이 달라지거나 바뀜

08 국어의 역사

이번 단원에서는 국어의 시대별 특징과 중세 국어 자료에 나타나는 특징에 대해 학습하게 됩니다.

1 국어사의 시대 구분과 특징

시기	특징
고대 국어 (~10세기)	• 한자의 음과 뜻을 빌려 우리말 표기 • 향찰: 한자의 음과 뜻을 빌려 우리말 어순으로 적은 표기법
중세 국어 (10~16세기)	• 8종성법 • 동국정운식 한자음 표기 • 이어 적기와 끊어 적기의 혼용 • 어두 자음군, 모음 조화
근대 국어 (17~19세기)	• 7종성법 • 거듭 적기 • 두음 법칙, 구개음화, 원순 모음화 • 'ㆍ'의 변화(주로 둘째 음절 이하에서 'ㅡ'로 바뀌고, 첫째 음절에서 'ㅏ'로 바뀜) • 주격 조사 '가' 등장

✚ 향찰의 특성

향찰을 사용하여 국어 문장 전체를 기록할 수 있으며, 한자로 기록하고 우리말로 읽는다.

2 중세 국어와 관련된 문법 개념

성조	• 글자 왼쪽에 방점(0~2개)을 찍어 소리의 높낮이를 표시한 것 • 중세 국어에서 상성이었던 음절은 대부분 현대 국어에서 긴소리로 발음됨 예 :말ᄊᆞ·미
병서	• 초성이나 종성을 가로로 나란히 쓰는 표기 방법 • 각자 병서: 같은 글자를 나란히 씀 • 합용 병서: 다른 글자를 나란히 씀 예 ᄊᆞ(각자 병서) / ᄠᅳᆮ(합용 병서)
자음	현대 국어에는 존재하는 않는 자음 'ㆆ(여린히읗), ㅸ(순경음 비읍), ㅿ(반치음), ㆁ(옛이응)'이 쓰이다가 점차 사라짐 예 :수·ᄫᅵ
8종성법	• 종성에 'ㄱ, ㄴ, ㄷ, ㄹ, ㅁ, ㅂ, ㅅ, ㆁ'의 8자만 쓰도록 한 것 • 훈민정음 창제 당시에는 '종성부용초성'이라고 하여 종성을 따로 만들지 않고 초성을 다시 쓴다고 하였으나, '훈민정음 해례본'에서 이 여덟 글자만으로 종성 표기를 하도록 설명함 예 ᄉᆞᄆᆾ디(종성부용초성) / ᄉᆞᄆᆞᆺ·디(8종성법)

꼼꼼 단어 돋보기

● **어순**
문장 성분의 배열에 나타나는 일정한 순서

● **혼용**
한데 섞어 쓰거나 어울려 씀

동국정운식 한자음 표기	• 한자음을 중국의 원음에 가깝도록 고친 것 • 현실 한자음과는 거리가 먼 이상적 한자음 표기('초성+중성+종성'을 갖추어 표기, 받침이 없는 글자는 종성에 음가가 없는 'ㅇ'을 받쳐 적음) 예 字·쭝 / 爲·윙
이어 적기와 끊어 적기	15세기에는 이어 적기가 널리 사용되었으나 16세기에는 끊어 적기가 확대되어 두 표기가 혼용됨 예 깊-+-은 → 기픈(이어 적기) / 깊-+-은 → 깊은(끊어 적기)
어두 자음군	• 음절의 첫머리(초성)에 오는 둘 또는 그 이상의 자음 연속체 • 크게 'ㅂ' 계와 'ㅅ' 계로 나누어 쓰이다가 17세기 즈음에 모두 된소리로 변함 예 ᄠᅳᆮ → 뜻
모음 조화	양성 모음(ㆍ, ㅏ, ㅗ)은 양성 모음끼리, 음성 모음(ㅡ, ㅓ, ㅜ)은 음성 모음끼리 어울리려는 현상 예 서르(서로)
원순 모음화	입술소리 'ㅁ, ㅂ, ㅃ, ㅍ' 뒤에 오는 평순 모음 'ㅡ'가 원순 모음 'ㅜ'로 변하는 현상 예 스믈 → 스물

3 중세 국어의 조사

(1) 주격 조사

현대 국어의 주격 조사는 '이/가'이다. 주격 조사는 중세 국어에서 '이'의 형태로만 사용되다가, 근대 국어에 이르러 '가'가 등장하였다.

형태	환경
이	자음으로 끝난 체언 뒤 예 말씀+이 → 말ᄊᆞ미(말씀이)
ㅣ	모음 'ㅣ'나 반모음 'ㅣ̆' 이외의 모음으로 끝난 체언 뒤 예 孔子 + ㅣ → 孔子ㅣ(공자가)
∅(주격 조사가 나타나지 않음)	모음 'ㅣ'나 반모음 'ㅣ̆'로 끝난 체언 뒤 예 불휘 + ∅ → 불휘(뿌리가)

(2) 목적격 조사

모음 조화를 중시하던 중세 국어에서는 'ᄋᆞᆯ/을/ᄅᆞᆯ/를'이 환경에 따라 다르게 사용되었다.

환경		형태	예
양성 모음 뒤	자음으로 끝난 체언의 경우	ᄋᆞᆯ	말씀 + ᄋᆞᆯ → 말ᄊᆞᄆᆞᆯ(말씀을)
음성 모음 뒤		을	ᄠᅳᆮ + 을 → ᄠᅳ들(뜻을)
양성 모음 뒤	모음으로 끝난 체언의 경우	ᄅᆞᆯ	나 + ᄅᆞᆯ → 나ᄅᆞᆯ(나를)
음성 모음 뒤		를	너 + 를 → 너를(너를)

꼼꼼 단어 돋보기

● 원음
글자 본디의 음

4 중세 국어 자료

(1) 세종어제훈민정음

世·솅宗종御·엉製·졩訓·훈民민正·졍音흠
동국정운식 한자음 표기

나·랏:말ᄊᆞ·미 中듕國·귁·에달·아 文문字·ᄍᆞᆼ·와·로서르ᄉᆞᄆᆞᆺ·디 아·니ᄒᆞᆯ
병서, 이어 적기(연철) 에 – '와, 과'에 해당하는 비교 부사격 조사 모음 조화 8종성법

·ᄊᆡ·이런 젼·ᄎᆞ·로 어·린百·ᄇᆡᆨ姓·셩·이 니르·고·져·ᄒᆞᇙ·배 이·셔·도ᄆᆞ
어리석은(의미의 이동) 주격 조사 'ㅣ'(바 + ㅣ)

·ᄎᆞᆷ:내제·ᄠᅳ·들 시·러 펴·디:몯ᄒᆞᇙ·노·미하·니·라·내·이·ᄅᆞᆯ 爲·윙·ᄒᆞ
어두 자음군 사용 능히 사람(의미의 축소)

·야:어엿·비 너·겨 ·새·로 ·스·믈여·듧 字·ᄍᆞᆼ·ᄅᆞᆯ ᄆᆡᇰ·ᄀᆞ노·니 :사ᄅᆞᆷ:마·다
가엾게(의미의 이동)

:ᄒᆡ·ᅇᅧ :수·ᄫᅵ니·겨·날·로·ᄡᅮ·메便뼌安한·킈 ᄒᆞ·고·져ᄒᆞᇙᄯᆞᄅᆞ·미니·라
'ㅸ'이 사용되었음

–「훈민정음(訓民正音)」(언해본), 세조 5년(1459) –

현대어 풀이
우리나라의 말이 중국과 달라 한자와는 서로 통하지 아니하여서 이런 까닭으로 어리석은 백성이 말하고자 하는 바가 있어도 마침내 제 뜻을 펴지 못하는 사람이 많다. 내가 이것을 가엾게 생각하여 새로 스물여덟 글자를 만드니, 모든 사람으로 하여금 쉽게 익혀서 날마다 쓰는 데 편하게 하고자 할 따름이다.

① 조선 전기 세종 대왕이 우리말을 표기하기 위해 만든 훈민정음이라는 문자의 제자 원리와 운용 원리에 대해 설명한 자료이다. 훈민정음의 창제 정신인 자주 정신, 애민 정신, 창조 정신, 실용 정신이 잘 드러나 있다.
② 현대 국어 표기에는 쓰이지 않는 'ㆆ, ㅸ, ㆁ, ㆍ'를 사용하였다.
③ 이어 적기(연철)가 보편적으로 사용되었다. 예 :말ᄊᆞ·미
④ 동국정운식으로 한글과 한자가 혼용되어 사용되었다. 예 便뼌安한
⑤ 비교나 기준을 나타내는 부사격 조사 '에'가 존재하였다. 예 中듕國·귁·에 달·아
⑥ 8종성법에 따라 표기하였다. 예 ᄉᆞᄆᆞᆺ·디
⑦ 소리의 높낮이를 나타내는 방점(성조)이 표기되었다.
⑧ 어두 자음군이 사용되었다. 예 ·ᄠᅳ·들, ·ᄡᅮ·메
⑨ 주격 조사 'ㅣ'가 사용되었다.

쏙쏙 이해 더하기 훈민정음의 창제 정신

창제 정신	내용
자주 정신	우리나라 말이 중국과 다름
애민 정신	백성들이 말하고자 하는 바를 제대로 전달하지 못함
애민 정신, 창조 정신	백성들을 불쌍히 여겨 새로 글자를 만듦
실용 정신	모든 사람들이 쉽게 익혀 편하게 쓰도록 하고자 함

+「세종어제훈민정음」의 표기상 특징
- 어·린: 중세 국어에서는 '어리석은'이라는 뜻이었지만, 현대 국어에서는 '나이가 적은'이라는 뜻이다. ➡ 의미의 이동
- ·노·미: 중세 국어에서는 '보통 사람'이라는 뜻이었지만, 현대 국어에서는 '남자를 낮추어 가리키는 말'이다. ➡ 의미의 축소
- :어엿·비: 중세 국어에서는 '불쌍하게'라는 뜻이었지만, 현대 국어에서는 '예쁘게'라는 뜻이다. ➡ 의미의 이동

+ 어휘의 의미 변화
- 의미의 확대: 단어의 의미 영역이 넓어지는 일반화 현상이다.
  예 식구: 입 → 가족
- 의미의 축소: 단어의 의미 영역이 좁아지는 특수화 현상이다.
  예 얼굴: 형체 → 안면
- 의미의 이동: 단어의 의미 영역과 관계없이 의미 자체가 변하는 현상이다.
  예 어리다: 어리석다 → 나이가 적다

쏙쏙 이해 더하기 | 동국정운식 한자음 표기

- 세종 당시 우리의 현실 한자음을 중국의 원음에 가깝도록 고친 표기이다. 중국 운서를 토대로 한 인위적인 한자음으로, 실제 통용음과는 거리가 먼 이상적 한자음이다.
- 표기 규칙
  - 중국의 원음에 가깝게 표기하였다. 예 흠, 中듕國·귁
  - 반드시 '초성+중성+종성'의 3성 체계를 갖추어 표기하였으며, 받침이 없는 글자는 종성에 음가가 없는 'ㅇ'이나 'ㅱ'을 받쳐 적었다. 예 御엉·製·졩('어제'를 '엉졩'로 표기함)

(2) 용비어천가

불·휘 기·픈 남·ᄀᆞᆫ ᄇᆞᄅᆞ·매 아니 :뮐·ᄊᆡ
곶 :됴·코 여·름·하ᄂᆞ·니
:ᄉᆡ·미 기·픈 ·므·른 ·ᄀᆞᄆᆞ·래 아·니 그·츨·ᄊᆡ
:내 히 이·러 바·ᄅᆞ·래 ·가ᄂᆞ·니

(주석: 기·픈 — 이어 적기(깊+은) / 불·휘 — 불·휘+∅(주격 조사 생략) / ᄇᆞᄅᆞ·매 — 모음 조화○ / 여·름 — 열매 / ·하ᄂᆞ·니 — 하다: 많다 / :ᄉᆡ·미 — 심+이(주격 조사) / :내 히 — 내ㅎ+이)

– 「용비어천가」 제2장 –

현대어 풀이

뿌리가 깊은 나무는 바람에 흔들리지 아니하므로
꽃이 좋고 열매가 많이 열리니.
샘이 깊은 물은 가뭄에 그치지 아니하므로
내가 이루어져 바다에 가나니.

① 훈민정음으로 기록된 최초의 작품으로, 훈민정음 창제 당시의 표기가 가장 잘 나타난 중세 국어 자료이다. 조선 건국의 정당성을 알리고 후대 왕에게 교훈을 주는 내용을 담고 있다.
② 각자 병서(된소리)가 사용되었다. 예 :뮐·ᄊᆡ
③ 이어 적기 방식이 사용되었다.
④ 방점으로 성조를 나타냈다.
⑤ 모음 조화가 잘 지켜졌다. 예 ᄇᆞᄅᆞ·매
⑥ 주격 조사 '이'가 쓰였다. 예 :ᄉᆡ·미
⑦ 'ㅎ' 종성 체언이 존재하였다. 예 :내 히(내ㅎ+ㅣ)
⑧ 두음 법칙과 구개음화가 적용되지 않았다.

+ 용비어천가

갈래	악장
성격	예찬적, 송축적
주제	조선 건국의 정당성을 밝히고 조선의 무궁한 발전을 송축함

(3) 소학언해

가

孔·공子·ᄌᆡ 曾증子·ᄌᆞᄃᆞ·려 닐·러 ᄀᆞᆯᄋᆞ·샤·ᄃᆡ· 몸·이며 얼굴·이며 머·리털
(ᄃᆞ·려: 에게 / ᄀᆞᆯᄋᆞ·샤·ᄃᆡ: 끊어 적기 / 얼굴: 형체 → 안면(의미 축소))

·이·며 ·ᄉᆞᆯ·ᄒᆞᆫ 父·부母:모·ᄭᅴ 받ᄌᆞ·온 거·시·라 敢:감·히 헐·워 샹ᄒᆡ·오·디
(받ᄌᆞ·온: 'ㅸ' 소실)

아·니 :홈·이 :효·도·ᄋᆡ 비·르·소미·오 ·몸·을 세·워 道:도·를 行ᄒᆡᆼ·ᄒᆞ·야
(비·르·소미·오: 모음 조화 파괴 / ·몸·을 세·워 道:도·를 行ᄒᆡᆼ·ᄒᆞ·야 일:홈·을 後:후世:세·예 :베퍼: 입신양명)

일:홈·을 後:후世:세·예 :베퍼 ·ᄡᅧ 父·부母:모ᄅᆞᆯ :현·뎌케 :홈·이 :효·도·ᄋᆡ

ᄆᆞ·ᄎᆞᆷ·이니·라

현대어 풀이

공자께서 증자에게 일러 말씀하시기를, 몸과 형체와 머리털과 살은 부모께 받은 것이라, 감히 헐게 하여 상하게 하지 아니함이 효도의 시작이고, 입신(출세)하여 도를 행하여 이름을 후세에 날려 이로써 부모를 드러나게 함이 효도의 끝이니라

나

: 유·익ᄒᆞᆫ ·이 : 세 가·짓 : 벋·이오 : 해·로온 ·이 : 세 가·짓 : 벋·이니
(: 해·로온: 'ㅸ' 소실)

直·딕ᄒᆞᆫ ·이·ᄅᆞᆯ : 벋ᄒᆞ·며 : 신·실ᄒᆞᆫ ·이·ᄅᆞᆯ : 벋ᄒᆞ·며

들 : 온 ·것 한 ·이·ᄅᆞᆯ : 벋ᄒᆞ·면 : 유·익ᄒᆞ·고
(들 : 온: 모음 조화 x)

: 거·동·만 니·근·이·ᄅᆞᆯ : 벋ᄒᆞ·며 아 : 당ᄒᆞ·기 잘 ·ᄒᆞ·ᄂᆞᆫ ·이·ᄅᆞᆯ : 벋ᄒᆞ·며
(아 : 당ᄒᆞ·기: 명사형 어미 '-기')

: 말ᄉᆞᆷ·만 니·근 ·이·ᄅᆞᆯ : 벋ᄒᆞ·면 해·로·온이·라
(: 말ᄉᆞᆷ: 각자 병서 x)

– 『소학언해』 권 제2, 선조 20년(1587) –

현대어 풀이

유익한 벗이 셋이고, 해로운 벗이 셋이니,
정직한 이를 벗하며, 신실한 이를 벗하며,
견문이 많은 이를 벗하면 유익하고,
행동만 익은 이를 벗하며, 아첨하기를 잘하는 이를 벗하며,
말만 익은 이를 벗하면 해로우니라.

① 『소학』은 중국 송나라의 유자징이 주희의 가르침으로 지은 초학자들의 수양서로, 예절과 충효 등의 내용을 담고 있다. 『소학언해』는 『소학』을 한글로 풀이한 책이다.
② 방점으로 성조를 나타냈다.
③ 이어 적기와 끊어 적기가 함께 사용되었다.
④ 명사형 어미 '-기'가 사용되었다. 예 아:당ᄒᆞ·기
⑤ 현재 사용하지 않는 모음(ㆍ)이 사용되었다.
⑥ 'ㅸ, ㆆ, ㅿ'이 소실되었다. 예 :해·로온
⑦ 모음 조화가 파괴되었다. 예 들:온
⑧ 각자 병서가 쓰이지 않았다. 예 :말ᄉᆞᆷ

✚ 소학언해

갈래	언해
성격	교훈적, 유교적
주제	• 효의 시작과 마침 • 유익한 벗과 해로운 벗

✚ '받ᄌᆞ·온'의 표기

'받ᄌᆞ·온'은 '받-+-ᄌᆞᇦ-(객체 높임 선어말 어미)+-ᄋᆞᆫ'의 구성으로, 15세기에는 '받ᄌᆞᄫᆞᆫ'으로 표기되었으나, 16세기에는 'ㅸ'이 소실되어 '받ᄌᆞ온'으로 표기되었다.

이론 쏙! 핵심 딱!

쏙딱 TEST

Ⅳ 문법

정답과 해설 35쪽

선생님이 알려 주는 출제 경향

'음운 변동', '어문 규범', '문법 요소', '국어의 역사'가 자주 출제됩니다.

주제 1 음운 체계 및 음운의 변동

01 ㉠~㉢의 밑줄 친 부분에 대한 설명으로 적절하지 않은 것은? 2020년 2회

> ㉠ 너와 나는 왜 다를까?
> ㉡ 그는 방에서 빵을 먹고 있다.
> ㉢ 밤[夜]에 밤[栗]을 먹을 때는 벌레를 조심하렴.

① ㉠의 '너'와 '나'의 모음은 혀의 높낮이가 서로 다르다.
② ㉠의 '왜'는 발음하는 동안 입술 모양이 달라지지 않는다.
③ ㉡의 '방'과 '빵'의 'ㅂ'과 'ㅃ'은 조음 위치가 같다.
④ ㉢의 '밤[夜]'과 '밤[栗]'은 소리의 길이가 서로 다르다.

02 국어의 음운에 대한 설명으로 적절하지 않은 것은?

① 모음은 공기의 흐름에 방해 없이 나는 소리이다.
② 자음은 공기의 흐름에 방해를 받아서 나는 소리이다.
③ 비분절 음운은 말의 뜻을 구별하는 기능을 하지 못한다.
④ 음운은 단어의 의미를 구별해 주는 소리의 가장 작은 단위이다.

03 국어의 모음에 대한 설명으로 알맞은 것은?

① 국어의 단모음은 모두 11개이다.
② 전설 모음과 후설 모음은 혀의 높낮이에 따라 구분된다.
③ 국어의 모음 중에는 소리를 내는 도중 입술 모양이 변하는 모음이 있다.
④ 이중 모음은 발음할 때에 혀의 위치가 고정되어 달라지지 않는 모음이다.

04 [A]~[C]에 들어갈 음운 변동이 적절하게 짝지어진 것은?

> 부엌일 → [부억일] → [부억닐] → [부엉닐]
> [A] [B] [C]

	[A]	[B]	[C]
①	음절의 끝소리 규칙	'ㄴ' 첨가	비음화
②	자음 동화	반모음 첨가	구개음화
③	음절의 끝소리 규칙	유음화	'ㄷ' 첨가
④	자음 동화	구개음화	반모음 첨가

05 다음의 표준 발음법과 관련이 없는 단어는?

> **[제17항]** 받침 'ㄷ, ㅌ(ㄾ)'이 조사나 접미사의 모음 'ㅣ'와 결합되는 경우에는, [ㅈ, ㅊ]으로 바뀌어서 뒤 음절 첫소리로 옮겨 발음한다.

① 맞이 ② 굳이
③ 밭이 ④ 미닫이

06 ㉠, ㉡에 들어갈 음운의 변동으로 알맞게 짝지어진 것은?

> 물약은 (㉠) 현상이 일어나 [물냑]으로 발음되었다가, 다시 (㉡) 현상이 일어나 [물략]으로 발음된다.

	㉠	㉡
①	음운의 첨가	음운의 탈락
②	음운의 축약	음운의 탈락
③	구개음화	음절의 끝소리 규칙
④	음운의 첨가	유음화

07 다음 대화에서 ㉠~㉣에 대한 설명으로 바른 것은?

> 지현: 와, 저 ㉠꽃 좀 봐! ㉡꽃밭에 ㉢꽃이 가득해!
> 진웅: ㉣꽃 냄새도 진짜 대단하다.
> 대교: 냄새? 이건 꽃향기라고 해야지!

① ㉠은 [꼳]으로 발음된다. 이는 'ㅊ'이 받침에서는 [ㅌ]으로 소리 나기 때문이다.
② ㉡의 '꽃밭'은 [꼳빤]으로 발음된다.
③ ㉢은 음절의 끝소리 규칙의 적용을 받아 [꼳이]로 발음된다.
④ ㉣의 '꽃 냄새'는 [꼳냄새]로 발음된다.

주목

08 다음에서 설명하고 있는 ㉠~㉣의 예로 적절하지 않은 것은?

> 어떤 음운이 놓이는 환경에 따라 발음이 달라지는 현상을 음운의 변동이라고 한다. 국어의 음운 변동은 일반적으로 '교체', '탈락', '첨가', '축약'으로 나눌 수 있다. ㉠교체는 어떤 음운이 다른 음운으로 바뀌는 것이고, ㉡탈락은 원래 있던 음운이 없어지는 것이다. ㉢첨가는 없던 음운이 새로 더해지는 것이고, ㉣축약은 두 음운이 합쳐져 하나의 새로운 음운이 되는 것이다.

① ㉠: 굳이 ② ㉡: 좋아
③ ㉢: 발달 ④ ㉣: 입학

빠른 정답 체크

01 ② 02 ③ 03 ③ 04 ① 05 ① 06 ④ 07 ②
08 ③

09 **다음을 참고할 때 밑줄 친 말의 발음이 적절하지 않은 것은?**

> ‘연음’은 자음으로 끝나는 말 뒤에 모음으로 시작하는 형식 형태소(조사, 어미, 접미사)가 올 때 앞 음절의 끝소리가 그대로 뒤 음절의 첫소리로 옮겨 가는 현상을 말한다. 예를 들어, ‘숲’에 조사 ‘을’이 결합하면 ‘[수플]’로 발음해야 한다. 겹받침의 경우에는 뒤엣것만을 뒤 음절 첫소리로 옮겨 발음한다.

① 친구는 이 줄 끝에[끄테] 앉아 있다.
② 빛이[비치] 전혀 들어오지 않는다.
③ 누나는 지금 부엌에[부어게] 있다.
④ 교실에 학생 여덟이[여덜비] 남아 있다.

10 **다음에서 설명한 음운 변동 두 가지가 모두 일어나는 것은?**

> • 구개음화: 받침이 ‘ㄷ, ㅌ’인 형태소가 모음 ‘ㅣ’나 반모음 ‘ǐ’로 시작하는 형식 형태소와 만나면 각각 구개음인 [ㅈ, ㅊ]으로 바뀌어 발음되는 현상
> • 거센소리되기: ‘ㅎ’과 예사소리인 ‘ㄱ, ㄷ, ㅂ, ㅈ’이 만나 각각 거센소리인 [ㅋ, ㅌ, ㅍ, ㅊ]으로 발음되는 현상

① 낳다 ② 갇히다 ③ 좁히다 ④ 땀받이

11 **㉠에 들어갈 단어로 적절한 것은?**

> ‘색연필’을 발음할 때 나타나는 음운의 변동을 살펴보면 다음과 같습니다.
>
> 색연필 → [색년필] → [생년필]
> ‘ㄴ’ 첨가 비음화
>
> ‘색연필’은 ‘색-연필’의 합성어로, 다음 조항에 의거 ‘ㄴ’ 음이 첨가됩니다([색년필]).
>
> 표준 발음법
> **[제29항]** 합성어 및 파생어에서, 앞 단어나 접두사의 끝이 자음이고 뒤 단어나 접미사의 첫음절이 ‘이, 야, 여, 요, 유’인 경우에는, ‘ㄴ’ 음을 첨가하여 [니, 냐, 녀, 뇨, 뉴]로 발음한다.
>
> 그리고 다시 [ㄱ]은 뒤에 오는 비음 ‘ㄴ’의 영향을 받아 [ㅇ]으로 바뀌어 발음됩니다([생년필]).
> (㉠)도 이와 같은 과정의 변동을 겪는 단어입니다.

① 담력 ② 백분율 ③ 알약 ④ 내복약

12 **다음을 참고할 때 밑줄 친 부분에 음운 첨가가 일어나지 않는 것은?**

> 합성어나 파생어에서, 그 단어를 이룬 앞말의 끝이 자음이고 뒷말이 ‘이, 야, 여, 요, 유’로 시작하는 경우에는 뒷말의 첫소리에 ‘ㄴ’ 소리가 첨가된다.
> 그리고 합성어에서, 그 단어를 이룬 앞말이 모음으로 끝나고 뒷말이 ‘ㄴ, ㅁ’으로 시작되는 경우에도 앞말의 끝소리에 ‘ㄴ’ 소리가 첨가된다. 이때에는 ‘잇몸[인몸]’의 경우처럼 앞말에 사이시옷을 넣어서 이를 표시해 준다.

① 어머니는 절약이 몸에 배신 분이다.
② 누나는 프라이팬에 식용유를 둘렀다.
③ 맨입에 김치만 먹었더니 속이 아프다.
④ 밑그림을 그린 후 색연필로 색을 칠했다.

주목

13 ㉠을 뒷받침하는 사례로 적절하지 않은 것은?

> 단어에 따라서는 음운의 변동이 일어나는 것도 있고, 일어나지 않는 것도 있다. 또한 음운의 변동이 나타나는 단어 중에는 음운의 변동이 한 번만 나타나는 것도 있고, ㉠두 번 이상 나타나는 것도 있다.

① 홑이불 ② 줄넘기 ③ 떡볶이 ④ 낱낱이

14 다음 중 발음이 올바르지 않은 것은?

> 엄마: ① 선릉역[설릉녁]에 가려면 몇 호선을 타야 하니? 지하철이 ② 막히지[마키지] 않으니 타려고 하는데.
> 아들: 잠시만요. 검색해 보니 2호선 타시면 돼요.
> 엄마: 고맙다. ③ 볕이[벼치] 좋으니 이불 좀 널어 줄래?
> 아들: 네. 알겠어요. ④ 신문[심문]만 마저 읽고요.

15 표준 발음법 ㉠과 ㉡에 해당하는 예를 바르게 짝지은 것은?

> ㉠ [제18항] 받침 'ㄱ(ㄲ, ㅋ, ㄳ, ㄺ), ㄷ(ㅅ, ㅆ, ㅈ, ㅊ, ㅌ, ㅎ), ㅂ(ㅍ, ㄼ, ㄿ, ㅄ)'은 'ㄴ, ㅁ' 앞에서 [ㅇ, ㄴ, ㅁ]으로 발음한다.
> ㉡ [제24항] 어간 받침 'ㄴ(ㄵ), ㅁ(ㄻ)' 뒤에 결합되는 어미의 첫소리 'ㄱ, ㄷ, ㅅ, ㅈ'은 된소리로 발음한다.

	㉠	㉡
①	국민[궁민]	껴안다[껴안따]
②	듣는[든는]	낯설다[낟썰다]
③	밥만[밤만]	옆집[엽찝]
④	담력[담:녁]	닮고[담:꼬]

주제 2 이해를 돕는 문법 개념

16 다음 문장을 형태소 단위로 바르게 나눈 것은?

> 하늘이 맑고 푸르다.

① 하늘이 / 맑고 / 푸르다
② 하늘 / 이 / 맑고 / 푸르다
③ 하늘 / 이 / 맑고 / 푸르 / 다
④ 하늘 / 이 / 맑 / 고 / 푸르 / 다

주목

17 ㉠에 들어갈 내용으로 가장 적절한 것은?

> 선생님: 여러분, 단어란 자립할 수 있는 말이나 자립할 수 있는 형태소에 붙어서 쉽게 분리할 수 있는 말들을 뜻합니다. 다음 예문을 단어 단위로 나눠 볼까요?
> → [예문] 하늘은 스스로 돕는 자를 돕는다.
> 학생: 선생님, '______㉠______'로 분석할 수 있어요.

① 하늘은/스스로/돕는/자를/돕는다.
② 하늘은/스스로/돕는/자/를/돕는다.
③ 하늘/은/스스로/돕는/자/를/돕는다.
④ 하늘/은/스스/로/돕는/자/를/돕는다.

18 다음 〈조건〉을 모두 충족하는 단어는?

> 조건
> • 어근과 어근의 결합으로 이루어진 단어
> • 사람이나 사물의 움직임 또는 작용을 나타내는 단어

① 뛰놀다
② 달리다
③ 높푸르다
④ 새하얗다

빠른 정답 체크

09 ③ 10 ② 11 ④ 12 ① 13 ③ 14 ④ 15 ①
16 ④ 17 ③ 18 ①

19 제시된 단어들의 공통된 형성 방식으로 가장 적절한 것은?

곧잘　　첫사랑　　고무신　　높푸르다

① 어간 + 어미　　② 어간 + 접사
③ 어근 + 어근　　④ 어근 + 접사

20 다음을 참고할 때 단어의 형성 방법이 나머지와 다른 것은?

- 단어
  - 단일어
  - 복합어
    - 합성어
    - 파생어

① 헛돌다　　② 알아듣다
③ 힘들다　　④ 그만두다

21 다음 밑줄 친 부분 중 조사가 아닌 것은?

> 사내가 무슨 버릇처럼 한 새장 문을 손가락 끝으로 톡톡 건드리자 장 속의 새가 포르륵 날개를 퍼덕여 그의 손가락 쪽으로 날아와 붙었다.
>
> – 이청준, 「잔인한 도시」 중에서 –

① 가
② 를
③ 의
④ 와

22 ㉠~㉣의 구체적 사례로 적절하지 않은 것은?

> ㉠ 문장에서 주어의 동작, 상태, 성질 따위를 풀이해 주는 기능을 하는 문장 성분
> ㉡ 서술어에 의해 표현되는 동작이나 상태, 성질의 주체가 되는 문장 성분
> ㉢ 서술어가 표현하는 동작의 대상이 되는 문장 성분
> ㉣ 용언이나 다른 부사어를 수식하는 문장 성분

① ㉠: 꽃이 참 아름답다.
② ㉡: 동식이 아직 안 왔니?
③ ㉢: 내 동생이 빵을 먹는다.
④ ㉣: 그 책은 읽기가 쉽지 않다.

23 밑줄 친 서술어의 자릿수가 적절하게 연결되지 않은 것은?

① 물이 깊다. → 한 자리 서술어
② 그가 휴가를 얻었다. → 두 자리 서술어
③ 누나는 나에게 연필을 주었다. → 두 자리 서술어
④ 나의 아버지는 믿음직한 사람을 사위로 삼았다. → 세 자리 서술어

24 다음 중 주성분만으로 이루어진 문장은?

① 학생이 책을 빨리 읽는다.
② 개미가 베짱이를 꾸짖는다.
③ 가까운 이웃이 먼 친척보다 낫다.
④ 귀여운 강아지가 풀밭을 뛰어다닌다.

25 한글 맞춤법에 맞는 문장은? 2019년 2회

① 깍뚜기가 맛있게 보인다.
② 구름이 걷히자 파란 하늘이 드러났다.
③ 나는 참치를 넣은 김치찌게를 좋아한다.
④ 몇일 동안 친구를 만나지 못해서 소식이 궁금하다.

주목

26 다음 규정의 ㉠에 해당하는 예로 알맞은 것은? 2019년 2회

> 한글 맞춤법
>
> [제30항] 사이시옷은 다음과 같은 경우에 받치어 적는다.
> 1. 순우리말로 된 합성어로서 앞말이 모음으로 끝난 경우
> ⋮
> 2. 순우리말과 한자어로 된 합성어로서 앞말이 모음으로 끝난 경우
> (1) 뒷말의 첫소리가 된소리로 나는 것
> (2) 뒷말의 첫소리 'ㄴ, ㅁ' 앞에서 'ㄴ' 소리가 덧나는 것 ······ ㉠
> (3) 뒷말의 첫소리 모음 앞에서 'ㄴㄴ' 소리가 덧나는 것

① 냇물 ② 잇몸 ③ 아랫니 ④ 제삿날

27 다음 규정의 ㉠에 해당하는 예로 적절한 것은? 2019년 1회

> 한글 맞춤법
>
> [제30항] 사이시옷은 다음과 같은 경우에 받치어 적는다.
> 1. 순우리말로 된 합성어로서 앞말이 모음으로 끝난 경우
> (1) 뒷말의 첫소리가 된소리로 나는 것 ············ ㉠
> (2) 뒷말의 첫소리 'ㄴ, ㅁ' 앞에서 'ㄴ' 소리가 덧나는 것
> (3) 뒷말의 첫소리 모음 앞에서 'ㄴㄴ' 소리가 덧나는 것

① 깻잎 ② 뱃길 ③ 빗물 ④ 훗날

28 다음 한글 맞춤법 규정을 잘못 적용한 것은? 2018년 2회

> [제11항] 한자음 '랴, 려, 례, 료, 류, 리'가 단어의 첫머리에 올 적에는, 두음 법칙에 따라 '야, 여, 예, 요, 유, 이'로 적는다. 다만, 모음이나 'ㄴ' 받침 뒤에 이어지는 '렬, 률'은 '열, 율'로 적는다.

① 규율(規律)
② 선율(旋律)
③ 백분율(百分率)
④ 시청율(視聽率)

29 밑줄 친 낱말을 바르게 사용한 것은? 2018년 1회

① 재산을 늘이다.
② 바지를 다리다.
③ 규모를 주리다.
④ 홍정을 부치다.

30 ㉮와 ㉯의 예가 바르게 짝지어진 것은?

> [제1항] 한글 맞춤법은 표준어를 ㉮소리대로 적되, ㉯어법에 맞도록 함을 원칙으로 한다.

	㉮	㉯
①	먹이	먹는다
②	드러나다	엎어지다
③	먹는다	드러나다
④	엉뚱하다	사라지다

빠른 정답 체크

19 ③ 20 ① 21 ④ 22 ④ 23 ③ 24 ② 25 ②
26 ④ 27 ② 28 ④ 29 ② 30 ②

31 다음 내용을 참고할 때 밑줄 친 부분의 표기가 적절하지 않은 것은?

> **부치다**[02] 「동사」
> [1]【…을 …에/에게】【…을 …으로】
> 편지나 물건 따위를 일정한 수단이나 방법을 써서 상대에게로 보내다.
> [2]【…을 …에】
> ① 어떤 문제를 다른 곳이나 다른 기회로 넘기어 맡기다.
> ② 어떤 일을 거론하거나 문제 삼지 아니하는 상태에 있게 하다.
>
> **붙이다**[부치-]「동사」
> [1]【…에 …을】
> ① '붙다[1] ① (맞닿아 떨어지지 아니하다.)'의 사동사
> ② '붙다[1] ③ (불이 옮아 타기 시작하다.)'의 사동사

① 봉투에 우표를 붙이는 일을 돕기로 했다.
② 정부는 중요 정책을 국민 투표에 붙였다.
③ 유학을 간 아들에게 학비와 용돈을 부쳤다.
④ 위원회는 회의 내용을 극비에 부치기로 했다.

32 밑줄 친 부분의 표기가 바른 것은?

① 부주의로 손을 닫혔다.
② 여러 문제를 더 맞혔다.
③ 사람으로써 그럴 수는 없지.
④ 비가 와서 우산을 받히고 간다.

33 밑줄 친 부분이 한글 맞춤법에 맞게 쓰인 것은?

① 이번 시험에서 꼭 합격하길 바래.
② 너와 함께라면 아무것도 두렵잖다.
③ 실력을 늘여서 다음에 다시 도전해라.
④ 그는 자꾸만 문제의 촛점을 흐리고 있다.

34 밑줄 친 단어 중 한글 맞춤법에 맞게 표기한 것은?

① 오뚜기처럼 다시 일어나자.
② 반듯이 시간 약속을 지켜야 한다.
③ 감기가 빨리 낳아야 뭐든 할 수 있지.
④ 배가 고파서 고구마를 삶아 먹어야겠다.

35 한글 맞춤법 제19항의 세부 항목의 예로 ㉠, ㉡, ㉢에 들어갈 말이 알맞게 짝지어진 것은?

> **[제19항]** 어간에 '-이'나 '-음/-ㅁ'이 붙어서 명사로 된 것과 '-이'나 '-히'가 붙어서 부사로 된 것은 그 어간의 원형을 밝히어 적는다. ……… ㉠
> 다만, 어간에 '-이'나 '-음'이 붙어서 명사로 바뀐 것이라도 그 어간의 뜻과 멀어진 것은 원형을 밝히어 적지 아니한다. ……… ㉡
> **[붙임]** 어간에 '-이'나 '-음' 이외의 모음으로 시작된 접미사가 붙어서 다른 품사로 바뀐 것은 그 어간의 원형을 밝히어 적지 아니한다. ……… ㉢

	㉠	㉡	㉢
①	얼음	노름	마개
②	목걸이	걸음	무덤
③	높이	웃음	지붕
④	먹이	목걸이	부터

주목

36 밑줄 친 단어 중 〈보기〉의 한글 맞춤법 규정이 적용된 경우에 해당하는 것은?

보기

> **[제19항]** 어간에 '-이'나 '-음/-ㅁ'이 붙어서 명사로 된 것은 그 어간의 원형을 밝히어 적는다.

① 사람들은 영호의 정신력을 <u>높이</u> 칭찬했다.
② <u>깨끗이</u> 청소를 하니 기분 전환에 도움이 되었다.
③ 그의 모습이 <u>뚜렷이</u> 보여서 가슴이 벅찼다.
④ 날씨가 제법 따뜻해져서 <u>얼음</u>이 거의 다 녹았다.

37 다음 한글 맞춤법 규정을 참고할 때, 밑줄 친 부분에 해당하는 표기로 적절한 것은?

> **[제20항]** 명사 뒤에 '-이'가 붙어서 된 말은 그 명사의 원형을 밝히어 적는다.
> **[붙임]** <u>'-이' 이외의 모음으로 시작된 접미사가 붙어서 된 말은 그 명사의 원형을 밝히어 적지 아니한다.</u>

① 이파리 ② 낱낱이
③ 집집이 ④ 삼발이

38 〈보기〉를 참고할 때 밑줄 친 단어 중 두음 법칙이 적용된 것은?

보기

> 두음 법칙은 일부 소리가 단어의 첫머리에 발음되는 것을 꺼려 다른 소리로 발음되는 현상을 말한다. 'ㅣ, ㅑ, ㅕ, ㅛ, ㅠ' 앞에서의 'ㄹ'과 'ㄴ' 소리가 탈락하거나, 'ㅏ, ㅓ, ㅗ, ㅜ, ㅡ, ㅐ, ㅔ, ㅚ' 앞의 'ㄹ'이 'ㄴ'으로 바뀌는 것 등이다.

① 이곳이 바로 지상 <u>낙원</u>이다.
② 이곳은 사람의 <u>왕래</u>가 빈번하다.
③ 한 쌍의 <u>남녀</u>가 손을 잡고 걷고 있다.
④ 골짜기의 물이 <u>급류</u>를 이루어 흘러간다.

주목

39 다음 한글 맞춤법 규정을 참고할 때 띄어쓰기가 올바른 것은?

> **[제41항]** 조사는 그 앞말에 붙여 쓴다.
> **[제42항]** 의존 명사는 띄어 쓴다.
> **[제43항]** 단위를 나타내는 명사는 띄어 쓴다.

① 먹을만큼만 떠서 먹어라.
② 그를 만난지 한 달이 지났다.
③ 나는 강아지를 두 마리 기른다.
④ 그는 가진 돈이 천원 밖에 없었다.

40 다음 한글 맞춤법 규정을 참고할 때 띄어쓰기가 적절하지 <u>않은</u> 것은?

> **[제42항]** 의존 명사는 띄어 쓴다.
> **[제43항]** 단위를 나타내는 명사는 띄어 쓴다.
> **[제45항]** 두 말을 이어 주거나 열거할 적에 쓰이는 말들은 띄어 쓴다.

① 아는 것이 힘이다.
② 나무 한 그루가 있다.
③ 우리는 청군 대 백군으로 싸웠다.
④ 가게에 사과, 배 귤등 많은 과일이 있다.

빠른 정답 체크

31 ② 32 ② 33 ② 34 ④ 35 ① 36 ④ 37 ①
38 ① 39 ③ 40 ④

주제 4 문법 요소

41 높임 표현이 잘못 사용된 문장은? 2021년 1회

① (기자가 시민에게) 잠시 인터뷰하실 시간 있으세요?
② (점원이 손님에게) 여기 주문하신 음료 나오셨습니다.
③ (엄마가 아들에게) 할머니를 모시고 병원에 다녀오렴.
④ (형이 동생에게) 아버지께서 요즘 고민이 있으신 것 같아.

42 밑줄 친 부분 중 피동 표현이 아닌 것은? 2021년 1회

① 불길이 바로 잡혔다.
② 막냇동생의 신발 끈이 풀렸다.
③ 철수가 다친 친구를 등에 업었다.
④ 그림을 그릴 때에는 붓이 사용된다.

43 ㉠, ㉡에 대한 설명으로 적절하지 않은 것은?

> ㉠ 나는 아버지를 모시고 집으로 왔다.
> ㉡ 나는 선생님께 그 일을 여쭈어 보았다.

① ㉠과 ㉡은 객체 높임법이 쓰인 문장이다.
② ㉠과 ㉡은 문장의 목적어를 높이고 있다.
③ ㉠은 '모시다'라는 어휘를 통해 높임법이 실현되고 있다.
④ ㉡은 조사 '께'와 '여쭈다'라는 어휘를 통해 높임법이 실현되고 있다.

44 다음 문장에 대한 설명으로 옳지 않은 것은?

> 할머니께서 안방에 계신다.

① 주어가 화자보다 상위자이다.
② 행위의 주체인 '할머니'를 높이고 있다.
③ 주격 조사 '께서'를 붙여서 높이고 있다.
④ 선어말 어미 '-시-'를 사용하여 높이고 있다.

45 다음을 참고할 때 적절한 문장이 아닌 것은?

> 주체 높임 표현은 높여야 할 사람을 직접 높여서 표현하기도 하고, 높여야 할 대상의 신체 일부, 소유물, 생각 등과 관련된 말에 '-(으)시-'를 결합하여 간접적으로 실현하기도 한다.

① 아버지는 손이 크시다.
② 선생님께서는 수업이 있으시다.
③ 선생님께서는 댁에 책이 많으십니다.
④ 교장 선생님의 말씀이 계시겠습니다.

46 다음 중 높임 표현의 종류가 다른 것은?

① 아버지께서 방으로 들어가신다.
② 교장 선생님께서 훈화 말씀을 하셨다.
③ 할아버지께서 댁에서 낮잠을 주무신다.
④ 오늘 할머니를 모시고 지하철역에 갔다.

47 다음 설명의 예로 적절하지 않은 문장은?

> 피동문은 주체가 남에 의해 어떤 동작을 당하는 것을 나타내는 표현이다.

① 그는 사람들을 웃겼다.
② 도둑이 경찰에게 잡혔다.
③ 여우가 호랑이에게 잡아 먹혔다.
④ 찢어진 사진을 보니 마음이 아팠다.

48 ㉠, ㉡에 대한 설명으로 옳지 않은 것은?

> ㉠ 아이가 새 옷을 입었다.
> ㉡ 엄마가 아이에게 새 옷을 입혔다.

① ㉠의 주어는 ㉡에서 목적어로 바뀌었다.
② ㉠을 ㉡으로 바꿀 때 새로운 주어가 나타났다.
③ ㉡은 ㉠의 서술어에 접미사가 붙어 사동 표현이 되었다.
④ ㉡은 주어가 다른 대상에게 동작을 하게 한 것이다.

주목

49 다음을 참고할 때 '이중 피동'이 사용된 문장은?

> 피동(被動) 표현은 기본적으로 피동의 의미를 드러내기 위한 것이다. 그런데 번역 투의 표현을 쓰거나 피동 표현을 제대로 사용하지 못해 피동 표현을 두 번 이상 겹쳐 사용하기도 한다. 이러한 표현을 '이중 피동'이라고 하는데, 올바른 표현이 아니므로 주의해야 한다.

① 눈먼 파리가 파리채에 잡혔다.
② 그동안 미루어 두었던 시험 계획이 확정되었다.
③ 드디어 학교 영화제의 개막 영화가 상영되었다.
④ 며칠 밤을 지새운 결과 그림의 작품성이 인정되어졌다.

주목

50 ㉠~㉣에 해당하는 문장으로 적절하지 않은 것은?

> 미래 시제를 표현할 때에는 선어말 어미 '-겠-', 관형사형 어미 '-(으)ㄹ'이나 의존 명사 '것'이 결합된 '-(으)ㄹ 것'을 쓴다. 선어말 어미 '-겠-'은 미래 시제를 나타내는 것 이외에 ㉠추측이나 ㉡의지, ㉢가능성이나 ㉣능력, 완곡하게 말하는 태도 등을 표현하기도 한다.

① ㉠: 지금 떠나면 새벽에 도착하겠구나.
② ㉡: 다음에는 꼭 찾아뵙도록 하겠습니다.
③ ㉢: 동생은 주말에 낚시하러 가겠다고 한다.
④ ㉣: 나도 그 정도의 문제는 풀 수 있겠다.

51 다음 중 밑줄 친 부분의 시제가 다른 것은?

① 철수가 호수에 돌을 던졌다.
② 나는 친구에게 생일 선물을 주었다.
③ 시험 공부하려면 오늘도 잠은 다 잤다.
④ 어제 동생이 본 책은 내가 빌려준 책이다.

52 다음 중 시간 표현이 적절하지 않은 것은?

① 하늘을 보니 내일은 비가 오겠다.
② 네가 아까 먹을 과자는 맛있었어?
③ 내가 어제 본 영화는 정말 재미있었다.
④ 학생들은 현재 운동장에서 축구를 한다.

53 다음 문장을 간접 인용 표현으로 바꿀 때 그 방법으로 적절한 것은?

> 나는 선생님께 "저는 내일 어디로 가야 해요?"라고 여쭈었다.

① 인용 문장의 주어를 '내가'로 바꾼다.
② 전체 문장의 주어를 '선생님'으로 바꾼다.
③ 시간을 나타내는 '내일'을 '어제'로 바꾼다.
④ 인용 문장의 주체를 높이는 표현을 사용한다.

54 다음의 직접 인용 표현을 간접 인용 표현으로 바르게 고쳐 쓴 것은?

> 지혜는 어제 "나는 오늘 이곳을 떠나고 싶어요."라고 말했다.

① 지혜는 어제 자기는 그곳을 떠나고 싶다고 말했다.
② 지혜는 어제 그녀가 그곳을 떠나고 싶다고 말했다.
③ 지혜는 오늘 자기는 이곳을 떠나고 싶다고 말했다.
④ 지혜는 오늘 자기는 그곳을 떠나고 싶다고 말했다.

빠른 정답 체크

41 ②	42 ③	43 ②	44 ④	45 ④	46 ④	47 ①
48 ①	49 ④	50 ③	51 ③	52 ②	53 ①	54 ①

주제 5 정확한 문장 표현

주목

55 다음 문장과 동일한 오류가 드러난 것은? 2019년 1회

> 그녀는 웃으면서 들어오는 친구에게 인사를 했다.

① 뜰에 핀 꽃이 여간 탐스럽다.
② 선생님께서 너 오시라고 했어.
③ 내가 하고 싶은 말은 너를 사랑한다.
④ 한결같이 어려운 이웃을 돕는 사람이 많다.

56 다음 문장과 동일한 오류가 드러난 것은? 2018년 2회

> 그는 노래와 춤을 추었다.

① 그녀는 내일 부산으로 출발하였다.
② 나는 시간이 나면 운동과 책을 읽는다.
③ 그분은 세 살 된 예쁜 따님이 계십니다.
④ 상처를 만진 후에는 전혀 손을 씻어야 한다.

57 어법에 맞고 자연스러운 문장은? 2018년 1회

① 나는 도무지 그 일을 할 수 있다.
② 어제는 비와 바람이 심하게 불었다.
③ 그는 차마 할머니 곁을 떠날 수 없었다.
④ 동생은 어제 작은아버지 댁에 갈 것이다.

58 다음 중 어법에 맞고 자연스러운 문장은? 2017년 2회

① 만약에 내가 어른이 될 것이다.
② 나는 어려운 이웃을 도와주고 싶다.
③ 우리가 경기에 이기려면 열심히 했다.
④ 그는 점심시간에 빵과 우유를 마셨다.

59 어법에 맞는 문장으로 가장 적절한 것은? 2017년 1회

① 그는 내키지 않는 일은 결코 하지 않는다.
② 내가 감기에 걸린 이유는 겨울비를 맞았다.
③ 우리 선수단은 내일 제주 공항을 통해 출국했다.
④ 인간은 자연을 지배하기도 하고 굴복하기도 한다.

60 어법에 맞고 자연스러운 문장은? 2016년 1회

① 그는 군인으로서 할 일을 하였다.
② 말과 행동은 결코 일치해야 한다.
③ 오늘은 운동과 그림을 그리기로 하자.
④ 고객님이 주문하신 상품은 품절되셨습니다.

61 다음 대화 상황에 어울리는 속담은? 2021년 1회

> 고객: 꼼꼼히 수리해 주셔서 편리하게 사용할 수 있게 되었습니다. 솜씨가 정말 좋으세요.
> 직원: 고객님 말씀 덕분에 제가 더 힘이 납니다. 고객님이 제품을 잘 관리하셔서 수월하게 고칠 수 있었습니다.

① 모기도 모이면 천둥소리 난다.
② 사촌이 땅을 사면 배가 아프다.
③ 털어서 먼지 안 나는 사람 없다.
④ 가는 말이 고와야 오는 말이 곱다.

62 관용 표현이 사용되지 않은 문장은? 2019년 2회

① 관광객들이 태풍 때문에 발이 묶였다.
② 동생은 시험을 잘 봐서 입이 귀에 걸렸다.
③ 나는 농구공을 한 손으로 잡을 만큼 손이 크다.
④ 나와 동생은 손발이 맞아 방 청소를 금방 끝냈다.

63 다음 중 관용 표현을 사용하지 않은 것은? 2017년 2회

① 눈에 차는 물건이 없었다.
② 공짜라는 말에 귀가 솔깃했다.
③ 그는 발이 넓어 아는 사람이 많다.
④ 동생을 오래 기다리게 해서 미안했다.

64 다음을 참고할 때 표현하는 방식이 다른 것은?

> 화자는 자신의 의도를 직접적으로 표현하기도 하고, 간접적으로 표현하기도 한다. 예를 들어, 누군가와 밥을 먹으러 가고 싶을 때, "밥 먹으러 가자."처럼 청유형 어미 '-자'를 사용하여 의도를 직접적으로 표현할 수도 있고, "벌써 점심시간이네."처럼 평서형 어미 '-네'를 사용하여 간접적으로 표현할 수도 있다.

① (귀가한 후 누나에게)
동생: 아, 목마르다.
누나: 자, 물 여기 있어.
② (교복을 입은 학생에게)
행인1: 학생, 어느 고등학교에 다녀요?
학생: 네, 저는 한국 고등학교에 다닙니다.
③ (자습 시간에 문제를 풀다가)
친구1: 아차, 실수했다. 지우개 있니?
친구2: 응, 빌려줄게.
④ (추운 방에 창문이 열려 있는 것을 보며)
아이: 엄마, 창문이 열려 있어요.
엄마: 춥구나. 얼른 닫아야겠다.

65 관용 표현이 사용되지 않은 문장은?

① 배가 등에 붙어서 아무것도 못 하겠어.
② 네 마음은 은반 위의 무지개처럼 곱구나.
③ 그런 말을 하다니 내 가슴에 못을 박는구나.
④ 너무 억울해서 피가 거꾸로 솟는 줄 알았다.

빠른 정답 체크

55 ④ 56 ② 57 ③ 58 ② 59 ① 60 ① 61 ④
62 ③ 63 ④ 64 ② 65 ②

주제 7 한글 창제의 원리

66 다음은 훈민정음의 자음자 제자 원리이다. [설음]의 예로 옳은 것은? 2017년 1회

> 해례본의 제자해에 따르면, 자음자의 첫 번째 원리는 상형의 원리이다. 즉 자음자는 자음 발음 기관의 모양을 본떠서 그 기본 글자 다섯 자를 만들었다. 아음(牙音, 어금닛소리)은 혀뿌리가 목구멍을 닫는 모양을 본뜨고, [설음](舌音, 혓소리)은 혀(끝)가 윗잇몸에 붙는 모양을 본뜨고, 순음(脣音, 입술소리)은 입 모양을 본뜨고, 치음(齒音, 잇소리)은 이 모양을 본뜨고, 후음(喉音, 목구멍소리)은 목구멍의 모양을 본뜬 것이다.

① ㄴ　② ㅁ
③ ㅅ　④ ㅇ

67 한글에 대한 설명으로 옳지 않은 것은?

① 자모는 창제 당시에는 24자였으나 현재는 28자이다.
② 자음의 기본자는 발음 기관의 모양을 본떠서 만들었다.
③ 한글은 기본자를 먼저 만들고, 나머지는 이것에서 파생시켜 만들었다.
④ 한글의 옛 이름인 '훈민정음'은 '백성을 가르치는 바른 소리'라는 의미이다.

68 한글 자음자에 관한 설명으로 옳지 않은 것은?

① 기본자는 발음 기관의 모양을 본떠서 만들었다.
② 훈민정음 창제 당시에는 17개의 자음자를 만들었다.
③ 모음자를 먼저 만든 후에, 이를 바탕으로 자음자를 만들었다.
④ 기본자에 획을 더하여 'ㅋ, ㅌ, ㅍ' 등과 같은 글자들을 만들었다.

69 밑줄 친 부분에 해당하는 글자가 아닌 것은?

> 당시에는 지금보다 더 엄격한 모음 조화 규칙이 있었으며, 더욱이 훈민정음 제작의 철학적 배경이 되었던 성리학에서 음양(陰陽)은 매우 중요한 개념이었으므로 양성 모음, 음성 모음의 구분이 이처럼 제자의 원리에까지 적용되었던 것으로 보인다.

① 먹어　② 깡충깡충
③ 알록달록　④ 찰랑찰랑

70 ㉠, ㉡에 들어갈 말로 적절한 것은?

> 초출자는 'ㅡ'와 'ㅣ'에 'ㆍ'를 하나씩 결합하여 만들었고, 재출자는 'ㅡ'와 'ㅣ'에 'ㆍ'를 두 개씩 결합하여 만들었다. 이는 초출자가 (㉠)임을, 재출자가 (㉡)임을 구별하기 위함이었다.

	㉠	㉡
①	이중 모음	단모음
②	단모음	이중 모음
③	양성 모음	음성 모음
④	음성 모음	양성 모음

71 자음 기본자에 대한 설명으로 적절하지 않은 것은?

	자음 기본자	글자를 만든 원리
①	ㄱ	혀뿌리가 목구멍을 막는 모양을 본뜸
②	ㄴ	혓바닥이 아랫잇몸에 닿는 모양을 본뜸
③	ㅁ	입의 모양을 본뜸
④	ㅅ	이의 모양을 본뜸

72 〈보기〉의 글자를 만든 원리로 알맞은 것은?

보기

ㄲ, ㄸ, ㅃ, ㅆ, ㅉ, ㆅ

① 자연의 모양을 본떠서 만들었다.
② 자음 기본자에 획을 더해 만들었다.
③ 발음 기관의 모양을 본떠서 만들었다.
④ 같은 글자를 가로로 나란히 쓴 것이다.

주제 8 국어의 역사

73 다음 ㉠~㉣에 나타난 중세 국어의 특징으로 적절하지 않은 것은? 2021년 1회

> [훈민정음 언해]
> ㉠나·랏:말ᄊᆞ·미中듕國·귁·에달·아文문字·ᄍᆞᆼ·와·로서르ᄉᆞᄆᆞᆺ·디아·니ᄒᆞᆯ·ᄊᆡ·이런젼·ᄎᆞ·로 어·린百·ᄇᆡᆨ姓·셩·이 니르·고·져 ㉡·홇· 배이·셔·도 ᄆᆞ·ᄎᆞᆷ:내 제 ㉢·ᄠᅳ·들 시·러 펴·디:몯ᄒᆞᇙ ㉣·노·미 하·니·라
>
> –『월인석보(月印釋譜)』–

① ㉠: 방점을 사용하여 소리의 높낮이를 표시하였다.
② ㉡: 'ㆆ'이 표기에 사용되었다.
③ ㉢: 어두 자음군이 존재하였다.
④ ㉣: 끊어 적기로 표기하였다.

주목

74 향찰은 한자의 음과 뜻을 빌려 우리말을 표기한 방법이다. ㉠, ㉡에 해당하는 표기 방법으로 알맞은 것은? 2020년 1회

표기할 우리말 : 선화공주님은

향찰 표기	善	化	公	主	㉠主	㉡隱
음[소리]	선	화	공	주	주	은
훈[뜻]	착하다	되다	귀인	님	님	숨다

	㉠	㉡
①	음차	음차
②	음차	훈차
③	훈차	음차
④	훈차	훈차

빠른 정답 체크

66 ① 67 ① 68 ③ 69 ② 70 ② 71 ② 72 ④ 73 ④ 74 ③

[75~76] 다음 글을 읽고 물음에 답하시오. 2019년 2회

> [가] 중세 국어의 특징 중 하나는 소리 나는 대로 표기하는 Ⓐ이어 적기가 일반적으로 쓰이다가 후기에는 끊어 적기와 이어 적기가 혼용되는 양상이 나타나기도 하였다는 점이다.
>
> [나] 불·휘 기·픈 남·ᄀᆞᆫ ᄇᆞᄅᆞ·매 아·니 :뮐·ᄊᆡ
> 곶 :됴·코 여·름·하ᄂᆞ·니
> :ᄉᆡ·미 기·픈 ·므·른 ·ᄀᆞᄆᆞ·래 아·니 그·츨·ᄊᆡ
> :내·히 이·러 바·ᄅᆞ·래 ·가ᄂᆞ·니
>
> –「용비어천가」 제2장 –
>
> [다] 뿌리가 깊은 나무는 바람에 흔들리지 아니하므로
> 꽃이 좋고 열매가 많이 열리니.
> 샘이 깊은 물은 가뭄에 그치지 아니하므로
> 내가 이루어져 바다에 가나니.
>
> –「용비어천가」 제2장, 현대어 풀이 –

75 Ⓐ에 해당하는 것을 [나]에서 찾으면?

① 불·휘 ② 아·니
③ 기·픈 ④ ·하ᄂᆞ·니

76 [나]와 [다]를 비교하여 알 수 있는 국어의 변화 양상으로 적절하지 않은 것은?

	[나]		[다]	변화 양상
①	ᄇᆞᄅᆞ·매	→	바람에	'ㆍ'의 소멸
②	·ᄀᆞᄆᆞ·래	→	가뭄에	방점의 소멸
③	:됴·코	→	좋고	어두 자음군의 소멸
④	:내·히	→	내가	주격 조사 '가'의 등장

[77~78] 다음 글을 읽고 물음에 답하시오. 2018년 2회

> 불·휘 ㉠기·픈 남·ᄀᆞᆫ ㉡ᄇᆞᄅᆞ·매 아·니 :뮐·ᄊᆡ
> 곶 :됴·코 여·름·하ᄂᆞ·니
> :ᄉᆡ·미 기·픈 ·므·른 ·ᄀᆞᄆᆞ·래 아·니 그·츨·ᄊᆡ
> ㉢:내·히 이·러 바·ᄅᆞ·래 ㉣·가ᄂᆞ·니
>
> –「용비어천가」 –

주목

77 ㉠~㉣에 나타난 중세 국어의 특징으로 적절하지 않은 것은?

① ㉠에는 이어 적기가 사용되었다.
② ㉡에는 모음 조화가 사용되었다.
③ ㉢에는 어두 자음군이 사용되었다.
④ ㉣에는 현재는 소실된 'ㆍ'가 사용되었다.

78 현대어 풀이로 적절하지 않은 것은?

① 불·휘 → 뿌리
② 곶 → 꽃
③ 여·름 → 여름
④ 아·니 → 아니

[79~80] 다음 글을 읽고 물음에 답하시오. 2018년 1회

> 世·솅宗종御·엉製·졩訓·훈民민正·졍音ᅙᅳᆷ
>
> 나·랏:말ᄊᆞ·미 中듀ᇰ國·귁·에 달·아 文문字·ᄍᆞᆼ·와·로 서르 ㉠ᄉᆞᄆᆞᆺ·디 아·니ᄒᆞᆯ·ᄊᆡ·이런 젼·ᄎᆞ·로 ㉡어·린 百·ᄇᆡᆨ姓·셔ᇰ·이 니르·고·져 ·호ᇙ·배 이·셔·도 ᄆᆞᄎᆞᆷ:내 제 ·ᄠᅳ·들 시·러 펴·디:몯ᄒᆞᇙ ·노·미 하·니·라 ·내 ·이·ᄅᆞᆯ 爲·윙·ᄒᆞ·야 ㉢:어엿·비 너·겨 ·새·로 ·스·믈여·듧 字·ᄍᆞᆼ·ᄅᆞᆯ ᄆᆡᇰ·ᄀᆞ노·니 :사ᄅᆞᆷ:마·다 :ᄒᆡ·ᅇᅧ ㉣:수·ᄫᅵ 니·겨 ·날·로 ·ᄡᅮ·메 便뼌安ᅙᅡᆫ·킈 ᄒᆞ·고·져 ᄒᆞᇙ ᄯᆞᄅᆞ·미니·라
>
> –『훈민정음(訓民正音)』–

79 윗글에 나타난 중세 국어의 특징으로 적절하지 않은 것은?

① 어두 자음군이 사용되었다.
② 두음 법칙을 엄격히 지켜 표기하였다.
③ 현대 국어 표기에는 쓰이지 않는 'ㅸ'이 쓰였다.
④ 소리의 높낮이를 나타내는 방점을 표기하였다.

80 ㉠~㉣ 중 다음의 내용을 모두 충족한 것은?

> • 형태와 의미가 변화한 어휘이다.
> • 중세 국어에서는 '가엾게'의 의미로 쓰였으나, 현대 국어에서는 '예쁘게'의 의미로 쓰이고 있다.

① ㉠ ② ㉡
③ ㉢ ④ ㉣

[81~82] 다음 글을 읽고 물음에 답하시오. 2017년 2회

> :유·익ᄒᆞᆫ ·이 :세 가·짓 :벋·이오 :해·로온 ·이 :세 가·짓 :벋·이니 直·딕ᄒᆞᆫ ·이·ᄅᆞᆯ :벋ᄒᆞ·며 :신·실ᄒᆞᆫ ·이 :벋ᄒᆞ·며 들:온 ·것 한 ·이·ᄅᆞᆯ :벋ᄒᆞ·면 :유·익ᄒᆞ·고 :거·동·만 ㉠니·근·이·ᄅᆞᆯ :벋ᄒᆞ·며 아:당ᄒᆞ·기 잘 ·ᄒᆞ·ᄂᆞᆫ ·이·ᄅᆞᆯ :벋ᄒᆞ·며 :말ᄉᆞᆷ·만 니·근 ·이·ᄅᆞᆯ :벋ᄒᆞ·면 해·로·온이·라
>
> –『소학언해』 권 제2, 선조 20년(1587년) –

81 윗글에 나타난 중세 국어의 특징으로 가장 적절한 것은?

① 된소리를 표기하였다.
② 주격 조사 '가'가 쓰였다.
③ 방점을 사용하여 성조를 표시하였다.
④ 오늘날에 쓰이지 않는 '△'이 쓰였다.

82 윗글에서 밑줄 친 ㉠의 현대어 풀이로 적절한 것은?

① 이른 ② 해로운
③ 익숙한 ④ 믿음직한

83 다음 중 밑줄 친 부분에 해당하는 예로 적절한 것은?

> 우리말은 시간의 흐름에 따라 많은 변화를 겪어 왔다. 특히 어휘 부분에서 가장 많은 변화가 일어났는데 그들 중에서는 그대로 살아남은 경우도 있지만, 그 의미가 축소 또는 확대되거나 <u>의미가 아예 바뀌는 경우</u>도 생겨났다.

① :말ᄊᆞ·미 ② ·노·미
③ :어엿·비 ④ ·사·ᄅᆞᆷ

빠른 정답 체크

75 ③ 76 ③ 77 ③ 78 ③ 79 ② 80 ③ 81 ③
82 ③ 83 ③

단원을 끝내는

엔드노트

1 음운의 변동

교체	음절의 끝소리 규칙, 된소리되기, 비음화, 유음화, 구개음화
축약	자음 축약(거센소리되기)
탈락	자음군 단순화, 'ㄹ' 탈락, 'ㅎ' 탈락, 'ㅡ' 탈락
첨가	'ㄴ' 첨가, 반모음 첨가

2 이해를 돕는 문법 개념

(1) 형태소의 종류

분류 기준	종류	개념
자립의 유무	자립 형태소	혼자 쓰일 수 있음
	의존 형태소	혼자 쓰일 수 없음
실질적인 의미의 유무	실질 형태소	실질적인 의미를 가진 형태소
	형식 형태소	형식적인 의미를 표시하는 형태소

(2) 품사의 종류

기능	의미	품사
체언(주어, 목적어, 보어의 역할)	사람이나 사물의 이름을 나타냄	명사
	사람이나 사물의 이름을 대신하여 쓰임	대명사
	수량이나 순서를 나타냄	수사
수식언(다른 말을 꾸며 주는 역할)	뒤에 오는 체언을 꾸며 줌	관형사
	주로 용언을 꾸며 줌	부사
독립언(다른 성분과 관계없이 독립적)	느낌, 놀람, 부름, 대답 등을 나타냄	감탄사
관계언(문법적 관계, 뜻을 더해 줌)	다른 말과의 관계를 표시함	조사
용언(주어를 풀이, 서술어 역할)	사람이나 사물의 움직임을 나타냄	동사
	사람이나 사물의 성질이나 상태를 나타냄	형용사

(3) 문장 성분의 종류

주성분	주어, 서술어, 목적어, 보어
부속 성분	관형어, 부사어
독립 성분	독립어

3 어문 규범

(1) 주요 한글 맞춤법 규정

소리에 관한 것	한 단어 안에서 뚜렷한 까닭 없이 나는 된소리는 다음 음절의 첫소리를 된소리로 적는다. 예 어깨, 기쁘다, 잔뜩
	한자음 '녀, 뇨, 뉴, 니'가 단어 첫머리에 올 적에는, 두음 법칙에 따라 '여, 요, 유, 이'로 적는다. 예 여자(女子)
	한자음 '랴, 려, 례, 료, 류, 리'가 단어의 첫머리에 올 적에는, 두음 법칙에 따라 '야, 여, 예, 요, 유, 이'로 적는다. 다만, 모음이나 'ㄴ' 받침 뒤에 이어지는 '렬, 률'은 '열, 율'로 적는다. 예 양심, 역사, 백분율, 비율
	한 단어 안에서 같은 음절이나 비슷한 음절이 겹쳐 나는 부분은 같은 글자로 적는다. 예 쓱싹쓱싹, 꼿꼿하다
형태에 관한 것	용언의 어간과 어미는 구별하여 적는다. 예 먹다, 먹고, 먹어
	어간에 '-이'나 '-음/-ㅁ'이 붙어서 명사로 된 것과 '-이'나 '-히'가 붙어서 부사로 된 것은 그 어간의 원형을 밝히어 적는다. 예 먹이, 미닫이, 걸음, 믿음, 같이, 익히 [붙임] 어간에 '-이'나 '-음' 이외의 모음으로 시작된 접미사가 붙어서 다른 품사로 바뀐 것은 그 어간의 원형을 밝히어 적지 아니한다. 예 마개, 자주
	명사 뒤에 '-이'가 붙어서 된 말은 그 명사의 원형을 밝히어 적는다. 예 곳곳이, 낱낱이 [붙임] '-이' 이외의 모음으로 시작된 접미사가 붙어서 된 말은 그 명사의 원형을 밝히어 적지 아니한다. 예 이파리
	모음 'ㅗ, ㅜ'로 끝난 어간에 '-아/-어, -았-/-었-'이 어울려 'ㅘ/ㅝ, ㅘㅆ/ㅝㅆ'으로 될 적에는 준 대로 적는다. 예 보아-봐

(2) 사이시옷 표기

정의	합성어에서 사잇소리 현상이 일어났을 때, 이를 나타내기 위해 'ㅅ(사이시옷)'을 표기하는 것
표기 조건	• 앞말이 모음으로 끝난 합성어인 경우 • 둘 중 하나는 반드시 순우리말이어야 함(순우리말+순우리말, 한자어+순우리말, 순우리말+한자어) - 뒷말의 첫소리가 된소리로 나는 경우 예 나룻배 - 뒷말의 첫소리 'ㄴ, ㅁ' 앞에서 'ㄴ' 소리가 덧나는 경우 예 잇몸 - 뒷말의 첫소리 모음 앞에서 'ㄴㄴ' 소리가 덧나는 경우 예 나뭇잎
예외	• 한자어+한자어'인 합성어 중 아래의 6개의 단어는 사이시옷을 표기함 - 곳간(庫間), 셋방(貰房), 숫자(數字), 찻간(車間), 툇간(退間), 횟수(回數)

단원을 끝내는

엔드노트

4 문법 요소

(1) 높임 표현

주체 높임법	• 서술어의 주체(주어)를 높이는 방법 • 주격 조사 '께서', 선어말 어미 '-시-', 특수 어휘(계시다, 주무시다 등)를 통해 실현
객체 높임법	• 서술어의 객체(목적어, 부사어)를 높이는 방법 • 부사격 조사 '께', 특수 어휘(모시다, 뵈다, 드리다, 여쭈다 등)를 통해 실현
상대 높임법	• 청자를 높이거나 낮추어 말하는 방법 • 주로 문장의 종결 어미를 통해 실현

(2) 피동과 사동 표현

피동	• 주어가 다른 힘에 의해 동작을 당하는 것 • 피동 접미사 '-이-, -히-, -리-, -기-'를 사용하거나 용언에 '-어지다', '-게 되다'를 붙임
사동	• 주어가 다른 주체나 대상에게 행동을 하도록 시키는 것 • 사동 접미사 '-이-, -히-, -리-, -기-, -우-, -구-, -추-'를 사용하거나 용언에 '-게 하다'를 붙임

5 정확한 문장 표현

필수적인 문장 성분	서술어의 자릿수를 고려하여 주어, 서술어, 목적어, 보어, 필수적 부사어를 확인
문장 성분 간의 호응	주어와 서술어, 부사어와 서술어, 목적어와 서술어의 호응을 확인
중의적 표현	하나의 문장이 둘 이상의 의미로 해석되는 경우, 문장의 순서를 바꾸거나 정보를 보충함
단어의 의미 중복	한자어 사용 시 다른 어휘와 그 의미가 중복되지 않는지 확인

6 한글 창제의 원리

(1) 초성 17자의 창제 원리

구분	상형(발음 기관을 본떠 만듦)	기본자	가획자	이체자
아음	혀뿌리가 목구멍을 막는 모양	ㄱ	ㅋ	ㆁ
설음	혀가 윗잇몸에 붙는 모양	ㄴ	ㄷ, ㅌ	ㄹ
순음	입의 모양	ㅁ	ㅂ, ㅍ	
치음	이의 모양	ㅅ	ㅈ, ㅊ	ㅿ
후음	목구멍의 모양	ㅇ	ㆆ, ㅎ	

(2) 중성 11자의 창제 원리

상형	기본자	초출자	재출자
천(天)	ㆍ	ㅗ, ㅏ, ㅜ, ㅓ	ㅛ, ㅑ, ㅠ, ㅕ
지(地)	ㅡ		
인(人)	ㅣ		

7 중세 국어 자료

세종어제훈민정음	• 이어 적기 방식 • 어두 자음군 사용 • 주격 조사 'ㅣ' 사용 • 한글과 한자가 혼용되어 표기 • 소리의 높낮이(성조)를 나타내는 방점 표기 • 현대 국어 표기에는 쓰이지 않는 'ㅸ' 사용
용비어천가	• 된소리 사용=각자 병서가 쓰임 예 :뮐·씨 • 이어 적기 방식 • 방점으로 성조를 나타냄 • 모음 조화가 잘 지켜짐 예 ᄇᆞᄅᆞ·매 • 주격 조사 '이'가 쓰임 예 :시·미 • 'ㅎ' 종성 체언이 존재함 예 :내 히→내ㅎ+ㅣ • 두음 법칙과 구개음화가 적용되지 않음
소학언해	• 방점으로 성조를 나타냄 • 명사형 어미 '-기'가 사용 예 아:당ᄒᆞ·기 • 이어 적기와 끊어 적기를 함께 사용 • 현재 사용하지 않는 모음 'ㆍ' 사용 • 'ㅸ, ㆆ, ㅿ' 소실 예 :해·로온 • 모음 조화 파괴 예 들:온 • 각자 병서가 쓰이지 않음 예 :말ᄉᆞᆷ

단원을 닫으며 '한글 맞춤법, 표준 발음법, 문법 요소, 국어의 역사' 등 주로 출제되는 개념을 이해하기 위해서는 문법에 대한 종합적인 학습이 선행되어야 합니다.

모바일 OMR 채점 & 성적 분석

QR 코드를 활용하여, 쉽고 빠른 응시 - 채점 - 성적 분석을 해 보세요!

STEP 1 QR 코드 스캔

STEP 2 모바일 OMR 작성

STEP 3 채점 결과 & 성적 분석 확인

해당 서비스는 2025. 08. 31.까지만 이용하실 수 있습니다.

▶ QR 코드는 어떻게 스캔하나요?

① 네이버앱 ⇨ 그린닷 ⇨ 렌즈

② 카카오톡 ⇨ 더보기 ⇨ 코드스캔(우측 상단 [-] 모양)

③ 스마트폰 내장 카메라 사용(촬영 버튼을 누르지 않고 카메라 화면에 QR 코드를 비추면 URL이 자동으로 뜹니다.)

실전 모의고사

실전 모의고사 1회

자동채점 서비스

제한시간: 40분

정답과 해설 45쪽

01 **다음 상황에서 할 말로 가장 적절한 것은?**

> 공공 도서관에서 떠드는 친구들에게 조용히 해 줄 것을 요청하려고 한다.

① 여기가 너희들만의 장소니? 조용히 좀 해!
② 너희들 여기가 어딘지 몰라? 주변을 한번 살펴봐!
③ 주변 사람들이 다 너희들만 쳐다보고 있는 것 안 보이니?
④ 얘들아, 책을 보는 다른 친구들도 있으니 조금만 조용히 해 주겠니?

02 **다음 문장과 동일한 오류가 드러난 것은?**

> 확실한 사실은 그가 지금까지 열심히 공부했다.

① 형은 나보다 동생을 더 좋아한다.
② 내가 하고 싶은 말은 너를 사랑한다.
③ 나는 시간이 나면 운동과 책을 읽는다.
④ 그는 어제 약속 장소에 오지 않습니다.

03 **한글 맞춤법에 맞는 문장은?**

① <u>깍뚜기</u>가 맛있게 보인다.
② 그는 나라를 위해 목숨을 <u>받쳤다</u>.
③ 오늘 점심은 얼큰한 <u>육계장</u>을 먹었다.
④ <u>이따가</u> 단둘이 있을 때 이야기하기로 했다.

04 **〈보기〉는 한글 맞춤법 일부이다. 다음 규정에 해당하지 <u>않는</u> 표기는?**

> 보기
> **[제19항]** 어간에 '-이'나 '-음/-ㅁ'이 붙어서 명사로 된 것과 '-이'나 '-히'가 붙어서 부사로 된 것은 그 어간의 원형을 밝히어 적는다.

① 노름　② 먹이　③ 같이　④ 믿음

05 **〈보기〉의 표준 발음법을 참고할 때 밑줄 친 부분의 예로 알맞지 <u>않은</u> 것은?**

> 보기
> **[제24항]** <u>어간 받침 'ㄴ(ㄵ), ㅁ(ㄻ)' 뒤에 결합되는 어미의 첫소리 'ㄱ, ㄷ, ㅅ, ㅈ'은 된소리로 발음한다.</u>
> 다만, 피동, 사동의 접미사 '-기-'는 된소리로 발음하지 않는다.

① 앉다　② 껴안다
③ 안기다　④ 더듬다

06 **다음 중 관용 표현이 사용되지 <u>않은</u> 것은?**

① 오늘부터 오락실에 발을 끊겠다.
② 어머니는 발을 구르며 안절부절못하셨다.
③ 그는 평소 남의 일에 발 벗고 나서길 잘한다.
④ 그는 발이 커서 치수가 가장 큰 신발을 산다.

[07~09] 다음 글을 읽고 물음에 답하시오.

(가)
나·랏 ㉠<u>:말ᄊᆞ·미</u> 中듕國·귁·에 달·아 文문字·ᄍᆞᆼ·와·로 서르 ㉡<u>ᄉᆞᄆᆞᆺ·디</u> 아·니ᄒᆞᆯ·ᄊᆡ ·이런 젼·ᄎᆞ·로 어·린 百·ᅵᆨ姓·셩·이 니르·고·져 ·호ᇙ ㉢<u>·배</u>이·셔·도 ᄆᆞ·ᄎᆞᆷ:내 제 ㉣<u>·ᄠᅳ·들</u> 시·러 펴·디 :몯ᄒᆞᇙ ·노·미 하·니·라 ·내 ·이·ᄅᆞᆯ 爲·윙·ᄒᆞ·야 :어엿·비 너·겨 ·새·로 ·스·믈여·듧 字·ᄍᆞᆼ·ᄅᆞᆯ ᄆᆡᆼ·ᄀᆞ노·니 :사ᄅᆞᆷ:마·다 :ᄒᆡ·ᅇᅧ :수·ᄫᅵ 니·겨 ·날·로 ·ᄡᅮ·메 便뼌安한·킈 ᄒᆞ·고·져 ᄒᆞᇙ ᄯᆞᄅᆞ·미니·라

– 「세종어제훈민정음」 –

(나)
불·휘기·픈남·ᄀᆞᆫ·ᄇᆞᄅᆞ매아·니:뮐·ᄊᆡ
곶:됴·코여·름·하ᄂᆞ·니
:ᄉᆡ·미기·픈·므·른·ᄀᆞᄆᆞ·래아·니그·츨·ᄊᆡ
:내·히이·러바·ᄅᆞ·래·가ᄂᆞ·니

– 「용비어천가」 –

07 (가)의 ㉠~㉣에 나타난 중세 국어의 특징을 설명한 내용으로 적절하지 않은 것은?

① ㉠: 이어 적기 방식이 보편적이었다.
② ㉡: 8종성법이 적용되었다.
③ ㉢: 모음 뒤에는 주격 조사가 사용되지 않았다.
④ ㉣: 어두에서 두 개의 자음을 발음할 수 있었다.

08 (나)의 현대어 풀이로 적절하지 않은 것은?

① 불·휘 → 뿌리
② ·ᄀᆞᄆᆞ·래 → 가을에
③ :됴·코 → 좋고
④ 여·름 → 열매

09 〈보기〉를 참고하여 연서, 병서의 사례를 (가), (나)에서 찾아 바르게 짝지은 것은?

보기

자음을 세로로 이어 쓰는 것을 연서(連書)라고 하고, 자음을 가로로 이어 쓰는 것을 병서(竝書)라고 한다.

	연서	병서
①	:수·ᄫᅵ	ᄯᆞᄅᆞ·미니·라
②	ᄒᆞᆯ·씨	:말ᄊᆞ·미
③	그·츨·씨	·ᄲᅮ·메
④	:ᄒᆡ·ᅇᅧ	·ᄒᆞᇙ·배

[10~11] 다음은 나눔에 대한 글을 쓰기 위해 작성한 메모의 일부이다. 다음 글을 읽고 물음에 답하시오.

1. 작문 계획
• 작문 과제: 학급 친구들에게 기부 활동에 동참할 것을 권유하는 글을 쓴다.
• 주제: 재능 기부 활동에 동참하자.
• 글쓰기 방법
㉠ 청소년의 기부 활동과 관련된 다양한 자료를 제시한다.
㉡ 재능 기부에 대해 모르는 학급 친구들도 실천 가능한 재능 기부 활동을 구체적으로 제시한다.

2. 수집한 자료
(가) 기부하지 않는 이유

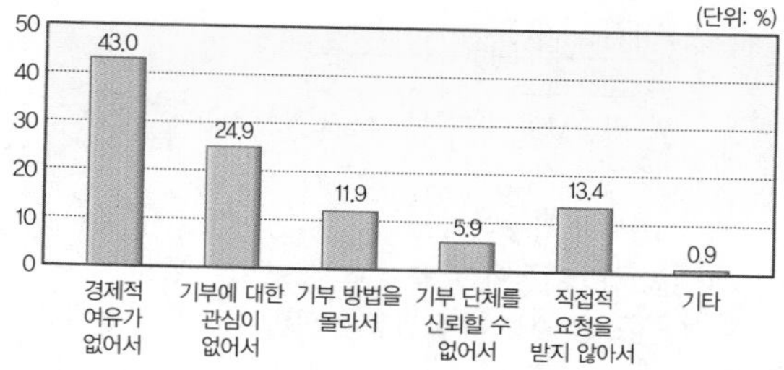

▲기부하지 않는 이유(10대 청소년)

– 통계청, "2011년 사회 조사"에서 –

(나) 나눔의 사례
• 재능 기부로 만든 잡지를 노숙자가 직접 팔아서 자립을 하도록 도움
• ○○고등학교 학생들은 학교와 복지관의 소개로 다문화 가정의 초·중등학생들에게 교과 공부를 가르침
• ○○○고등학교 학생들이 홀로 사는 노인들과 결연하여 말벗, 나들이 같이 하기, 집안 청소 등을 해 줌. 그리고 용돈을 모아 물품을 기부함

– 인터넷 신문 기사 –

(다) 소액 기부의 효과
만 원을 저소득층 여성의 건강 검진 등에 쓸 경우 질병 예방으로 약 18만 원 상당의 효과를, 이만 원을 소년·소녀 가장의 안락한 주거 환경 마련에 보태 준다면 학업 안정 등으로 그 열 배의 효과를 거둘 수 있음

– "KBS 9시 뉴스", 2010년 8월 13일 자에서 –

10 작문 계획에 비추어 볼 때, 자료 활용 방안으로 적절하지 않은 것은?

① (가)를 활용하여 무관심 때문에 기부를 잘 하지 않는 현실을 문제 상황으로 제시해야겠어.
② (가)를 활용하여 청소년들이 기부를 하지 않는 가장 큰 원인이 경제적인 이유임을 밝혀야겠어.
③ (나)의 ○○고등학교 학생들의 사례를 학급 친구들이 함께할 수 있는 재능 기부 활동의 예로 제시해야겠어.
④ (다)를 활용하여 기부 방법을 모르는 친구들에게 적은 돈이라도 꾸준히 기부하는 것이 중요함을 말해야겠어.

11 다음 개요의 ㉠에 추가할 만한 내용으로 가장 적절한 것은?

Ⅰ. 처음
  1. ㉠
  2. 청소년들이 기부를 하지 않는 이유
Ⅱ. 중간
  1. 재능 기부의 개념
  2. 청소년들이 할 수 있는 재능 기부 활동
Ⅲ. 청소년 재능 기부 활동의 의의

① 외국의 기부 문화
② 청소년 기부 활동의 실태
③ 우리나라 1인당 연간 기부액
④ 동네 아동 복지 시설의 분포

[12~13] 다음 글을 읽고 물음에 답하시오.

흔들리는 나뭇가지에 꽃 한번 피우려고
눈은 ㉠얼마나 많은 도전을 멈추지 않았으랴

싸그락 싸그락 두드려 보았겠지
난분분 난분분 춤추었겠지
㉡미끄러지고 미끄러지길 수백 번,

바람 한 자락 불면 휙 날아갈 사랑을 위하여
햇솜 같은 마음을 다 퍼부어 준 다음에야
㉢마침내 피워 낸 저 황홀 보아라

봄이면 가지는 ㉣그 한 번 덴 자리에
세상에서 가장 아름다운 상처를 터뜨린다

– 고재종, 「첫사랑」 –

12 윗글에 대한 설명으로 가장 적절한 것은?

① 역사적 사건을 소재로 하고 있다.
② 과거와 현재의 모습을 대비하고 있다.
③ 후렴구로 작품 전체에 통일감을 주고 있다.
④ 시간의 흐름에 따라 시상을 전개하고 있다.

13 윗글의 제목을 고려할 때, ㉠~㉣의 의미를 이해한 내용으로 적절하지 않은 것은?

① ㉠: 첫사랑의 결실을 맺기 위해 필요한 노력
② ㉡: 첫사랑을 이루기 위해 겪어야 하는 시련
③ ㉢: 역경을 딛고 이루어 낸 첫사랑
④ ㉣: 첫사랑의 행복한 경험

[14~15] 다음 글을 읽고 물음에 답하시오.

(가)
동지(冬至)ㅅ ᄃᆞᆯ 기나긴 밤을 한 허리를 버혀 내여
춘풍(春風) 니불 아레 서리서리 너헛다가
어론 님 오신 날 밤이여든 구뷔구뷔 펴리라

– 황진이, 「동지ㅅᄃᆞᆯ 기나긴 밤을」 –

(나)
님이 오마 ᄒᆞ거늘 저녁밥을 일 지어 먹고 중문(中門) 나서 대문(大門) 나가 지방(地方)우희 치ᄃᆞ라 안자 이수(以手)로 가액(加額)ᄒᆞ고 오ᄂᆞᆫ가 가ᄂᆞᆫ가 건넌 산(山) ᄇᆞ라보니 거머흿들 셔 잇거ᄂᆞᆯ 져야 님이로다
보션 버서 품에 품고 신 버서 손에 쥐고 곰븨님븨 님븨곰븨 쳔방지방 지방쳔방 즌 듸 ᄆᆞ른 듸 ᄀᆞᆯ희지 말고 워렁충창 건너가셔 정(情)엣말 ᄒᆞ려 ᄒᆞ고 겻눈을 흘긧 보니 상년(上年) 칠월(七月) 사흗날 ᄀᆞᆯ가 벅긴 주추리 삼대 ᄉᆞᆯ드리도 날 소겨거다
모쳐라 밤일싀만졍 힝혀 낫이런들 ᄂᆞᆷ우일 번ᄒᆞ괘라

– 작자 미상, 「님이 오마 ᄒᆞ거ᄂᆞᆯ」 –

14 (가), (나)와 같은 갈래의 특징으로 가장 적절한 것은?

① 조선 후기에 창작되었다.
② 세태를 풍자하는 내용을 다루고 있다.
③ 충효와 같은 유교적 가치관을 드러내고 있다.
④ 3장으로 구성되고, 종장의 첫 음보가 3음절이다.

15 (가)와 (나)의 공통점으로 가장 적절한 것은?

① 자연 친화적인 태도가 드러나 있다.
② 떠나간 임에 대한 그리움이 드러나 있다.
③ 상황이 개선되리라는 기대가 나타나 있다.
④ 부정적 현실을 비판하는 자세가 나타나 있다.

[16~17] 다음 글을 읽고 물음에 답하시오.

"여봐라, 사령들아. 네의 원전(員前)에 여쭈어라. 먼 데 있는 걸인이 좋은 잔치에 당하였으니 주효(酒肴) 좀 얻어먹자고 여쭈어라."

저 사령 거동 보소.

"어느 양반이관대, 우리 안전(案前)님 걸인 혼금(閽禁)하니 그런 말은 내도 마오."

등 밀쳐 내니 어찌 아니 명관(名官)인가. 운봉이 그 거동을 보고 본관에게 청하는 말이

"저 걸인의 의관은 남루하나 양반의 후예인 듯하니, 말석에 앉히고 술잔이나 먹여 보냄이 어떠하뇨?"

본관 하는 말이

"운봉 소견대로 하오마는……."

하니 '마는' 소리 훗입맛이 사납것다. 어사 속으로, '오냐, 도적질은 내가 하마. 오라는 네가 져라.'

운봉이 분부하여

"저 양반 듭시래라."

어사또 들어가 단좌(端坐)하여 좌우를 살펴보니, 당상(堂上)의 모든 수령 다담을 앞에 놓고 진양조 양양(洋洋)할 제 어사또 상을 보니 어찌 아니 통분하랴. 모 떨어진 개상판에 닥채 저붐, 콩나물, 깍두기, 막걸리 한 사발 놓았구나. 상을 발길로 탁 차 던지며 운봉의 갈비를 직신, "갈비 한 대 먹고 지고."

"다라도 잡수시오."

하고 운봉이 하는 말이

"이러한 잔치에 풍류로만 놀아서는 맛이 적사오니 차운(次韻) 한 수씩 하여 보면 어떠하오?"

"그 말이 옳다."

하니 운봉이 운(韻)을 낼 제, 높을 고(高)자, 기름 고(膏)자 두 자를 내어 놓고 차례로 운을 달 제, 어사또 하는 말이

"걸인도 어려서 추구권(抽句卷)이나 읽었더니, 좋은 잔치 당하여서 주효를 포식하고 그저 가기 무렴(無廉)하니 차운 한 수 하사이다."

운봉이 반겨 듣고 필연(筆硯)을 내어 주니 좌중(座中)이 다 못하여 글 두 귀[句]를 지었으되, 민정(民情)을 생각하고 본관의 정체(政體)를 생각하여 지었것다.

"금준미주(金樽美酒)는 천인혈(千人血)이요, 옥반가효(玉盤佳肴)는 만성고(萬姓膏)라. 촉루낙시(燭淚落時) 민루낙(民淚落)이요, 가성고처(歌聲高處) 원성고(怨聲高)라."

이 글 뜻은, "금동이의 아름다운 술은 일만 백성의 피요, 옥소반의 아름다운 안주는 일만 백성의 기름이라. 촛불 눈물 떨어질 때 백성 눈물 떨어지고, 노랫소리 높은 곳에 원망 소리 높았더라."

– 작자 미상, 「춘향전」 –

16 윗글에 대한 설명으로 적절하지 <u>않은</u> 것은?

① 1인칭 시점의 서술자가 드러난다.
② 순행적 구성이 드러난다.
③ 해학적인 표현과 풍자가 드러난다.
④ 구비 전승되어 작자를 알 수 없다.

17 윗글의 내용에 대한 이해로 가장 적절한 것은?

① 어사또는 사령의 융숭한 대접에 만족한다.
② 본관은 어사또가 잔치에 참석하는 것을 반긴다.
③ 사령은 어사또의 출두를 짐작하고 안절부절못한다.
④ 어사또는 본관의 횡포를 비판하기 위해 한시를 짓는다.

[18~19] 다음 글을 읽고 물음에 답하시오.

황만근, 황 선생은 어리석게 태어났는지는 모르지만 해가 가며 차츰 신지(神智)가 돌아왔다. 하늘이 착한 사람을 따뜻이 덮어 주고 땅이 은혜롭게 부리를 대어 알 껍질을 까 주었다. 그리하여 후년에는 그 누구보다 지혜로웠다. 그는 누구에게도 해를 끼치지 않았듯 그 지혜로 어떤 수고로운 가르침도 함부로 남기지 않았다. 스스로 땅의 자손을 자처하여 늘 부지런하고 근면하였다. 사람들이 빚만 남는 농사에 공연히 뼈를 상한다고 하였으나 개의치 아니하였다. 사람 사이에 어려움이 있으면 언제나 함께하였고 공에는 자신보다 남을 내세워 뒷사람을 놀라게 했다. 하늘이 내린 효자로서 평생 어머니 봉양을 극진히 했다. 아들에게는 따뜻하고 이해심 많은 아버지였고 훈육을 할 때는 알아듣기 쉽게 하여 마음으로 감복시켰다.

(중략)

선생은 어느 농사꾼보다 부지런했고 농사일에도 익어 있었다. 문중 땅과 나이가 들어 농사가 힘에 부친 사람의 땅을 빌려 농사를 지었다. 농사를 짓되 땅에서 억지로 빼앗지 않고 남으면 술을 빚어 가벼운 기운은 하늘에 바치고 무거운 기운은 땅에 돌려주었다.

전일에, 선생은 경운기를 끌고 면 소재지로 갔지만 경운기를 타고 온 사람이 없어 같이 갈 사람을 만나지 못했다. 선생은 다시 경운기를 끌고 백 리 길을 달려 약속 장소인 군청까지 갔다. 가는 동안 선생은 여러 번 차에 부딪힐 뻔했다. 마른 봄바람에 섞인 먼지가 눈을 괴롭혔다. 날은 흐렸고 추웠다. 이윽고 비가 내리기 시작했다. 경운기에는 비를 피할 만한 덮개가 없어서 선생은 뼛속까지 젖어 드는 추위에 몸을 떨었다. 선생이 군청 앞까지 갔을 때 이미 대회는 끝나고 아무도 없었다. 어머니에게 가져다 줄 생선을 사고 몸을 녹인 선생은 날이 어두워 오는 줄도 모르고 경운기에 올라 집으로 향했다. 경운기에는 빠르게 달리는 차량의 주의를 끌 만한 표지가 없어서 선생은 몇 번이나 사고를 당할 뻔했다. 그때마다 멈추었다가 다시 출발하는 바람에 시간은 점점 늦어졌다. 어두워지면서 경운기는 길옆의 논으로 떨어졌고 수레는 부서졌

다. 결국 선생은 그 밤 안으로 집에 돌아갈 수 없다는 걸 알았다. 선생은 경운기에 실려 있는 땅의 젖에 취하여 경운기 옆에 앉아 경운기를 지켰다. 그러나 경운기는 선생을 지켜 주지 않았다. 추위와 졸음으로부터 선생을 지켜 주지 못했다. 아아, 선생이 좀 더 살았더라면 난세의 혹염에 그늘의 덕을 널리 베푸는 큰 나무가 되었을 것이다.

– 성석제, 「황만근은 이렇게 말했다」 –

18 윗글에 대한 설명으로 가장 적절한 것은?

① 대상의 장단점을 분석하고 있다.
② 다른 인물의 삶에 대해 평가하고 있다.
③ 반어법을 사용하여 대상을 풍자하고 있다.
④ 비교를 통해 대상이 지닌 부정적 속성을 강조하고 있다.

19 윗글의 내용과 일치하지 않는 것은?

① 황만근은 늘 성실하고 근면하였다.
② 황만근은 평생 어머니를 극진히 봉양하였다.
③ 황만근은 다른 사람의 어려움을 함께하였다.
④ 황만근은 마을 사람들에게 자신의 지혜를 가르쳐 주고자 하였다.

[20~22] 다음 글을 읽고 물음에 답하시오.

(가) 수오재(守吾齋), 즉 '나를 지키는 집'은 큰형님이 자신의 서재에 붙인 이름이다. 나는 처음 그 이름을 보고 의아하게 여기며, "나와 단단히 맺어져 서로 떠날 수 없기로는 '나'보다 더한 게 없다. 비록 지키지 않는다 한들 '나'가 어디로 갈 것인가. 이상한 이름이다."라고 생각했다.
(나) 장기로 귀양 온 이후 나는 홀로 지내며 생각이 깊어졌는데, 어느 날 갑자기 이러한 의문점에 대해 환히 깨달을 수 있었다. 나는 벌떡 일어나 다음과 같이 말했다.
(다) 천하 만물 중에 지켜야 할 것은 오직 '나'뿐이다. 내 밭을 지고 도망갈 사람이 있겠는가? 그러니 밭은 지킬 필요가 없다. 내 집을 지고 달아날 사람이 있겠는가? 그러니 집은 지킬 필요가 없다. 내 동산의 꽃나무와 과실나무들을 뽑아 갈 수 있겠는가? 나무뿌리는 땅속 깊이 박혀 있다. 내 책을 훔쳐 가서 없애 버릴 수 있겠는가? 성현(聖賢)의 경전은 세상에 널리 퍼져 물과 불처럼 흔한데 누가 능히 없앨 수 있겠는가. 내 옷과 양식을 도둑질하여 나를 궁색하게 만들 수 있겠는가? 천하의 실이 모두 내 옷이 될 수 있고, 천하의 곡식이 모두 내 양식이 될 수 있다. 도둑이 비록 훔쳐 간다 한들 하나둘에 불과할 터, 천하의 모든 옷과 곡식을 다 없앨 수는 없다. 따라서 천하 만물 중에 꼭 지켜야만 하는 것은 없다.
(라) 그러나 유독 이 '나'라는 것은 그 성품이 달아나기를 잘하며 출입이 무상하다. 아주 친밀하게 붙어 있어 서로 배반하지 못할 것 같지만 잠시라도 살피지 않으면 어느 곳이든 가지 않는 곳이 없다. 이익으로 유혹하면 떠나가고, 위험과 재앙으로 겁을 주면 떠나가며, 질탕한 음악 소리만 들어도 떠나가고, 미인의 예쁜 얼굴과 요염한 자태만 보아도 떠나간다. 그런데 한번 떠나가면 돌아올 줄 몰라 붙잡아 만류할 수 없다. 그러므로 천하 만물 중에 잃어버리기 쉬운 것으로는 '나'보다 더한 것이 없다. 그러니 꽁꽁 묶고 자물쇠로 잠가 '나'를 굳게 지켜야 하지 않겠는가?

– 정약용, 「수오재기」 –

20 윗글의 내용과 일치하지 않는 것은?

① '수오재'는 큰형님의 서재 이름이다.
② '수오재'는 '나를 지키는 집'이라는 뜻이다.
③ '나'는 '수오재'라는 이름이 이상하다고 여겼다.
④ '나'는 큰형님께 수오재에 대해 묻고 깨달음을 얻었다.

21 윗글에 드러난 글쓴이의 깨달음으로 적절하지 않은 것은?

① '나'는 쉽게 잃어버릴 수 있는 대상이다.
② 천하 만물은 모두 지켜야 할 가치가 있다.
③ 성현의 경전은 세상에 널리 퍼져 있어 지키지 않아도 된다.
④ 집은 다른 사람이 가져갈 수 없으므로 지키지 않아도 된다.

22 (라)에 제시된 '나'의 특징으로 적절하지 않은 것은?

① 달아나기를 잘하며 출입이 무상하다.
② 이익과 음악의 유혹에 쉽게 떠나간다.
③ 질탕한 음악 소리만 들어도 떠나간다.
④ 친밀하게 붙어 있어 서로 배반하지 못한다.

[23~25] 다음 글을 읽고 물음에 답하시오.

(가) 기술 변화에 따라 일자리가 감소하는 문제를 어떻게 바라봐야 할까? 두 가지 차원에서 생각해 볼 수 있다. 사회적 차원에서는 사라지는 일자리보다 새로운 일자리를 더 많이 만들어 내면 된다. 하지만 개인에게 중요한 것은 사라지는 일자리보다 새로운 일자리가 더 많이 생길지에 대한 논의는 아닐 것이다. 그런 것은 경제학자나 정책 기획자에게나 중요한 문제이지 개인의 관심사는 아닐 수 있다. 개인들에게는 "자동화의 거센 물결 속에서 내 일자리가 앞으로 유지될 수 있느냐?" 하는 것이 훨씬 중요한 문제이다.

(나) 로봇이 일자리를 없애더라도 생산성이 높아지고 그 덕분에 사회 전체적으로 부가 가치가 늘어나면 역소득세나 기본소득의 도입, 또는 사회 복지 확대와 같은 재분배 방법을 동원해서 사람들이 일은 덜 하면서도 소비와 여가는 더 많이 누릴 수 있다는 것이 로봇 문명을 낙관하는 사람들의 생각이다. 하지만 일자리 없이 안락함을 누리는 삶이 과연 더 행복할지는 의문이다. 노동은 자존감을 높이고 정체성을 지키게 하는 등 사람의 정신 건강에 갖는 의미가 지대하다. 기본 소득 보장과 같은 금전적 수단만으로 미래의 실업 문제를 해결하려는 것은 그래서 지나치게 단편적 접근 방식이다. 사회 구성원에게 적절한 일자리를 제공하는 것은 로봇 시대에 무엇보다 중요한 사회적 과제이다.

(다) 20세기 영국의 철학자 버트런드 러셀은 인간은 권태, 죄의식, 피해망상증 때문에 불행해지며, 그 대신 열정, 사랑, 노력과 체념, 그리고 일을 통해서 행복에 이르게 된다고 주장했다. 고된 노동은 힘들지만 적당한 일은 행복하고 보람 있는 삶에 필수적 요소라는 게 많은 현인들의 가르침이다.

(라) 로봇과 자동화의 시대에도 공동체의 안녕과 구성원의 행복을 위해서 적정한 일자리가 필요하다는 것은 (㉠)하다. 아무리 사회적 안전망이 잘 갖춰져 있고 유산이나 기본 소득으로 안정된 삶을 유지할 수 있다 하더라도 일자리가 없다면 진정한 행복을 누리기 어렵다.

– 구본권, 「로봇 시대, 인간의 일」 –

23 윗글의 내용과 일치하지 <u>않는</u> 것은?

① 로봇 문명을 낙관하는 사람들이 있다.
② 로봇 시대에 사회 구성원의 일자리 제공은 중요하지 않다.
③ 글쓴이는 자동화 시대에도 적정한 일자리가 필요함을 강조하고 있다.
④ 현인들은 적당한 일은 삶에 필수적이라고 생각했다.

24 윗글의 내용 전개 방법으로 가장 적절한 것은?

① 논의 대상에 대해 긍정적 측면을 강조하고 있다.
② 상반된 견해를 절충하는 방식으로 전개하고 있다.
③ 과학적 근거를 들어 통념의 오류를 비판하고 있다.
④ 권위자의 말을 인용하여 자신의 견해를 뒷받침하고 있다.

25 문맥상 ㉠에 들어갈 가장 적절한 한자어는?

① 명약관화(明若觀火)
② 전전반측(輾轉反側)
③ 어불성설(語不成說)
④ 침소봉대(針小棒大)

실전 모의고사 2회

자동채점 서비스

제한시간: 40분

정답과 해설 48쪽

01 다음 규정에 따라 발음하지 않은 것은?

> **표준 발음법**
> **[제13항]** 홑받침이나 쌍받침이 모음으로 시작된 조사나 어미, 접미사와 결합되는 경우에는 제 음가대로 뒤 음절 첫소리로 옮겨 발음한다.

① 깎아[까까] ② 숲이[수피]
③ 밭을[바츨] ④ 꽃을[꼬츨]

02 다음 중 어법에 맞고 자연스러운 문장은?

① 그는 학생으로써 할 일을 하였다.
② 그는 점심시간에 빵과 우유를 마셨다.
③ 그분은 두 살 된 예쁜 따님이 계십니다.
④ 이런 일은 비단 어제오늘의 일이 아니다.

03 다음 밑줄 친 부분의 예로 적절한 것은?

> **[제1항]** 한글 맞춤법은 표준어를 소리대로 적되, 어법에 맞도록 함을 원칙으로 한다.

① 놀이
② 마중
③ 하늘
④ 신문

04 다음 '사이시옷'에 관한 규정에 대해 탐구한 내용으로 적절하지 않은 것은?

> **[제30항]** 사이시옷은 다음과 같은 경우에 받치어 적는다.
> 1. 순우리말로 된 합성어로서 앞말이 모음으로 끝난 경우
> (1) 뒷말의 첫소리가 된소리로 나는 것
> (2) 뒷말의 첫소리 'ㄴ, ㅁ' 앞에서 'ㄴ' 소리가 덧나는 것
> (3) 뒷말의 첫소리 모음 앞에서 'ㄴㄴ' 소리가 덧나는 것
> 2. 순우리말과 한자어로 된 합성어로서 앞말이 모음으로 끝난 경우
> (1) 뒷말의 첫소리가 된소리로 나는 것
> (2) 뒷말의 첫소리 'ㄴ, ㅁ' 앞에서 'ㄴ' 소리가 덧나는 것
> (3) 뒷말의 첫소리 모음 앞에서 'ㄴㄴ' 소리가 덧나는 것

① '제30항-1-(1)'에 따라 '머리+말'은 '머릿말'로 써야 한다.
② '제30항-1-(2)'에 따라 '바다+물'은 '바닷물'로 써야 한다.
③ '제30항-1-(3)'에 따라 '나무+잎'은 '나뭇잎'으로 써야 한다.
④ '제30항-2-(1)'에 따라 '아래+방'은 '아랫방'으로 써야 한다.

05 다음 밑줄 친 부분에 해당하는 표현으로 적절한 것은?

> 선어말 어미 '-겠-'은 미래 시제를 나타내는 것 이외에 용언의 어간에 붙어 화자의 추측이나 의지, 가능성, 능력의 의미로 쓰인다.

① 그런 것은 삼척동자도 알겠다.
② 이것을 어떻게 혼자서 다 하겠니?
③ 지금 떠나면 새벽에 도착하겠구나.
④ 이번에는 반드시 국어 성적을 올리겠다.

06 다음은 '착한 소비 운동'에 대한 글쓰기 개요이다. ㉠에 들어갈 내용으로 가장 적절한 것은?

> 서론: 착한 소비 운동 소개 및 필요성 제기
> 본론: 가. 착한 소비 운동의 저해 요인
> 　　1.착한 소비 운동에 대한 인식 부족
> 　　2. 착한 소비를 위한 제품 구입의 어려움
> 　나. (　　　㉠　　　)
> 　　1. 착한 소비 운동에 대한 지속적 홍보
> 　　2. 착한 소비를 위한 유통 구조 개편
> 결론: 착한 소비 운동의 적극적 참여 촉구

① 착한 소비 운동의 개념
② 착한 소비 운동의 실천 당부
③ 개인적 차원의 착한 소비 운동
④ 착한 소비 운동의 활성화 방안

07 ㉠~㉣ 중 객체에 대한 높임을 나타내는 것끼리 묶인 것은?

> • 형님, 이 책을 읽어 ㉠보십시오.
> • 이걸 ㉡할머니께 가져다드려야겠지?
> • ㉢큰아버지께서는 진지를 천천히 잡수셨다.
> • 할머니께 어떤 음식이 맛있으신지 ㉣여쭤 보렴.

① ㉠, ㉡　　② ㉠, ㉣
③ ㉡, ㉢　　④ ㉡, ㉣

08 다음 글을 고쳐 쓰기 위한 의견으로 적절하지 않은 것은?

> ㉠쓰레기 분리 배출의 필요성에 대해서는 대부분 공감하는데도 교내 쓰레기 분리 배출이 제대로 되지 않는 이유가 무엇일까? 먼저, 쓰레기 분리 배출의 경제적 이익을 정확히 인식하지 못하고 ㉡있기때문이다. 우리나라는 실제로 매년 수조 원을 들여서 쓰레기 폐기물을 수입하고 있으면서도 고철이나 금속 캔의 ㉢재활용율은 50%를 밑도는 형편이다. 폐자원 ㉣재활용율이 1% 높아질 경우 연간 639억 원의 외화가 절약된다고 한다. 분리 배출의 실익이 이와 같기에, 분리 배출에 ㉤참석해야 한다. 그러나 분리 배출을 하고 싶어도, 분리 배출 시설이 없다면 난감할 수밖에 없다. 그러므로 매점이나 교실, 야외 휴게실에 분리 배출 시설을 만들어 달라고 학교 측에 건의해야 한다.

① ㉠은 이어지는 내용에 맞지 않으므로 삭제해야겠어.
② ㉡은 띄어쓰기가 잘못되었으므로 '있기 때문이다'로 수정해야겠어.
③ ㉢과 ㉣의 '율'은 모음이나 'ㄴ' 받침 뒤에서만 쓰이므로 '재활용률'로 수정해야겠어.
④ ㉤은 문맥에 맞지 않으므로 '참여'로 고쳐야겠어.

09 다음 중 문장을 바르게 고쳐 쓴 것은?

① 아버지가 고민이 계신 것 같다. → 아버지가 고민이 있으신 것 같다.
② 내가 친구를 소개해 줄게. → 내가 친구를 소개시켜 줄게.
③ 활짝 열려진 문으로 바람이 들어온다. → 활짝 열린 문으로 바람이 들어온다.
④ 그는 나에게 자기는 꽃을 좋아한다고 말했다. → 그는 나에게 자기는 꽃을 좋아한다라고 말했다.

[10~12] 다음 글을 읽고 물음에 답하시오.

(가)

나·랏:말ᄊᆞ·미中듕國·귁·에달·아文문字·ᄍᆞᆼ·와·로서르
ᄉᆞ뭇·디아·니ᄒᆞᆯ·ᄊᆡ·이런젼·ᄎᆞ·로어·린·百ᄇᆡᆨ姓·셩·이
니르·고·져·홇·배이·셔·도ᄆᆞ·ᄎᆞᆷ:내제·ᄠᅳ·들시·러펴
·디:몯ᄒᆞᇙ·노·미㉠하·니·라·내·이·ᄅᆞᆯ爲·윙·ᄒᆞ·야:어
엿·비너·겨·새·로·스·믈여·듧字·ᄍᆞᆼ·ᄅᆞᆯᄆᆡᆼ·ᄀᆞ노·니:사
ᄅᆞᆷ:마·다:ᄒᆡ·ᅇᅧ:수·ᄫᅵ니·겨·날·로·ᄡᅮ·메便뼌安ᅙᅡᆫ·킈
ᄒᆞ·고·져ᄒᆞᇙᄯᆞᄅᆞ·미니·라

– 「세종어제훈민정음」 –

(나)

불·휘기·픈남·ᄀᆞᆫ·ᄇᆞᄅᆞ매아·니:뮐·ᄊᆡ
곶:됴·코여·름㉡·하ᄂᆞ·니
:ᄉᆡ·미기·픈·므·른·ᄀᆞᄆᆞ·래아·니그·츨·ᄊᆡ
:내·히이·러바·ᄅᆞ·래·가ᄂᆞ·니

– 「용비어천가」 제2장 –

10 (가)와 (나)에 공통적으로 나타나는 중세 국어의 특징이 아닌 것은?

① 모음 조화가 잘 지켜졌다.
② 구개음화 현상이 나타났다.
③ 이어 적기 표기 방식이 적용되었다.
④ 성조를 나타내는 방점이 표기되었다.

11 ㉠, ㉡의 현대어 풀이로 가장 적절한 것은?

① ㉠: 많다[多] ㉡: 많다[多]
② ㉠: 하다[爲] ㉡: 하다[爲]
③ ㉠: 하다[爲] ㉡: 많다[多]
④ ㉠: 하다[爲] ㉡: 같다[同]

12 (가)에 담긴 글쓴이의 인식을 정리한 것으로 적절하지 않은 것은?

① 문제 상황: 백성들이 생각한 바를 제대로 표현하지 못함
② 원인: 글자를 습득하지 못하는 백성들의 어리석음 때문임
③ 해결책: 28개의 새 글자를 만듦
④ 기대와 효과: 백성들이 쉽게 익히고 편하게 쓸 수 있음

[13~15] 다음 글을 읽고 물음에 답하시오.

살어리 살어리랏다 청산(靑山)애 살어리랏다
머루랑 다래랑 먹고 청산(靑山)애 살어리랏다
얄리얄리 얄랑셩 얄라리 얄라

우러라 우러라 새여 자고 일어나 우러라 새여
너보다 시름 많은 나도 자고 일어나 우니로라
얄리얄리 얄라셩 얄라리 얄라

가던 새 가던 새 본다 물 아래 가던 새 본다
잉 무든 장글란 가지고 물 아래 가던 새 본다
얄리얄리 얄라셩 얄라리 얄라

이렇게 저렇게 하여 낮에는 지내 왔는데
올 사람도 갈 사람도 없는 밤에는 또 어찌하리오
얄리얄리 얄라셩 얄라리 얄라

– 작자 미상, 「청산별곡」 –

13 윗글에 나타난 고려 가요의 특징으로 가장 적절한 것은?

① 낙구에 감탄사를 활용하고 있다.
② 향찰 표기 방식으로 기록되어 있다.
③ 후렴구를 활용하여 연을 나누고 있다.
④ 3장 형식에 각 장은 2구로 이루어져 있다.

14 윗글의 화자와 대상 간의 관계를 고려할 때, 〈보기〉의 밑줄 친 시어와 기능이 유사한 것은?

보기

천만리(千萬里) 머나먼 길에 고운 님 여의옵고
내 마음 둘 데 없어 냇가에 앉았으니
저 물도 내 안 같아서 울어 밤길 가는구나.

– 왕방연, 「천만리(千萬里) 머나먼 길에」 –

① 청산 ② 새 ③ 장글 ④ 밤

15 윗글의 형식적 특성을 〈보기〉에서 골라 바르게 묶은 것은?

보기

ㄱ. 4음보의 율격을 가지고 있다.
ㄴ. 'A–A–B–A' 구조가 나타난다.
ㄷ. 수미상관의 형태를 취하고 있다.
ㄹ. 후렴구를 반복하여 운율을 형성한다.

① ㄴ, ㄷ ② ㄱ, ㄴ
③ ㄷ, ㄹ ④ ㄴ, ㄹ

[16~17] 다음 글을 읽고 물음에 답하시오.

"쳇, 며칠이나 견디나……."
"뭐라구?"
"아뇨, 백화란 여자 말요. 저런 애들…… 한 사날두 촌 생활 못 배겨 나요."
"사람 나름이지만 하긴 그럴 거요. 요즘 세상에 일이 년 안으로 인정이 확 변해 가는 판인데……."
정 씨 옆에 앉았던 노인이 두 사람의 행색과 무릎 위의 배낭을 눈여겨 살피더니 말을 걸어왔다.
"어디 일들 가슈?"
"아뇨, 고향에 갑니다."
"고향이 어딘데……."
"삼포라고 아십니까?"
"어 알지, 우리 아들놈이 거기서 도자를 끄는데……."
"삼포에서요? 거 어디 공사 벌릴 데나 됩니까? 고작해야 고기잡이나 하구 감자나 매는데요."
"어허! 몇 년 만에 가는 거요?"
"십 년."
노인은 그렇겠다며 고개를 끄덕였다.
"말두 말우, 거긴 지금 육지야. 바다에 방둑을 쌓아 놓구, 추럭이 수십 대씩 돌을 실어 나른다구."
"뭣 땜에요?"
"낸들 아나. 뭐 관광호텔을 여러 채 짓는담서, 복잡하기가 말할 수 없데."
"동네는 그대루 있을까요?"
"그대루가 뭐요. 맨 천지에 공사판 사람들에다 장까지 들어섰는걸."
"그럼 나룻배두 없어졌겠네요."
"바다 위로 신작로가 났는데, 나룻배는 뭐에 쓰오. 허허, 사람이 많아지니 변고지. 사람이 많아지면 하늘을 잊는 법이거든."
작정하고 벼르다가 찾아가는 고향이었으나, 정 씨에게는 풍문마저 낯설었다. 옆에서 잠자코 듣고 있던 영달이가 말했다.
"잘됐군. 우리 거기서 공사판 일이나 잡읍시다."
그때에 기차가 도착했다. 정 씨는 발걸음이 내키질 않았다. ㉠그는 마음의 정처를 방금 잃어버렸던 때문이었다. 어느 결에 정 씨는 영달이와 똑같은 입장이 되어 버렸다.
기차가 눈발이 날리는 어두운 들판을 향해서 달려갔다.

– 황석영, 「삼포 가는 길」 –

16 윗글에 대한 설명으로 가장 적절한 것은?

① 여운을 남기는 방식으로 결말을 처리한다.
② 시적인 문체로 서정적 분위기를 조성한다.
③ 1인칭 서술자의 시점에서 사건이 서술된다.
④ 인물 간의 갈등으로 극적인 긴장감이 조성된다.

17 윗글의 인물에 대한 설명으로 적절하지 않은 것은?

① 영달은 일자리를 잡는 것을 중요하게 여기고 있다.
② 노인은 산업화에 대해 비판적인 생각을 가지고 있다.
③ 정 씨는 영달의 고향으로 함께 가기로 결심하고 있다.
④ 정 씨는 노인에게서 고향에 대한 소식을 듣고 실망하고 있다.

[18~19] 다음 글을 읽고 물음에 답하시오.

네가 오기로 한 그 자리에
내가 미리 가 너를 기다리는 동안
다가오는 모든 발자국은
내 가슴에 쿵쿵거린다
바스락거리는 나뭇잎 하나도 다 내게 온다
기다려 본 적이 있는 사람은 안다
세상에서 기다리는 일처럼 가슴 애리는 일 있을까
네가 오기로 한 그 자리, 내가 미리 와 있는 이곳에서
문을 열고 들어오는 모든 사람이
너였다가
너였다가, 너일 것이었다가
다시 문이 닫힌다
사랑하는 이여
오지 않는 너를 기다리며
마침내 나는 너에게 간다
아주 먼 데서 나는 너에게 가고
아주 오랜 세월을 다하여 너는 지금 오고 있다
아주 먼 데서 지금도 천천히 오고 있는 너를
너를 기다리는 동안 나도 가고 있다
남들이 열고 들어오는 문을 통해
내 가슴에 쿵쿵거리는 모든 발자국 따라
너를 기다리는 동안 나는 너에게 가고 있다.

– 황지우, 「너를 기다리는 동안」 –

18 윗글에 대한 설명으로 적절하지 않은 것은?

① 화자는 '너'를 애타게 기다리고 있다.
② 기다림의 자세가 적극적으로 변화하고 있다.
③ 촉각적 심상을 이용하여 화자의 정서를 드러낸다.
④ 역설적 표현을 통해 만남에 대한 의지를 강조하고 있다.

19 윗글과 〈보기〉의 공통된 정서로 가장 적절한 것은?

보기

님이 오마 ᄒᆞ거ᄂᆞᆯ 저녁밥을 일 지어 먹고 중문(中門) 나서 대문(大門) 나가 지방(地方) 우희 치ᄃᆞ라 안자 이수(以手)로 가액(加額)ᄒᆞ고 오ᄂᆞᆫ가 가ᄂᆞᆫ가 건넌 산(山) ᄇᆞ라보니 거머흿들 셔 잇거ᄂᆞᆯ 져야 님이로다

보션 버서 품에 품고 신 버서 손에 쥐고 곰븨님븨 님븨곰븨 쳔방지방 지방쳔방 즌 ᄃᆡ ᄆᆞ른 ᄃᆡ ᄀᆞᆯ희지 말고 워렁충창 건너가셔 정(情)엣말 ᄒᆞ려 ᄒᆞ고 겻눈을 흘긧 보니 상년(上年) 칠월(七月) 사흔날 ᄀᆞᆯ가 벅긴 주추리 삼대 ᄉᆞᆯ드리도 날 소겨거다

모쳐라 밤일싀만졍 힝혀 낫이런들 ᄂᆞᆷ 우일 번 ᄒᆞ괘라

– 작자 미상, 「님이 오마 ᄒᆞ거ᄂᆞᆯ」 –

① 기다림
② 서러움
③ 두려움
④ 쓸쓸함

[20~22] 다음 글을 읽고 물음에 답하시오.

정사와 한 가마를 타고 삼류하(三流河)를 건너 냉정(冷井)에서 조반을 먹었다. 십여 리를 가다가 산기슭 하나를 돌아나가니 태복(泰卜)이란 놈이 국궁(鞠躬)을 하고는 말 머리로 쫓아와서 땅에 엎드리고 큰 소리로,
"백탑(白塔)이 현신하였기에, 이에 아뢰나이다."
한다. 태복은 정 진사의 마두이다.

산기슭이 가로막고 있어 백탑이 보이지 않기에 말을 급히 몰아 수십 보를 채 못 가서 겨우 산기슭을 벗어났는데, 안광이 어질어질하더니 홀연히 검고 동그란 물체가 오르락내리락한다. ㉠이제야 깨달았다. 사람이란 본래 의지하고 붙일 곳 없이 단지 하늘을 이고 땅을 밟고 이리저리 나다니는 존재라는 것을.

말을 세우고 사방을 둘러보다가 나도 모르게 손을 들어 이마에 얹고,

"한바탕 통곡하기 좋은 곳이로구나."

했더니 정 진사가,

"천지간에 이렇게 시야가 툭 터진 곳을 만나서는 별안간 통곡할 것을 생각하시니, 무슨 까닭입니까?"

하고 묻기에 나는,

"그렇긴 하나, 글쎄. 천고의 영웅들이 잘 울고, 미인들이 눈물을 많이 흘렸다고 하나, 기껏 소리 없는 눈물이 두어 줄기 옷깃에 굴러떨어진 정도에 불과하였지, 그 울음소리가 천지 사이에 울려 퍼지고 가득 차서 마치 악기에서 나오는 소리와 같다는 얘기는 들어 보지 못했네.

사람들은 단지 인간의 칠정(七情) 중에서 오로지 슬픔만이 울음을 유발한다고 알고 있지, 칠정이 모두 울음을 자아내는 줄은 모르고 있네. ㉡기쁨이 극에 달하면 울음이 날 만하고, 분노가 극에 치밀면 울음이 날 만하며, 즐거움이 극에 이르면 울음이 날 만하고, 사랑이 극에 달하면 울음이 날 만하며, 미움이 극에 달하면 울음이 날 만하고, 욕심이 극에 달해도 울음이 날 만한 걸세. 막히고 억눌린 마음을 시원하게 풀어 버리는 데에는 소리를 지르는 것보다 더 빠른 방법이 없네.

㉢통곡 소리는 천지간에 우레와 같아 지극한 감정에서 터져 나오고, 터져 나온 소리는 사리에 절실할 것이니 웃음소리와 뭐가 다르겠는가? 사람들이 태어나서 사정이나 형편이 이런 지극한 경우를 겪어 보지 못하고 칠정을 교묘하게 배치하여 슬픔에서 울음이 나온다고 짝을 맞추어 놓았다네. 그리하여 초상이 나서야 비로소 억지로 '아이고' 하는 등의 소리를 질러 대지.

그러나 정말 칠정에서 느껴서 나오는 지극하고 진실한 통곡 소리는 천지 사이에 억누르고 참고 억제하여 감히 아무 장소에서나 터져 나오지 못하는 법이네. ㉣한나라 때 가의(賈誼)는 적당한 통곡의 자리를 얻지 못해 울음을 참다가 견뎌 내지 못하고 갑자기 한나라 궁실인 선실(宣室)을 향해 한바탕 길게 울부짖었으니, 어찌 사람들이 놀라고 괴이하게 여기지 않을 수 있겠는가?"

– 박지원, 「통곡할 만한 자리」 –

20 윗글에 대한 설명으로 적절하지 않은 것은?

① 특정 지역을 여행하고 쓴 글이며, 글쓴이의 여정이 드러나 있다.
② 일반적인 사람들의 상식과는 다른 글쓴이의 참신한 시각이 잘 드러나 있다.
③ 글쓴이의 생각과 개성이 잘 드러나는 글로 글쓴이 자신이 서술의 주체가 된다.
④ 등장인물들의 말과 행동을 허구적 상상력을 바탕으로 표현함으로써 장면을 실감 나게 표현한다.

21 윗글을 통해 알 수 있는 '나'의 생각으로 적절하지 않은 것은?

① 드넓은 자연에 비하면 인간은 보잘것없는 존재야.
② 탁 트인 넓은 세상을 바라보니 감정이 복받쳐 오르는구나.
③ 인간의 여러 가지 감정 중에서 특히 슬픔은 울음을 만들어 내지.
④ 울음을 우는 것은 답답하고 막혀 있는 듯한 마음을 풀 수 있는 좋은 방법이야.

22 ㉠~㉣에 대한 설명으로 적절하지 않은 것은?

① ㉠: 문장의 순서를 뒤바꾸었다.
② ㉡: 성격이 서로 다른 대상을 대조하였다.
③ ㉢: 의문형 문장을 사용하여 자신의 생각을 드러내었다.
④ ㉣: 중국의 고사를 인용하였다.

[23~25] 다음 글을 읽고 물음에 답하시오.

(가) 대중 매체 학자들은 스마트폰이 역사를 통틀어 가장 짧은 기간에 우리의 일상을 장악한 도구라고 말한다. 스마트폰이 처음 등장할 때에만 해도 많은 전문가는 휴대 전화의 기능이 대폭 강화된 스마트폰으로 인해 일상생활이 편리해질 것으로 예측했다. 그도 그럴 것이 스마트폰은 언제 어디서나 인터넷에 연결할 수 있어 어떤 제약도 없이 자신이 원하는 정보를 쉽고 빠르게 얻을 수 있기 때문이다. 전문가들의 그러한 호언장담은 틀리지 않았다. 그러나 그 편리함의 이면에는 예기치 못한 문제가 숨어 있다. 그것은 바로 청소년들이 엄청난 위력을 가진 스마트폰에 과도하게 의존하게 되었다는 점이다. 여기에서는 청소년들의 스마트폰 사용 실태와 문제점은 무엇인지, 이 문제를 해결하기 위해서 어떻게 대응해야 하는지를 짚어 보고자 한다.

(나) 스마트폰을 많이 사용한다고 해서 반드시 과도한 의존 현상에 빠져 있다고 할 수는 없다. 그러나 분명한 목적이나 계획 없이 스마트폰을 자주 사용하는 습관은 스마트폰에 과도하게 의존하는 현상, 이른바 스마트폰 중독으로 이어질 위험이 있다. 특히 자기 조절 능력이 부족한 청소년들은 스마트폰에 중독될 위험이 더 크다. 실제로 한국 정보화 진흥원의 2015년 조사 자료를 보면, 청소년의 스마트폰 중독 정도는 성인보다 더 높은 것으로 나타났다. 성인 스마트폰 이용자 중 고위험군은 2.1퍼센트, 잠재적 위험군은 11.4퍼센트이었던 것에 비해, 청소년 스마트폰 이용자 중 고위험군은 4.0퍼센트, 잠재적 위험군은 27.6퍼센트였다. 청소년 열 명 중 세 명이 스마트폰 중독 위험군에 속하는 셈인데, 이는 성인의 약 2배 수준이다. 이러한 통계는 청소년이 스마트폰 중독에 더 취약하다는 것을 보여 준다.

(다) 먼저, 스마트폰에 중독되면 공부나 일에 집중할 수 없어 일상생활에 어려움을 겪는다. 내가 보낸 문자 메시지를 친구가 읽었는지, 무엇이라고 답했는지가 궁금해서 공부나 일에 집중하지 못했던 경험이 있을 것이다. 우리가 어떤 일에 몰두하면 두뇌의 '작업 기억'은 가득 차 버린다. 그래서 여러 가지 일을 동시에 하면 기억 공간이 부족해져서 공부나 일에 대한 주의가 분산되고 능률도 떨어진다. 스마트폰에 중독된 학생들의 학업 성적이 떨어지는 이유도 이 때문이다.

(라) 가능하다면 스마트폰을 이용하지 않고 일하는 것이 좋다. 물론 학교 과제를 하거나 공부를 할 때, 정보를 수집하고 편집할 때에는 디지털 기술만큼 유용한 것도 없다. 그러나 손닿을 거리에 있는 친구들과의 대화를 굳이 스마트폰으로 할 필요는 없다. 스마트폰의 누리 소통망(SNS)이 사람들과의 공간적 거리감을 해소해 주었지만, 이것이 직접 만나서 대화하는 것보다 더 깊고 풍요로운 인간관계를 만들어 주지는 못할 것이다.

(마) 청소년들에게 스마트폰은 일종의 요술 방망이이다. 스마트폰을 적절하게 사용하지 못하면 신체적·정신적 건강을 잃고 원만한 인간관계를 유지할 수도 없게 되지만, 스마트폰을 현명하게 잘 사용한다면 원하는 정보를 쉽고 빠르게 얻는 등 우리 삶의 질이 향상될 수 있을 것이다.

23 윗글을 읽는 방법을 〈보기〉에서 모두 골라 바르게 묶은 것은?

보기

ㄱ. 글쓴이의 주장이 타당한지 확인하며 읽는다.
ㄴ. 글쓴이의 경험과 깨달음을 파악하며 읽는다.
ㄷ. 글쓴이의 생각을 보완할 수 있는 방안을 떠올리며 읽는다.
ㄹ. 글의 미적 구조를 이해하고 인물의 정서를 파악하며 읽는다.

① ㄱ, ㄴ ② ㄴ, ㄷ
③ ㄷ, ㄹ ④ ㄱ, ㄷ

24 윗글의 내용 전개 방법으로 가장 적절한 것은?

① 일정한 기준에 따라 대상을 분류하고 있다.
② 통계 자료를 제시하여 신뢰도를 높이고 있다.
③ 질문을 통해 독자의 흥미를 불러일으키고 있다.
④ 권위자의 말을 인용해 독자의 호응을 유도하고 있다.

25 윗글을 읽은 학생의 반응으로 적절하지 않은 것은?

① 스마트폰에 너무 의존하고 있지는 않은지 스스로를 점검해 보아야겠어.
② 친구들과의 관계가 소원해진 것이 스마트폰을 과도하게 사용한 탓은 아닌지 생각해 보아야겠어.
③ 스마트폰을 이용하면 공간적 거리감을 해소할 수 있으니 앞으로도 스마트폰을 자주 사용해야겠어.
④ 스마트폰을 과도하게 사용하다 보면 여러 문제를 겪을 수 있으니 스마트폰을 현명하게 사용하도록 노력해야겠어.

끝이 좋아야 시작이 빛난다.

– 마리아노 리베라(Mariano Rivera)

여러분의 작은 소리
에듀윌은 크게 듣겠습니다.

본 교재에 대한 여러분의 목소리를 들려주세요.
공부하시면서 어려웠던 점, 궁금한 점,
칭찬하고 싶은 점, 개선할 점, 어떤 것이라도 좋습니다.

에듀윌은 여러분께서 나누어 주신 의견을
통해 끊임없이 발전하고 있습니다.

에듀윌 도서몰 book.eduwill.net
- 부가학습자료 및 정오표: 에듀윌 도서몰 → 도서자료실
- 교재 문의: 에듀윌 도서몰 → 문의하기 → 교재(내용, 출간) / 주문 및 배송

2025 고졸 검정고시 기본서 국어

발 행 일	2024년 7월 30일 초판
편 저 자	김지상
펴 낸 이	양형남
개 발	정상욱, 김성미
펴 낸 곳	(주)에듀윌
등록번호	제25100-2002-000052호
주 소	08378 서울특별시 구로구 디지털로34길 55 코오롱싸이언스밸리 2차 3층

www.eduwill.net
대표전화 1600-6700

중졸 · 고졸 검정고시 답안지

성 명 (한 글)						
수 험 번 호						
(1)						
(2)	⓪ ① ② ③ ④ ⑤ ⑥ ⑦ ⑧ ⑨	⓪ ① ② ③ ④ ⑤ ⑥ ⑦ ⑧ ⑨	⓪ ① ② ③ ④ ⑤ ⑥ ⑦ ⑧ ⑨	⓪ ① ② ③ ④ ⑤ ⑥ ⑦ ⑧ ⑨	⓪ ① ② ③ ④ ⑤ ⑥ ⑦ ⑧ ⑨	⓪ ① ② ③ ④ ⑤ ⑥ ⑦ ⑧ ⑨

※ 응시자는 표기하지 마시오.

결시자표기란	○

감독관확인란	

※ 응시회차, 학력, 교시 확인 후 감독관 날인.

학 력 구 분	
중 졸	○
고 졸	○

교시	표기란	과목명
1	○	
2	○	
3	○	
4	○	
5	○	
6	○	
7	○	

※ 중졸 검정고시는 6과목임.

문번	답 란	문번	답 란	문번	답 란
1	① ② ③ ④	11	① ② ③ ④	21	① ② ③ ④
2	① ② ③ ④	12	① ② ③ ④	22	① ② ③ ④
3	① ② ③ ④	13	① ② ③ ④	23	① ② ③ ④
4	① ② ③ ④	14	① ② ③ ④	24	① ② ③ ④
5	① ② ③ ④	15	① ② ③ ④	25	① ② ③ ④
6	① ② ③ ④	16	① ② ③ ④		
7	① ② ③ ④	17	① ② ③ ④		
8	① ② ③ ④	18	① ② ③ ④		
9	① ② ③ ④	19	① ② ③ ④		
10	① ② ③ ④	20	① ② ③ ④		

※ 수학 과목은 20문항임.

응시자 유의사항

1. 답안지는 지정된 필기도구(**컴퓨터용 수성사인펜**)만을 사용하여 아래 예시와 같이 표기해야 합니다.
   (“예시” ① 정답일 경우 : ● ② ③ ④)
2. 수험번호 (1)란에는 아라비아 숫자를 쓰고, (2)란은 해당 숫자란에 까맣게 표기(●)해야 합니다.
3. 응시회차, 학력구분 및 교시란에는 반드시 까맣게 표기(●)해야 하고, 과목명란에는 해당 교시 응시과목명(“예시” 국어)을 기재해야 합니다.
4. 답안지를 긁거나 구기면 안 되며 수정하거나 두개 이상 표기한 문항은 무효처리됩니다.

중졸 · 고졸 검정고시 답안지

성 명 (한 글)						
수 험 번 호						
(1)						
(2)	⓪①②③④⑤⑥⑦⑧⑨	⓪①②③④⑤⑥⑦⑧⑨	⓪①②③④⑤⑥⑦⑧⑨	⓪①②③④⑤⑥⑦⑧⑨	⓪①②③④⑤⑥⑦⑧⑨	⓪①②③④⑤⑥⑦⑧⑨

※ 응시자는 표기하지 마시오.

결시자표기란	○

감독관확인란	

※ 응시회차, 학력, 교시 확인 후 감독관 날인.

학 력 구 분	
중 졸	○
고 졸	○

교시	표기란	과목명
1	○	
2	○	
3	○	
4	○	
5	○	
6	○	
7	○	

※ 중졸 검정고시는 6과목임.

문번	답 란	문번	답 란	문번	답 란
1	① ② ③ ④	11	① ② ③ ④	21	① ② ③ ④
2	① ② ③ ④	12	① ② ③ ④	22	① ② ③ ④
3	① ② ③ ④	13	① ② ③ ④	23	① ② ③ ④
4	① ② ③ ④	14	① ② ③ ④	24	① ② ③ ④
5	① ② ③ ④	15	① ② ③ ④	25	① ② ③ ④
6	① ② ③ ④	16	① ② ③ ④		
7	① ② ③ ④	17	① ② ③ ④		
8	① ② ③ ④	18	① ② ③ ④		
9	① ② ③ ④	19	① ② ③ ④		
10	① ② ③ ④	20	① ② ③ ④		

※ 수학 과목은 20문항임.

응시자 유의사항

1. 답안지는 지정된 필기도구(**컴퓨터용 수성사인펜**)만을 사용하여 아래 예시와 같이 표기해야 합니다.
   (“예시” ① 정답일 경우 : ● ② ③ ④)
2. 수험번호 (1)란에는 아라비아 숫자를 쓰고, (2)란은 해당 숫자란에 까맣게 표기(●)해야 합니다.
3. 응시회차, 학력구분 및 교시란에는 반드시 까맣게 표기(●)해야 하고, 과목명란에는 해당 교시 응시과목명(“예시” 국어)을 기재해야 합니다.
4. 답안지를 긁거나 구기면 안 되며 수정하거나 두개 이상 표기한 문항은 무효처리됩니다.

중졸 · 고졸 검정고시 답안지

성 명(한 글)						
수 험 번 호						
(1)						
(2)	⓪	⓪	⓪	⓪	⓪	⓪
	①	①	①	①	①	①
	②	②	②	②	②	②
	③	③	③	③	③	③
	④	④	④	④	④	④
	⑤	⑤	⑤	⑤	⑤	⑤
	⑥	⑥	⑥	⑥	⑥	⑥
	⑦	⑦	⑦	⑦	⑦	⑦
	⑧	⑧	⑧	⑧	⑧	⑧
	⑨	⑨	⑨	⑨	⑨	⑨

※ 응시자는 표기하지 마시오.

결시자표기란	○

감독관확인란	

※ 응시회차, 학력, 교시 확인 후 감독관 날인.

학 력 구 분	
중 졸	○
고 졸	○

교시	표기란	과목명
1	○	
2	○	
3	○	
4	○	
5	○	
6	○	
7	○	

※ 중졸 검정고시는 6과목임.

문번	답 란
1	① ② ③ ④
2	① ② ③ ④
3	① ② ③ ④
4	① ② ③ ④
5	① ② ③ ④
6	① ② ③ ④
7	① ② ③ ④
8	① ② ③ ④
9	① ② ③ ④
10	① ② ③ ④

문번	답 란
11	① ② ③ ④
12	① ② ③ ④
13	① ② ③ ④
14	① ② ③ ④
15	① ② ③ ④
16	① ② ③ ④
17	① ② ③ ④
18	① ② ③ ④
19	① ② ③ ④
20	① ② ③ ④

문번	답 란
21	① ② ③ ④
22	① ② ③ ④
23	① ② ③ ④
24	① ② ③ ④
25	① ② ③ ④

※ 수학 과목은 20문항임.

응시자 유의사항

1. 답안지는 지정된 필기도구(**컴퓨터용 수성사인펜**)만을 사용하여 아래 예시와 같이 표기해야 합니다.
   (“예시” ① 정답일 경우 : ● ② ③ ④)
2. 수험번호 (1)란에는 아라비아 숫자를 쓰고, (2)란은 해당 숫자란에 까맣게 표기(●)해야 합니다.
3. 응시회차, 학력구분 및 교시란에는 반드시 까맣게 표기(●)해야 하고, 과목명란에는 해당 교시 응시과목명(“예시” 국어)을 기재해야 합니다.
4. 답안지를 긁거나 구기면 안 되며 수정하거나 두개 이상 표기한 문항은 무효처리됩니다.

이제 국비무료 교육도
에듀윌

수강생을 반겨주는 에듀윌의 환한 복도 (구로)

언제나 전문 학습 매니저와 상담이 가능한 안내데스크 (부평)

고품질 영상 및 음향 장비를 갖춘 최고의 강의실 (구로)

재충전을 위한 카페 분위기의 아늑한 휴게실 (부평)

다용도로 활용이 가능한 휴게실 (성남)

전기/소방/건축/쇼핑몰/회계/컴활 자격증 취득
국민내일배움카드제

에듀윌 국비교육원 대표전화

서울 구로	02)6482-0600	구로디지털단지역 2번 출구
경기 성남	031)604-0600	모란역 5번 출구
인천 부평	032)262-0600	부평역 5번 출구
인천 부평2관	032)263-2900	부평역 5번 출구

국비교육원
바로가기

2025 최신판

에듀윌 고졸 검정고시 기본서 국어

정답과 해설

eduwill

2025 최신판

에듀윌 고졸 검정고시 기본서 국어

2025 최신판

에듀윌 고졸 검정고시 기본서 국어

정답과 해설

eduwill

정답과 해설

시험에 이렇게 나와요

I 문학

01 현대 시 22쪽

01	②	02	③	03	③	04	④	05	③
06	①	07	③	08	③	09	④	10	④
11	③	12	②	13	①	14	④	15	②
16	①	17	④	18	③	19	③	20	④
21	①	22	①	23	③	24	②	25	③
26	④	27	①	28	①	29	①	30	④
31	③	32	③	33	②	34	④	35	④
36	③	37	③	38	④	39	②	40	③
41	③	42	①	43	②				

01 ②

| 정답해설 | 윗글은 사랑하는 임과의 이별을 노래한 작품으로, 시대적 현실과는 관련이 없다.

02 ③

| 정답해설 | 화자는 임과 이별하는 상황에 처해 있으므로, ㉠ '진달래꽃'이 화자의 밝은 미래를 암시한다는 설명은 적절하지 않다.

03 ③

| 정답해설 | ㉡은 임이 떠날 때 화자 자신이 매우 슬플 것이라는 의미를 내포한 반어적 표현으로 볼 수 있다. 역설적 표현은 사용되지 않았다.

04 ④

| 정답해설 | 윗글은 화자가 자신의 유년 시절 고향을 추억하며 가족과의 단란했던 생활 등을 형상화하고 있는 작품이다. 반어적 표현은 드러나지 않으며, 현실에 대한 부정적 태도가 나타난 부분도 없다.

05 ③

| 정답해설 | ㉠에는 '울음'이라는 청각적 심상을 '금빛'이라는 시각적 심상으로 표현한 공감각적 심상이 드러난다. ③의 '푸른 종소리' 역시 '종소리'라는 청각적 심상을 '푸르다'라는 시각적 심상으로 표현한 공감각적 심상이 드러난다.

| 오답해설 |

① '가을 강'을 '울음'이라는 청각적 심상으로 표현하였다. 시각을 청각화한 공감각적 심상에 해당한다.

② '새파란 초생달'을 '시리다'라는 촉각적 심상으로 표현하였다. 시각을 촉각화한 공감각적 심상에 해당한다.

④ '태양'을 '울림'이라는 청각적 심상으로 표현하였다. 시각을 청각화한 공감각적 심상에 해당한다.

06 ①

| 정답해설 | '전설 바다에 춤추는 밤물결 같은'은 누이의 귀밑머리를 비유한 표현으로, 윗글은 바다와 접한 시골 농촌과는 관련이 없다.

07 ③

| 정답해설 | 자식을 잃은 슬픔을 절제하다가 마지막 순간에 '아아'라는 감탄사를 사용하여 자신의 슬픔을 표출하고 있을 뿐, 시상이 전환되고 있지는 않다.

| 오답해설 |

① 죽은 자식을 '산새'에 비유하고 있다.

② '아아, 늬는~'에서 영탄법을 사용하여 자식을 잃은 화자의 슬픔을 표현하고 있다.

④ '외로운 황홀한 심사'에서 역설적 표현을 사용하여 죽은 자식을 생각하며 느끼는 복합적인 감정을 드러내고 있다.

08 ③

| 정답해설 | ㉠, ㉡, ㉣은 죽은 자식을 의미하는 시어이다.

| 오답해설 | ㉢은 창밖의 세계로, 죽은 자식이 존재하는 죽음의 세계를 의미한다.

09 ④

| 정답해설 | 윗글은 죽은 자식에 대한 그리움을 표현한 작품으로, 부재하는 대상에 대한 그리움을 드러내고 있다고 할 수 있다.

10 ④

| 정답해설 | 윗글은 비가 내리는 정경을 감각적으로 형상화한 작품이다. 시각적 이미지를 중심으로 촉각적, 청각적 이미지가 나타나기는 하지만 공감각적 이미지로 표현된 시구는 없다.

11 ③

| 정답해설 | 윗글에서는 시적 화자의 감정이 겉으로 드러나지 않고 절제되어 있으며, 감각적 표현을 통해 비가 오는 정경을 섬세하게 묘사하고 있다. 따라서 고요한 마음으로 사물을 관찰하거나 비추어 보는 관조적인 태도가 시적 화자의 태도로 가장 적절하다.

12 ②

| 정답해설 | 1～2연은 비가 오기 직전의 상황, 3～4연은 빗방울이 떨어지기 시작하는 모습, 5～6연은 빗물이 여울이 되어 흐르는 모습, 7～8연은 그친 듯했던 빗방울이 다시 나뭇잎에 떨어지는 모습을 형상화하였다. 3연은 빗방울이 땅에 떨어져 튀어 오르는 모습을 산새의 동작에 빗대어 시각적으로 표현하고 있다.

| 오답해설 |

① 1연은 비 오기 전 하늘에 먹구름이 끼고 어두워지는 모습을 형상화하였다.

③ 6연은 물줄기가 여러 갈래로 흐르는 모습을 의인화하였다.

④ 8연은 다시 굵어진 빗줄기가 잎사귀에 떨어지는 모습을 표현하였다.

13 ①

| 정답해설 | 윗글의 화자는 견디기 어려운 극한의 상황에서도 관조의 태도를 통해 그 상황을 이겨 내려는 의지를 보여 주고 있다.

| 오답해설 |

② 나약한 자신에 대한 반성의 태도는 나타나지 않는다.

③ 체념적 태도는 나타나지 않는다. 현실에 대한 초극 의지가 드러난다.

④ 자연과의 합일에 대한 소망은 나타나지 않는다.

14 ④

| 정답해설 | ㉠에는 겉으로는 모순된 것처럼 보이지만 그 안에 진리를 담고 있는 표현 방법인 역설법이 사용되었다. ④는 참뜻과 반대되는 말로 표현하는 반어법이 사용되었다.

15 ②

| 정답해설 | 윗글의 1연과 2연은 외적 상황(극한의 상황)을 드러내고 있고, 3연과 4연은 내적 상황(역설적 의지)을 드러내고 있다.

16 ①

| 정답해설 | 윗글의 화자는 강인한 어조를 통해 민족에 밝은 미래가 도래할 수 있게 자신을 희생하겠다는 현실 극복의 의지를 표현하고 있다. 절망과는 거리가 멀다.

| 오답해설 |

② 과거 – 현재 – 미래의 시간 순서에 따라 내용이 전개되고 있다.

③ 강인한 어조를 통해 조국 광복에 대한 의지와 염원을 드러내고 있다.

④ '눈'은 일제 강점기의 부정적인 현실로, 우리 민족이 극복해야 할 고통을 의미한다.

17 ④

| 정답해설 | ㉣ '가난한 노래의 씨'는 독립의 의지, 즉 강인한 생명력을 상징한다. 그리고 '뿌려라'라는 명령형 종결 어미를 사용함으로써 독립에 대한 강한 의지를 드러내고 있다.

18 ③

| 정답해설 | 윗글이 미래에 대해 긍정적인 시각을 보이고 있다는 설명은 적절하지만, 〈보기〉의 시가 부정적인 시각을 보이고 있다는 설명은 적절하지 않다. 〈보기〉의 시 역시 부정적 현실을 인식하고 앞으로 부끄럼 없는 삶을 살겠다는 긍정적인 태도를 보이고 있다.

19 ③

| 정답해설 | 윗글에는 역설적 표현이 드러나지 않는다.

20 ④

| 정답해설 | 윗글의 화자는 자신의 운명을 겸허히 받아들이며 운명에 대한 깨달음을 통해 자신의 감정을 정화하고, 새로운 삶에 대한 의지를 보이고 있다.

| 오답해설 |

① 윗글의 화자는 목수인 박시봉의 집에 세 들어 살고 있다.

② 화자는 일을 하지 않고 밤낮없이 방에서 자신의 지난 삶에 대해 후회하고 있다.

③ 불의에 저항하는 적극적인 태도는 드러나지 않는다.

21 ①

| 정답해설 | 윗글은 차분한 어조로 화자의 심리 및 태도에 따라 시상을 전개하고 있다. 윗글의 공간적 배경은 우물가 주변이므로, 공간의 이동이 나타난다고 볼 수 없다.

22 ①

| 정답해설 | 윗글에서 ㉠ '우물'은 시적 화자가 자신의 모습을 비춰 보는 대상으로, 화자의 초라한 현재 모습과 이와 대조되는 아름다운 풍경을 보여 준다. 화자는 우물에 자신의 모습을 비춰 봄으로써 자신을 성찰하고, 이를 통해 내적 갈등을 극복하게 된다. 시적 화자가 벗어나고자 하는 관습과는 관련이 없다.

23 ③

| 정답해설 | 윗글에서 화자가 꿈을 이루고자 하는 의지를 드러내는 부분은 나타나지 않는다.

| 오답해설 |

① 4연의 '가엾어집니다.'에서 확인할 수 있다.

② 3, 5연의 사나이가 미워져 돌아가는 행동에서 확인할 수 있다.

④ 5연의 '그리워집니다.', 6연의 '추억처럼 사나이가 있습니다.'에서 확인할 수 있다.

24 ②

| 정답해설 | 윗글은 자연을 예찬하는 시가 아니다.

| 오답해설 |

① 윗글은 고백적 어조를 사용하고 있다.

③ 평서형 종결 어미를 반복하여 운율을 형성하고 있다.

④ 마지막 연에서 미래의 소망과 현실 극복 의지를 드러내고 있다.

25 ③

| 정답해설 | 윗글에서 ㉠ '별'은 화자의 내면세계를 형상화함과 동시에 과거 회상의 매개체 기능을 한다. 그리고 화자가 그리워하는 순수하고 아름다운 대상들이 현실 공간과 멀리 떨어져 있다는 점도 '별'의 이미지를 통해 잘 드러난다. 따라서 '별'은 화자의 상념과 추억을 함축적으로 제시하고 있다고 볼 수 있다. 이상의 좌절로 이해할 수 있는 시적 진술은 없다.

26 ④

| 정답해설 | '어머니'는 평화와 안식을 표상하는 존재로, 화자에게는 간절한 그리움의 대상이기도 하다. 죄책감과는 관계가 없다.

27 ①

| 정답해설 | 화자는 젊은 시인에게 기침을 할 것을 권유하고 있지만 젊은 시인이 실제로 기침을 해서 자신의 내면을 깨끗이 하고 있는지는 알 수 없다.

28 ①

| 정답해설 | 윗글에서는 시어의 반복을 통해 순수한 삶에 대한 소망이라는 주제가 드러나는 반면, 〈보기〉에서는 시어의 반복을 통해 주제를 전달했다고 볼 수 없다.

| 오답해설 |

② 두 작품 모두 시간의 흐름에 따라 시를 전개했다고 보기 어렵다.

③ 청자에게 행동 변화를 요구하는 작품은 윗글이다.

④ 〈보기〉에는 자연물에 인격을 부여하는 표현이 나타나지 않는다.

29 ①

| 정답해설 | 윗글은 반복을 통해 운율을 형성하고 순수한 삶에 대한 화자의 열망을 드러낸다.

| 오답해설 |

② 화자의 절망감은 나타나지 않는다.

③ 어조의 변화는 찾을 수 없다.

④ 어조의 변화와 화자의 절망감은 나타나지 않는다.

30 ④

| 정답해설 | 윗글의 '눈'은 화자가 추구하는 순수한 삶을 의미하지만, 〈보기〉의 '눈'은 대나무를 휘게 만드는, 즉 대나무에게 시련을 안겨 주는 존재이다.

| 오답해설 |

① 생명력이 강조되고 있는 것은 윗글의 '눈'이다.

② 윗글의 '눈'은 순수한 생명력을 지닌 존재로, 화자와 대립되는 존재가 아니다.

③ 윗글의 '눈'이 특정한 공간적 배경을 나타내고 있다고 보기 어렵다.

31 ③

| 정답해설 | 윗글에서는 '너'를 기다리는 간절함과 곧 '너'를 만나게 될 것이라는 희망이 섞인 어조가 나타난다.

32 ③

| 정답해설 | 윗글에서는 유사한 구절의 반복과 변주를 통해 '너'와 다시 만날 것을 굳게 믿고 있는 화자의 정서를 강조하고 있다.

33 ②

| 정답해설 | 소극적으로 기다리기만 할 때에는 '너'를 만나지 못했지만, 체념하지 않고 '나는 너에게 가고 있다'라고 이야기하는 부분에서 화자의 태도가 적극적으로 변화했음을 알 수 있다.

34 ④

| 정답해설 | 윗글에서는 시각적 이미지를 활용하여 마을의 풍경을 그리고 있다. 계절의 흐름은 나타나지 않는다.

| 오답해설 |

① 고향의 소녀와 소년의 모습, 들길의 풍경 등을 시각적 이미지를 활용하여 묘사하고 있다.

② 1연에서 대구법이 사용되었다.

③ 2연에서 직유법이 사용되었다.

35 ④

| 정답해설 | 마을의 '화초'는 마을 사람의 영역인 '안'과 그렇지 않은 영역인 '밖'을 구분하지 않고 심어져 있다. 따라서 '화초'는 아름다움을 이웃과 함께 누리고자 하는 넉넉한 마음이 담긴 소재라고 할 수 있다.

36 ③

| 정답해설 | 윗글은 '귀뚜라미'와 '매미'를 대조하여 귀뚜라미의 처지와 소망을 드러내고 있다. 귀뚜라미는 힘들고 어려운 처지에 있으면서도 자신의 울음이 노래가 되어 누군가에게 감동을 주고 싶다는 소망을 가지고 있다.

| 오답해설 |

① 역설법은 나타나 있지 않다.

② '귀뚜르르 뚜르르'라는 의성어를 사용하여 시의 분위기를 형성하고 있다.

④ '있을까'라는 의문형 어미를 사용한 것은 맞지만 이는 설의적 표현일 뿐 화자와 청자 간 소통을 강조하는 것은 아니다.

37 ③

| 정답해설 | ㉠ '울음'은 현재 귀뚜라미가 고통 속에서 토해 내는 소리로, 자신이 살아 있음을 알리는 소리이다. ㉡ '노래'는 누군가에게 감동을 주는 소리로, 귀뚜라미가 품은 미래의 소망이다.

38 ④

| 정답해설 | 윗글의 화자인 귀뚜라미는 소외받고 고통스러운 상황에서 울고 있지만 언젠가는 이 울음이 누군가에게 감동을 주는 노래가 되기를 소망하고 있다. 그러므로 어려운 상황에서도 꿈을 잃지 않고 노력하는 사람이 화자가 추구하는 태도와 가장 유사한 태도를 지닌 사람이라고 할 수 있다.

39 ②

| 정답해설 | 윗글에서는 두 여인이 경상도 사투리를 사용하고 있을 뿐, 구체적 지명을 활용하고 있지는 않다.

| 오답해설 |

① 화자가 열차에서 우연히 마주친 동남아 여인을 몰래 관찰하는 시선으로 묘사하고 있다.

③ '동남아인 두 여인이 소곤거렸다 / 고향 가는 열차에서'에서 도치된 문장을 사용하여 두 여인이 '소곤거리'는 상황을 명확히 드러내고 있다.

④ 열차에서 우연히 마주친 사람을 관찰하는 일상적 경험을 평이한 시어로 진술하고 있다.

40 ③

| 정답해설 | ㉡과 같이 동남아 여인들이 자신의 아이들에게 한국말, 그것도 사투리로 말하는 모습을 보면서 화자는 그들의 삶에 대해 연민을 느끼며 그들이 한국 사회의 구성원으로 살아가고 있음을 깨닫는다. 그러므로 ㉡을 통해 화자가 동남아인 두 여인을 단지 호기심 어린 시선으로 바라보고 있음을 알 수 있다는 설명은 적절하지 않다.

| 오답해설 |

① 두 여인이 모국어로 잠꼬대를 하는 상황을 통해 그들이 고국에 대한 그리움을 느끼고 있음을 짐작할 수 있다.

② 동남아인 두 여인은 상황에 따라 '외국 말' 또는 '한국말'을 원어로 사용한다. 이러한 상황을 통해 그들이 가지고 있는 정체성의 혼란을 짐작할 수 있다.

④ 모습도 사용하는 언어도 다른 동남아인 두 여인이 한국말을 쓰는 것을 보고 화자는 그들을 이방인 보듯 호기심 어린 시선으로만 바라보았던 자신의 행동을 반성하고 그들도 우리와 다르지 않다는 것을 깨닫는다. 따라서 ㉡은 그들이 우리와 다르지 않다는 '동질성'을 나타낸다.

41 ③

| 정답해설 | 윗글에서 음성 상징어가 사용된 것은 맞지만, 그것을 통해 운율감을 형성하고 있을 뿐, 새로운 의미를 생성하고 있다고 보기는 어렵다.

42 ①

| 정답해설 | ㉡ '꽃', ㉢ '눈', ㉣ '아름다운 상처'는 모두 '눈꽃'을 피우거나 첫사랑을 이루기 위한 노력과 관련이 있는 시어이다. 이와 달리 ㉠ '나뭇가지'는 꽃이 피는 위치일 뿐이다.

43 ②

| 정답해설 | 3연은 도전 끝에 피운 눈꽃(첫사랑)에 대한 예찬을, 4연은 눈꽃(첫사랑)이 진 후 피어난 꽃(사랑)의 아름다움을 이야기하고 있다. 특히 4연의 '가장 아름다운 상처'에서는 이별을 겪은 후에 도달한 성숙한 사랑의 아름다움을 표현하고 있다.

02 고전 시가

60쪽

01	④	02	④	03	②	04	③	05	③
06	④	07	①	08	②	09	③	10	①
11	④	12	②	13	③	14	③	15	④
16	④	17	③	18	④	19	①	20	④
21	③	22	③	23	③	24	④	25	①
26	④	27	④	28	②	29	②	30	③
31	②	32	③	33	②	34	③	35	③
36	③	37	②	38	④	39	③		

01 ④

| 정답해설 | 윗글은 화자가 '달'에게 남편이 돌아오는 길을 환히 비추어 달라고 소원을 비는 방식으로 이루어져 있다.

| 오답해설 |

① 윗글에서는 달을 통해 임을 걱정하는 화자의 안타까운 심정을 드러내고 있을 뿐 공간의 이동은 나타나 있지 않다. '져재'는 화자가 임이 있을 것으로 추측하는 곳일 뿐이다.

② 윗글에서 반복되는 표현은 '어긔야 어강됴리 / 아으 다롱디리'와 같은 후렴구인데, 이는 운율을 형성할 뿐 시의 내용과는 관련이 없는 부분이므로 주제 의식을 강조한다는 설명은 적절하지 않다.

③ 윗글에는 화자의 감정을 이입한 대상이 나타나 있지 않다. '달'은 기원의 대상으로, 화자가 느끼는 기다림이나 간절함을 구체화하고 있는 대상이라고 할 수는 없다.

02 ④

| 정답해설 | 화자의 소망을 들어주는 존재는 ㉠의 '달'이다.

| 오답해설 |

① ㉠은 높임 표현을 통해, ㉮는 '벗'이라는 표현을 통해 인격이 부여되어 있음을 알 수 있다.

② ㉠과 ㉮ 모두 '비춘다'라는 속성을 가지고 있다.

③ ㉠은 시적 화자의 소원을 들어주는 초월적인 존재로 나타나고 있고, ㉮는 화자의 친근한 말투와 '내 벗인가 하노라.'를 통해 벗으로 나타나 있다는 것을 알 수 있다.

03 ②

| 정답해설 | ㄷ. 화자는 자연물인 '달'을 통해 남편을 기다리는 자신의 심정을 드러내고 있다. ㄹ. '달'은 높이 떠서 남편이 가는 길을 밝게 비춰 줄 수 있으므로 임의 안녕을 지켜 줄 수 있는 대상이다.

| 오답해설 |

ㄱ, ㄴ. 화자가 자신의 행동을 한탄하거나 후회하는 모습은 드러나지 않는다.

ㅁ. '어긔야 어강됴리'는 여음구로, 시상 전개상 반드시 필요한 부분은 아니다.

04 ③

| 정답해설 | 윗글은 향찰로 쓰인 작품이다. 향찰은 중국의 한자로 표기하면서도 우리말의 어순대로 적는다.

| 오답해설 |

① 윗글은 신라 시대에 죽은 누이를 추모하기 위해 지어진 10구체 향가이다.

② '뻐러딜 닙', 'ᄒᆞᄃᆞᆫ 가지' 등에서 비유와 상징이 두드러진다.

④ 마지막 2구의 앞에 감탄사 '아야'가 사용되었다.

05 ③

| 정답해설 | 윗글은 누이의 죽음으로 인한 이별의 슬픔이라는 세속적 감정에서 벗어나 불교적 해탈에 이르고자 하는 종교적 목적을 가진 의식요로 볼 수 있다.

06 ④

| 정답해설 | 〈보기〉에서 화자는 시적 대상인 '님'이 가시자마자 다시 돌아오기를 바라며 원망의 감정을 절제하고 있다.

| 오답해설 |

① 윗글은 화자가 누이와 이별한 상황이며, 〈보기〉는 화자가 임과 이별한 상황이다.

② 윗글에서는 화자가 미타찰, 즉 극락세계에서 누이를 다시 만날 것을 기다린다고 하였으며, 〈보기〉의 화자 역시 임이 다시 돌아오기를 기다린다고 하였다.

③ 윗글의 '도(道) 닷가 기드리고다'에서 슬픔을 종교적으로 승화시키려는 의지를 확인할 수 있다. 한편, 〈보기〉의 화자는 이별의 상황을 수용하지만 임이 다시 돌아오기를 끝까지 기다리겠다는 의지를 보이고 있다.

07 ①

| 정답해설 | 윗글의 갈래는 고려 가요이다. 고려 가요는 3음보의 음보율을 갖는 것이 특징이다.

| 오답해설 |

② 고려 가요는 평민들이 주로 불렀던 노래로, '이별의 정한'이라는 보편적인 정서를 진솔하게 그려 내고 있다.

③ 임과 이별하는 내용과는 상관이 없는 후렴구는 추후 궁중 음악으로 편입되는 과정에서 추가되었을 것이라고 추정된다.

④ 윗글은 이별의 정서를 여성적 화자의 목소리로 표현하고 있다.

08 ②

| 정답해설 | (A)는 고려 가요의 가장 큰 특징인 후렴구이다. 고려 가요의 후렴구는 노래의 리듬감을 조성하고 시적 감흥을 북돋운다. 또한 시각적으로 연을 구분하는 역할을 하고 있으며 시의 구조에 형태적 안정감과 통일성을 부여한다. 그러나 주제와는 관련이 없어 주제를 부각시키는 역할은 하지 못한다.

09 ③

| 정답해설 | ㉢은 '서운하면'이라는 의미이다.

10 ①

| 정답해설 | ㄱ. 힘들고 고단한 현실 속에서 살고 있는 화자는 삶의 고뇌와 비애에서 벗어나기 위해 이상향이라고 할 수 있는 청산과 바다로 도피하기를 소망하고 있다. ㄴ. 3연에서 '믈 아래 가던 새 본다.'를 통해 화자가 떠나온 속세에 대한 미련을 지니고 있다는 것을 알 수 있다.

11 ④

| 정답해설 | ㉠은 후렴구로, 각 연을 분절하고 안정감과 통일감을 부여하는 역할을 한다. 또한 울림소리인 'ㄹ, ㅇ' 음을 사용하여 밝고 경쾌한 느낌을 주고, 노래의 전체적인 운율을 형성하며 흥을 돋운다. 이러한 밝은 정서는 작품 전반에 깔려 있는 비애의 정서와 상반된다. 따라서 ㉠이 각 연에 나타나는 정서와 긴밀하게 조응하고 있다는 설명은 적절하지 않다.

12 ②

| 정답해설 | 제시된 시조는 냇물에 화자의 감정을 이입하여 유배된 단종과 이별하는 슬픔을 표현하고 있다. 따라서 '물'은 감정 이입의 대상이며, 윗글에서는 '새'가 화자의 감정이 이입된 대상이다.

13 ③

| 정답해설 | (가)~(다)는 고려 말에 등장하여 조선 시대에 크게 유행한 갈래인 '시조'이다. 시조에 대한 설명으로 가장 적절한 것은 ③이다.

| 오답해설 |
① 향가에 대한 설명이다.
② 경기체가에 대한 설명이다.
④ 고려 가요에 대한 설명이다.

14 ③

| 정답해설 | (가) 시조에는 임이 오지 않는 동짓달의 기나긴 밤에 독수공방하는 여인의 외로움, 임에 대한 그리움, 임이 오기를 기다리는 마음 등이 나타나 있다. 따라서 (가)의 어조는 외로움, 그리움, 기다림이 담긴 애틋한 목소리가 적절하다.

15 ④

| 정답해설 | ④는 배꽃이 비처럼 흩날릴 때 이별한 임에 대한 안타까움, 가을날에 임을 그리워하는 마음, 임과의 재회에 대한 염원 등을 그린 작품이다. 따라서 사랑하는 임에 대한 그리움을 노래한 (가)~(다)와 정서가 가장 유사하다.
| 오답해설 |
① 부모님에 대한 그리움이 드러나는 작품이다.
② 현실에 대한 풍자와 인재 희생에 대한 걱정을 자연 현상에 빗대어 표현한 작품이다.
③ 돌아가신 부모님에 대한 그리움을 표현한 작품이다.

16 ④

| 정답해설 | '점입가경(漸入佳境)'은 경치나 일 등이 갈수록 재미있어지는 것을 말한다.
| 오답해설 |
① '안분지족(安分知足)'은 편안한 마음으로 제 분수를 지키며 만족할 줄 아는 것을 말한다.
② '안빈낙도(安貧樂道)'는 가난한 생활을 하면서도 편안한 마음으로 도를 즐겨 지키는 것을 말한다.
③ '유유자적(悠悠自適)'은 속세를 떠나 아무 속박 없이 조용하고 편안하게 사는 것을 말한다.

17 ③

| 정답해설 | (나)는 초려 삼간을 달과 청풍에게 한 칸씩 내어 주고, 강산을 병풍처럼 둘러 두겠다는 독창적인 표현과 의인법을 활용하여 자연 친화적인 모습을 효과적으로 드러내고 있다.
| 오답해설 |
① 공간적 배경 변화가 나타나지 않는다.
② 대조적 성격의 소재는 등장하지 않는다.
④ 자연을 의인화하고 있지만 언어유희는 나타나지 않는다.

18 ④

| 정답해설 | (가)의 '너뿐인가 ᄒᆞ노라'에서 '너'는 화자가 예찬하는 대상인 대나무를 의미한다. 화자는 어려운 상황 속에서도 변치 않는 대나무의 모습을 통해 충절의 의지를 드러내고 있으므로 화자의 반성적·성찰적 태도가 드러난다는 설명은 적절하지 않다.
| 오답해설 |
① 초장에서는 눈을 맞아 휘어진 'ᄃᆡ'의 모습을 제시하고 있다.
② 초장의 '눈'은 시련, 고난을 의미한다.
③ 중장의 '절(節)'은 절개를 의미한다. 절개는 'ᄃᆡ'의 속성이자 화자가 지향하는 가치이다.

19 ①

| 정답해설 | '봉래산'은 세속에 물들지 않은 순수한 공간을 뜻한다. 왕위를 빼앗긴 단종을 의미한다고 볼 수 없다.

20 ④

| 정답해설 | 공간의 이동에 따라 화자의 감정이 조금씩 변화하기는 하지만, 임을 기다리는 화자의 처지가 변하는 것은 아니며, 작품에 생동감을 주는 것과도 관련이 없다.

21 ③

| 정답해설 | 화자는 임을 만난 것이 아니라 주추리 삼대를 임으로 착각한 것이다. 그러므로 종장을 임을 만난 기쁨이 담긴 어조로 낭송하는 것은 적절하지 않다.

22 ③

| 정답해설 | '상년(上年) 칠월(七月)'은 '작년 7월'이다.

23 ③

| 정답해설 | (가)와 (나)는 사설시조로, 종장의 첫 음보가 3음절로 고정되어 있다.

24 ④

| 정답해설 | (가)에서는 게젓 장수와 사람들이 대화를 나누고 있다. 사람들은 가격 흥정으로 인해 게젓 장수와 갈등하는 것이 아니라 게젓 장수의 현학적 태도를 비판하고 있다.

25 ①

| 정답해설 | 자신의 행동을 합리화하는 두꺼비의 태도는 실속은 없으면서 큰소리치거나 허세를 부림을 의미하는 '허장성세(虛張聲勢)'와 가장 관련이 깊다.

| 오답해설 |

② '고진감래(苦盡甘來)'는 쓴 것이 다하면 단 것이 온다는 뜻으로, 고생 끝에 즐거움이 옴을 이르는 말이다.

③ '괄목상대(刮目相對)'는 눈을 비비고 상대편을 본다는 뜻으로, 남의 학식이나 재주가 놀랄 만큼 부쩍 늚을 이르는 말이다.

④ '면종복배(面從腹背)'는 겉으로는 복종하는 체하면서 내심으로는 배반함을 이르는 말이다.

26 ④

| 정답해설 | 자연물의 속성을 통해 선비 또는 군자가 지녀야 할 이상적인 덕목을 말하는 것이지 자연 현상에 빗대어 인간의 다양한 모습을 나타내는 것은 아니다.

27 ④

| 정답해설 | ㉣은 '대나무'이다. 제5수에서는 '대나무'의 곧음(지조, 절개)과 겸허함을 표현하고 있다.

28 ②

| 정답해설 | 윗글은 평시조이고 〈보기〉는 사설시조이다. 평시조와 사설시조는 모두 종장의 첫 구절이 3음절로 나타난다.

| 오답해설 |

① 윗글은 4음보가 일정하게 유지되지만, 〈보기〉는 그렇지 않다.

③ 윗글에는 음성 상징어가 나타나지 않는다.

④ 윗글은 3장 6구의 형식을 갖추고 있지만, 〈보기〉는 그렇지 않다.

29 ②

| 정답해설 | 〈보기〉는 계절에 따라 시상을 전개하고 있으나, 윗글은 계절에 따라 시상을 전개하고 있지 않다.

30 ③

| 정답해설 | 3수에서 화자는 자연 속에서 술을 마시며 그 즐거움이 그리워하던 임을 만나는 즐거움보다 크다고 말하고 있다. 화자가 외로움을 달래기 위해 술을 마시는 것은 아니다.

31 ②

| 정답해설 | 윗글에서 반어법을 사용하여 삶의 소망을 드러낸 부분은 없다.

| 오답해설 |

① 윗글에서는 현실(속세)과 자연을 대조하며 시상을 전개하고 있으며 이러한 전개 방식을 통해 자연 속에서의 삶이 더 좋다는 가치관을 드러내고 있다.

③ 자연에서 유유자적하는 삶이 만승의 지위보다 더 낫다고 과장하여 표현하며 자연 속에서의 삶에 대한 만족감을 드러내고 있다.

④ '소부, 허유'라는 고대 중국 인물들을 인용하여 자연을 벗 삼아 즐기며 살아가고자 하는 화자의 바람을 드러내고 있다.

32 ③

| 정답해설 | '칼로 믈아 낸가 붓으로 그려 낸가'는 칼로 재단하고 붓으로 그려 낸 것처럼 자연의 경치가 아름답다는 표현이지 화자가 직접 그림을 그렸다는 표현이 아니다.

33 ②

| 정답해설 | 윗글은 가사로, 구비 문학의 성격을 띠지 않는다.

34 ③

| 정답해설 | '조흔'은 '깨끗한'을 의미한다.

35 ③

| 정답해설 | 계절별로 임의 건강을 염려하는 표현이 등장할 뿐, 작품의 내용 전체가 계절의 흐름에 따라 전개되고 있지는 않다.

36 ③

| 정답해설 | 을녀가 스스로를 책망하고 한탄하며 하소연을 늘어놓자 갑녀가 "글란 싱각 마오."라고 하며 을녀를 위로하고 있다.

37 ②

| 정답해설 | 윗글의 화자는 임을 애타게 그리워하고 있다. 화자의 이러한 정서는 ②를 제외한 나머지 선지의 시조에서도 두루 확인된다. ②는 자연에 묻혀 사는 즐거움을 노래하고 있다.

38 ④

| 정답해설 | 윗글에는 자연에 대한 감상과 연군지정, 애민 사상만 나타나 있을 뿐, 학문을 닦고자 하는 소망은 나타나 있지 않다.

39 ③

| 정답해설 | '비로봉 상상두에 올라 본 이 그 뉘신고.'는 '비로봉 최정상에 올라 본 사람이 누구인가?(없다)'라는 뜻이다. 화자는 비로봉의 높은 산세를 보며 동산, 태산에 올라가 천하가 작다고 한 공자를 떠올리고, 자신은 그 높은 정신적 경지에 오를 수가 없기 때문에 내려가는 것이 이상하지 않다고 말하고 있다. 높은 벼슬에 대한 야망을 드러낸 것은 아니다.

03 현대 소설

104쪽

01	③	02	④	03	④	04	④	05	④
06	④	07	②	08	③	09	④	10	②
11	④	12	②	13	④	14	④	15	③
16	①	17	④	18	②	19	①	20	②
21	②	22	④	23	③	24	②	25	③
26	④	27	②	28	④				

01 ③

| 정답해설 | 윗글은 중략 부분 이후 현재의 시점에서 어머니의 유언과 관련된 과거의 사건을 회상하여 서술한 후 다시 현재의 이야기를 서술하고 있다.

02 ④

| 정답해설 | 어머니가 유골을 뿌리는 모습을 '방금 출전하려는 용사처럼 씩씩하고 도전적이었다.'라고 표현한 부분에서 어머니의 비장한 마음을 확인할 수 있다.

03 ④

| 정답해설 | '그 짓'은 죽은 아들을 묻지 않고 화장하여 고향 땅 가까운 곳에 뿌렸던 어머니의 행위이자 어머니가 '나'에게 부탁한 행위이다. 이는 어머니가 분단과 홀로 맞서는 수단이기도 하며, 죽어서나마 아들과 함께하고 싶은 어머니의 소망을 나타내기도 한다.

04 ④

| 정답해설 | '돌다리'는 '땅'과 마찬가지로 아버지의 전통적 가치관을 드러내는 소재이지만, 창섭과 아버지의 갈등을 유발하지는 않는다.

05 ④

| 정답해설 | 작가가 전달하고자 하는 주제는 아버지의 말을 통해 드러나고 있다. 아버지는 땅을 돌보고 돌다리를 고치는 인물로, 전통적 가치와 정신적인 가치(본질적 가치)를 소중하게 여긴다. 작가는 인터뷰에서 금전적 가치만을 중시하는 시대로 변할지라도 우리가 지켜 나가야 할 본래적 가치가 있음을 강조할 것이다.

06 ④

| 정답해설 | 황수건은 소박한 꿈을 키워 가며 사는 어수룩하고 순박한 인물이다. 그를 삶에 대한 집착이 강하거나 성실하게 사는 인물로 보기는 어렵다.

07 ②

| 정답해설 | 황수건이 엉뚱한 말을 늘어놓고 있음에도 불구하고 '나'는 맞장구를 치며 적극적으로 들어 주고 있다.

| 오답해설 |

ㄱ. 황수건은 신이 나서 스스로 자신의 이야기를 떠벌리고 있다.

ㄷ. 황수건이 '나'의 반응에 대해 걱정하는 모습은 드러나 있지 않다.

08 ③

| 정답해설 | '나'가 사대문 안에 살았다는 이유만으로 궁핍한 조선인과 달리 일제 강점기에 잘 적응한 인물로 보기는 어렵다.

09 ④

| 정답해설 | 희극에서는 주로 평균 이하의 지적 능력을 가진 사람들이 주인공으로 등장한다. 이 작품의 1인칭 서술자인 '나' 역시 이런 희극의 전형적인 주인공의 모습을 보이며 독자의 웃음을 유발한다.

10 ②

| 정답해설 | '나'는 장인에게 일만 부려 먹고 점순이와 성례를 시켜 주지 않는 것을 따지고 있다.

| 오답해설 |

① 점순이는 성례를 위해 '나'를 충동질하였을 뿐 '나'를 구박하고 감시하지는 않았다.

③ '나'는 점순이의 집에 데릴사위로 들어와 사경을 받지 않는 것이다.

④ 장인이 '나'를 걸핏하면 때렸다는 내용은 나와 있지 않다.

11 ④

| 정답해설 | 점순이는 '나'를 충동질하여 '나'와 장인의 싸움을 붙이더니 결정적인 순간에는 '나'가 아니라 아버지인 장인의 편을 듦으로써 '나'를 어리둥절하게 만든다. '나'의 입장에서 점순이의 행동에 어울리는 속담은 '열 길 물속은 알아도 한 길 사람 속은 모른다.'이다.

| 오답해설 |

① 내가 남에게 잘해야 남도 나에게 잘한다는 말이다.

② 아무리 비밀히 한 말이라도 반드시 남의 귀에 들어가게 된다는 말이다.

③ 뜻하는 성과를 얻으려면 그에 마땅한 일을 해야 함을 비유적으로 이르는 말이다.

12 ②

| 정답해설 | ㉡은 장인이 '나'를 더 부려 먹기 위해 회유하는 말이다. 장인이 '나'에게 미안한 마음을 가지고 있어서 한 말이 아니다.

13 ④

| 정답해설 | 윗글은 서술자 '나'가 어릴 때 벌어진 일을 회상하며 어린아이의 시선으로 이야기를 전달하고 있다 외부 이야기 속에 내부 이야기가 들어 있는 액자식 구성을 취하고 있지 않다.

14 ④

| 정답해설 | 외할머니는 구렁이를 죽은 삼촌의 현신으로 여기고 그를 달래고 있다. 그가 이승에서 겪었던 고통과 가족에 대한 걱정 등을 잊고 마음 편히 저승으로 가기를 기원하는 마음으로 ㉠과 같이 말한 것이다.

15 ③

| 정답해설 | 할머니는 삼촌의 현신인 구렁이가 무사히 돌아갔다는 말을 듣고 외할머니에게 고마움의 손을 내민다. 할머니의 손을 잡은 외할머니의 모습을 통해 두 할머니의 화해, 즉 분단 비극의 치유 가능성을 보여 준다.

16 ①

| 정답해설 | 윗글은 어두워지기 시작할 때부터 길을 떠난 인물들이 저녁 7시쯤 기차역에 도착하고, 이후 백화가 떠나기까지 시간의 흐름에 따라 사건이 전개되고 있다.

17 ④

| 정답해설 | 정 씨는 삼포로, 백화는 자기 고향으로 갈 곳이 정해져 있지만 영달은 딱히 갈 곳이 정해져 있지 않다. 그러나 영달이 그들을 부러워하고 있는지는 윗글에서 확인할 수 없다.

| 오답해설 |

① 정 씨가 영달에게 백화와 같이 가라고 권유하면서 좋은 여자 같다고 말하는 것에서 확인할 수 있다.

② 정 씨와 영달이 뒤차를 탄다고 하자 백화의 눈이 붉게 충혈된 것에서 확인할 수 있다.

③ 영달은 자신이 누군가를 부양할 능력이 없다는 생각에 백화를 따라나서는 것을 고민하고 있다.

18 ②

| 정답해설 | 마음의 고향을 잃은 정 씨와 영달의 여로에 함께하는 '눈발'은 이들이 앞으로 겪을 시련과 고난을 의미한다.

19 ①

| 정답해설 | 윗글에서는 아버지인 '나'와 비료 공장에서 온 노무과장 일행의 대화를 통해 병국의 진정서 사건과 관련된 갈등 상황을 제시하고 있다.

20 ②

| 정답해설 | '나'의 집에 찾아온 노무과장은 환경을 오염시킨 가스 배출이 고의가 아님을 주장하며 책임을 회피하려고 하고 있다.

21 ②

| 정답해설 | ㉠은 '나(아버지)'가 고향의 가족들을 떠올리게 하는 매개체이다. ②의 '조홍(早紅)감' 역시 화자가 돌아가신 부모님을 떠올리게 하는 매개체로 기능하고 있다.

| 오답해설 |

① '뛰집'은 안분지족(安分知足)의 삶을 드러내는 소재이다.

③ '촉(燭)불'은 화자의 감정이 투영된 객관적 상관물이다.

④ '뫼버들'은 임에 대한 화자의 사랑이 함축된 소재로, 화자의 분신으로 기능한다.

22 ④

| 정답해설 | 윗글은 작품 속 서술자 '나'가 인물의 내면을 추측하고 있는 1인칭 관찰자 시점으로 서술되어 있다.

23 ③

| 정답해설 | '구두'는 '권 씨'가 소중하게 여기는 것으로 그의 자존심을 나타내지만, 이 글의 내용만으로 '권 씨'가 집주인인 '나'보다 자신을 우월하게 여기는지는 알 수 없다.

24 ②

| 정답해설 | 윗글은 산업화 시대에 적응하지 못하는 '권 씨'와 같은 소시민의 힘겨운 삶을 보여 주기 위한 작품이다.

25 ③

| 정답해설 | '민 씨'는 마을 사람들에게 황만근과 같이 간 사람을 물어보며 황만근이 없어진 이유를 찾아내려 하고 있다. 또한 '민 씨'는 마을 사람들이 모인 상황에서 대화를 주도하고 있다.

26 ④

| 정답해설 | 황동수는 황만근이 하루 외박했던 사실을 우스개처럼 말하고 있다. 이는 황만근의 실종을 대수롭게 여기지 않고 한 말이다. 그가 웃음을 유발하기 위해 일부러 바보처럼 행동하고 있지는 않다.

27 ②

| 정답해설 | 윗글은 경상도 지역의 어느 농촌 마을을 공간적 배경으로 하여 지역 방언을 통해 인물 간의 대화 장면을 더욱 사실적이고 생동감 있게 보여 주고 있다.

28 ④

| 정답해설 | '민 씨'는 동민들에게 행동을 촉구하기 위해서는 지도자인 이장부터 방침을 충실히 지켜야 한다고 말하고 있다. 따라서 ⓐ에 들어갈 한자 성어로는 '남보다 앞장서서 행동해서 몸소 다른 사람의 본보기가 됨'이라는 뜻을 가진 '솔선수범(率先垂範)'이 적절하다.

| 오답해설 |

① '갑론을박(甲論乙駁)'은 여러 사람이 서로 자신의 주장을 내세우며 상대편의 주장을 반박하는 것을 말한다.

② '두문불출(杜門不出)'은 집에만 있고 바깥출입을 하지 않는 것을 말한다.

③ '부화뇌동(附和雷同)'은 줏대 없이 남의 의견에 따라 움직이는 것을 말한다.

04 고전 소설

138쪽

01	②	02	③	03	②	04	①	05	①
06	②	07	①	08	④	09	④	10	③
11	①	12	④	13	④	14	②	15	④
16	②	17	①						

01 ②

| 정답해설 | 윗글은 신화로, 신화는 전승 집단의 구성원들에게 진실하고도 신성한 이야기로 믿어지며 신적인 존재나 탁월한 능력을 지닌 신성한 인물이 주인공으로 등장한다.

| 오답해설 |

ㄴ. 구체적인 시간과 장소가 나타나며 개별적이고 지역적인 증거물이 있는 것은 전설이다.

ㄹ. 전승되는 동안 민족이나 지역을 초월하여 보편적인 성격을 가지는 것은 민담이다.

02 ③

| 정답해설 | '강희주'는 충렬의 장인이다. '유충렬'을 죽을 위기에 빠뜨린 사람은 '정한담'이다.

03 ②

| 정답해설 | 윗글은 조선과 일본 일대를 배경으로 한 작품이다.

| 오답해설 |

① 윗글은 조선 시대의 실학자 박지원이 쓴 한문 소설이다.

③ 윗글은 전지적 작가 시점의 소설로, 작가가 주인공인 허생을 비롯한 등장인물의 행동, 태도, 심리를 서술한다.

④ 윗글은 조선 후기의 정치와 경제 상황을 반영하고 있으며, 이를 비판하고 있는 풍자 소설이다.

04 ①

| 정답해설 | (가)의 허생과 아내의 대화에서 허생이 실학사상을 지녔는지는 알 수 없다.

| 오답해설 |

②, ③ 허생의 아내는 허생에게 생계에 도움이 되지 않는 글읽기 대신 장인바치 일이나 장사 등을 할 것을 권유한다. 이를 통해 허생의 아내가 실용적 사고를 지닌, 경제적 능력을 중시하는 인물임을 알 수 있다.

④ 허생과 허생의 아내는 허생이 글만 읽고 경제적으로는 무능력한 것을 이유로 갈등하고 있다.

05 ①

| 정답해설 | 열 배 이상의 비싼 값을 치르고서라도 과일로 잔치나 제사를 지내려던 데에서 당시 양반들의 허례허식 풍조가 뿌리 깊었음을 알 수 있다.

06 ②

| 정답해설 | 윗글은 심청의 집을 배경으로 심청이 인당수 제물로 떠나기 직전의 상황을 그리고 있다. 공간의 이동에 따라 장면이 전환되지 않는다.

07 ①

| 정답해설 | 심청의 말 "아버지 할 수 없어요. ~ 이도 또한 천명이니 후회한들 어찌하겠어요?"를 통해 심청이 자신의 죽음을 운명으로 받아들인다는 것을 알 수 있다.

| 오답해설 |

② 심청은 아버지 앞에서 정신을 잃는 등 불안한 모습을 보인다.

③ 심 봉사는 뱃사람을 '상놈'이라고 표현하며 그들을 이해하지 못하고 있다.

④ 뱃사람들은 심 봉사의 딱한 형편을 보고 살림을 꾸며 주기로 할 뿐, 심청을 제물로 산 것을 후회하지는 않는다.

08 ④

| 정답해설 | 심 봉사는 탕왕의 고사를 인용하여 뱃사람들의 잘못을 지적하고 있다. 이는 상황에 맞는 적절한 고사를 인용한 것으로, 심 봉사의 애타는 마음과 비극적인 심정을 효과적으로 드러낸다. 웃음을 유발하는 것과는 거리가 멀다.

| 오답해설 |

① 심 봉사의 말 "참말이냐, 참말이냐? ~ 차마 할 일이냐?"에서 확인할 수 있다.

② 심 봉사의 말에서 구어적 표현을 확인할 수 있다.

③ '놈'이라는 표현을 사용하여 심 봉사의 애타는 마음을 솔직하게 드러낸다.

09 ④

| 정답해설 | 윗글은 조선뿐만 아니라 일본, 중국, 안남(베트남)을 배경으로 전개된다. 제시된 부분은 안남(베트남)을 배경으로 하는 부분이다.

| 오답해설 |

① 윗글은 실제 있었던 임진왜란, 정유재란을 배경으로 한다.

② 밖에서 들리는 퉁소 소리에 시를 읊는 등의 행동에서 옥영이

적극적이고 현명한 인물임을 알 수 있다.

③ 두홍을 말리는 송우의 말에서 송우가 상황을 고려하여 행동하는 인물임을 알 수 있다.

10 ③

| 정답해설 | 윗글은 전쟁으로 인해 가족들이 헤어지게 되는 모습을 통해 전쟁으로 인한 백성들의 고통을 보여 준다.

11 ①

| 정답해설 | 대부분의 고전 소설이 중국을 배경으로 하는 것과 달리, 윗글은 조선, 일본, 중국, 안남(베트남) 등으로 작품의 배경을 확대하고 있다.

12 ④

| 정답해설 | 신하들이 계월의 출전을 반대하는 내용은 윗글에 드러나 있지 않다. 제시된 작품의 다른 부분에서는 천자가 계월을 부르는 것을 꺼리자, 오히려 신하들이 계월의 뛰어난 능력과 벼슬이 유지되고 있음을 근거로 들며 계월을 보내 도적을 막을 것을 건의한다.

| 오답해설 |

① 보국의 아버지인 여공은 계월이 보국을 부릴 만한 사람이라고 하며 계월의 능력이 뛰어나다는 점을 인정하고 있다.

② 계월은 보국의 총애를 믿고 교만하게 굴던 영춘을 죽여 보국과 갈등을 겪었다.

③ 보국은 계월이 자신의 아내임에도 본인을 부리려고 한다며 계월에 대한 불만을 드러내고 있다.

13 ④

| 정답해설 | 여공이 "계월이 비록 네 아내는 되었으나 벼슬을 놓지 않았고 기개가 당당하니 족히 너를 부릴 만한 사람이다. 그러나 예로써 너를 섬기고 있으니 어찌 마음 씀을 그르다고 하겠느냐?"라고 말한 것을 통해 계월이 예로써 보국을 남편으로 섬기고 있음을 알 수 있다. 계월이 보국을 남편으로 섬기지 않더라도 문제가 되지 않는다는 말을 하지는 않았다.

14 ②

| 정답해설 | 보국은 가부장적 권위를 내세워 계월보다 우월한 위치를 차지하려 하고, 계월은 가부장제를 거부하고 영웅으로서의 능력을 발휘하고 있다. 이 때문에 보국과 계월은 갈등하게 되는데, 계월이 보국을 구함으로써 보국은 계월의 능력을 인정하게 되고 비로소 둘 사이의 갈등은 해소된다. 사회적 지위는 처음부터 계월이 대원수, 보국이 중군장으로 계월이 보국보다 높았으므로 사회적 지위가 역전되었다는 설명은 옳지 않다.

15 ④

| 정답해설 | 윗글의 표면적 주제는 유교적 정절이므로, 윗글이 유교적 가치관을 전면적으로 부정하고 있다고 할 수 없다.

16 ②

| 정답해설 | 춘향은 수청을 요구하는 어사또가 변 사또와 다를 바 없다는 점에서 실망과 절망을 느끼다가 어사또가 이몽룡임을 확인하고 기쁨과 반가움을 느낀다.

17 ①

| 정답해설 | '바람'과 '눈'은 시련과 고난을 가리키는 것으로, 자신에게 수청을 요구한 변 사또와 어사또 및 관리들을 뜻한다.

05 수필 · 극

159쪽

01	④	02	③	03	④	04	④	05	④
06	④	07	②	08	②	09	③	10	①
11	②	12	②	13	④	14	③	15	④
16	①	17	③	18	②	19	③	20	③
21	②	22	④	23	③	24	②	25	③
26	②	27	①	28	①	29	①	30	②

01 ④

| 정답해설 | 글쓴이는 조정의 벼슬아치로 있다가 갑자기 상황이 바뀌어 바닷가 대나무 숲이 있는 곳(장기)에 이르렀다고 하였다. 남해의 섬으로 유배를 간 사람은 '둘째 형님'이다.

| 오답해설 |

① 조정의 벼슬아치가 되어 백주 도로를 미친 듯 바쁘게 돌아다니며 12년을 보냈다고 하였다.

② 어렸을 때 과거 시험을 좋게 여겨 10년 동안 그 공부에 빠져 있었다고 하였다.

③ 글쓴이는 큰형님이 서재에 붙인 '수오재'라는 이름을 처음 보았을 때 의아하게 여겼다고 하였다.

02 ③

| 정답해설 | 윗글에서는 맹자의 말을 인용하여 자신을 지키는 것이 큰일이라는 글쓴이의 생각을 뒷받침하고 있다. 또한 '나'의 특성을 '밭, 집, 꽃나무와 과실나무, 성현의 경전, 옷과 양식'과 대비하여 말하고 있다. 그리고 자신의 유배 경험을 통해 얻은 깨달음을 제시하고 있다.

03 ④

| 정답해설 | '질탕한 음악 소리'는 '나'를 유혹하여 달아나게 하는 대상이다.

| 오답해설 | ①, ②, ③ 글쓴이가 지켜야 하는 '나'와 대비하여 지키지 않아도 되는 것으로 언급한 소재들이다.

04 ④

| 정답해설 | 윗글은 집수리의 경험에서 얻은 깨달음을 사람의 몸과 나라 정치에까지 확대하는 유추의 전개 과정을 사용하고 있다. 하지만 잘못은 즉시 고치는 것이 중요하다는 깨달음을 드러내고 있을 뿐 구체적인 해결 방안을 제시하고 있지는 않다.

05 ④

| 정답해설 | 윗글은 퇴락한 행랑채를 수리하는 과정에서 깨달은 바를 사람의 몸과 정치 현실에 적용하고 있는데, 글쓴이는 행랑채를 수리하는 경험을 통해 잘못을 알았을 때 즉시 고쳐 나가는 자세의 중요성을 강조하고 있다.

06 ④

| 정답해설 | 비를 맞은 지 오래된 재목은 못 쓰게 되어 더 많은 수리 비용이 들었으므로, '커지기 전에 처리하였으면 쉽게 해결되었을 일을 방치하여 두었다가 나중에 큰 힘을 들이게 된 경우'를 뜻하는 ④가 적절하다.

| 오답해설 |

① 오랫동안 공들여 해 온 일이 허사가 된 경우를 비유적으로 이르는 말이다.

② 애써 하던 일이 실패로 돌아가거나 남보다 뒤떨어져 어찌할 도리가 없이 됨을 비유적으로 이르는 말이다.

③ 손해를 크게 볼 것은 생각지 아니하고 자기에게 마땅치 아니한 것을 없애려고 덤비기만 하는 경우를 비유적으로 이르는 말이다.

07 ②

| 정답해설 | 천고의 영웅과 미인들이 잘 울었다고는 하지만 소리 없는 눈물이 흐른 정도에 불과하였으며, 그 울음소리가 천지에 울려 퍼졌다는 소리는 듣지 못하였다는 것을 통해서 그들도 통곡하지 못하였음을 알 수 있다.

08 ②

| 정답해설 | 윗글에서 쓰인 '국궁(鞠躬)'은 윗사람 앞에서 존경의 뜻으로 몸을 굽히는 것이다. 우리나라 고유의 활을 지칭하는 말은 국궁(國弓)이다.

09 ③

| 정답해설 | ㉢은 울음을 유발하는 칠정을 열거법을 사용하여 제시하였다. 성격이 서로 다른 대상을 대조하고 있지는 않다.

| 오답해설 |

① '백탑'을 의인화한 표현이다.

② 서술어인 '이제야 깨달았다.'를 앞에 배치해 문장의 순서를 뒤바꾸었다.

④ 한나라 '가의'의 고사를 인용하였다.

10 ①

| 정답해설 | 글쓴이는 《이기적 유전자》와 《사회 생물학》이라는 두 권의 책이 자신의 진로와 삶에 큰 영향을 끼쳤다고 말하고 있다. 따라서 윗글을 읽은 독자는 친구에게 책을 통해 자신의 진로와 삶이 변화할 수 있다고 소개할 수 있다.

11 ②

| 정답해설 | 글쓴이는 '자칫 운명론자처럼 보일 위험이 있지만 운명론자와는 다르다.'라고 하였으므로 운명을 중시하는 자세를 가지게 되었다는 내용은 적절하지 않다.

| 오답해설 |

① 글쓴이는 학문을 통해 깨달음을 얻은 후 삶의 모든 부분에서 무척 여유로워졌고 무슨 일을 하든 초조해하지 않는다고 하였다.

③ 글쓴이는 내게 주어진 것보다 더 많은 무엇을 해 보겠다며 욕심을 부릴 필요가 없다고 하였다.

④ 글쓴이는 ㉮ 덕분에 학문적으로 가야 할 길을 정했으며, 개인적 삶의 태도에 명확한 기준이 생겼다고 하였다.

12 ②

| 정답해설 | 한글 맞춤법에 맞는 표현은 '아등바등'이므로 그대로 두는 것이 적절하다.

13 ④

| 정답해설 | 윗글은 수필로, 글쓴이가 자신의 경험을 통해 인생관과 가치관을 드러내는 글이다. 인물과 인물 사이의 갈등의 원인을 파악하며 읽어야 하는 것은 소설이나 희곡이다.

14 ③

| 정답해설 | 글쓴이는 당근 싹이 촘촘하게 돋아나자 처음에는 어렵게 틔워 낸 싹들을 솎아 내지 못했지만 이후 당근 전체가 자라지 못할 것 같자 조금씩 솎아 주기로 하였다.

15 ④

| 정답해설 | 할아버지가 지나간 길을 아름답고 빛나는 길이라고 표현한 이유는 할아버지가 절뚝거리는 불편한 몸으로 생명을 키우기 위해 물을 주러 걸어간 길이기 때문이다.

16 ①

| 정답해설 | 글쓴이는 텃밭의 식물에 물을 주며 생명을 키우는 일에서 만족감을 느끼고 있다.

17 ③

| 정답해설 | 친정 모는 도념이 토끼 목도리를 관세음보살의 목에 걸어 놓은 일로 도념을 부정적 행실을 하는 존재로 생각하며 미망인이 도념을 데리고 가려는 것에 반대한다.

18 ②

| 정답해설 | 윗글에서 도념이 토끼 목도리를 관세음보살 목에 걸어 놓은 일에 대한 주지의 생각은 확인할 수 없다.

| 오답해설 |

① 미망인은 도념의 행동을 알게 된 이후에 도념을 불쌍하게 여겨 더 데려가고 싶은 생각이 들었다.

③ 미망인은 도념이 살생을 하고 토끼 목도리를 만들었다는 점보다 어머니를 너무 그리워해서 한 행동이라는 점에 주목했다.

④ 친정 모는 도념의 행동을 보고 도념을 구할 수 없다고 말하며 도념을 부정적 행동을 하는 존재로 인식하고 있다.

19 ③

| 정답해설 | 도념은 주지가 예전에 찾아오는 사람을 막지 않고 떠나는 사람을 붙들지 않는 것이 우리 절 주의라고 했던 말을 언급한다. 이는 주지가 과거에 했던 말과 절에서 떠나려는 자신을 붙잡는 일이 서로 모순된다는 점을 말하고 있는 것이다.

20 ③

| 정답해설 | 윗글은 '양치기 소년과 늑대' 모티프를 빌려 안보 논리를 정치적으로 악용하던 1970년대의 현실을 풍자하고 있다. 윗글은 우화적 기법을 사용하였는데, 이는 말하고자 하는 바를 구체적인 대상에 빗대어 돌려 말하는 방법이다. 따라서 당시의 현실 상황을 직접적으로 고발하고 있다고 보기는 어렵다.

21 ②

| 정답해설 | '촌장'과 파수꾼 '다'는 '이리 떼'에 관한 진실을 밝히는 문제로 갈등하고 있다. 이리 떼는 없고 흰 구름만 있음을 알게 된 파수꾼 '다'가 마을 사람들에게 진실을 알리려고 하지만 촌장은 그를 회유하며 이를 저지하고 있다.

22 ④

| 정답해설 | ㉣ '양철 북'은 권력자가 민중의 공감을 얻기 위해 언급하는 회유책이 아니라, 불안감을 조성하여 민중을 통제하기 위한 권력의 장치를 의미한다.

23 ③

| 정답해설 | 이야기책을 낭독하고, 남녀가 의자에 앉고, 청혼을 하고, 하인이 남자의 구두를 가져가는 등의 부분이 인물의 행동을 나타내는 지시문이다. 따라서 윗글에 지시문이 사용되고 있음을 확인할 수 있다.

24 ②

| 정답해설 | '이야기책'에는 윗글의 '남자'와 같은 인물이 등장한다. 따라서 이야기책을 낭독하는 것은 앞으로 작품이 진행될 방향을 제시해 주는 역할을 한다고 볼 수 있다.

25 ③

| 정답해설 | 빈털터리 남자는 결혼하기 어렵다는 것은 헌신적인 사랑의 가치보다 물질적인 가치를 더 중시하는 사회의 모습을 드러내는 것이다.

| 오답해설 |

①, ② 경제력이 결혼을 위한 중요한 조건임을 보여 주며 속물적인 사회상에 대한 글쓴이의 문제의식을 드러내고 있다.

④ 빈털터리 남자와 결혼해 줄 사람이 아무도 없다고 생각하는 남자의 결혼에 대한 인식을 드러내고 있다.

26 ②

| 정답해설 | 윗글은 아름이가 일상에서 삶의 욕구를 느끼는 데서 일상적 삶의 아름다움과 가치를 드러내고, 아름이의 가족을 통해 부모와 자식 간의 사랑을 전달하고 있다.

27 ①

| 정답해설 | 아름이는 대수와 함께 소원을 빌면서 마음속에 쌓였던 응어리를 풀고 행복감을 느끼고 있다.

28 ①

| 정답해설 | 여러 가지 노인성 질환을 앓으며 고통받고 있는 아름이의 눈이 먼 것에서, 앞으로 아름이의 병세가 더 악화될 것임을 짐작할 수 있다.

29 ①

| 정답해설 | 윗글에서 인희는 정수와 연수에게 사실상 마지막 인사를 하고 있는데, 둘 모두에게 자신의 사랑을 애절하게 표현하고 있다. 정수보다 연수를 더 깊이 사랑하고 있다는 것은 적절하지 않다.

| 오답해설 |

② 정철이 인희를 데려온 곳은 인희가 짓고 있던 전원주택이다. S# 67의 정철의 대사에서 인희를 이곳에 데려오기 위해 연수와 미리 집을 정리해 두었음을 알 수 있다.

③ S# 67에서 인희는 정수의 결혼식에 자신이 없을 것임을 예감하고 미리 반지를 건네주면서 정수의 슬픈 마음을 위로하고 있다. 또 자신이 죽은 후 엄마의 자리가 비게 될 것을 걱정해서 연수가 엄마의 자리를 대신하기를 당부하고 있다. 이러한 인희의 모습에서 가족에 대한 염려와 사랑을 느낄 수 있다.

④ S# 67의 인희의 대사에서 아이들을 보내고 정철과 전원주택에서 마지막 남은 시간을 보내려 함을 확인할 수 있다.

30 ②

| 정답해설 | 인희가 무덤을 만들어 달라고 말하는 것은 화장한 엄마를 찾아가기 어려웠던 자신의 경험에 비추어 남은 가족들이 자신을 찾아오기 어려울까 봐 걱정하는 마음 때문이다.

정답과 해설

쏙딱 TEST

Ⅰ 문학									188쪽
01	②	02	④	03	①	04	③	05	④
06	③	07	①	08	①	09	④	10	④
11	④	12	①	13	③	14	①	15	③
16	④	17	④	18	②	19	①	20	②
21	②	22	④	23	②	24	③	25	②
26	②	27	④	28	①	29	③	30	②
31	④	32	②	33	④	34	①	35	④
36	①	37	②	38	④	39	①	40	③
41	③	42	②	43	①	44	①	45	④
46	③	47	②	48	④	49	②	50	②
51	④	52	①	53	④	54	③	55	③
56	④	57	③	58	②	59	④	60	①
61	④	62	③	63	④	64	②	65	④
66	④	67	③	68	①	69	④	70	③
71	②	72	③	73	②	74	②	75	④
76	④	77	①	78	②	79	④		

01 ②

| 정답해설 | 청유형 문장은 일반적으로 '~자' 형태의 어미로 표현된다. 윗글에서는 청유형 문장이 나타나지 않는다.

| 오답해설 |

① 첫사랑을 이루기 위한 노력과 첫사랑의 아픔, 첫사랑을 겪고 난 후에 피어나는 아름다움을 나뭇가지에 눈꽃이 피고, 그 눈꽃이 녹은 자리에 봄꽃이 피어나는 자연 현상에 비유하고 있다.

③ 2연의 '싸그락 싸그락'은 눈이 나뭇가지를 두드리는 소리를 청각적 이미지로 나타낸 표현이며, '난분분 난분분'은 눈이 흩날리는 모습을 시각적 이미지로 나타낸 표현이다. 윗글에서는 이와 같은 감각적 이미지를 활용하여 눈의 모습을 구체화하고 있다.

④ 윗글에서는 눈의 순수한 마음을 '햇솜'에 비유(직유법)하여 표현하고 있다. 또한 '황홀'은 눈꽃이자 첫사랑을 비유(은유법)한 표현이며, '가장 아름다운 상처'는 봄꽃이자 첫사랑 이후의 성숙한 사랑을 비유(은유법)한 표현이다. 이처럼 윗글에서는 다양한 비유적 표현을 활용하여 시적 의미를 형상화하고 있다.

02 ④

| 정답해설 | 눈꽃은 '바람 한 자락 불면' 나뭇가지에서 날아갈 수 있으므로 '바람'은 눈에게 닥치는 시련과 고난이라고 할 수 있다. 즉, ㉣은 눈이 눈꽃을 피우기 위해 도전하는 과정에서 겪게 되는 시련과 고난을 의미하므로 제시된 시적 의미와 가장 동떨어진 시어에 해당한다.

| 오답해설 |

① ㉠은 눈꽃을 피우기 위한 눈의 노력을 강조하는 시구이다.

②, ③ ㉡, ㉢은 눈의 행위(노력)를 구체화하여 표현한 시구이다.

03 ①

| 정답해설 | '가장 아름다운 상처'는 눈꽃이 사라진 자리에 피어난 봄꽃을 비유한 것이다. 이는 인내와 헌신 끝에 얻은 아름다운 결실, 즉 첫사랑을 겪고 난 후에 찾아오는 성숙한 사랑의 가치를 의미한다. 여기에는 상처를 아름답다고 표현한 '역설법'이 사용되었다.

04 ③

| 정답해설 | '까마득한 날(과거)–지금(현재)–천고의 뒤(미래)'를 통해 시간의 흐름에 따라 내용이 전개되고 있음을 알 수 있다.

| 오답해설 |

① 특정 청자가 드러나지 않았다.

② '~자' 형태의 청유형 어미가 아닌 '~라' 형태의 명령형 어미를 사용하였다.

④ 처음과 마지막에 비슷한 구절을 배치하는 수미상관의 표현이 사용되지 않았다.

05 ④

| 정답해설 | 5연에서 화자는 초자연적인 존재, 즉 '백마 타고 오는 초인'을 두려워하는 것이 아니라 간절하게 기다리고 있다.

| 오답해설 |

① 2연의 '이곳'은 광야로, 범하지 못하였다는 내용을 통해 광야의 신성성을 드러낸다.

② '끊임없는~ 피어선 지고'를 통해 시간의 흐름과 계절의 순환을 드러낸다.

③ '내 여기 가난한 노래의 씨를 뿌려라'를 통해 화자가 미래를 위해 자기희생적 태도로 노력하고 있음을 알 수 있다.

06 ③

| 정답해설 | 윗글에서 부정적 현실, 고통, 시련을 상징하는 시어는 '눈'이다. '눈'은 조국 광복의 기운을 의미하는 '매화 향기'와 대립되며 부정적 의미를 드러낸다.

07 ①

| 정답해설 | 화자는 비 내리는 모습을 관찰하여 독백적 어조로 노래하고 있다. 따라서 말을 주고받는 형식이라는 설명은 적절하지 않다.

08 ①

| 정답해설 | '물살'이 '수척하다'는 표현은 의인법을 사용한 것이다. ①도 '풀'이 '눕고', '울었다'고 표현함으로써 의인법을 사용하였다.

| 오답해설 |

② 그리움의 반어적 표현으로 볼 수 있다.

③ '말을 할까'와 연결되는 '하니'라는 시어를 다음 행에 둠으로써 망설이는 화자의 심리를 표현하였다.

④ 누구나 아는 사실을 의문 형식으로 제시하여 독자가 결론을 내리게 하는 설의법을 사용하였다.

100점까지 Upgrade 시의 표현 방식

의인법	사람이 아닌 것을 사람처럼 표현함
활유법	생명이 없는 것을 생명이 있는 것처럼 표현함
직유법	'~처럼, ~같이, ~인 듯'의 형식으로 표현함
대구법	비슷하거나 동일한 문장 구조를 짝을 맞춰 늘어 놓음
도치법	문장 또는 단어를 일반적인 순서와 다르게 배치함
설의법	일부러 의문의 형식으로 표현하여 변화를 줌

09 ④

| 정답해설 | 윗글의 1~2연은 비 내리기 직전의 모습을, 3~4연은 비가 내리기 시작하는 모습을, 5~6연은 빗물이 모여 흘러가는 모습을, 7~8연은 잠시 멎은 듯했던 비가 다시 내리는 모습을 노래하고 있다.

10 ④

| 정답해설 | 윗글은 '그곳이 차마 꿈엔들 잊힐 리야.'라는 후렴구를 통해 시 전체에 통일된 인상을 주며, 고향에 대한 그리움을 강조하고 있다.

11 ④

| 정답해설 | 화자는 '흐릿한 불빛에 앉아 도란도란거리는 곳', 즉 가난하지만 화목했던 고향을 떠올리고 있다. 따라서 고향을 인정이 메마른 공간이라고 볼 수 없다.

12 ①

| 정답해설 | '공감각적 심상'이란 두 개 이상의 감각이 결합하여 나타나는 것을 의미한다. '금빛 게으른 울음'에는 '울음'이라는 청각적 심상을 '금빛'으로 시각화한 공감각적 심상이 나타난다.

| 오답해설 | ②, ③, ④ 시각적 심상에 해당한다.

100점까지 Upgrade 심상의 종류

시각적 심상	눈으로 보는 듯한 느낌을 주는 심상
청각적 심상	귀로 듣는 듯한 느낌을 주는 심상
후각적 심상	코로 냄새를 맡는 듯한 느낌을 주는 심상
미각적 심상	혀로 맛을 보는 듯한 느낌을 주는 심상
촉각적 심상	피부에 닿는 듯한 느낌을 주는 심상
공감각적 심상	두 개 이상의 감각이 결합하여 나타나는 심상

13 ③

| 정답해설 | 윗글에는 고향과 가족에 대한 그리움이 드러나고, 제시된 시조에는 부재하는 임에 대한 그리움이 드러나고 있다.

14 ①

| 정답해설 | 쿵쿵, 바스락 등 의성어를 통해 화자의 간절한 심정을 표현하였다.

15 ③

| 정답해설 | ㉠의 문은 열고 들어오는 사람이 '너'일 것이라는 희

망을 주는 문이다. 반면 '너'가 오지 않고 다시 닫히는 문인 ㉡은 화자에게 절망적 심리를 유발한다.

16 ④

| 정답해설 | '너'를 만나려는 화자의 의지는 시간이 지나면서 적극적으로 변화한다. 화자는 소극적으로 '너'를 기다리기만 하던 태도에서 벗어나 '너'에게 다가가고 있다. 따라서 화자의 의지가 초조함을 느끼지만 행동하지 않는 기다림으로 나타난다는 설명은 적절하지 않다.

17 ④

| 정답해설 | 윗글에서는 모든 문장을 평서형 종결 어미로 끝맺고 평이한 구어체를 사용하여 산문적으로 표현하고 있다. 따라서 운문체를 활용해 외형률이 두드러진다는 설명은 적절하지 않다.

| 오답해설 |

① 윗글은 화자가 우물을 찾아가서 들여다보았다가 미워져 돌아갔다가 도로 가 들여다보다가 다시 미워져 돌아가는 등 시간의 흐름에 따라 시상을 전개하고 있다.

② '파아란'에 시적 허용이 나타나고 있다.

③ 종결 어미 '-다'를 사용하여 운율을 형성하고 있다.

18 ②

| 정답해설 | 윗글의 시상은 크게 5단계로 전개되고 있다. 1, 2연에서 자아 성찰의 모습이 제시되고, 3연에서 자아에 대한 미움이 그려진다. 4연에서 자아에 대한 연민이, 5연에서 자아에 대한 애증이, 6연에서 추억 속 자아에 대한 그리움이 제시된다.

19 ①

| 정답해설 | 화자는 '듁님(죽림)-연츄문(한양)-평구역-흑슈(흑수)-셤강(섬강)/티악(치악)-쇼양강(소양강)-동쥬(동주)-회양'의 여정으로 이동하고 있다. 따라서 공간의 이동에 따라 시상을 전개하고 있음을 알 수 있다.

| 오답해설 |

② 전절과 후절의 대립 구조는 드러나 있지 않다. 여기서 '절'이란 '주어-서술어'를 갖춘 문장 구조를 의미하는데, 이러한 문장의 대립 구조는 나타나지 않는다.

③ 「관동별곡」은 가사로, 가사는 4음보의 율격이 반복되는 것이 특징이다.

④ 10구체 형식은 향가의 특징이다.

20 ②

| 정답해설 | '성현의 말'을 인용한 부분은 나타나지 않는다.

| 오답해설 |

① 역사 속 인물인 '급댱유'를 언급하며 옛날 선정을 베푼 급장유처럼 자신도 '회양'이라는 마을에서 선정을 베풀 것이라는 포부를 드러내고 있다.

③ '어와 셩은이야 가디록 망극ᄒᆞ다'를 통해 임금에게 감사한 마음을 드러내고 있다.

④ '궁왕 대궐 터희 오쟉이 지지괴니, / 천고 흥망을 아ᄂᆞᆫ다 몰ᄋᆞᄂᆞᆫ다'를 통해 궁예왕의 대궐터에서 인생무상을 느끼고 있음을 알 수 있다.

21 ②

| 정답해설 | 윗글에서는 화자의 정서 변화에 따라 시상을 전개하고 있다. 계절의 순서에 따라 시상을 전개하고 있지 않다.

| 오답해설 |

① '얄리얄리 얄랑셩 얄라리 얄라'를 통해 연을 나누고 있다.

③ '청산애 살어리랏다'를 반복하여 청산에 살고 싶은 화자의 소망을 강조하고 있다.

④ 후렴구에서 'ㄹ, ㅇ' 음을 사용하여 리듬감을 형성하고 있다.

22 ④

| 정답해설 | ㉣은 화자가 현실의 비애와 고독을 잊고자 술을 마신다는 의미이므로, 현실을 적극적으로 극복하고 있다고 할 수는 없다.

| 오답해설 |

① 화자는 '머루랑 다래'를 먹으며 청산에서 소박하게 살고 싶어 한다.

② 화자는 '새'보다 시름 많은 자신도 새처럼 자고 일어나 운다고 표현하며 시적 대상과 자신을 비교하고 있다.

③ 화자는 올 사람도 갈 사람도 없는 밤의 외로움을 노래하고 있다.

23 ②

| 정답해설 | 윗글의 갈래는 시조이다. 3장 6구 45자 내외의 형식으로 노래로 불리기도 했으며, 양반층에서 서민층으로 작자층이 확대되었다. ②는 향가의 특징이다.

100점까지 Upgrade 시조와 향가의 구분

시조는 3장 6구 45자 내외의 기본형을 갖추고 있는 우리 고유의 정형시이다. 종장의 첫 음보가 3음절로 고정되어 있는 특징을 가진다. 반면 향가는 향찰로 표기된 우리 고유의 시가로, 4구체, 8구체, 10구체 등의 형태를 가진다.

24 ③

| 정답해설 | 화자는 십 년을 열심히 일해 초가집을 짓고, 바람과 달과 함께 지내겠다고 노래하고 있다. 즉, 소박한 집에서 자연과 함께 지내고 싶은 마음을 노래하고 있으므로 ③이 적절하다.

25 ②

| 정답해설 | 윗글은 신라 시대에 불리던 '10구체 향가'이다. 화자는 누이의 죽음으로 인한 슬픔을 노래하고 있다. 영탄적 표현이란 감탄사 등을 이용해 화자의 감정을 드러내는 것으로, (A)의 '아야'를 통해 영탄적 표현이 사용되었음을 알 수 있다.

26 ②

| 정답해설 | ㉠ '이에 저에 떨어질 잎처럼'에서 '~처럼'은 직유법에 해당한다. ②의 '우리는 점점 신명이 난다'에는 정확하게 특정 표현법이 사용되지는 않았지만, 신경림 시 「농무」의 전체적 맥락을 고려할 때 '반어법'이 사용된 시구로 볼 수 있다.

27 ④

| 정답해설 | 윗글의 화자는 누이의 죽음으로 인해 슬퍼하고 있다. '아아, 미타찰(彌陀刹)에서 만날 나 / 도(道) 닦아 기다리겠노라.'라는 표현을 통해 이러한 슬픔을 불교적 믿음으로 극복하고자 한다는 것을 알 수 있다.

28 ①

| 정답해설 | (가)의 화자는 떠나는 임을 원망하며, 재회를 소망하고 있다. 이는 4연의 '가시ᄂᆞᆫ ᄃᆞᆺ 도셔 오쇼셔'를 통해 알 수 있다.

| 오답해설 |

② 의인화가 드러난 부분은 없다.

③ 고려 가요인 「가시리」는 4음보가 아닌 3음보 율격을 지닌다.

④ '선경후정'의 구조는 드러나지 않는다.

29 ③

| 정답해설 | ㉢에서 서운하면 아니 올까 두렵다는 화자의 말을 통해 화자가 임을 붙잡지 못하는 이유를 알 수 있다.

30 ②

| 정답해설 | (나)의 '샤공은 어ᄃᆡ 가고 뷘 ᄇᆡ만 걸렷ᄂᆞ니.'를 통해 화자는 물가에 가서 사공은 만나지 못하고, 빈 배만 보았다는 것을 알 수 있다.

| 오답해설 |

① '경셩(精誠)이 지극ᄒᆞ야 ᄭᅮᆷ의 님을 보니'를 통해 알 수 있다.

③ '강텬(江天)의 혼쟈 셔서 디ᄂᆞᆫ 히ᄅᆞᆯ 구버보니'를 통해 알 수 있다.

④ '출하리 싀여디여 낙월(落月)이나 되야이셔 님 겨신 창(窓) 안히 번드시 비최리라.'를 통해 알 수 있다.

31 ④

| 정답해설 | (가)의 화자는 떠나는 임을 원망하는 한편 재회를 소망하고 있으며, (나)의 화자는 이별한 임을 그리워하며 임에 대한 사랑을 노래하고 있다. 두 화자 모두 임과의 이별로 인한 안타까운 심정을 노래하고 있다.

| 오답해설 |

① (나)에서는 '물ᄀᆞ', '모쳠' 등 구체적인 장소가 드러나지만, (가)에서는 구체적인 장소가 드러나지 않는다.

② (가)에서는 '위 증즐가 大平盛代(대평셩ᄃᆡ)'라는 일정한 후렴구가 반복되지만, (나)에서는 후렴구가 나타나지 않는다.

③ (가)와 (나) 모두 과거에 대한 회상은 나타나지 않는다.

32 ②

| 정답해설 | (가)에서는 '서리서리', '구뷔구뷔' 등의 의태어를 활용하여 임을 기다리는 상황을 구체화하고 있다. (나)에서는 '곰븨님븨 님븨곰븨', '쳔방지방 지방쳔방' 등의 의태어를 활용하여 임에게 가는 상황을 구체화하고 있다.

| 오답해설 |

①, ③ (가)에만 해당한다.

④ (가), (나) 모두와 관련이 없다.

33 ④

| 정답해설 | ㉠은 임이 없는 상황에서 화자가 외롭게 지내야 하는 동짓달의 기나긴 밤이므로 화자의 외로움이 투영된 시간이라 할 수 있다. 한편 ㉡은 화자가 자신의 착각으로 인해 빚어진 일련의 멋쩍은 행동들과 관련하여 밤이기에 그나마 다행이라는 태도를 보이고 있으므로 화자의 위안이 투영된 시간이라 할 수 있다.

34 ①

| 정답해설 | 윗글의 '내가'를 통해 서술자가 작품 안에 등장하는 것을 확인할 수 있다. 1인칭 서술자 '나'가 자신의 이야기를 전달하고 있으므로 '1인칭 주인공 시점'이다.

| 오답해설 |

② 1인칭 관찰자 시점에 대한 설명이다.

③ 3인칭 관찰자 시점에 대한 설명이다.

④ 전지적 작가 시점에 대한 설명이다.

100점까지 Upgrade 시점의 종류

1인칭 주인공 시점	작품 속 주인공인 '나'가 서술자가 되어 이야기를 전개해 나가는 방식
1인칭 관찰자 시점	작품 속 부수적 인물인 '나'가 주인공의 이야기를 서술해 나가는 방식
전지적 작가 시점	서술자가 전지전능한 신의 입장에서 인물의 내면 심리나 행동 등을 서술해 나가는 방식
3인칭 관찰자 시점	서술자가 외부 관찰자의 입장에서 객관적인 태도로 이야기를 서술해 나가는 방식

35 ④

| 정답해설 | '장인'이 성례 소리가 나올까 봐 지레 펄펄 뛴다는 점에서 '장인'은 점순이의 키를 핑계로 삼아 '나'와 점순이를 결혼시키지 않으려 하고 있음을 알 수 있다.

| 오답해설 |

① '이래서 나는 애초에 계약이 잘못된 것을 알았다.'를 통해 확인할 수 있다.

② '장차 내 아내가 될 점순이의 키 말이다.'를 통해 알 수 있다.

③ 점순이의 키가 자라야 성례할 수 있다고 생각하는 '나'는 점순이의 키가 크기를 간절히 바라고 있다.

36 ①

| 정답해설 | ㉠은 '나'가 성례를 시켜 달라고 하자, 장인이 점순이의 키를 핑계 삼아 하는 대답이다.

| 오답해설 |

② 장인이 실제로 한 말이 아닌, '나'가 듣고 싶은 장인의 말이다.

③ '나'가 서낭당에 돌을 올려놓고 소원을 비는 말이다.

④ '나'가 성례를 하고 싶어 꾀병을 부리며 하는 말이다.

37 ②

| 정답해설 | 윗글은 작가가 상상을 바탕으로 꾸며 낸 이야기인 소설이다. 소설은 인물들의 갈등을 중심으로 사건을 전개하며 주제를 형상화하고 있으므로, 이러한 소설을 읽는 방법으로는 'ㄴ, ㄷ'이 적절하다.

| 오답해설 |

ㄱ. 논설문을 읽는 방법이다.

ㄹ. 글쓴이의 경험을 파악하며 읽는 것은 수필을 읽는 방법이며, 사실인지 확인하며 읽는 것은 설명문을 읽는 방법이다.

38 ④

| 정답해설 | 민 씨의 "그제 밤에 내일 궐기 대회 한다고 ~ 모임 끝난 뒤에."라는 말을 통해 민 씨가 이장이 황만근에게 한 말과 황만근의 행방이 관련이 있다고 생각함을 알 수 있다.

| 오답해설 |

① 이장은 소가 밥을 굶는 게 더 중요하다며 황만근의 실종을 대수롭지 않게 생각하고 있다.

② 황재석은 사람이 그냥 없어지는 경우가 어디 있냐며 황만근의 실종에 반드시 까닭이 있다고 생각하고 있다.

③ 황동수는 우스갯소리를 하는 등 황만근의 실종을 대수롭지 않게 여기고 있다.

39 ①

| 정답해설 | 윗글에 등장하는 인물들은 방언을 사용하여 대화하고 있다. 방언의 사용은 작품의 현장감을 살리는 효과를 준다.

| 오답해설 |

② 공간적 배경의 전환 없이 마을 회관 앞에서 대화가 이루어지고 있다.

③ 윗글은 '나'가 등장하지 않는 전지적 작가 시점으로 서술되었다.

④ 인물의 외양 묘사가 아닌 인물들의 대화가 두드러진다.

40 ③

| 정답해설 | '궐기(蹶起)'의 사전적 의미는 '어떤 목적을 이루기 위하여 마음을 돋우고 기운을 내서 힘차게 일어남'이다. '시간, 힘, 정열 따위를 헛되이 다 써 버림'을 의미하는 어휘는 '탕진(蕩盡)'이다.

41 ③

| 정답해설 | 서사 갈래는 갈등을 중심으로 사건이 전개되고 갈등의 해결 과정을 통해 주제가 드러난다. 그러나 윗글에 제시된 내용은 '발단' 부분이므로 아직 갈등이 드러나지 않았다.

| 오답해설 |

① 윗글은 과거 한국에서 있었을 법한 이야기이다.

② '나'가 이야기를 전달하는 서술자이다.

④ '나'는 윗글의 중심인물로, 사건의 주체로 행동하고 있다.

42 ②

| 정답해설 | 윗글은 작품 속 서술자인 '나'가 자신이 겪은 일을 서술하는 1인칭 주인공 시점의 소설이다.

| 오답해설 |

① 전지적 작가 시점의 특징이다.

③ 3인칭 관찰자 시점의 특징이다.

④ 1인칭 관찰자 시점의 특징이다.

43 ①

| 정답해설 | '나'는 익산 군수 관사 쪽을 지날 때 관사 철책에 나뭇개비를 대고 달리는 놀이를 하려 한다. '나'가 그곳에서 살고 있는지는 알 수 없다.

44 ①

| 정답해설 | 윗글은 인물의 성격을 드러내는 다양한 일화를 나열한 에피소드식 구성을 취하고 있다.

45 ④

| 정답해설 | 윗글에서는 황수건이 학교 급사, 신문 보조 배달원, 참외 장사 등에 실패하고 아내마저 달아난 상황을 보여 줄 뿐 이를 극복하는 모습은 제시되어 있지 않다.

| 오답해설 |

① '나'에게 참외와 포도를 선물하는 황수건의 행동을 통해 알 수 있다.

② 삼산학교에서 일을 보다 나왔다는 황수건의 말을 통해 알 수 있다.

③ 황수건의 말도 되지 않는 이야기를 잘 들어 주는 것과 장사 밑천을 주는 행동을 통해 알 수 있다.

46 ③

| 정답해설 | '나'가 황수건이 고마움의 표시로 훔쳐다 준 포도를 입안에 굴리며 오래도록 먹는 것은 그 포도에 담긴 황수건의 천진하고 순박한 마음을 오래도록 느끼기 위한 것이다.

47 ②

| 정답해설 | 정 씨는 마음의 안식처인 자신의 고향 '삼포'마저도 근대화의 물결을 피하지 못하고 개발되고 있다는 소식을 접하고, 영달과 마찬가지로 고향을 잃은 상실감에 빠진다.

48 ④

| 정답해설 | 황량한 겨울 풍경 속에서 눈발이 날리고, 기차가 어두운 들판을 향해 가는 것은 영달과 정 씨가 고난스러운 방랑을 계속할 것임을 암시한다.

49 ②

| 정답해설 | '삼포'는 근대화로 인해 훼손되지 않은 마음의 안식처를 의미하는 공간이지 근대화에서 '소외'된 계층의 집합소는 아니다. 윗글의 마지막 부분에서는 노인의 말을 통해 그 본원적 가치가 훼손된 모습으로 등장한다.

50 ②

| 정답해설 | ㉡은 최척의 사연을 듣고 명나라 장수가 최척을 측은히 여긴 부분이므로, 충효를 중시하는 유교적 이념과는 거리가 멀다.

51 ④

| 정답해설 | 승려가 울음소리를 듣고 아기를 절로 데려온다고 해서 반드시 최숙과 심 씨가 아기를 찾게 되는 것이 아닐뿐더러, 찾게 될 확률이 높아지지도 않는다. 따라서 두 사건 사이에는 개연성이 없다고 할 수 있다.

| 오답해설 |

① 전쟁이 일어난다고 해서 반드시 가족들이 뿔뿔이 흩어지는 것은 아니지만, 흩어지게 될 확률이 높아진다.

② 최척이 꽤 오랫동안 명나라 군대와 접촉한 경험이 있다고 해서 반드시 최척이 중국 말을 할 줄 알게 되는 것은 아니지만, 중국말을 할 줄 알게 될 확률이 높아진다.

③ 여유문이 최척을 매우 아낀다고 해서 반드시 최척을 명나라로 데리고 가는 것은 아니지만, 데리고 갈 확률이 높아진다.

52 ①

| 정답해설 | '천우신조(天佑神助)'란 하늘이 돕고 신령이 돕는다는 뜻이다. (A)에서는 아기의 부모가 혹시라도 오지 않을까 기다렸는데 정말 그렇게 되었으므로 하늘이 도왔다고 말하고 있다. 따라서 이 상황과 어울리는 한자 성어는 '천우신조(天佑神助)'이다.

| 오답해설 |

② '상전벽해(桑田碧海)'는 세상일의 변천이 심함을 이르는 말이다.

③ '어부지리(漁夫之利)'는 두 사람이 이해관계로 싸우는 사이에 엉뚱한 사람이 애쓰지 않고 가로챈 이익을 이르는 말이다.

④ '연목구어(緣木求魚)'는 불가능한 일을 굳이 하려 함을 이르는 말이다.

53 ④

| 정답해설 | "나에게 재앙을 갖다 맡기면 어찌하오?"라는 허생의 말을 통해, 허생이 재물을 재앙으로 인식하고 있으며 재물 소유에 대해 부정적으로 인식하고 있음을 알 수 있다.

54 ③

| 정답해설 | 허생은 자신의 매점매석 행위에 대해 이야기하며 조선의 현실을 안타까워하고 있다. "조선이란 나라는 배가 외국에 통하질 않고, 수레가 나라 안에 다니질 못해서, 온갖 물화가 제자리에 나서 제자리에서 사라지지요."라는 말을 통해 허생이 조선의 열악한 교통과 경제 구조의 취약성에 대해 이야기하고 있다는 것을 알 수 있다.

55 ③

| 정답해설 | '흔연히'는 '기쁘거나 반가워 기분이 좋게'라는 의미를 지닌 부사이다. 친구의 말장난에 속이 상해서 일어나는 것과는 문맥상 어울리지 않는다.

| 오답해설 |

① '사양'은 '겸손하여 받지 아니함'을 의미하므로 적절히 활용되었다.

② '역정'은 '몹시 언짢거나 못마땅하여서 내는 성'을 의미하므로 적절히 활용되었다.

④ '고갈'은 '물이 말라서 없어짐'을 의미하므로 적절히 활용되었다.

56 ④

| 정답해설 | 윗글은 주로 등장인물들의 행동과 대화를 통해 이야기가 전개되고 있으며, 특별한 배경 묘사는 드러나지 않는다. 배경 묘사가 아닌 춘향의 말을 통해 주제를 드러내고 있다.

57 ③

| 정답해설 | ㉢은 반어적인 표현을 사용하여 어사또의 수청 요구를 비판하고 있는 부분이다. '명관'이라고 한 것은 춘향의 진심이 아니다.

58 ②

| 정답해설 | (A)는 단어의 위치를 뒤바꾸어 말함으로써 해학적으로 표현한 언어유희이다. ②는 '이가 빠져서 말이 헛나가 버렸네.'의 단어의 위치를 바꾸어 '말이 빠져서 이가 헛나가 버렸네.'로 표현하였다.

| 오답해설 |

① '제주'와 '재주'의 발음의 유사성을 이용한 언어유희이다.

③ '형 편'과 '형편'의 띄어쓰기를 활용한 언어유희이다.

④ '남편'을 뜻하는 '서방(書房)'과 '서쪽'을 뜻하는 '서방(西方)'이라는 동음이의어를 활용한 언어유희이다.

59 ④

| 정답해설 | ㉣을 통해 확인할 수 있는 계월의 용맹한 모습은 전통적인 여인상의 모습이라고 볼 수 없다. 오히려 전통적인 여인상과 반대되는 모습이다.

60 ①

| 정답해설 | ⓐ는 매우 위급한 상황이므로 '몹시 어렵고 위태로운 지경'을 이르는 말인 '백척간두(百尺竿頭)'가 적절하다. ⓑ는 계월이 맹렬한 기세로 적을 제압하는 장면이므로 '적을 거침없이 물리치고 쳐들어가는 기세'를 이르는 '파죽지세(破竹之勢)'가 적절하다.

| 오답해설 |

② '동상이몽(同牀異夢)'은 '겉으로는 같이 행동하면서도 속으로는 각각 딴생각을 하고 있음'을 이르는 말이고, '전화위복(轉禍爲福)'은 '재앙과 근심, 걱정이 바뀌어 오히려 복이 됨'을 이르는 말이다.

③ '풍전등화(風前燈火)'는 '사물이 매우 위태로운 처지에 놓여 있음'을 비유적으로 이르는 말이고, '금상첨화(錦上添花)'는 '좋은 일 위에 또 좋은 일이 더하여짐'을 비유적으로 이르는 말이다.

④ '풍수지탄(風樹之嘆)'은 '효도를 다하지 못한 채 어버이를 여읜 자식의 슬픔'을 이르는 말이다.

61 ④

| 정답해설 | 윗글에서 우연적 사건이 빈번히 발생하는 부분은 없다.

| 오답해설 |

① 심청과 아버지 간의 대화를 통해 사건이 전개되고 있다.

② 심청이 제물로 팔려 가는 상황을 통해 그 당시 인신 공양 풍습이 있었음을 알 수 있다.

③ '그날 밤에 꿈을 꾸었는데, ~ 보여 주는 바가 있었다.'에서 확인할 수 있다.

62 ③

| 정답해설 | 심청 부녀가 같은 꿈을 꾼 것이 아니라, 심 봉사가 딸 심청의 운명을 꿈을 통해 미리 본 것이다.

63 ④

| 정답해설 | 윗글에는 다음 생에 대한 심청의 소망이 드러나지 않는다.

| 오답해설 |

① 아무개네 큰아가, 작은아가와 자신의 처지를 비교하고 있다.

② '꾀꼬리, 두견'에 심청의 슬픈 감정이 이입되어 있다.

③ "한무제 수양 공주 ~ 뉘를 위해 단장하리."에서 자신의 모습을 한 무제 때 수양 공주에 빗대고 있다.

64 ②

| 정답해설 | 윗글에서 '하인'은 대사 없이 행동으로만 연기하고 있다.

| 오답해설 |

① 여자는 일인이역을 하고 있지 않다.
③ 윗글은 특별한 무대 장치가 없이 진행되는 단막극이다.
④ 윗글은 여자와 남자의 대화 위주로 이야기가 진행된다.

100점까지 Upgrade 대사의 종류

대화	등장인물끼리 서로 주고받는 말
독백	한 인물이 상대역 없이 혼자 하는 말
방백	관객에게는 들리지만, 상대역에게는 들리지 않는 것으로 약속된 말

65 ④

| 정답해설 | 극에 필요한 소품 '넥타이'를 관객에게 빌려 관객의 참여를 유도하는 매개체로 활용하였다.

66 ④

| 정답해설 | 남자는 ㉡ '덤'을 통해 모든 물건들은 다 빌린 것이니 사용하는 동안 아끼고 소중히 다룬 뒤 돌려주어야 한다는 '소유의 의미'를 이야기하고 있다.

67 ③

| 정답해설 | 작년에 너무 얕게 씨를 뿌려 새들이 씨를 먹어 낭패를 본 적이 있기 때문에 걱정한 것이다.

68 ①

| 정답해설 | 글쓴이는 당근이 자랄 수 있도록 솎아 준 일을 통해 '적절한 거리의 중요성'을 깨달았다.

69 ④

| 정답해설 | '아우성'은 '떠들썩하게 기세를 올려 지르는 소리'를 의미한다.

70 ③

| 정답해설 | '아씨께서 서방님을 잃으시고 외아들마저 잃으신 것두 다 전생에 죄가 많으셨던 탓입니다.'를 볼 때, 미망인이 남편과 외아들을 잃었다는 것을 알 수 있다. 그러나 윗글에서 미망인이 어떤 까닭으로 남편과 외아들을 잃었는지는 알 수 없다.

71 ②

| 정답해설 | 윗글에서 '절'은 세속적 욕망을 선명히 부각하는 장치이자 도념과 도념 부모의 죄를 씻어 낼 수 있는 공간을 의미한다.

72 ③

| 정답해설 | 윗글에서는 전문가의 의견을 인용하고 있지 않다.

| 오답해설 |

① 청소년들이 책을 읽으며 그 안에 담긴 사람들의 가치관을 간접적으로 경험할 수 있다는 점, 책 읽기를 통해 정보를 바라보는 안목과 가치 있는 지식을 창조하는 능력을 갖출 수 있다는 점을 근거로 독서가 가치 있는 일임을 주장하고 있다.
② 정중하고 차분한 말투를 사용하여 의견을 전달하고 있다.
④ 인터넷이면 다 해결된다는 사람들이 있지만 이런 주장에 동의하지 않는다고 하며 이를 반박하고 있다.

73 ②

| 정답해설 | ㉠은 많은 정보가 흩어져 있다는 문제점을 보여 준다. 글쓴이는 이러한 문제 상황 속에서 정보를 가치 있게 만들기 위해서는 가치 있는 정보를 보는 '안목'과, 정보를 조직하여 지식으로 창조하는 '능력'이 필요하다고 하고 있다. 따라서 '아무리 훌륭하고 좋은 것(흩어진 정보들)이라도 다듬고 정리하여 쓸모 있게 만들어 놓아야(선별하고 조직하여 지식으로 창조해야) 값어치가 있음'을 비유적으로 이르는 말인 '구슬이 서 말이라도 꿰어야 보배'라는 속담이 조언으로 가장 적절하다.

74 ②

| 정답해설 | '나는 그 참나무를 보기 위해, 아니 보고 싶어 산에 오르는 기분이 들었다. 괜히 마음이 심산스러울 때, 남에게 무심코 아픈 말을 내뱉고 후회할 때, 또한 이유 없는 공허함에 사로잡힐 때면 나는 그 나무를 보러 올라가곤 했다.'라는 부분에서 알 수 있듯이, '나'는 원래 주말마다 산행을 하였는데 참나무에 박힌 대못을 빼 준 후로는 마치 참나무를 보기 위해 산행을 하는 기분이 들었을 뿐이다. 이것을 참나무를 보기 위해 일부러 산행을 한 것이라고 보기는 어렵다.

75 ④

| 정답해설 | 숨을 고른다는 것은 힘든 산행으로 가쁘게 몰아쉬던 숨이 정상적으로 되도록 어떤 조치를 취한다는 의미이다. 따라

서 여기서의 '고르다'는 '제 기능을 발휘하도록 다듬거나 손질하다.'의 의미로 쓰인 것이다. ④의 '고르다'도 목소리가 정상적으로 되도록 목소리를 다듬는다는 뜻이므로 ㉠과 의미가 같다.

| 오답해설 |

① 상태가 정상적으로 순조롭다는 의미로 사용되었다.

② 여럿 중에서 가려내거나 뽑는다는 의미로 사용되었다.

③ 여럿이 다 높낮이, 크기, 양 따위의 차이가 없이 한결같다는 의미로 사용되었다.

76 ④

| 정답해설 | 고양이의 적의에 글쓴이는 매우 놀라며 무서워하였다. 따라서 ㉮에 들어갈 관용 표현은 '몹시 놀라서 섬뜩하여'라는 의미인 '간담이 서늘하여'가 가장 적절하다.

| 오답해설 |

① 약점이 잡혔다는 의미이다.

② 겉으로는 비위를 맞추며 좋게 대하는 척하면서 요긴한 것을 다 빼앗는다는 의미이다.

③ 일을 시키는 사람의 뜻대로 움직여 준다는 의미이다.

77 ①

| 정답해설 | 윗글은 일상적인 표현을 사용하여 독자에게 친근감을 주고 있다. 또한 고양이에 대한 섬세한 관찰과 묘사가 드러난다.

| 오답해설 | 윗글은 수필이므로 글쓴이의 주장과 근거가 아니라 글쓴이의 태도와 가치관이 드러난다. 따라서 수한의 의견은 적절하지 않다. 또한 글쓴이의 주관적 입장에서 사건을 서술하고 있으므로, 사건을 객관화하여 다양한 관점에서 보여 주고 있다는 채원의 의견도 적절하지 않다.

78 ②

| 정답해설 | 인희와 할머니는 고부간이지만 모녀 같은 친밀한 관계이다. 할머니의 옷을 갈아입혀 주고 집을 나서기 전 마지막 당부를 하는 인희의 모습과 치매 환자지만 인희의 마음을 이해하는 것 같은 할머니의 모습에서 두 인물 사이의 오랜 신뢰와 정을 읽을 수 있다.

79 ④

| 정답해설 | 인희는 시어머니인 할머니에게 반말 투를 쓰고 있는데, 이는 오랜 신뢰를 바탕으로 한 친밀감의 표현이라고 볼 수 있다. 인희는 할머니에게 자신을 따라 빨리 오라고 말하면서 자신이 죽고 난 후 가족과 할머니를 걱정하는 마음을 솔직하게 표현하고 있다.

Ⅱ 독서

226쪽

01	④	02	④	03	③	04	②	05	②
06	④	07	①	08	②	09	②	10	④
11	④	12	④	13	③	14	②	15	③
16	①	17	③	18	③	19	②	20	③
21	③	22	②	23	①	24	④	25	④
26	③	27	④	28	④	29	③	30	②
31	③	32	②	33	③	34	④	35	③
36	③	37	②	38	③	39	③	40	①
41	④	42	④	43	③	44	④	45	①
46	④	47	④	48	④	49	④	50	①
51	②								

01 ④

| 정답해설 | 윗글은 글의 첫머리에서 전문적 읽기에 주제 통합적 독서와 과정에 따른 독서가 포함된다고 제시하고, 주제 통합적 독서와 과정에 따른 독서에 대해 순서대로 설명하고 있다. 따라서 전문적 읽기 방법이 중심 화제로 가장 적절하다.

02 ④

| 정답해설 | '확인하기' 단계에서는 앞의 질문하기 단계에서 제기한 질문들에 대한 내용을 확인하거나 메모한다. '처음으로 되돌아가 다시 훑어보고 질문하는 과정'은 나타나지 않는다.

03 ③

| 정답해설 | 거미가 돌아다닐 때 발판으로 쓰이는 거미줄은 '임시 가로줄'이다. '사냥용 거미줄'은 거미가 밟지 않으려고 각별히 조심하는 줄이다.

04 ②

| 정답해설 | 윗글은 '거미줄'에 대한 정보를 전달하는 설명문이다. 설명문은 글에 담긴 새로운 정보를 파악하고 정보가 사실인지를 확인하며 읽어야 한다.

100점까지 Upgrade 설명문

- 어떤 사실에 대한 정보를 전달하여 독자를 이해시키는 것을 목적으로 한다.
- '처음－중간－끝'으로 구성되어 있다.
- 내용의 정확성과 객관성을 판단하며 읽어야 한다.

05 ②

| 정답해설 | 윗글에서는 '일'을 자의와 타의라는 기준에 따라 '작업'과 '고역'으로 구분하고 있다.

06 ④

| 정답해설 | '일은 노력과 아픔을 필요로 하고, 생존을 위해 물질적으로는 물론 정신적으로도 풍요한 생활을 위한 도구적 기능을 담당한다.'라는 문장을 통해 일은 물질적 풍요와 정신적 풍요 모두를 위한 도구적 기능을 담당한다는 것을 알 수 있다.

07 ①

| 정답해설 | 요리사가 되고 싶어 새로운 조리법을 개발하는 것은 자의적인 활동이자 창조적 활동에 해당하므로 '작업'이다.

| 오답해설 |

② 자신이 좋아하는 운동을 연습하는 것은 '작업'이다.

③ 억지로 방 청소를 하는 것은 '고역'이다.

④ 신발을 자발적으로 정리하는 것은 '작업'이다.

08 ②

| 정답해설 | 윗글은 뇌의 정보 처리 전략을 제시하고 있는 설명문이다. 글의 마지막 부분에서 그 누구도 절대적으로 옳다고만은 할 수 없다며 글쓴이의 견해를 덧붙이고 있지만, 이것이 글쓴이가 이 글을 쓴 의도라고 보기는 어렵다.

09 ②

| 정답해설 | 윗글에서는 뇌의 정보 처리 전략과 뇌의 보편적인 특성을 서술하면서 독자가 이해하기 쉽도록 엄마의 잔소리를 흘려듣는 십 대 아이의 여과 능력 등을 예로 들어 설명하고 있다.

10 ④

| 정답해설 | 뇌가 선택과 집중의 전략을 사용하는 이유는 세상이 워낙 변화무쌍해서 눈으로 받아들이는 모든 정보를 뇌가 빠짐없이 처리하기 어렵기 때문이다.

11 ④

| 정답해설 | 윗글은 구체적인 예시와 함께 경제적 원리에 대한 정보를 전달하는 설명문이다. 따라서 비판적 시각으로 현상을 분석하고 독자의 올바른 판단을 유도하는 것과는 거리가 멀다.

| 오답해설 |

① 마케팅 전문가가 분석한 결과를 인용하여 글의 신뢰성을 높이고 있다.

② 윗글에서는 슈퍼마켓의 구체적인 광고 문구나 예시를 통해 '묶음 판매 방식, 미끼 상품' 등의 개념을 설명하고 있다.

③ 슈퍼마켓이 전시장과도 같다고 하거나, 소비자들의 충동구매가 보너스와 같다고 하는 등 비유적인 표현을 사용하여 글에 대한 독자의 관심을 이끌어 내고 있다.

12 ④

| 정답해설 | 마케팅 전문가들이 분석한 결과에 따르면 묶음 판매 방식은 물건을 하나씩 따로 팔 때보다 판매량을 32% 증가시킬 수 있다고 한다. 이는 묶음 판매 방식이 판매량 증가에 도움이 된다는 의미이므로, 전문가들이 이 방식에 회의적인 반응을 보이고 있다는 설명은 적절하지 않다.

13 ③

| 정답해설 | ㉡은 어떤 상품에 특별히 낮은 가격을 매겨 소비자를 현혹시키는 역할을 하는 것으로, 한 명의 소비자가 대량으로 구매하지 못하도록 구입 한도를 설정하고 있다. 따라서 ㉡이 소비자의 사재기를 유도하고 있다는 설명은 적절하지 않다.

| 오답해설 |

①, ② ㉠은 치약 5통을 2만 원에 묶어서 판매하는 묶음 판매 방식과 관련된 광고 문구이다. 이러한 광고 방식은 치약 1통을 사러 갔던 사람이 4통을 추가로 충동구매하게 만드는 효과를 낼 수 있다.

④ ㉡은 미끼 상품의 역할을 하는 광고 문구로, 소비자가 대량으로 구입하면 판매자가 자칫 손해를 볼 수 있기 때문에 구입할 수 있는 상품의 개수를 제한하여 손해 보는 것을 막는 것이다.

14 ②

| 정답해설 | 슈퍼마켓은 비상식적으로 낮은 가격을 매긴 미끼 상품을 통해 소비자들이 다른 상품들도 그것과 마찬가지로 쌀 것이라는 기대를 하게 만든다. 이를 통해 미끼 상품으로는 손해를 보더라도 총 판매 수익은 높이는 효과를 낼 수 있다.

15 ③

| 정답해설 | 윗글에서 전통 사회에서는 이웃의 손을 빌려 개별적으로 집을 지었다고 하였다. 혼자의 힘으로 집을 만들었다는 내용은 없다.

16 ①

| 정답해설 | ⓐ는 개별 세대가 자신의 이익을 지키기 위해 집단적인 행동을 하는 것을 의미한다. ⓐ의 예로 적절한 것은 편의시설 유치를 위해 집단행동을 한 ㄱ과 혐오 시설 기피를 위해 집단행동을 한 ㄴ이다.

| 오답해설 | ㄷ과 ㄹ은 집단적으로 행동한 사례는 맞지만 그 목적이 자신의 이익을 지키기 위한 것이 아니라 불우이웃을 돕고 노인정에 기부하려는 것이므로 ⓐ의 사례로 적절하지 않다.

17 ③

| 정답해설 | '불특정'은 '특별히 정하지 아니함'이라는 의미이다. '특별히 지정함'이라는 의미를 가지는 단어는 '특정'이다.

18 ③

| 정답해설 | Ⓐ는 아파트 단지의 사람들이 공동의 목표를 추구할 때에는 집단의 힘을 발휘한다는 내용과 연관되므로 개별적 가구들이 이익과 관련하여 일치된 관계에 있다는 맥락의 말이 들어가야 한다.

19 ②

| 정답해설 | (가)에서 이익이 「화상요돌」이라는 글에서 서양화를 보고 느낀 감동을 적은 부분을 직접 인용하여 내용을 뒷받침하고 있다.

20 ③

| 정답해설 | '조선 시대 서양화'에 대한 보고서를 쓰기 위해서는 조선 시대와 서양화가 연관된 질문을 떠올리는 것이 바람직하다. '서양화의 대표적인 화가와 작품에 대한 질문'은 조선 시대와 연관성이 없어 보고서의 주제와 어울리지 않으므로 적절하지 않다.

21 ③

| 정답해설 | (가)에서 '젠트리피케이션'이라는 단어는 '도심 재활성화' 현상을 기술할 때 사용해야 한다고 말하고 있다. 그러므로 '도심 재활성화'라는 용어가 현대 사회에서 사용되지 않아야 한다는 것은 적절하지 않다.

| 오답해설 |

①, ② (나)에서 확인할 수 있다.

④ (가)에서 확인할 수 있다.

22 ②

| 정답해설 | (가)에서는 '젠트리피케이션'이라는 개념을 정의하였고, (나)에서는 '상생 도시'라는 개념을 정의하였다.

23 ①

| 정답해설 | 윗글은 도입부에서 4차 산업 혁명에 대한 관심과 위기의식을 언급하고, 그 이후 비숙련 육체노동뿐 아니라 숙련노동도 대체하게 된 산업 자동화의 역사를 이야기하고 있다. 그리고 마지막 문단에서는 인공 지능의 발달로 인한 일자리 대체도 일반적인 기계화 유형을 따르리라는 예측을 하고 있으므로, ⓐ에 들어갈 소제목으로는 ①이 가장 적절하다.

24 ④

| 정답해설 | 윗글에서는 인공 지능이 전문 인력을 대체하는 것도 일반적인 기계화의 유형과 비슷할 것이라고 하였다.

| 오답해설 |

① 4차 산업 혁명을 이끌어 가는 것은 네트워크 기술, 빅 데이터 기술, 사물 인터넷 기술, 인공 지능 기술, 유전 공학 기술 등임을 언급하고 있다.

② 인공 지능이 전문직 일자리까지 대체하게 될 것이라는 전망으로 인해 4차 산업 혁명을 위기로 인식하는 사람이 많음을 말하고 있다.

③ 숙련노동의 자동화 초기 단계에는 비용 절감보다는 숙련 노동자들에 대한 노동 통제의 이유가 더 중요했음을 설명하고 있다.

25 ④

| 정답해설 | ㉠은 기계에 의한 인력 대체를 말하므로 외국인 노동자의 증가와는 관련이 없다.

26 ③

| 정답해설 | ③은 ①, ②, ④와 달리 수치화, 표준화를 통해 미리 프로그래밍하기 어려운 능력이다. 산업 자동화 초기에 등장하였던 자동 기계는 정해진 작업에서 벗어나는 상황에 대한 대처 능력이 떨어졌다.

27 ④

| 정답해설 | 미국이나 영국 등에서 미세 플라스틱을 줄이기 위한 움직임은 있지만, 플라스틱 사용이 금지된 것은 아니다.

| 오답해설 |

① (가)에서 해양 생물이 플라스틱을 먹이와 혼동하여 먹으면, 플라스틱이 해양 생물에게 포만감을 주어 영양 섭취를 저해한다고 하였다.

② (가)에서 플라스틱이 바다에서 다른 유기 오염 물질을 끌어당긴다고 하였다.

③ (가)에서 미세 플라스틱이 먹이 사슬을 따라 상위 포식자에게 농축된다고 하였다.

28 ④

| 정답해설 | 유기 물질은 오염 물질인 미세 플라스틱의 대체품으로서, 긍정적인 의미의 소재로 사용되었다.

| 오답해설 | ①, ②, ③ 해양을 오염시키는 물질들이다.

29 ③

| 정답해설 | (가)에서는 미세 플라스틱의 오염 과정과 그 피해 가능성을 원인과 결과의 관계를 중심으로 설명하였다. 이러한 표현 방법을 '인과'라고 한다.

| 오답해설 |

① 정의에 대한 설명이다.

② 분석에 대한 설명이다.

④ 대조에 대한 설명이다.

100점까지 Upgrade 설명문의 전개 방법

과정	일의 순서에 따라 내용을 설명함
묘사	눈에 보이듯 자세하게 설명함
분류	일정한 기준에 따라 나누어서 설명함
비교	두 대상의 공통점을 설명함
예시	구체적인 예를 들어 설명함
인용	다른 사람의 말이나 글을 끌어와서 설명함

30 ②

| 정답해설 | 미세 플라스틱은 잘 분해되지 않고 생물에 농축되어 피해를 주는 오염 물질이다.

| 오답해설 |

① (가)에서 미세 플라스틱이 먹이 사슬의 상위로 갈수록 점점 농축된다는 것을 알 수 있다.

③ (나)에서 발포 스티렌이 양식장의 부표로 사용된다고 언급하고 있다.

④ (다)에서 미세 플라스틱을 대체하는 유기 물질의 사용으로 피해를 예방할 수 있음을 알 수 있다.

31 ③

| 정답해설 | 윗글에서 육식 동물과 초식 동물의 차이는 확인할 수 없다.

| 오답해설 |

① 스티키봇 기술의 핵심은 한 방향으로 힘을 가하면 잘 떨어지지 않지만 다른 방향에서 잡아당기면 쉽게 떨어지는 것이라고 하였다.

② 생체 모방 공학은 살아 있는 생물의 행동이나 구조, 생물이 만들어 내는 물질 등을 모방한 새로운 기술을 만들어 내는 학문이라고 하였다.

④ 윗글에서 도마뱀의 발바닥에서 착안한 기술을 가진 로봇인 '스티키봇'을 언급하였다.

32 ②

| 정답해설 | ⓐ에는 생명체를 모방하여 새로운 기술을 만들어 내는 과정에서 생각할 수 있는 질문이 들어가야 한다. 그러므로 생명체인 '갑각류'의 딱딱한 외피를 모방하여 '갑옷'이라는 새로운 기술을 만든 것은 아닐까 하는 질문이 ⓐ에 들어갈 수 있는 질문으로 가장 적절하다.

| 오답해설 | ①, ③, ④ 생물의 행동 및 구조 등 생명체를 모방한 것과 관련하여 떠올린 질문에 해당하지 않는다.

33 ③

| 정답해설 | '과언이 아니다'는 '지나친 말이 아니다'라는 의미로, '~해도'와 호응한다.

| 오답해설 |

① '붙히어'라는 단어는 존재하지 않는다. '붙다'의 사동사는 '붙이다'이다. ㉠은 '붙어'가 적절하다.

② '착안'은 '어떤 일을 주의하여 봄. 또는 어떤 문제를 해결하기 위한 실마리를 잡음'이라는 뜻이며, '착각'은 '어떤 사물이나 사실을 실제와 다르게 지각하거나 생각함'이라는 뜻이다. '스티키봇' 기술의 핵심은 도마뱀의 발바닥을 주의하여 보다가 실마리를 잡은 것이므로 '착안'이 적절하다.

④ 글쓴이는 인간의 모방이 인류 문명의 발전에 기여해 왔으므로, 일상생활 속에서 끊임없이 의문을 가져 보거나 생명체를 모방할 수 있는 방법을 생각하는 태도를 기를 필요가 있다고 말한다. 그런데 '그렇지만'은 앞의 내용을 인정하면서 앞과 뒤의 내용이 대립될 때 쓰는 접속 부사이므로, ㉣에 적절하지 않다.

34 ④

| 정답해설 | 윗글은 논설문이다. 논설문은 사실과 의견을 구분하

고, 주장의 논리성을 따지며 읽어야 한다. 또한 결론을 논리적인 것으로 만드는 전제나 가정이 올바른지 확인하며 읽어야 한다.

100점까지 Upgrade 논설문

- 어떤 문제를 비판하거나 해결할 목적으로 주장이나 사상 등을 논리적으로 전개한 글이다.
- 서론, 본론, 결론으로 구성되어 있다.
- 글 속에 드러나는 글쓴이의 주장과 근거가 타당한지 파악하며 읽어야 한다.

35 ③

| 정답해설 | 윗글에서 서구에서는 오랜 기간 동안 '동물을 이성적 영혼이 없는 존재'로 여기는 철학적 관념이 우세해서 근세에 이르기까지도 동물 복지와 같은 것이 없었으며, 동물을 기계처럼 여기는 경향이 '공장식 농장'의 출현을 가져왔다고 서술하고 있다. 따라서 동물이 쾌락이나 고통을 느끼지 못한다는 생각이 공장식 농장의 출현을 가져왔다고 볼 수 있다.

36 ③

| 정답해설 | '완전히 의식이 있는 상태의 동물들'에서 '의식'은 깨어 있는 상태에서 자기 자신이나 사물에 대하여 인식하는 작용을 의미한다. 이와 가장 가까운 의미는 ③이다.

| 오답해설 | ①, ②, ④ 사회적, 역사적으로 형성되는 사물이나 일에 대한 개인적, 집단적 감정이나 견해, 사상을 의미한다.

37 ②

| 정답해설 | 윗글에서 적당한 일은 행복하고 보람 있는 삶에 필수적 요소라는 많은 현인들의 가르침이 있었다고 한 점에서 일에 대한 현인들의 관점이 대부분 비슷하였음을 알 수 있다.

| 오답해설 |

① 글쓴이는 노동은 자존감을 높이고 정체성을 지키게 하는 등 사람의 정신 건강에 갖는 의미가 지대하므로 아무리 안정된 삶을 유지할 수 있더라도 일자리가 없으면 진정한 행복을 누리기 어렵다고 하였다.

③ 윗글은 일자리가 감소하는 문제는 사회적 차원과 개인적 차원의 두 가지 차원에서 생각해 볼 수 있다고 하며 각 차원에 대해 설명하고 있다. 그러므로 두 관점은 서로 다르다.

④ 사라지는 일자리보다 새로운 일자리가 더 많이 생길지에 대한 논의는 경제학자나 정책 기획자에게 중요한 문제라고 하였다.

38 ③

| 정답해설 | ㉠ 앞에서는 로봇 문명을 낙관하는 사람들의 의견이 드러나고 뒤에는 그 반대 의견이 드러나므로, ㉠에는 앞 내용에 반대되는 내용을 연결하는 역접의 접속어 '하지만'이 들어가야 한다.

39 ③

| 정답해설 | 글쓴이는 노동이 자존감을 높인다고 서술하며 철학자 버트런드 러셀의 의견을 인용하여 일자리가 없으면 사람들이 일을 통해 행복에 이르지 못하고 권태, 죄의식, 피해망상증 때문에 불행질 것이라고 주장하고 있다.

| 오답해설 |

① 로봇 문명을 낙관하는 사람들의 주장이다. 글쓴이는 로봇 문명으로 인해 일자리가 감소하는 것을 부정적으로 바라보고 있기 때문에 글쓴이의 답변으로는 적절하지 않다.

② 더 많은 소득을 얻기 위해 치열하게 경쟁할 것이라는 의견은 윗글에 나타나 있지 않다.

④ 제시된 질문은 기본 소득 보장을 전제로 하고 있으므로, 기본적인 생활 수준을 누리지 못한다는 내용은 적절하지 않다.

40 ①

| 정답해설 | 윗글의 '출산에 직접적인 영향을 미치는 혼인 건수'와 같은 부분을 통해 글쓴이가 '혼인 건수'를 출생률에 직접적인 영향을 미치는 요인으로 인식하고 있음을 알 수 있다.

41 ④

| 정답해설 | 윗글은 저출산 문제를 해결하기 위해서는 대가족 공동체에서 벗어나는 것이 아니라 대가족 공동체를 복원해야 한다고 주장하고 있다.

42 ④

| 정답해설 | 노동 대체 현상은 과학 기술의 발달로 인해 나타난 현상일 뿐 저출산 현상과 직접적인 연관은 없다.

43 ③

| 정답해설 | 윗글은 도입부에서 대상에 대한 통념을 소개하고 있다. 그리고 '오늘날 인간의~ 비롯된 것일까?', '암과 같은 불치병의 치료는 조금 다르지 않을까?' 등의 질문을 제시하며 내용을 전개하고 있다.

44 ④

| 정답해설 | 윗글에서 동물 실험을 거쳐 개발된 의약품이 효과가 없는 경우가 많다는 것은 언급하고 있지만, 수명의 연장이 동물 실험을 거치지 않고 개발된 의약품을 통해 이루어졌다고 서술하지는 않았다. 영양 섭취, 위생 관리의 개선에 기인한 바가 더욱 크다고 하였다.

45 ①

| 정답해설 | 윗글은 전문적인 과학적 지식을 갖춘 사람들을 대상으로 한 글이 아니다. 일상에서 관심을 갖고 문제점을 생각해 보았을 법한 내용을 일반 독자를 대상으로 하여 서술한 글이다.

46 ④

| 정답해설 | ㉣ '개발'은 '새로운 물건을 만들거나 새로운 생각을 내어놓음'을 의미한다. '새로운 영역, 운명, 진로 따위를 처음으로 열어 나감'을 의미하는 단어는 '개척'이다.

47 ④

| 정답해설 | 윗글에서는 매체에 제작자나 편집자의 특정 관점이 드러날 수 있다는 점을 제시하고 있을 뿐, 매체의 관점과 제작자나 편집자의 관점이 다른 경우에 관해서는 언급하지 않았다.

| 오답해설 |

① 매체는 변화와 발전을 거듭하고 있다고 하였다.
② 매체를 통한 의사소통이 우리의 일상이 된 지 오래라고 하였다.
③ 많은 사람들이 기사나 뉴스가 사실만을 객관적으로 보도한다고 믿는다고 하였다.

48 ④

| 정답해설 | 매체의 종류에 따라 제공하는 정보의 객관적인 정도가 다른지는 윗글을 통해서 알 수 없다.

49 ④

| 정답해설 | 매체를 비판적으로 수용한다는 것은 매체에 담긴 주관적인 내용을 모두 배제하는 것이 아니라, 매체에 드러나 있는 필자의 관점이 타당하고 공정한지, 메시지를 전달하기 위해 사용한 표현 방법이 효과적이고 적절한지 등을 평가하며 읽는 것이다.

50 ①

| 정답해설 | 윗글은 인터넷 통신망으로 연결된 사회의 긍정적 기능과 부정적 기능을 모두 언급하고 있다. 인터넷이 긍정적 기능보다는 부정적 기능이 더 많다는 내용은 제시되어 있지 않다.

| 오답해설 |

② 인터넷상에는 왜곡된 정보도 있기 때문에 비판적으로 판단하여 수용해야 한다고 하였다.
③ 과도한 연결이 오히려 해가 될 수 있기 때문에 '위험한 편리'보다 '안전한 불편'을 선택해 보자고 하였다.
④ 엘리베이터 안에서 이웃들이 모두 휴대 전화만 들여다보며 이웃에 관심을 두지 않는 모습을 제시하며 현실의 인간관계를 잃어 가는 모습이라고 하였다.

51 ②

| 정답해설 | 과도한 연결이 오히려 해가 될 수 있다는 내용으로 보아 '정도를 지나침은 미치지 못함과 같다.'라는 뜻의 '과유불급(過猶不及)'이 ㉠에 들어갈 한자 성어로 적절하다.

| 오답해설 |

① '견물생심(見物生心)'은 '어떤 실물을 보게 되면 그것을 가지고 싶은 욕심이 생김'이라는 의미이다.
③ '다다익선(多多益善)'은 '많으면 많을수록 더욱 좋음'이라는 의미이다.
④ '일거양득(一擧兩得)'은 '한 가지 일을 하여 두 가지 이익을 얻음'이라는 의미이다.

Ⅲ 화법과 작문 255쪽

01	③	02	④	03	④	04	②	05	④
06	②	07	②	08	③	09	④	10	③
11	①	12	④	13	①	14	②	15	④
16	④	17	③	18	③	19	①	20	①
21	①	22	③	23	②	24	①	25	②
26	④	27	②	28	①	29	④		

01 ③

| 정답해설 | 아이가 오늘 힘들었다고 하는 상황에서 공감적 듣기를 했다면 아빠는 고개를 끄덕이며 아이의 마음을 알아주는 말하기를 해야 하므로 ③이 가장 적절하다.

02 ④

| 정답해설 | '동의의 격률'은 상대와의 의견 차이를 최소화하기 위해 상대와의 의견의 일치점을 극대화하여 표현하는 원리이다. '날씨가 덥지만, 지금 산책할까?'라는 물음에 산책을 하겠다는 긍정의 의미를 담고 있으며, '날씨가 덥지만'에 대해 '조금 시원해지면'이라는 말로 의견 차이를 최소화하고 있는 ④가 적절하다.

100점까지 Upgrade 공손성의 원리

요령의 격률	상대방에게 이익이 되는 표현을 최대화함
관용의 격률	자신의 부담을 최대화함
칭찬의 격률	다른 사람에 대한 칭찬을 극대화함
겸양의 격률	자신에 대한 비방을 극대화함
동의의 격률	상대방과의 일치점을 극대화함

03 ④

| 정답해설 | '동정 표현'에 어울리는 비언어적 표현(행동)으로는 '안타까운 표정을 지으며'가 가장 적절하다.

100점까지 Upgrade 표현 전략

언어적 표현	어휘, 문장 등 독립적으로 쓰여 의미 작용을 하는 하나의 기호 또는 그 결합체
준언어적 표현	언어 표현에 직접적으로 매개되어 의미 작용을 하는 표현(발음, 고저, 어조, 속도, 크기 등)
비언어적 표현	언어 표현과는 독립적으로 의미 작용을 할 수 있는 표현(자세, 동작, 표정, 옷차림 등)

04 ②

| 정답해설 | '겸양의 격률'은 공손성의 원리 중 자신에 대한 칭찬은 최소화하고 비방을 최대화하는 원리이다. 따라서 선배의 칭찬에 대해 자신에 대한 칭찬은 최소화하고 비방은 최대화한 표현인 ②가 ㉠에 들어갈 말로 가장 적절하다.

05 ④

| 정답해설 | 제시된 글은 '공손성 원리' 중 '동의의 격률'에 대해 말하고 있다. '동의의 격률'은 다른 사람과의 의견 차이는 최소화하고 일치점은 극대화하는 표현이다. ④의 '나'는 '좋은 생각'이라고 하며 상대방과의 일치점을 극대화한 뒤, '제주도는 어떨까요?'라고 말하며 불일치 표현을 최소화하고 있다.

| 오답해설 |

① 요령의 격률을 적용한 대화이다.

② 겸양의 격률을 적용한 대화이다.

③ 관용의 격률을 적용한 대화이다.

06 ②

| 정답해설 | 제시된 그림은 입원한 친구에게 병문안을 가서 위로하는 상황이다. 병원까지 찾아와 줘서 고맙다는 친구에게 해 줄 가장 적절한 말은 ②이다.

07 ②

| 정답해설 | 학생 2는 '인터넷 실명제'에 대해 찬성하고 있으며 그에 대한 근거를 제시하고 있다. 그런데 ㉮ 다음에 '그러나'라는 표현이 나오므로 ㉮에는 상대편 주장을 일부 긍정하고 있는 ②가 들어가는 것이 적절하다.

| 오답해설 |

①, ③ 학생 1의 발화는 토론 주제와 상관이 있으며, 현실적으로 무관한 주장이 아니다.

④ 학생 1은 익명성이 보장되어야 자유로운 표현이 가능하다는 점을 근거로 제시하고 있다.

08 ③

| 정답해설 | 귀환이는 그림에서 좋은 점을 찾아내 지민이를 칭찬했다. 귀환이처럼 상대방의 좋은 점을 찾아내어 칭찬하며 말하는 것은 공손성의 원리 중 칭찬의 격률과 가장 관련이 깊다.

| 오답해설 |

① 요령의 격률에 대한 설명이다.

② 관용의 격률에 대한 설명이다.

④ 동의의 격률에 대한 설명이다.

09 ④

| 정답해설 | 협력의 원리란 대화에 참여하는 이가 대화의 목적에 최대한 도달할 수 있도록 지켜야 하는 원리이다. (가)에서 영훈이는 다친 곳에 대해 묻고 있는 진우의 말과 관련이 없는 정보를 제공하며 관련성의 격률을 따르지 않고 있다. (나)에서 준수는 숙제가 없었음에도 불구하고 숙제가 많다며 거짓 정보를 제공하여 질의 격률을 따르지 않고 있다.

100점까지 Upgrade 협력의 원리

양의 격률	대화의 목적에 필요한 양만큼의 정보를 제공함
질의 격률	타당한 근거를 들어 진실을 말함
관련성의 격률	대화의 목적이나 주제와 관련된 것을 말함
태도의 격률	모호한 표현을 피하고, 간결하고 조리 있게 말함

10 ③

| 정답해설 | 제시된 개요는 기부 문화를 확산하기 위한 글을 쓰기 위한 것이다. 과소비 현상과는 상관이 없다.

| 오답해설 |

① 기부 참여도가 낮은 원인 중 기부의 중요성에 대한 이해 부족을 해결할 수 있는 방안이다.

② 기부 참여도가 낮은 원인 중 기부 실천에 대한 경험 부족을 해결할 수 있는 방안이다.

④ 기부 참여도가 낮은 원인 중 기부 방법에 대한 정보 부족을 해결할 수 있는 방안이다.

11 ①

| 정답해설 | '나 하나'와 '우리 모두'를 통해 앞뒤 비슷한 문장 구조를 생성하여 대구법을 활용하였고, '기부 실천'을 '행복 물결'에 빗대는 비유법을 활용하였으므로 ①이 〈조건〉을 만족하는 캠페인 문구이다.

100점까지 Upgrade 대구법과 비유법

대구법	비슷하거나 동일한 문장 구조를 짝을 맞춰 늘어놓는 방법
비유법	표현하려는 대상을 그것과 비슷한 다른 대상에 빗대어 표현하는 방법

12 ④

| 정답해설 | (가)는 (나)의 개요이므로, ㉠에는 (나)의 셋째 문단에 해당하는 내용이 들어가야 한다. (나)의 셋째 문단에서는 화장품의 화학 물질이 일으키는 부작용에 대해 서술하고 있으므로 ㉠에 들어갈 내용은 '화장품에 사용되는 화학 성분의 유해성'이 적절하다.

13 ①

| 정답해설 | '비록'은 '~일지라도'와 호응하는 부사어이다. '비록 화장품에 과일이나 꽃을 넣는다면'이라는 문장을 통해 부사어와 서술어의 호응이 적절하지 않다는 것을 알 수 있다. '~다면'과 호응하는 부사어는 '만약'이다.

| 오답해설 |

② ㉢이 포함되어 있는 둘째 문단에서는 화장품에 사용되는 화학 성분의 역할에 대해 설명하고 있으므로 이와 관련이 없는 ㉢은 삭제하는 것이 적절하다.

③ '부작용'은 '어떤 일에 부수적으로 일어나는 바람직하지 못한 일'을 의미한다. '반작용'은 '어떤 움직임에 대하여 그것을 거스르는 반대의 움직임이 생겨남'을 의미하므로, '피부 트러블'은 화학 물질의 '부작용'에 해당한다.

④ 화장품의 화학 성분은 화장품을 만드는 회사에서 첨가하는 것이므로, 윗글을 읽는 독자 입장에서 피동의 의미를 드러내는 '첨가되어 있는지를'이 적절하다.

14 ②

| 정답해설 | ㉠에는 '도서관 이용의 문제점'에 대한 해결 방안이 들어가야 한다. 본론 1의 도서관 이용의 문제점에 도서관 개방 시간에 대한 언급은 없으므로 '도서관 개방 시간을 야간까지 연장함'은 ㉠에 들어갈 내용으로 적절하지 않다.

| 오답해설 |

① 내부가 어두워서 책을 읽기 힘들다는 문제점을 해결할 수 있는 방안이다.

③ 공간 활용이 비효율적이라는 문제점을 해결할 수 있는 방안이다.

④ 도서가 부족하다는 문제점을 해결할 수 있는 방안이다.

15 ④

| 정답해설 | '비유법과 청유형'을 모두 사용하여 '도서관 이용 활성화 촉구'라는 주제를 드러낸 표현은 ④이다. 도서관을 '보물창고'에 비유하고(은유법), '찾아봅시다'라는 청유형을 활용하여 '도서관 이용 활성화 촉구'라는 주제를 드러냈다.

16 ④

| 정답해설 | 시작 부분에 언급되는 '소비자 여러분'을 통해 윗글의 주요 독자가 초콜릿을 소비하는 사람들임을 알 수 있다.

17 ③

| 정답해설 | ㉢에서는 카카오 농장에서 일하는 아이들의 나이가 어리다는 의미를 나타내야 하므로 '불과'가 적절하다. '무려'는 그 수가 예상보다 상당히 많음을 나타내는 말이므로 적절하지 않다.

18 ③

| 정답해설 | ㉠은 CCTV 설치를 찬성하는 측의 논거에 해당하므로 CCTV 설치의 긍정적인 부분을 언급하는 것이 적절하다. 따라서 ③이 ㉠에 들어갈 내용으로 가장 적절하다.
| 오답해설 | ①, ②, ④ 반대 측의 논거이다.

19 ①

| 정답해설 | ㉠의 앞 문장에서는 독서를 중요하게 여겨 왔던 우리 사회에 대해 언급하고 있고, 뒤로는 책을 가까이하지 않는 청소년들에 대해 이야기하고 있다. 즉, ㉠을 기준으로 앞의 내용과 뒤의 내용이 서로 상반되는 내용이다. 그러므로 ㉠에는 '그런데'가 적절하다.

20 ①

| 정답해설 | ㉠에는 본론 '2－가'와 '2－나'를 포괄할 수 있는 내용이 들어가야 한다. 휴식 공간을 조성할 지역 내 장소 부족이나 비용 마련의 어려움은 '휴식 공간 조성의 장애 요인'에 해당한다.

21 ①

| 정답해설 | ㉠에는 '나－1)'과 '나－2)'를 포괄할 수 있는 내용이 들어가야 한다. 지역 재래시장에서 특산물을 구매하거나 탄소 배출이 적은 친환경 교통수단을 이용하는 것은 공정 여행의 실천 방법에 해당한다.

22 ③

| 정답해설 | '뜸 들이다'라는 관용 표현을 사용하였고, '～자'로 끝나는 청유형 표현으로 문장을 마무리한 ③이 ㉠에 들어갈 조건을 모두 만족한 문장이다.

23 ②

| 정답해설 | ㉠에는 '본론 1－나'의 대책이 제시되어야 한다. '본론 1－나'에 해당하는 '실질적 양성 평등에 대한 인식 부족'에 대한 대책으로는 '교육을 통한 양성 평등 의식 확립'이 적절하다.
| 오답해설 |
① 주제와 어울리지 않는다.
③ 서론에 해당하는 내용이다.
④ 본론 1에 해당하는 내용이다.

24 ①

| 정답해설 | '등기'는 '국가 기관이 법정 절차에 따라 등기부에 부동산에 관한 일정한 권리관계를 적는 일'을 의미한다. 그러므로 ㉠에는 '서적이나 잡지 따위에 실음'이라는 뜻을 지닌 '등재'가 적절하다.

25 ②

| 정답해설 | 윗글은 속어 대신 표준어를 사용하자는 주제를 나타내고 있다. 이와 같은 주제를 드러내면서 비슷한 문장 구조를 반복하는 '대구법'을 사용한 문장은 ②이다.
| 오답해설 |
① 글의 주제는 잘 드러냈지만, 대구법이 사용되지 않았다.
③, ④ 글의 주제와 반대되는 내용을 드러내고 있으며, 대구법 또한 사용되지 않았다.

26 ④

| 정답해설 | 바람은 내리는 것이 아니므로 ㉣은 '비가 내리고 바람이 불 경우'로 고치는 것이 적절하다.

27 ②

| 정답해설 | '～일지라도'와 호응하는 것은 '비록'이 적절하다. '만약'은 '～라면'과 호응한다.

28 ①

| 정답해설 | '만들음'은 '만듦'의 잘못된 표현이다. '만들다'와 같이 어간이 'ㄹ' 받침으로 끝나는 용언을 명사 형태로 만들 때에는 어간 뒤에 명사형 어미 '－ㅁ'을 붙여 '만듦'과 같은 형태로 쓴다.

29 ④

| 정답해설 | 해결 방안 '나'에 해당하는 '게임 이용 적정 시간 준수를 통한 학습 시간 확보'와 관련된 문제로는 '학습 시간 부족으로 인한 성적 하락'이 적절하다.
| 오답해설 | ①, ②, ③ 주제와 어울리지 않는 내용이다.

Ⅳ 문법

296쪽

01	②	02	③	03	③	04	①	05	①
06	④	07	②	08	③	09	③	10	②
11	④	12	①	13	③	14	④	15	①
16	④	17	③	18	①	19	③	20	①
21	④	22	④	23	③	24	②	25	②
26	④	27	②	28	④	29	②	30	②
31	②	32	②	33	②	34	④	35	①
36	④	37	①	38	①	39	③	40	④
41	②	42	③	43	②	44	④	45	④
46	④	47	①	48	①	49	④	50	③
51	③	52	②	53	①	54	①	55	④
56	②	57	③	58	②	59	①	60	①
61	④	62	③	63	④	64	②	65	②
66	①	67	①	68	③	69	②	70	②
71	②	72	④	73	④	74	③	75	③
76	③	77	③	78	③	79	②	80	③
81	③	82	③	83	③				

01 ②

| 정답해설 | 'ㅚ'는 발음하는 동안 입술 모양이나 혀의 위치가 변화하는 이중 모음이다.

| 오답해설 |

① 'ㅓ'는 중모음, 'ㅏ'는 저모음으로 혀의 높낮이가 다르다.

③ 'ㅂ'과 'ㅃ'은 모두 입술소리로, 조음 위치는 같으나 조음 방법이 다른 자음이다.

④ 밤[夜]은 [밤], 밤[栗]은 [밤:]으로 소리의 길이가 서로 다르다.

100점까지 Upgrade 단모음의 모음 체계

혀의 높이 \ 입술 모양 \ 혀의 위치	전설 모음		후설 모음	
	평순 모음	원순 모음	평순 모음	원순 모음
고모음	ㅣ	ㅟ	ㅡ	ㅜ
중모음	ㅔ	ㅚ	ㅓ	ㅗ
저모음	ㅐ		ㅏ	

02 ③

| 정답해설 | 비분절 음운은 소리마디의 경계를 정확히 그을 수 없지만 말소리의 요소로서 말의 뜻을 구별하는 기능을 일정 부분 담당하는 음운이다.

| 오답해설 |

① 모음은 공기의 흐름에 장애를 받지 않고 만들어지며, 홀로 쓰일 수 있다.

② 자음은 공기의 흐름에 장애를 받아서 만들어지며, 모음에 의존하여 쓰인다.

④ 음운은 단어의 의미를 구별해 주는 소리의 가장 작은 단위로, 의미를 분화하는 기능을 한다.

03 ③

| 정답해설 | '이중 모음'은 소리를 내는 도중에 입술 모양이나 혀의 위치가 달라진다.

| 오답해설 |

① 국어의 단모음은 10개, 이중 모음은 11개이다.

② 전설 모음과 후설 모음은 혀의 위치(앞, 뒤)에 따라 구분된다.

④ 소리를 내는 도중에 입술 모양이나 혀의 위치가 고정되어 달라지지 않는 모음은 '단모음'이다.

04 ①

| 정답해설 | '부엌'의 '엌'에 음절의 끝소리 규칙([A])이 적용되어 'ㅋ'이 대표음 'ㄱ'으로 교체된다. 그리고 앞 단어의 끝이 자음이고 뒤 단어의 첫음절이 'ㅣ'이므로 'ㄴ' 첨가([B])가 일어난다. 마지막으로 'ㄱ'이 뒤의 비음 'ㄴ'을 만나 비음화([C])되어 'ㅇ'으로 발음된다.

05 ①

| 정답해설 | 제시된 내용은 '구개음화'와 관련된 설명이다. '맞이'는 [마지]로 발음되는데, 이 경우는 구개음화가 일어난 것이 아니라 '맞'의 'ㅈ'이 연음된 것이다.

| 오답해설 |

② '굳'의 'ㄷ'이 '이'의 'ㅣ'와 만나 'ㅈ'이 되어 [구지]로 발음된다.

③ '밭'의 'ㅌ'이 '이'의 'ㅣ'와 만나 'ㅊ'이 되어 [바치]로 발음된다.

④ '닫'의 'ㄷ'이 '이'의 'ㅣ'와 만나 'ㅈ'이 되어 [미다지]로 발음된다.

06 ④

| 정답해설 | '물약'은 앞 단어의 끝이 자음이고 뒤 단어의 첫음절이 'ㅑ'이므로 'ㄴ'이 첨가되어 [물냑]으로 발음되며(음운의 첨가), '냑'의 'ㄴ'이 '물'의 'ㄹ'의 영향을 받아 [ㄹ]로 변하여 [물략]으로 발음된다(유음화).

07 ②

| 정답해설 | '꽃밭'의 '꽃'은 음절의 끝소리 규칙이 적용되어 'ㅊ'이 'ㄷ'으로 교체된다. '밭'은 'ㅂ'이 앞의 'ㄷ'과 만나서 된소리 [ㅃ]으로 발음이 된다. 따라서 [꼳빧]으로 발음된다.

| 오답해설 |

① '꽃'의 'ㅊ'은 받침에서는 [ㄷ]으로 소리 나므로 [꼳]으로 발음된다.

③ '꽃이'의 경우 '이'가 모음으로 시작되는 형식 형태소이므로 '꽃'이 음절의 끝소리 규칙을 거치지 않고 연음되어 [꼬치]로 발음된다.

④ '꽃 냄새'의 '꽃'은 먼저 음절의 끝소리 규칙이 적용되어 [꼳]이 되었다가, 뒤의 비음 'ㄴ'의 영향을 받아 동화(비음화)되어 [꼰냄새]로 발음된다.

08 ③

| 정답해설 | '발달'은 자음 'ㄷ'이 [ㄸ]으로 바뀌며 [발딸]로 발음되는 '된소리되기' 현상이 나타난다. 된소리되기는 음운 교체에 해당한다.

| 오답해설 |

① '굳이[구지]'는 음운 교체 현상인 구개음화의 예이다.

② '좋아[조아]'는 음운 탈락 현상인 'ㅎ' 탈락의 예이다.

④ '입학[이팍]'은 음운 축약 현상인 자음 축약의 예이다.

09 ③

| 정답해설 | '부엌에'는 연음 현상에 따라 '엌'의 받침 'ㅋ'을 다음 음절로 이어서 발음해야 한다. 따라서 [부어케]가 올바른 발음이다.

| 오답해설 |

① '끝'의 'ㅌ'이 연음되어 [끄테]로 발음된다.

② '빛'의 'ㅊ'이 연음되어 [비치]로 발음된다.

④ 겹받침 'ㄼ'은 어말 또는 자음 앞에서 'ㄹ'로 발음되기 때문에 [여덜비]로 발음된다.

10 ②

| 정답해설 | '갇히다'는 'ㄷ'과 'ㅎ'이 만나 [ㅌ]이 되는 거센소리되기와 'ㅌ'이 'ㅣ' 모음 앞에서 [ㅊ]으로 바뀌는 구개음화가 모두 일어나는 단어이다.

| 오답해설 |

①, ③ '낳다[나:타]'와 '좁히다[조피다]'는 거센소리되기만 일어난다.

④ '땀받이[땀바지]'는 구개음화만 일어난다.

11 ④

| 정답해설 | '내복약'은 '약 따위를 먹음'이라는 뜻의 '내복'과 '약'이 결합한 합성어로 표준 발음법 제29항에 의해 'ㄴ' 음이 첨가되고([내:복냑]), 비음 'ㄴ'의 영향으로 [복]의 'ㄱ'이 [ㅇ]으로 바뀌어 [내:봉냑]으로 발음된다.

| 오답해설 |

① '담력[담:녁]'은 비음화가 일어난다.

② '백분율[백뿐뉼]'은 된소리되기와 'ㄴ' 첨가가 일어난다.

③ '알약[알략]'은 유음화가 일어난다.

12 ①

| 정답해설 | '절약'은 합성어가 아니기 때문에 'ㄴ' 첨가가 일어나지 않고 연음에 의해 [저략]으로 발음된다.

| 오답해설 |

② 'ㄴ' 첨가가 일어나 [시공뉴]로 발음된다.

③ 'ㄴ' 첨가가 일어나 [맨닙]으로 발음된다.

④ 'ㄴ' 첨가가 일어나 [색년필]로 바뀐 후 비음화가 일어나 [생년필]로 발음된다.

13 ③

| 정답해설 | '떡볶이[떡뽀끼]'에 일어나는 음운의 변동은 된소리되기 한 번이다. '이'가 '끼'가 된 것은 앞의 받침인 'ㄲ'이 연음된 것이다.

| 오답해설 |

① '홑이불'은 음절의 끝소리 규칙(홑→혿)이 적용되고 'ㄴ' 첨가(이불→니불)와 비음화(혿→혼)가 일어나 [혼니불]로 발음된다.

② '줄넘기'는 유음화(넘→럼)와 된소리되기(기→끼)가 일어나 [줄럼끼]로 발음된다.

④ '낱낱이'는 음절의 끝소리 규칙(낱→낟)이 적용되고 비음화(낟→난)와 구개음화(티→치)가 일어나 [난:나치]로 발음된다.

14 ④

| 정답해설 | '신문'의 'ㄴ'과 'ㅁ'은 모두 비음이므로 음운의 변동이 일어나지 않으므로, [신문]으로 발음한다.

| 오답해설 |

① '선릉역[설릉녁]'은 유음화 현상과 'ㄴ' 첨가가 일어난 것이다.

② '막히지[마키지]'는 거센소리되기 현상이 일어난 것이다.

③ '볕이[벼치]'는 구개음화 현상이 일어난 것이다.

100점까지 Upgrade 음운 축약

자음 축약 (거센소리되기)	'ㄱ, ㄷ, ㅂ, ㅈ'과 'ㅎ'이 만나서 'ㅋ, ㅌ, ㅊ, ㅍ'이 되는 현상

15 ①

| 정답해설 | '국민'에서 '국'의 'ㄱ' 받침이 'ㅁ' 앞에서 [ㅇ]으로 발음되고, '껴안다'의 어간 '껴안-'의 받침 'ㄴ' 뒤에 결합되는 어미가 'ㄷ'이므로 된소리 [ㄸ]으로 발음된다.

| 오답해설 |

② '낯설다'가 24항의 예에 해당하지 않는다.
③ '옆집'이 24항의 예에 해당하지 않는다.
④ '담력'이 18항의 예에 해당하지 않는다.

16 ④

| 정답해설 | 형태소는 일정한 뜻을 가진 가장 작은 말의 단위이다. '하늘이 맑고 푸르다.'를 형태소로 분석하면 '하늘', '이', '맑-', '-고', '푸르-', '-다'로 나눌 수 있다.

17 ③

| 정답해설 | 단어는 명사, 대명사, 수사, 관형사, 부사, 감탄사, 동사, 형용사처럼 자립할 수 있는 말과 조사처럼 자립할 수 있는 형태소에 붙어서 쉽게 분리할 수 있는 말이다. '하늘은 스스로 돕는 자를 돕는다.'를 단어 단위로 나누면 '하늘', '은', '스스로', '돕는', '자', '를', '돕는다'로 나눌 수 있다.

18 ①

| 정답해설 | 어근과 어근이 결합한 단어는 합성어이며, 움직임을 나타내는 단어는 동사이다. 제시된 선지 중에서 합성어이자 동사인 단어는 '뛰놀다'이다. '뛰놀다'는 동사인 '뛰다'와 '놀다'의 어근이 결합하여 이루어졌다.

| 오답해설 |

② 합성어가 아닌 동사이다.
③ '높다'와 '푸르다'의 어근이 결합한 합성어이지만, 동사가 아닌 형용사이다.
④ 접사와 어근이 결합한 파생어이며, 형용사이다.

19 ③

| 정답해설 | 제시된 단어는 모두 '곧잘(곧+잘), 첫사랑(첫+사랑), 고무신(고무+신), 높푸르다(높-+푸르-)' 형태의 합성어이다. 합성어는 '어근+어근'의 구조로 이루어진 단어이다.

20 ①

| 정답해설 | '헛돌다'는 '헛-'이라는 접두사가 어근에 붙어 만들어진 파생어이다.

| 오답해설 | ②, ③, ④ 합성어이다.

21 ④

| 정답해설 | 조사는 주로 체언의 뒤에 붙어 문장 내에서 문법적 자격을 부여하는 역할을 한다. '날아와'는 용언 '날아오다'의 활용형이다. 밑줄 친 '와'는 용언의 일부인 '어미'에 해당한다.

22 ④

| 정답해설 | ㉣은 부사어에 대한 설명이다. ④에서 '그'는 관형어로, 체언인 '책'을 수식한다.

| 오답해설 |

① ㉠은 서술어에 대한 설명이다. 제시된 문장에서 '아름답다'는 서술어이다.
② ㉡은 주어에 대한 설명이다. 제시된 문장에서 '동식이'는 주어이다.
③ ㉢은 목적어에 대한 설명이다. 제시된 문장에서 '빵을'은 목적어이다.

23 ③

| 정답해설 | '주다(주었다)'는 '누나는'과 같은 주어, '연필을'과 같은 목적어, '나에게'와 같은 부사어를 필요로 하는 세 자리 서술어이다.

100점까지 Upgrade 서술어의 자릿수

한 자리 서술어	주어만을 필수적으로 요구하는 서술어
두 자리 서술어	주어 이외에 목적어, 보어, 부사어 중 하나를 필수적으로 요구하는 서술어
세 자리 서술어	주어 이외에 목적어와 부사어를 필수적으로 요구하는 서술어

24 ②

| 정답해설 | 문장을 이루는 데 중요한 역할을 하는 주어, 서술어, 목적어, 보어를 주성분이라고 한다. 주성분만으로 이루어진 문장은 ②로 '개미가'는 주어, '베짱이를'은 목적어, '꾸짖는다'는 서술어이다.

| 오답해설 |

① '빨리'는 부사어로, 부속 성분이다.
③ '가까운'과 '먼'은 관형어로 뒤의 명사를 꾸며 주고 있다. 관형어는 부속 성분이다.
④ '귀여운'은 '강아지'를 수식하는 관형어로, 부속 성분이다.

25 ②

| 정답해설 | '드러나다'는 '가려 있거나 보이지 않던 것이 보이게 되다.'라는 의미를 나타내는 단어이다.

| 오답해설 |

① '깍두기'가 맞다.

③ '김치찌개'가 맞다.

④ '며칠'이 맞다.

26 ④

| 정답해설 | '제삿날'은 '제사(한자어)+날(순우리말)'로 이루어진 합성어로, 앞말이 모음으로 끝난다. 또한 뒷말의 첫소리 'ㄴ' 앞에서 'ㄴ' 소리가 덧나 [제:산날]로 발음되므로 ㉠에 해당하는 예로 적절하다.

| 오답해설 |

① '냇물'은 '내+물'로 제30항-1에 해당하며, 'ㄴ'이 덧나 [낸:물]로 발음된다.

② '잇몸'은 '이+몸'으로 제30항-1에 해당하며, 'ㄴ'이 덧나 [인몸]으로 발음된다.

③ '아랫니'는 '아래+이'로 제30항-1에 해당하며, 'ㄴㄴ'소리가 덧나 [아랜니]로 발음된다.

27 ②

| 정답해설 | '뱃길'은 '배+길'로 이루어진 합성어로, 앞말이 모음으로 끝나고 뒷말의 첫소리가 된소리로 나 [배낄/밷낄]로 발음되므로 ㉠에 해당하는 예로 적절하다.

| 오답해설 |

① '깻잎'은 '깨+잎'으로 1-(3)에 해당하며, [깬닙]으로 발음된다.

③ '빗물'은 '비+물'로 1-(2)에 해당하며, [빈물]로 발음된다.

④ '훗날'은 '후(한자어)+날(순우리말)'로 된 합성어로서 뒷말의 첫소리 'ㄴ, ㅁ' 앞에서 'ㄴ' 소리가 덧나는 것에 해당한다.

28 ④

| 정답해설 | '시청률'은 모음이나 'ㄴ' 받침이 아닌 'ㅇ' 받침 뒤에 '률'이 이어지므로, [제11항]이 적용되는 단어가 아니다. 따라서 '시청률'이 올바른 표현이다.

29 ②

| 정답해설 | '다리다'는 옷이나 천 따위의 주름이나 구김을 펴고 줄을 세우기 위하여 다리미나 인두로 문지르는 것을 의미한다. 그러므로 '바지를 다리다'는 올바른 표현이다. '다리다'와 비슷한 단어인 '달이다'는 약재 따위에 물을 부어 우러나도록 끓이는 것을 의미한다.

| 오답해설 |

① '늘이다'는 '길어지게 하다.'라는 의미이다. 재산을 늘어나게 한다는 의미의 문장에는 '살림을 넉넉하게 하다.'라는 의미의 사동사인 '늘리다'가 적절하다.

③ '주리다'는 '제대로 먹지 못하여 배를 곯다.'라는 의미이다. 규모를 줄어들게 한다는 의미의 문장에는 '물체의 길이나 넓이, 부피 따위가 본디보다 작게 하다.'라는 의미의 '줄이다'가 적절하다.

④ '부치다'는 '일정한 수단이나 방법을 써서 상대에게로 보내다.'라는 의미이다. 흥정을 하도록 부추긴다는 의미의 문장에는 '겨루는 일 따위를 서로 어울려 시작하게 하다.'라는 의미의 '붙이다'가 적절하다.

30 ②

| 정답해설 | '소리대로' 적는다는 것은 표준어를 발음 형태로 적는다는 뜻이다. '드러나다, 엉뚱하다, 사라지다' 등이 표준어를 소리대로 적은 예이다. '어법에 맞도록 함'을 원칙으로 한다는 것은 각 형태소의 원형을 밝혀 적는다는 뜻이다. '먹이[머기], 먹는다[멍는다], 엎어지다[어퍼지다]'가 그 예이다.

31 ②

| 정답해설 | ②의 밑줄 친 부분은 문맥상 '어떤 문제를 다른 곳이나 다른 기회로 넘기어 맡기다.'는 의미로 쓰였으므로 '붙였다'가 아니라 '부쳤다'로 표기해야 한다.

| 오답해설 |

① '붙이다'의 [1]-①에 해당한다.

③ '부치다'의 [1]에 해당한다.

④ '부치다'의 [2]-②에 해당한다.

32 ②

| 정답해설 | '문제에 대한 답을 틀리지 않게 하다.'를 의미하는 단어는 '맞히다'가 맞다.

| 오답해설 |

① '다쳤다'가 바른 표기이다.

③ '사람으로서'가 바른 표기이다.

④ '받치고'가 바른 표기이다.

33 ②

| 정답해설 | 어미 '-지' 뒤에 '않-'이 어울려 '-잖-'이 될 적에는

준 대로 적는다. 따라서 ②와 같이 '두렵지 않다'의 준말을 '두렵잖다'로 적는 것이 맞다.

| 오답해설 |

① 기본형이 '바라다'이므로 '바라'가 올바른 표기이다.

③ '늘여서'는 '늘이다'를 활용한 형태인데, '늘이다'는 '본디보다 더 길어지게 하다.'라는 뜻의 단어이다. '재주나 능력 따위를 나아지게 하다.'라는 뜻의 단어는 '늘리다'이므로, 이 문장에서는 '늘려서'라고 표기하는 것이 적절하다.

④ 한자어는 '곳간(庫間), 셋방(貰房), 숫자(數字), 찻간(車間), 툇간(退間), 횟수(回數)'를 제외하고 사이시옷을 붙이지 않는다. 따라서 '초점'이 올바른 표기이다.

34 ④

| 정답해설 | '삶아'의 기본형은 '삶다'로, 문장에서 올바르게 활용되었다.

| 오답해설 |

① '오뚝이'가 옳은 표기이다.

② '반드시'가 옳은 표기이다.

③ '나아야'가 옳은 표기이다.

35 ①

| 정답해설 | ㉠ 어간 '얼-'에 '-음'이 붙어서 명사로 된 '얼음'은 어간의 원형을 밝히어 적은 표기이다. ㉡ 어간 '놀-'에 '-음'이 붙어서 명사로 바뀐 '노름'은 '놀다'의 '놀-'과 뜻이 멀어진 것으로 소리 나는 대로 적은 표기이다. ㉢ 어간 '막-'에 접미사 '-애'가 붙어 명사로 바뀐 '마개'는 어간의 원형을 밝히어 적지 않은 표기이다.

36 ④

| 정답해설 | 〈보기〉의 규정은 어간에 '-이'나 '-음/-ㅁ'이 붙어 명사로 된 단어는 어간의 원형을 밝혀 적어야 한다는 것이다. 밑줄 친 단어 중 '얼음'은 '얼-'에 명사형 어미 '-음'이 붙은 형태로, 어간의 원형이 유지된 것이다.

| 오답해설 | ①, ②, ③ 부사형 어미 '-이'가 붙어 부사가 된 단어이다.

37 ①

| 정답해설 | '이파리'는 '잎+-아리'로, '-이' 이외의 모음으로 시작된 접미사 '-아리'가 붙어서 된 말이다. 따라서 '잎'의 원형을 밝히어 적지 않는다.

| 오답해설 |

② '낱낱이'는 '낱낱(명사)+-이'의 형태로, 원형을 밝히어 적은 표기이다.

③ '집집이'는 '집집(명사)+-이'의 형태로, 원형을 밝히어 적은 표기이다.

④ '삼발이'는 '삼발(명사)+-이'의 형태로, 원형을 밝히어 적은 표기이다.

38 ①

| 정답해설 | 한자어 표기대로라면 '락원(樂園)'이라고 써야 하지만 우리말의 두음 법칙이 적용되어 '낙원'이라고 적는다.

39 ③

| 정답해설 | '마리'는 단위를 나타내는 명사이므로 앞말인 '두'와 띄어 쓰는 것이 옳은 표기이다.

| 오답해설 |

① '먹을 만큼만'이 옳은 표기이다.

② '만난 지'가 옳은 표기이다.

④ '천 원밖에'가 옳은 표기이다.

40 ④

| 정답해설 | 둘 이상의 대상을 열거하는 말인 '등'은 띄어 쓴다. '등(等), 등등(等等), 등속(等屬), 등지(等地)' 등은 열거의 뜻을 표시하는 의존 명사이므로 앞말과 띄어 쓴다.

41 ②

| 정답해설 | '여기 주문하신 음료 나오셨습니다.'가 어색한 까닭은 말하는 상대를 높이려다가 서술의 대상인 '음료'와 같은 사물까지 과도하게 높여 표현했기 때문이다. '여기 주문하신 음료 나왔습니다.'라고 표현하는 것이 적절하다.

100점까지 Upgrade 높임 표현

주체 높임법	주어를 높임
객체 높임법	목적어나 부사어를 높임
상대 높임법	대화 상대를 높이거나 낮춤

42 ③

| 정답해설 | '업었다'는 기본형 '업다'에 선어말어미 '-었-'이 붙어 과거 시제를 나타낸 표현이다. 행동의 주체인 '철수'가 다친

친구를 등에 업은 것은 자기 힘으로 움직인 것이므로 능동 표현이다. 피동 표현을 만드는 방법에는 피동 접미사 '-이-, -히-, -리-, -기-'를 붙이거나 '-아/-어지다', '-게 되다'와 같은 표현을 사용한다. 또한 일부 명사 뒤에 접사 '-되다'를 결합하여 피동 표현을 만들 수도 있다.

| 오답해설 |

① '잡혔다'는 '잡-+-히-(피동 접미사)+-었-+-다'의 형태로 피동 표현이다.

② '풀렸다'는 '풀-+-리-(피동 접미사)+-었-+-다'의 형태로 피동 표현이다.

④ '사용되다'는 '사용'이라는 명사 뒤에 피동의 뜻을 더하고 동사를 만드는 접미사인 '-되다'를 붙인 피동 표현이다.

43 ②

| 정답해설 | ㉠에서는 문장의 목적어인 '아버지'를 높이고 있으나, ㉡에서는 문장의 부사어인 '선생님'을 높이고 있다.

44 ④

| 정답해설 | '계시다'는 선어말 어미 '-시-'가 붙은 동사가 아니라, 그 자체로 '있다'의 높임말이다.

45 ④

| 정답해설 | ④의 주어는 '교장 선생님의 말씀'이므로 간접 높임의 대상에 해당한다. 따라서 '교장 선생님의 말씀이 있으시겠습니다.'로 고쳐야 한다. '있다'의 경우 직접 높임에는 '계시다', 간접 높임에는 '있으시다'를 사용한다.

46 ④

| 정답해설 | 서술의 객체인 '할머니'를 높이는 객체 높임 표현이다.

| 오답해설 | ①, ②, ③ 서술의 주체를 높이는 주체 높임 표현이다.

47 ①

| 정답해설 | '웃기다'는 '웃게 하다'라는 의미를 갖고 있으므로 '피동사'가 아닌 '사동사'에 해당한다. 사동 표현은 주체가 다른 대상에게 행동을 시키는 것을 의미한다.

100점까지 Upgrade 피동·사동 표현 방법

피동 표현	• 용언에 피동 접사 '-이-, -히-, -리-, -기-'를 붙임 • 용언에 '-어지다', '-게 되다'를 붙임
사동 표현	• 용언에 사동 접사 '-이-, -히-, -리-, -기-, -우-, -구-, -추-'를 붙임 • 용언에 '-게 하다', '-게 만들다'를 붙임

48 ①

| 정답해설 | 목적어가 있는 주동문을 사동문으로 바꾸면, 주동문의 주어는 사동문에서 부사어로 바뀐다. 따라서 ㉠의 주어인 '아이가'는 ㉡에서 부사어 '아이에게'로 바뀌었다.

| 오답해설 |

② ㉠에서 ㉡으로 문장을 바꿀 때 새로운 주어인 '엄마가'가 나타났다.

③ ㉡은 서술어 '입었다'에 사동 접미사 '-히-'가 붙어 사동 표현이 되었다.

④ ㉡은 주어인 엄마가 아이에게 옷을 입게 한 것이다.

49 ④

| 정답해설 | ④의 '인정되어졌다.'는 피동 표현인 '-되다'와 '-어지다'가 겹쳐 사용된 이중 피동 표현이다. '인정되었다'로 바꾸어야 한다.

50 ③

| 정답해설 | '동생은 주말에 낚시하러 가겠다고 한다.'에 쓰인 선어말 어미 '-겠-'은 가능성이 아니라 주체의 의지를 나타내는 표현으로 사용되었다.

51 ③

| 정답해설 | 문장의 문맥을 보아 '잤다'의 '-았-'은 말하는 시점에서 미래의 사건을 이미 정하여진 사실인 양 말하는 것이다.

| 오답해설 |

①, ② 선어말 어미 '-았-/-었-'은 과거의 사건을 표현하는 것이다.

④ 관형사형 어미 '-(으)ㄴ'은 과거의 사건을 표현하는 것이다.

52 ②

| 정답해설 | '네가 아까 먹을 과자는 맛있었어?'의 '을'은 미래 시제를 나타내므로 과거 시제인 '은'으로 수정하는 것이 적절하다.

53 ①

| 정답해설 | 제시된 문장을 간접 인용 표현으로 바꾸면 '나는 선생님께 내가 내일 어디로 가야 하느냐고 여쭈었다.'로 바꿀 수 있다. 그러므로 인용 문장인 "저는 내일 어디로 가야 해요?"의 주어를 '내가'로 바꾸는 것이 적절하다.

| 오답해설 |

② 전체 문장의 주어는 '나는'으로 동일하다.

③ 시간을 나타내는 부사어는 바꿀 필요가 없다.

④ '여쭈었다'라는 단어를 통해 전체 문장의 객체인 '선생님'을 높이고 있다.

100점까지 Upgrade 인용 표현

직접 인용	• 원래의 내용과 형식을 그대로 유지한 채 인용함 • 큰따옴표(" ")와 조사 '라고'를 사용함
간접 인용	• 형식은 유지하지 않고 내용만 인용함 • 따옴표를 사용하지 않고, 조사 '고'를 사용함

54 ①

| 정답해설 | 제시된 표현을 간접 인용 표현으로 고치면 '지혜는 어제 자기는 그곳을 떠나고 싶다고 말했다.'로 고치는 것이 가장 자연스럽다.

55 ④

| 정답해설 | 제시된 문장은 그녀가 웃으면서 인사를 한 것인지, 친구가 웃으면서 들어온 것인지 그 의미가 모호한 중의적 표현에 해당한다. ④ 역시 이웃이 한결같이 어려운 것인지, 어려운 이웃을 한결같이 돕는 사람이 많은 것인지 그 의미가 명확하지 않다.

| 오답해설 |

① 호응 오류가 나타난 문장으로, '뜰에 핀 꽃이 여간 탐스럽지 않다.'가 적절하다.

② 높임의 오류가 나타난 문장으로, '선생님께서 너 오라고 하셨어.'가 적절하다.

③ 호응 오류가 나타난 문장으로, '내가 하고 싶은 말은 너를 사랑한다는 것이다.'가 적절하다.

56 ②

| 정답해설 | '그는 노래와 춤을 추었다.'는 '노래'와 호응하는 서술어가 누락되었다. '그는 노래를 부르고 춤을 추었다.'가 올바른 표현이다. ② 역시 '운동'과 호응하는 서술어가 누락되었다. '나는 시간이 나면 운동을 하고 책을 읽는다.'가 적절하다.

| 오답해설 |

① 시제 오류가 나타난 문장으로, '그녀는 내일 부산으로 출발할 것이다.'가 적절하다.

③ 간접 높임의 오류가 나타난 문장으로, '그분은 세 살 된 예쁜 따님이 있으십니다.'가 적절하다.

④ 부사어와 서술어의 호응 오류가 나타난 문장으로, '상처를 만진 후에는 반드시 손을 씻어야 한다.'가 적절하다.

57 ③

| 정답해설 | '차마'는 뒤에 오는 동사를 부정하는 문맥에 쓰이는 표현이다. 따라서 '차마 ~ 떠날 수 없었다'는 부사어와 서술어의 호응이 자연스러운 문장이다.

| 오답해설 |

① '도무지'는 부정을 나타내는 말과 함께 쓰여야 한다. 따라서 '나는 도무지 그 일을 할 수 없다.'와 같이 쓰여야 자연스러운 표현이다.

② '비'에 해당하는 서술어가 생략되어서 어법에 맞지 않는다. '어제는 비가 내렸고 바람이 심하게 불었다.'와 같이 써야 한다.

④ '~ ㄹ 것이다'는 미래 시제와 관련된 표현이므로, '동생은 내일 작은아버지 댁에 갈 것이다.'가 자연스러운 표현이다.

58 ②

| 정답해설 | 서술어 '도와주고 싶다'의 주체는 '나'이며, '어려운 이웃'은 도와주고 싶은 대상인 목적어에 해당한다. 이는 어법에 맞고 자연스러운 문장이다.

| 오답해설 |

① '만약에 내가 어른이 (된다면) (무엇이) 될 것이다.'로, '된다면'과 '무엇이'에 대한 내용을 추가하여 서술해야 올바른 표현이다.

③ '우리가 경기에 이기려면 열심히 해야 한다.'로 써야 올바른 표현이다.

④ '그는 점심시간에 빵을 먹고 우유를 마셨다.'라고 써야 자연스러운 문장이다.

59 ①

| 정답해설 | 부사어 '결코'는 부정어와 호응하므로 적절한 문장이다.

| 오답해설 |

② '이유는'은 '~ 때문이다'와 호응한다. '내가 감기에 걸린 이유는 겨울비를 맞았기 때문이다.'가 올바른 표현이다.

③ '내일'과 '출국했다'의 시제가 맞지 않다. '우리 선수단은 내일 제주 공항을 통해 출국할 것이다.' 혹은 '우리 선수단은 어제 제주 공항을 통해 출국했다.'가 올바른 표현이다.

④ '굴복하다'의 필수적 문장 성분이 빠져 있다. '인간은 자연을 지배하기도 하고 자연에 굴복하기도 한다.'가 올바른 표현이다.

60 ①

| 정답해설 | '군인으로서'의 '～로서'는 자격, 지위, 신분을 나타낼 때 쓰이므로, 어법에 맞고 자연스러운 문장이다.

| 오답해설 |

② '결코'는 부정어와 호응하고, '～해야 한다'는 '반드시'와 호응한다. 따라서 '말과 행동은 반드시 일치해야 한다.'로 고쳐야 옳은 표현이다.

③ '운동과'와 호응하는 서술어가 생략되어 있다. '오늘은 운동을 하고 그림을 그리기로 하자.'로 고쳐야 한다.

④ '상품'은 높이는 대상이 아니므로 선어말 어미 '－시－'를 사용하지 않는다. 따라서 '고객님이 주문하신 상품은 품절되었습니다.'로 고쳐야 한다.

61 ④

| 정답해설 | 고객이 직원에게 고맙다는 인사와 함께 직원의 솜씨에 대해 칭찬하는 긍정적인 말과 행동을 보이자, 직원 역시 고객에게 제품 관리를 잘한 고객 덕분이라는 긍정적인 말과 행동을 보이고 있다. 이 상황에 가장 어울리는 속담은 '가는 말이 고와야 오는 말이 곱다.'이다.

| 오답해설 |

① '모기도 모이면 천둥소리 난다.'라는 속담은 힘없고 미약한 것이라도 많이 모이면 큰 힘을 낼 수 있다는 의미를 지닌다.

② '사촌이 땅을 사면 배가 아프다.'라는 속담은 남이 잘되는 것을 기뻐해 주지는 않고 오히려 질투하고 시기하는 경우를 비유적으로 이르는 말이다.

③ '털어서 먼지 안 나는 사람 없다.'라는 속담은 누구나 조그마한 허물은 가지고 있다는 의미를 지닌다.

62 ③

| 정답해설 | 농구공을 한 손으로 잡을 만큼 '손이 크다'는 것은 표현 그대로 손(신체)의 크기가 크다는 것을 의미하므로 관용 표현이 아니다.

| 오답해설 |

① '발이 묶이다.'는 '몸을 움직일 수 없거나 활동할 수 없는 형편이 되다.'라는 의미의 관용 표현이다.

② '입이 귀에 걸리다.'는 '너무 좋아 싱글벙글하다.'라는 의미의 관용 표현이다.

④ '손발이 맞다.'는 '함께 일을 하는 데에 마음이나 의견, 행동 방식 따위가 서로 맞다.'라는 의미의 관용 표현이다.

63 ④

| 정답해설 | '관용 표현'이란 둘 이상의 낱말이 합쳐져 원래의 뜻과는 전혀 다른 새로운 뜻으로 굳어져서 쓰이는 표현을 의미한다. ④의 '동생을 오래 기다리게 해서 미안했다.'에서는 관용 표현이 사용되지 않았다.

| 오답해설 |

① '눈에 차다.'는 '흡족하게 마음에 들다.'라는 의미의 관용 표현이다.

② '귀가 솔깃하다.'는 '어떤 말이 그럴듯하게 여겨져 마음이 쏠리다.'라는 의미의 관용 표현이다.

③ '발이 넓다.'는 '사귀어 아는 사람이 많아 활동하는 범위가 넓다.'라는 의미의 관용 표현이다.

64 ②

| 정답해설 | ②는 '행인1'이 '학생'에게 어느 고등학교에 다니는지를 묻는 의문문이고, 학생이 이에 대해 '한국 고등학교에 다닌다'는 정보를 제공하고 있으므로 직접적 표현이다.

| 오답해설 |

① '동생'이 '누나'에게 바로 물을 달라고 하지 않고, 목이 마른 본인의 상태를 표현하고 있으므로 간접적 표현이다.

③ '친구1'이 '친구2'에게 '지우개를 빌려줘.', '지우개를 빌려줄 수 있어?'라고 직접적으로 묻지 않고 지우개를 가지고 있는지 물어보았으므로 간접적 표현이다.

④ '아이'가 '엄마'에게 '추우니까 창문을 닫아 주세요.'라고 직접 말하지 않고 '창문이 열려 있어요.'라고 현 상태를 말함으로써, 추워서 창문을 닫아야겠다는 것을 간접적으로 표현하였다.

65 ②

| 정답해설 | '은반 위의 무지개처럼'은 직유법을 사용한 표현으로, 관용 표현이 아니다.

| 오답해설 |

① '배가 등에 붙다.'는 '배가 홀쭉하고 몹시 허기지다.'라는 의미의 관용 표현이다.

③ '못을 박다.'는 '다른 사람에게 원통한 생각을 마음속 깊이 맺히게 하다.'라는 의미의 관용 표현이다.

④ '피가 거꾸로 솟다.'는 '매우 흥분한 상태'를 나타내는 관용 표현이다.

66 ①

| 정답해설 | 초성 중 설음(혓소리 자)은 'ㄴ, ㄷ, ㅌ, ㄹ'이 있다.

100점까지 Upgrade 훈민정음 초성의 제자 원리

오음(五音)	상형(象形)	기본자	가획자	이체자
어금닛소리 자 [아음(牙音)]	혀뿌리가 목구멍을 막는 모양	ㄱ	ㅋ	ㆁ (옛이응)
혓소리 자 [설음(舌音)]	혀가 윗잇몸에 붙는 모양	ㄴ	ㄷ, ㅌ	ㄹ (반설음)
입술소리 자 [순음(脣音)]	입의 모양	ㅁ	ㅂ, ㅍ	
잇소리 자 [치음(齒音)]	이의 모양	ㅅ	ㅈ, ㅊ	ㅿ (반치음)
목구멍소리 자 [후음(喉音)]	목구멍의 모양	ㅇ	ㆆ, ㅎ	

67 ①

| 정답해설 | 한글의 자모는 창제 당시에는 28자였으나 현재는 24자이다. 28자 중, 'ㆍ, ㅿ, ㆆ, ㆁ'이 소실되었다.

68 ③

| 정답해설 | 모음자와 자음자는 각기 다른 체계로 만들어졌다. 자음 17자는 발음 기관의 모양을 본떠 기본자 5자를 만들고, 기본자에서 파생시켜 나머지 글자들을 만들었다.

69 ②

| 정답해설 | '깡충깡충'은 양성 모음 'ㅏ'와 음성 모음 'ㅜ'가 어울린 것으로 모음 조화가 지켜지지 않은 단어이다.

| 오답해설 |

① 음성 모음 'ㅓ'만 사용된 단어이다.

③ 양성 모음 'ㅏ'와 'ㅗ'가 사용된 단어이다.

④ 양성 모음 'ㅏ'만 사용된 단어이다.

70 ②

| 정답해설 | 'ㅡ'와 'ㅣ'에 'ㆍ'를 하나씩 결합한 것은 초출자가 단모음임을 나타낸 것이고, 'ㅡ'와 'ㅣ'에 'ㆍ'를 두 개씩 결합한 것은 재출자가 이중 모음임을 나타낸 것이다.

71 ②

| 정답해설 | 'ㄴ'은 혀끝이 윗잇몸에 붙는 모양을 본떠서 만든 설음이다.

72 ④

| 정답해설 | 〈보기〉의 글자는 'ㄲ, ㄸ, ㅃ, ㅆ, ㅉ, ㆅ'을 가로로 나란히 쓰는 병서의 원리로 만들어진 글자이다.

73 ④

| 정답해설 | ㉣은 '놈+이'의 형태로, 이어 적기를 하여 'ㆍ노ㆍ미'로 표기한 것이다.

| 오답해설 |

① 글자 왼쪽에 방점을 찍어 소리의 높낮이(성조)를 표현하였다.

② '홇'의 받침에 사용된 'ㆆ'을 통해 확인할 수 있다.

③ 어두 자음군은 음절의 첫머리(초성)에 오는 둘 이상의 자음 연속체를 의미하는데, 'ㅵ'를 통해 확인할 수 있다.

74 ③

| 정답해설 | ㉠은 한자 '主'의 뜻인 '님'을 빌려 왔고(훈차), ㉡은 한자 '隱'의 소리인 '은'을 빌려 왔다(음차).

100점까지 Upgrade 향찰

- 정의: 한자의 음과 뜻을 빌려 우리말의 형태와 의미를 기록한 종합적인 표기 체계이다.
- 종류: 한자에서 표기하고자 하는 것과 비슷한 소리를 가진 단어의 소리를 빌리는 음차와, 표시하고자 하는 것과 같은 뜻을 가진 단어의 뜻을 빌리는 훈차가 있다.

75 ③

| 정답해설 | '이어 적기'는 앞말이 자음으로 끝나고 뒤에 오는 조사나 어미 등 형식 형태소가 모음으로 시작될 때, 실제 발음에 따라서 앞말의 자음을 형식 형태소의 초성으로 표기하는 방식을 말한다. 즉, '깊은'의 'ㅍ'을 '은'의 초성으로 표기한 '기픈'은 이어 적기에 해당한다.

76 ③

| 정답해설 | 중세 국어에서 'ㅣ, ㅑ, ㅕ, ㅛ, ㅠ' 앞에 있던 'ㄷ, ㅌ'이 현대 국어로 넘어오면서 'ㅈ, ㅊ'으로 바뀌는 구개음화 현상이 일어났다. 이 현상은 중세 국어에서는 치음이었던 'ㅈ, ㅊ'이 근대 국어 시기에 경구개음으로 바뀌었기 때문에 일어난 것이다. '됴코'가 '좋고'로 변화한 것을 통해 '구개음화'가 일어났음을 알 수 있다. ':됴ㆍ코'에 어두 자음군은 나타나 있지 않다.

| 오답해설 |

① 'ㆍ'가 사라지고 'ㅏ'로 변화하였다.

② 글자의 왼쪽에 찍었던 방점이 사라졌음을 알 수 있다.
④ '내히'는 '내ㅎ+이'가 이어 적기된 형태이다. 중세 국어에서는 주격 조사 '이'가 사용되었으나 현대 국어에서 주격 조사는 '이, 가' 두 가지가 모두 쓰인다.

77 ③

| 정답해설 | '어두 자음군'은 단어의 첫머리에 오는 둘 이상의 자음의 연속체를 의미한다. ㉢에는 어두 자음군이 사용되지 않았다.

| 오답해설 |

① '깊+은'이 이어 적기에 의해 '기픈'으로 표기되었다.
② 'ㆍ, ㅗ, ㅏ'는 양성 모음으로, 'ᄇᆞᄅᆞ매'는 양성 모음끼리 표기된 '모음 조화'에 해당한다.
④ '가ᄂᆞ니'에서 현재 사용되지 않는 'ㆍ(아래아)'가 사용되었다.

78 ③

| 정답해설 | '여 · 름'은 현대어로 '열매'를 의미한다.

79 ②

| 정답해설 | '니르고져'를 통해 두음 법칙을 지키지 않았음을 알 수 있다. '두음 법칙'은 근대 국어에 나타난 특징이다.

| 오답해설 |

① '· ᄠᅳ · 들'에서 어두 자음군이 사용되었음을 알 수 있다.
③ ':수 · ᄫᅵ'에서 'ㅸ'이 쓰였음을 알 수 있다.
④ 글 전체에서 글자 왼쪽에 방점을 표기한 것을 알 수 있다.

80 ③

| 정답해설 | ㉢의 ':어엿 · 비'는 중세 국어에서 '가엾게'라는 의미였지만, 이후 그 형태와 의미가 변화하여 현대 국어에서는 '예쁘게'라는 의미로 쓰이고 있다.

81 ③

| 정답해설 | 『소학언해』는 후기 중세 국어에 해당하는 자료이다. 후기 중세 국어에도 계속해서 글자의 왼쪽에 성조를 나타내는 방점이 사용되었다. 방점은 근대 국어에서 사라지기 시작했다.

| 오답해설 |

① 중세 국어에서 된소리 표기가 사용되었지만, 『소학언해』에서는 된소리 표기를 확인할 수 없다.
② 주격 조사 '가'가 쓰이기 시작한 것은 근대 국어부터이다. 중세 국어에서는 주격 조사 'ㅣ'가 사용되었다.
④ ㅿ(반치음)은 「세종어제훈민정음」 등 전기 중세 국어에 사용되었다. 후기 중세 국어에 해당하는 『소학언해』에서는 사용되지 않았다.

82 ③

| 정답해설 | '거동만 니근 이'는 겉만 그럴듯하고 실속이 없는 사람을 의미한다. 행동만 익숙하게 보이고 실속이 없음을 가리키는 ㉠의 뜻은 '익숙한'이 적절하다.

83 ③

| 정답해설 | ':어엿 · 비'는 중세 국어에서는 '가엾게'의 의미로 사용되었으나 현대 국어에서는 '예쁘게'의 의미로 사용되므로 의미가 아예 바뀐 경우에 해당한다.

| 오답해설 | ② '· 노 · 미'는 중세 국어에서 '보통 사람'의 뜻이었지만 현대 국어에서는 '남자'를 낮추어 가리키는 뜻으로 바뀌었다. '의미 축소'에 해당된다.

정답과 해설

실전 모의고사

1회

318쪽

01	④	02	②	03	④	04	①	05	③
06	④	07	③	08	②	09	①	10	④
11	②	12	④	13	④	14	④	15	②
16	①	17	④	18	②	19	④	20	④
21	②	22	④	23	②	24	④	25	①

01 ④

| 정답해설 | 제시된 상황에서는 요청하는 말하기가 필요하다. 요청을 할 때는 요청하는 내용과 이유를 정중하게 전달해야 한다. ④는 "책을 보는 다른 친구들도 있으니"라고 요청하는 이유를 이야기했고, "조금만 조용히 해 주겠니?"라며 요청하는 내용을 정중하게 말했으므로 가장 적절하다.

02 ②

| 정답해설 | 제시된 문장은 주어인 '사실은'과 호응하는 서술어가 없어서 잘못되었다. 이와 같이 주어와 서술어 사이에 호응이 이루어지지 않은 문장은 ②이다.

| 오답해설 |

① 중의적 표현이 사용된 경우이다.

③ 목적어 '운동과'에 대응하는 서술어가 생략된 경우이다.

④ 시간 표현이 잘못된 경우이다.

03 ④

| 정답해설 | '이따가'는 '조금 지난 뒤에'를 의미하는 부사이다.

| 오답해설 |

① '깍두기'가 옳다.

② '바쳤다'가 옳다.

③ '육개장'이 옳다.

04 ①

| 정답해설 | '노름'은 '놀다'의 어간 '놀-'에 '-음'이 붙어서 명사로 된 것이지만, 그 어간의 뜻과 멀어져 원형을 밝히어 적지 아니한 경우이다.

05 ③

| 정답해설 | '안기다'는 피동 혹은 사동 접미사 '-기-'가 붙어 만들어진 단어로, 된소리로 발음하지 않고 [안기다]로 발음한다.

| 오답해설 |

① [안따]로 발음된다.

② [껴안따]로 발음된다.

④ [더듬따]로 발음된다.

06 ④

| 정답해설 | ④의 '발이 크다.'는 관용 표현이 아니라 사전적 의미 그대로 사용된 것이다.

| 오답해설 |

① '발을 끊다.'는 오가지 않거나 관계를 끊는다는 의미의 관용 표현이다.

② '발을 구르다.'는 매우 안타까워하거나 다급해 한다는 의미의 관용 표현이다.

③ '발 벗고 나서다.'는 적극적으로 나선다는 의미의 관용 표현이다.

07 ③

| 정답해설 | '배'는 '바+ㅣ'로 주격 조사 'ㅣ'가 사용되었다. 중세 국어에서는 'ㅣ' 모음 외의 모음 뒤에서는 주격 조사 'ㅣ'가 사용되었다. 'ㅣ' 모음으로 끝난 단어에는 주격 조사가 사용되지 않았다.

100점까지 Upgrade 8종성법

- 받침으로 'ㄱ, ㄴ, ㄷ, ㄹ, ㅁ, ㅂ, ㅅ, ㆁ'만 사용하는 법칙이다.
- 전기 중세 국어에서는 8종성법이 지켜졌으나, 후기 중세 국어부터는 7종성법으로 변경되었다.

08 ②

| 정답해설 | '·ᄀᆞᄆᆞ·래'는 '가뭄에'를 뜻한다.

09 ①

| 정답해설 | 'ㅸ(순경음 비읍)'은 연서에 해당하는 글자이고, 'ㅶ, ㅆ, ㅄ, ㆅ' 등은 병서에 해당하는 글자이다.

10 ④

| 정답해설 | 제시된 글의 주제가 재능 기부 활동에 동참하자는 것이므로 돈으로 하는 기부와 관련된 자료를 활용하는 것은 적절하지 않다.

| 오답해설 |

① (가)를 보면, 10대 청소년의 24.9%가 '기부에 대한 관심이 없어서'를 기부를 하지 않는 원인으로 답변했음을 알 수 있다.

② (가)를 보면, 10대 청소년의 43%가 '경제적 여유가 없어서'를 기부를 하지 않는 원인으로 답변하여 가장 많은 비율을 차지하고 있음을 알 수 있다.

③ (나)의 ○○고등학교 학생들의 사례는 학생들이 직접 참여한 재능 기부의 사례이므로 학급 친구들이 함께할 수 있는 재능 기부 활동으로 제시할 수 있다.

11 ②

| 정답해설 | 주장하는 글의 처음 부분이므로 청소년 기부 활동과 관련하여 문제 제기를 하며 글을 시작해야 한다. 청소년들이 기부를 하지 않는 이유를 밝히기 전에 추가될 만한 내용은 청소년 기부 활동의 실태이다.

12 ④

| 정답해설 | 1, 2연에서는 나뭇가지에 눈꽃을 피우려는 눈의 도전과 시련을, 3연에서는 마침내 핀 눈꽃에 대한 예찬을, 4연에서는 봄이 되어 나뭇가지에 핀 꽃에 대한 예찬을 담고 있다. 따라서 시간의 흐름에 따라 시상을 전개하고 있음을 알 수 있다.

100점까지 Upgrade 고재종, 「첫사랑」

갈래	자유시, 서정시
성격	서정적, 역설적, 회화적
주제	인내와 헌신으로 피워 낸 아름다운 사랑

13 ④

| 정답해설 | ㉣ '그 한 번 덴 자리'는 봄이 되어 눈꽃이 진 자리로, 역경을 딛고 어렵게 이룬 첫사랑이 아픈 경험으로 남았음을 의미한다고 볼 수 있다.

14 ④

| 정답해설 | (가)는 평시조, (나)는 사설시조로 모두 갈래가 '시조'이다. 시조는 초장, 중장, 종장의 3장으로 구성되며 종장의 첫 음보가 3음절로 고정되어 있다.

100점까지 Upgrade 평시조와 사설시조

평시조	• 주로 사대부 양반 계층이 작사함 • 유교적 이념, 자연과의 조화, 풍류 사상 등을 내용으로 함 • 유교적 세계관에 대해 노래함
사설시조	• 주로 중인과 평민층이 작사함 • 서민들의 일상, 삶의 애환, 지배 계층에 대한 비판 등을 내용으로 함 • 풍자와 해학이 두드러짐

15 ②

| 정답해설 | (가)의 화자는 임이 없는 시간을 잘라 내어 임이 오시는 날에 사용하겠다고 하고 있고, (나)의 화자는 주추리 삼대를 임으로 착각하고 급하게 달려 나갔다. 이는 모두 떠나간 임에 대한 그리움이 드러난 것이라고 할 수 있다.

16 ①

| 정답해설 | 윗글은 판소리계 소설, 즉 고전 소설로서 전지적 작가 시점의 서술자가 드러난다.

17 ④

| 정답해설 | '금동이의 아름다운 술은 ~ 원망 소리 높았더라.'를 통해 어사또(이몽룡)가 본관(변 사또)의 횡포를 비판하고 있음을 알 수 있다.

| 오답해설 |

① '어사또 상을 보니 ~ 막걸리 한 사발 놓았구나.'를 통해 어사또에 대한 사령의 대접이 형편없었음을 알 수 있다.

② "'마는' 소리 홋입맛이 사납것다.'를 통해 본관이 어사또의 잔치 참여를 반기지 않음을 알 수 있다.

③ 사령은 어사또의 정체를 모르고, 잔치를 즐기고 있다.

18 ②

| 정답해설 | 윗글은 민 씨가 남긴 '묘비명' 형식의 글로, 황만근의 삶을 평가하고 있다.

| 오답해설 |

① 대상의 장점에 대한 서술이 나타나고 있으나 단점을 분석하

고 있지는 않다.

③ 반어법이 쓰이지 않았으며, 인물에 대한 개인의 평이 서술되어 있다.

④ 대상의 부정적 속성을 강조한 부분은 없다. 황만근의 긍정적인 측면을 부각하고 있다.

19 ④

| 정답해설 | 황만근은 그 누구에게도 해를 끼치지 않았듯 그 지혜로 어떤 수고로운 가르침도 함부로 남기지 않았다고 하였다. 따라서 황만근이 마을 사람들에게 자신의 지혜를 가르쳐 주고자 하였다는 것은 적절하지 않다.

20 ④

| 정답해설 | '나'는 장기로 귀양 온 후에 '수오재'라는 이름에 대해 깊이 생각하다가 의문점에 대한 깨달음을 얻었다.

| 오답해설 | ①, ②, ③ (가)에서 확인할 수 있다.

21 ②

| 정답해설 | 글쓴이는 다른 천하 만물과 달리 '나'를 반드시 지켜야 하는 대상이라고 말하고 있다. 따라서 글쓴이가 천하 만물은 지키지 않아도 되는 것이라고 생각하고 있음을 알 수 있다.

| 오답해설 |

① (다)에서 글쓴이는 세상 만물은 가져갈 수가 없으나 오직 '나'는 스스로 지켜야 한다고 말한다. 이는 세상 만물과 달리 '나'가 잃어버리기 쉬운 대상임을 전제한다.

③, ④ '집', '경전'은 모두 천하 만물에 해당하는 것으로 지키지 않아도 되는 대상이다.

22 ④

| 정답해설 | (라)에서 '나'는 친밀하게 붙어 있어 배반하지 못할 것 같지만 잠시라도 살피지 않으면 어느 곳이든 가지 않는 곳이 없다고 하였다.

23 ②

| 정답해설 | (나)에서 '사회 구성원에게 적절한 일자리를 제공하는 것은 로봇 시대에 무엇보다 중요한 사회적 과제이다.'를 통해 확인할 수 있다.

| 오답해설 |

① (나)에서 '로봇이 일자리를 없애더라도 ~ 로봇 문명을 낙관하는 사람들의 생각이다.'를 통해 확인할 수 있다.

③ (라)에서 적정한 일자리의 필요성을 확인할 수 있다.

④ (다)에서 현인들이 적당한 일은 행복한 삶에 필수적 요소라고 한 것을 확인할 수 있다.

100점까지 Upgrade 논설문의 특성

주관성	글쓴이의 주관적인 의견이나 주장이 드러남
타당성	글쓴이의 주장을 뒷받침하는 근거가 타당해야 함
신뢰성	출처가 분명하고 신뢰할 수 있는 근거를 제시해야 함
체계성	서론–본론–결론의 3단 구성에 따라 전개됨
논리성	내용 전개가 논리적임

24 ④

| 정답해설 | 글쓴이는 (다)에서 영국의 철학자 버트런드 러셀의 주장을 간접 인용하여 자신의 견해를 뒷받침하고 있다.

25 ①

| 정답해설 | '명약관화(明若觀火)'는 불을 보듯 분명하고 뻔하다는 의미로, 로봇 시대에도 일자리가 필요하다는 글쓴이의 주장을 강조하기 위한 단어로 적절하다.

| 오답해설 |

② '전전반측(輾轉反側)'은 누워서 몸을 이리저리 뒤척이며 잠을 이루지 못한다는 의미이다.

③ '어불성설(語不成說)'은 말이 조금도 사리에 맞지 아니한다는 의미이다.

④ '침소봉대(針小棒大)'는 작은 일을 크게 부풀려 떠벌리는 것을 의미한다.

2회 324쪽

01	③	02	④	03	①	04	①	05	④
06	④	07	④	08	①	09	③	10	②
11	①	12	②	13	③	14	②	15	④
16	①	17	③	18	③	19	①	20	④
21	③	22	②	23	④	24	②	25	③

01 ③

| 정답해설 | 표준 발음법 제13항은 '연음 현상'에 관한 규칙이다. '밭을'은 홑받침 뒤에 조사 '을'이 결합되는 경우이므로 [바틀]로 발음하는 것이 올바르다.

02 ④

| 정답해설 | '비단'은 부정하는 말 앞에서 '다만, 오직'의 뜻으로 쓰이는 말로, ④의 문장에서는 서술어 '아니다'와 호응하고 있다.

| 오답해설 |

① '로써'는 어떤 일의 수단이나 도구를 나타내는 조사이며, '로서'는 지위나 신분 또는 자격을 나타내는 조사이므로 '학생으로서'가 적절하다.

② 목적어에 호응하는 서술어가 생략된 문장으로, '빵을 먹고 우유를 마셨다.'가 올바른 표현이다.

③ 간접 높임은 높여야 할 대상의 신체, 가족, 소유물 등을 높이는 표현으로 특수 어휘를 사용하지 않고 선어말 어미 '-시-'를 사용하여 높임을 표현해야 한다. 그러므로 '예쁜 따님이 있으십니다.'가 올바른 표현이다.

03 ①

| 정답해설 | '놀이'는 '놀다'의 '놀-'에 접미사 '-이'가 붙어 명사가 된 단어로, 형태소의 본 모양을 밝혀 표기하였다. 이는 어법에 맞도록 표기한 것이다.

| 오답해설 | ②, ③, ④ 표기와 발음이 같게 '소리대로 표기'한 것이다.

04 ①

| 정답해설 | '머리+말'은 순우리말로 된 합성어로, 앞말이 모음으로 끝난 경우에 해당한다. 하지만 뒷말의 첫소리가 된소리로 나거나 뒷말의 첫소리 앞에서 'ㄴ' 또는 'ㄴㄴ' 소리가 덧나지 않으므로 사이시옷을 표기하지 않는다.

05 ④

| 정답해설 | '올리겠다'의 '-겠-'은 주체의 의지를 나타내는 어미로 사용되었다.

| 오답해설 |

①, ② 가능성이나 능력의 의미로 사용되었다.

③ 추측의 의미로 사용되었다.

06 ④

| 정답해설 | ㉠에는 '나-1, 2'를 모두 포함할 수 있는 내용이 들어가야 한다. 그러므로 '착한 소비 운동의 활성화 방안'이 적절하다.

| 오답해설 |

① 서론에 적절한 내용이다.

② 결론에 적절한 내용이다.

③ '나-1, 2'는 개인이 실천할 수 없는 방안이므로 적절하지 않다.

07 ④

| 정답해설 | ㉡에서는 부사어에 결합하는 조사 '께'를 사용하여 객체 높임을 실행하였다. ㉣에서는 '여쭈다'라는 특수한 어휘를 통해 객체 높임을 실행하였다.

| 오답해설 |

㉠ 상대 높임법이다.

㉢ 주체 높임법이다.

08 ①

| 정답해설 | ㉠은 '쓰레기 분리 배출의 필요성이 널리 공감되고 있는데 유독 교실 쓰레기 분리 배출은 왜 제대로 되지 않을까?'라는 화제를 꺼내는 데 효과적인 부분이다. 따라서 이 부분을 이어지는 내용에 맞지 않으므로 삭제해야 한다는 의견은 적절하지 않다.

09 ③

| 정답해설 | '열려지다'는 피동 접미사 '-리-'와 피동 표현 '-어지다'가 함께 쓰인 이중 피동이므로 '열리다'로 고쳐 쓰는 것이 적절하다.

| 오답해설 |

① 주체인 '아버지'를 높여야 하므로 '아버지께서 고민이 있으신 것 같다.'라고 고쳐 쓰는 것이 적절하다.

② 원래 문장인 '내가 친구를 소개해 줄게.'가 올바른 표현이다.

④ '라고'는 직접 인용의 조사이고, '고'는 간접 인용의 조사이므

로 원래 문장인 '그는 나에게 자기는 꽃을 좋아한다고 말했다.'가 올바른 표현이다.

10 ②

| 정답해설 | 구개음화 현상이란 'ㅣ' 계열 모음 앞에 오는 'ㄷ, ㅌ'이 'ㅈ, ㅊ'으로 바뀌는 현상이다. 구개음화 현상이 일어났다면, (가)의 '펴디'는 '펴지'로 나타났어야 할 것이다. 그러므로 ②는 적절하지 않다.

11 ①

| 정답해설 | 중세 국어의 '하다'는 현대 국어의 '많다'[多]는 의미를 지닌 말이다. 현대 국어의 '하다'[爲]의 의미를 지닌 중세 국어는 'ᄒᆞ다'이다.

12 ②

| 정답해설 | 백성들이 생각을 펼치지 못하는 근본적인 이유는 중국의 글이 우리말과 다르기 때문이지, 글자를 습득하지 못하는 백성들의 어리석음 때문은 아니다.

100점까지 Upgrade 「훈민정음」 현대어 풀이

우리나라의 말이 중국과 달라 한자와는 서로 통하지 아니하여서 이런 까닭으로 어리석은 백성이 말하고자 하는 바가 있어도 마침내 제 뜻을 펴지 못하는 사람이 많다. 내가 이것을 가엾게 생각하여 새로 스물여덟 글자를 만드니, 모든 사람으로 하여금 쉽게 익혀서 날마다 쓰는 데 편하게 하고자 할 따름이다.

13 ③

| 정답해설 | '청산별곡'은 고려 가요로, 후렴구를 사용하여 운율을 형성하며, 연을 나누고 있다.

| 오답해설 |

① 10구체 향가에 대한 설명이다.

② 향가에 대한 설명이다.

④ 평시조에 대한 설명이다.

100점까지 Upgrade 고려 가요의 특징

- 평민들의 소박한 생활 감정을 표현하였다.
- 3음보, 3·3·2조의 음수율이 많이 나타난다.
- 대체로 분절체이며, 후렴구로 구분된다.

14 ②

| 정답해설 | 〈보기〉는 왕방연의 시조로, 냇물에 감정을 이입하여 유배된 단종과 이별하는 슬픔을 표현하고 있다. 따라서 〈보기〉의 '물'은 감정 이입의 대상이라고 할 수 있다. 청산별곡에서는 '새'가 화자가 동병상련을 느끼는 대상으로, 새에 화자의 감정이 이입되었다고 할 수 있다.

15 ④

| 정답해설 | '살어리 살어리랏다 청산(靑山)애 살어리랏다'를 통해 'A–A–B–A' 구조가 나타나는 것을 확인할 수 있다. 그리고 '얄리얄리 얄랑셩 얄라리 얄라'라는 후렴구를 반복하는 것을 통해 운율을 형성하는 것을 알 수 있다.

| 오답해설 |

ㄱ. 4음보의 율격을 가진 것은 시조나 가사이다. 윗글은 고려 가요로 3음보의 율격을 가지고 있다.

ㄷ. 수미상관의 형태는 나타나지 않는다.

16 ①

| 정답해설 | 우연히 동행하게 된 세 인물을 중심으로 서술되던 윗글은 마지막 부분에서 서술의 대상이 인물에서 객관적인 대상인 기차로 옮겨진다. 이는 정 씨와 영달의 앞날이 밝지 않을 것을 암시함으로써 여운을 남기는 효과를 낳는다.

| 오답해설 |

② 시적인 문체나 서정적 분위기와는 거리가 멀다.

③ 전지적 작가 시점이다.

④ 인물 간의 갈등은 드러나지 않는다.

17 ③

| 정답해설 | 정 씨는 영달과 함께 자신의 고향인 '삼포'로 향하고 있다.

18 ③

| 정답해설 | 쿵쿵거리는 모든 발자국에서 청각적 심상을 이용하여 화자의 정서를 드러내고 있다. 특히 '쿵쿵'과 같은 의성어를 활용하여 실제 소리와 화자의 심리를 이중적으로 표현하고 있다. 촉각적 심상을 활용한 부분은 없다.

19 ①

| 정답해설 | 윗글의 화자는 '너'를 간절하게 기다리다가 '너'가 오지 않아 절망감과 안타까움을 느끼지만, 만남에 대한 희망을 가지고 적극적인 태도로 '너'에게 다가간다. 〈보기〉의 화자 역시

온다고 했던 '님'을 기다리다가 주추리 삼대를 임으로 착각하여 달려간다. 두 화자는 각각 '너'와 '님'을 간절하게 기다리고 있다.

20 ④

| 정답해설 | 윗글은 수필로, 수필은 구체적인 사실이나 글쓴이의 경험, 사색을 독자에게 전달하는 문학 양식이다. 자신의 체험을 바탕으로 쓰는 이야기이므로 등장인물의 말과 행동을 허구적 상상력을 바탕으로 표현했다고 할 수 없다.

100점까지 Upgrade 박지원, 「통곡할 만한 자리」

갈래	고전 수필, 한문 수필, 기행 수필
성격	비유적, 교훈적, 사색적, 체험적
주제	광활한 요동 벌판을 보며 느끼는 감회

21 ③

| 정답해설 | 일반적으로 사람들은 인간의 칠정 중 오로지 슬픔만이 울음을 유발한다고 생각하지만, '나'는 칠정이 모두 극에 달하면 울음을 유발한다고 말하고 있으므로 ③은 적절하지 않다.

22 ②

| 정답해설 | ㉡은 칠정의 서로 다른 감정들이 모두 울음을 유발하는 것을 나열하여 표현하였다. 열거법이 사용된 문장이며 성격이 서로 다른 대상을 대조적으로 표현하고 있지는 않다.

| 오답해설 |

① '깨달았다'라는 서술어 뒤에 글쓴이가 깨달은 바를 서술하는 것을 통해 확인할 수 있다.

③ '뭐가 다르겠는가?'라는 형태의 의문형 문장을 사용하여 자신의 생각을 드러내고 있다.

④ 한나라 '가의'의 고사를 인용하였다.

23 ④

| 정답해설 | 윗글은 스마트폰 중독의 위험성과 그에 대한 해결 방안을 제시한 논설문이다. 논설문을 읽을 때에는 글쓴이의 생각이나 주장이 타당한지 확인하고, 글쓴이의 생각이나 주장을 보완하거나 대체할 수 있는 방안을 떠올리며 읽어야 한다.

| 오답해설 |

ㄴ. 수필을 읽는 방법이다.

ㄹ. 문학 작품을 감상하는 방법이다.

100점까지 Upgrade 논설문을 읽는 방법

- 객관적인 사실과 주관적인 의견을 구분한다.
- 글쓴이의 주장과 근거가 타당한지 파악한다.
- 글쓴이의 주장을 보완할 수 있는 방법을 떠올려 본다.

24 ②

| 정답해설 | (나)에서 글쓴이는 한국 정보화 진흥원의 2015년 통계 자료를 제시하여 청소년이 성인보다 스마트폰 중독에 더 취약하다는 주장을 뒷받침하고, 주장에 대한 신뢰도를 높이고 있다.

25 ③

| 정답해설 | (라)에서 글쓴이는 스마트폰이 사람들과의 공간적 거리감을 해소해 주었지만, 이것이 직접 만나서 대화하는 것보다 더 깊고 풍요로운 인간관계를 만들어 주지는 못할 것이라며 우려를 드러내고 있다. 이를 고려할 때, 스마트폰이 공간적 거리감을 해소해 주므로 스마트폰을 더욱 자주 사용해야겠다는 반응은 적절하지 않다.

memo

memo